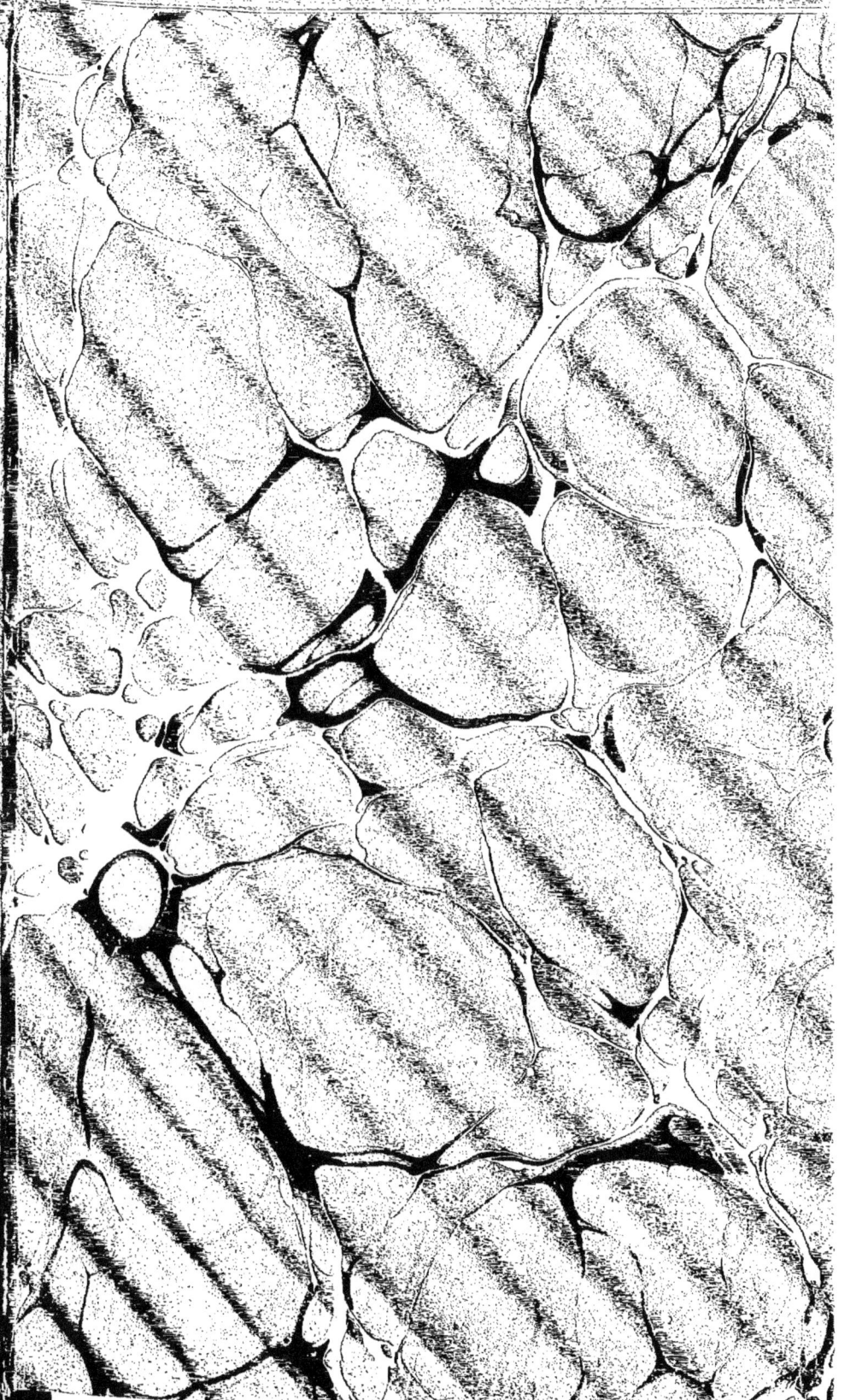

TRAITÉ

DE

L'EXPROPRIATION

POUR CAUSE D'UTILITÉ PUBLIQUE

Paris.—Imprimerie de COSSE et J. DUMAINE, rue Christine, 2.

TRAITÉ
DE
L'EXPROPRIATION
POUR CAUSE D'UTILITÉ PUBLIQUE

PAR

M. le Chevalier **DE LALLEAU**

AVOCAT A LA COUR DE PARIS, CHEVALIER DE LA LÉGION D'HONNEUR.

REFONDU ET AUGMENTÉ
PAR M. JOUSSELIN
AVOCAT AU CONSEIL D'ÉTAT ET A LA COUR DE CASSATION.

CONTINUÉ
PAR M. AMBROISE RENDU
DOCTEUR EN DROIT, AVOCAT AU CONSEIL D'ÉTAT ET A LA COUR DE CASSATION.

6ᵉ ÉDITION
Annotée de la Jurisprudence depuis 1858 jusqu'à ce jour

PAR M. JULES PÉRIN
AVOCAT A LA COUR IMPÉRIALE DE PARIS, DOCTEUR EN DROIT.

TOME SECOND

PARIS
IMPRIMERIE ET LIBRAIRIE GÉNÉRALE DE JURISPRUDENCE.
COSSE, MARCHAL et Cⁱᵉ, IMPRIMEURS-ÉDITEURS,
LIBRAIRES DE LA COUR DE CASSATION.
Place Dauphine, 27.

1866

TABLE

DES

CHAPITRES ET SECTIONS

CONTENUS DANS LE TOME SECOND.

CHAPITRE IX.

	Pages.
Du règlement amiable des indemnités.	1
Sect. Ire. — De la forme des contrats.	6
Sect. II. — Biens appartenant à des mineurs ou à d'autres incapables, immeubles dotaux et majorats, biens appartenant aux départements, communes et établissements publics, biens de l'État et dotation de la Couronne.	14
Sect. III. — Mode d'établissement de la propriété.	33
Sect. IV. — De la purge des priviléges et hypothèques.	39
Sect. V. — Extinction des actions réelles.	60
Sect. VI. — Des traités portant consentement à la cession sans accord sur le prix.	64
Sect. VII. — Des traités autorisant uniquement la prise de possession des terrains.	74
Sect. VIII. — Des cessions de terrain avec renonciation à l'indemnité.	76
Sect. IX. — Traités postérieurs aux jugements d'expropriation.	77

CHAPITRE X.

Du paiement des indemnités.	82

CHAPITRE XI.

Des propriétés morcelées par les travaux.	132

CHAPITRE XII.

De l'envoi en possession pour cause d'urgence.	167

CHAPITRE XIII.

Des expropriations prononcées sur la demande des propriétaires.	198
Sect. Ire. — Du cas où l'administration ne poursuit pas l'expropriation dans l'année qui suit la désignation définitive des propriétés dont la cession est nécessaire.	199

TRAITÉ

DE

L'EXPROPRIATION

POUR

CAUSE D'UTILITÉ PUBLIQUE

CHAPITRE IX.

DU RÈGLEMENT AMIABLE DES INDEMNITÉS.

664. — Règles particulières aux cessions amiables pour cause d'utilité publique.
665. — Effets exceptionnels de ces cessions. A partir de quel moment ces traités peuvent être conclus?
666. — La déclaration de l'utilité publique est un préalable nécessaire.
667. — A quelle époque peuvent commencer les opérations relatives aux cessions amiables?
668. — Règles à suivre relativement aux locataires et autres ayants droit, s'ils ne consentent pas à traiter amiablement.
669. — Dispositions législatives concernant les cessions amiables.

664. [Pour adoucir l'application du privilége de l'État, les législateurs se sont attachés à retarder le plus possible l'intervention du tribunal; et ils n'ont autorisé l'administration à y recourir *qu'à défaut de conventions amiables* avec les propriétaires des terrains ou bâtiments dont la cession est reconnue nécessaire.

Toutefois, par les contrats ordinaires de vente, le vendeur ne transmet que les droits qu'il a lui-même. Lorsque des actions en revendication ou en résolution existent au profit de tiers, ces actions suivent l'immeuble entre les mains de l'acquéreur. Lorsque l'immeuble a été affecté comme garantie à des créances, l'affectation suit aussi l'immeuble dans quelques mains qu'il passe, et les créanciers peuvent le faire vendre sur l'acquéreur. Plusieurs classes de personnes mêmes, sont frappées de l'incapacité plus ou moins absolue d'aliéner leurs biens. Enfin, la constatation des acquisitions et la libération de l'acquéreur par le paiement du prix sont soumises à des formalités, à des frais et à de nombreuses causes de responsabilité et de recours.

Si ces entraves, établies par le droit civil entre les particuliers pour la défense d'intérêts égaux entre eux, avaient été imposées aux acquisitions faites par l'État au nom de l'intérêt général, l'action de l'administration aurait été paralysée ; le domaine public n'aurait pu être ni formé ni conservé. Pour procurer à l'État le pouvoir d'accomplir sa mission, il a donc fallu lui assurer tous les moyens d'être investi régulièrement et définitivement des propriétés cédées.

Il a fallu, alors, que la loi fît elle-même ce que les parties ne pouvaient pas faire ; et que l'affranchissement ou la transmission, qui ne pouvait pas résulter du contrat ordinaire, résultât d'un contrat exceptionnel.]

665. [En conséquence, les législateurs ont déclaré que, dans le cas d'utilité publique, le contrat de vente aurait la force de rompre, à l'égard de l'immeuble, les actions en revendication, en résolution, et toutes autres actions réelles, avec transport du droit des tiers sur le prix ; ils ont concilié, avec les mesures de protection dues à la fortune des incapables, les nécessités des services publics, et ils ont introduit, pour la constatation des acquisitions, des formes toutes spéciales.

La matière des cessions amiables n'ayant été examinée qu'accessoirement lors de la discussion, les dispositions de la loi, sous ce rapport, laissent place à le graves incertitudes et à des difficultés nombreuses.

Nous avons à examiner, n premier lieu, à partir de quel moment les traités portant cession amiable peuvent être conclus.]

666. [La *déclaration de l'utilité publique* (1) est un préalable nécessaire pour arriver à l'expropriation. soit amiable, soit forcée, et la légitimer. C'est la garantie donnée aux propriétaires que l'occupation de leurs terrains est véritablement réclamée par l'intérêt général : c'est la base et le point de départ de toutes les opérations.]

---

(1) 1, p. 35 et 36.

667. [Mais, sur la question de savoir à quelle époque ces opérations peuvent commencer, la loi du 3 mai 1841 contient deux dispositions contradictoires :

En effet, l'art. 13, § 1er, porte : « Si des biens de mineurs, « d'interdits, d'absents ou autres incapables, sont compris dans « les plans déposés en vertu de l'art. 5, *ou dans les modifications* « *admises par l'administration supérieure, aux termes de l'art.* 11 de « la présente loi, les tuteurs, ceux qui ont été envoyés en possession provisoire, et tous représentants des incapables, peuvent, après autorisation du tribunal donnée sur simple requête, en la chambre du conseil, le ministère public entendu, « *consentir amiablement à l'aliénation desdits biens.* »

Cet art. 11, auquel renvoie l'art. 13, étant le dernier du titre II (sauf l'art. 12, qui est spécial pour le cas où l'expropriation serait demandée par une commune dans un intérêt purement communal), il en résulte que l'art. 13, § 1er, exige positivement l'accomplissement des formalités prescrites par les titres Ier et II de la loi.

L'art. 14, § 5, porte au contraire que : « Dans le cas où les « propriétaires à exproprier consentiraient à la cession, mais où « il n'y aurait point accord sur le prix, le tribunal donnera acte « du consentement, et désignera le magistrat directeur du jury, « sans qu'il soit besoin de rendre le jugement d'expropriation, « *ni de s'assurer que les formalités prescrites par le titre II ont été* « *remplies.* »

MM. Gillon et Stourm, dans leur savant Commentaire sur la loi du 7 juillet 1833, ont déclaré que « la cession amiable d'un « immeuble pour cause d'utilité publique dûment constatée, « *après l'accomplissement* des formalités prescrites *par les titres Ier* « *et II* de la loi, produit le même effet que l'expropriation prononcée par le tribunal (1). »

M. le ministre des travaux publics a recommandé aux préfets l'exécution des mêmes prescriptions, dans une circulaire en date du 4 janvier 1834, dont voici le texte : « Monsieur le préfet, le « règlement des indemnités pour les acquisitions de terrains et « bâtiments, par suite des travaux exécutés sous la direction de « l'administration des ponts et chaussées, soit aux frais du Trésor, soit au compte des départements, forme une branche « importante du service sur laquelle je dois appeler votre attention.

---

(1) *Code des municipalités*, Expropriation, p. 79.

« Plus d'une fois il est arrivé que l'homologation des actes de
« vente a été sollicitée et obtenue de l'autorité supérieure avant
« que le projet des travaux qui les motivent eût reçu son ap-
« probation. Cet empressement inopportun crée des complica-
« tions fâcheuses, et subordonne ainsi la question d'art à une
« mesure administrative qui ne doit en être que la conséquence.

« Il est essentiel de prévenir le retour d'un pareil inconvé-
« nient.

« Toutes les fois donc que vous aurez à provoquer l'homolo-
« gation d'actes de vente, vous voudrez bien me faire connaître
« en même temps la date de l'approbation du projet des tra-
« vaux qui nécessitent ces transactions.

« Je vous invite aussi à faire soigneusement vérifier si les
« terrains compris aux actes de vente le sont également dans
« les limites du projet approuvé, et si les procès-verbaux des
« experts n'ont pas étendu les acquisitions au delà des surfaces
« dont l'administration peut avoir besoin.

« L'esprit de la présente instruction, je n'ai pas besoin de le
« dire, n'est aucunement de ralentir l'activité qu'on apporte
« généralement à la liquidation des indemnités, mais de bien
« faire sentir qu'aucun engagement définitif ne doit être con-
« tracté avant que la ligne et l'emplacement des travaux soient
« parfaitement déterminés (1). »

M. Foucard a adopté la même opinion (2).

Mais la Cour de cassation a fait prévaloir l'art. 14, § 5, de la loi du 3 mai 1841, sur l'art. 13, § 1er, en décidant, par un arrêt en date du 26 décembre 1854, que, dans le cas de l'art. 14 de la loi du 3 mai 1841, « et suivant cet article, il n'est pas besoin de
« rendre le jugement d'expropriation *ni de s'assurer que les for-*
« *malités prescrites par le titre II* de la loi ont été remplies ;
« qu'au nombre de ces formalités du titre II, de l'accomplisse-
« ment desquelles il n'est pas nécessaire de s'assurer, se trouve,
« dans l'art. 11, l'arrêté du préfet déterminant les propriétés
« particulières qui doivent être cédées et l'époque de la prise de
« possession (3). »

Dans la pratique, ce système permettra aux compagnies concessionnaires de commencer leurs travaux et de hâter leur jouissance, au moyen des traités passés avec les propriétaires avant
l'entier accomplissement des formalités du titre II. On peut voir

---

(1) *Annales des Ponts et chaussées*, 1834, partie des Lois et Ordonnances, p. 129.
(2) 1, n° 648.
(3) S.55.1.604.

des exemples de ces traités dans l'espèce de l'arrêt de la Cour de cassation qui vient d'être cité, et dans celle sur laquelle a prononcé une décision du Conseil d'Etat en date du 27 janvier 1853 (1). Le contrat rédigé par la compagnie du chemin de fer du Midi, dans l'affaire jugée par la Cour de cassation, était un acte intitulé : « *Bulletin de consentement de prise de possession immédiate, préalablement au règlement de l'indemnité,* » et se terminant par ces mots : « Les soussignés déclarent consentir à l'occupation « immédiate des parcelles désignées ci-dessus, nécessaires à la « construction du chemin de fer du Midi et du canal à la Ga- « ronne, à la condition qu'à dater de ce jour jusqu'au paiement « de l'indemnité qui sera ultérieurement réglée, soit à l'amiable, « soit par le jury, les intérêts à 5 p. 100 du montant de l'in- « demnité leur seront payés en même temps que le prix princi- « pal; ce qui est accepté par le soussigné au nom de la com- « pagnie. Fait double, etc. (2). »]

668. [Il a été jugé que la cession volontaire d'immeuble faite par le propriétaire après que l'acquisition en a été déclarée d'utilité publique conformément à la loi du 3 mai 1841, ne dispense pas l'administration d'accomplir les formalités d'expropriation à l'égard des locataires qui ne consentiraient pas à une résiliation amiable (3);

Même décision en ce qui concerne les tiers auxquels appartiennent, sur les terrains vendus à l'amiable, quelques-uns des droits d'usage, de servitude ou autres, prévus par les art. 21 et 39 de la loi du 3 mai 1841, et qui ne consentiraient pas à l'abandon volontaire de ces droits (4);

Lorsqu'un moulin situé sur une rivière navigable a été exproprié pour cause d'utilité publique, et que le propriétaire a été indemnisé à l'amiable par l'Etat, il y a lieu, pour statuer ensuite sur l'indemnité due aux fermiers de ce moulin par l'Etat, à défaut de convention amiable, de distinguer entre la partie de l'indemnité qui concernerait la perte de la force motrice, et la partie de l'indemnité qui s'appliquerait au surplus des immeubles loués. C'est à l'autorité administrative qu'il appartient de régler l'indemnité applicable à la perte de la force motrice;

---

(1) Lebon, *Rec.*, 1853, p. 464.
(2) S.55.1.603.
(3) Cons. d'État, 29 mars 1851 (Lebon, *Rec.*, 1851, p. 233), et 18 août 1849 (*Rec.*, 1849, p. 528).
(4) Cons. d'Etat, 19 janv. 1850 (Lebon, *Rec.*, 1850, p. 77).

c'est à l'autorité judiciaire qu'il appartient de régler l'indemnité due pour le surplus (1).]

669. [La loi du 3 mai 1841 a établi, à l'égard des acquisitions faites pour cause d'utilité publique, des dispositions spéciales qui constituent autant de dérogations au droit commun.

Les dispositions législatives concernant les traités amiables se trouvent dans les art. 13, 15, § 1er, 16, 17, 18, 19 et 56 de la loi du 3 mai 1841. Elles concernent : 1° la forme des actes ; 2° le mode de cession des biens appartenant à des mineurs ou à des personnes qui n'ont pas qualité pour les aliéner ; 3° la justification de la propriété sur la tête des vendeurs ; 4° la purge des priviléges et hypothèques ; 5° les actions en revendication et toutes autres actions réelles ; 6° les traités portant consentement à la cession, sans accord sur le prix ; 7° les traités autorisant uniquement la prise de possession des terrains ; 8° les cessions de terrains avec renonciation à l'indemnité ; 9° les traités postérieurs au jugement d'expropriation.

Ces matières font l'objet des neuf sections suivantes.]

Section Ire. — *De la forme des contrats.*

670. — Ils peuvent être passés devant notaires ou dans la forme des actes administratifs.
671. — Fonctionnaires qui peuvent recevoir ces actes.
671 *bis*. — Incompétence de l'autorité judiciaire pour décider si l'administration a le droit d'exiger que les actes soient passés en la forme administrative.
672. — Les actes sont authentiques.
673. — Ils sont reçus en minute.
674. — Du cas où il y a des parties qui ne savent ou ne peuvent signer.
675. — Constatation de l'individualité des comparants.
676. — Des ratures, renvois et surcharges.
677. — Des procurations.
678. — Des autorisations.
679. — Mentions exigées pour la régularité de la comptabilité.
680. — Des copies délivrées aux parties.
681. — Expéditions transmises à l'administration des domaines.

---

(1) Cons. d'État, même affaire Chevallier, ci-dessus.

682. — De l'exécution des contrats reçus en la forme administrative.
682 *bis*. — De l'interprétation de ces actes.
683. — Vice d'un jugement qui déclare un consentement à la cession, sans l'établir par aucun acte.

670. « Les contrats de vente, quittances et autres actes rela-
« tifs à l'acquisition des terrains, peuvent être passés dans la
« forme des actes administratifs, » dit l'art. 56 de la loi du 3 mai
1841. Cette mesure a été adoptée dans des vues d'économie
(*Monit.*, 13 déc. 1832, p. 2137). Mais il faut remarquer que la
disposition de l'art. 56 n'est que facultative. La commission de
la Chambre des pairs avait proposé de dire que les actes de
vente, etc., *seraient passés* dans la forme des actes administratifs.
M. Legrand, commissaire du Gouvernement, combattit cette modification. « L'amendement de la commission, disait-il, aurait peu
d'inconvénients pour les travaux qui s'exécutent par les soins
de l'administration publique; mais vous concevez que, pour les
travaux des compagnies, il aurait pour résultat de constituer les
préfets agents nécessaires de ces compagnies. Vous penserez
comme nous, qu'il n'est pas convenable de placer dans une telle
position des magistrats d'un ordre supérieur. Si les préfets veulent
bien prêter leur intervention aux compagnies, ils en auront la faculté, mais du moins ils n'en recevront pas l'obligation. Mais je
ferai plus, et je demande avec instance que la passation des
actes de vente dans la forme des actes administratifs ne soit pas
obligatoire, même pour les travaux que l'administration publique entreprend elle-même. Dans plusieurs cas, et surtout lorsque le siége des travaux est éloigné du chef-lieu de la préfecture,
nous avons employé avec succès, pour les travaux que l'administration entreprend elle-même, l'office des notaires qui, placés
près des parties, les ont souvent amenées à des compositions favorables aux intérêts du Trésor... Les actes de vente sont for-
mulés d'une manière uniforme; on les adresse aux notaires qui,
en relation journalière avec les parties, exercent quelquefois sur
elles une influence salutaire. Aucune loi ne fixant les honoraires qui doivent être payés aux notaires, on entre en composition avec eux. A raison de la multiplicité des actes, ils se contentent, pour chacun d'eux, de la plus modique rétribution, et
l'économie que leur intervention procure au Trésor, sur le prix
des terrains, compense et au delà le montant des honoraires
qu'on est dans le cas de leur allouer » (*Monit.*, 14 mai 1833,
p. 1352). L'article fut donc adopté tel que le Gouvernement

l'avait rédigé, et il n'est pas douteux, d'abord, que les administrateurs ne sont pas tenus de recevoir les actes qui n'intéressent que les concessionnaires de travaux, et, en outre, que l'administration elle-même peut, si elle le juge convenable, employer le ministère des notaires. Lorsque les traités relatifs aux acquisitions de terrains sont reçus par un notaire, ils n'en restent pas moins soumis aux dispositions que nous développons dans ce chapitre.

671. Ces contrats peuvent être passés dans la forme des actes administratifs, porte l'art. 56 de la loi. Le préfet est seul chargé de l'administration, dit l'art. 3 de la loi du 17 fév. 1800 (28 pluv. an VIII); c'est donc à lui surtout que la loi a voulu déférer le droit de recevoir les actes relatifs aux acquisitions de terrains. Mais le préfet est secondé dans l'administration par les sous-préfets, les maires et leurs adjoints (même loi, art. 8 et 12), et il peut aussi faire concourir ces administrateurs à la réception des contrats, en les déléguant à cet effet.

671 bis. [L'autorité judiciaire est incompétente pour décider si l'administration a le droit d'exiger que les contrats, quittances, etc., soient passés dans la forme administrative; il s'agit là de la désignation des pièces nécessaires à l'ordonnancement des dépenses, et d'une question se rattachant aux règles de la comptabilité publique (1).]

672. Les actes reçus dans la forme administrative en vertu de l'art. 56 de la loi du 3 mai sont des actes authentiques, car on donne cette qualification à tous les actes qui ont été reçus par un fonctionnaire ayant qualité pour les recevoir (C. civ. 1317; Dall., v° *Oblig.*, p. 645; Toullier, t. 8, p. 120; Dufour, *Traité général de droit administratif*, t. 5, n° 366; Circ. min. trav. pub., 26 sept. 1840; *Ann. ponts et ch.*, p. 491). On ne pourrait donc détruire la foi due à ces actes que par une inscription de faux; car, pour paralyser l'effet d'un acte authentique, il ne suffit pas que la partie ou ses ayants droit désavouent ou méconnaissent la signature qui y est apposée. L'acte n'en est pas moins exécutoire jusqu'à l'inscription de faux et même jusqu'à la mise en accusation du fonctionnaire qui l'a reçu (*Ibid.*, 1319).

673. Les actes administratifs sont rédigés en minute, et déposés dans les archives de l'administration; des expéditions de ces actes sont délivrées à tous les intéressés, et font foi jusqu'à inscription de faux, comme la minute elle-même.

---

(1) Cons. d'État, 9 mai 1844 (Lebon, *Rec.*, 1841, p. 495).

674. On a élevé des doutes sur le point de savoir si, lorsqu'un préfet a déclaré dans un acte que le vendeur ne sait ou ne peut signer, cette déclaration doit être également admise jusqu'à inscription de faux. Il nous semble que, par cela seul que l'acte est authentique, il fait pleine foi de tout ce qui est énoncé comme s'étant passé en présence du fonctionnaire qui le reçoit, notamment de la déclaration, faite à ce fonctionnaire par le comparant, qu'il ne sait ou ne peut signer (C. civ. 1319, 1320).

675. Pour tous ces actes, et pour les quittances surtout, lorsque le fonctionnaire ne connaît pas personnellement les comparants, ceux-ci doivent faire attester leur individualité par deux témoins bien connus du fonctionnaire comme dignes de foi, et il doit être fait mention de cette attestation dans l'acte. Cette précaution est prescrite pour les actes notariés, par l'art. 11 de la loi du 25 vent. an XI.

676. Il importe beaucoup qu'il ne puisse exister le moindre doute sur la teneur réelle de la convention. C'est pourquoi tous les renvois doivent être écrits en marge ou à la fin de l'acte, et expressément approuvés et signés, ou au moins paraphés, par tous les signataires. Aucun mot ne doit être mis en interlignes ni en abréviation. Les sommes et les dates doivent être écrites en toutes lettres, et non en chiffres. Les ratures et les surcharges doivent être expressément approuvées, et les ratures doivent même être exécutées de manière que l'on puisse constater le nombre de mots raturés et en faire mention dans l'approbation. Aucune loi n'a prescrit ces formalités pour les actes administratifs, mais il a été reconnu par la loi du 25 ventôse an XI que ces précautions étaient nécessaires pour que les conventions passées devant notaires ne pussent être modifiées ultérieurement ; il convient donc d'entourer des mêmes garanties les conventions passées dans la forme des actes administratifs. Toute pièce présentant, dans sa partie manuscrite, des ratures ou des surcharges non approuvées, doit d'ailleurs être refusée par le payeur. *Règl. de compt.* 16 septembre 1843 (*Ann. ponts et ch.*, p. 585).

677. Si l'un des comparants agit comme fondé de pouvoir, la procuration doit être enregistrée avant qu'il en soit fait usage et reste annexée à la minute de l'acte (1).

---

(1) [Voir cependant ce que nous dirons au chapitre de la dispense des droits de timbre et d'enregistrement.]

678. Si la propriété appartient en totalité ou en partie à des mineurs, interdits ou incapables, le contrat de vente doit rappeler l'autorisation donnée par le tribunal d'accepter les offres de l'administration. Il en est de même pour les immeubles dotaux et pour ceux dépendant d'un majorat. Pour les biens des communes, des établissements publics et des départements, le contrat mentionne l'autorisation donnée par le conseil municipal, le conseil d'administration ou le conseil général (*Règl. compt.*, 16 sept. 1843).

679. Le règlement du 16 septembre 1843 sur la comptabilité du ministère des travaux publics (1) veut que les contrats d'acquisition indiquent toujours la route, le canal, le chemin de fer, ou enfin le travail pour lequel l'acquisition est faite. Il exige aussi que, lorsque l'administration achète d'un seul propriétaire plusieurs portions de terrain contiguës, il ne soit passé qu'un seul acte de vente (*Ann. ponts et ch.*, p. 625).

680. Lorsque les actes relatifs à l'acquisition des terrains ont été reçus dans la formes des actes administratifs, la minute en reste déposée au secrétariat de la préfecture (Loi 3 mai, art. 56). Les copies de ces actes, comme celles de toutes les pièces conservées dans les archives de l'administration, lors même qu'elles seront réclamées par les parties dans leur intérêt, seront certifiées par les agents de l'administration et seront payées sur le même taux que les copies certifiées par les huissiers (Ord. 18 sept. 1833, art. 6), c'est-à-dire à raison de 30 centimes par chaque rôle, évalué à raison de 28 lignes à la page, et 14 à 16 syllabes à la ligne (*Ibid.*, art. 5).

681. Une expédition de tous les actes reçus en exécution de l'art. 56 de la loi du 3 mai 1841, et relatifs aux acquisitions de terrains pour cause d'utilité publique, doit être transmise à l'administration des domaines : l'art. 56 exige formellement cette transmission. Les directeurs des domaines doivent veiller à ce que cette disposition soit exécutée et conserver en dépôt ces expéditions, dont ils tiennent un inventaire particulier (Instr. adm. enreg. 28 janv. 1834).

Cette injonction s'applique aux actes passés par des concessionnaires, car les terrains que ceux-ci acquièrent ne deviennent pas leurs propriétés personnelles, et entrent également dans le domaine public. Il en est de même des acquisitions relatives aux routes départementales.

---

(1) [Ce règlement n'a pas cessé d'être en vigueur.]

682. Les actes notariés peuvent être mis à exécution par toutes les voies de droit lorsqu'ils sont revêtus de la formule exécutoire (1). C'est en ce sens que l'on dit que les actes notariés emportent avec eux exécution parée.

Les actes administratifs emportent aussi exécution parée, en vertu de l'art. 14 du titre 2 du décret des 23-28 octobre-5 novembre 1790, portant : « Le ministère des notaires ne sera nul- « lement nécessaire pour la passation desdits baux (relatifs aux « domaines nationaux), *ni pour tous les autres actes d'administra-* « *tion. Ces actes*, ainsi que les baux, *emportent exécution parée.* » Ces dispositions sont toujours en vigueur, ainsi que l'a reconnu la Cour de cassation, notamment par son arrêt du 12 janv. 1835 (Dall., p. 87 ; Devill., p. 11). C'est à ces dispositions que se réfère l'art. 56 de la loi du 3 mai, et bien certainement le législateur n'a pas voulu que les contrats reçus dans la forme des actes administratifs eussent moins d'effet que ceux reçus par les notaires. L'arrêt du 12 janvier 1835 décide même que les actes administratifs emportent hypothèque.

Le législateur n'a pas indiqué la formule à employer pour donner aux actes reçus dans la forme administrative la force coercitive dont ils ont besoin, lorsqu'il s'agit d'obliger les signataires ou des tiers à les exécuter. L'usage s'est introduit d'en faire prescrire l'exécution par arrêté du préfet (2).

682 *bis.* S'il s'élève quelque difficulté sur l'interprétation ou l'exécution de l'acte de vente reçu par l'administration, quelle est l'autorité qui devra en connaître?

[Le tribunal des conflits et le Conseil d'Etat ont jugé que, lorsque des particuliers cèdent à l'État des immeubles en vertu des lois sur l'expropriation pour cause d'utilité publique, les conventions qui contiennent la cession, alors même qu'elles ont été passées dans la forme administrative, sont des contrats de droit commun, du droit civil, et que les contestations auxquelles elles peuvent donner lieu sont de véritables questions de propriété réservées à l'autorité judiciaire ; qu'en conséquence, c'est à cette autorité qu'il appartient de prononcer sur l'interprétation et sur l'exécution de ces contrats (3). La chambre des re-

---

(1) [La formule est réglée par le décret du 2 déc. 1852.]

(2) V. au Formul. : *Arrêté du préfet ordonnant la mise à exécution* d'un acte reçu dans la forme administrative.

(3) Trib. des confl., 15 mars 1850, et 30 nov. 1850. — Cons. d'État, 19 juill. 1855 ; 15 mars 1855 ; 10 mai 1855 ; 22 fév. 1855.—Voir Dufour, *Traité de droit administratif*, v, n° 366.—Cons. d'État,

quêtes de la Cour de cassation a prononcé dans le même sens, par un arrêt en date du 17 juillet 1849 (1).

Cependant la chambre civile a décidé, par un arrêt en date du 14 août 1854, qu'en déterminant les effets d'un acte de vente, pour cause d'utilité publique passé en la forme administrative, un tribunal « avait interprété *un acte administratif*, et « qu'ainsi il avait excédé ses pouvoirs et violé les règles qui « limitent la compétence du pouvoir judiciaire. » Par suite, la Cour a cassé le jugement dénoncé, pour violation des lois des 16-24 août 1790, titre 2, art. 13, 16 fructidor an III, et 28 pluviôse an VIII, art. 4 (2).

Le tribunal des conflits lui-même a, dans sa décision précitée (affaire Ajasson de Grandsagne), admis deux restrictions à son système sur la compétence judiciaire. On y lit, en effet : 1° « Sauf, si l'acte est *critiqué dans sa forme*, à renvoyer à l'ad-« ministration *cette question préjudicielle* qui ne peut être décidée « *que par l'application des règles administratives ;* » et 2° « consi-« dérant que, dans les actes de vente, il a été reconnu expres-« sément qu'ils ne recevraient leur exécution qu'après l'appro-« bation par l'autorité supérieure ;—Considérant qu'il y a débat « sur le fait de savoir *si cette approbation a été donnée ou refusée ;* « que ce débat constitue une *question préjudicielle qui ne saurait* « *être décidée par les tribunaux*..... Art. 1er, l'arrêté de conflits « est confirmé, en ce qui concerne la question préjudicielle, de « savoir si les actes de vente des 4 et 10 novembre 1845 ont « été approuvés par l'autorité supérieure » (V. Dufour, *Traité de droit administratif*, t. 5, p. 360).

La compétence de l'autorité judiciaire, à l'effet d'interpréter les cessions amiables, même passées en la forme administrative, entraîne, pour cette autorité, le pouvoir de prononcer la condamnation aux dommages-intérêts contre celle des parties qui refuse d'exécuter les conditions stipulées dans le contrat (3).

Réciproquement si un acte a été passé dans la forme authentique, cette circonstance n'a pu changer ni la nature du contrat administratif, ni celle des travaux publics dont il était destiné à assurer l'exécution (4).

---

19 juill. 1855 (Lebon, *Rec.*, à la date ; Dall.56.3.14). Cons. d'Etat, 26 nov. 1857 (Lebon, *Rec.*, 1857, p. 745); S.57.2.602. Cons. d'Etat, 11 déc. 1862 (Lebon, *Rec.*, 1862, p. 768).
(1) S.49.1.695.

(2) S.55.1.142.
(3) Décr., 15 mars 1855 (Lebon, *Rec.*, 1855, p. 202).
(4) Décr., 28 juin 1855 (Lebon, *Rec.*, 1855, p. 478).

683. [La déclaration, par un tribunal, d'un consentement à la cession doit être justifiée par la constatation d'un acte déterminé et précis.

C'est ce que la Cour de cassation a formellement décidé par un arrêt du 29 janvier 1850 ainsi conçu (1):

« Sur le fond : — Vu les art. 2, 14 et 20 de la loi du 3 mai 1841 ;

« Attendu que, en mars 1848, pour ouvrir les travaux d'un chemin de grande communication de Javel à Sèvres, le préfet du département de la Seine a pris possession de diverses parcelles de terrains appartenant à Buffault; que celui-ci ayant soutenu n'avoir donné, à cet effet, aucun consentement, et le préfet n'ayant pas produit de preuve à l'appui de l'assertion que Buffault avait adhéré, le 19 août 1848, à la cession de sesdites propriétés, le tribunal civil de la Seine, par jugement du 22 mai 1849, qui a acquis l'autorité de la chose jugée, a remis Buffault en possession; — Que le 27 juin suivant, le même tribunal, à la requête du préfet, qui se prévalait encore du susdit consentement, que Buffault soutint derechef n'avoir jamais donné, a prononcé l'expropriation des terrains pour cause d'utilité publique; — Attendu que ce jugement ne contient, au sujet des pièces produites au tribunal, que ces seuls mots : « Vu les pièces jointes à l'appui du réquisitoire du ministère public ; » — Attendu que le réquisitoire lui-même transcrit dans le jugement, ne précise non plus aucun acte; qu'il se réduit à énoncer que « le 19 août 1848, Buffault a donné son consentement à l'abandon de ses propriétés, » sans que le réquisitoire mentionne l'acte qui contiendrait cette adhésion, dont l'effet aurait été de dispenser de l'accomplissement des formalités prescrites au chap. 2 de la loi du 3 mai 1841, mais non de celles qui sont ordonnées par le chap. 1er;—Qu'ainsi, en violation de l'art. 14 de ladite loi, le jugement ne constate aucunement le consentement du demandeur en cassation, qu'il ne constate pas davantage l'accomplissement des formalités ordonnées par les chap. 1 et 2, lesquelles, à défaut du consentement du propriétaire, sont indispensables pour l'expropriation : en quoi ledit jugement a, aux termes de l'art. 2, commis un excès de pouvoir, et, aux termes de l'art. 20, encouru la cassation ; — Casse, etc. »

---

(1) Dall., 50.1.123.

Section. II. — *Biens appartenant à des mineurs ou à d'autres incapables ; immeubles dotaux et majorats ; biens appartenant aux départements, communes et établissements publics ; biens de l'État et dotation de la Couronne.*

684. — Système des lois des 8 mars 1810 et 7 juillet 1833.
685. — Modification introduite par la loi du 3 mai 1841.
686. — Les traités peuvent intervenir sans qu'il y ait dépôt des plans parcellaires.
687. — Objections ; réponse.
688. — On a voulu seulement s'assurer que l'aliénation était forcée.
689. — La garantie des mineurs est dans l'intervention du procureur impérial et du tribunal.
690. — Le dépôt du plan parcellaire n'est pas une garantie.
691. — La preuve de la nécessité de la cession peut résulter d'autres pièces que les plans parcellaires.
692. — Exemples : Travaux de fortification.
693. — Biens de mineurs. Autorisation à demander au tribunal.
694. — Elle est demandée par simple requête.
695. — Émolument de l'avoué pour cette requête.
696. — Doit-on consulter le conseil de famille ?
697. — Quel tribunal doit donner l'autorisation ?
698. — Instruction et jugement.
699. — Vérification de la nécessité de l'aliénation.
700. — Mesures de conservation et de remploi.
701. — Acquisition de la totalité d'une propriété morcelée.
702. — Immeubles appartenant à des mineurs émancipés.
703. — Immeubles appartenant à des majeurs, aliénés, interdits ou pourvus d'un conseil judiciaire.
704. — Immeubles appartenant à des femmes mariées sous le régime de la communauté ou séparées de biens.
705. — Immeubles appartenant à des femmes mariées sous le régime dotal.
706. — Immeubles appartenant à des absents.
707. — Immeubles appartenant à des faillis.
708. — Immeubles dépendant d'un majorat ou grevés de substitutions.
709. — Immeubles appartenant à un département, à une commune ou à un établissement public.
710. — Immeubles appartenant à l'État.
711. — Immeubles appartenant à la dotation de la Couronne.
712. — Cession par le domaine de l'État au domaine public.
713. — Résumé.

684. Parmi les propriétés à acquérir pour l'exécution des travaux, il s'en trouve très-souvent qui, en totalité ou pour partie,

appartiennent à des mineurs, à des interdits, à des femmes mariées sous le régime dotal, ou à d'autres personnes qui, d'après le droit commun, n'ont pas la libre disposition de leurs immeubles. D'après la loi de 1810, il fallait nécessairement recourir, pour tous ces biens, à la voie de l'expropriation, lors même que les intéressés reconnaissaient et la nécessité de la cession et la suffisance des indemnités offertes par l'administration. C'était un des grands inconvénients de cette loi.

« Il arrive souvent (a dit, en 1832, M. le comte d'Argout, en présentant le projet de loi qui fut adopté au mois de juillet suivant) que l'indemnitaire n'a pas qualité pour valider le contrat par sa seule signature. Si la propriété appartient à un mineur, à une femme mariée sous le régime dotal, à un interdit, à un failli, à une succession ouverte, etc., en suivant les règles du droit commun, il est presque impossible d'assigner le terme d'un traité définitif. Des difficultés nouvelles surgissent de tous côtés et viennent s'ajouter à celles qui naissent déjà naturellement de ce genre d'affaires. En prenant la question au point où elle est arrivée, il est facile de reconnaître que déjà la nécessité de la cession a été constatée et déclarée; déjà même le tribunal a prononcé l'expropriation et substitué l'Etat à l'ancien propriétaire; il n'y a plus absolument qu'à fixer le prix de l'immeuble, et les éléments de ce prix ont été recueillis... Ajoutez à ces formalités celles de l'autorisation du tribunal et de l'audition préalable du ministère public, et il paraîtra sans doute que les intérêts des incapables ne peuvent jamais être compromis » (*Monit.*, 13 déc. 1832, p. 2136).

La Chambre des députés avait admis, dès cette époque, que les tuteurs et les incapables pourraient traiter avec l'administration, même avant le jugement d'expropriation. Mais la Chambre des pairs pensa alors qu'autoriser un incapable à accepter les offres de l'administration, avant le jugement d'expropriation, ce serait autoriser la vente amiable de biens qui ne sont aliénables, aux termes du droit commun, que sous des formes solennelles et spéciales (*Monit.*, 10 mai 1833, p. 1308). C'est pourquoi les art. 25 et 26 de la loi du 7 juill. 1833 n'autorisaient les incapables à accepter que les *offres énoncées en l'art.* 23, c'est-à-dire celles qui avaient lieu après le jugement d'expropriation.

Cette restriction entravait beaucoup les acquisitions de terrains et obligeait à faire prononcer l'expropriation dans beaucoup de cas où les intéressés étaient d'accord avec l'administration sur le montant de l'indemnité.

685. En 1840, le Gouvernement proposa de remédier à cet inconvénient en autorisant les tuteurs et autres administrateurs à traiter à l'amiable avant le jugement d'expropriation. Il demandait qu'on ajoutât à l'art. 25 une disposition additionnelle qui aurait été ainsi conçue : « Les tuteurs et autres peuvent « aussi, en observant les mêmes formalités, traiter à l'amiable « avec l'administration, *à quelque époque de l'instruction que ce* « *soit*, et sans que le jugement d'expropriation intervienne » (*Monit.*, 22 fév. 1840, p. 344). La commission de la Chambre des pairs adopta sans difficulté ce système. L'addition proposée par le Gouvernement ne fut non plus l'objet d'aucune critique dans le sein de la Chambre : toute la discussion roula sur les premiers mots de l'amendement : *Les tuteurs et autres*, et sur la locution que la commission proposait d'y substituer : *Les tuteurs, maris et autres qui n'ont pas qualité pour aliéner un immeuble*, etc. Ces rédactions et celles qu'on présenta dans le cours de la discussion n'ayant point paru satisfaisantes, l'article fut renvoyé à la commission pour qu'elle proposât une nouvelle rédaction (*Monit.*, 9 mai 1840, p. 975).

Il importe de remarquer qu'aucun orateur n'avait critiqué le fond même de la proposition du Gouvernement. Cependant, par sa nouvelle rédaction, la commission proposa d'autoriser à traiter à l'amiable *postérieurement au dépôt des plans prescrit par l'art. 5 de la loi*, et non plus *à quelque époque de l'instruction que ce soit*. Il ne fut pas dit un seul mot pour justifier cet amendement, et l'article, ainsi rédigé, fut voté sans discussion (*Ibid.*, p. 974).

686. Il est à présumer que la commission avait eu pour but de mettre l'art. 25 en harmonie avec l'art. 19, relatif aux droits des créanciers hypothécaires, et dans lequel la Chambre avait introduit ces mêmes mots : *Postérieurement au dépôt des plans prescrit par l'art. 5 de la présente loi*. Nous croyons que les motifs qui avaient fait désirer à la Chambre cette modification dans l'art. 19 ne s'appliquaient nullement au cas de traité fait par les tuteurs, ce dont on se serait facilement convaincu si ce nouvel amendement de la commission avait été discuté. Du reste, comme la Chambre des députés, lors de la dernière discussion, écarta l'amendement fait à l'art. 19, et que la Chambre des pairs finit par adopter le même système, il n'existait plus aucun motif pour conserver ce système dans l'art. 13, au lieu d'admettre la proposition du Gouvernement d'autoriser les tuteurs à traiter à l'amiable, *à quelque époque de l'instruction que ce fût*. Il est d'ailleurs remarquable que, dans les deux Chambres, pas un orateur

ne soutint qu'un traité passé par un tuteur après le dépôt du plan parcellaire offrirait plus de garantie pour le mineur que ce même traité passé avant le dépôt du plan. Il n'est donc pas permis de supposer que le législateur ait voulu, sans motifs, faire du dépôt du plan parcellaire une condition indispensable pour les traités passés avec les tuteurs et autres administrateurs.

La commission de la Chambre des députés pensa que les dispositions relatives aux biens des incapables seraient mieux placées à l'art. 13 qu'à l'art. 25, et elle proposa les cinq paragraphes ajoutés à l'art. 13 de la loi de 1833.

Quand le projet retourna à la Chambre des pairs, la commission se borna à faire observer que les cinq premiers paragraphes de l'art. 13 avaient été transportés avec raison des art. 25 et 26, où on les avait d'abord placés en tête du titre III. Elle ajoutait : « La Chambre en a simplifié en même temps et amélioré la rédaction. » (*Monit.*, 20 avril 1841, p. 1041.)

L'intention du législateur n'a donc pas été de soumettre les traités à passer par les tuteurs et autres administrateurs à la formalité du dépôt préalable d'un plan parcellaire ; son but était, nous allons le prouver, d'autoriser ces traités à quelque époque de l'instruction que ce fût, *pourvu que l'aliénation fût forcée*. Il ne reste donc qu'à savoir si la rédaction employée par le législateur lui a fait manquer le but qu'il se proposait, et s'il a dit le contraire de ce qu'il voulait dire. C'est une hypothèse qu'il est difficile d'admettre, mais qu'il faut cependant examiner.

687. On fait observer que l'art. 13 n'autorise les tuteurs à consentir amiablement qu'à l'aliénation des biens de mineurs, interdits, etc., *compris dans les plans déposés en vertu de l'art. 5, ou dans les modifications admises par l'administration supérieure, aux termes de l'art.* 11 ; et l'on conclut de ces expressions qu'aucun consentement amiable à l'aliénation ne peut intervenir qu'après le dépôt des plans, et pour les biens compris dans ce plan. Dans ce système, on est obligé de soutenir que les expressions que nous venons de rappeler sont restrictives et qu'on ne peut étendre les dispositions de l'art. 13 à d'autres biens qu'à ceux compris dans les plans primitifs et dans les modifications introduites en vertu de l'art. 11. Or, cette volonté de restreindre la disposition aux seuls cas formellement exprimés n'a jamais été manifestée par le législateur.

On peut donc répondre que les expressions de l'art. 13 sont purement énonciatives ; que le législateur a voulu indiquer seulement les cas où la disposition qu'il établissait recevrait le plus fréquemment son application à des cas analogues, en vertu de l'axiome *ubi eadem ratio, ibi et idem jus*. Certes, ce dernier système est celui qui s'accorde le mieux avec l'intention du législateur, qui était de favoriser les traités amiables lorsque la chose pouvait se faire sans compromettre les intérêts des mineurs. Il ne s'agit donc que de savoir si ce système compromet en quelque chose les intérêts des mineurs ou autres incapables.

688. Voici comment M. Dufaure, rapporteur, justifiait ces nouvelles dispositions devant la Chambre des députés : « Lorsque le plan des propriétés dont la cession est nécessaire a été définitivement arrêté, le pouvoir judiciaire est appelé à prononcer l'expropriation contre ceux des propriétaires avec lesquels il n'a pas été possible de traiter à l'amiable. C'est l'objet du titre III de la loi de 1833. Mais une lacune existait dans la loi : elle n'avait pas prévu les formes suivant lesquelles il serait permis de traiter à l'amiable pour les biens des mineurs et autres incapables. Elle donnait à leurs représentants le droit de convenir du prix après l'expropriation prononcée, mais elle ne leur permettait pas de consentir à l'expropriation. Pourquoi, *dès que l'aliénation est forcée*, ne pas leur permettre d'y souscrire par un acte volontaire, sauf les précautions propres à garantir les droits des incapables? Tel est le but d'une série de dispositions que nous avons ajoutées à l'art. 13, et qui déterminent dans quelles formes les biens de mineurs, d'interdits, d'absents ou autres incapables, les immeubles dotaux, les biens des départements, des communes ou établissements publics, ceux de l'État et ceux qui font partie de la dotation de la Couronne, pourront devenir l'objet de traités amiables. Nous appliquons à l'aliénation même de l'immeuble la disposition que la loi de 1833 n'appliquait qu'au règlement du prix » (*Monit.*, 20 juin 1840, suppl. B).

689. On voit que ni l'existence ni le dépôt d'un plan parcellaire n'ont été indiqués comme des circonstances qui fussent de nature à légitimer l'aliénation des biens des mineurs, ou à leur offrir une garantie plus ou moins nécessaire. C'est qu'en effet la véritable garantie des mineurs, leur seule garantie réelle, est dans l'intervention du procureur impérial et du tribunal, appelés à vérifier si l'aliénation est *forcée*, comme le tuteur l'annonce. Dès que cette preuve est faite, que ce soit par l'allégation de l'existence d'un plan parcellaire, ou de toute autre manière, le tribunal peut autoriser une aliénation qui sera nécessairement forcée, que lui-même déclarerait indispensable quelques jours

ou quelques semaines plus tard. Son intervention suffit donc pour prouver que ce n'est pas volontairement que le tuteur souscrit à l'aliénation de l'immeuble.

Les propositions présentées par M. Dufaure furent adoptées sans difficulté par les deux Chambres. L'expérience en avait démontré la nécessité.

690. L'indication d'une propriété sur le plan parcellaire n'est pas une preuve certaine de la nécessité de son aliénation; car le législateur a permis que ce plan fût modifié, et cette modification peut laisser intacte la propriété du mineur. Le dépôt du plan à la mairie ne change rien à cet état de choses, puisque au contraire ce dépôt a pour but de provoquer les réclamations des personnes qui voudraient faire modifier ce plan. Il faut donc admettre que, même pour une propriété portée sur le plan parcellaire, le tribunal devra, avant d'accorder l'autorisation, vérifier si l'aliénation est réellement forcée. Dès que les magistrats reconnaissent la nécessité de l'aliénation, qu'importe que cette conviction soit basée sur l'examen d'un plan parcellaire, d'un arrêté pris en vertu de l'art. 11, ou sur toute autre décision administrative? Que l'autorisation du tribunal soit demandée la veille ou le lendemain du dépôt du plan parcellaire, la position du mineur sera la même; sa garantie reste toujours dans l'intervention du tribunal, qui devra vérifier si l'aliénation est forcée ou non. Il en est de même pour les autorisations données par les conseils généraux, municipaux, ou d'administration, etc.

Pour les travaux publics d'une certaine étendue, le tribunal ne pourra presque jamais avoir la certitude que l'aliénation d'une propriété est nécessaire tant que le plan parcellaire ne sera pas levé et déposé; ce ne sera donc que quand ces formalités auront été remplies qu'il autorisera à traiter à l'amiable. C'est pourquoi le législateur, qui presque toujours statue sur ce qui arrive habituellement, *quod plerumque fit*, parle dans l'art. 13 des propriétés désignées sur le plan parcellaire.

691. Mais pour certains travaux d'amélioration ou d'agrandissement, et surtout pour les travaux communaux, il arrive souvent que l'ordonnance indique, sans que le doute soit possible, la propriété ou les propriétés que l'administration pourra acquérir à l'amiable ou par voie d'expropriation. Cette désignation suffit pour que le tribunal ait la preuve que l'aliénation de ces immeubles est forcée, et pour qu'il puisse autoriser le tuteur à traiter à l'amiable, même avant le dépôt d'un plan parcellaire.

Par la même raison, si le tribunal trouve, non dans le plan parcellaire, mais dans quelque autre acte administratif, la preuve que l'aliénation est forcée, pourquoi lui refuser le droit d'autoriser le tuteur à consentir cette aliénation ? Quel préjudice le mineur éprouvera-t-il de la non-confection du plan parcellaire ?

692. En matière de travaux militaires, par exemple, même lorsqu'ils ne sont pas déclarés urgents, il n'y a ni dépôt d'un plan parcellaire, ni arrêté du préfet désignant les propriétés à acquérir. Par ces travaux, dit l'art. 75 de la loi du 3 mai 1841, *une ordonnance royale détermine les terrains qui sont soumis à l'expropriation.* Certes, cette ordonnance fait connaître implicitement les propriétés dont l'aliénation est indispensable pour l'exécution des travaux. Or, peut-on admettre que l'existence de cette ordonnance ne suffira pas pour que le tribunal autorise le tuteur à céder les propriétés du mineur qui y sont désignées ? A-t-on voulu que, pour ces travaux, la cession amiable des biens des mineurs, interdits, etc., n'eût jamais lieu ? A-t-on voulu obliger l'administration à dresser et déposer un plan dont le législateur a voulu dérober la connaissance au public ? Évidemment il y a plus de motifs pour autoriser l'aliénation amiable des biens de mineurs désignés dans cette ordonnance que s'ils étaient seulement portés dans un plan parcellaire, qui peut être ultérieurement modifié. Donc la disposition du § 1er de l'art. 13 doit être appliquée à ce cas par suite de l'identité des motifs, et nous pensons qu'on doit l'appliquer également à tous les cas où il est évident que l'aliénation est forcée. Or, si, dans ces circonstances, le législateur n'a pas eu l'intention de subordonner les traités amiables à l'existence de plans parcellaires, il faut bien reconnaître que, comme nous l'avons dit, les mots de l'art. 13 : *Les biens compris dans les plans déposés en vertu de l'art.* 5, sont employés d'une manière démonstrative, et non dans un sens restrictif.

693. Le tuteur représente le mineur dans tous les actes civils (C. Nap., 450) ; c'est donc avec le tuteur que l'administration doit traiter de la cession des biens du mineur. Mais l'art. 457, en défendant au tuteur d'aliéner les biens immeubles du mineur, lui défend aussi implicitement de fixer le prix de la cession d'un immeuble, même quand l'aliénation est forcée, comme dans le cas de licitation (art. 460). En créant une exception à cette règle, en conférant au tuteur le droit de fixer le prix d'un immeuble réclamé par l'utilité publique, le législateur a donc dû entourer

cette concession de garanties propres à préserver les mineurs de tout dommage. L'art. 13 de la loi du 3 mai porte, en conséquence, que les tuteurs ne peuvent consentir un traité amiable qu'en vertu d'une autorisation donnée par le tribunal, après avoir entendu le ministère public, qui est le défenseur et le protecteur de tous les incapables.

L'autorisation du tribunal ne doit être demandée que quand il s'agit de traiter à l'amiable. Lorsque le tuteur est d'avis de refuser les propositions de l'administration, il ne doit pas soumettre son intention au tribunal, qui ne donne pas d'avis, même pour les mineurs, et sanctionne seulement les actes faits ou à faire dans leur intérêt (1) — (A).

694. L'autorisation de traiter est demandée par *simple requête*. C'est l'expression qu'emploie l'art. 13, § 1er, de la loi du 3 mai 1841. L'art. 25 de la loi du 7 juillet 1833 disait que cette autorisation serait donnée *sur simple mémoire*, et l'on avait conclu de ces expressions que la demande pouvait être formée sans employer le ministère des avoués. Rien n'a fait connaître pourquoi la commission de la Chambre des députés a remplacé cette expression par celle de *simple requête*, d'où l'administration conclut que l'on n'a rien voulu changer à l'usage alors suivi (*Circ. min. trav. pub.*, 22 juillet 1843; *Ann. ponts et chauss.*, p. 426).

[Nous ne pouvons partager cette opinion. Nul ne peut former de demande devant les tribunaux que par le ministère d'un

---

(1) [Par le même motif que l'art. 13 et les art. 25 et 26 de la loi du 3 mai 1841 ne sont relatifs qu'aux conventions amiables, il a été jugé que « ces articles « ne sont pas applicables aux cas où, sur « l'action dirigée par l'administration « contre les propriétaires expropriés, pour « parvenir au règlement de l'indemnité. « ceux-ci se présentent devant le jury et « forment la demande d'une indemnité « dont le chiffre est supérieur aux offres « de l'administration ». Cass., 16 fév. 1846 (S. 46.1.237). — Il y a peut-être, ici, quelque chose d'incomplet dans le système de la loi. Il est vrai que c'est pour surveiller *le consentement* des représentants légaux que le tribunal est chargé d'autoriser les conventions amiables ; tandis que, devant le jury, les garanties sont dans le jury lui-même. Mais le jury ne peut pas allouer au delà de la demande (art. 44) : donc, si le représentant légal, tout en réclamant un chiffre supérieur aux offres, ne demande pas encore la véritable valeur, ou s'il collude, le mineur ou l'incapable peut être lésé ; et, dans ce cas, il n'a personne pour le défendre, puisque, d'un côté, la loi spéciale le prive des garanties que lui accordait le droit commun. en ce qui concerne l'aliénation de ses biens immobiliers (C. Nap., art. 457, 458, 459); que, d'un autre côté, la loi spéciale ne lui prête pas son secours propre (l'autorisation du tribunal) ; et, qu'enfin, le jury ne pourra pas allouer plus qu'il n'aura été réclamé.]

Additions.

(A) Le tuteur peut aussi, sans l'autorisation du tribunal, régler avec les autres intéressés l'exercice du droit de récusation. Cass., 13 mars 1861 (S. 61.1.653).

avoué (L. 27 ventôse an VIII, art. 94). Pour qu'on pût déroger à cette règle, il faudrait trouver cette dérogation dans la loi spéciale. Or quels sont les termes de la loi du 3 mai dont on pourrait induire une pareille dérogation? L'emploi des mots *simple requête* est très-fréquent dans nos lois, et toujours on admet que ces requêtes doivent être présentées par le ministère d'un avoué. Les mots *simple mémoire* avaient, au contraire, une autre acception ; mais on les a écartés de la loi nouvelle (*Form.*, n° LXII).

[Un arrêt de la Cour de Paris du 13 octobre 1852 a décidé que la requête que doivent présenter au tribunal civil les représentants des incapables (par exemple, un tuteur), afin d'être autorisés à accepter les offres d'indemnité faites par l'administration qui poursuit l'expropriation pour cause d'utilité publique d'immeubles appartenant à ces incapables, doit être signée par un avoué (Sirey, 1853, 2, p. 576).

Mais un arrêt de la même Cour, du 27 février 1854, a jugé que le ministère des avoués est exclu dans les procédures d'expropriation pour cause d'utilité publique (sauf l'exception écrite dans le titre VII de la loi du 3 mai 1841, relatif à la prise de possession en cas d'urgence) (Sirey, 1854, 2, p. 139).

La question est tranchée aujourd'hui par une circulaire de M. le ministre de l'agriculture, du commerce et des travaux publics, en date du 17 septembre 1856, qui rétablit le ministère des avoués, par le motif que leur intervention a pour résultat d'accélérer, plutôt qu'elle ne la retarde, l'expédition des affaires ; elle est ainsi conçue :

« Aux termes d'une circulaire de l'un de mes prédécesseurs
« portant la date du 22 juillet 1843, la simple requête mention-
« née dans l'art. 13 de la loi du 3 mai 1841, sur l'expropriation
« pour cause d'utilité publique, doit être présentée au tribunal
« par les parties directement et sans le ministère d'un avoué.—
« Cette interprétation de la loi sur l'expropriation a rencontré
« de l'opposition de la part d'un assez grand nombre de tribu-
« naux : lorsque ce cas s'est offert, mes prédécesseurs, afin de
« prévenir de trop longs retards dans la prise de possession des
« terrains, ont invité MM. les préfets à faire présenter de nou-
« velles requêtes par le ministère d'avoués.—Une circonstance
« récente ayant fourni à l'administration l'occasion d'examiner de
« nouveau la question controversée, il m'a paru, Monsieur le
« préfet, qu'il n'y avait pas lieu d'insister pour le maintien de
« l'interprétation que la circulaire du 22 juillet 1843 a eu pour
« objet de faire prévaloir.—En principe général, vous le savez,

« toute requête présentée en justice doit être signée par un des
« avoués constitués près le tribunal auquel elle est adressée, et
« l'on ne peut se dispenser de ce mode de procéder que dans
« les cas formellement spécifiés par la loi ; l'on doit reconnaître
« que les mots *simple requête*, écrits dans la loi de 1841 sur l'ex-
« propriation, n'impliquent en rien cette dispense, et c'est dès
« lors avec raison que les tribunaux exigent l'application de la
« règle commune.— Il ne paraît pas, d'ailleurs, que l'État soit
« véritablement intéressé dans la question. Les frais du recours
« au ministère des avoués pour la présentation de la simple re-
« quête sont en effet peu considérables, et, d'autre part, des
« renseignements qui me sont parvenus de quelques départe-
« ments semblent établir que l'intervention des avoués a pour
« résultat d'accélérer, plutôt qu'elle ne retarde, l'expédition des
« affaires.—Dans une telle situation, il m'a paru, ainsi que je
« l'ai dit plus haut, que l'administration ne devait pas persister
« dans les instructions de la circulaire du 22 juillet 1843, et je
« vous invite en conséquence à les regarder comme non ave-
« nues » (1).]

695. Au reste, quand on emploie le ministère des avoués, leur émolument est fixé à 5 fr. 50 c. dans les villes qui ne sont pas le siége d'une Cour impériale, ou dont la population est au-dessous de 30,000 âmes ; à 6 fr. 75 c. dans les villes où siége une Cour impériale ou dont la population excède 30,000 âmes, et à 7 fr. 50 c. à Paris, Lyon, Bordeaux et Rouen, ainsi que cela résulte de l'art. 78, § 11, du tarif du 16 février 1807. Mais dans cette allocation sont comprises la communication au ministère public et l'obtention du jugement (M. Chauveau, t. 2, p. 483, n° 19). Le mineur ne serait pas complétement indemnisé si son tuteur devait employer une partie de la somme reçue à payer les frais du jugement d'autorisation. Les préfets chargent même souvent un avoué de leur choix de remplir ces formalités pour tous les indemnitaires avec qui ils ont traité, afin que l'affaire marche plus promptement. Cependant M. Gand, p. 306, dit que les frais du jugement d'expropriation sont à la charge de l'incapable.

696. On avait demandé, lors de la discussion de cet article, que le tuteur fût tenu de consulter le conseil de famille ; mais cette proposition ne fut pas appuyée (*Monit.*, 3 mars 1841, p. 516).

---

(1) S. 57.1.389.

Puisque l'aliénation est forcée, l'autorisation du conseil de famille ne peut être nécessaire. La fixation du prix doit être faite par le tuteur, représentant légal du mineur, et les mesures de remploi sont réglées par le tribunal. Ce n'est donc que dans des cas très-rares, et lorsqu'il s'agira d'indemnités importantes et d'une évaluation difficile, que le tuteur pourra, pour mettre sa responsabilité à couvert, consulter le conseil de famille. Le tribunal ne devra non plus prescrire cette mesure que dans des circonstances exceptionnelles.

697. Le tribunal qui doit donner l'autorisation est-il celui de la situation de l'immeuble, ou celui du domicile du mineur? Ordinairement les mesures qui intéressent les mineurs sont homologuées par le tribunal du lieu où la tutelle s'est ouverte (C. Nap., 458). Mais nous pensons que, dans le cas de l'art. 13, le législateur a voulu déférer cette attribution au tribunal dont il est fait mention dans le § 6 du même article, à celui dans le ressort duquel les biens sont situés. Ce qu'il importe que les magistrats vérifient, c'est surtout 1° s'il y a réellement nécessité pour le tuteur de consentir à la cession de l'immeuble; 2° si l'indemnité allouée est suffisante. Or, le tribunal de la situation de l'immeuble est plus à même que tout autre de vérifier ces deux points de fait. Pour les mesures de conservation ou de remploi, le tribunal n'a pas besoin d'avoir une connaissance approfondie de l'état des affaires du mineur, et il obtient facilement les renseignements nécessaires pour statuer sur l'emploi des fonds en parfaite connaissance de cause.

698. L'affaire est examinée par le tribunal en chambre du conseil, et le jugement n'est pas rendu en audience publique, car l'art. 13 veut que l'autorisation soit *donnée en la chambre du conseil*. Il ne convient pas d'appeler le public à s'initier dans les affaires du mineur, ni à chercher dans les mesures prises par le tribunal un indice du plus ou moins de confiance que les magistrats peuvent avoir dans l'administration du tuteur.

699. Ainsi que nous l'avons dit ci-dessus, le tribunal devra vérifier si l'aliénation de l'immeuble pour lequel on veut traiter est réellement *forcée*. Quand il s'agit de travaux exécutés par l'administration, il est presque impossible qu'un traité intervienne pour des terrains qui ne seraient pas indispensables pour l'entreprise. Mais quand les travaux sont exécutés par des concessionnaires, le tribunal doit s'assurer que le terrain est réellement nécessaire pour les travaux, parce qu'il arrive quelquefois que les compagnies acquièrent des terrains utiles pour leurs

spéculations particulières, mais qui n'entrent pas dans le domaine public, et restent propriétés privées. Or, le tribunal ne peut autoriser l'aliénation d'immeubles qui devraient être transférés à une compagnie et non au domaine public.

[D'après le texte du § 1ᵉʳ de l'art. 13, le tribunal doit vérifier si les biens sont compris dans les plans déposés en vertu de l'art. 5, ou dans les modifications admises par l'administration, aux termes de l'art. 11.]

L'inscription d'une propriété sur le plan parcellaire n'est pas toujours une preuve certaine de la nécessité de son aliénation : car le législateur a permis de modifier le tracé indiqué par ce plan (nᵒˢ 133 et suiv.), et cette modification peut laisser intacte la propriété du mineur (1). Si le tracé primitivement adopté est l'objet de réclamations qui paraissent avoir quelque poids, s'il y a quelque apparence que le tracé sera modifié, le tribunal pourra surseoir à statuer. Même après l'arrêté mentionné en l'art. 11, si, au moment où le tuteur demande l'autorisation d'aliéner, l'administration ou la compagnie concessionnaire avait abandonné les travaux ou les avait modifiés, le tribunal devrait refuser l'autorisation ou au moins l'ajourner jusqu'à ce qu'il fût prouvé que la cession de l'immeuble sera réellement nécessaire pour l'exécution des travaux.

700. Dans sa requête en autorisation, le tuteur indiquera les mesures de conservation ou de remploi qui, d'après l'état des affaires du mineur, lui paraissent le plus utiles, et le procureur impérial devra porter particulièrement son attention sur ce point. On ordonnera, tantôt que l'indemnité sera employée à acquitter une dette du mineur ou à acquérir une rente sur l'État; tantôt que le tuteur la touchera sous sa simple responsabilité, ou enfin qu'elle sera déposée à la caisse des consignations jusqu'à ce que le tuteur en ait fait emploi en un autre immeuble. Mais cette dernière mesure ne doit être prescrite que rarement, car il est fort difficile pour le tuteur de trouver à acquérir un immeuble à la convenance du mineur, et dont le prix soit à peu près égal au montant de l'indemnité. Il importe que le tribunal ne perde pas de vue que la cession doit avoir lieu immédiatement, et que les mesures qu'il prescrira ne doivent pas entraver la prise de possession. Il faut donc que l'administration puisse payer de suite l'indemnité ou la consigner; on ne doit pas la

---

(1) Voir ci-après.

charger de surveiller les mesures de conservation ou de remploi, ni l'obliger à attendre, pour réaliser la cession, que le remploi soit effectué : sans cela il serait préférable pour elle de ne pas traiter à l'amiable.

Si le tribunal refusait l'autorisation ou y mettait des conditions que l'administration ne voudrait pas accepter, le règlement de l'indemnité serait fait par le jury.

701. Lorsque le tuteur aura requis l'acquisition de la totalité d'une propriété morcelée par les travaux, et voudra traiter à l'amiable de la cession de la propriété entière, il devra signaler cette circonstance dans sa requête. Ce point mérite toute l'attention du procureur impérial et du tribunal.

702. Le mineur émancipé agit en personne dans tous les actes qui l'intéressent, à la différence du mineur non émancipé, qui, dans tous les actes civils, est représenté par son tuteur. C'est donc le mineur qui doit stipuler lui-même dans le traité à passer avec l'administration ; mais, comme l'art. 484, C. Nap., déclare que le mineur émancipé ne peut aliéner ses immeubles sans observer les formes prescrites au mineur non émancipé, le traité ne sera valable qu'autant que le tribunal aura accordé l'autorisation dont nous avons parlé nos 693 et suiv.

Il ne faut pas perdre de vue que les mineurs sont émancipés de plein droit par le mariage (C. Nap., 476).

703. La loi du 30 juin 1838 s'occupe des aliénés qui ne sont pas interdits. La cession de leurs immeubles peut être consentie par les représentants spéciaux que leur donne cette loi, mais avec l'autorisation du tribunal.

L'art. 509, C. Nap., déclare que l'interdit est assimilé au mineur pour sa personne et pour ses biens, et que les lois sur la tutelle des mineurs s'appliquent à celle des interdits. Toutes les dispositions que nous venons d'exposer sont donc communes aux biens appartenant aux interdits.

Le prodigue auquel il a été nommé un conseil judiciaire peut aliéner ses immeubles avec l'autorisation de ce conseil (C. Nap., 513). Si, par suite d'absence ou de maladie, le conseil se trouvait dans l'impossibilité d'autoriser la cession, il pourrait y être suppléé par une autorisation du tribunal donnée en la forme que nous venons d'indiquer pour les biens de mineurs.

704. Quand des époux sont mariés sous le régime de la communauté, le mari a le droit d'aliéner les immeubles de la communauté (C. Nap., 1421) ; mais il n'a pas le même droit sur les biens personnels de la femme. Il en a seulement l'administra-

tion, et ne peut les aliéner sans le consentement de celle-ci (*Ibid.*, 1428). Elle seule peut consentir cette aliénation, car elle seule est propriétaire. Il est donc nécessaire qu'elle intervienne au contrat. Le tribunal ne pourrait autoriser le mari à stipuler pour sa femme (*Ibid.*). L'art. 13 permet au tribunal de valider les traités consentis par les représentants des incapables; mais, dans le cas dont nous nous occupons, le mari ne peut être considéré comme représentant de la femme.

La femme ne peut aliéner ses immeubles propres sans le consentement de son mari (*Ibid.*, 217, 218), ou, à défaut, qu'avec l'autorisation du tribunal. Comme tous les autres incapables, la femme pourra user de la faculté accordée par l'art. 13 de la loi du 3 mai 1841, surtout dans les cas prévus par les art. 221 et 222, C. Nap. Mais, dans le cas de l'art. 219, le tribunal exigera que le mari soit entendu ou appelé.

Les mêmes règles s'appliquent aux femmes séparées de biens (C. Nap., 217, 1449, 1538) ou même de corps, la séparation de corps entraînant toujours celle de biens (*Ibid.*, 311).

705. Sous le régime dotal, il faut distinguer les biens paraphernaux ou extra-dotaux et les biens dotaux. Tous les biens de la femme qui n'ont pas été constitués en dot sont paraphernaux, et la femme peut les aliéner avec l'autorisation de son mari ou du tribunal (C. Nap., 1574, 1576). On peut donc appliquer ce que nous disons dans le numéro précédent.

Mais sous ce régime, tout ce que la femme se constitue ou qui lui est donné en contrat de mariage est dotal, s'il n'y a stipulation contraire (*Ibid.*, 1541), et les immeubles constitués en dot ne peuvent être aliénés, pendant le mariage, ni par le mari, ni par la femme, ni par les deux conjointement (*Ibid.*, 1554, 1560), à moins que la faculté d'aliéner n'ait été expressément stipulée (*Ibid.*, 1557). C'est cette inaliénabilité que le législateur a voulu faire cesser par le § 3 de l'art. 13 de la loi du 3 mai.

Pour la cession de l'immeuble dotal le consentement de la femme est toujours nécessaire, car elle est propriétaire de l'immeuble. Le consentement du mari l'est également, car l'art. 25 de la loi du 3 mai exige formellement son assistance, même pour accepter les offres faites postérieurement au jugement d'expropriation (1). L'autorisation du tribunal n'a d'autre effet que de faire cesser le caractère d'inaliénabilité imprimé aux immeubles

---

(1) Cass., 11 janv. 1848 (S. 48.1.158.)

dotaux. L'obligation de remploi doit toujours être imposée au mari. Cela paraît résulter de l'art. 1558, C. Nap., qui, prévoyant divers cas où un immeuble dotal peut être aliéné, exige positivement qu'il soit fait emploi du prix ou du restant du prix en un bien dotal. Cependant, si la femme se trouvait dans un des cas où le droit commun autorise l'aliénation de l'immeuble dotal (*Ibid.*, 1555, 1556, 1558), il serait fait l'emploi prévu par ces articles. Pour concilier l'obligation de remploi avec la nécessité de la prise de possession par l'administration, le tribunal doit ordonner que le montant de l'indemnité restera déposé à la caisse des consignations jusqu'à ce que le mari ait trouvé à en faire le remploi (1).

706. Le législateur s'est aussi occupé des biens appartenant à des absents. La déclaration d'absence proprement dite ne peut intervenir que cinq ou dix ans après l'époque où l'individu présumé absent a cessé de donner de ses nouvelles (C. Nap., 115, 119, 121, 122). Jusque-là le tribunal pourvoit, selon les circonstances, à la conservation des biens de l'absent *présumé* (*Ibid.*, 112). Il pourrait donc nommer un curateur chargé de traiter, dans l'intérêt de l'absent, de la cession de l'immeuble reconnu nécessaire aux travaux, en prescrivant des mesures pour la conservation du montant de l'indemnité.

Après la déclaration d'absence, les héritiers présomptifs peuvent se faire envoyer en possession provisoire des biens de l'absent (*Ibid.*, 120). Mais cette possession n'est qu'un dépôt, et ne confère à ceux qui l'obtiennent que l'administration des biens de l'absent (*Ibid.*, 25). Ils ne peuvent donc les aliéner (*Ibid.*, 128), si ce n'est en vertu du § 1er de l'art. 13 de la loi du 3 mai 1841, c'est-à-dire avec l'autorisation du tribunal, qui prescrit pour l'indemnité les mesures de conservation ou de remploi qu'il juge nécessaires.

Si c'est l'époux présent qui opte pour la continuation de la communauté (*Ibid.*, 124), il ne pourra aliéner les immeubles qui en dépendent qu'aux mêmes conditions.

Lorsque les héritiers présomptifs ont obtenu l'envoi en possession définitif des biens de l'absent (*Ibid.*, 129), ils peuvent librement aliéner ces biens, sauf à lui en rendre le prix s'il reparaît (*Ibid.*, 132).

707. L'art. 13 de la loi du 3 mai 1841 ne s'applique pas seu-

---

(1) V. MM. Gillon et Stourm, p. 263 et 296.

lement aux biens de mineurs, d'interdits, d'absents, mais à ceux de tous *autres incapables*, et par conséquent aux biens des faillis. Le législateur a laissé à la jurisprudence le soin de concilier ces dispositions spéciales avec celles du Code de commerce modifiées par la loi du 28 mai 1838, sur les faillites et banqueroutes.

L'art. 572 de ce Code déclare que, s'il y a union, les syndics pourront poursuivre la vente des biens du failli, suivant les formes prescrites pour la vente des biens des mineurs. On peut donc induire de cette disposition que, postérieurement à l'union, les syndics peuvent, comme tous les *représentants des incapables*, consentir à l'aliénation des immeubles reconnus nécessaires aux travaux d'utilité publique, quand ils ont obtenu *l'autorisation du tribunal donnée sur simple requête en la chambre du conseil, le ministère public entendu*. C'est le tribunal civil qui doit donner cette autorisation, puisque le ministère public doit être entendu, et qu'il n'y a pas de ministère public près les tribunaux de commerce.

Le failli n'est pas dessaisi de la propriété de ses biens, et cependant il ne paraît pas que l'on soit tenu de le consulter. Il a pourtant un intérêt réel à la fixation du prix de la cession, comme M. Renouard l'établit très-bien, I, p. 404, de son *Traité des faillites et banqueroutes*; il est donc à présumer que le tribunal désirera souvent connaître l'opinion du failli.

Même antérieurement à l'union, les syndics pourraient régler, avec l'administration le montant de l'indemnité, car l'art. 487, C. comm., leur permet de transiger sur toutes les contestations, moyennant homologation du tribunal civil, s'il s'agit de droits immobiliers. Or le règlement amiable de l'indemnité peut être assimilé à une transaction sur le procès qui va s'élever entre l'administration et la faillite, pour obtenir la cession de l'immeuble.

708. La loi du 7 juillet 1833 ne parlait pas des immeubles dépendant d'un majorat, qui sont déclarés inaliénables par les art. 40 et 41 du décret du 1er mars 1808. On ne pouvait cependant pas prétendre que ces biens étaient à l'abri de l'expropriation, car l'art. 74, § 2, du même décret, déclare que ces biens demeurent soumis aux lois civiles du royaume. Mais on avait pensé que ces biens ne pouvaient être aliénés qu'en vertu d'une ordonnance du roi (aujourd'hui un décret impérial), conformément aux art. 56 et 58 du décret. Comme ces formalités rendaient les traités amiables à peu près impossibles, le législateur a cru pouvoir déroger sans inconvénients aux dispositions de

ce décret, et l'autorisation du tribunal supplée à celle du souverain.

Le décret exige, art. 68, qu'il soit fait remploi du prix de l'aliénation; mais la loi de 1841 laisse à cet égard toute latitude au tribunal. Au reste, si le remploi est prescrit, l'administration ou la compagnie qui poursuit l'expropriation doit être autorisée à déposer le montant de l'indemnité à la caisse des consignations jusqu'à ce que les intéressés aient pu opérer le remploi.

Ce n'est pas sans difficulté que la disposition relative aux majorats a été adoptée à la Chambre des députés. M. le rapporteur repoussait toute disposition exceptionnelle, 1° parce qu'il existe aujourd'hui très-peu d'immeubles dépendant de majorats, et que, d'après la loi du 12 mai 1835, dans un avenir peu éloigné, il ne devra plus en exister; 2° parce que l'inaliénabilité du majorat est établie dans l'intérêt des descendants du titulaire actuel, et qu'il pourrait y avoir des inconvénients graves à permettre au titulaire actuel de consentir, même avec une autorisation du tribunal, à l'aliénation d'un immeuble compris dans le majorat. On pensait qu'il serait nécessaire d'établir des règles spéciales sur la manière dont le consentement serait donné, et même dont il serait demandé au tribunal (*Monit.*, 3 mars 1841, p. 517).

M. Legrand, commissaire du roi, répondit : « On vous a dit que bientôt les majorats seraient éteints. Je rappelle que la loi de 1835 a maintenu l'institution des majorats jusqu'au deuxième degré, non compris le degré de l'institution. Il existe encore des détenteurs de majorats au degré même de l'institution, et il faut attendre que cette génération s'éteigne et que deux autres lui succèdent. Ainsi, pendant soixante, quatre-vingts ans et plus, nous pouvons trouver cet obstacle sur la ligne des travaux. On objecte ensuite que le grevé n'est pas seulement intéressé dans la question, mais que son représentant l'est également. Eh bien ! je dis que le projet de loi même répond à l'objection, car il porte que le tribunal ordonne les mesures de conservation ou de remploi qu'il juge nécessaires. Par conséquent, les intérêts du représentant sont suffisamment garantis par les mesures que le tribunal doit ordonner » (*Monit.*, 3 mars 1841, p. 517). Ces observations décidèrent l'adoption de la disposition proposée; mais, lorsque le cas se présentera, le tribunal ne devra pas perdre de vue qu'il doit veiller aux intérêts du titulaire futur du majorat.

Les mêmes dispositions devraient être appliquées aux biens qui sont grevés de substitution, aux termes des art. 1048 et suiv.

du C. Nap. et de la loi du 17 mai 1826. Le prix de l'aliénation devra toujours être remployé pour obéir au vœu de l'art. 1066.

709. « Les préfets peuvent, dans les mêmes cas, dit l'art. 13 de la loi du 3 mai, aliéner les biens des départements, s'ils y sont autorisés par délibération du conseil général. » Mais cette mesure ne laisse pas d'offrir des difficultés dans l'exécution, parce que le conseil général ne se réunit qu'une fois par an, et pour quinze jours seulement. L'administration devra donc se presser de faire estimer les propriétés départementales assez tôt pour que le préfet puisse, quand cela sera possible, soumettre les estimations à l'approbation du conseil général dans sa session ordinaire.

Lorsque le préfet ne connaît pas encore l'étendue des propriétés départementales dont la cession deviendra nécessaire, et ne peut, par suite, faire prononcer le conseil général à l'avance sur le montant de l'indemnité, il doit au moins, afin de ne pas entraver l'exécution des travaux, se faire autoriser à consentir à la prise de possession provisoire.

D'après les art. 4 et 29 de la loi du 31 mai 1838, la délibération du conseil général devrait être approuvée par un décret impérial lorsque l'indemnité excéderait 20,000 fr.; mais il a été reconnu, dans la discussion de la loi du 3 mai 1841, que l'on dérogeait à cette disposition en se bornant à exiger l'autorisation du conseil général (*Monit.*, 3 mars 1841, p. 517).

Au reste, le préfet ne peut jamais déléguer à un autre fonctionnaire la mission de représenter l'État dans ces traités. Lorsqu'il s'agit du domaine, l'État ne peut, a dit la Cour de cassation, être représenté, soit en demandant, soit en défendant, que par le préfet. Cette délégation est à la fois d'ordre public et absolue; elle ne peut cesser en aucun cas, et le délégué lui-même ne peut la refuser, ni donner à l'État un autre représentant : d'où il suit que le préfet ne peut se dispenser de représenter l'État pour se porter le représentant d'un département. Arr. 20 juillet 1842 (Devill., p. 606).

Pour l'aliénation des biens communaux, le maire doit être autorisé par une délibération du conseil municipal, approuvée par le préfet en conseil de préfecture (art. 13, § 4).

Pour les biens appartenant aux hospices, aux bureaux de bienfaisance et aux autres établissements publics, les administrateurs ne peuvent traiter à l'amiable qu'après y avoir été autorisés par une délibération du conseil d'administration de l'établissement, approuvée également par le préfet en conseil de préfecture (*Ibid.*). Il n'y a pas lieu à l'intervention du tribunal.

710. « Le ministre des finances, dit l'art. 13, peut consentir à l'aliénation des biens de l'État. »

711. [Mais d'après le sénatus-consulte des 23 avril - 1er mai 1856, interprétatif de l'art. 22 du sénatus-consulte du 12 décembre 1852, sur la liste civile et la dotation de la couronne, « l'administrateur de la dotation de la couronne a qualité, dans « les cas prévus par les art. 13 et 26 de la loi du 3 mai 1841, « pour consentir seul les expropriations et recevoir les indemni-« tés, sous la condition de faire emploi desdites indemnités, soit « en immeubles, soit en rentes sur l'État, sans toutefois que le « débiteur soit tenu de surveiller le remploi. »]

712. On distingue, et avec raison, le domaine de l'État et le domaine public. Cependant, lorsque, par l'exécution d'un travail d'utilité générale, il s'agit de faire entrer dans le domaine public national un bien dépendant du domaine de l'État, on ne considère pas cette mutation comme une aliénation, parce que l'immeuble ne cesse pas d'appartenir à l'être collectif que l'on nomme la Nation et l'État.

La rédaction de l'art. 13 semblerait autoriser le ministre des finances à consentir, sans aucune formalité, la cession des terrains appartenant à l'État; mais d'autres lois entourent l'aliénation des domaines de l'État de garanties qui ne pouvaient être complétement écartées en cette circonstance. Un arrêté du 2 juillet 1802 (13 messidor an X) porte que nul édifice national ne peut, même sous prétexte d'urgence, être mis à la disposition d'aucun ministre qu'en exécution d'un arrêté du Gouvernement. En conséquence, une ordonnance du 4 juin 1833 règle la marche à suivre dans tous les cas où il s'agit d'affecter un immeuble domanial à un service public de l'État. Son art. 1er porte que les ordonnances qui auront cet objet seront concertées entre le ministre qui réclamera l'affectation et le ministre des finances. L'avis du ministre des finances sera toujours visé dans ces ordonnances, qui seront contre-signées par le ministre du département au service duquel l'immeuble devra être affecté. Elles seront insérées au Bulletin des lois (Voir ord. 23 juin et 16 novembre 1842). Cette affectation d'une propriété domaniale de l'État au domaine public s'opère sans indemnité. Les art. 13 et 26 supposent qu'il peut y avoir lieu à un traité relativement aux domaines de l'État, parce que cette loi a dû prévoir le cas où des expropriations seraient poursuivies par des départements, des communes, etc.

713. [En résumé, il y a diverses classifications à faire dans l'art. 13 :

1° Les tuteurs, ceux qui ont été envoyés en possession provisoire, et tous représentants des incapables, les possesseurs d'immeubles dotaux et de majorats, sont assujettis à l'autorisation du tribunal ;

2° Les préfets, les maires et les administrateurs d'établissements publics, sont dispensés de l'autorisation du tribunal, et peuvent aliéner les biens des départements, des communes et des établissements publics, en vertu du simple assentiment de leurs conseils respectifs ;

3° Le ministre des finances peut consentir à l'aliénation des biens de l'État ;

4° Mais l'administrateur de la dotation de la couronne a seul qualité pour consentir les expropriations et recevoir les indemnités.]

Section III. — *Mode d'établissement de la propriété.*

714. — Difficulté d'établir la propriété du vendeur ou de ses auteurs, depuis trente ans.
715. — Aucune justification n'est exigée quand on traite avec le propriétaire désigné par la matrice des rôles.
716. — Il suffit qu'il soit encore en la possession de l'immeuble.
717. — La connaissance des anciens propriétaires n'est pas nécessaire pour la purge des hypothèques.
718. — Dans l'intérêt des tiers, on s'informe des anciens propriétaires.
719. — Du cas où la désignation de la matrice des rôles est inexacte et incomplète.
720. — Du cas où l'on traite avec un vendeur qui n'est pas dénommé à la matrice des rôles.
721. — Du cas où les propriétaires sont désignés collectivement à la matrice des rôles.
722. — Du cas où la matrice des rôles ne désigne qu'un seul propriétaire, quoiqu'il y en ait plusieurs.

714. Sous l'empire des lois des 8 mars 1810 et 7 juillet 1833, l'acquisition amiable des terrains se trouvait très-souvent entravée par la nécessité d'établir d'une manière positive que l'immeuble cédé appartenait réellement à la personne qui se présentait pour traiter avec l'administration. Malgré tous les soins

possibles, on parvenait rarement à une justification régulière de la propriété pendant trente ans. Les modifications que la loi du 3 mai 1841 apporte à la législation générale donnent sur ce point à l'administration toutes les facilités compatibles avec la nécessité de respecter les intérêts légitimes des tiers.

715. On a reconnu qu'en fait l'administration est presque toujours dans l'impossibilité de connaître les précédents propriétaires. Sans doute elle peut refuser de traiter à l'amiable si le vendeur n'établit pas régulièrement la propriété de l'immeuble sur sa tête ou celle de ses auteurs depuis trente ans au moins. Mais ces traités amiables sont le seul moyen d'accélérer la prise de possession des terrains, et, par suite, l'exécution des travaux. Exiger de telles justifications des vendeurs, c'est, en réalité, rendre les traités à peu près impossibles, ou en éloigner tellement l'époque qu'il vaudrait autant recourir toujours à la voie de l'expropriation. La révision de la loi du 7 juillet 1833 avait surtout pour objet de faciliter la prise de possession des terrains, et certes on aurait manqué totalement le but si l'on avait persisté à exiger dans les traités amiables la désignation des anciens propriétaires.

D'ailleurs, dès que cette mention n'est pas prescrite pour les jugements d'expropriation (et elle ne pouvait l'être sans exiger de l'administration l'impossible), on doit reconnaître qu'on peut également l'omettre dans les contrats amiables. Lorsqu'il est certain, en effet, que les vendeurs ne feront pas dans un court délai toutes les justifications exigées par le droit commun, l'administration, dans la crainte de perdre en pourparlers inutiles un temps précieux, remplira immédiatement les formalités prescrites pour l'expropriation ; elle arrivera ainsi promptement à faire rendre un jugement d'expropriation. Or ce jugement ne désignera pas les anciens propriétaires, les publications ne les indiqueront pas non plus ; et les créanciers de ces précédents propriétaires ne seront pas mieux avertis que si l'administration avait traité de suite avec les possesseurs indiqués par la matrice des rôles. On aurait donc, en exigeant la mention des précédents propriétaires, éloigné de plusieurs semaines, de plusieurs mois peut-être, la prise de possession des terrains, sans changer la position des créanciers inscrits sur ces anciens propriétaires. De toute manière, ils n'auraient reçu qu'un avertissement indirect et indiquant le propriétaire porté à la matrice des rôles. C'est pourquoi on s'est décidé à assimiler, sous ce rapport, les traités amiables aux jugements d'expropriation.

D'après l'art. 5 de la loi du 3 mai 1841, les plans parcellaires doivent indiquer les noms de chaque propriétaire *tels qu'ils sont inscrits sur la matrice des rôles* ; c'est de cette manière que les propriétaires sont désignés dans tous les actes de l'instruction administrative ou judiciaire, dans le jugement d'expropriation et dans les formalités ultérieures ; et cependant cela suffit pour purger tous les droits de propriété, de privilége ou d'hypothèque. L'art. 19 de la loi ayant appliqué toutes ces dispositions aux contrats amiables, on a admis que l'on pourrait purger les droits de propriété, de privilége ou d'hypothèque, en vertu de traités amiables, lorsque ces traités seraient passés avec le propriétaire désigné par la matrice des rôles, comme on les purge par la publication et la transcription du jugement d'expropriation, qui ne désigne pas autrement ces propriétaires.

716. Les principes ordinaires du droit établissent qu'à l'égard des tiers, celui qui est en possession publique, paisible, continue, et à titre de propriétaire, depuis plus d'un an et un jour (C. proc., 23 ; C. Nap., 2228-2234), est présumé le véritable propriétaire de l'immeuble, et ne peut perdre cette qualité que par suite d'une action en revendication, ou en résolution, ou de toute autre action réelle. Si un tel détenteur transmet ses droits à un tiers, celui-ci ne pourra non plus être dépossédé qu'à la suite d'une des actions que nous venons d'indiquer (C. Nap., 2235), de manière que, si ce tiers peut se mettre à l'abri de toute action réelle, il se trouve avoir la possession définitive et irrévocable de l'immeuble. Telle est la position dans laquelle l'administration se trouvera toujours par suite des dispositions de la loi nouvelle.

C'est nécessairement à la personne qui est en possession de l'immeuble que l'administration s'adresse pour traiter à l'amiable. Elle peut facilement obtenir la preuve que la possession remonte à plus d'un an, et qu'elle n'est pas à titre précaire. Si surtout cette personne est désignée comme propriétaire par la matrice des rôles, il n'est pas douteux que sa possession ne soit *à titre de propriétaire*. Elle a dès lors en sa faveur la possession annale, qui, d'après les principes du droit commun, la fait présumer propriétaire ; elle transmettra donc à l'administration, dans l'hypothèse la plus défavorable, les droits attribués à la possession annale. Or, par suite des modifications apportées au droit commun par les art. 16, 17, 18 et 19 de la loi du 3 mai 1841, cette seule possession annale place l'administration dans une position très-favorable. Elle lui donne le droit de se faire maintenir dans sa possession si quelqu'un l'y trouble par une demande judiciaire ou par voie de fait.

Le tiers qui voudrait lui ôter la possession de l'immeuble devrait agir par voie de revendication : or, par suite de la combinaison des art. 18 et 19 de la loi, une action en revendication ne pourrait empêcher l'effet du contrat de vente ; le droit du réclamant se trouverait transporté sur le prix, et l'immeuble en demeurerait affranchi. Dès lors, l'administration ne peut jamais être dépossédée par une action en revendication ni par une autre action réelle, car l'art. 18 s'applique à toutes les actions de ce genre.

Le véritable propriétaire n'aurait donc d'action que sur l'indemnité, et nous verrons tout à l'heure quels droits il peut exercer sous ce rapport.

Ces seules observations démontrent que, sous le point de vue de la propriété, l'administration peut traiter avec l'individu porté à la matrice des rôles, sans exiger de lui la justification de sa qualité de propriétaire.

717. Dans le droit commun, l'établissement régulier de la propriété et l'indication des précédents propriétaires sont importants pour la purge des priviléges et des hypothèques. Il ne suffit pas à un acquéreur de connaître les inscriptions prises contre son vendeur, celles prises sur les propriétaires antérieurs grèvent également l'immeuble. Il faut donc qu'il puisse signaler au conservateur des hypothèques les précédents propriétaires ; il a dès lors besoin de les connaître, et, pour cela, de se faire représenter les titres de son vendeur et des précédents possesseurs. Pour plus de sécurité, il fait ordinairement énoncer ces titres dans son contrat d'acquisition.

Mais lorsqu'il y a acquisition pour utilité publique, l'administration n'a pas besoin de chercher à découvrir les créanciers privilégiés ou hypothécaires inscrits sur les propriétaires antérieurs; c'est à ces créanciers à se faire connaître. Mais, dira-t-on, la publication et la transcription d'un contrat qui ne mentionnerait pas les noms des anciens propriétaires pourraient-elles faire courir les délais contre les créanciers de ces anciens propriétaires ?

Le jugement d'expropriation mentionne uniquement les noms des propriétaires actuels, *tels qu'ils sont inscrits sur la matrice des rôles*, sans désignation des anciens propriétaires. Il faut bien admettre cependant que la publication et la transcription de ce jugement suffisent pour mettre les créanciers des précédents propriétaires en demeure de se faire connaître à l'administration dans la quinzaine qui suit la transcription. Et puisque l'art. 19 assimile entièrement les contrats amiables aux jugements d'expropriation, il faut reconnaître que la publication et la transcription d'un contrat qui indiquera les noms des propriétaires, *tels qu'ils sont inscrits à la matrice des rôles*, mettront également en demeure les créanciers des anciens propriétaires. Or, les contrats amiables, outre l'indication du propriétaire porté à la matrice des rôles, mentionnent toujours le possesseur actuel et quelquefois plusieurs des anciens détenteurs. Il doivent donc avoir autant d'effet que le jugement d'expropriation.

Ainsi, sous le rapport des priviléges et hypothèques pas plus que relativement à la propriété, l'administration n'a besoin de faire produire aucun titre, lorsqu'elle traite avec le possesseur de l'immeuble, désigné comme propriétaire à la matrice des rôles.

718. Mais comme l'administration doit protéger tous les intétêts légitimes, lorsqu'elle le peut sans nuire à l'intérêt général, les fonctionnaires chargés de recevoir les contrats amiables y énoncent, autant que possible, les noms des précédents propriétaires s'ils parviennent à les connaître. Ces énonciations assurent les droits des créanciers inscrits sur ces anciens possesseurs ; mais si ces énonciations sont incomplètes, et si elles manquent même tout à fait, les intérêts du Trésor ne sont pas compromis par cette omission.

719. La désignation du propriétaire sur la matrice des rôles est souvent inexacte ou incomplète. Les noms de famille sont mal orthographiés, des prénoms sont omis ou modifiés, les changements de profession ou de domicile n'y sont pas indiqués. Ces erreurs ou ces omissions peuvent faire douter de l'identité d'un individu porté à la matrice des rôles avec celui qui se présente pour traiter, ou avec les personnes dénommées dans les actes. La preuve de l'identité peut être plus ou moins facilement rapportée, et les fonctionnaires de la localité ont souvent une connaissance personnelle des faits. Cependant il est nécessaire que les traités portent avec eux la justification de l'identité de deux individus diversement désignés. Les instructions émanées du ministère des travaux publics portent que, si la désignation qui se trouve à la matrice des rôles est inexacte ou incomplète, le vendeur doit prouver l'inexactitude ou l'erreur par la production d'un bail, d'un acte de vente, d'un partage ou d'un autre acte authentique, et qu'à défaut d'acte authentique, l'identité

sera prouvée par un certificat du maire de la commune où l'immeuble est situé, délivré sur la déclaration de deux témoins au moins. Ces justifications sont énoncées au contrat, mais les actes produits n'ont pas besoin d'y être annexés ; ils sont remis aux parties intéressées. Le certificat du maire n'ayant d'autre objet que le traité à passer peut y être annexé, parce que le vendeur n'a nul besoin de cette pièce, et qu'étant délivrée en brevet, l'administration ne pourrait la retrouver si elle avait besoin plus tard d'y recourir. L'erreur se prouve souvent aussi par des actes de l'état civil (*Ann. Ponts et chauss.*, 1843, p. 624).

720. Lorsque l'administration traite avec un vendeur qui n'est pas la personne dénommée à la matrice des rôles, les instructions, du moins celles données par le ministère des travaux publics, prescrivent d'indiquer comment la propriété est passée du propriétaire désigné par la matrice des rôles à la personne qui consent la vente (*Règl. de compt.*, 16 sept. 1843). De cette manière, joignant à la possession du vendeur avec qui elle traite celle de l'individu porté à la matrice des rôles, et s'il y a lieu, celle des possesseurs intermédiaires, l'administration sera toujours en droit d'invoquer une possession bien plus qu'annale ; par suite, en donnant à ce contrat la publicité indiquée par l'art. 15 de la loi, puis le faisant transcrire, elle aura purgé tous les droits réels qui pouvaient grever l'immeuble, ainsi que nous l'avons expliqué, n° 716. Prenant alors un certificat du conservateur des hypothèques sur toutes les personnes dénommées au contrat, elle saura si elle doit consigner le prix de la vente, ou si elle peut payer à la personne avec qui elle a traité.

721. Les propriétaires sont souvent désignés collectivement à la matrice des rôles : *les héritiers N*..., les enfants N*...*. Ceux qui se présentent pour traiter doivent alors justifier, par un intitulé d'inventaire, un partage ou un acte de notoriété, qu'ils sont réellement les seuls héritiers dudit sieur N*...

722. Quelquefois, au contraire, la matrice des rôles ne désigne qu'un seul propriétaire, quoiqu'il y en ait plusieurs. Les mêmes pièces peuvent être produites pour justifier des droits des vendeurs. On se contente même souvent de la déclaration, faite dans le contrat par la personne portée à la matrice des rôles, que les autres comparants sont, comme elle, propriétaires indivis de l'immeuble.

DES PRIVILÉGES ET HYPOTHÈQUES.

Section IV. — *De la purge des priviléges et hypothèques.*

723. — Système présenté en 1805 par le ministre de la justice.
724. — Aujourd'hui le système du droit commun est modifié sur plusieurs points.
725. — Dispositions de la loi du 3 mai 1841 relatives à la purge.
726. — A quelle époque les contrats doivent être passés pour que cette législation leur soit applicable.
727. — Publicité à donner au contrat.
728. — Sa transcription sur les registres du conservateur des hypothèques.
729. — Délai pour l'inscription des hypothèques de toute nature.
730. — De l'inscription d'office.
731. — Certificat à délivrer par le conservateur.
732. — Formes de ce certificat.
733. — Le certificat ne porte pas sur les anciens propriétaires qui ne sont pas dénommés au contrat.
734. — Position que la loi du 3 mai a faite aux créanciers hypothécaires.
735. — Dispense de l'avertissement énoncé en l'art. 6 de la loi.
736. — Les créanciers peuvent demander le règlement de l'indemnité par le jury.
737. — Ils font rarement usage de ce droit.
738. — Délai accordé pour cette réquisition.
739. — But de l'intervention des créanciers.
740. — Faculté accordée à l'administration de ne pas purger les hypothèques pour les indemnités qui n'excèdent pas 500 francs.
741. — Pourquoi il est fait un fréquent usage de cette faculté.
742. — Quand on doit naturellement en user.
743. — Des frais de purge sont peu importants.
744. — L'absence de purge détruit la régularité de la comptabilité.
745. — Les réclamations des créanciers ont été assez rares jusqu'à présent.
746. — Ce qui advient lorsque l'administration n'a pas purgé.

723. Dans une lettre du 23 juillet 1805, transmise à tous les préfets par la direction générale des ponts et chaussées, le ministre de la justice disait : « Les formalités prescrites par le Code civil pour purger les hypothèques ne sont applicables qu'aux ventes qui peuvent concerner les particuliers. Quant aux ventes exigées pour un service public, et que la confection ou l'amélioration des chemins rendent indispensables, les formes administratives suffisent pour autoriser la prise de possession du terrain : *dès que le fonds entre dans le domaine public, toute hypothèque est*

purgée par cela seul. Les inscriptions, s'il en existe, ne peuvent valoir que comme oppositions sur le prix ou l'indemnité : dès lors, pour rendre le paiement valable, il suffit d'exiger que chaque propriétaire rapporte un certificat du conservateur des hypothèques portant qu'il n'existe point d'inscriptions, et, s'il y a des créanciers, de ne payer qu'à ceux dont les droits seront bien justifiés » (*Code des ponts et chauss.*, t. 1er, p. 295). Ce système, qui pouvait déjà souffrir quelque difficulté à l'époque où le ministre de la justice le présentait, a été évidemment écarté par les lois des 8 mars 1810, 7 juillet 1833 et 3 mai 1841.

724. La loi du 3 mai 1841 suppose que le système hypothécaire consacré par le Code Napoléon s'applique aux acquisitions faites pour cause d'utilité publique; mais elle apporte ensuite tant de modifications aux dispositions de ce Code, qu'elle consacre en réalité un système très-différent du premier. Il faut cependant reconnaître que, dans tous les cas où la loi du 3 mai n'a pas de dispositions spéciales, ce sont celles du Code Napoléon qu'il faut appliquer. Le législateur a voulu étendre à la purge des hypothèques, en cas de cession volontaire, les principes qu'il consacrait pour la purge en cas d'expropriation.

Il nous reste à expliquer ici comment ce système a été appliqué aux traités amiables contenant cession d'immeubles pour les travaux publics.

725. Le § 1er de l'art. 19 porte : « Les règles posées dans le « premier paragraphe de l'art. 15, et dans les art. 16, 17 et 18, « sont applicables dans le cas de conventions amiables passées « entre l'administration et les propriétaires. »

En rapprochant cette disposition du texte des divers articles qui y sont rappelés, nous croyons qu'on la reproduit exactement en ces termes : « La convention amiable est publiée et affichée par extrait dans la commune de la situation des biens, de la manière indiquée en l'art. 6. Elle est en outre insérée dans l'un des journaux publiés dans l'arrondissement, ou, s'il n'en existe aucun, dans l'un de ceux du département (Application de l'art. 15, § 1er).—Elle sera, immédiatement après l'accomplissement de ces formalités, transcrite au bureau de la conservation des hypothèques de l'arrondissement, conformément à l'art. 2181, C. Nap. (Application de l'art. 16).—Dans la quinzaine de la transcription, les priviléges et les hypothèques conventionnelles, judiciaires ou légales, seront inscrits.—A défaut d'inscription dans ce délai, l'immeuble cédé sera affranchi de tous priviléges et hypothèques, de quelque nature qu'elles soient, sans préjudice du droit des femmes, mineurs et interdits, sur le montant de l'indemnité, tant qu'elle n'a pas été payée ou que l'ordre n'a pas été réglé définitivement entre les créanciers. — Les créanciers inscrits n'auront, dans aucun cas, la faculté de surenchérir; mais ils pourront exiger que l'indemnité soit fixée conformément au titre IV (Application de l'art. 17). L'art. 21 ajoute que les tiers intéressés au nombre desquels il faut comprendre les créanciers inscrits seront tenus de se faire connaître à l'administration dans un délai de huitaine à compter des notifications, à défaut de quoi ils sont déchus de tout droit à l'indemnité. — Les actions en résolution, en revendication, et toutes autres actions réelles, ne pourront arrêter la cession ni en empêcher l'effet. Le droit des réclamants sera transporté sur le prix, et l'immeuble en demeurera affranchi » (Application de l'art. 18).

Le § 2 de l'art. 19 ajoute : « Cependant l'administration peut, « sauf les droits des tiers, et sans accomplir les formalités ci-« dessus tracées, payer le prix des acquisitions dont la valeur « ne s'élèverait pas au-dessus de 500 fr. »

Tel est le système substitué à celui du Code Napoléon.

726. Il fallait d'abord déterminer à quelle époque les traités amiables devraient intervenir pour que le nouveau système pût leur être appliqué. Le premier projet de la loi du 3 mai 1841 portait que les dispositions des art. 16, 17 et 18, s'appliqueraient aux contrats amiables, *à quelque époque que ces contrats aient été passés*. Cette proposition donna lieu à une longue discussion dans la Chambre des pairs, qui finit par adopter l'amendement de sa commission, qui proposait de n'appliquer ces dispositions qu'aux contrats passés *postérieurement au dépôt des plans prescrit par l'art.* 5 (*Monit.*, 8 mai 1840, p. 956 et 957). A la Chambre des députés, M. Legrand, commissaire du roi, demanda la suppression du membre de phrase que nous venons d'indiquer. « La mesure n'a aucun inconvénient, a-t-il dit, pour les grands travaux, pour les canaux et les chemins de fer ; mais pour les routes royales et départementales, ainsi que pour les chemins de grande communication qui sont compris dans la loi, l'obligation de lever et de déposer des plans parcellaires imposerait à l'administration une perte inutile de temps et d'argent. Voici comment on procède pour les routes : presque toujours, lorsque le tracé est approuvé, on le jalonne sur le terrain ; on marque à droite et à gauche la limite de la route. Un appréciateur se rend ensuite sur la ligne des travaux et traite avec les propriétaires. —Si vous exigez la levée et le dépôt des plans parcellaires, il

faudra que toutes les formalités du titre II soient remplies. Qu'est-ce, en effet, qu'un dépôt qui ne serait point annoncé par la voie des affiches, et qui ne durerait pas pendant un temps déterminé? Sans ces conditions, le dépôt serait illusoire ; cependant l'amendement ne règle rien à ce sujet. On déposera les plans ce soir, par exemple, et demain matin l'on pourra traiter amiablement. Pourquoi le dépôt? N'est-il pas inutile dans ce cas? Et a-t-il d'autre résultat que d'avoir obligé l'administration à la dépense inutile de la levée des plans » (*Monit.*, 3 mars 1841, p. 520)? La suppression de la phrase critiquée fut alors adoptée sans autre discussion (*Ib.*).

Lorsque le projet fut reporté à la Chambre des pairs, la commission demanda qu'il fût au moins énoncé que les dispositions rappelées ne s'appliqueraient qu'aux contrats passés *postérieurement à l'accomplissement des formalités prescrites par le titre I*er (*Monit.*, 20 avril 1841, p. 1042). Mais M. Teste, ministre des travaux publics, déclara que l'article ne pouvait être entendu autrement, et qu'il était inutile de faire un amendement pour expliquer plus nettement ce qui était sous-entendu. M. Legrand, commissaire du roi, confirma cette interprétation, et la commission déclara que, sous le bénéfice de ces explications, elle renonçait à son amendement (*Mon.*, 24 avril 1841, p. 1100). Déjà, dans la première discussion, le Gouvernement avait lui-même proposé l'amendement que la commission avait reproduit ultérieurement (*Monit.*, 8 mai 1840, p. 957).

Il résulte de cette discussion que, si l'administration traite à l'amiable après la déclaration d'utilité publique, mais avant le dépôt des plans parcellaires, la purge des hypothèques aura lieu conformément à l'art. 19 de la loi du 3 mai 1841.

727. De la combinaison de cet art. 19 avec les art. 15, 16 et 17, de la même loi, il résulte qu'en cas de traité amiable, pour parvenir à la purge des priviléges et hypothèques de toute nature, l'administration doit d'abord faire publier et afficher, dans la commune de la situation des biens, un extrait de ce traité. La loi ne dit pas ce que doit contenir cet extrait ; mais il est clair que l'on doit y mentionner tout ce que les tiers et notamment les créanciers privilégiés ou hypothécaires, ont intérêt à connaître. En cas d'expropriation, on publie d'abord un extrait du jugement contenant les noms des propriétaires, les motifs et le dispositif de ce jugement (art. 45); puis on publie les offres qui sont le complément du jugement (art. 23, § 2). Pour le traité amiable, l'extrait doit indiquer les noms des vendeurs, la nature

et la situation de l'immeuble vendu, le prix et les charges faisant partie du prix (Voir l'art. 2183, C. Nap.). Cette publication atteint à elle seule le but des deux publications prescrites par les art. 15 et 23 pour le cas d'expropriation, parce que l'extrait du contrat peut réunir les énonciations qui, dans l'autre cas, ne peuvent être indiquées que successivement. Le contrat énonçant les sommes *acceptées* par les indemnitaires, ce sont celles-là qu'il importe aux tiers de connaître, et non les sommes *offertes* (*Form.*, n° LXIV).

« Le contrat amiable, a dit M. le comte Daru dans son second rapport, doit être publié et affiché dans la même forme que le jugement d'expropriation. Ces publications et affiches ont lieu dans l'intérêt des tiers. Il faut bien que les ayants droit connaissent les prix stipulés, *pour pouvoir*, au besoin, y former opposition, et *réclamer le règlement de l'indemnité par le jury*. La loi de 1833 n'imposait pas cette obligation; mais la nécessité, plus impérieuse que la loi, y a conduit, et, dans le nouveau projet, on a voulu donner à cette opération, consacrée par la pratique, le caractère légal et obligatoire qui lui manquait » (*Monit.*, 20 avril 1841, p. 1042).

Cet extrait doit être publié et affiché de la manière indiquée en l'art. 6 de la loi, c'est-à-dire publié à son de trompe ou de caisse, et affiché tant à la principale porte de l'église qu'à celle de la maison commune. Ce même extrait est inséré dans l'un des journaux publiés dans l'arrondissement, ou, s'il n'en existe aucun, dans l'un de ceux du département. Rien ne s'oppose à ce que l'on réunisse les extraits de plusieurs contrats dans une seule publication, insertion ou affiche. L'accomplissement de ces diverses formalités est constaté de la manière indiquée n° 106.

728. [Après l'accomplissement de ces formalités, le traité est transcrit immédiatement au bureau de la conservation des hypothèques de l'arrondissement dans lequel les biens sont situés, conformément à l'art. 2181, C. Nap. (art. 16 de la loi du 3 mai 1841).

L'art. 58 de la même loi dit positivement, dans son § 2 : « Il « ne sera perçu *aucuns droits* pour la *transcription* des actes au « bureau des hypothèques. »

Cependant la Cour de cassation a fait une distinction par arrêt du 25 février 1846, ainsi conçu :

« Sur le 1er moyen : —Attendu que la transcription d'un acte de mutation au bureau des hypothèques donne ouverture à deux perceptions bien distinctes : la première en faveur du Trésor public ; la seconde au profit du conservateur des hypothèques ; — Attendu que cette distinction, établie par la loi du 21 ventôse an VII et le décret du 21 septembre 1810, n'a point été méconnue par la loi du 3 mai 1841, et que cette loi, en disposant, par son art. 58, § 2, qu'il ne serait perçu aucun droit pour la transcription des actes, n'a exonéré les compagnies concessionnaires de travaux publics que des droits du Trésor, de l'impôt proprement dit, mais non point du salaire du conservateur, de son traitement, de la rémunération attribuée par des tarifs légaux dans la proportion de son travail et de sa responsabilité. — Attendu que le salaire des conservateurs des hypothèques a déjà été réduit de moitié, au profit du Trésor, par l'ordonnance royale du 1er mai 1816, et que, pour leur imposer le sacrifice de l'autre moitié en faveur des compagnies concessionnaires de travaux publics, il aurait fallu une disposition tout aussi formelle ; mais que cette disposition ne se trouve pas dans la loi du 3 mai 1841, qui n'a point dérogé aux lois fiscales, en ce qui touche le salaire des conservateurs ; d'où il suit que le jugement attaqué, en décidant que le salaire des conservateurs devait être perçu dans l'espèce, n'a violé ni l'art. 58 de la loi du 3 mai 1841, ni aucune autre disposition législative ;—Rejette.

Sur le 2e moyen : Vu l'ordonnance royale du 1er mai 1816 :— Attendu que, d'après la distinction rappelée sur le premier moyen entre le droit du Trésor et le salaire des conservateurs, la compagnie demanderesse était fondée à réclamer la restitution de la partie de ce salaire, perçue au profit du Trésor public ; conformément à l'ordonnance ci-dessus visée ; — Attendu que le jugement attaqué, méconnaissant cette distinction posée par lui-même, a débouté la compagnie de son entière demande en restitution, alors qu'il aurait dû l'accueillir pour la moitié, et qu'en ne le faisant point, ledit jugement a fait une fausse application de l'art. 58, § 2, de la loi du 3 mai 1841, et a violé l'ordonnance royale du 1er mai 1816, et que, sous ce rapport et par ce second moyen, ledit jugement doit être cassé ; — Cass. » (Sirey, 1846. 1.238.) (Voir ci-après au chap. *de la dispense des droits d'enregistrement.*)]

729. C'est dans la quinzaine de la transcription que les priviléges et les hypothèques conventionnelles, judiciaires ou légales, doivent être inscrites ; sinon l'immeuble en est affranchi (art. 17). Cette disposition contient une dérogation complète aux règles établies par le Code Napoléon pour la purge des hypothèques *légales* ; mais les formalités qui ont précédé la transcription sont

plus efficaces que celles indiquées par les art. 2193 et suiv., C. Nap., pour faire parvenir le traité à la connaissance des personnes qui ont des hypothèques légales à faire inscrire. On réduit le délai ordinairement accordé pour prendre inscription, mais on augmente les moyens de publicité. La loi du 7 juillet 1833 attribuait le même effet à la transcription du contrat, sans exiger qu'elle fût précédée des publications, affiches et insertions ; mais l'administration avait reconnu l'utilité de ces formalités, et la nouvelle rédaction de l'art. 16 rend désormais cette marche obligatoire.

[Ce délai de quinze jours après la transcription accordé aux créanciers pour l'inscription des priviléges et des hypothèques, n'était que l'application, à la loi spéciale, du droit commun, c'est-à-dire de l'art. 834 du Code de procédure civile. La question soulevée (I, p. 238) relativement au point de savoir si la nouvelle loi sur la transcription du 23 mars 1855, en supprimant ce délai, par l'abrogation de cet art. 834, l'avait en même temps supprimé dans la loi du 3 mai 1841, est tranchée aujourd'hui par les documents législatifs, par la doctrine et par une circulaire ministérielle.

Un mémoire, lu devant l'Académie de législation de Toulouse (1), par M. Bressolles, professeur à la Faculté de droit de Toulouse, et intitulé : « Exposé des règles de droit civil, résultant de la loi du 23 mars 1855 sur la transcription en matière hypothécaire, » constate que MM. les commissaires du Gouvernement devant la commission du Sénat, et le rapport au Sénat (2), ont reconnu « qu'il n'est pas dérogé à la loi du 3 mai 1841 « sur l'expropriation pour cause d'utilité publique (3). La *spé-* « *cialité* de cette matière, ajoute M. Bressolles (4), met les dis- « positions des art. 17 et suivants de la loi du 3 mai 1841, re- « latifs à cette matière, hors de toute abrogation par la loi géné- « ral du 23 mars 1855 : l'observation de M. le rapporteur du « Sénat et de MM. les commissaires du Gouvernement est par- « faitement exacte.

M. le premier président Troplong a dit, dans son commentaire sur la même loi (n° 374, p. 312 et 313) : « Nous avons déjà « établi précédemment, à propos des actes sujets à la transcrip-

---

(1) A la séance publique du 29 juill. 1855 (Inauguration de la fête de Cujas).
(2) Rapport au Sénat, p. 14 et 18.

(3) *Recueil de l'Académie de législation de Toulouse*, 1855, p. 349.
(4) Même recueil, p. 380.

« tion, que la loi du 23 mars 1855 ne devait avoir aucune in-
« fluence sur la matière de l'expropriation pour cause d'utilité
« publique. Nous trouvons une occasion d'appliquer une se-
« conde fois la même idée.

« Aux termes de l'art. 17 de la loi du 3 mai 1841, les créan-
« ciers ont quinze jours, après la transcription du jugement
« d'expropriation, pour inscrire leurs priviléges ou hypothèques.
« Ce délai de quinzaine, qui est un dérivé de l'art. 834 du C. de
« proc. civ., survivra néanmoins à l'abrogation de cet article. Il
« fait partie d'un système qui reste debout dans son entier.
« Ajoutons que, d'après la loi nouvelle, la transcription n'arrête
« le cours des inscriptions que parce qu'elle transfère la pro-
« priété, et qu'on a voulu que cet effet translatif fût absolu et
« complet. Or, dans la matière de l'expropriation pour cause
« d'utilité publique, ce n'est pas la transcription, c'est le juge-
« ment du tribunal qui déplace la propriété; la transcription n'a
« que l'importance d'une formalité tendant à la purge. Il n'y
« a donc aucun motif de s'étonner que les effets de cette
« transcription soient toujours déterminés par les anciennes
« règles. »

M. le premier président renvoie à la dissertation de M. Caban-
tous, professeur de droit administratif à la Faculté de Toulouse (1), et à l'exposé de M. Bressolles mentionné ci-dessus.—
Voir aussi M. Dufour dans sa deuxième édition (t. V, p. 377).

Enfin l'administration de l'enregistrement et des domaines
a transmis aux conservateurs des hypothèques une Instruction,
en date du 15 novembre 1856, dont voici la teneur ; — « Instruction relative à la délivrance des certificats après la transcription des jugements ou contrats en matière d'expropriation
pour cause d'utilité publique. — La loi du 3 mai 1841 sur
l'expropriation pour cause d'utilité publique porte, art. 17 : Dans
la quinzaine de la transcription, etc...; art. 19 : Les règles
posées, etc... —D'un autre côté, l'art. 6 de la loi du 23 mars
1855 sur la transcription en matière hypothécaire est ainsi
conçu : A partir de la transcription, etc... — Quelques conservateurs des hypothèques ont pensé que cet art. 6 avait dérogé
aux dispositions de la loi du 3 mai 1841, et ils se sont refusés à
délivrer, à l'expiration du délai de quinzaine fixé par l'art. 17
de cette loi, un certificat énonçant les inscriptions prises jusqu'à

---

(1) *Revue critique de législation et de jurisprudence*, 1855, VII, p. 400 et 401.

cette époque, ou attestant qu'il n'en n'existe aucune, certificat dont la production, à l'appui des mandats de paiement des indemnités, est exigée par les règlements sur la comptabilité.

« La difficulté a été soumise aux ministres des travaux publics, des finances et de l'intérieur, qui ont reconnu, les 15 mars, 5 et 19 juillet 1856, que le refus des conservateurs n'est pas fondé.

« Voici, en substance, ce que LL. EExc. ont considéré :

« En principe, les lois spéciales ne peuvent être abrogées que d'une manière expresse par les lois générales postérieures.

« L'abrogation des art. 834 et 835 du C. de proc. civ. n'a pas eu nécessairement pour effet de modifier l'art. 17 de la loi du 3 mai 1841, et l'on ne voit rien dans celle du 23 mars 1855 qui puisse faire penser que le législateur ait voulu déroger à la loi sur l'expropriation; loi toute spéciale et d'intérêt public. L'économie de cette loi serait d'ailleurs renversée, si on y introduisait des dispositions incompatibles avec l'urgence des travaux projetés, notamment celles des art. 6 et 8 de la loi du 23 mars 1855, qui accordent quarante-cinq jours au vendeur et au copartageant, et une année à la veuve, au mineur devenu majeur et à l'interdit relevé de l'interdiction, pour faire valoir leurs droits, nonobstant toutes transcriptions dans ces délais.

« Au surplus, après la présentation du projet de loi sur la transcription, MM. les commissaires du Gouvernement ont déclaré « qu'il n'était nullement dérogé à la loi du 3 mai 1841 sur l'expropriation pour cause d'utilité publique ; qu'ainsi les délais accordés par cette loi aux parties intéressées étaient intégralement maintenus. »

« Il en résulte qu'en matière d'expropriation pour cause d'utilité publique, les certificats doivent être délivrés, non immédiatement après la transcription, mais à l'expiration du délai de quinzaine, comme avant la mise à exécution de la loi du 23 mars 1855 (*Instructions générales*, n° 2086).]

730. L'art. 2108, C. Nap., déclare que le conservateur des hypothèques est tenu, sous peine de tous dommages-intérêts envers les tiers, de faire *d'office*, au moment de la transcription, l'inscription, sur son registre, des créances résultant de l'acte translatif de propriété tant en faveur du vendeur qu'en faveur des prêteurs qui auront fourni les deniers et seront subrogés aux droits du vendeur par le contrat d'acquisition. Cette inscription d'office paraît sans utilité à l'égard des acquisitions faites pour le compte direct de l'Etat, car l'Etat n'a ni bailleurs

de fonds ni créanciers hypothécaires, et l'immeuble acquis pour utilité publique ne peut être saisi. Cependant le ministre des finances a décidé, le 17 avril 1835, que l'art. 2108 prescrivant, d'une manière générale, aux conservateurs de prendre des inscriptions d'office, ceux-ci ne peuvent se dispenser de cette formalité qu'en vertu d'une autorisation expresse insérée dans le contrat ou dans le jugement d'expropriation (*Inst. adm. enreg.*, 22 juill. 1836). Mais, comme cette inscription n'a réellement aucun effet, l'administration des travaux publics admet que l'existence de l'inscription d'office n'empêche pas le paiement de l'indemnité (*Règl. de compt.*, 16 sept. 1843).

La Cour de Paris a été plus loin. Par arrêt du 25 mai 1844, elle a déclaré que le conservateur ne pouvait prendre d'inscription d'office sur les biens qui étaient destinés à des travaux d'utilité publique. « Considérant, porte cet arrêt, que l'inscription d'office prescrite par l'art. 2108, C. civ., a pour unique objet de faire connaître aux tiers l'existence du privilége du vendeur conservé par la transcription du contrat de vente; — Considérant que, dans le cas d'expropriation pour cause d'utilité publique, le paiement préalable de l'indemnité rend sans intérêt pour le vendeur le maintien du privilége à lui accordé par la loi générale; que, par le jugement d'expropriation, l'immeuble se trouve complétement affranchi du privilége du vendeur, lequel, ainsi que tous les droits des tiers, est transféré sur le prix; que, dès lors, l'inscription d'un privilége qui n'existe plus serait inutile et frustratoire; — Considérant que si l'art. 16 de la loi du 3 mai 1841 a ordonné, conformément à l'art. 2181, C. Nap., la transcription du jugement d'expropriation, en vue des droits des tiers et de purger les immeubles des priviléges et hypothèques dont ils pouvaient être grevés, il n'a fait aucune mention de l'art. 2108, C. civ., ni de l'inscription d'office prescrite par cet article; — Infirme; au principal, ordonne la radiation des inscriptions d'office prises par le conservateur des hypothèques de Corbeil sur les terres acquises par la compagnie du chemin de fer d'Orléans; condamne le conservateur à restituer à la compagnie le coût desdites inscriptions et aux dépens » (*Gaz. trib.*, 26 mai 1844).

731. A l'expiration de la quinzaine qui suit la transcription, l'administration demande au conservateur des hypothèques un certificat des inscriptions existantes. Si ce certificat constate l'absence de tout privilége ou hypothèque sur l'immeuble, l'Etat se trouve affranchi de tout recours de la part des créanciers, et peut solder le prix aux personnes avec lesquelles il a traité.

732. Une décision du ministre des finances du 25 mai 1825 portait que, pour s'assurer de la situation hypothécaire des propriétaires ayant droit à des indemnités foncières, il serait remis au conservateur des états présentant, avec la situation et la contenance des immeubles, les noms et prénoms de ces propriétaires, afin qu'en regard de chaque article, le conservateur pût consigner le résultat de ses recherches par une simple mention portant *qu'il existe* ou *qu'il n'existe pas* d'inscriptions ; — Et qu'il serait alloué au conservateur des hypothèques le salaire d'un franc pour chacun des articles compris dans ces états collectifs.

Ces dispositions si favorables à la prompte libération du Trésor, et, par suite, à la prise de possession des terrains, ont été rapportées par une décision du ministre des finances du 24 juillet 1837. On a pensé que ces renseignements, n'étant pas donnés par les conservateurs dans la forme ordinaire, n'engageaient pas leur responsabilité (C. Nap., 2197), et on a déclaré que « à l'avenir tous les renseignements réclamés par les ordonnateurs ou les payeurs, à la suite d'expropriation pour cause d'utilité publique, seraient donnés dans la forme ordinaire, sous la responsabilité des conservateurs des hypothèques » (*Circ. adm. enreg.*, 1ᵉʳ août 1837).

Pour les certificats constatant qu'il n'existe pas d'hypothèque, il est en effet nécessaire qu'ils soient donnés dans la forme ordinaire, lorsqu'il s'agit de régulariser le paiement, puisqu'ils seraient à peu près inutiles s'ils n'engageaient pas la responsabilité des conservateurs. Le teneur de ces certificats est, du reste, fort laconique, et leur rédaction exige peu de temps. Mais si l'administration veut seulement consigner, est-il nécessaire qu'elle produise l'état de toutes les inscriptions grevant l'immeuble? Nous croyons que tel n'a pas été le vœu de la loi. Le système consacré par cette dernière circulaire entraîne un travail souvent considérable pour les conservateurs des arrondissements dans lesquels il s'exécute de grands travaux publics. Par suite, et dans l'impossibilité d'obtenir promptement les certificats sans lesquels elle ne peut ni payer ni consigner, l'administration est obligée de faire un fréquent usage de la liberté que lui laisse l'art. 19, § 2, de ne pas purger les hypothèques.

A l'époque où cette circulaire fut publiée, l'administration devait, d'après l'art. 23 de la loi du 7 juillet 1833, faire des notifications à tous les créanciers inscrits; il était donc nécessaire qu'elle connût d'une manière authentique tous ces créanciers. Mais ces notifications ont été supprimées par la loi du 3 mai 1841; dès lors un certificat énonçant qu'il existe des inscriptions suffit pour que l'administration puisse consigner; elle n'a nul besoin d'avoir copie de toutes les inscriptions. Il y a donc lieu de revenir au mode consacré par la décision du 25 mai 1825.

733. Nous avons dit que les droits de l'administration étaient assurés dès l'instant qu'elle avait traité avec le propriétaire mentionné à la matrice des rôles, et qu'elle n'était pas obligée de rechercher les anciens propriétaires, ni de mentionner leurs noms dans les contrats. Cependant, si ces noms ne sont pas énoncés dans les actes, le conservateur ne pourra donner l'état des inscriptions prises sur ces propriétaires, de manière que l'on ne connaîtra pas toutes les inscriptions qui grèvent l'immeuble. Mais nous avons établi (n° 717) que la purge des priviléges et hypothèques n'en serait pas moins complète à l'égard du Trésor.

734. Nous avons déjà fait remarquer aussi que ces dispositions avaient été difficilement admises par le législateur pour le jugement d'expropriation, et que l'on avait été entraîné par cette considération, que l'administration était dans l'impossibilité de connaître d'autre propriétaire que celui que lui signalait la matrice des rôles, et, par suite, d'autres créanciers que ceux inscrits sur ce propriétaire. Cette impossibilité n'existe pas d'une manière aussi absolue pour les contrats passés à l'amiable. Par suite, l'extension de ce système au contrat de vente semblait une dérogation, non suffisamment justifiée, au droit commun en matière d'hypothèques. Aussi, n'est-ce qu'après de nombreuses discussions que le Gouvernement a obtenu la dispense de signifier un extrait du contrat à tous les créanciers inscrits sur l'immeuble, soit du chef du vendeur, soit du chef des précédents propriétaires (n° 717). Mais enfin cette dispense a été insérée dans la loi, et il faut que les créanciers inscrits se résignent à la nouvelle position que le législateur leur a faite. Par cela même qu'il n'est plus fait de notifications à aucun des créanciers inscrits, tous se trouvent rangés parmi les *tiers intéressés* qui sont tenus de se faire connaître à l'administration, s'ils veulent conserver leurs droits, et ce, dans la huitaine qui suit la publication du contrat de vente. Cette conséquence ne peut faire de doute d'après l'assimilation que l'art. 19 établit entre les traités amiables et les jugements d'expropriation (n° 725).

735. On paraît croire qu'en cas d'expropriation les créanciers et autres tiers intéressés sont mis doublement en demeure, d'abord par l'avertissement énoncé en l'art. 6 (art. 21, § 2), puis par les publications prescrites par le § 1er de l'art. 15, et l'on s'étonnera peut-être qu'en cas de traité amiable, cette double mise en demeure ne soit pas également exigée. Aussi, la commission de la Chambre des pairs avait-elle demandé et fait admettre que les traités amiables, pour jouir du bénéfice de la loi du 3 mai 1841, devraient intervenir postérieurement au dépôt des plans; mais la Chambre des députés repoussa ce système, ainsi que nous l'avons rappelé ci-dessus, n° 726.

Il faut d'ailleurs remarquer que cette première mise en demeure n'est guère de nature à éveiller l'attention des créanciers et autres tiers intéressés. L'avertissement prescrit par l'art. 6 se borne à annoncer le dépôt d'un plan parcellaire dans la commune, sans rappeler les noms des propriétaires dont les immeubles y sont indiqués; d'ailleurs, à l'époque de cet avertissement, on ne sait pas encore d'une manière certaine quels immeubles devront être cédés pour l'exécution des travaux. Une publication aussi vague ne peut guère être utile aux créanciers hypothécaires; aussi n'est-ce pas dans leur intérêt qu'elle a été prescrite. Par suite, on a pu la supprimer sans leur causer aucun préjudice. Cependant, en fait, la plupart des traités amiables n'interviennent que postérieurement à l'annonce du dépôt du plan parcellaire.

736. Le prix de la vente n'a cependant été réglé qu'entre l'administration et le vendeur, et, dans les ventes ordinaires, pour empêcher le préjudice qui pourrait résulter pour les créanciers hypothécaires d'un concert frauduleux, on permet à ces créanciers de faire une surenchère du dixième du prix, et de requérir la mise de l'immeuble aux enchères (C. Nap., 2183 et 2184). Mais il n'est pas possible de mettre aux enchères un bien qui doit nécessairement entrer dans le domaine public. « Si des inscriptions ont été prises, disait en 1833 M. Martin (du Nord), rapporteur de la Chambre des députés, de quelque nature qu'elles soient, il faut établir quels droits peuvent en résulter pour les créanciers. Les principes ordinaires veulent que tout créancier qui n'a pas concouru à la fixation du prix de l'immeuble sur lequel il a une hypothèque inscrite puisse surenchérir; mais ici la nature même des choses s'oppose à l'exercice d'un droit de cette nature. La surenchère entraîne nécessairement *une adjudication nouvelle, et comme il serait absurde qu'un autre*

que l'État devînt propriétaire du terrain exproprié, la surenchère est impossible, et le droit de l'exercer doit, par une disposition formelle, être dénié aux créanciers. Cependant un droit, aussi utile que la surenchère, mais plus conforme à la nature des choses, doit être réservé aux créanciers inscrits ; nous vous proposons de les autoriser à ne pas se contenter de la valeur conventionnelle qui serait attribuée à la propriété, et à exiger que, dans tous les cas, la fixation de l'indemnité soit faite d'après les règles posées par la loi » (*Mon.*, 27 janv. 1833, p. 211). Cette proposition fut admise en 1833, maintenue en 1841, et l'art. 17 de la loi du 3 mai porte : « Les créanciers inscrits n'auront,
« dans aucun cas, la faculté de surenchérir ; mais ils pourront
« exiger que l'indemnité soit réglée conformément au titre IV,
« c'est-à-dire par le jury spécial. »

Il est évident que ce n'est pas la surenchère du dixième que le législateur a voulu proscrire, mais la *mise en adjudication* qui aurait été la conséquence de cette surenchère, comme l'a fait observer M. Martin (du Nord). Le § 3 de l'art. 17 a donc toujours été entendu comme s'il portait : « Les créanciers inscrits « n'auront, dans aucun cas, la faculté de mettre l'immeuble « *aux enchères* et *adjudication publiques*, mais ils pourront exiger « que l'indemnité soit fixée conformément au titre IV. » L'expression de *surenchère* a été alors employée comme synonyme de *mise aux enchères* ou *mise en adjudication*, parce que, d'après la loi du 7 juillet 1833, cette mise aux enchères n'aurait pu résulter que d'une surenchère d'un dixième faite à la suite de la notification aux créanciers inscrits, prescrite par l'art. 23 de cette loi. Nous verrons ci-après que depuis la loi du 3 mai 1841, la mise aux enchères pourrait être requise dans une autre circonstance, en vertu de l'art. 2169, C. Nap., et nous croyons que l'on devra alors, par application du § 3 de l'art. 17, substituer à cette mise aux enchères le règlement de l'indemnité par le jury.

737. Les créanciers font très-rarement usage de ce droit. Les propriétaires ne sont pas dans l'habitude de se contenter d'une indemnité inférieure à celle qui leur est légitimement due. On ne peut supposer d'ailleurs une connivence entre le vendeur et le préfet, pour dissimuler une partie du prix aux créanciers inscrits, et le payer ensuite, de la main à la main, au vendeur. De telles manœuvres sont même presque impossibles de la part des agents d'un concessionnaire, obligé de rendre un compte rigoureux de ses dépenses à ses associés. Les registres de la

société donneraient la preuve de la fraude, et une fraude qui pourrait être si facilement découverte n'exige aucune mesure particulière de répression.

738. Dans quel délai les créanciers inscrits sont-ils tenus de requérir le règlement de l'indemnité par le jury? L'art. 28 de la loi du 7 juillet 1833 avait textuellement prévu cette difficulté, et déclarait que c'était *dans la quinzaine de la notification* qui leur était faite de l'acceptation des offres par le propriétaire. Mais cette disposition ne se trouve plus dans l'art. 28 de la loi du 3 mai 1841, parce que l'on a supprimé les notifications aux créanciers inscrits. De là quelque incertitude sur le délai dans lequel les créanciers devront faire connaître leur intention. Lorsque le dernier projet de loi fut porté pour la seconde fois à la Chambre des pairs, la commission remarqua l'incertitude qui régnait à cet égard dans le projet. M. le comte Daru dit dans son second rapport : « Voilà les créanciers connus; il faut leur donner les moyens d'exercer leurs droits...., les mettre *en demeure de réclamer*, quand ils le jugeront convenable, le *règlement de l'indemnité par le jury*. Alors même que le propriétaire aurait traité amiablement, il faut qu'ils puissent s'opposer à l'exécution du contrat. C'est ce qui remplace pour eux le droit de surenchère qui leur est enlevé. Ce pouvoir leur est assuré par le dernier paragraphe de l'art. 17, qui porte : « Les créanciers.... pour-« ront exiger que l'indemnité soit fixée conformément au « titre IV. » Maintenant, comment profiteront-ils du pouvoir que cet article leur confère? Comment seront-ils prévenus des faits qui se passent entre leur débiteur et l'administration? *La loi ne stipule rien à cet égard lorsque les conventions interviennent avant le jugement d'expropriation;* elle statue lorsque les conventions de ce genre sont au contraire postérieures au jugement. Dans le système de 1833, on exigeait des notifications individuelles faites à tous les créanciers inscrits. Vous avez avec raison, messieurs, remplacé ce mode d'avertissement, qui entraînait des formalités trop longues et trop coûteuses, par des avis collectifs et des publications faites dans des formes déterminées... » (*Mon.*, 20 avril 1841, p. 1042).

Il ne faut pas, selon nous, prendre à la lettre cette déclaration de M. le rapporteur, que *la loi ne stipule rien* sur ce point, *lorsque les conventions interviennent avant le jugement d'expropriation*, ce qui est le cas dont nous nous occupons en ce moment. S'il y avait eu réellement une lacune absolue sur ce point, la commission n'eût pas manqué de proposer un amendement destiné à réparer cet oubli ; or, elle n'en a proposé aucun dans ce but. La commission a donc uniquement voulu dire que la loi, ce qui est réellement fâcheux, ne statuait pas en *termes exprès* sur cette question. Mais elle y statue indirectement par les dispositions combinées des art. 15, 16, 19 et 21. M. le comte Daru reconnaît lui-même que l'on a remplacé les notifications directes aux créanciers par des avis collectifs. C'est donc au moyen de ces avis collectifs que l'administration met les créanciers inscrits en demeure de déclarer s'ils exigent que l'indemnité soit fixée par le jury, et l'art. 21 dit clairement que leur déclaration doit alors avoir lieu dans la huitaine qui suit les publications. A l'expiration de ce délai, l'administration doit connaître tous les obstacles qui s'opposent au paiement du prix.

739. Tout créancier hypothécaire ou privilégié qui se fait connaître à l'administration empêche par là que l'indemnité ne puisse être payée au préjudice de ses droits. S'il craint en outre que le règlement de cette indemnité ne soit fait d'une manière préjudiciable à ses intérêts, il peut demander que l'indemnité soit réglée par le jury : c'est un droit que l'art. 17, § 3, de la loi du 3 mai lui reconnaît formellement ; mais il faut qu'il énonce cette intention dans sa notification.

Les créanciers qui ne sont pas intervenus dans le délai de huitaine ne sont pas complétement déchus de leurs droits. Jusqu'à l'époque du paiement, ils peuvent former opposition sur le prix, ce qui oblige l'administration à en opérer la consignation. Quand cette consignation a eu lieu, le montant de l'indemnité est ultérieurement distribué entre tous les ayants droit, *selon les règles du droit commun* (art. 54), sans distinction entre les créanciers qui se sont fait connaître à l'administration dans le délai de huitaine après les publications, et ceux qui n'ont pas rempli ces formalités.

740. Sous l'empire de la loi du 7 juillet 1833, la purge des hypothèques entraînait des lenteurs et des dépenses assez considérables, parce qu'il fallait prendre un état des inscriptions existant sur le vendeur et sur les précédents propriétaires, et notifier un extrait du contrat à tous les créanciers inscrits. Ces formalités étaient d'ailleurs à peu près sans utilité, parce qu'il est excessivement rare qu'un créancier prétende à une indemnité plus élevée que celle qui a été fixée entre le propriétaire et l'administration. Cependant un avis du comité des finances du Conseil d'État, du 10 mars 1837, portait : « qu'aux termes de la loi du 7 juillet 1833, l'administration ne pouvait se dispenser

d'accomplir les formalités établies par cette loi pour la purge des hypothèques, et que, par suite, tout paiement de ces indemnités qui ne serait pas justifié par l'accomplissement de toutes les dispositions prescrites constituerait une violation de la loi. »

Pour éviter les retards et les frais que nécessitaient les diverses formalités exigées par la loi de 1833, à peu près sans utilité pour personne, le Gouvernement a proposé et fait adopter en 1841 la disposition suivante, qui forme le § 2 de l'art. 19 : « Ce-
« pendant l'administration peut, sauf les droits des tiers et sans
« accomplir les formalités ci-dessus tracées, payer le prix des
« acquisitions dont la valeur ne s'élèverait pas au-dessus de
« 500 francs. »

Ainsi, pour les indemnités supérieures à 500 fr., les formalités nécessaires à la purge des hypothèques doivent toujours avoir lieu. « Si l'opinion contraire était admise, a dit M. Barthe, premier président de la Cour des comptes, je demanderais qu'on retranchât la restriction à 500 fr., qui ne serait plus qu'une dérision, puisque, dans tous les cas, l'administration pourrait se dispenser de ces formalités (*Mon.*, 7 mai 1840, p. 940).

Du reste, le législateur n'a pas dit que l'administration ne remplirait jamais les formalités hypothécaires pour les indemnités qui n'excéderaient pas 500 fr. Il s'est borné à repousser le système admis en 1837 par le comité des finances du Conseil d'État, en laissant à l'administration la *faculté* de se dispenser de la purge quand elle jugera que ce parti est préférable. L'administration peut d'ailleurs remplir une partie des formalités hypothécaires et négliger les autres. Elle peut, par exemple, demander un certificat indiquant les hypothèques qui existent, et ne pas faire les publications, affiches et insertions nécessaires pour mettre en demeure les créanciers qui ne sont pas encore inscrits.

741. Deux motifs, comme nous venons de le dire, avaient porté l'administration à solliciter la faculté de se dispenser des formalités de purge pour les indemnités peu élevées : l'obligation de prendre l'état des inscriptions existant sur le vendeur et sur les précédents propriétaires, puis celle de notifier un extrait du contrat à tous les créanciers inscrits. Par suite de modifications introduites dans la loi du 3 mai 1841, l'administration est maintenant dispensée, tant en cas d'expropriation qu'en cas de traité amiable, des notifications aux créanciers inscrits, et on croyait qu'elle était aussi dispensée de demander l'état détaillé des inscriptions prises ou renouvelées par tous ses créanciers.

Il eût été naturel alors que les préfets fissent rarement usage de la faculté que l'art. 19 leur conférait. Mais l'administration de la caisse des consignations a pensé qu'elle ne pouvait recevoir aucune consignation qu'elle ne fût accompagnée d'un état de toutes les inscriptions existant sur les parcelles de terrain acquises. Or, si l'administration purgeait les hypothèques sur toutes les parcelles qu'elle acquiert, la copie textuelle de toutes les inscriptions grevant ces parcelles serait un travail immense pour les conservateurs des arrondissements où il s'exécute de grands travaux. Il y aurait donc impossibilité matérielle d'obtenir d'eux, si ce n'est après un long laps de temps, les certificats indispensables pour payer ou consigner. De là nécessairement de longs retards dans la prise de possession. Force a donc été pour l'administration de faire un fréquent usage de la faculté de ne pas purger pour les indemnités inférieures à 500 fr.; mais il est à espérer que la caisse des consignations sera forcée de renoncer à sa prétention, et l'administration pourra alors purger les hypothèques pour la plupart des indemnités inférieures à 500 francs.

742. Jusqu'à présent l'on n'a pas indiqué les cas dans lesquels il doit être fait usage de la faculté de ne pas purger les priviléges et hypothèques. L'on a dit quelquefois que le préfet pourrait se dispenser de la purge lorsqu'il aurait la conviction que le Trésor ne court aucun risque en payant l'indemnité au propriétaire avec lequel l'administration a traité. Mais il est bien difficile qu'un préfet ait sur ce point une conviction personnelle. Outre qu'on ne voit que trop souvent s'évanouir des fortunes qui semblaient très-solidement établies, le préfet ne connaît pas personnellement la plupart des personnes avec lesquelles il traite, et il ignore presque toujours si les vendeurs ou leurs auteurs n'ont point été tuteurs ou comptables, s'ils n'ont pas été mariés sous le régime dotal, etc.

Nous croyons que, toutes les fois qu'un retard d'un mois peut entraver l'exécution des travaux, l'on ne doit pas hésiter à se dispenser de la purge. Quand le délai nécessaire pour cette purge ne pourra nuire à l'exécution des travaux, la modicité de l'indemnité devra être la seule circonstance à prendre en considération. Nous rappellerons qu'une décision du 25 mai 1825 avait dispensé de la purge pour toutes les indemnités inférieures à 100 fr., et que cette mesure n'avait fait naître aucune plainte. On pourrait encore adopter cette limite, si l'on amenait la caisse des consignations à recevoir le dépôt des indemnités sur la présentation d'un certificat du conservateur, énonçant uniquement qu'il existe des inscriptions, au lieu de la production d'un état détaillé de toutes ces inscriptions.

743. La considération des frais qu'entraîne la purge des hypothèques ne peut influer sur la décision de l'administration, car ces frais sont très-peu considérables lorsqu'il s'agit d'acquisitions faites pour le compte de l'Etat. Les extraits de contrats sont imprimés sur du papier visé pour timbre. La publication et l'affiche de ces extraits dans la commune n'entraînent aucuns frais. Le § 2 de l'art. 58 déclare formellement qu'il ne sera dû aucun droit pour la transcription des contrats au bureau des hypothèques; et, d'après une décision du ministre des finances du 24 juillet 1837, les certificats des conservateurs sont délivrés *gratis*. Une seule formalité entraîne donc quelques frais : c'est l'insertion de l'extrait du contrat dans le journal de l'arrondissement. Comme on peut réunir plusieurs contrats dans une même insertion, la dépense ne peut guère excéder 5 à 6 fr., et reste même souvent beaucoup au-dessous.

744. « Ce qu'il y a surtout d'important, a dit M. Barthe à la Chambre des pairs, c'est de maintenir la règle, l'ancienne loi qui est posée dans tous règlements de finances : qu'avant de payer, l'Etat doit s'assurer qu'il est libéré » (*Mon.*, 7 mai 1840, p. 938). Les réclamations qui interviennent plusieurs années après qu'un travail est terminé, et qui portent sur des exercices clos, occasionnent toujours beaucoup d'embarras au Trésor, parce que les crédits alloués pour les travaux sont épuisés ou annulés, et qu'il faut réclamer des crédits extraordinaires. On doit d'ailleurs remarquer que les créanciers hypothécaires auront non-seulement le droit de se faire colloquer sur le montant de l'indemnité convenue avec le propriétaire, mais qu'ils pourront exiger que l'indemnité soit, pour ce qui les concerne, réglée par le jury spécial (n° 736). Or, il est possible que le jury, appelé à déterminer la valeur d'un immeuble qui aura complétement changé de nature, fixe l'indemnité à une somme beaucoup plus considérable que celle dont le propriétaire se sera contenté.

M. le comte Daru a établi devant la Chambre des pairs que la dispense de purger, pour les indemnités de 500 fr. et au-dessous, pouvait s'appliquer à plus des deux tiers des indemnités payées par le Trésor (*Ibid.*, p. 940). Il serait donc à désirer que l'on pût purger habituellement les hypothèques; sans cela notre comptabilité cesserait d'offrir cette régularité dont l'administration française s'honore à juste titre.

745. Les réclamations basées sur l'inobservation des formalités de purge ont été jusqu'ici assez rares, parce que tous les créanciers inscrits n'ont pas intérêt à réclamer contre l'absence de ces formalités, lors même que le débiteur est insolvable. Ceux qui sont certains de trouver dans le prix des autres biens à eux hypothéqués une garantie suffisante du paiement de leurs créances n'exerceront pas une action dont le succès tournerait uniquement au profit des autres créanciers. Les derniers créanciers inscrits savent souvent qu'ils ne toucheraient rien quand même quelques cents francs seraient ajoutés au prix des biens de leur débiteur. Une réclamation ne peut donc intervenir que de la part d'un créancier inscrit qui saura ou croira que c'est lui qui profitera de l'indemnité que l'administration serait condamnée à payer une seconde fois. Or, quand il y a plusieurs créanciers inscrits, il est souvent difficile de déterminer à l'avance quel sera le créancier qui profitera d'un léger accroissement dans la somme qu'ils doivent se distribuer. Les créanciers seront donc généralement peu disposés à former une réclamation pour un intérêt fort éventuel et souvent très-minime.

Il faut cependant remarquer que les formalités dont l'administration se dispense ont aussi pour but de mettre tous les tiers en demeure de réclamer, notamment ceux qui auraient à exercer une action en revendication ou d'autres actions réelles. On peut se dispenser de faire représenter les titres de propriété du vendeur, lorsque l'on met les tiers intéressés et les créanciers des anciens propriétaires en demeure de se faire connaître ; mais, si on se dispense tout à la fois de l'établissement de la propriété et de la purge des hypothèques, on multiplie beaucoup les chances de recours contre le Trésor.

746. En accordant à l'administration la faculté de se dispenser de la purge des hypothèques, le législateur ne s'est pas positivement expliqué sur les droits qu'auraient les créanciers, lorsqu'il aurait été fait usage de cette faculté.

D'après l'art. 2182, C. Nap., le vendeur ne transmet jamais à l'acquéreur que les droits qu'il avait lui-même sur la chose vendue, et les transmet sous l'affectation des mêmes priviléges et hypothèques dont il était chargé. Par suite, l'art. 2166 porte que les créanciers suivent l'immeuble, en quelques mains qu'il passe, pour être colloqués et payés suivant l'ordre de leurs créances ou inscriptions, et l'art. 2167 ajoute que, si l'acquéreur ne remplit pas les formalités nécessaires pour purger la propriété, il demeure, par l'effet seul des inscriptions, obligé, comme détenteur, à toutes les dettes hypothécaires. Enfin l'art. 2168 déclare que le tiers détenteur est alors tenu de payer tous les intérêts et capitaux exigibles, *à quelque somme qu'ils puissent monter*, ou de délaisser l'immeuble hypothéqué, sans aucune réserve.

L'intention du législateur n'a certainement pas été de soumettre le Trésor public aux conséquences onéreuses qui résulteraient de l'application de ces dispositions; cependant la loi du 3 mai 1841 ne contient aucune dérogation expresse aux divers articles que nous venons de citer. Ces conséquences seraient en effet fort onéreuses, parce que l'administration, ne pouvant *délaisser* un immeuble qui fait partie d'une voie publique, se trouverait nécessairement obligée de payer tous les créanciers inscrits, à quelque somme que leurs créances pussent s'élever, sauf un recours, souvent inutile, contre le vendeur (C. Nap., 2178). M. le rapporteur de la Chambre des pairs a dit, à cette occasion : « Le Trésor court en effet le risque, non-seulement de solder deux fois le prix d'un même terrain, au propriétaire d'abord, au créancier ensuite, mais encore de payer à ce dernier le montant de la somme pour laquelle son hypothèque aurait été prise, somme qui peut être bien supérieure à la valeur du terrain acheté par l'Etat. Un propriétaire aura, par exemple, une hypothèque de 50,000 fr. sur son immeuble; l'Etat prend une partie de cet immeuble, qu'il paie 500 fr. Le propriétaire vend le reste, et le nouvel acquéreur obtient la levée des inscriptions qui grèvent son acquisition; l'hypothèque reste sur l'autre partie au détriment du Trésor, qui peut être ainsi appelé, faute d'accomplissement des formes, à payer les 50,000 fr. dus au créancier » (*Monit.*, 11 avril 1840, p. 677).

Si l'omission des formalités hypothécaires exposait l'Etat à un pareil danger, il faudrait des motifs très-graves pour que l'administration fît usage de la faculté que l'art. 19, § 2, lui confère. Mais la disposition de l'art. 2168 n'est pas aussi absolue qu'elle le paraît d'abord; l'obligation de délaisser ou de payer les créances inscrites n'est pas imposée de plein droit à tout détenteur d'immeuble grevé d'inscription.

Lorsque l'administration apprend, soit par voie administrative, soit par une sommation judiciaire, qu'un immeuble pour lequel elle a négligé les formalités de purge est grevé d'inscriptions, elle doit immédiatement faire les publications prescrites par le § 1er de l'art. 15 (n° 727), puis faire transcrire son contrat d'acquisition (n° 728). A l'expiration de la quinzaine, le certificat du conservateur lui apprendra s'il existe ou non des inscriptions sur la parcelle acquise, et, s'il y en a réellement, elle consignera le prix de son acquisition, conformément à l'art. 54 de la loi, pour que ce prix soit distribué suivant les règles du droit commun : c'est tout ce qu'on peut exiger d'elle. En vain le créancier inscrit prétendrait qu'en vertu de l'art. 2169, C. Nap., il a le droit de faire vendre sur l'administration la parcelle hypothéquée; il y a bien certainement dérogation à cette disposition par celle de l'art. 17, § 2, qui, comme nous l'avons prouvé, n° 736, défend la mise en adjudication des immeubles acquis pour utilité publique, parce qu'il serait absurde qu'un autre que l'Etat devînt propriétaire d'une portion de voie publique.

Dans la huitaine qui suivra les publications et affiches, le créancier inscrit pourra, s'il le juge utile à ses intérêts, requérir le règlement de l'indemnité par le jury (n° 736). En ce cas, l'administration ne devra consigner qu'après la décision rendue, et cette consignation devra comprendre toutes les sommes allouées par le jury. Le règlement de l'indemnité sera poursuivi par l'administration dans la forme ordinaire, ou par le créancier, de la manière indiquée ci-après.

Section V. — *Extinction des actions réelles.*

747. — Gravité de cette disposition.
748. — Opinion de M. Foucart.
749. — Avertissement donné aux autres intéressés.
750. — Délai dans lequel ils doivent se faire connaître.
751. — Mesures qu'ils peuvent prendre pour la conservation de leurs droits.
752. — Du cas où ils n'ont pas agi dans le délai légal.

747. L'art. 18 de la loi du 3 mai 1841 porte : « Les actions en « résolution, en revendication, et toutes autres actions réelles, « ne pourront arrêter l'expropriation ni en empêcher l'effet. Le « droit des réclamants sera transporté sur le prix, et l'immeuble « en demeurera affranchi. » Nous avons expliqué n° 283 les effets de ces dispositions, en ce qui concerne les jugements d'expropriation. Mais l'art. 19 dit que « les règles posées dans l'art. 18 « sont applicables dans le cas de conventions amiables passées « entre l'administration et les propriétaires; » il faut donc apprécier les résultats de cette assimilation.

En vertu de ces deux articles, le véritable propriétaire d'un immeuble peut en être dépouillé par l'effet d'un contrat passé par l'administration avec le détenteur de cet immeuble, et la loi ne lui accorde de recours que contre ce détenteur, qui peut être insolvable. Cependant cette disposition exorbitante du droit commun a été admise dans les lois de 1833 et de 1841, sans discussion.

748. M. Foucart pense que cette déchéance ne peut être appliquée qu'aux contrats passés postérieurement à l'arrêté prescrit par l'art. 11 de la même loi. « Les effets exceptionnels que la loi fait produire à la transmission de propriété, quant aux tiers, étant, dit-il, la conséquence du principe d'*utilité publique*, nous croyons qu'il ne suffit pas, pour qu'ils existent, qu'une déclaration d'*utilité publique* ait été rendue, mais qu'il faut encore que l'immeuble dont la cession a lieu à l'amiable ait été spécialement désigné par l'autorité administrative (art. 2, n° 3). S'il en était autrement, l'Etat pourrait, après une déclaration d'utilité publique, acquérir, sous prétexte de les appliquer aux travaux, des biens dont l'acquisition devrait être régie par les règles ordinaires... La cession à l'amiable ne peut produire les effets de l'expropriation qu'autant qu'elle remplace le jugement et a été précédée des mêmes formalités ; par conséquent, les tiers intéressés auxquels l'Etat opposerait des déchéances résultant de la loi spéciale pourraient y échapper, s'ils prouvaient que l'immeuble n'a point été désigné par un arrêté du préfet, rendu conformément à l'art. 2, n° 3, lequel suppose l'accomplissement des formalités prescrites par le titre II » (T. 1er, n° 648).

749. L'art. 19 de la loi du 7 juillet 1833 ne disait pas que les mesures de publicité établies par le § 1er de l'art. 15 devraient être accomplies pour que l'administration pût invoquer, à l'égard des contrats amiables, les dispositions de l'art. 18 ; mais, dans nos précédentes éditions, nous avions dit, n° 267, qu'il serait souverainement injuste d'appliquer l'art. 18 à des propriétaires qui n'auraient pas été mis en demeure de se faire connaître par les moyens de publicité énoncés au § 1er de l'art. 15. Tous les auteurs avaient appuyé cette opinion. La loi nouvelle a consacré ce système : le § 1er de l'art. 15 devra être appliqué aux contrats amiables, qui, par conséquent, seront publiés et affichés par extraits dans la commune de la situation des biens, et insérés dans un journal.

Les contrats indiquant toujours les noms du propriétaire porté à la matrice des rôles (n° 715), et, au besoin, ceux des propriétaires qui ont transmis l'immeuble à la personne avec laquelle l'administration a traité (n⁰ˢ 718 et suiv.), ces énonciations devront se trouver dans les extraits destinés aux publications, insertions et affiches, et mettront les tiers intéressés en mesure d'apprécier la nécessité de faire valoir immédiatement leurs droits. »

750. Lorsque ces divers modes de publicité ont fait connaître aux intéressés que l'immeuble sur lequel ils ont des actions réelles à exercer a été cédé, en totalité ou en partie, pour un travail d'utilité publique, ceux-ci doivent faire connaître à l'administration leurs droits et prétentions dans le délai de huitaine à compter de la publication.

Si, comme nous l'avons indiqué ci-dessus (n° 716), l'administration a traité avec le possesseur, mentionné comme propriétaire par la matrice des rôles, le réclamant ne pourra s'opposer à la prise de possession de l'immeuble par l'administration. Il ne pourra donc exercer de droits que relativement à la *propriété* de l'immeuble. Or, d'après l'art. 18, les droits portant sur la propriété sont transportés sur le prix, et l'immeuble en demeure affranchi. La réclamation de ces tiers ne constitue donc qu'une réclamation du prix.

Cette réclamation, pour être tout à fait efficace, doit avoir lieu dans la huitaine à compter des publications et affiches (art. 21, § 2). Sous l'empire de la loi du 7 juillet 1833, l'art. 21 de cette loi ne s'appliquait pas aux contrats amiables, parce que cet article est la conséquence de publications qui, alors, n'avaient pas lieu pour ces contrats. Mais l'art. 19, §1ᵉʳ, de la loi du 3 mai 1841, ayant prescrit les mêmes moyens de publicité pour les contrats et les jugements, ces mesures doivent avoir le même effet dans les deux cas, et obliger les tiers intéressés, comme le dit le § 2 de l'art. 21, à faire valoir leurs droits à l'égard de l'administration dans un délai de huitaine, à peine d'être déchus envers elle de tous droits à l'indemnité.

751. Le prix convenu avec le propriétaire apparent pourrait paraître insuffisant au propriétaire véritable, et cela doit d'autant plus facilement se supposer, que celui qui a passé l'acte de vente, ayant quelquefois l'intention de toucher une somme à laquelle il n'avait pas de droit légitime, a pu accepter une indemnité inférieure à celle qu'aurait réclamée le propriétaire réel. L'art. 28 de la loi du 7 juillet 1833 permettait formellement à ce dernier de déclarer, dans la quinzaine qui suivait la notification, qu'il ne voulait pas se contenter de la somme convenue

entre l'administration et le propriétaire apparent, et de demander, par suite, qu'il fût procédé au règlement de l'indemnité par le jury spécial. Cette disposition a disparu du nouvel art. 28, parce que l'on n'a pas voulu que l'administration eût aucune notification à faire aux tiers intéressés ; mais nous croyons que le propriétaire réel n'en conserve pas moins le droit de réclamer le règlement de l'indemnité par le jury, parce que le traité fait avec le propriétaire porté à la matrice des rôles est pour lui *res inter alios acta*. Il faut donc qu'il intervienne entre lui et l'administration un règlement de l'indemnité. S'il ne peut avoir lieu à l'amiable, il doit être fait par le jury. On ne peut refuser au propriétaire le droit de faire régler l'indemnité par le jury, quand cette faculté est formellement reconnue aux créanciers inscrits.

Mais il est nécessaire, pour que cette obligation existe, que dans le délai de huitaine le réclamant ait déclaré qu'il ne voulait pas se contenter de l'indemnité convenue entre l'administration et le propriétaire apparent. Sans cela, la notification faite par lui ne sera considérée que comme une opposition à ce que le prix soit payé entre les mains de celui qui s'est donné pour le véritable propriétaire.

752. Lors donc que les intéressés n'ont pas formellement déclaré, dans la huitaine à compter de la publication, qu'ils ne voulaient pas se contenter du prix stipulé au contrat, ils se trouvent déchus du droit de réclamer le règlement de l'indemnité par le jury. S'ils ont en outre négligé de faire connaître leurs prétentions à l'administration, celle-ci peut se libérer entre les mains de celui avec qui elle a contracté, sans avoir à craindre aucune réclamation ultérieure. Mais, tant que le prix n'est pas payé, les réclamants peuvent former opposition au paiement : car l'art. 18 ne les dépouille pas de leurs droits ; il se borne à déclarer que ces droits sont transportés sur le prix. Ils peuvent donc toujours demander que ce prix leur soit attribué, et s'il a été payé, ils peuvent, en justifiant de leurs droits, faire ordonner qu'il leur sera restitué par le détenteur qui l'a touché en leur place. Ils obtiendront la restitution du prix dans les mêmes cas et de la même manière qu'ils auraient obtenu la restitution de l'immeuble si l'expropriation n'avait pas eu lieu.

SECTION VI. — *Des traités portant consentement à la cession, sans accord sur le prix.*

753. — Ce cas n'était pas prévu par la loi du 7 juillet 1833.
754. — Caractère de ces conventions.
755. — Elles mettent la perte ou la détérioration de l'immeuble à la charge de l'administration.
756. — Nécessité de l'intervention du tribunal après ce traité.
757. — Formes de ces conventions.
758. — Nécessité d'une élection de domicile de la part du vendeur.
759. — Traités passés avec le nu propriétaire sans intervention de l'usufruitier.
760. — Traités passés avec les tuteurs et administrateurs.
761. — Le tribunal donne acte du consentement.
762. — Il ne prononce pas l'expropriation.
763. — Il ne s'assure même pas de l'accomplissement des formalités préalables à l'expropriation.
764. — Il nomme un magistrat directeur du jury.
765. — On peut rendre un seul jugement pour plusieurs traités.
766. — Publication du traité et du jugement.
767. — But de cette publication.
768. — Signification du jugement.
769. — Offres et procédure en règlement de l'indemnité.
770. — Pourvoi en cassation contre le jugement et contre la décision du jury.

753. « Il résulte de la loi de 1833, a dit en 1840 M. le comte Daru, dans son premier rapport, que les parties, d'accord sur le fait principal de l'aliénation des terrains, en désaccord seulement sur la fixation du prix, seraient tenues de passer par toutes les formalités du titre II avant d'arriver au règlement des indemnités. Il paraît superflu de faire prononcer l'expropriation d'une personne qui consent volontairement à la cession de son bien. Cependant, lorsque le cas s'est présenté, les magistrats se sont refusés à rendre le jugement d'expropriation, en se fondant sur ce que les formalités du titre II n'avaient pas été observées et qu'elles étaient de rigueur (1). Il est nécessaire de lever ce

---

(1) Cass., 5 juill. 1836 (S., p. 918; Dall.4.304). En effet, l'art. 28 de la loi du 7 juill. 1833 permettait de soutenir que le jury ne pouvait être réuni qu'autant qu'il y aurait eu jugement d'expropriation, suivi d'offres authentiques faites par l'administration et refusées par les propriétaires ou autres intéressés.

scrupule. La loi doit chercher à favoriser de tout son pouvoir les arrangements amiables, de quelque nature qu'ils soient. Le dernier paragraphe de l'art. 14 a été proposé dans ce but » (*Monit.*, 11 avril 1840, p. 677). Ce paragraphe porte : « Dans le « cas où les propriétaires à exproprier consentiraient à la ces- « sion, mais où il n'y aurait point accord sur le prix, le tribunal « donnera acte du consentement, et désignera le magistrat di- « recteur du jury, sans qu'il soit besoin de rendre le jugement « d'expropriation, ni de s'assurer que les formalités prescrites « par le titre II ont été remplies. »

[« Attendu, porte un arrêt de la Cour de cassation en date du 26 décembre 1854 (1), qu'aux termes de l'art. 14 de la loi du 3 mai 1841, dans le cas où les propriétaires à exproprier pour l'exécution des travaux d'utilité publique ordonnés dans les formes prescrites par cette loi, consentent à la cession de leur propriété, le tribunal donne acte de ce consentement et désigne le magistrat directeur du jury, pour qu'il soit procédé à l'estimation de la propriété cédée ; — Que, dans ce cas, suivant le même article, il n'est pas besoin de rendre le jugement d'expropriation, ni de s'assurer que les formalités prescrites par le titre II de la loi, ont été remplies ; qu'au nombre de ces formalités du titre II, de l'accomplissement desquelles il n'est pas nécessaire de s'assurer, se trouve, dans l'art. 11, l'arrêté ultérieur du préfet, déterminant les propriétés particulières qui doivent être cédées à l'époque de la prise de possession ; — Attendu, d'ailleurs, que la convention faite, le 19 juillet 1853, entre la compagnie du chemin de fer du Midi et Mas-Latrie, avait pour objet la cession par celui-ci de parcelles de terrain nécessaires à la construction de ce chemin ; qu'elle avait tous les caractères d'une cession de propriété, puisqu'elle avait lieu pour la construction du chemin, ce qui implique un abandon définitif, et qu'il était stipulé qu'une indemnité serait payée, pour cet abandon, dans les formes de la loi d'expropriation, avec les intérêts exigibles en même temps que le prix principal ; — Que la prise de possession par la compagnie et le consentement formel du propriétaire avaient suffisamment déterminé les parcelles, objet de la cession ; — Qu'il suit de là que les parties se trouvaient précisément dans le cas de l'art. 14 de la loi du 3 mai 1841, et que le propriétaire à exproprier consentant à la cession, il était

---

(1) Dall. 55.1.458 ; S. 55.1.604.

autorisé à se pourvoir devant le tribunal, pour demander acte de son consentement et pour faire ordonner la nomination du magistrat directeur du jury, sans qu'il fût besoin pour le tribunal de s'assurer que les formalités prescrites par le titre II de la loi eussent été remplies ; — Qu'en ordonnant ainsi, dans les faits de la cause, le tribunal de Castelnaudary, par le jugement attaqué, n'a violé aucune loi ; — Rejette. »]

754. Il est nécessaire de caractériser les conventions qui font l'objet du dernier paragraphe de l'art. 14. L'art. 1582, C. Nap., dit que la vente est une convention par laquelle une des parties s'oblige à livrer une chose et l'autre à la payer. Ces deux caractères se rencontrent dans la convention dont il s'agit, et qui, dès lors, doit être considérée comme une vente. En général, le prix de la vente doit être déterminé et désigné par les parties (C. Nap., 1591); mais il peut aussi, dit l'art. 1592, être laissé à l'arbitrage d'un tiers. C'est ce qui a lieu dans la circonstance que nous envisageons : le tiers chargé de fixer le prix est le jury. L'art. 1592 n'aurait pas suffi pour autoriser une pareille convention ; une disposition spéciale était nécessaire : les fonctions de juré étant une charge publique, onéreuse pour ceux à qui elle est imposée, et qui expose à des pénalités assez graves, les citoyens ne sont tenus de se soumettre à ces obligations que dans les cas prévus par la loi.

Ajoutons que, lorsqu'il s'agit d'une convention passée avec un tuteur ou autre administrateur dont les stipulations ont besoin d'être approuvées pour recevoir leur exécution (n° 689), la nécessité de cette approbation forme une condition suspensive (C. Nap., 1182), et la convention n'aura d'effet que quand le tribunal en aura donné acte.

755. Si l'immeuble qui fait l'objet d'une convention de cette nature vient à périr ou à éprouver des détériorations avant que le jury ait procédé à la fixation de l'indemnité, le préjudice sera-t-il pour le propriétaire ou pour le Trésor ? Le jury devra-t-il estimer l'immeuble d'après son état au moment de la convention, ou tel qu'il se trouve à l'époque de la réunion des jurés ? Dans le droit commun, ces questions offrent de sérieuses difficultés, ainsi qu'on peut le voir dans les *Traités de la vente* de Pothier, n° 312, et de M. Troplong, n° 160. Mais, dans l'espèce dont nous nous occupons, il semble que le traité doit contenir translation définitive de la propriété, sous la réserve de faire régler le prix ultérieurement : car l'article statue sur le cas où les propriétaires *consentent à la cession*. Cette cession est définitive,

irrévocable, et la chose cédée doit être dès ce moment-là aux risques et périls de l'État. Du reste, on fera bien de rédiger les actes de manière à ne pas laisser de doutes sur ce point.

756. Les traités de cette nature ne peuvent recevoir leur exécution qu'avec l'intervention du tribunal, parce que c'est aux magistrats seuls qu'il appartient de déclarer s'il y a pour les citoyens obligation de supporter la charge du jury. Ce jury ne peut d'ailleurs fonctionner que sous la présidence d'un juge délégué à cet effet par le tribunal, et sous ce point de vue encore, l'intervention des magistrats est nécessaire. La désignation des jurés devant être faite par une autre juridiction, le jugement sera pour ces magistrats une preuve de la nécessité de cette désignation. L'art. 14, § 5, dit, en conséquence, que le tribunal donnera acte du consentement, et désignera le magistrat directeur du jury. Ce jugement est donc indispensable pour que l'on puisse s'adresser au jury.

757. La convention contenant consentement à la cession, sans accord sur le prix, peut, comme tous les autres actes relatifs à l'acquisition des terrains, être passée devant notaire ou dans la forme des actes administratifs (n° 670). On doit y énoncer tous les actes et faits propres à établir les droits du cédant sur l'immeuble dont il consent l'abandon. Cette justification est faite de la même manière que pour les autres traités amiables ; on peut donc voir ce que nous disons n°s 715 et suiv. S'il y a des tiers intéressés au règlement de l'indemnité, le propriétaire est tenu de les indiquer dans le contrat.

758. Ce traité ne dispense pas de la procédure en règlement d'indemnité, dans le cours de laquelle plusieurs notifications devront être faites au propriétaire. Or la célérité des opérations exige que ces notifications aient lieu au domicile élu par le propriétaire dans l'arrondissement de la situation des biens, comme le prescrit le § 2 de l'art. 15. Le traité doit contenir cette déclaration d'élection de domicile, car, l'administration n'ayant pas toujours rempli les formalités prescrites par le titre II de la loi, le propriétaire n'aurait pas été mis en demeure de faire cette élection de domicile, et l'on ne pourrait dès lors, sans inconvénients, remettre la signification au fermier et au maire, comme le permet l'art. 15.

759. Si l'administration n'avait traité qu'avec le nu propriétaire d'un immeuble, le consentement par lui donné ne dispenserait pas de remplir toutes les formalités du titre II pour arriver à anéantir les droits de l'usufruitier, car l'art. 624, C. Nap.,

déclare que la vente de la chose sujette à usufruit ne fait aucun changement dans le droit de l'usufruitier, et le traité en question n'est réellement qu'une vente, même après avoir été visé dans un jugement.

760. Puisque la convention sur laquelle statue le § 5 de l'art. 14 doit contenir l'engagement de l'une des parties de livrer l'immeuble, il semblerait que cette obligation ne peut être prise que par une personne ayant qualité pour aliéner cet immeuble. Cependant, quand on considère que les tuteurs peuvent, sauf l'approbation du tribunal, consentir à la vente et au règlement du prix, il faut reconnaître qu'ils peuvent, à plus forte raison, consentir à la cession en laissant au jury le soin de régler le prix. Toutefois cette convention, de même que la première, ne sera valable qu'avec l'autorisation ou l'approbation du tribunal.

Mais est-il nécessaire que l'on fasse rendre d'abord un jugement qui autorise le tuteur ou autre incapable à souscrire la convention dont nous nous occupons, puis un autre jugement qui, sur le vu de celui-là, et de la convention qui s'y rattache, donnera acte du consentement et désignera le magistrat directeur? Ce serait, selon nous, multiplier les jugements sans nécessité. Dans les cas prévu au § 1er de l'art. 13, le tribunal doit, 1° vérifier si l'aliénation de l'immeuble est forcée (n° 699); 2° indiquer les mesures de conservation ou de remploi (n° 700). Rien ne s'oppose à ce que le tribunal vérifie ces deux points avant de donner acte du consentement et de nommer le magistrat directeur. Un seul et même jugement peut donc facilement satisfaire aux prescriptions de l'art. 13, § 1er, et de l'art. 14, § 5; seulement le tribunal sera appelé à homologuer, s'il y a lieu, une convention déjà souscrite, au lieu d'autoriser à passer cette convention, comme le suppose le § 1er de l'art. 13. Mais, dans la matière qui nous occupe, cette différence n'a aucune importance réelle. C'est surtout en vue des conventions passées avec les incapables que l'art. 13 dit que le tribunal *donnera acte du consentement*.

761. Puisque le tribunal doit rendre un jugement, cette décision doit être provoquée par un réquisitoire du procureur impérial, sur lequel le tribunal doit statuer dans les trois jours suivants.

L'art. 14 dit que le tribunal *donnera acte du consentement* exprimé dans le traité. Mais, avant de donner acte du consentement, le tribunal ne devra-t-il pas s'assurer si la personne qui a signé la convention est véritablement propriétaire de l'immeuble qu'elle cède? Non : c'est à l'administration à vérifier si la personne avec laquelle elle traite a qualité pour stipuler ; le tribunal n'a pas à se livrer aux vérifications minutieuses qu'exige l'appréciation des droits des parties dénommées dans les différents contrats qui peuvent nécessiter la nomination d'un magistrat directeur du jury. C'est aux agents de l'administration ou des cessionnaires à juger s'ils peuvent avec sécurité contracter avec la personne qui se présente pour traiter; le tribunal n'est pas chargé de leur donner d'avis sur ce point.

762. Le législateur ajoute qu'il ne sera pas besoin de *rendre le jugement d'expropriation*. En effet, l'expropriation est une aliénation *forcée*, et il paraît superflu, a dit M. le comte Daru dans son rapport, de faire prononcer l'expropriation à l'égard d'une personne qui consent volontairement à la cession de son bien. (*Mon.*, 11 avril 1840, p. 677.)

763. Le législateur déclare, en outre, que le tribunal n'aura pas besoin de *s'assurer que les formalités prescrites par le titre II ont été remplies*, mais on devra toujours constater l'accomplissement des formalités du titre Ier; dès lors, on devra produire au tribunal et viser dans le jugement, 1° la loi ou l'ordonnance qui autorise l'exécution des travaux pour lesquels l'acquisition est faite, et 2° l'arrêté du préfet qui désigne les localités ou territoires sur lesquels les travaux doivent avoir lieu, lorsque cette désignation ne résultera pas de la loi ou de l'ordonnance.

« C'est avec regret, a dit M. le marquis de Laplace, que je vois introduire une disposition qui interdit, dans certains cas, au tribunal de s'assurer si les formalités du titre II ont été remplies : car ces formalités ne me semblent pas seulement protectrices des droits du propriétaire, mais encore de ceux des créanciers qui sont ainsi avertis plus à l'avance par la publicité qu'entraînent ces formalités. Il est probable cependant que, puisqu'il y a alors contestation sur un point de la convention, ces formalités auront été plus ou moins observées. » (*Monit.* 8 mai 1840, p. 956.) Il faut remarquer que l'article ne dispense pas alors l'administration de remplir les formalités du titre II ; il la dispense seulement de justifier au tribunal de leur complet accomplissement à l'égard des propriétaires qui auraient consenti à la cession, sans toutefois accepter l'indemnité à eux offerte. L'administration devra remplir, sur le traité intervenu à l'amiable, les formalités nécessaires pour la mettre à l'abri des réclamations que les tiers pourraient élever. Ceux-ci n'éprouveront donc aucun dommage.

764. Dans les cas ordinaires, le jugement qui prononce l'expropriation opère la transmission de la propriété, et constitue le commencement de la procédure relative au règlement de l'indemnité. Dans le cas dont nous nous occupons ici, la transmission de la propriété a lieu en vertu des conventions intervenues à l'amiable ; mais il reste à accomplir les formalités relatives au règlement de l'indemnité. En conséquence, le jugement doit nommer un magistrat directeur du jury qui sera chargé de fixer l'indemnité, et désigner un autre membre pour remplacer au besoin le premier (Art. 14, §§ 3 et 5). — (A).

Additions.

(A) Le jugement qui donne acte au propriétaire à exproprier de son consentement à la cession amiable de son immeuble, sauf fixation de l'indemnité par le jury, tient lieu du jugement d'expropriation et produit les mêmes effets, notamment en ce qui concerne l'annulation des baux, et le remplacement, pour le locataire, du droit au bail, par un simple droit à l'indemnité. Cass. civ., 12 juin 1860 (S. 60.1.1005); C. Paris, 7 mai 1864 (S.64.2. 401); C. Paris, 11 août 1862 (S.62.2.417); C. Paris, 29 juill. 1864 (S. 64.2.209); Cass. req., 6 mars 1866 (*Gaz. trib.*, 7 mars 66); Trib. civ. Seine, 19 fév. 1866 (*Gaz. trib.*, 28 mars 66).

Le bail ainsi résolu à l'égard du locataire, l'est également à l'égard de l'expropriant, qui ne peut, dès lors, se soustraire au paiement de l'indemnité en offrant d'entretenir le bail jusqu'à son expiration. Si néanmoins le locataire est, de fait, resté dans les lieux, il doit paiement de ses loyers à l'expropriant ; mais il y a lieu de lui tenir compte tant du trouble qu'il a éprouvé par suite de l'incertitude de durée de sa jouissance, que des loyers par lui payés d'avance. En pareil cas, les juges fixent l'époque à laquelle le locataire devra vider les lieux, et si l'expropriant refuse de le laisser sortir à cette époque, il n'est dû à ce dernier aucuns loyers à raison de l'occupation ainsi prolongée par son seul fait. Paris, 7 mai 1864 (S.64.2.401); Trib. civ. Seine, 19 fév.1866 (*Gaz. trib.*, 28 mars 66).

Jugé au contraire : que cette cession volontaire ne produit pas les mêmes effets qu'un jugement d'expropriation, et spécialement n'ouvre pas aux locataires le droit de poursuivre la désignation du jury, à défaut par l'administration d'avoir poursuivi elle-même le règlement de l'indemnité dans les six mois de la cession.

Dans tous les cas, la Cour impériale appelée à statuer en chambre du conseil sur cette demande, ne peut la rejeter par des motifs tirés du fond du droit ou de la qualité des réclamants ; sauf au jury, s'il s'élève devant lui un litige de cette nature, à procéder comme il est dit en l'art. 39 de la loi du 3 mai 1841. Cass., 20 janv. 1864 (S.64.1.192).

La promesse de cession amiable, faite à un soumissionnaire de travaux à exécuter, d'un immeuble soumis à l'expropriation par un décret d'utilité publique, équivaut à la cession elle-même quant à la résolution des baux, lorsque le soumissionnaire a obtenu de l'administration la concession qu'il sollicitait, et la promesse de cession emprunte un caractère définitif du jour où est rendu le décret impérial qui autorise la concession.

Du jour de ce décret part le délai de six mois après lequel le locataire peut convoquer le jury. Il n'est pas nécessaire pour entraîner la résolution du bail que la convention ait été revêtue des formalités de publication et de transcription indiquées par la loi du 3 mai 1841. L'effet résolutoire dérive même d'un acte sous seing privé, et il importe peu que le locataire

765. Rien ne s'oppose à ce que l'on fasse rendre un seul jugement pour plusieurs propriétés à l'égard desquelles il serait intervenu des traités portant consentement à la cession sans accord sur le prix.

766. L'art. 15 de la loi du 7 mars 1841 dit, comme l'article correspondant de la loi du 7 juillet 1833, que *le jugement* est publié, affiché et inséré, par extrait, dans un journal, et l'art. 16 ajoute que le jugement est transcrit immédiatement après l'accomplissement de ces formalités. Cette expression était très-exacte dans la loi de 1833, parce qu'elle renvoyait implicitement à l'art. 14, qui ne parlait que du jugement rendu sur la poursuite de l'administration, et prononçant l'expropriation des terrains pour lesquels elle avait rempli toutes les formalités indiquées par les articles antérieurs. Mais, par suite des modifications que la loi de 1841 a apportées à cet art. 14, il y est fait mention de deux autres espèces de jugements : l'un prononçant l'expropriation sur la poursuite du propriétaire, l'autre, dont il s'agit dans cette section, ne prononçant pas l'expropriation et désignant seulement un magistrat pour diriger le jury. On peut donc se demander si l'obligation de faire publier, afficher et transcrire, s'applique à ce dernier jugement.

D'après les principes du droit commun, l'on ne doit faire transcrire que les actes *translatifs de propriété* (C. Nap., 2181).

---

ait joui des lieux jusqu'à l'expiration de son bail. Trib. civ. Seine, 20 mars 1866 (*Gaz. trib.*, 28 mars 66).

Le jugement qui donne acte à un propriétaire de son consentement à l'expropriation doit porter en lui-même la preuve directe du fait même de ce consentement. Ainsi est nul le jugement qui constate seulement qu'il a été rendu sur la simple et unique réclamation du préfet attestant l'existence du consentement allégué. Cass., 23 déc. 1862 (S.63.1.317).

Et au cas de pourvoi en cassation contre ce jugement, il n'y a pas lieu de surseoir à statuer jusqu'au jugement d'une instance dans laquelle il s'agit de savoir si l'occupation du terrain a été ou non consentie par le propriétaire : la question du pourvoi étant de savoir, non pas si à une époque quelconque le consentement a été donné, mais si la prime en était rapportée au moment où le jugement attaqué a

donné acte de ce consentement. Cass., 23 déc. 1862 (S. 63.1.317 ; *Gaz. trib.*, 25 déc. 62).

Le jugement qui donne acte d'une cession amiable renferme des motifs et un dispositif suffisants, s'il contient mention du consentement à la cession et désignation des terrains cédés. En conséquence, la signification d'un jugement ainsi conçu fait courir les délais du pourvoi en cassation. Cass. civ., 16 janv. 1865 (*Gaz. trib.*, 16 janv. 65).

Ce jugement ne produit les mêmes effets qu'un jugement d'expropriation, et spécialement n'affranchit l'immeuble des servitudes et autres droits réels qui le grèvent, qu'autant qu'il a été rendu dans les termes de la loi du 3 mai 1841, c'est-à-dire après une déclaration d'utilité publique. C. Paris, 27 août 1864 (S. 64.2. 209).

Or, l'on ne peut attribuer ce caractère au jugement dont il s'agit. D'un autre côté, l'art. 19 veut que l'on remplisse les mêmes formalités pour les contrats amiables passés entre l'administration et les propriétaires. La convention dont parle le § 5 de l'art. 14, étant un contrat amiable portant transmission de propriété, est réellement le titre qui doit être publié, affiché et transcrit ; l'on pourrait donc, à la rigueur, ne remplir aucune de ces formalités pour les jugements qui ne font que nommer le magistrat directeur du jury.

Cependant, comme les conventions dont nous nous occupons participent tout à la fois du traité amiable et de la cession judiciaire, que le jugement est un complément indispensable pour les contrats passés par les tuteurs et autres administrateurs, il paraît convenable de faire mention dans les publications, insertions et affiches, tout ensemble de la convention intervenue entre l'administration et le propriétaire, et du jugement qui en a été la suite. On ferait également transcrire simultanément ces deux actes. De cette manière on satisferait, et à la lettre de la loi qui semble prescrire la transcription du jugement, et à l'intention du législateur, qui a été nécessairement que l'on fît transcrire la convention constatant le consentement à la cession de l'immeuble.

767. Les publications, insertions et affiches, ont pour objet de mettre tous les tiers intéressés au règlement de l'indemnité en demeure de faire connaître à l'administration leurs droits ou prétentions, de manière qu'à l'expiration de la quinzaine qui suit la transcription, on puisse s'occuper du règlement de l'indemnité par le jury avec la certitude que tous les ayants droit concourront à cette opération.

768. La signification du jugement aux propriétaires, prescrite par le § 2 de l'art. 15, a pour effet de les mettre en demeure d'appeler et de faire connaître à l'administration tous les tiers qui ont des droits sur l'immeuble (art. 21, § 1er). Sous ce rapport la notification du jugement paraît inutile, car ces ayants droit ont dû être indiqués dans le traité passé entre le propriétaire et l'administration ; c'est pourquoi on ne notifie jamais les contrats de vente aux vendeurs. Mais ici la convention n'est pas parfaite : elle doit, pour atteindre le but des contractants, être suivie d'un jugement. Or, quelque rare qu'il soit qu'un semblable jugement soit attaqué en cassation, cela n'est pas impossible. Il n'y a donc pas de motifs pour se dispenser de la notification du jugement. Mais, à moins que l'administration n'ait quelque raison de sup-

poser que le propriétaire pourra se pourvoir en cassation, la notification du jugement n'a lieu qu'avec celle des offres relatives à l'indemnité.

769. Pour parvenir au règlement de l'indemnité, l'administration notifie à chacun des intéressés les sommes qu'elle consent à lui allouer. Ces offres sont, en outre, affichées et publiées, conformément à l'art. 6 de la loi du 3 mai 1841. La notification a lieu au domicile élu, ainsi que nous l'indiquons n° 758.

Dans la quinzaine suivante, les propriétaires et autres intéressés sont tenus de déclarer leur acceptation, ou, s'ils n'acceptent pas les offres qui leur sont faites, d'indiquer le montant de leurs prétentions (art. 24). Le cas d'acceptation est peu probable, à moins que l'administration ne se soit décidée à augmenter les offres amiables que le propriétaire a déjà formellement refusées, ainsi que le traité même l'annonce. En cas de refus, il faut faire procéder à la désignation, puis à la convocation du jury. Toute la procédure a lieu alors de la même manière que nous avons indiquée n°s 459 et suivants.

770. La décision du jury ne peut, dans cette circonstance comme en toute autre, être attaquée que par un pourvoi en cassation. Il en serait de même du jugement qui a donné acte du consentement et nommé le magistrat directeur du jury. Les dispositions exceptionnelles du § 5 de l'art. 14 ont été introduites dans la loi du 3 mai 1841 pour accélérer la prise de possession des terrains, et ce serait aller contre ce but que d'autoriser les voies d'opposition et d'appel. D'ailleurs l'art. 20 n'établit aucune distinction et s'applique à toutes les espèces de jugement dont il est fait mention dans l'art. 14. — (A).

Additions.

(A) Lorsque le propriétaire d'un terrain, menacé d'expropriation par un décret déclaratif d'utilité publique, a, avant l'arrêté de cessibilité, amiablement cédé son terrain à la compagnie expropriante, moyennant prix convenu, et sous la réserve de réclamer ultérieurement une indemnité à raison du dommage de la dépréciation que les travaux pourraient causer à la partie de la propriété qui lui restait, le jugement par lequel le tribunal d'arrondissement, statuant sur la demande ultérieure du propriétaire qui prétend faire nommer un magistrat pour diriger le jury qui réglera l'indemnité, décide que cette demande n'est pas une conséquence nécessaire de l'expropriation, est susceptible d'appel et ne peut être attaqué par la voie du recours en cassation. Cass. civ., 26 mars 1862 (*Gaz. trib.*, 27 mars 62).

Section VII. — *Des traités autorisant uniquement la prise de possession des terrains.*

771. — Utilité réciproque de ces traités.
772. — Ils ne peuvent s'appliquer aux maisons et bâtiments.
773. — L'administration ne pourrait allouer une prime à ceux des propriétaires qui consentiraient à ces arrangements.
774. — Ces traités ne sont soumis à aucune formalité spéciale.
775. — Ils ne dispensent pas d'exécuter toutes les dispositions de la loi du 3 mai 1841.

771. Dans une foule de circonstances, ce qui importe surtout à l'administration, c'est de pouvoir promptement prendre possession des terrains sur lesquels les travaux doivent avoir lieu, afin d'accélérer leur exécution. De son côté, le propriétaire n'a souvent aucun intérêt réel à conserver la possession d'un terrain dont il ne peut tirer aucun parti utile, puisqu'il ne peut ni le vendre, ni le louer, ni même le cultiver avec l'espoir de faire la récolte. S'il tient à en conserver la possession, c'est, dans une foule de cas, uniquement à titre de garantie pour le paiement de l'indemnité qui lui est due. Quelquefois il existe un dissentiment réel sur la valeur des terrains, et le propriétaire veut soumettre cette évaluation au jury spécial. Dans beaucoup d'autres circonstances, des formalités indispensables retardent seules le règlement et le paiement de cette indemnité. Mais bien des propriétaires ayant la conviction que l'indemnité leur sera payée aussitôt qu'elle aura été réglée, consentent volontiers à ce que l'administration prenne immédiatement possession de leur terrain. Toutefois, comme il ne serait pas juste que le propriétaire fût privé tout à la fois de son bien et de l'indemnité qui doit lui en tenir lieu, l'administration consent alors à ce que l'indemnité, telle qu'elle sera ultérieurement fixée, produise intérêt au taux légal, à compter du jour du traité ou à compter du jour où ce traité autorise l'administration à prendre possession du terrain. Ces stipulations paraissent concilier aussi bien que possible les besoins de l'administration et les intérêts du propriétaire.

772. L'administration ne sollicitant la prise de possession des terrains que pour y exécuter des travaux, la stipulation dont nous parlons ne peut intervenir lorsque le changement apporté dans l'état des lieux deviendrait un obstacle à la juste évaluation de l'indemnité par le jury. Mais cet obstacle n'existe guère que

relativement aux maisons et bâtiments ; et cet inconvénient, inhérent à la nature de ces propriétés, existe aussi pour les mesures d'urgence qu'autorise le titre VII de la loi du 3 mai 1841. Quant aux murs de clôture, il est rare qu'on soit dans la nécessité de les démolir en totalité, et la partie qui reste permet de fixer en tous temps la valeur de celle qui a été démolie. Le nombre des arbres est constaté dans le traité ; quand on les abat, ils sont déposés sur un terrain voisin, afin qu'on puisse en fixer la valeur lors du règlement de l'indemnité. D'autres mesures de ce genre permettent d'étendre la prise de possession à la plupart des terrains nécessaires aux travaux.

773. M. Husson cite un autre exemple de traités de cette nature. « La compagnie du chemin de fer de Saint-Germain, ayant, dit-il, à occuper de nombreuses parcelles sur des propriétés infiniment morcelées, a jugé impossible (1) de réaliser promptement ses acquisitions par les voies amiables. Elle a donc annoncé aux propriétaires qu'elle allait recourir à l'expropriation en masse de toutes les portions comprises dans les plans (2), mais qu'elle accorderait une prime de 5 pour 100 en sus de l'indemnité qui serait fixée par le jury à tous ceux qui consentiraient à une occupation immédiate. Cette offre ayant été acceptée par la plupart des propriétaires, la compagnie, moyennant un sacrifice, a pu commencer promptement ses travaux. » (Tome 1er, p. 311.) L'allocation d'une prime de cette nature ne pourrait être consentie par les administrations publiques ; mais l'introduction de l'envoi en possession pour cause d'urgence dispense de ces sacrifices.

774. Les traités dont nous nous occupons ici n'ont pour objet que la *possession* des terrains : dès lors ils peuvent être consentis sans l'accomplissement des formalités prescrites par le droit commun ou par la loi du 3 mai pour l'aliénation de certains biens. Ceux qui souscrivent ces conventions ont uniquement à examiner si, en consentant à la prise de possession de ces biens, ils n'engagent pas leur responsabilité, et, comme il est certain que les indemnités de terrains seront toujours exactement payées, il intervient beaucoup de traités de cette nature, même avec des tuteurs ou autres administrateurs. Ces actes, ne conte-

---

(1) Sous l'empire de la loi du 7 juill. 1833.

(2) Il faut cependant remarquer que la compagnie ne pouvait faire rendre le jugement d'expropriation qu'après avoir essayé de traiter à l'amiable (art. 13, § 6).

nant pas transmission de propriété, ne doivent pas être transcrits.

775. L'administration, n'ayant obtenu par ces traités que la *possession* de l'immeuble, doit, pour acquérir la *propriété*, continuer à remplir toutes les formalités établies par la loi du 3 mai. Elle fait rendre un jugement d'expropriation sur lequel elle purge les hypothèques, puis elle convoque le jury spécial si un traité postérieur ne lui transmet pas la propriété de l'immeuble.

Section VIII. — *Des cessions de terrains avec renonciation à l'indemnité.*

776. — Difficulté de caractériser les actes destinés à constater ces conventions.
777. — Elles ne constituent pas une donation.
778. — On ne peut faire donner quittance d'une indemnité fictive.
779. — Mode qui paraît pouvoir être adopté.

776. Quelquefois, pour encourager et faciliter l'exécution de travaux publics, des propriétaires consentent à faire gratuitement l'abandon de ceux de leurs terrains qui doivent être occupés par les travaux. Le législateur n'a pas cru devoir s'expliquer sur les traités de cette espèce ; il importe cependant de préciser la nature des conventions qui peuvent être souscrites dans ce but.

777. Quelques jurisconsultes veulent donner aux conventions de ce genre les caractères d'une véritable donation. En effet, la donation est un acte par lequel une personne se dépouille gratuitement et irrévocablement de la chose donnée, en faveur d'une autre personne qui l'accepte. Tous ces caractères se rencontrent, à ce qu'il semble, dans la convention dont nous parlons. Cette assimilation n'aurait aucun inconvénient quant à la forme des actes ; car, si l'art. 931, C. Nap., dit que les donations doivent être passées devant notaires, on admettrait sans doute facilement qu'il a été dérogé à cette disposition par l'art. 56 de la loi du 3 mai 1841. Il suffirait de mentionner expressément l'acceptation de l'abandon pour satisfaire à l'art. 932. La transcription de cet acte (C. Nap., 939) n'entraînerait non plus ni embarras ni frais. Mais les donations sont révoquées de plein

droit par la survenance d'enfant (art. 960 et suiv.). Dès lors des actes de cette nature n'assureraient pas à l'État la propriété irrévocable du terrain ; de manière que ces conventions n'atteindraient pas complétement le but de l'administration.

778. On a proposé de faire donner, par la personne qui fait l'abandon du terrain, quittance d'une indemnité, quoiqu'en réalité elle n'en reçoive aucune. Les règles de la comptabilité s'opposent à cette marche. Dès qu'il se trouve entre les mains d'un comptable des pièces justificatives d'un paiement, la somme énoncée dans cette quittance ne peut plus se trouver dans la caisse de ce comptable. Il ne pourrait l'y laisser qu'en déclarant que la quittance énonce un fait faux, et notre comptabilité publique n'admet pas de pareils arrangements.

779. D'ailleurs la renonciation à l'indemnité n'est presque jamais absolument gratuite, et dès lors ne constitue pas une véritable donation. Le cédant cherche à faciliter l'exécution des travaux, parce que ces travaux doivent procurer des avantages au surplus de sa propriété. C'est un véritable traité, *do ut facias* ; je donne mon terrain à condition qu'on me fera une route, un pont, etc. Dès lors il est tout naturel d'énoncer dans le contrat que le comparant cède tel terrain à l'État, mais que, la valeur de ce terrain se trouvant compensée avec la plus-value que les travaux doivent procurer au restant de sa propriété, il ne lui est dû aucune indemnité, ainsi qu'il le reconnaît. Par suite de cette stipulation, si les travaux n'étaient pas exécutés, le cédant pourrait rentrer dans sa propriété : le dédommagement qui lui avait été promis ne lui étant pas accordé, il y aurait lieu à la résiliation du contrat.

SECTION IX. — *Traités postérieurs au jugement d'expropriation.*

780. — Traités postérieurs au jugement, mais antérieurs à la publication et à la transcription.
781. — Traités postérieurs à la publication et à la transcription du jugement.
782. — Acceptation des indemnités offertes judiciairement.
783. — Contrat constatant cette acceptation.
784. — Du cas où le propriétaire refuse de passer ce contrat.
785. — Les tuteurs et autres administrateurs doivent être autorisés par le tribunal.
786. — Mais seulement pour les indemnités immobilières.

787. — Autorisation pour les biens de l'État, des départements, etc.
788. — L'acceptation du propriétaire n'est plus dénoncée aux créanciers inscrits.
789. — Elle n'empêche pas que les indemnités des tiers ne soient réglées par le jury.
790. — Ces traités peuvent intervenir jusqu'au règlement de l'indemnité par le jury.
791. — Du cas où il y a envoi en possession pour cause d'urgence.

780. Les traités qui interviennent après le jugement d'expropriation, mais avant la publication de la transcription de ce jugement, sont soumis aux mêmes formalités que ceux qui ont été souscrits antérieurement au jugement : seulement, leur rédaction doit offrir quelques différences dont on se rend facilement compte (Voir *Formules*). L'administration peut, pour ces traités comme pour ceux qui sont antérieurs au jugement d'expropriation, se dispenser de remplir les formalités de purge lorsque l'indemnité ne s'élève pas au-dessus de 500 fr. (n°s 740 et suiv.).

781. Huitaine après la publication du jugement, l'administration doit connaître tous les tiers intéressés au règlement de l'indemnité (n° 392); quinzaine après la transcription de ce jugement, elle peut s'assurer s'il existe ou non des créanciers inscrits sur le propriétaire (n° 441); ces deux circonstances facilitent et simplifient les conventions, mais elles ne modifient en rien les règles que nous avons rappelées dans la sect. II de ce chapitre (*Form.*, n° LXX).

782. L'administration doit, en vertu de l'art. 23 de la loi, notifier aux propriétaires, et à tous autres intéressés qui ont été désignés, ou qui sont intervenus dans le délai fixé par l'art. 21, les sommes qu'elle offre pour indemnités. Dans la quinzaine suivante, ceux-ci sont tenus de *déclarer leur acceptation*, ou d'indiquer le montant de leurs prétentions (art. 24). S'ils déclarent accepter, les parties se trouvent d'accord sur le montant de l'indemnité, et il n'y a aucune nécessité de recourir à l'intervention du jury.

Le jugement d'expropriation a eu pour effet d'enlever à l'exproprié la propriété des immeubles qui y sont désignés (n° 270), et de ne laisser à régler que le montant de l'indemnité qui lui est due. Si, lorsqu'il lui est fait offre d'une indemnité, l'exproprié déclare l'accepter, la vente est accomplie : car, comme le dit l'art. 1583, C. Nap., « la vente est parfaite entre les parties, « et la propriété est acquise de droit à l'acheteur à l'égard du

« vendeur, dès qu'on est convenu de la chose et du prix. » Un contrat de vente n'est nécessaire que pour constater la convention, c'est-à-dire l'accord réciproque sur la chose et sur le prix ; mais, dans l'hypothèse que nous examinons, les différents points de la convention sont déjà prouvés par des actes authentiques, c'est-à-dire par le jugement d'expropriation, par l'exploit d'offres, et par celui qui constate l'acceptation de ces offres. L'époque de la prise de possession est nécessairement celle indiquée par l'arrêté que le préfet a dû prendre en exécution de l'art. 14 de la loi (n° 137). Un acte de vente n'est donc pas indispensable.

783. Pour éviter tous les incidents qui pourraient résulter ultérieurement de la perte des exploits d'offres et d'acceptation, ou d'un désaveu élevé contre l'huissier qui a signifié l'acte d'acceptation des offres, il convient de rédiger un contrat qui, en réalité, est bien plus une quittance qu'un acte de vente (*Form.*, n° LXX).

784. Mais si le propriétaire ne voulait plus passer ce contrat, ou tardait trop à le faire, l'administration lui ferait des offres *réelles* de l'indemnité offerte et acceptée, puis consignerait les sommes offertes. Dès lors, l'administration se trouverait valablement libérée, mais aucun acte n'autoriserait la prise de possession. Pour y parvenir, le préfet prendrait un arrêté qui, sur le vu de l'exploit d'acceptation, ainsi que des procès-verbaux d'offres et de consignation, autoriserait l'administration à se mettre en possession de la propriété. S'il y avait opposition à cette prise de possession, l'arrêté du préfet n'en devrait pas moins recevoir provisoirement son exécution ; et si l'ancien propriétaire s'adressait aux tribunaux, nul doute que ses réclamations ne fussent repoussées, à moins qu'il ne s'inscrivît en faux contre l'huissier qui aurait signifié l'exploit d'acceptation des offres ; même en ce cas, l'exécution de l'arrêté du préfet ne serait suspendue que quand la mise en accusation de l'huissier pour faux aurait été prononcée par la Cour royale (Arg. de l'art. 1319, C. Nap.). Or il n'est pas croyable que jamais un faux soit commis en pareille matière.

Quelques personnes ont proposé, quand le propriétaire ne voudrait pas passer contrat, de s'adresser au jury ; mais l'art. 28 de la loi du 3 mai 1841 s'oppose à cette marche, car il n'autorise à convoquer le jury que quand les offres de l'administration n'ont pas été acceptées. Or, dans l'espèce dont nous nous occupons, les offres ont au contraire été acceptées.

785. Le tuteur d'un mineur n'a pas qualité pour aliéner l'immeuble de son pupille, ni pour fixer le prix de la cession, lorsque l'aliénation devient nécessaire. Accepter les offres de l'administration, c'est, en réalité, fixer le prix de la vente, ce qui excède le pouvoir des tuteurs et autres représentants des incapables; il faut donc, dans ce cas, que l'autorisation du tribunal supplée à l'incapacité de ces administrateurs. Des mesures analogues devaient être prises à l'égard de ceux qui possèdent des immeubles qu'il leur est défendu d'aliéner. En conséquence, l'art. 25 de la loi du 3 mai 1841 porte : « Les femmes mariées « sous le régime dotal, assistées de leurs maris, les tuteurs, « ceux qui ont été envoyés en possession provisoire des biens « d'un absent, et autres personnes qui représentent les incapa-« bles, peuvent valablement accepter les offres énoncées en « l'art. 23, s'ils y sont autorisés dans les formes prescrites par « l'art. 13. »

Pour la forme de ces autorisations, on peut voir ce que nous avons dit n°s 693 et suiv., en examinant les dispositions de cet art. 13. Il faut cependant remarquer que, dans le cas actuel, le tribunal n'aura pas à vérifier si l'aliénation de l'immeuble est réellement forcée, puisque le jugement d'expropriation ne laissera aucun doute à cet égard.

786. Ces autorisations ne sont requises que pour les indemnités relatives à des droits immobiliers. Si les mineurs ou autres incapables ne figuraient dans le règlement des indemnités qu'à titre de locataires, fermiers, créanciers, etc., leurs représentants pourraient accepter l'indemnité offerte sans autorisation du tribunal.

787. Pour les immeubles appartenant à des personnes civiles, l'acceptation des offres doit être également autorisée de la manière que nous avons indiquée n°s 710 et suiv. L'art. 26 de la loi porte : « Le ministre des finances, les préfets, maires ou ad-« ministrateurs, peuvent accepter les offres d'indemnité pour « expropriation des biens appartenant à l'Etat, à la couronne, « aux départements, communes ou établissements publics, « dans les formes et avec les autorisations prescrites par l'art. « 13. »

788. D'après l'art. 28 de la loi du 7 juillet 1833, en cas d'acceptation des offres par le propriétaire, l'administration devait notifier cette acceptation aux créanciers inscrits, et, dans la quinzaine suivante, ceux-ci pouvaient déclarer qu'ils ne voulaient pas se contenter de la somme convenue entre l'adminis-

tration et le propriétaire ; cette déclaration obligeait l'administration à faire régler l'indemnité par le jury. Ces dispositions ont disparu de l'art. 28 de la loi du 3 mai 1841, et les droits des créanciers inscrits sont maintenant réglés de la manière que nous avons indiquée n⁰ˢ 724 et suivants.

789. Bien qu'en thèse générale, le règlement des indemnités mobilières soit dévolu au conseil de préfecture, il y a dérogation à ce principe pour les indemnités qui sont connexes à une indemnité foncière d'expropriation, notamment pour celles dues aux fermiers ou locataires d'un bien exproprié (n° 381). Si, postérieurement au jugement d'expropriation, le propriétaire traite avec l'administration sans intervention des fermiers ou locataires, ceux-ci n'en conservent pas moins le droit de faire régler leur indemnité par le jury spécial. Cela résulte des art. 21, 23 et 24 de la loi du 3 mai. On conçoit facilement que l'acceptation du propriétaire ne puisse plus priver le locataire de juges qui lui étaient acquis, ni l'obliger à abandonner la procédure commencée, pour en reprendre une autre devant le conseil de préfecture.

790. Un délai de quinzaine ou d'un mois est accordé aux indemnitaires pour notifier leur acceptation ou leur refus des offres (n° 428). Après ce délai, l'administration peut poursuivre le règlement de l'indemnité par le jury. Toutefois, on peut encore ensuite traiter à l'amiable. A la vérité, M. Nogent Saint-Laurens a dit : « Si les offres de l'administration ne sont pas acceptées dans le délai de quinze jours par les propriétaires ou autres intéressés, dans le délai d'un mois par les représentants des incapables, *la convention amiable n'est plus possible;* alors l'administration citera directement devant le jury ». Mais le législateur n'a point déclaré que les traités amiables ne pourraient avoir lieu après les délais indiqués ; il n'y avait nul motif pour les interdire, et, dans la pratique, il y a un très-grand nombre de traités souscrits dans l'intervalle qui s'écoule entre l'expiration de ces délais et la réunion du jury, souvent même pendant que les jurés s'occupent des premières affaires qui leur sont soumises.

791. La circonstance que l'administration aurait obtenu la prise de possession pour cause d'urgence ne modifierait en rien les règles que nous venons de rappeler. Le montant de l'indemnité serait prélevé sur les sommes consignées en vertu des art. 68 et 69 de la loi du 3 mai 1841. A la vérité l'art. 73 de cette loi suppose qu'il sera toujours procédé au règlement de l'indemnité,

en exécution du titre IV de la loi, et ce titre est presque entièrement consacré au règlement de l'indemnité par le jury ; mais il contient les art. 24, 25 et 26, relatifs à l'acceptation des indemnités offertes par l'administration. Il n'y aurait d'ailleurs aucun motif pour interdire en ce cas les traités amiables (1).

CHAPITRE X.

DU PAIEMENT DES INDEMNITÉS.

792. — Les indemnités doivent être payées préalablement à la prise de possession.
793. — Du paiement et des quittances.
794. — A qui le paiement doit être fait.
795. — Quand le paiement n'a pas lieu dans les six mois *de la décision du jury*, les intérêts courent de plein droit.
796. — *Quid* pour les indemnités réglées à l'amiable ?
797. — S'il y a refus de recevoir, l'indemnité est offerte et consignée.
798. — Formalités des offres réelles.
799. — Cas où, au lieu d'espèces, l'huissier est porteur d'un mandat.
800. — Consignation requise par le propriétaire.
801. — S'il y a obstacle au paiement, la consignation a lieu sans offres réelles.
802. — Des saisies-arrêts ou oppositions.
803. — Versement des sommes saisies à la caisse des consignations.
804. — La consignation peut avoir lieu sans que la saisie soit déclarée valable.
805. — Réclamations formées par des tiers sur l'immeuble ou sur l'indemnité.
806. — On ne consigne que la portion de l'indemnité qu'on ne peut valablement payer.
807. — Des biens donnés en antichrèse.
808. — Du cas où il y a litige sur le fond du droit ou sur la qualité des réclamants.
809. — Du cas de pourvoi en cassation.
810. — Débats sur la validité d'une consignation.

---

(1) (Voir une circulaire de la direction de la comptabilité générale à MM. les ingénieurs en chef des ponts et chaussées, en date du 30 déc. 1854.)

DES INDEMNITÉS. 83

811. — Prise de possession après la consignation.
812. — Déchéances prononcées contre les créanciers de l'Etat par le décret du 25 février 1808 et la loi du 15 janvier 1810.
813. — Déchéances prononcées par la loi du 28 avril 1816.
814. — Déchéances prononcées par la loi du 25 mars 1817.
815. — Déchéances prononcées par les lois des 29 janvier 1831 et 4 mai 1834.
816. — L'application des lois sur les déchéances appartient à l'autorité administrative.
817. — Du cas où l'entrepreneur se met en possession avant le paiement de l'indemnité.
818. — Jurisprudence de la chambre criminelle de la Cour de cassation.
819. — La propriété est sous la protection des tribunaux.
820. — Constatation de la possession.
821. — Autres chefs des jugements possessoires.
822 à 828. — Arrêts du Conseil d'Etat sur la compétence.
829. — De la défense de continuer les travaux.
830. — Réponse à une objection.
831. — Destruction des travaux exécutés.
832. — Condamnation à des dommages-intérêts. Jurisprudence du Conseil d'Etat.
833. — Exécution de la décision judiciaire.

792. Autrefois, tout en reconnaissant qu'il était dû une indemnité à l'exproprié, les administrateurs ne s'empressaient pas toujours de la faire payer, et le propriétaire, en attendant le paiement, se trouvait privé à la fois de son bien et de l'indemnité qui devait lui en tenir lieu. Quelquefois même il ne touchait jamais l'indemnité qu'on lui avait fait espérer, ou tombait dans le besoin en attendant qu'elle fût liquidée et payée.

Frappés de la position malheureuse où pourrait se trouver un propriétaire dépouillé, par une expropriation pour cause d'utilité publique, d'une propriété fort importante peut-être, les publicistes ont cherché les moyens de mettre les citoyens à l'abri des inconvénients qui pourraient résulter pour eux de la difficulté d'obtenir de l'administration le paiement de l'indemnité à laquelle ils ont droit. On a établi alors pour principe que le paiement de l'indemnité serait toujours *préalable* à la dépossession. De cette manière, le propriétaire ne peut être privé à la fois de son bien et du prix qui doit lui en tenir lieu. Par suite, l'administration, qui a besoin de prendre possession du bien, s'empresse de faire liquider et d'acquitter l'indemnité, et le propriétaire voit cesser beaucoup plus promptement les inconvénients qu'une pareille mesure peut lui occasionner. C'est d'après ces considérations que le principe de l'indemnité *préalable* est, avec raison, proclamé l'une des garanties les plus importantes de la propriété. Il a été consacré, dans notre droit public, par l'art. 10 de la Charte de 1814, reproduit dans l'art. 9 de celle de 1830, portant que « l'Etat peut exiger le sacrifice d'une propriété « pour cause d'utilité publique légalement constatée, mais avec « une indemnité préalable. »

L'obligation d'acquitter l'indemnité avant la prise de possession s'applique non-seulement au capital de l'indemnité, mais aussi aux intérêts et aux frais. Toutefois, si l'administration a quelques réclamations à former contre le propriétaire, soit pour les dépens auxquels il aurait été condamné, soit pour toute autre cause, elle peut les déduire sur le montant de l'indemnité, pourvu que sa créance soit liquide et exigible (C. Nap., 1291). La compensation s'opère même de plein droit et éteint sa dette jusqu'à concurrence de sa créance (*Ibid.*, 1289, 1290) — (A).

793. Lorsque le paiement est à la charge du Trésor, il ne peut être opéré par le préfet qui n'a à sa disposition aucune somme appartenant à l'Etat; mais ce fonctionnaire délivre sur le payeur du département un mandat conforme à la formule n° LXXII, et égal au montant de la créance en principal et intérêts. C'est ordinairement sur ce mandat que l'indemnitaire met sa quittance en peu de mots, comme l'indique la formule.

Additions.

(A) Ajoutons que la disposition finale de l'art. 55 qui assujettit les expropriés à attendre un délai de six mois avant de pouvoir exiger le paiement ou la consignation de l'indemnité allouée par le jury, n'est pas applicable au cas où, soit avant, soit depuis la décision du jury, l'exproprinat a fait des actes qui constituent, de sa part, une prise de possession. Doivent être considérés comme tels les congés donnés par l'expropriant aux locataires de l'immeuble.

De ce que, devant le jury, l'expropriant a offert de payer les intérêts des indemnités allouées au propriétaire et aux locataires, à partir de l'époque des congés, et de ce qu'il a été donné acte de cette offre, il ne résulte pas que le capital des indemnités ne soit pas exigible. C. Paris, 16 déc. 1862 (S.62.2.54); Trib. civ. Seine, 8 fév. 1862 (*Gaz. trib.*, 20 fév. 62) ; C. Paris, 11 juill. 1863 (*Gaz. trib.*, 19 juill. 63) ;

Trib. civ. Seine, 22 déc. 1863 (*Droit*, 4 janv. 64).

Si, aux termes de l'art. 55, l'expropriant a un délai de six mois pour acquitter l'indemnité fixée par jury, il n'y a là pour lui qu'une faculté dont il use à ses risques et périls. S'il résulte du retard mis par l'expropriant à acquitter l'indemnité un dommage quelconque pour un tiers, l'expropriant est tenu de réparer ce dommage. Trib. civ. Seine, 24 nov. 1863 (*Gaz. trib.*, 4 janv. 64).

L'expropriant qui a payé l'indemnité due à un locataire dans le délai de six mois, à partir de la décision du jury, conformément à l'art. 55, ne peut être condamné aux intérêts de cette indemnité sous prétexte que ce locataire aurait reçu congé avant cette décision, alors d'ailleurs que, malgré ce congé, il est resté dans les lieux. Cass. req., 7 fév. 1865 (*Gaz. trib.*, 8 fév. 65).

Si le créancier ne sait ou ne peut signer, la quittance doit être donnée par acte notarié, ou dans la forme administrative (*Form.* n° LXXIII).

794. Lorsque l'indemnité a été fixée par un traité amiable, le paiement doit être fait à la personne qui a été désignée dans ce traité comme ayant droit à l'indemnité. Si le règlement de l'indemnité a été fait par le jury, on doit payer à chacun des intéressés dénommés dans cette décision la somme qui lui a été allouée par les jurés.

La personne désignée dans cette décision comme propriétaire de l'immeuble ne peut être astreinte, pour obtenir le paiement de l'indemnité, à justifier de ses titres de propriété. Il y a une décision, passée en force de chose jugée, qui déclare qu'une indemnité de... lui sera payée ; l'administration, avec qui cette décision a été rendue, ne peut donc plus mettre en doute la nécessité de ce paiement. Si le détenteur qui n'a point de titres de propriété, qui n'a à invoquer que sa possession, se trouvait privé de l'indemnité que le jury lui a allouée, pour défaut de production de titres, la loi serait violée, puisqu'un propriétaire (le possesseur est présumé propriétaire jusqu'à preuve contraire) serait dépouillé de son bien sans indemnité, et que l'administration garderait cette indemnité, qu'il lui a été prescrit de payer et qu'aucun tiers ne conteste au réclamant. Mais il faut d'ailleurs remarquer que, comme nous venons de le dire, le détenteur est en droit de s'opposer à la prise de possession jusqu'à ce que l'indemnité lui soit payée ; l'administration n'atteindrait donc jamais le but de l'expropriation, puisque le refus ou l'impossibilité de produire les titres de propriété empêcherait le paiement, et qu'à défaut de paiement, la prise de possession ne pourrait avoir lieu. Le législateur a évité cet inconvénient : il a voulu que l'administration payât au propriétaire indiqué dans la décision du jury ; mais il a déclaré que ce paiement libérerait complètement le Trésor, ainsi que le reconnaît l'arrêt que nous allons citer.

La Cour de cassation a consacré ces principes dans une circonstance bien remarquable. L'administration de la guerre avait fait rendre contre le sieur Boudard un jugement qui le déclarait exproprié d'une maison où il exploitait une mégisserie, ainsi que d'un jardin dont elle l'avait considéré comme propriétaire. Le jury avait ensuite fixé l'indemnité due à Boudard à 36,000 fr. Un mandat lui fut délivré pour le montant de cette indemnité ; mais l'administration apprit alors que le sieur Boudard n'était pas propriétaire de la maison et du jardin dont l'expropriation avait été prononcée sur lui, et qui, suivant acte authentique du 2 oct. 1831, avaient été acquis par la demoiselle Prestat, sous le cautionnement solidaire du sieur Boudard. Un garde du génie fut alors chargé de former opposition au paiement du mandat. Un débat s'engagea, et l'administration prétendit qu'elle ne devait pas payer la valeur représentative de la propriété à quelqu'un qui, évidemment, n'était pas le propriétaire; que l'évaluation de l'indemnité faite par le jury ne dispensait pas celui qui voulait en toucher le montant de justifier de ses titres ou de sa qualité; que, d'après les art. 1376 et 1377, C. civ., celui qui a payé par erreur une somme non due est autorisé à la répéter; qu'à plus forte raison celui qui ne doit pas est fondé à retenir ce qu'il n'a pas encore payé. On faisait enfin observer que, quand même la Charte et la loi du 7 juillet 1833 auraient dérogé à ces principes pour l'indemnité représentative de l'immeuble, il ne pouvait en être de même pour celle relative au déplacement de la mégisserie, que le jury aurait nécessairement fixée à une somme moins élevée, s'il avait su que Boudard n'était que locataire de la maison dans laquelle il avait placé cet établissement.

Ces prétentions furent rejetées par un arrêt de la Cour de Dijon du 1er décembre 1842, par le motif que « des art. 21, 39 et 49 de la loi du 7 juillet 1833, il résulte que, lorsque le jury a fixé les indemnités dues par suite d'une expropriation pour cause d'utilité publique, sans que l'Etat ait élevé de contestation, soit sur la qualité des réclamants, soit sur le droit à une indemnité, le chiffre de l'indemnité reste irrévocablement fixé avec lui; que dès lors il est non recevable à venir plus tard, pour quelque cause que ce soit, en demander la modification; qu'au surplus une indemnité était due à Boudard pour le déplacement de sa mégisserie, bien qu'il ne fût que locataire de la maison expropriée. »

Pourvoi en cassation, et, le 5 février 1845, arrêt, portant : « Que ni le jugement d'expropriation, ni la décision du jury, qui a été légalement rendue exécutoire, n'ont été attaqués par l'Etat, par Boudard, ou par toute autre partie intéressée; qu'aux termes de l'art. 18 de la loi du 7 juillet 1833, les actions en revendication ne peuvent empêcher l'expropriation ni en arrêter l'effet; que le droit des réclamants est transporté sur le prix et l'immeuble en demeure affranchi; — Que l'art. 24 détermine comment les divers intéressés sont en demeure de faire valoir leurs droits; — Que la demoiselle Prestat ni personne pour elle n'avait fait valoir ses droits de propriété, soit avant la fixation de l'indemnité, soit lors de cette fixation; — Que l'action en revendication qu'elle aurait ultérieurement formée n'aurait pu arrêter l'effet de l'expropriation ni donner lieu à la modification du chiffre de l'indemnité, puisque son droit se trouvait transporté sur le prix, c'est-à-dire sur le prix fixé avec celui qui avait été réputé propriétaire tant à raison de l'accomplissement des formalités de publicité prescrites par la loi que de la mise en demeure de tous les intéressés; — Que de l'art. 39 il résulte que la décision du jury qui fixe le montant de l'indemnité est (sauf le cas de recours en cassation) définitive et *irrévocable*, quels que soient les obstacles qui s'opposent ultérieurement au paiement de cette indemnité entre les mains de celui à qui elle a été attribuée; obstacles qui, d'après l'art. 54, doivent être levés d'après les règles du droit commun; — Qu'en un mot, après la décision du jury, il ne peut plus s'élever ou se débattre que des difficultés étrangères à la fixation du montant de l'indemnité; — Que l'Etat, qui a poursuivi l'expropriation et provoqué la fixation de l'indemnité contre celui qu'il a considéré comme le véritable propriétaire, ne peut avoir plus de droits que celui qui serait fondé à exercer l'action en revendication transportée sur le prix; que son droit se borne à exiger que sa libération soit régulière » (Devill., p. 217).

Relativement à l'indemnité allouée pour le déplacement de la mégisserie, l'arrêt déclare que c'est en vain que l'Etat soutient que cette indemnité aurait pu ne pas être la même si le jury avait su que le propriétaire du mobilier de la mégisserie était autre que le propriétaire de l'immeuble, et que l'Etat est non recevable à élever une contestation de cette nature, qui évidemment n'est pas étrangère à la fixation de l'indemnité (*Ibid.*).

[Un arrêt de la Cour de Rouen, en date du 3 juillet 1846, a statué dans le même sens, bien qu'en termes moins précis : — « Attendu que Godefroy-Candon ayant dès l'origine produit diverses pièces entre les mains du notaire de la compagnie pour établir tant sa qualité de propriétaire, que son droit de toucher immédiatement l'indemnité de 6,789 fr., à lui due pour les parcelles de terrain dont il subissait l'expropriation, il n'y a pas lieu d'examiner, en pure thèse de droit, si l'exproprié pour cause d'utilité publique est fondé à refuser toute espèce de justification, mais simplement si celles fournies par Godefroy devaient être déclarées insuffisantes ; — Attendu que la loi du 3 mai 1841 renferme beaucoup de règles exceptionnelles au droit commun, notamment quant à l'irrévocabilité absolue de la propriété transmise à l'Etat ou aux créanciers qui le représentent, et quant à l'étendue des effets attachés à la transcription du jugement opérant cette transmission; que, d'ailleurs, cette loi doit être conciliée le plus possible dans son exécution avec ce principe du Code civil et de la Charte, que nul ne peut être contraint de vendre sa propriété, que moyennant une indemnité, non-seulement juste, mais préalable; que le droit commun sur la nature des garanties qu'un acquéreur peut exiger du vendeur avant d'effectuer le paiement de son prix, ne saurait donc être appliqué indéfiniment aux propriétaires expropriés pour cause d'utilité publique; — Qu'il importe d'éviter à ces propriétaires des discussions souvent intempestives, et qui, à propos de parcelles de peu de valeur, pourraient compromettre les conditions de consolidation, dans leurs mains, de domaines importants; — Que c'est aux tribunaux à apprécier avec prudence les circonstances particulières et à reconnaître s'il y a, pour l'Etat, un défaut de sécurité assez apparent et un assez imminent péril d'avoir à payer une deuxième fois l'indemnité, pour qu'il y ait lieu de refuser à l'exproprié le droit de la toucher; — Attendu que les diverses formalités établies par la loi du 3 mai 1841, tant pour rendre définitive la mutation au profit de l'Etat, que pour faire apparaître les droits de toute nature que des tiers auraient pu avoir à faire valoir sur les parcelles expropriées, ont été régulièrement accomplies; qu'il est justifié par un certificat négatif du conservateur des hypothèques que, dans la quinzaine qui a suivi la transcription du jugement formant le titre de l'Etat, il n'a été pris aucune inscription grevant l'indemnité due à Godefroy-Candon; — Attendu qu'il résulte d'ailleurs des titres produits que Godefroy-Candon est propriétaire des biens dont il s'agit, pour les avoir acquis à des époques déjà éloignées, et qu'il s'est libéré du prix de ses acquisitions; — Attendu qu'on n'articule pas qu'aucun trouble ait jamais été apporté à sa jouissance, ni que qui que ce soit s'attribue un droit quelconque sur le montant de l'indemnité à lui attribuée par le jury; — Que, dans cet état de choses, la compagnie du chemin de fer n'a aucun motif légitime de refuser le versement de la somme de 6,789 fr. entre les mains de Godefroy-Candon; — Confirme, etc. » (Sir., 1846.2.489).] — (A)

Additions.

(A) La partie expropriante ne peut exiger de l'exproprié la justification de sa qualité pour recevoir l'indemnité, lorsque

795. Lorsque l'administration veut exécuter les travaux qu'elle a entrepris, elle doit, pour prendre possession de l'immeuble, se hâter d'acquitter le montant de l'indemnité ; mais il peut arriver que l'administration se repente de l'opération qu'elle avait entreprise, ou hésite seulement à la continuer ; que le crédit qui avait été voté soit épuisé, ou que les fonds destinés à cette entreprise soient appliqués à un objet plus urgent. Dans toutes ces circonstances, l'administration n'aura aucun intérêt à prendre possession, et n'acquittera par conséquent pas l'indemnité. Le propriétaire, sous le coup d'une dépossession qui peut être immédiate, mais qui peut aussi être ajournée plus ou moins longtemps, est dans l'impossibilité de tirer aucun parti utile de son immeuble, bien qu'il en conserve la possession nominale. Il lui importe donc essentiellement de ne pas rester trop longtemps dans cet état précaire. Mais il faut aussi donner à l'administration le temps de réunir les fonds nécessaires à la liquidation des indemnités, et de remplir les autres formalités préalables à la possession. En conséquence, on a accordé à l'administration un délai de six mois (Voir *Circ. du min. des trav. publ.* du 12 juin 1847).

Qu'arrivera-t-il si l'indemnité n'est pas acquittée dans le délai de six mois ? Le législateur n'a pas trouvé le moyen de donner une garantie réelle à l'indemnitaire. On a cherché seulement à diminuer le dommage qu'il pouvait éprouver, en déclarant, dans le § 2 de l'art. 55 de la loi du 3 mai 1841, que, « quand l'in-
« demnité aura été réglée, si elle n'est ni acquittée ni consignée
« dans les six mois de la décision du jury, les intérêts courront
« *de plein droit* à l'expiration de ce délai. » Mais si, dans la persuasion que l'expropriation recevrait immédiatement son complément légal, l'indemnitaire a acheté une autre propriété, dont il doit solder le prix, ou s'il a d'autres dettes à payer, il n'en sera pas moins exposé aux poursuites de ses créanciers, sans pouvoir forcer l'administration à se libérer immédiatement. Il faut reconnaître que la loi ne fournit aucun moyen de parer à cet inconvénient.

On voit que l'art. 55 fait courir les intérêts de plein droit quand l'indemnité n'a pas été payée dans les six mois à compter *de la*

---

ce dernier a figuré en cette qualité à toutes les opérations de l'expropriation et à la décision du jury; son titre à l'indemnité se trouve par là judiciairement reconnu, et n'est plus dès lors susceptible de contestation. Cass., 28 avril 1858 (Dall. 58. 1.272).

décision du jury. Néanmoins la discussion qui a précédé l'adoption de cet article à la Chambre des députés semble annoncer que l'on voulait que le délai de six mois courût du jour où l'administration était autorisée à prendre possession de l'immeuble. La plupart des auteurs qui ont écrit sur cette matière l'ont ainsi compris (*Code des municipalités*, p. 172 ; Foucart, t. 1er, p. 213 ; Cotelle, t. 1er, p. 517 ; Gand, p. 364). Mais la rédaction adoptée est claire et ne répond pas à cette intention.

D'après l'art. 1652, C. Nap., les intérêts du prix d'un immeuble vendu ne sont dus qu'autant que cet immeuble a été livré à l'acheteur ou qu'il lui a été fait sommation de payer. Les créances pour autres causes qu'un prix d'immeuble ne portent intérêts qu'en vertu d'une demande en justice, conformément à l'art. 1153, § 3, du même Code ; mais l'art. 55 de la loi du 3 mai fait courir les intérêts de l'indemnité *de plein droit* à l'expiration des six mois qui suivent la décision du jury. Cette disposition déroge au droit commun sous plusieurs rapports.

Elle déroge d'abord aux art. 1153 et 1652, en ce que les intérêts courent alors sans sommation ni demande en justice.

Il faut aussi remarquer qu'en général un acquéreur ne doit l'intérêt du prix que parce que l'immeuble lui a été livré, et qu'il peut en percevoir les fruits ou revenus ; mais ici l'administration doit l'intérêt de l'indemnité, quoiqu'elle ne puisse pas encore prendre possession de l'immeuble. Ce n'est pas en vue de la perception des revenus que le droit d'expropriation lui a été accordé : on ne s'est donc pas occupé de savoir si elle percevrait ou non les revenus. Il y a plus : l'indemnité est la représentation d'une foule de préjudices divers, dont quelques-uns ne se réalisent qu'après que les travaux sont exécutés ; ainsi l'indemnité pour moins-value du surplus de la propriété est quelquefois l'objet d'une allocation considérable, et cette moins-value n'existe pas tant que l'administration n'a pas pris possession ; cependant toute l'indemnité allouée par le jury porte intérêt à l'expiration du délai de six mois, sans aucune distinction.

Mais de ce qu'à l'expiration du délai de six mois les intérêts courent *de plein droit*, il ne s'ensuit pas qu'ils ne puissent courir plus tôt, soit parce que l'administration aurait été mise en possession de l'immeuble, soit en vertu d'une sommation de payer à elle signifiée, ou d'une demande qui aurait été formée devant le jury ; mais ces intérêts ne peuvent jamais courir qu'à compter de l'époque qui a été fixée pour la prise de possession par l'administration. Jusque-là le propriétaire peut percevoir les fruits, et il a dû demander une indemnité pour la perte qu'il devait éprouver par la réduction des revenus — (A).

Dans l'art. 55 de la loi du 7 juillet 1833 il était dit que, à l'expiration des six mois, les intérêts courraient de plein droit *à titre de dédommagement*, ce qui jetait beaucoup d'incertitude sur le sens de cet article. En 1841, M. Dugabé demanda la suppression de ces derniers mots, et fit remarquer à la Chambre des députés que, si ces mots voulaient dire simplement que l'on avait pour but de dédommager l'indemnitaire, c'était une inutilité, parce que ce but était évident. « Mais c'est plutôt, ajoutait-il, une injustice, parce que si vous introduisiez une disposition aussi extraordinaire, vous sembleriez imposer aux tribunaux l'obligation de ne pas accorder de dédommagement, lorsque cependant, par un mépris évident des prescriptions de la loi, le propriétaire dépossédé éprouve un grave dommage. Il faut garder les droits de tous..., et dites bien que ce propriétaire n'a pas seulement le droit de toucher les intérêts des sommes dues ; que, selon les circonstances, il peut encore demander et obtenir des dommages-intérêts (*approbation*) » (*Monit.*, 5 mars 1841, p. 540). Cet amendement fut adopté sans difficulté (*Ibid.*), et cette discussion prouve que la Chambre n'a pas voulu déroger au droit commun et s'est bornée à déterminer un cas où les intérêts courent *de plein droit*, comme l'indique l'art. 1153, § 3. Mais le but annoncé par M. Dugabé est-il atteint? Nous ne le pensons pas. L'art. 1153, § 1er, dit que, dans les obligations qui se bornent au paiement d'une somme d'argent, les dommages-intérêts ne consistent jamais que dans la condamnation aux intérêts fixés par la loi. Dans l'espèce, ces intérêts sont dus de plein droit, mais aucune disposition de la loi du 3 mai 1841 ne prononce de dérogation à la première disposition de l'art. 1153, et la Chambre des pairs n'a pas été mise dans le cas de se prononcer sur le point de savoir

---

Additions.

(A) Cependant, les intérêts sont dus au propriétaire depuis le jour du congé donné aux locataires. Peu importe même que les locataires soient restés dans les lieux loués dans l'intervalle du congé au paiement de l'indemnité qui leur était due. C. Paris, 14 janv. 1862 (*Gaz. trib.* 2 fév.

62). Mais la Cour de cassation a décidé le contraire. Cass., 14 nov. 1865 (*Gaz. trib.*, 15 nov. 65).

Les intérêts de l'indemnité courent à partir, non du 1er, mais du 15 du premier mois du terme fixé pour la prise de possession. C. Paris, 23 fév. 1866 (*Gaz. trib.*, 23 fév. 66).

si le propriétaire pouvait demander tout à la fois les intérêts de l'indemnité et des dommages-intérêts.

796. Les dispositions du § 2 de l'art. 55 ne s'appliquent point aux indemnités réglées à l'amiable; le texte de cet article dit assez clairement qu'il ne statue que pour le cas où l'indemnité a été fixée *par le jury*. Les traités amiables doivent indiquer à quelle époque les intérêts de l'indemnité seront dus (*Form.* n° LVIII). A défaut de stipulation expresse, on suivrait les règles du droit commun. Ainsi, d'après l'art. 1652, C. Nap., l'administration devrait l'intérêt du prix de la vente jusqu'au paiement du capital dans les cas suivants : lorsque cela a été convenu lors de la vente; si la chose vendue et *livrée* produit des fruits ou revenus; s'il y a eu sommation de payer. Dans ce dernier cas, les intérêts ne courent que depuis la sommation; mais ce dernier acte suffit, et il n'est pas besoin en ce cas d'une demande en justice, comme l'art. 1153 l'exige en d'autres circonstances. Dans tous les cas où les intérêts sont dus au vendeur, s'il a tiré quelque profit de l'immeuble dont il est resté en possession, il doit en faire l'imputation sur les intérêts.

[En cas de cession volontaire d'un immeuble nécessaire à l'exécution de travaux publics, les intérêts de l'indemnité peuvent être alloués à l'indemnitaire, sans que celui-ci l'ait demandé, à partir du jugement qui a donné acte de cette cession, alors qu'aucun débat n'a été élevé sur ce point; c'est là un simple complément de l'indemnité due à l'exproprié, et non une solution donnée par le jury à un litige, contrairement à l'art. 39 de la loi du 3 mai 1841 (C. de cass., *Dalloz*, 1856.1. 263).] — (A)

797. Les lois des 7 juillet 1833 et 3 mai 1841 ont proclamé de nouveau le principe de l'indemnité préalable, en déclarant, par leur art. 53, que « les indemnités réglées par le jury seront, « préalablement à la prise de possession, acquittées entre les « mains des ayants droit. » Mais cet article et l'art. 54 prévoient le cas où, par le refus des ayants droit ou par des circonstances indépendantes de leur volonté, un paiement effectif

---

Additions.

(A) Aucun moyen de cassation ne résulte pour l'expropriant de ce que le jury alloue les intérêts de l'indemnité à compter du jour de la demande de l'exproprié, lorsqu'il est constant en fait que l'expropriant avait lui-même, dans ses conclusions, admis ce mode d'allocation des intérêts, contraire d'ailleurs aux dispositions de l'art. 55, § 2. Cass. civ., 6 fév. 1861 (*Gaz. trib.*, 13 fév. 61).

ne peut avoir lieu; des mesures sont alors prescrites pour concilier les exigences de l'intérêt public avec la garantie des intérêts privés. « L'art. 53, a dit M. Martin (du Nord) dans son rapport à la Chambre des députés, consacre de nouveau le principe constitutionnel que l'administration ne pourra prendre possession des terrains expropriés qu'après le paiement de l'indemnité aux ayants droit; mais, si cette reproduction du principe paraît être convenable à la fin de la loi, pour prouver que le projet n'avait dans aucune de ses dispositions porté atteinte au droit de propriété, il eût été imprudent de ne pas prévoir le cas où les parties intéressées ne voudraient ou ne pourraient recevoir l'indemnité. Il faut alors que rien n'entrave la dépossession au profit de l'administration; des offres réelles mettront en demeure ceux dont le mauvais vouloir sera le seul obstacle à la conclusion définitive de l'opération; et la consignation des sommes dues permettra à l'administration de rester étrangère à toutes les contestations que pourraient faire naître, soit le besoin de la distribution des deniers entre les créanciers, soit la nécessité de faire lever tous autres obstacles qui s'opposeraient à la remise du prix » (*Mon.*, 27 janv. 1833, p. 212). L'art. 53, § 2, dit, en effet, que, si les ayants droit se refusent à recevoir les indemnités réglées par le jury, « la « prise de possession aura lieu après offres réelles et consi- « gnation. »

[La Cour de cassation a signalé toute l'étendue de cette faculté de consignation, dans son arrêt du 10 janvier 1855, ainsi conçu : « Attendu qu'aux termes de l'art. 54 de la loi du 3 mai 1841, l'administration est autorisée à consigner le prix par elle dû par suite d'expropriation forcée, toutes les fois qu'il existe des inscriptions sur l'immeuble ou *des obstacles* au versement des derniers entre les mains des ayants droit ; — Qu'en se servant du mot *obstacle* dans la généralité de son étendue, en opposition avec les termes indiquant ceux qui résultent de la manifestation légale des droits des tiers, la loi a suffisamment expliqué qu'il suffirait, pour déterminer la consignation, d'obstacles quels qu'ils fussent, de nature à inquiéter sérieusement l'administration sur la validité du paiement;—Que, dans les faits de la cause, l'arrêt attaqué a suffisamment établi que le préfet d'Ille-et-Vilaine, averti par l'existence d'actes déposés dans ses archives du droit de retour existant au profit de l'administration des hospices, avait été autorisé à regarder ce droit comme un obstacle au paiement qu'il avait à faire ; — Qu'en jugeant ainsi, l'arrêt attaqué s'est conformé à l'art. 54 de la loi du 3 mai 1841 et ne l'a pas violé. » (1)]—(A)

798. L'art. 1257, C. Nap., porte que les offres réelles, suivies d'une consignation, libèrent le débiteur, et tiennent lieu, à cet égard, de paiement, lorsqu'elles sont valablement faites, et l'art. 1258 ajoute : « Pour que les offres réelles soient valables,
« il faut, 1° qu'elles soient faites au créancier ayant la capacité
« de recevoir, ou à celui qui a pouvoir de recevoir pour lui;
« 2° qu'elles soient faites par une personne capable de payer;
« 3° qu'elles soient de la totalité de la somme exigible, des arré-
« rages ou intérêts dus, des frais liquidés, et d'une somme pour
« les frais liquidés, sauf à la parfaire; 4° que le terme soit échu,
« s'il a été stipulé en faveur du créancier; 5° que la condition
« sous laquelle la dette a été contractée soit arrivée; 6° que les
« offres soient faites au lieu dont on est convenu pour le paie-
« ment, et que, s'il n'y a pas de convention spéciale sur le
« lieu du paiement, elles soient faites ou à la personne, ou à
« son domicile, ou au domicile élu pour l'exécution de la con-
« vention; 7° que les offres soient faites par un officier minis-
« tériel ayant caractère pour ces sortes d'actes. » Ces dispositions s'appliquent aux offres réelles effectuées par suite d'expropriation : seulement, la signification est faite, ou au domicile élu, ou, si cette élection de domicile n'a pas eu lieu, par double copie au maire, et au fermier, locataire, gardien ou régisseur (art. 15, § 3).

En 1833, on avait demandé à la Chambre des députés s'il fallait, pour que l'administration pût se mettre en possession, que les offres réelles eussent été déclarées valables; mais l'on parut repousser unanimement cette supposition. En effet, l'art. 53 dit que la prise de possession aura lieu après offres réelles et consignation, sans exiger que la validité des offres réelles et de la consignation soit déclarée par le tribunal, ce qui entraînerait des frais, et surtout une perte de temps assez considérable.

799. On sait, a dit M. Legrand, commissaire du roi, que, d'après le Code de procédure, les offres réelles se font ordinairement par le ministère d'un huissier, qui se présente devant la personne à laquelle il doit verser la somme. L'huissier doit avoir

---

(1) Dall., 55.4.93 ; Sirey, 55.4.634.

Additions.

(A La consignation de l'indemnité al-louée, à plusieurs titres, à l'exproprié, est nulle, lorsque la partie relative à l'un de ses chefs n'a pas été consignée. Cass., 28 avril 1858 (Dall. 58.4.272).

en main le sac d'écus; c'est là le droit commun (C. Nap., 1529; C. proc., 812). Lorsqu'il s'agit d'offres réelles à faire par l'administration, pour se conformer aux règles du Code de procédure, il faudrait que les sommes à offrir fussent extraites des caisses du Trésor : or, on sait que nulle somme d'argent ne peut sortir des caisses du Trésor que sur un reçu de la partie prenante. Mais, ici, la partie prenante est précisément celle qui refuse le montant de l'indemnité qui lui est offerte, et qui, dès lors, ne donnera pas son acquit » (*Mon.*, 10 mai 1840, p. 992). Des mesures exceptionnelles étaient donc nécessaires. Elles sont consacrées par les §§ 3 et 4 de l'art. 53, portant :

« S'il s'agit de travaux exécutés par l'État ou les départe-
« ments, les offres réelles pourront s'effectuer au moyen d'un
« mandat égal au montant de l'indemnité réglée par le jury : ce
« mandat, délivré par l'ordonnateur compétent, visé par le
« payeur, sera payable sur la caisse publique qui s'y trouvera
« désignée » (*Form.*, n° LXXIV). « Si les ayants droit refusent
« de recevoir le mandat, la prise de possession aura lieu après
« consignation en espèces. »

Ainsi, ce sont les offres réelles seulement qui ont lieu au moyen d'un mandat. Si ce mandat n'est pas accepté, la consignation se fait en argent.

Ces dispositions ne sont applicables qu'aux offres réelles à faire par l'État ou par les départements. On a refusé d'accorder cette faculté aux communes (*Mon.*, 5 mars 1841, p. 539).

800. Quand un propriétaire a déclaré accepter les offres de l'administration, celle-ci ne consigne pas toujours immédiatement le montant des offres. Le législateur a pensé que ce retard pourrait inquiéter certains propriétaires. En conséquence, l'art. 59 de la loi porte : « Lorsqu'un propriétaire aura accepté les
« offres de l'administration, le montant de l'indemnité devra,
« s'il l'exige, et s'il n'y a pas eu contestation de la part des tiers
« dans les délais prescrits par les art. 24 et 27, être versé à la
« caisse des dépôts et consignations, pour être remis ou distri-
« bué à qui de droit, selon les règles du droit commun. » « L'art.
59, a dit M. Thiers, ministre des travaux publics, autorise le versement à la caisse des dépôts et consignations du montant de l'indemnité, lorsque le propriétaire, ayant accepté les offres de l'administration, exige ce versement; mais l'acceptation du propriétaire ne peut pas priver les créanciers inscrits et autres tiers intéressés de réclamer, s'ils le jugent convenable, l'intervention du jury. Il était utile de réserver ce droit, et c'est dans

cette vue qu'a été introduite la phrase incidente : *S'il n'y a pas eu contestation de la part des tiers* » (*Mon.*, 16 juin 1833).

La réquisition du propriétaire pour cette consignation peut être insérée dans l'exploit d'acceptation des offres ou signifiée séparément (*Form.*, n° XXXVI). Les art. 1ᵉʳ, § 11, et 2, § 4, de l'ordonn. du 18 sept. 1833, fixent des émoluments différents pour l'huissier, selon que ces deux significations sont faites conjointement ou par actes séparés.

801. Lorsque le jury (a dit en 1833 M. le comte d'Argout, ministre des travaux publics) a réglé définitivement la somme due au particulier qu'il s'agit d'exproprier, l'administration ne peut pas encore prendre possession du terrain. Il faut qu'au préalable elle acquitte le montant de l'indemnité. Mais ce propriétaire peut se refuser à toucher la somme qui lui est allouée; des hypothèques peuvent être inscrites sur ses biens; il peut être incapable de recevoir ; des oppositions peuvent être faites au paiement : il ne faudrait pas que, dans toutes ces circonstances, l'ouverture des travaux pût être retardée. L'administration a rempli tous ses devoirs; les obstacles qui arrêtent la délivrance des deniers ne sont pas de son fait; ce n'est point à elle qu'il appartient de les faire disparaître : aussi, dans tous ces cas, le projet de loi autorise la consignation de la somme arbitrée, et assimile la consignation au paiement » (*Mon.*, 10 mars 1833). En conséquence, l'art. 54 de la loi porte : « Il ne « sera pas fait d'offres réelles toutes les fois qu'il existera des « inscriptions sur l'immeuble exproprié, ou d'autres obstacles « au versement des deniers entre les mains des ayants droit : « dans ce cas, il suffira que les sommes dues par l'administra- « tion soient consignées, pour être ultérieurement distribuées « ou remises selon les règles du droit commun » (*Form.*, n° LXXV). Il résulte de cette dernière disposition que, si le prix de l'immeuble est dû à une femme mariée sous le régime dotal (n° 705), si cet immeuble fait partie d'un majorat (n° 708), la consignation devra avoir lieu, même sans offres réelles, parce que ces propriétaires ne peuvent pas recevoir, et, en leur notifiant le procès-verbal de consignation, l'administration pourra prendre possession du terrain.

L'administration n'a pas de démarches à faire pour amener les propriétaires à rapporter mainlevée des inscriptions qui grèvent l'immeuble acquis. Dès que le conservateur déclare qu'il y a des inscriptions, l'indemnité peut être déposée à la caisse des consignations, et l'administration doit entrer en possession. Ce ne serait que sur la demande des propriétaires, et dans des cas exceptionnels, qu'on devrait différer la consignation pour donner aux intéressés la faculté de faire radier les inscriptions (A).

802. D'après l'art. 13 de la loi du 9 juillet 1836 toutes saisies-arrêts ou oppositions sur des sommes dues par l'Etat, toutes significations de cession ou transport desdites sommes, et toutes autres significations ayant pour objet d'en arrêter le paiement, doivent être faites entre les mains des payeurs, agents ou préposés, sur la caisse desquels les ordonnances ou mandats seront délivés. Néanmoins, à Paris, et pour tous les paiements à effectuer à la caisse du payeur central au Trésor public, elles doivent être faites exclusivement entre les mains du conservateur des oppositions au ministère des finances. Les oppositions et significations faites à d'autres personnes sont considérées comme nulles et non avenues (Même article).

Ces saisies-arrêts, oppositions et significations n'ont d'effet que pendant cinq ans à compter de leur date, si elles n'ont été renouvelées dans ce délai, quels que soient d'ailleurs les actes, traités ou jugements intervenus sur lesdites oppositions et significations (art. 14). Les saisies-arrêts et oppositions antérieures à cette loi ont dû être renouvelées dans l'année qui a suivi sa promulgation (art. 15).

Les exploits doivent, en outre, contenir copie ou extrait du titre du saisissant ou de l'ordonnance du juge qui a autorisé la saisie, faute de quoi, elles ne sont ni visées ni reçues, et restent sans effet (*Lois des 19 fév.* 1792, *30 mai, 8 juin* 1793; — arrêté du 1er *pluv. an II, décr.* 18 *août* 1807, *et arr. du min. fin.* 24 *oct.* 1837).

Toute opposition et signification d'un transport doit rester déposée pendant vingt-quatre heures au bureau ou à la caisse où elle est faite (les dimanches et jours fériés ne sont pas compris dans cette supputation), et elle doit être visée sur l'original par

---

Additions.

(A) La consignation de l'indemnité ne peut avoir lieu sans offres réelles préalables, quand l'exproprlant exige à tort des justifications de qualité que l'exproprié n'est pas tenu de fournir (Voir n° 794). La dispense d'offres réelles ne s'appliquant que lorsqu'il existe des obstacles légaux au versement de l'indemnité entre les mains de l'ayant droit. Cass., 28 avril 1858 (Dall., 58.1.272).

C'est à l'autorité judiciaire, d'après les art. 53 et 54 et d'après les règles générales de la compétence qu'il appartient de statuer, entre l'Etat et un particulier réclamant le prix d'un immeuble dont il a été exproprié, sur la question de savoir si ce particulier justifie de la mainlevée des inscriptions existant sur l'immeuble. Cons. d'État, 14 juin 1862 (Lebon, *Rec.*, 1862, p. 489).

le conservateur des oppositions à Paris, ou par le comptable dans les départements, et, en cas de refus, par le procureur impérial (*art. 19 de la loi du 19 fév. 1792, art. 3 du décr. 1ᵉʳ pluv. an II, art. 5 décr. 18 août 1807, art.561, C. pr., art. 3 L. 25 niv. an XIII sur les cautionnements*).

Si une ou plusieurs des conditions essentielles à la validité des exploits sont omises; si, par exemple, il n'est point donné copie du titre ou de l'ordonnance du juge qui autorise l'opposition; si la somme saisie n'est pas désignée, ou si l'opposition est étrangère au service du payeur, ce comptable mentionne et motive son refus en marge de l'original : *Refusé, attendu, etc.* Si, par suite de ce refus, l'exploit est porté au procureur impérial et visé par lui (*décr. 18 août 1807 et art. 561, C. pr.*), et que ce magistrat transmette la copie au payeur, celui-ci doit en rendre compte immédiatement au ministre des finances (*direction du contentieux*), qui lui donne, s'il y a lieu, les instructions nécessaires.

Les payeurs doivent toujours motiver avec soin leurs refus; car, aux termes de l'art. 1039, C. proc., ils pourraient être, comme refusant, condamnés, sur les conclusions du ministère public, à une amende qui ne peut être moindre de 5 fr., mais pourrait être beaucoup plus élevée.

L'art. 11 de la loi du 8 juillet 1837 complète ces mesures et porte : « Les dispositions des art. 14 et 15 de la loi du 9 juillet 1836 sont déclarées applicables aux saisies-arrêts, oppositions et autres actes ayant pour objet d'arrêter le paiement des sommes versées, à quelque titre que ce soit, à la caisse de ses dépôts et consignations et à celle de ses préposés. Toutefois, le délai de cinq ans mentionné à l'art. 14 ne courra, pour les oppositions et significations faites ailleurs qu'à la caisse ou à celle des préposés, que du jour du dépôt des sommes grevées desdites oppositions et significations. — Les dispositions du décret du 18 août 1807 sur les saisies-arrêts ou oppositions sont également déclarées applicables à la caisse des dépôts et consignations. »

L'ordonnance du 31 mai 1838 contenant règlement général sur la comptabilité publique, dans son art. 125 reproduit textuellement l'art. 13 de la loi du 9 juillet 1836, et se termine ainsi : « Sont considérées comme nulles et non avenues toutes oppositions et significations faites à toutes autres personnes que celles ci-dessus indiquées. Ces dispositions ne dérogent pas aux lois relatives aux oppositions à faire sur les capitaux et intérêts de cautionnement. »

803. Une ordonnance du 16 septembre 1837 détermine les formes dans lesquelles les payeurs, agents ou préposés chargés d'effectuer des paiements à la décharge de l'Etat, peuvent se libérer en versant à la caisse des dépôts et consignations les sommes saisies et arrêtées entre leurs mains. Pour toutes les sommes qui se trouvent frappées de ces saisies-arrêts ou oppositions, le dépôt ne peut en être effectué, dit l'art. 1er, qu'autant qu'il est autorisé par la loi, par justice ou par un acte passé entre l'administration et ses créanciers. L'art. 54 de la loi du 3 mai 1841 valide les versements qui ont lieu dans les cas qui y sont énoncés; les ordonnances des magistrats directeurs de jurys sont des décisions judiciaires qui rentrent dans les cas prévus par cet art. 1er; les conventions passées devant notaire ou dans la forme administrative peuvent aussi autoriser la consignation.

L'art. 2 ajoute que les dépôts effectués en vertu des dispositions de l'art. 1er doivent toujours être accompagnés d'un extrait certifié des oppositions et significations existantes, et contenant les noms, qualités et demeures du saisissant et du saisi, l'indication du domicile élu par le saisissant, le nom et la demeure de l'huissier, la date de l'exploit, et le titre en vertu duquel la saisie a été faite, la désignation de l'objet saisi, et la somme pour laquelle la saisie a été formée.

Ces oppositions et significations passent à la caisse des dépôts et consignations avec les sommes saisies; par suite, le renouvellement prescrit par les art. 14 et 15 de la loi du 9 juillet 1836, et par l'art. 11 de la loi du 8 juillet 1837, doit être fait entre les mains du préposé de la caisse, chargé de recevoir et viser les oppositions et significations (art. 3). A défaut de renouvellement des oppositions et significations dans les délais prescrits par les articles précités, lesdites oppositions et significations seront rayées d'office des registres des payeurs, agents ou préposés du Trésor et de la caisse des dépôts et consignations (art. 4).

804. Suffit-il qu'il y ait une saisie-arrêt formée entre les mains de l'administration pour qu'elle puisse consigner le montant de l'indemnité, ou faut-il qu'il y ait un jugement qui déclare cette opposition valable? Pour soutenir qu'il faut que la saisie-arrêt ait été déclarée valable, on dit que cette saisie peut être sans fondement, et que la simple notification qui en est faite

à l'administration ne doit pas suffire pour l'autoriser à faire une consignation désagréable pour les propriétaires, parce que si, par exemple, la dénonciation n'en était pas faite dans les délais (C. proc. 565), ou si la saisie était annulée, il aurait reçu sans difficulté la somme à lui due. Mais l'administration, qui ne peut prendre possession des terrains qu'après avoir payé l'indemnité, a un grand intérêt à pouvoir consigner le montant de cette indemnité, lorsqu'elle ne peut la payer réellement. Il y aurait souvent beaucoup d'inconvénients de l'obliger à attendre, pour consigner, qu'un jugement eût déclaré la saisie valable, car ce jugement peut n'être rendu qu'après un assez long laps de temps, et elle n'a pas même le droit d'en presser la prononciation.

Quoique l'art. 565, C. proc., dise que le tiers saisi pourra payer si, dans le délai fixé par la loi, on ne lui a pas notifié l'assignation en validité de la saisie, cependant nous croyons que l'administration n'est pas même obligée d'attendre l'expiration de ces délais pour consigner. La notification pourrait être retardée d'un mois et même au delà, à cause de l'augmentation de délai à raison des distances, et il serait quelquefois très-préjudiciable pour d'administration de voir reculer d'un mois l'époque de la prise de possession. Nous croyons que le but de l'art. 54 de la loi du 3 mai a positivement été d'empêcher que des obstacles de cette nature ne retardassent la prise de possession. Si le propriétaire souffre de la consignation, il devra en attribuer la cause à celui qui a fait la saisie-arrêt, et non à l'administration. Cependant, s'il n'y avait pas urgence dans la prise de possession, l'administration pourrait accorder aux intéressés un délai pour faire prononcer la mainlevée de la saisie.

805. Les oppositions qui sont formées par d'autres tiers que les créanciers de l'indemnitaire constituent nécessairement des obstacles au paiement, et autorisent la consignation de l'indemnité. Ainsi, l'art. 18 de la loi du 3 mai déclare que les actions en résolution, revendication, et toutes autres actions réelles, ne pourront empêcher l'effet de l'expropriation, et que le droit des réclamants sera transporté sur le prix. Lors donc qu'une action de cette nature est notifiée à l'administration, elle ne peut remettre l'indemnité ni à l'un ni à l'autre des prétendants, et doit la consigner, pour que le réclamant puisse, au besoin, exercer sur le prix les droits dont l'immeuble se trouve affranchi.

M. Gand combat notre opinion sur ces points et pense « qu'une telle opposition ne pourrait faire obstacle au paiement qu'autant qu'elle serait précédée ou suivie immédiatement de l'introduction en justice d'une demande dirigée contre l'indemnitaire à l'une des fins qu'indique le § 4 de l'art. 39 » (P. 366). L'administration a intérêt à payer ou consigner l'indemnité, afin de prendre possession de l'immeuble; et comme elle n'a aucun moyen de savoir si l'opposition a été suivie immédiatement d'une action dirigée contre l'indemnitaire, le droit de consignation se trouverait paralysé et la prise de possession retardée indéfiniment, ce qui n'est certes pas dans l'intention du législateur. M. Gand trouve que notre opinion pourrait donner lieu à des abus, en ce qu'un concessionnaire débiteur de mauvaise foi pourrait faire former des oppositions par des compères complaisants et insolvables. Ce jurisconsulte nous paraît n'avoir pas suffisamment remarqué que l'opposition n'a d'autre effet, à l'égard du concessionnaire, que de l'obliger à remettre l'indemnité à la caisse des consignations, au lieu de la payer directement à l'indemnitaire; dès lors on ne voit pas quel intérêt il aurait à faire naître des oppositions.

806. La rédaction peu exacte de l'art. 54 de la loi du 3 mai 1841 permettrait de soutenir que, dès qu'il existe une saisie-arrêt sur un des intéressés, propriétaire, usufruitier ou locataire, toutes les sommes dues à titre d'indemnité doivent être consignées. Nous ne croyons pas que telle ait été l'intention du législateur. On ne doit consigner que les fonds qu'il est impossible de payer valablement à l'ayant droit.

Si la saisie-arrêt frappe sur l'usufruitier, l'administration devra consigner, non-seulement les sommes qui appartiennent entièrement à l'usufruitier (n° 353), mais encore celles dont il n'a que la jouissance (n° 350), parce qu'il n'y a aucune partie de ces sommes dont l'usufruitier ait alors la libre disposition.

Lorsqu'il y a des droits d'usage, d'habitation (n°ˢ 354, 355), de bail à rente (n° 365), ou d'emphytéose (n° 369), l'indemnité doit ordinairement être placée. La saisie-arrêt pratiquée sur un des intéressés autorise donc à consigner toute l'indemnité, afin qu'il soit ultérieurement pourvu au placement. Il n'en serait autrement que dans le cas où l'exercice des droits de l'usager ou autre ayant droit aurait été formellement restreint à une somme fixée. Celle-ci devrait alors être seule consignée, et le surplus serait remis au propriétaire.

L'indemnité du fermier ou locataire étant toujours distincte de celle du propriétaire (n° 356), la saisie-arrêt pratiquée sur l'un d'eux n'autorise pas à consigner ce qui revient à l'autre.

Lorsque l'indemnité est indivise entre divers intéressés dont les droits ne sont pas déterminés par les titres produits à l'administration, il y a nécessité de consigner la totalité de l'indemnité à laquelle ils doivent participer.

Si le jury a fixé l'indemnité pour la totalité d'un immeuble dont une partie seulement était atteinte par le jugement d'expropriation (art. 50), les obstacles qui s'opposent au paiement de la portion du prix, relative à la partie acquise sur la réquisition du propriétaire, autorisent à consigner la totalité de l'indemnité, parce que l'administration n'est pas en droit d'en faire la répartition entre les deux portions de l'immeuble, ni de reconnaître la partie de l'indemnité qui doit être attribuée à la parcelle expropriée.

807. L'antichrèse est un contrat par lequel un débiteur accorde à son créancier la faculté de percevoir les fruits d'un immeuble, à la charge de les imputer annuellement sur les intérêts, s'il en est dû, et ensuite sur le capital de sa créance. Cette convention ne s'établit que par écrit (C. Nap., 2085).

Si le bien exproprié avait été donné en antichrèse, l'expropriation ne devrait pas moins être poursuivie contre le propriétaire seul, et c'est aussi avec lui que l'indemnité devrait être réglée. Mais si l'administration avait, par suite d'une notification, connaissance de l'antichrèse, elle ne devrait pas payer le prix au propriétaire; regardant cette dénonciation comme équivalente à une opposition, elle devrait consigner l'indemnité. Les droits du créancier qui avait obtenu l'antichrèse ne doivent pas s'anéantir par l'expropriation. Il est juste qu'il puisse les exercer sur le prix lorsqu'il ne peut plus les exercer sur l'immeuble même (C. Nap., 2087, 2089, 2091).

808. Lorsqu'il y a eu devant le jury litige sur le fond du droit, ou sur la qualité des personnes qui réclamaient l'indemnité, le jury a dû régler l'indemnité indépendamment de ces litiges et difficultés, sur lesquels les parties sont renvoyées à se pourvoir devant qui de droit (art. 39, § 4), et le procès-verbal ou l'ordonnance du magistrat directeur doivent relater ces circonstances (n° 624). L'indemnité est alors consignée jusqu'à ce que les parties se soient entendues, ou que le litige soit vidé (art. 49).

Si le bien était en litige entre deux personnes qui s'en prétendraient respectivement propriétaires (n° 284), l'administration ne serait pas tenue d'attendre la fin du débat pour prendre possession, et l'indemnité serait consignée pour être remise à qui il serait ordonné par le tribunal.

809. Lorsque l'administration s'est pourvue en cassation contre la décision du jury, les indemnitaires ne peuvent réclamer le paiement des sommes allouées par le jury qu'en donnant caution, conformément à la loi des 16-19 juillet 1793. S'ils ne remplissent pas cette formalité, il y a obstacle au paiement, et l'indemnité doit être consignée.

810. Si, pour obtenir le paiement de l'indemnité qui lui est due pour la cession d'un immeuble, un propriétaire assigne un département ou une commune devant le tribunal civil pour faire ordonner le paiement de cette indemnité en capital et intérêts, le préfet n'est pas fondé à élever un conflit sous prétexte qu'il ne prétend pas contester la créance, et qu'il s'agit seulement de savoir quelles justifications le créancier doit faire pour en obtenir le paiement (arr. Cons. d'Ét., 30 mars 1844, Leb., p. 182; *Ann. Ponts et chauss.*, p. 245). L'indemnité ayant été consignée en vertu d'un arrêté du préfet, ce magistrat pensait que toute décision sur le mérite de la consignation impliquerait l'appréciation de cet arrêté, qui ne pouvait tomber sous la censure de l'autorité judiciaire. On répondait que le préfet excipant d'une consignation comme libération du prix, le tribunal était appelé à examiner si cette consignation était libératoire vis-à-vis du vendeur.

811. Lorsque la consignation a eu lieu, la condition sous laquelle l'administration était autorisée à se mettre en possession de l'immeuble se trouve accomplie, car les offres réelles suivies de consignation libèrent l'administration (C. Nap., 1257, § 2). La quittance du préposé de la caisse des consignations remplace celle du propriétaire, et rien ne peut s'opposer à la prise de possession. Le jugement d'expropriation et l'ordonnance mise par le magistrat directeur à la suite de la décision du jury, sont, pour la prise de possession, des titres tout aussi efficaces que le serait un contrat de vente (n° 620), et le préfet peut, par un arrêté, ordonner cette prise de possession (*Form.*, n° LXXVI).

812. L'équité voudrait qu'une créance aussi sacrée que celle qui résulte de la cession d'un immeuble pour cause d'utilité publique fût toujours exactement acquittée, de la manière et aux époques convenues; mais les gouvernements se trouvent quelquefois dans des positions critiques qui ne leur permettent pas de remplir exactement leurs engagements. De là ces lois qui permettent au Trésor de se libérer autrement qu'en numéraire, ou prononcent contre les créanciers de l'État des déchéances spéciales.

Ainsi l'art. 3 du décret du 25 février 1808, confirmé par l'art. 3 de la loi du 15 janvier 1810, porte que le conseil général de liquidation n'admettra à la charge du Trésor aucune liquidation réclamée pour créance dont l'origine remonterait à une date antérieure au 1er vendémiaire an v (22 sept. 1796). Le décret du 16 décembre 1809 fit quelques exceptions à celui de 1808, et notamment dans son art. 4, à l'égard du *prix des ventes d'immeubles faites à l'État.*

Un arrêt du Conseil d'État, du 1er septembre 1811, a déclaré que ces déchéances ne pouvaient être opposées au sieur Paugnet, qui, par contrat du 22 octobre 1790, avait cédé 202 perches de terrain pour la formation de la place circulaire de l'Étoile : « Considérant que, si, d'après les dispositions de l'art. 545, C. Nap., nul ne peut être contraint à céder sa propriété, pour cause d'utilité publique, que moyennant une juste et préalable indemnité, ce principe conservateur des droits de la propriété doit être plus fortement encore maintenu lorsqu'il y a eu une convention expresse à ce sujet entre les parties intéressées. » (Sirey, I, p. 532; Lebon, *Rec.*, I, p. 292).

813. Les événements de 1815 ayant mis la France dans l'impossibilité momentanée de s'acquitter immédiatement envers ses créanciers, la loi du 28 avril 1816, titre IV, fixa un mode de liquidation et de paiement des créances antérieures au 1er avril 1816. Aucune exception ne fut faite pour les créances relatives à des expropriations pour cause d'utilité publique ; mais une ordonnance du 30 dudit mois d'avril déclara que toutes les sommes qui resteraient dues au jour de ladite ordonnance, à des propriétaires de terrains, maisons, usines, etc., dépossédés pour cause d'intérêt et d'utilité publique, seraient acquittées en numéraire et conformément aux clauses des contrats, quelles que fussent les dispositions des lois de l'arriéré. Cette ordonnance était précédée du motif suivant : « Considérant que l'art. 10 de la Charte constitutionnelle garantit aux propriétaires dépossédés pour cause d'intérêt public une juste et préalable indemnité ; que cette indemnité ne se trouve pas dans le mode de paiement établi par les lois sur l'arriéré antérieur au 1er avril 1816 ; voulant que le silence des lois à cet égard ne puisse être invoqué contre l'article de la Charte précité..... »

814. La loi de finances du 25 mars 1817 s'occupa de nouveau des créances arriérées, et son art. 5 porte : « Les créanciers de l'arriéré sont tenus de produire leurs titres dans le délai de six mois après la publication de la présente loi, sans préjudice de

l'observation des délais déjà fixés et des déchéances encourues ou à encourir. Passé ce délai, ils ne seront plus admis. »

Cette loi n'ayant fait aucune exception pour les créances relatives aux biens expropriés ou cédées pour cause d'utilité publique, il est resté de l'incertitude sur le point de savoir si la déchéance résultant de son art. 5 devait leur être appliquée. Un arrêt du Conseil, du 24 décembre 1818, aff. Carpentier, admettait que l'ordonnance du 30 avril 1816 avait été abrogée par la loi du 25 mars 1817 (Sirey, t. 5, p. 33). Mais bientôt le Conseil d'Etat décida que la déchéance s'appliquait aux dépossessions qui avaient eu lieu antérieurement à la loi du 8 mars 1810, mais non à celles qui étaient postérieures à cette loi. Cette jurisprudence s'est maintenue depuis la publication de la loi du 29 janvier 1831, dont l'art. 8 dit : « Toute créance portant sur l'arriéré antérieur à 1816, et dont le titulaire ou les ayants cause n'auront pas fourni, avant le 1er janvier 1832, les justifications nécessaires pour la délivrance des mandats de paiement, sera définitivement éteinte et amortie au profit de l'Etat. »

815. La loi du 29 janvier 1831 contient encore les dispositions suivantes : « Art. 9. Seront prescrites et définitivement éteintes au profit de l'État, sans préjudice des déchéances prononcées par les lois antérieures ou consenties par des marchés ou conventions, toutes créances qui, n'ayant pas été acquittées avant la clôture des crédits de l'exercice auquel elles appartiennent, n'auraient pu, à défaut de justifications suffisantes, être liquidées, ordonnancées et payées dans un délai de cinq années, à partir de l'ouverture de l'exercice, pour les créanciers domiciliés en Europe, et de six années pour les créanciers résidant hors du territoire européen.—Le montant des créances frappées d'opposition sera, à l'époque de la clôture des paiements, versé à la caisse des dépôts et consignations.—Le terme de prescription des créances portant sur les exercices 1830 et antérieurs est fixé au 31 décembre 1834 pour les créanciers domiciliés en Europe, et au 31 décembre 1835 pour les créanciers résidant hors du territoire européen.—Art. 10. Les dispositions des deux articles précédents ne seront pas applicables aux créances dont l'ordonnancement et le paiement n'auront pu être effectués, dans les délais déterminés, par le fait de l'administration ou par suite de pourvois formés devant le Conseil d'Etat. — Tout créancier aura le droit de se faire délivrer, par le ministère compétent, un bulletin énonçant la date de sa demande et les pièces produites à l'appui. »

L'art. 11 de la loi du 4 mai 1834 a complété toutes ces mesures de déchéance par les dispositions suivantes : « La liquidation des créances dont l'origine remonte à une époque antérieure au 1er janvier 1816 sera définitivement close au 1er juillet 1834. —Les ministres sont tenus de prononcer avant cette époque, par admission ou rejet, et dans l'état où elles se trouvent, sur toutes les réclamations régulièrement introduites, et qui n'auraient pas encore été l'objet d'une décision ; toutes les déchéances encourues d'après les lois et règlements antérieurs, ainsi que les rejets non attaqués en temps utile devant le Conseil d'État, ou confirmés par lui, étant d'ailleurs irrévocables et ne pouvant plus être remis en question pour quelque cause et sous quelque forme que ce soit.— Passé le 1er juillet 1834, aucune ordonnance de paiement ne pourra être délivrée pour créances antérieures à 1816.—Les créances admises postérieurement au 1er juillet 1834, par suite de pourvois formés devant le Conseil d'État, ne pourront être acquittées qu'en vertu d'un crédit spécial qui sera demandé aux Chambres dans la session de 1835. »

La déchéance pour des réclamations relatives à des terrains occupés antérieurement à la loi du 8 mars 1810 a été prononcée par les arrêts du Conseil des 8 mai 1822, aff. *Guillande* (Mac., p. 547) ; 30 novembre 1832, aff. *Tixier* (Del., p. 669 ; *Ann. Ponts et chauss.*, 1833, p. 145); 3 septembre 1836, aff. *Perroud* (Beauc., p. 433 ; *Ann. Ponts et chauss.*, 1837, p. 69) ; 25 novembre 1844, aff. *Plessard* (Lebon, p. 480) ; 2 février 1844, aff. *hospices de Pontoise* (Lebon, p. 64 ; *Ann. Ponts et chauss.*, p. 155).

En 1811, de vastes parties de terrains appartenant aux cédants du sieur Hébert furent comprises dans les plans des routes royales d'Évreux à Breteuil, et des Andelys à Rouen. Les propriétaires, avertis de l'expropriation projetée, n'ayant pas réclamé, les routes furent exécutées ; mais l'administration ne remplit pas les formalités voulues par la loi du 8 mars 1810, qui exige un acte de vente passé entre les propriétaires et le préfet, ou, à défaut, un jugement d'expropriation. Cette circonstance forma la base du litige.

Le sieur Hébert, en sa qualité de cessionnaire, a réclamé le prix des terrains devant le ministre de l'intérieur, qui a rejeté sa demande, par le motif qu'il représentait des créanciers de l'État qui, n'ayant pas produit leurs titres dans les délais prescrits par la loi du 25 mars 1817, avaient encouru la déchéance. Recours au Conseil contre la décision du ministre. Le sieur Hébert a soutenu que la prise de possession faite en 1811, du consentement des propriétaires, n'ayant pas été consacrée par un acte de vente, n'était pas une expropriation dans le sens de la loi, et ne pouvait donner aux propriétaires dépossédés la qualité de créanciers de l'État; que l'État, n'ayant pris possession des terrains qu'à titre précaire, il devait, pour consommer l'expropriation, faire toutes les diligences nécessaires pour faire estimer ces terrains; amener les propriétaires à souscrire les actes de vente, ou, sur leur refus, les poursuivre devant les tribunaux, conformément à la loi du 8 mars 1810, afin de faire déclarer l'expropriation légitime; que, ces formalités n'ayant point été remplies par l'administration, les propriétaires, qui avaient toujours été dans l'intégrité de leurs droits, n'avaient pu être rangés dans la classe des créanciers de l'arriéré; qu'enfin ils n'avaient pas de titres à produire, puisque les actes de vente n'étaient point passés, et que par conséquent ils ne se trouvaient, sous aucun rapport, dans la classe des créanciers de l'État, qu'avait en vue la loi du 25 mars 1817.

Le ministre de l'intérieur a combattu les moyens de pourvoi en ces termes : « La prise de possession du terrain a été consentie par les propriétaires dès 1811; ainsi, dès cette époque, l'État est devenu débiteur du prix du terrain cédé, comme les propriétaires sont devenus créanciers de l'État. Leur qualité est établie par leur réclamation même; et la date de leur dépossession, antérieure au 1er janvier 1816, les range, aux yeux de la loi du 25 mars 1817, dans la classe des créanciers de l'arriéré. Le sieur Hébert veut que l'expropriation n'ait pas été consommée tant que le prix des terrains n'a pas été réglé et accepté, et que les propriétaires ne puissent être reconnus créanciers de l'État que du moment où ils ont accepté ce prix, ce qu'ils n'ont fait que postérieurement au 1er janvier 1816; mais le vice de ce raisonnement est facile à démontrer. Quand l'État a besoin d'une propriété, et que le propriétaire consent à la céder moyennant l'indemnité de droit, il est certain que son expropriation est consommée dès l'instant qu'il livre son terrain ou qu'il autorise à le prendre, et que, dès ce moment aussi, il a droit de répéter le prix de la chose cédée, cette indemnité que la loi veut qu'il obtienne, et qui n'a pas été préalable, puisqu'il a consenti à ce qu'elle ne le fût pas. Le jour où l'État prend possession du terrain est celui où il devient débiteur, et où le propriétaire a droit de poursuivre la liquidation de sa créance. »

Le Conseil d'Etat a repoussé ce système par son arrêt du 16

novembre 1825 : « Vu l'art. 12 de la loi du 8 mars 1810 ; — Considérant qu'aux termes de cet article, outre le consentement des propriétaires à la cession de leurs terrains, il faut encore, pour opérer la translation des propriétés, qu'il ait été passé, entre eux et le préfet, un contrat de vente dans la forme des actes d'administration ; — Considérant qu'il résulte des pièces produites que l'autorisation de passer ces contrats administratifs ne lui a été transmise, pour la première fois, que dans les derniers jours de 1819 ; que, dès lors, les cédants du sieur Hébert n'avaient pas cessé, à l'époque de la loi du 25 mars 1817, d'être propriétaires des terrains employés à la confection des deux routes ; et qu'ainsi la déchéance prononcée par l'art. 5 de cette loine pouvait pas leur être appliquée. » (Mac., VII, p. 664 ; Leb., III, p. 662).

Cet arrêt a fait jurisprudence pour toutes les dépossessions postérieures au 8 mars 1810. Mais il s'est élevé des difficultés sur le point du savoir à quelle époque devait être censée remonter la cause du préjudice éprouvé par des propriétaires d'usines qui avaient été privés des eaux qui alimentaient leurs usines par des travaux commencés avant 1810 et achevés postérieurement à cette époque. On peut voir à cet égard les arrêts du Conseil des 8 avril 1840, aff. *héritiers Berthier* (Leb., p. 103), et 14 avril 1841, aff. *Honnorez* (Leb., p. 3).

[Il faut ajouter à ces arrêts les décisions suivantes :

En 1793, l'administration de la guerre avait pris possession d'un immeuble pour y établir un hôpital. Elle avait joui d'une partie en nature, et, sur une autre partie mise en location, elle avait perçu des loyers. La demande en revendication de l'immeuble et en restitution des loyers n'avait été adressée au ministre que le 16 novembre 1829. Des jugements et arrêts de l'autorité judiciaire avaient condamné l'administration à délaisser l'immeuble et à restituer les jouissances. Le propriétaire ayant réclamé le paiement, le ministre de la guerre avait rendu une décision dans laquelle il déclarait : « quant à la somme de « 20,750 fr. pour fruits échus depuis 1793, cette créance n'est « pas susceptible d'être admise, attendu qu'elle doit subir l'ap- « plication des lois sur l'arriéré, qui ont prononcé la déchéance « absolue de toutes les créances dont l'origine remonte à une « époque antérieure à l'an IX. » Sur le recours du propriétaire, le Conseil d'Etat a statué en ces termes, le 26 juillet 1844 :

« Vu les décrets des 25 février 1808, 13 décembre 1809 et la loi du 15 janvier 1810 ; celles des 25 mars 1817, art. 5 et 6;

29 janvier 1831, art. 8 et 10; 4 mai 1834, art. 11; 14 juin 1835, art. 9; — Considérant que la répétition des sommes représentatives de la jouissance en nature par l'Etat de l'immeuble dont il s'agit constitue une créance dont l'origine remonte à la prise de possession de cet immeuble, en 1793; que, dès lors, la créance du sieur Renaud, en ce qui touche les sommes représentatives de ladite jouissance, se trouve frappée de la déchéance prononcée par les lois et décrets ci-dessus visés, sur l'arriéré antérieur à l'an IX ;

« Mais considérant que la répétition des sommes que l'Etat aurait perçues annuellement, à titre de loyers, constitue une créance dont l'origine ne remonte qu'aux époques de perception desdits loyers ; — Qu'il résulte de l'instruction que, du 11 frimaire an VII au 11 janvier 1824, ledit immeuble a été mis en location par l'Etat; — Mais qu'il n'est justifié par le sieur Renaud d'aucune réclamation antérieure à celle du 16 novembre 1829; — Que, dès lors, quant aux loyers perçus par l'administration antérieurement au 1ᵉʳ janvier 1816, le sieur Renaud n'ayant pas satisfait aux dispositions de l'art. 5 de la loi du 25 mars 1817, cette partie de sa créance se trouve frappée de la déchéance prononcée par ladite loi ; — Mais, quant aux loyers perçus par l'administration postérieurement au 1ᵉʳ janvier 1816, considérant que si, à défaut de justifications suffisantes, cette partie de la créance n'a pu être liquidée, ordonnancée et payée dans le délai déterminé par l'art. 9 de la loi du 29 janvier 1831, c'est par suite du refus de l'administration et de l'instance judiciaire qui en a été la suite; qu'ainsi le sieur Renaud se trouve, quant à cette partie, dans le cas d'exception prévu par l'art. 10 de la même loi;

« Art. 1ᵉʳ. La décision de notre ministre de la guerre attaquée est réformée en ce qu'elle a refusé au sieur Renaud la restitution des loyers perçus par l'administration postérieurement au 1ᵉʳ janvier 1816. — Art. 2. Le sieur Renaud est renvoyé devant notredit ministre pour y faire procéder à la liquidation de la partie de sa créance ayant pour objet la restitution desdits loyers. — Art. 3. Le surplus des conclusions du sieur Renaud est rejeté » (1).

Décision identique dans l'arrêt du 26 juin 1845 : « Vu le dé-

---

(1) Lebon, Rec., 1844, p. 455.

cret du 25 février 1808 et les lois des 15 janvier 1810, 25 mars 1817, 29 janvier 1831 et 4 mai 1834 :

« En ce qui touche les fruits échus antérieurement au 1ᵉʳ vendémiaire an IX : — Considérant que la créance dont il s'agit a pour cause des jouissances de fruits faites par l'Etat, antérieurement à l'an IX ; que l'arrêt de la Cour de Grenoble en date du 24 juillet 1832 n'est que déclaratif et non constitutif de ladite créance ; d'où il suit que cette créance a été frappée de déchéance par le décret du 25 février 1808 et la loi du 15 janvier 1810.

« En ce qui touche les fruits échus depuis le 1ᵉʳ vendémiaire an IX jusqu'au 31 décembre 1815 inclusivement : — Considérant que la créance réclamée fait partie de l'arriéré antérieur au 1ᵉʳ janvier 1816 ; qu'aux termes de la loi du 25 mars 1817, les créanciers dudit arriéré étaient tenus, à peine de déchéance, de produire dans le délai de six mois leurs titres de créance, et que la commune requérante ne justifie d'aucune demande ni production de titres, à fin de restitution des fruits dont il s'agit antérieurement au 11 octobre 1821 ; que dès lors elle a encouru la déchéance prononcée par la loi précitée ;

« Art. 1ᵉʳ. La requête de la commune de Voreppe est rejetée » (1).

L'action intentée contre le Trésor en répétition des revenus que des mines auraient produits de 1812 à 1836, et qui, suivant les requérants, auraient été indûment perçus par le Trésor, a pour but de faire déclarer le Trésor débiteur des sommes représentatives desdits revenus, et constituerait une créance au profit des requérants. Mais leur réclamation, tendant à la restitution desdits revenus, n'ayant été formée régulièrement devant le ministre des finances que le 12 juin 1842, elle a, dès lors, été présentée hors des délais prescrits par les lois de finances des 25 mars 1817, 17 août 1822, 29 janvier 1831 et 4 mai 1834 (2).

Expropriation pour cause d'utilité publique, d'une maison et dépendances comprises dans l'emplacement d'un pont à construire sur la Loire, à Roanne, remontant à 1787 et 1788 ; indemnité de 10,667 livres payée intégralement au propriétaire ; décision ministérielle, du 24 septembre 1792, lui accordant une indemnité supplémentaire de 5,114 livres 2 sous 8 deniers. Ce

---

(1) Lebon, *Rec.*, 1845, p. 368.
(2) 21 janv. 1847 (Lebon, *Rec.*, 1847, p. 46).

supplément d'indemnité accordé en 1792, sans indication d'aucun terme, et à raison d'une expropriation définitivement consommée dès 1788, était immédiatement exigible et appartenait à l'exercice 1792. Le propriétaire ne justifiant pas qu'il ait été fait par ses auteurs, *avant l'année* 1812, aucune diligence dans le but d'obtenir le paiement de cette créance, elle s'est trouvée, dès lors, frappée de déchéance par les décrets des 25 février 1808, 13 décembre 1809 et par la loi de finances du 15 janvier 1810. A la vérité, un arrêté du préfet de la Loire, pris, en 1812, en vertu d'une décision du directeur des ponts et chaussées, avait décidé qu'une somme de 1563 fr. 48 c. restait due au propriétaire, à raison du supplément d'indemnité alloué, en 1792, à son auteur; mais en supposant même que cet arrêté ait pu détruire les effets de la déchéance encourue et constituer une nouvelle créance au profit du propriétaire, cette créance appartiendrait à l'arriéré antérieur à 1816, et se trouverait atteinte par les lois des 25 mars 1817 et 4 mai 1834. Ainsi, c'était avec raison que le ministre des finances avait rejeté, pour cause de déchéance, la demande du propriétaire (1).

Les époux Doucerain avaient fait cession amiable à l'Etat d'un terrain bâti, nécessaire pour le passage d'une route nationale, au prix de 13,000 francs. Ce prix avait été payé intégralement par l'Etat dans la même année. Mais l'immeuble était dotal et, aux termes du contrat de mariage de la dame Doucerain, aliénable seulement à la charge de remploi. Ce remploi n'avait pas été fait. Par là, l'Etat se trouvait responsable. Un jugement était intervenu contre lui. Mais ce n'est que le 4 septembre 1851 que la dame Doucerain s'est adressée au ministre des finances pour lui demander d'ordonner le paiement des 13,000 fr. en capital et des intérêts à dater de l'instance en séparation de biens. Le ministre a rejeté cette réclamation, pour cause de déchéance. Sur le recours de la dame Doucerain, le Conseil d'Etat s'est prononcé en ces termes : « Vu l'art. 9 de la loi du 29 janvier 1831 ; — Considérant que par acte passé devant le préfet de l'Eure, le 11 janvier 1837, l'Etat a acquis des sieur et dame Doucerain, pour cause d'utilité publique, moyennant une somme de 13,000 francs, un immeuble dotal et aliénable à la charge de remploi, appartenant à la dame Doucerain; — Considérant que le droit de la dame Doucerain, sur le

---

(1) Cons. d'État, 19 mai 1851 (Lebon, *Rec.*, 1853, p. 534).

prix dudit immeuble, constituait une créance appartenant à l'exercice 1837, pendant lequel avait lieu la vente dudit immeuble; — Considérant que si, comme l'a jugé le tribunal civil de première instance de l'arrondissement d'Evreux, le paiement irrégulièrement fait et non suivi de remploi n'a pu libérer l'Etat vis-à-vis de la dame Doucerain qui réclame aujourd'hui le prix de l'immeuble vendu par elle, ce paiement n'a changé ni la nature de la créance ni l'exercice auquel elle appartenait; qu'aucune diligence n'a été faite au nom de la dame Doucerain dans un délai de cinq ans, à partir du commencement de l'exercice 1837; que, dès lors, c'est avec raison que le ministre des finances a rejeté pour cause de déchéance la réclamation présentée par la dame Doucerain, le 4 septembre 1851. — Art. 1er. La requête de la dame veuve Doucerain est rejetée » (19 mai 1853, Lebon, *Rec.*, p. 538).

En matière d'intérêts arriérés, le Conseil d'Etat a déclaré: « Vu la loi du 29 janvier 1831; — Considérant qu'aux termes de l'art. 9 de la loi du 29 janvier 1831, sont prescrites et définitivement éteintes au profit de l'Etat toutes créances, qui n'ayant pas été acquittées avant la clôture de l'exercice auquel elles appartiennent, n'auraient pu à défaut de justifications suffisantes être liquidées, ordonnancées et payées dans un délai de cinq ans, à partir de l'ouverture dudit exercice; — Considérant qu'il résulte de l'instruction que la réclamation du requérant tendant à obtenir la restitution d'une somme de 4,000 fr. pour intérêts du cautionnement du journal le *Figaro*, pendant l'année 1837, n'a été formée régulièrement devant le ministre des finances que le 5 novembre 1843; que dès lors elle a été présentée lors du délai prescrit par ladite loi du 29 janvier 1831 et se trouve frappée de déchéance. — Art. 1er. La requête du sieur Fleurot est rejetée » (1).

Dans la même espèce, le Conseil avait jugé que la loi du 29 janvier 1831, et, avant elle, le décret du 24 mars 1809, ont établi une forclusion fondée sur des motifs d'ordre public, sur des raisons d'Etat, en dehors de toute application du droit privé, et, par conséquent, de l'art. 2246, C. Nap.; que la citation devant l'autorité judiciaire, qui est incompétente, n'interrompait donc pas la déchéance quinquennale, et que la réclamation, en cette matière, n'était formée régulièrement que devant l'autorité administrative.

---

(1) 23 juin 1848 (Lebon, *Rec.*, 1848, p. 420).

Mais il faut reconnaître que le conseil a changé de système : 1° implicitement d'abord dans un décret du 19 mai 1853, portant : « Que le requérant n'a fait, avant le 20 juin 1846, aucune « diligence, *soit devant l'autorité judiciaire*, soit devant l'auto- « rité administrative, à l'effet d'obtenir le paiement, soit de la « somme principale de 4,450 fr., soit des dommages-intérêts « dont l'arrêt du 25 mai 1841 contenait condamnation à son « profit » (1); 2° explicitement dans un décret du 9 mars 1854, où il est dit : « Considérant que les créances contre l'Etat qui « ont pour objet les coupes adjugées, les 20 octobre 1824, 4 oc- « tobre 1826, 3 novembre 1830 et 6 octobre 1834, appartiennent « *aux exercices* 1836 *et* 1835, *et n'auraient pas été atteintes par la* « *déchéance avant l'exploit introductif d'instance* du 20 juin 1839...; « — Art. 1ᵉʳ. Les communes d'Essoyes et de Verpillières sont « renvoyées devant notre ministre des finances, à l'effet d'obte- « nir liquidation et paiement des sommes à elles dues par l'Etat « à raison de leurs droits au prix des coupes adjugées, les 20 « octobre 1824 et 4 octobre 1826, dans les bois de Val-Grattery, « les 3 novembre 1830 et 6 octobre 1834, dans les bois de la « Grosse-Corrée. La décision du ministre des finances est annu- « lée dans ce qu'elle a de contraire au présent décret.—Art. 2. « Le surplus des conclusions des communes est rejeté » (2).

Toutefois, dans un décret du 19 mai 1854 (par conséquent, rendu le même jour que celui relatif à l'affaire Bouvet, précitée), le conseil est revenu encore à sa première théorie d'après laquelle une réclamation formée devant une autorité incompétente *ne constituerait pas une demande régulière* dans le sens de la loi du 29 janvier 1831 (3) (c'était le conseil de préfecture qui était incompétent).

Dans l'espèce d'une créance due pour indemnité d'une maison incendiée à Thionville, par mesure défensive de cette place, le conseil a décidé : « Que la créance appartenait à l'exercice 1835; « qu'aux termes de l'art. 9 de la loi du 29 janvier 1831, toutes « justifications nécessaires pour arriver à l'ordonnancement et « au paiement devaient, à peine de prescription de la créance, « être faites dans un délai de cinq ans, à partir de l'ouverture « de cet exercice; que les requérants s'étaient pourvus seule- « ment le 2 janvier 1840, c'est-à-dire après l'expiration du délai

---

(1) Lebon, *Rec.*, 1853, p. 538.
(2) *Ib.*, 1854, p. 475.

(3) Lebon, *Rec.*, 1854, p. 536.

« fixé par la loi; que dès lors c'était avec raison que le ministre
« de la guerre s'était refusé au réordonnancement d'une créance
« définitivement éteinte » (1).

En vertu des lois sur la liquidation de la dette publique : lois des 17 juillet-8 août 1790; 14 et 15 août-1er septembre et 15 octobre 1790; 16-24 août 1790; 6, 7-11 septembre 1790; 7-14 octobre 1790; 23 et 28 octobre-5 novembre 1790; 16-22 décembre 1790; 10-20 juillet 1791; 29 septembre-16 octobre 1791; 30 septembre-16 octobre 1791; 16 fructidor an III; arrêté du directoire exécutif, du 2 germinal an V; loi du 13 frimaire an VIII; décret du 25 février 1808; décret du 13 décembre 1809; lois du 25 mars 1817; du 17 août 1822; du 29 janvier 1831; du 4 mai 1834; la compétence à l'effet de statuer sur les déchéances appartient à l'autorité administrative.

Ordonnance du 1er février 1844, ainsi conçue :

« Considérant que, d'après les lois des 10 juillet 1791, 8 mars 1810, 17 juillet 1819, 7 juillet 1833 et 3 mai 1841, il appartient à l'autorité judiciaire d'apprécier s'il est dû une indemnité aux sieurs Gounon et Douche pour le terrain à eux pris pour l'extension des fortifications de la place du Havre, et de fixer la quotité de ladite indemnité; mais que, d'après les lois susvisées sur la liquidation de la dette publique, il appartient à l'autorité administrative de statuer sur la question de déchéance élevée par le préfet. — Art. 1er. L'arrêté de conflit pris par le préfet de la Seine-Inférieure est confirmé en tant qu'il revendique pour l'autorité administrative la connaissance de la question de savoir s'il y a lieu d'appliquer les lois sur les déchéances à la créance des sieurs Gounon et Douche; il est annulé pour le surplus » (2).

Décision identique, dans l'affaire Finot et consorts, contre l'Etat (Ordonnance du 7 décembre 1844) (3).

Les conseils de préfecture sont incompétents pour statuer sur les questions de déchéance. « Considérant, porte un décret du
« 12 août 1834, que si, dans le cours du débat, l'administration
« a cru devoir opposer à la demande la déchéance établie par
« l'art. 9 de la loi du 29 janvier 1831, le conseil devait se déclarer incompétent pour prononcer sur cette question, attendu
« qu'aucune disposition ne lui en attribue la connaissance; que
« l'application des dispositions qui prononcent des déchéances

---

(1) Lebon, *Rec.*, 14 janv. 1842, p. 19.

(2) Lebon. *Rec.*, 1844, p. 43.
(3) *Ib.*, 1844, p. 629.

« contre les créanciers de l'État a été réservée par les lois ci-
« dessus visées, et notamment par celle du 29 janvier 1851 aux
« ministres compétents, sauf recours au Conseil d'État contre
« les décisions desdits ministres » (1)...]

816. Le paiement de l'indemnité avant la prise de possession est, comme nous l'avons dit n° 792, un devoir sacré pour l'administration. Si des entrepreneurs ou d'autres agents voulaient prendre possession d'un immeuble avant le paiement de l'indemnité, le propriétaire serait en droit de s'y opposer. Il ne devrait point se livrer à des voies de fait, parce que nul ne peut se faire justice à soi-même; mais il devrait s'adresser ou à l'administration, pour qu'elle arrêtât les entreprises de ses agents, ou aux tribunaux chargés de faire respecter la propriété.

817. Les propriétaires n'ont pas toujours cette modération. Ils s'opposent quelquefois par la force à l'exécution des travaux, et il serait important de déterminer en quels cas la résistance du propriétaire aux entreprises dirigées contre son héritage constituerait une contravention ou un délit, et quelle peine il pourrait encourir par cette résistance. Saisie de cette question délicate, la Cour de cassation se décida d'abord par une circonstance toute spéciale; elle se fonda sur ce qu'il s'agissait de l'élargissement d'un chemin vicinal, cas prévu par l'art. 15 de la loi du 21 mai 1836. (Voir ci-après.) Le sieur Bargheon, se prétendant propriétaire d'une portion de terrain réunie à un chemin vicinal, avait, bien que les travaux eussent reçu leur complète exécution, creusé sur le chemin un fossé destiné à lui rendre la jouissance de sa propriété. La chambre criminelle de la Cour de cassation, par arrêt du 7 juin 1838 (Devill., p. 707; Dall., p. 383), a considéré cette voie de fait comme constituant une détérioration et une usurpation sur la largeur d'un chemin public, passible de la peine portée en l'art. 479, § 11, C. pén. (amende de 11 à 15 francs inclusivement), et de l'emprisonnement pendant cinq jours en cas de récidive, en vertu de l'art. 482 du même Code.

La question s'étant représentée à la même chambre, elle a, par arrêt du 2 février 1844, persisté dans sa jurisprudence : « Sur le moyen tiré de la violation des règles de la compétence : — Vu les art. 408 et 413, C. inst. crim.; attendu qu'il résulte du procès-verbal dressé à la charge de..... que ces in-

---

(1) Lebon, Rec., 1854, p. 781.

dividus se sont opposés *avec violence* à la continuation des travaux légalement entrepris pour l'élargissement d'un chemin vicinal, et qu'ils ont détruit ceux qui avaient été commencés sur leurs propriétés respectives; que ces faits constituent tout à la fois le délit prévu par l'art. 438, C. pén., et la contravention que le n° 11 de l'art. 479 du même Code punit; — qu'ils rentrent exclusivement, dès lors, dans la juridiction de la police correctionnelle... » (Dall., 44.1.125.)

M. Paillart de Villeneuve, dans la *Gazette des Tribunaux* du 2 mai 1844, fait sur cet arrêt les observations suivantes :

« L'art. 438, C. pén., punit d'une manière générale ceux qui s'opposent par des voies de fait à la confection des travaux du Gouvernement. Il ne faut pas, en effet, que les préjugés ou les inérêts locaux de quelques individus, ou même d'une partie de la population, fassent obstacle à des travaux entrepris dans un but d'utilité publique. Mais cette disposition, essentiellement utile à l'égard des tiers qui, sans titre et sans droit, font irruption dans les travaux, peut-elle être étendue au propriétaire qui s'oppose aux travaux commencés sur son terrain, qui défend sa propriété jusqu'à ce qu'il en ait été légalement exproprié pour cause d'utilité publique? Dans l'espèce, les travaux illégalement entrepris avaient pour objet l'élargissement d'un chemin vicinal, et cette circonstance a fourni à la Cour de cassation un motif spécial de décision.

« Cette jurisprudence donne lieu à une double observation. Il faut remarquer, en premier lieu, qu'elle n'est fondée que sur l'art. 15 de la loi du 21 mai 1836 : or, cet article n'est qu'une exception au principe consacré par l'art. 9 de la Charte, qui ne permet l'expropriation que moyennant une juste et *préalable* indemnité. En dehors de cette exception, la même décision n'aurait donc plus d'appui. Ainsi, s'il s'agissait de travaux qui ne fussent pas motivés par l'élargissement d'un chemin vicinal, *les voies de fait* exercées par le propriétaire du terrain pour les repousser ou les détruire *ne seraient plus punissables*, car la loi du 3 mai 1841 règle les formes de l'expropriation pour cause d'utilité publique, et détermine les garanties destinées à protéger les droits des propriétaires; et tant que les formes protectrices de la propriété n'ont pas été appliquées, tant que les garanties promises au propriétaire ne lui ont pas été assurées, il est fondé à repousser des actes qui ne sont plus qu'une spoliation, ou du moins une usurpation de sa propriété. Telle est la doctrine que consacre implicitement l'arrêt.

« Mais nous irons plus loin. Il nous paraît douteux, lors même qu'il s'agit d'un chemin vicinal, que le propriétaire qui s'oppose aux travaux entrepris sur son terrain, en excipant de son droit de propriété, puisse être passible des peines portées en l'art. 438. En effet, cet article punit un délit, c'est-à-dire un fait commis avec une intention coupable : dans la pensée du législateur il s'agit d'un acte de rébellion, d'une espèce de sédition. La loi distingue les moteurs et les agents de l'attroupement ; elle punit les premiers avec plus de sévérité. Or, ces caractères se trouvent-ils dans l'opposition du propriétaire ? Il est de bonne foi ; il n'est animé par aucune pensée de rébellion contre l'autorité du Gouvernement ; il prétend seulement soutenir un droit légitime. Il peut se tromper ; mais son erreur est excusable, et, dans tous les cas, son action n'est pas la même que l'action des tiers.

« Ceux-ci agissent dans un but hostile ; ils attaquent, sans aucun prétexte plausible, des travaux qui ne sont pas construits sur leurs propriétés ; ils font acte de rébellion contre l'autorité. Le propriétaire ne se révolte pas, il croit se défendre ; il n'attaque pas, il maintient son droit ; il oppose la voie de fait à la voie de fait. M. Treilhard disait au Conseil d'Etat, lors de la discussion de cet article : « Qu'il fallait prendre garde de ne pas « faire tomber la disposition sur celui qui ne s'oppose à des « travaux que parce qu'il prétend qu'ils sont faits sur sa pro- « priété » (Locré, xxxi, p. 86). Le législateur voulait donc punir autre chose qu'un fait matériel isolé d'une pensée criminelle ; il croyait donc que cette pensée ne pouvait se trouver dans un propriétaire qui, lors même qu'il se trompe sur l'étendue de ses droits, est protégé par son titre même et par l'excuse de bonne foi qui y est nécessairement attachée. Dans notre opinion, l'art. 438 ne concerne que les tiers étrangers à la propriété : l'opposition des propriétaires eux-mêmes est un fait d'une autre nature, et qui ne saurait être classé parmi les délits correctionnels. »

La Cour de cassation a toutefois étendu sa jurisprudence au cas où il s'agit de travaux autres que des chemins vicinaux. Par un arrêt du 6 juillet 1844, elle a déclaré que la disposition de l'art. 438, C. pén., est générale et absolue ; qu'elle n'admet pas, comme faisant disparaître le délit, la circonstance que l'auteur des voies de fait se prétendrait propriétaire du terrain sur lequel auraient lieu les travaux, et qu'ainsi ces travaux n'auraient pu avoir été ordonnés sans expropriation préalable légalement consommée; qu'une pareille distinction dans l'application de l'art. 438 pourrait entraîner des inconvénients graves pour l'ordre public et pour l'intérêt national; que des travaux urgents pour la navigation, pour la viabilité ou pour tout autre objet d'utilité publique, du ressort du Gouvernement, seraient suspendus ou empêchés, au gré de ceux qui prétendraient avoir à exercer un droit en opposition aux actes du Gouvernement;—que celui qui serait lésé par des travaux ainsi ordonnés peut invoquer les lois protectrices de la propriété, en recourant aux voies légales, soit pour arrêter le cours ultérieur de ces travaux, soit pour obtenir la réparation du préjudice qui lui aurait été causé;..... (Dall., 1844.1.377; Devill., 1844.1.854) (1).

La Cour royale dont l'arrêt était attaqué avait à tort sursis à statuer jusqu'à ce qu'il eût été prononcé par l'autorité compétente sur la *propriété du sol*. La question de *propriété* ne constitue pas en cette matière une exception préjudicielle; si l'administration est en possession d'un terrain, qu'elle en soit propriétaire ou non, elle peut légalement y exécuter des travaux. Mais celui qui est en *possession* d'un terrain à titre de propriétaire depuis plus d'un an, et qui s'oppose aux travaux que l'on veut y exécuter sans autorisation de justice, peut-il être passible des peines sévères prononcées par l'art. 438? A-t-il d'autre but que de faire respecter ses droits? L'administration doit-elle s'étonner des obstacles apportés à ses travaux, quand elles les a entrepris sans l'accomplissement des formalités prescrites par la loi?

L'art. 438, C. pén., punit d'un emprisonnement de trois mois à deux ans, et d'une amende, ceux qui, par des voies de fait, se sont opposés à la confection des travaux autorisés par le Gouvernement. L'art. 437 punit même de la reclusion et d'une amende quiconque aura volontairement détruit ou renversé, par quelque moyen que ce soit, en tout ou *en partie*, des édifices, des ponts, digues, chaussées, ou autres constructions qu'il savait appartenir à autrui.

Le propriétaire ne doit pas s'exposer à de telles pénalités, et

---

(1) [« Je ne crois pas, dit M. Dufour, que l'article, non plus que l'arrêt qui n'a vu que des faits d'usurpation *autorisés* ou *ordonnés* par l'administration et partant couverts par un acte de l'autorité, soit applicable au propriétaire exproprié qui ne lutterait que pour se défendre d'une dépossession illégale et ne constituant elle-même qu'une véritable voie de fait » (*Traité général de droit administratif*, v, p. 499).]

il doit demander protection aux magistrats. Malheureusement la jurisprudence du Conseil d'Etat tend à dessaisir les tribunaux ordinaires de presque toutes les questions qui naissent d'une semblable contestation, et les citoyens qui ne se croient pas suffisamment protégés sont tentés d'avoir recours aux voies de fait pour conserver ou recouvrer la jouissance de leurs immeubles.

819. D'après les art. 11, 14, 15 et 26, de la loi du 8 mars 1810, les tribunaux civils étaient compétents pour connaître des réclamations formées par les propriétaires pour inobservation des formalités prescrites par cette loi dans l'intérêt de la propriété. « L'emploi d'aucunes voies coactives, avait dit le rap-
« porteur de cette loi au Corps législatif, ne pourra avoir lieu
« qu'en vertu d'un jugement ;..... et nul particulier ne sera tenu
« de quitter son champ ou sa maison qu'après que ses juges
« naturels le lui auront ordonné. » L'art. 26, notamment, admettait que l'on pouvait recourir au tribunal pour s'opposer à la prise de possession de l'administration.

Le sieur Tiffon, entrepreneur de travaux publics, avait, dans leur exécution, empiété sur la propriété des sieurs Meilhon. Ceux-ci le citèrent devant les tribunaux ordinaires. Le préfet éleva le conflit, qui fut annulé par arrêt du Conseil d'Etat, du 16 février 1826, sur le motif « que l'autorité judiciaire était compétente pour connaître des plaintes portées par les sieurs Meilhon contre l'inobservation des formalités prescrites pour constater l'utilité publique et parvenir à l'expropriation » (Lebon, à la date; Macarel, p. 67).

Les dispositions de la loi de 1810 qui servaient de base à cet arrêt n'ont pas été reproduites dans les lois de 1833 et 1841 ; mais ces questions doivent encore recevoir la même solution, d'après les principes du droit commun.

Un arrêt de la Cour royale de Nancy, du 26 décembre 1842, déclare l'incompétence des tribunaux pour connaître des réclamations élevées contre le sieur Varlet, entrepreneur de travaux, qui avait coupé les haies qui fermaient la propriété du sieur Milard-Levrechon, et pratiqué un fossé sur ce terrain. Mais le motif de décision a été « que la destruction de ces travaux, alors même qu'ils auraient été confectionnés avant la déclaration d'utilité publique et l'entier accomplissement des formalités préalables à l'expropriation, n'eût pu, *aux termes de la loi du 21 mai 1836*, être ordonnée que par l'administration elle-même, puisque, le pont faisant partie de la voie publique, l'arrêté qui en a fixé les dimensions a eu pour effet d'*attribuer au sol du chemin* la portion de terrain revendiquée par Milard-Levrechon, sauf à celui-ci à poursuivre l'action en indemnité qui lui appartient devant l'autorité administrative » (Dall.1843.2.112). Cette décision est donc basée uniquement sur les dispositions spéciales de la loi du 21 mai 1836, et sur le principe que les arrêtés de préfets incorporent de plein droit aux chemins les parcelles de terrain nécessaires à leur élargissement ; mais il en serait autrement dans tous les autres cas, et notamment dans ceux qui sont régis par la loi du 3 mai 1841.

820. Le propriétaire a souvent intérêt à faire constater qu'au moment où l'administration s'est emparée de son terrain, il en avait la possession plus qu'annale et à titre de propriétaire. Cette possession bien établie le fait présumer propriétaire jusqu'à preuve contraire, et sert en outre à corroborer les titres qu'il pourra plus tard invoquer pour établir son droit de propriété. Toutes les actions possessoires sont de la compétence des juges de paix, et il n'y a pas d'exception à faire pour celles qui sont formées par ou contre l'Etat, les départements ou les communes.

Nous croyons qu'on ne pourrait, sous le rapport de la compétence, élever aucune objection sérieuse contre une action possessoire qui ne tendrait qu'à faire constater la possession annale du demandeur avant les voies de fait de l'administration ou de ses représentants. Les arrêts du Conseil d'Etat des 14 octobre 1836, aff. *Leballe*, et 30 décembre 1841, aff. *Buecher* et *Lorentz*, que nous allons rapporter (n° 822), proclament même ce principe.

821. Mais le tribunal qui statue sur l'action possessoire ordonne ordinairement que le demandeur sera réintégré dans sa possession, puis fait défense de continuer les travaux commencés ; il ordonne même que ceux déjà exécutés seront détruits, et condamne l'usurpateur aux dommages et intérêts. Il convient d'examiner si ces diverses condamnations peuvent être prononcées lorsqu'il s'agit de travaux publics, car ces questions offrent de sérieuses difficultés, et la jurisprudence ne nous paraît pas les avoir positivement résolues. Nous allons d'abord rappeler les décisions rendues sur ces différents points.

822. Un arrêt du Conseil d'Etat, du 14 octobre 1836, statue sur une demande formée devant le juge de paix par le sieur Leballe contre l'entrepreneur Joly : « Considérant qu'il était allégué par le sieur Leballe, et qu'il a été reconnu par les jugements

des..., que l'ouvrage d'art exécuté par l'entrepreneur Joly comprend, dans les limites de son tracé, une portion du sol dont le sieur Leballe avait la possession à titre de propriétaire, possession qui aurait été troublée, sans qu'à l'égard de ladite parcelle il y eût eu déclaration d'utilité publique et accomplissement des formalités antérieures à l'expropriation qui sont prescrites par les lois de 1810 et 1833; — Que *l'autorité judiciaire était compétente* pour statuer sur cette question de possession, et *pour ordonner que le sieur Leballe serait,* sur le vu de sa décision, *réintégré dans sa possession*, sauf le jugement ultérieur de la question de propriété par les tribunaux, et l'accomplissement par l'administration des formalités prescrites par les lois précitées; — Mais que l'entrepreneur Joly n'ayant agi, dans l'espèce, que d'après un tracé adopté et des ordres donnés par l'administration, ledit jugement ne pouvait ni prescrire des mesures contraires auxdits actes, ni prononcer contre l'entrepreneur aucune condamnation de dommages-intérêts ; — Que l'administration seule pouvait prononcer la révocation des mesures qu'elle avait prescrites et la destruction des travaux opérés par ses ordres; — Que, d'autre part, le conseil de préfecture était seul compétent pour statuer sur ce recours dirigé contre le sieur Joly, comme entrepreneur de travaux publics; — Le conseil maintient l'arrêté de conflit en tant qu'il a revendiqué pour l'autorité administrative la connaissance des conclusions du sieur Leballe, ayant pour objet 1° de défendre au sieur Joly de continuer les travaux par lui entrepris; 2° de lui prescrire la destruction de certains travaux déjà faits ; 3° de le faire condamner en des dommages-intérêts » (Beauc., p. 465 ; *Ann. ponts et chauss.*, 1837, p. 91).

Sur les points de ce débat qui étaient laissés à l'autorité judiciaire, le préfet d'Ille-et-Vilaine se pourvut en cassation, et soutint que l'occupation de la propriété du sieur Leballe n'était que temporaire. Ce moyen n'eut aucun succès, et, par arrêt du 15 janvier 1839, la Cour rejeta le pourvoi, attendu que, sur débat contradictoire, le tribunal a déclaré qu'il était constant en fait que partie de la propriété du sieur Leballe a été *prise par voie de fait* et employée à l'établissement de la nouvelle route ; que non-seulement la route y a été tracée, mais qu'elle a été construite et terminée avec remblais et rigoles; que ce n'était donc pas pour des dommages momentanés ou une occupation temporaire, dont l'administration pouvait seule connaître, mais pour une occupation définitive, que le juge de paix avait été saisi de l'affaire... (Devill., p. 15 ; Dall., p. 179).

823. Deux contestations identiques ont été jugées par le Conseil d'Etat, le 30 décembre 1841, par suite des actions possessoires formées par le sieur Buecher et par le sieur Lorentz contre MM. Kœchlin, concessionnaires du chemin de fer de Strasbourg à Bâle. Le premier considérant est conçu dans les mêmes termes que celui de l'arrêt du 14 octobre 1836 ; puis le Conseil ajoute « que, si l'autorité judiciaire était seule compétente pour statuer sur cette question de possession, les concessionnaires n'ayant agi dans l'espèce que d'après un tracé adopté et des ordres donnés par l'administration, les juges ne pouvaient prescrire des mesures contraires auxdits actes ; — Que l'administration seule pouvait prononcer la révocation des mesures qu'elle avait prescrites et la destruction des travaux opérés par ses ordres. En conséquence, l'arrêt maintient l'arrêté de conflit en tant qu'il revendique pour l'autorité administrative la connaissance des conclusions du sieur Buecher et du sieur Lorentz, ayant pour objet d'enjoindre aux concessionnaires de détruire les travaux par eux opérés sur son terrain » (Lebon, p. 559).

824. Le sieur Coste, entrepreneur, avait, sans que l'on eût rempli les formalités prescrites par la loi du 3 mai 1841, placé des ouvriers dans une terre appartenant au sieur Carol, y avait fait arracher des ceps et plusieurs oliviers, puis avait commencé sur ce terrain les travaux de construction d'une route, en faisant élever un mur et exécuter les remblais nécessaires. Le sieur Carol demanda 1° que le tribunal ordonnât la suspension des travaux de la route sur sa vigne, et le rétablissement de sa propriété dans l'état où elle se trouvait avant les voies de fait du sieur Carol, et 2° qu'il condamnât l'entrepreneur en des dommages-intérêts. Le conflit élevé à l'occasion de cette demande fut maintenu par arrêt du 29 juin 1842, sur le premier chef, par le motif qu'il résulte des lois qui établissent la séparation des autorités administrative et judiciaire que celle-ci ne peut, sans excéder ses limites, statuer sur la suspension et la destruction des travaux exécutés par l'administration ou par ses ordres ; — A l'égard du second chef de demande, par le motif que, si l'autorité judiciaire est seule compétente pour statuer sur la revendication des propriétés à l'égard desquelles n'ont pas été remplies les formalités prescrites par les lois sur l'expropriation pour cause d'utilité publique, et sur les dommages-intérêts qui pourraient être réclamés pour cette cause, l'autorité administrative seule est, aux termes des lois des 28 pluviôse an VIII et 16 septembre 1807, compétente pour statuer sur les torts et dommages

provenant du fait des entrepreneurs de travaux publics et qui sont la suite nécessaire de l'exécution de ces travaux (Lebon, p. 318 ; *Ann. ponts et chauss.*, p. 335).

825. Le même jour, 29 juin 1842, le Conseil d'Etat fut appelé à statuer sur une autre contestation à peu près identique. Le sieur Pruvost avait demandé, devant le tribunal de Vervins, la suppression d'une rayère qui avait été établie sur sa propriété par le concessionnaire du canal de la Sambre à l'Oise. Le Conseil d'Etat déclara que cette demande était de la compétence des tribunaux civils, par le motif « que la rayère dont la suppression était demandée avait été établie sur le terrain du sieur Pruvost, sans l'accomplissement des formalités prescrites par la loi du 7 juillet 1833 ; qu'à la vérité il ne peut appartenir aux tribunaux d'ordonner la suppression de travaux ordonnés par l'administration, mais que néanmoins, lorsque, comme dans l'espèce, ces travaux constituent de la part du concessionnaire une atteinte à la propriété, les tribunaux sont seuls compétents pour apprécier les dommages auxquels donneraient lieu des actes de cette nature » (Lebon, p. 323 ; *Ann. ponts et chauss.*, p. 327).

826. L'arrêt du 5 septembre 1842, aff. Pannetier et Coutenot, porte au contraire : « Considérant qu'il est reconnu par toutes les parties que les travaux exécutés pour le curage de la rivière de Seille comprennent dans les limites de leur tracé, dûment approuvé, des parcelles de terrain dont les sieurs Coutenot et Pannetier ont la possession à titre de propriétaires, possession qui aurait été troublée par lesdits travaux, sans que, à l'égard desdites parcelles, il y ait eu déclaration d'utilité publique et accomplissement des formalités prescrites par la loi du 3 mai 1841 ; — Considérant que le juge de paix, seul compétent pour prononcer sur l'action possessoire, *est seul compétent pour statuer sur les dommages-intérêts prétendus à raison du trouble apporté à la possession ;* que les torts et dommages dont la loi du 28 pluviôse an VIII attribue l'appréciation aux conseils de préfecture sont ceux qui résultent de travaux publics AUTORISÉS, *et non ceux qui résultent de l'occupation irrégulière de l'immeuble avant l'accomplissement des formalités d'expropriation ;* — Considérant, d'autre part, que l'administration peut seule ordonner la destruction des travaux opérés par ses ordres ; — L'arrêté de conflit... est confirmé en tant qu'il revendique pour l'autorité administrative le droit exclusif d'ordonner la destruction des travaux et le rétablissement des lieux dans leur ancien état ; il est an-

nulé pour le surplus » (Lebon, p. 452; *Ann. ponts et chauss.*, p. 445).

827. Un arrêt du Conseil d'Etat du 6 septembre 1843, aff. de Lamothe, déclare « qu'il n'appartient qu'à l'autorité administra-
« tive d'ordonner, quand il y a lieu, la destruction des ouvra-
« ges exécutés par ses ordres » (Lebon, p. 509).

Par un second arrêt du même jour, tout en reconnaissant que l'entrepreneur des travaux de redressement d'un chemin de grande communication s'était emparé d'un terrain appartenant au sieur Boutin, sans que l'indemnité due à ce dernier eût été payée ni même réglée, le Conseil d'Etat déclare qu'aux termes des lois qui ont établi la séparation des autorités administrative et judiciaire, il ne peut appartenir aux tribunaux d'arrêter le cours de travaux qui avaient lieu en exécution d'un arrêté du préfet, ni de porter atteinte aux actes administratifs qui les ont ordonnés. En conséquence, le conseil a maintenu le conflit en tant qu'il revendiquait pour l'autorité administrative la contestation relative à la discontinuation des travaux (Lebon, p. 522).

828. Un autre arrêt du 15 septembre 1843, aff. Doré, relatif à des terrains dont on s'était emparé sans expropriation, porte : « Considérant que l'arrêté de conflit ne revendique pour l'autorité administrative que la connaissance des difficultés portées devant le tribunal civil, en tant qu'elles ont pour objet seulement : 1° la construction des ouvrages exécutés par le sieur Raymont, concessionnaire, sur les terrains du sieur Doré, pour la rectification de la route royale ; 2° le rétablissement des lieux dans leur état primitif par l'enlèvement des matériaux ; 3° la question relative aux dommages résultant de l'exécution de ces travaux pour les propriétés riveraines de la route ; — Considérant que les travaux dont il s'agit ont été exécutés en vertu des ordres de l'administration, et qu'aux termes des lois qui ont établi la séparation des deux autorités administrative et judiciaire, il ne peut appartenir aux tribunaux soit d'ordonner la destruction desdits travaux, soit de changer ou de modifier les plans arrêtés et approuvés par l'administration ; — Considérant que, si l'autorité judiciaire est compétente pour prononcer sur les dommages et intérêts réclamés pour cause d'inexécution des lois sur l'expropriation pour cause d'utilité publique, l'autorité administrative seule est, aux termes des lois des 28 pluviôse an VIII et 16 septembre 1807, compétente pour statuer sur les torts et dommages provenant du fait des entrepreneurs de travaux

publics, et qui sont la suite nécessaire de l'exécution desdits travaux ; — L'arrêté de conflit est confirmé » (Lebon, p. 537 ; *Ann. ponts et chauss.*, p. 498). Décision identique par arrêt du 21 décembre 1843, à l'occasion d'une réclamation du sieur Roussey (Lebon, p. 606 ; *Ann. ponts et chauss.*, 1844, p. 69).

829. Dès que l'on a placé la propriété sous la sauvegarde des tribunaux ; dès que l'on a adopté comme principe de notre législation que nul ne pourrait être privé de sa propriété sans une indemnité préalable, l'on a nécessairement voulu que si des agents de l'administration se permettaient de violer cette prescription, les tribunaux pussent les forcer à la respecter. Or, le moyen le plus simple d'arriver à ce but est la défense de continuer les travaux commencés. A la vérité, les arrêts du Conseil d'Etat des 14 octobre 1836, 30 décembre 1841, 22 juin 1842, *aff. Carol*, et 6 septembre 1843, *aff. Boutin*, disent qu'aux termes des lois qui ont établi la séparation des deux autorités administrative et judiciaire, il ne peut appartenir aux tribunaux d'arrêter le cours des travaux qui ont lieu en exécution des ordres de l'administration. Mais à côté de cette disposition générale, il faut placer cette autre règle, applicable plus spécialement à la question : que l'administration ne peut s'emparer d'une propriété qu'après le paiement d'une juste indemnité ; puis celle qui charge les tribunaux de faire respecter cette prescription. N'est-ce donc pas créer bien formellement une exception à la règle qui défend aux tribunaux d'entraver l'action de l'administration ? Ainsi, les ouvriers d'un entrepreneur de travaux publics commencent à démolir ma maison ou les murs de clôture de ma propriété ; je m'adresse au juge de paix, qui pourra déclarer que l'on viole la loi à mon égard, mais n'aura pas le droit d'empêcher la continuation de cette illégalité, de me maintenir dans la jouissance de mon bien ! et l'on appellerait cela mettre la propriété sous la protection des tribunaux ! Singulière protection ! Si, comme on semble l'admettre, l'administration peut seule arrêter les voies de fait dirigées contre nos héritages, il faut dire que la propriété foncière est sous la protection de l'administration, et non sous la protection des tribunaux. Nous pouvons invoquer, à titre d'analogie, l'art. 74 de la loi du 3 mai 1841, relatif à l'envoi en possession pour cause d'urgence, qui déclare formellement que, si l'administration ne consigne pas dans la quinzaine le supplément d'indemnité, *le propriétaire pourra s'opposer à la continuation des travaux.* Ce n'est pas une opposition par voie de

fait que le législateur a voulu autoriser ; c'est la faculté de faire déclarer par le tribunal que les travaux seront discontinués. Le tribunal peut donc prescrire cette suspension sans sortir du cercle de ses attributions. L'arrêt du 6 juillet 1844, que nous avons rapporté n° 818, suppose aussi que l'on peut se pourvoir pour arrêter le cours ultérieur des travaux.

830. Nous devons nous expliquer de suite sur un argument qui est toujours reproduit dans ces discussions. On prétend que prescrire la suspension ou la destruction des travaux, c'est porter atteinte aux actes administratifs qui les ont ordonnées. Cet argument n'aurait quelque force qu'autant qu'il existerait un arrêté du préfet qui prescrirait de s'emparer du terrain sans avoir acquitté l'indemnité. La décision judiciaire qui défendrait, au contraire, d'occuper ce même terrain, serait alors en opposition avec l'arrêté du préfet. Mais, dans aucune des affaires que nous venons de rappeler, l'on ne représentait d'arrêté de ce genre.

Quels étaient donc les actes administratifs à l'aide desquels on voulait paralyser l'action des tribunaux? L'opposition du propriétaire allait, disait-on, entraver l'exécution d'un tracé approuvé par l'administration! Mais il est évident que telle n'était pas l'intention des propriétaires. Ils ne demandaient nullement que le tracé fût modifié par le tribunal; ils demandaient seulement que ce tracé ne fût pas exécuté sur leurs terrains avant l'accomplissement des formalités prescrites par les lois de 1833 et 1841.

L'entrepreneur, disait-on, n'a agi que d'après les ordres de l'administration. Distinguons : Oui, l'administration avait prescrit l'exécution des travaux et même l'exécution sur tels et tels terrains; mais elle n'avait pas dit que cette exécution pourrait avoir lieu au gré des entrepreneurs, et sans remplir les formalités légales. L'obligation de se conformer aux lois est toujours exprimée ou sous-entendue. Admettre que l'approbation des travaux ou l'ordre de les exécuter dispense l'entrepreneur de se soumettre à l'art. 545, C. Nap., et à la loi du 3 mai 1841, ce serait mettre la propriété à la merci de tous les entrepreneurs de travaux publics.

Les tribunaux peuvent donc forcer les entrepreneurs à respecter la propriété, et à suspendre leurs travaux sur le terrain du plaignant, sans porter atteinte à aucun acte administratif.

831. Par les mêmes motifs, les tribunaux peuvent ordonner la destruction des travaux exécutés au mépris des prescrip-

tions de la loi, et le rétablissement des lieux dans leur ancien état. Nous devons toutefois reconnaître que tous les arrêts du Conseil d'Etat que nous venons de citer réservent ce droit à l'autorité administrative, par les motifs que nous venons de combattre. Mais la Cour de cassation admet au contraire que « les actes qu'un entrepreneur se permet sur la propriété d'au-« trui, hors des termes de son contrat et sans une autorisation « *expresse* de l'administration..., sont dans les attributions des « juges ordinaires, puisque ces actes peuvent être appréciés « sans porter atteinte à aucun acte administratif » (Arrêt du 21 octobre 1841 ; Devill., XLII, p. 948 ; Dall., p. 101).

Cependant les magistrats ne doivent user qu'avec une grande réserve de la faculté, que nous croyons leur appartenir, d'ordonner la destruction des travaux illégalement exécutés sur le terrain usurpé. Souvent la destruction ne pourrait s'opérer sans dégrader d'autres travaux établis sur des terrains voisins ; le rétablissement des lieux dans leur ancien état est même quelquefois à peu près impossible. D'ailleurs, quoique ces travaux aient été exécutés illégalement, ils sont, en réalité, réclamés par l'intérêt public, et les faire détruire pour qu'on les recommence peu de temps après, c'est causer préjudice au public au moins autant qu'à l'entrepreneur. Du reste, le rétablissement des lieux dans leur ancien état n'est presque jamais prescrit que pour l'honneur des principes, car il ne durerait jamais assez de temps pour que le propriétaire pût tirer un parti utile de la propriété remise en son état primitif. Les magistrats concilient donc tous les intérêts en accordant pour la destruction des travaux et le rétablissement des lieux un délai assez long pour que l'administration puisse, dans l'intervalle, remplir les formalités de l'expropriation et éviter les inconvénients de ces mesures rigoureuses.

Un arrêt de la Cour royale de Paris du 2 avril 1842 s'est prononcé sur cette question en ces termes : « — En ce qui touche les travaux définitifs opérés sur les terrains expropriés : — Considérant que ces travaux constituaient une véritable prise de possession par la compagnie ; que cette prise de possession ne pouvait avoir lieu sans qu'au préalable l'indemnité eût été réglée et acquittée ; que jusque-là la compagnie n'avait aucun droit sur lesdits terrains, et que Boulé-Robert ne pouvait être troublé d'une manière quelconque dans sa propriété ; que Boulé-Robert, ainsi illégalement dépossédé, devait se pourvoir devant l'autorité judiciaire, gardienne légale de la propriété, pour demander à être remis et maintenu en possession, et que l'autorité judiciaire était compétente, soit pour ordonner cette réintégration par tous les moyens nécessaires pour l'opérer, soit pour prononcer des dommages-intérêts, s'il y avait lieu ;—Mais, considérant que cette demande ne pouvait pas être jugée en état de référé ; que, si le juge des référés eût été compétent pour statuer sur l'opposition de Boulé-Robert à ce que les travaux qui le troublaient dans sa propriété fussent commencés, ou à ce qu'ils fussent continués, et pour ordonner que les choses demeurassent en état, il n'était pas compétent pour ordonner la démolition des travaux opérés, parce qu'il ne se trouvait alors dans aucun des cas prévus par l'art. 806, C. proc., et parce que, ne pouvant statuer que provisoirement, il excédait ses pouvoirs en ordonnant une destruction de travaux qui rendait illusoire le renvoi au principal. » (Dall., 1844.2.133).

832. Le Conseil d'Etat avait d'abord admis, par son arrêt du 14 octobre 1836, que, quand un entrepreneur avait agi d'après un tracé adopté et des ordres donnés par l'administration, les tribunaux ne pouvaient prononcer contre lui aucune condamnation de dommages-intérêts, parce que les conseils de préfecture sont seuls compétents pour statuer sur les torts et dommages provenant du fait des entrepreneurs. Un arrêt du 29 juin 1842, aff. *Carol*, laisse de l'incertitude sur l'opinion du conseil ; mais un autre arrêt du même jour, aff. *Pruvost*, est plus explicite, et porte que, quand les travaux constituent de la part du concessionnaire une atteinte à la propriété, les tribunaux sont seuls compétents pour apprécier les dommages auxquels donneraient lieu des actes de cette nature. Le conseil a sanctionné cette jurisprudence par son arrêt du 8 septembre 1842, dans lequel il détermine en ces termes la distinction entre les attributions des deux autorités : « Que les torts et dommages dont la loi du 28 pluviôse an VIII attribue l'appréciation aux conseils de préfecture sont ceux qui résultent de travaux publics *autorisés*, et non ceux qui résultent de l'occupation irrégulière de l'immeuble avant l'accomplissement des formalités d'expropriation. » Nous admettons d'autant plus volontiers cette distinction qu'elle se trouve d'accord avec l'arrêt de la Cour de cassation du 21 octobre 1844 que nous venons d'indiquer dans le numéro précédent (1).

---

(1) V. Dufour, *Traité gén. de droit administratif*, v, n° 504.

[Depuis, le Conseil d'Etat a jugé, par arrêt du 4 juillet 1845 : « Que l'autorité judiciaire est compétente pour prononcer sur les *actions* possessoires et sur les dommages-intérêts réclamés à raison du trouble apporté à la possession des particuliers par les agents de l'administration sans l'accomplissement des formalités d'expropriation ; qu'il résulte de l'instruction que les actes reprochés au sieur Raguet et Picard ont eu pour but la prise de possession *définitive* des terrains des sieurs Delaruelle-Duport, Lheureux et autres, à l'effet d'y établir la route départementale n° 8 ; que dès lors, il n'y avait sur ce point aucune question préjudicielle à revendiquer pour l'autorité administrative..... » En conséquence, l'arrêté de conflit a été annulé (1).

Arrêt du 13 décembre, même année : « Considérant que l'action intentée par le sieur Leloup contre la commune de Quelaines a pour objet : 1° de faire cesser l'occupation de terrains appartenant au requérant, et dont la commune de Quelaines se serait emparée pour y établir un chemin vicinal, sans accomplir les formalités prescrites par les lois sur l'expropriation pour cause d'utilité publique ; 2° d'obtenir des dommages-intérêts pour le trouble apporté à la jouissance du demandeur pour cette entreprise illicite ; 3° de faire rétablir les lieux dans l'état où ils étaient avant la prise de possession de la commune ; 4° d'obtenir une indemnité pour les dégradations commises sur d'autres parties des propriétés du sieur Leloup ; — Considérant que le tribunal civil de l'arrondissement de Château-Gontier s'est déclaré incompétent pour connaître des troisième et quatrième chefs de la demande du sieur Leloup, et qu'il n'a réservé pour l'autorité judiciaire que la connaissance de la question possessoire et celles des conclusions relatives aux dommages-intérêts réclamés pour inexécution des lois sur l'expropriation pour cause d'utilité publique ; qu'aux termes des lois susvisées, l'autorité judiciaire est compétente pour prononcer sur ces questions ; — Art. 1ᵉʳ. L'arrêté de conflit pris par le préfet de la Mayenne est annulé » (2).

Un arrêt du 25 mars 1852 décide que l'autorité administrative n'est pas compétente pour prononcer sur la demande en dommages-intérêts :

---

(1) Lebon, *Rec.*, 1845, p. 384.
(2) Lebon, *Rec.*, 1845, p. 554.

Considérant que, dans le dernier état de la cause, l'instance engagée par les époux Mathieu et consorts, devant le tribunal civil de Langres, se trouvait réduite à deux points, savoir : 1° une demande à l'effet de faire ordonner la suppression des travaux exécutés sur une partie de la propriété des demandeurs, pour l'établissement du tracé nouveau du chemin vicinal de Ternat à la route départementale de Langres à Châtillon-sur-Seine, sans que les formalités prescrites par les lois sur l'expropriation pour cause d'utilité publique aient été remplies ; 2° une demande en dommages-intérêts pour la prise de possession des terrains dont il s'agit avant l'accomplissement des formalités légales ;

« Considérant que, les travaux de rectification du chemin de Ternat à la route départementale, n° 3, ayant eu lieu en vertu d'une approbation donnée par le préfet de la Haute-Marne et d'une adjudication passée par le sous-préfet de l'arrondissement de Langres, l'autorité judiciaire ne pouvait, aux termes des lois susvisées sur la séparation des pouvoirs, connaître de la demande en suppression d'une partie de ces travaux ; que, dès lors, c'est avec raison que le préfet de la Haute-Marne a revendiqué le droit de prononcer sur cette demande pour l'autorité administrative ; mais que cette autorité n'est pas compétente pour prononcer sur la demande en dommages-intérêts réclamés à raison de la prise de possession des terrains occupés pour le redressement du chemin avant l'accomplissement des formalités légales ; que cette demande doit être appréciée par les autorités qui, d'après la loi du 3 mai 1841 et l'art. 16 de loi du 21 mai 1836, doivent prononcer la dépossession et régler l'indemnité due aux propriétaires dépossédés ;

« Art. 1er L'arrêté de conflit, pris le 13 septembre 1850, par le préfet de la Haute-Marne, est confirmé en tant qu'il revendique pour l'autorité administrative le droit de prononcer sur la demande formée par les époux Mathieu et consorts, à l'effet de faire ordonner la suppression des travaux exécutés sur une partie de ladite propriété, pour le nouveau tracé du chemin vicinal de Ternat, sans l'accomplissement des formalités relatives à l'expropriation pour cause d'utilité publique. Ce même arrêté est annulé en ce qui concerne la demande en dommages-intérêts pour la prise de possession des terrains dont il s'agit avant l'accomplissement de formalités légales ; » (1).

---

(1) Lebon, *Rec.*, 1852, p. 58.

Arrêt du 7 juillet 1853 : « Considérant que l'administration ne pouvait faire commencer les travaux sur les terrains compris dans le tracé du chemin projeté qu'après une cession amiable ou après l'accomplissement des formalités prescrites par l'art. 16 de la loi du 21 mai 1836; que, dès lors, il appartenait à l'autorité judiciaire de prononcer sur la demande formée par le sieur Robin, de la Grimaudière, pour faire ordonner que les travaux commencés sur la propriété seraient discontinués jusqu'au règlement et au paiement de l'indemnité à laquelle il avait droit : —Art. 1er. L'arrêté de conflit, pris par le préfet d'Ille-et-Vilaine, est annulé » (1).]

833. Lorsque, par une décision passée en force de chose jugée, les tribunaux ont ordonné la réintégration d'un propriétaire illégalement dépossédé, celui-ci, pour arriver à l'exécution de cette décision, peut au besoin requérir l'intervention de la justice, et, par suite de la force armée. Pour l'exécution des fortifications de Paris, l'administration de la guerre avait fait prononcer l'expropriation des terrains appartenant au sieur de Saint-Albin, et s'était mise en possession de ces terrains. Par arrêt du 5 juillet 1842, ce propriétaire fit casser la décision qui avait servi de base à cette prise de possession. Il voulut ensuite faire cesser les travaux et rentrer lui-même en possession de son terrain. Il s'adressa au président du tribunal de la Seine, qui, le 2 août 1842, rendit en référé l'ordonnance suivante : « Disons que, dans les cinq jours de la signification de la présente ordonnance, le préfet de la Seine et le ministre de la guerre, chacun en ce qui le concerne, seront tenus de quitter les lieux; sinon, et faute par eux de ce faire dans ledit délai, et icelui passé, autorisons ledit sieur de Saint-Albin à se mettre en possession de ladite pièce de terre par toutes les voies de droit, et même, en cas de résistance, à se faire assister du commissaire de police et de la force armée si besoin est; ce qui sera exécutoire par provision, nonobstant appel et sans y préjudicier, et sur minute, attendu l'urgence. » Cette décision a été confirmée par arrêt de la Cour royale de Paris du 26 juin 1843 (*Gaz. des Trib.*, 3 août 1842 et 27 juin 1843) (2).

---

(1) Lebon, *Rec.*, 1853, p. 693.
(2) V. Dufour, *Traité de droit administratif*, v, n° 504, p. 498.

CHAPITRE XI.

DES PROPRIÉTÉS MORCELÉES PAR LES TRAVAUX.

834. — Disposition de la loi du 7 septembre 1807 sur les propriétés morcelées.
835. — Disposition de la loi du 7 juillet 1833.
836. — Disposition de la loi du 3 mai 1841.
837. — Modifications introduites par cette dernière loi.
838-839. — Règles applicables aux propriétés bâties et non bâties.
840. — Des dépendances des propriétés bâties.
841-842. — Des bâtiments dont on prend une partie.
843. — Du cas où la propriété appartient à une femme mariée.
844. — Du cas où la propriété appartient à un mineur, interdit, etc.
845. — Du cas où il y a un usufruitier.
846. — Forme et délai de la réquisition, à fin d'acquisition de la totalité d'une propriété morcelée.
847. — Des difficultés qui s'élèvent sur l'exercice de ce droit.
848. — Le propriétaire ne peut rétracter sa réquisition.
849. — Droits des locataires et autres tiers sur les parties de la propriété dont la cession n'était pas réclamée par l'utilité publique.
850. — Le jury doit régler distinctement les indemnités vis-à-vis des propriétaires et locataires.
851. — L'expropriation partielle entraîne-t-elle nécessairement la résiliation du bail?
852. — Le locataire qui a reçu une indemnité peut-il conserver la chose louée avec diminution de loyers? Jurisprudence de la Cour de cassation.
853. — Arrêt contraire de la Cour de Paris.
854. — Solution intermédiaire.
855. — Les diverses conditions du bail subsistent, malgré l'expropriation partie, tant que la résiliation n'est pas prononcée.
856. — Des dommages causés, après le morcellement d'une propriété, par l'exécution des travaux, à la partie non expropriée. — Compétence.
857. — Du cas où il y a chose jugée à cet égard par la décision du jury.
858. — Du cas où les dommages ont été prévus lors de la décision du jury. — Arrêt du Conseil d'Etat du 12 mai 1853.
859. — Controverse sur la compétence. — Jurisprudence antérieure du Conseil d'Etat. — Arrêts de la Cour de cassation.

834. Un propriétaire à qui on enlève une partie de sa propriété pourrait prétendre que cette partie est d'une telle importance, que, sans elle, la propriété lui devient inutile, et demander que l'Etat la prenne en entier. L'art. 1636, C. Nap., eût pu, jusqu'à un certain point, autoriser une pareille prétention; mais, pour éviter toute difficulté à cet égard, le législateur s'est prononcé sur ce point. Il n'est pas certain cependant qu'il soit parvenu à concilier tous les intérêts.

L'art. 51 de la loi du 16 septembre 1807 porte : « Les maisons et bâtiments dont il serait nécessaire de faire démolir et d'enlever une portion pour cause d'utilité publique légalement reconnue seront acquis en entier si le propriétaire l'exige, sauf à l'administration publique ou aux communes à revendre les portions de bâtiment ainsi acquises, et qui ne seront pas nécessaires pour l'exécution du plan. » On voit que cette disposition ne s'appliquait qu'aux propriétés bâties.

835. L'art. 50 de la loi du 7 juillet 1833 porte : « Les maisons et bâtiments dont il est nécessaire d'acquérir une portion pour cause d'utilité publique seront achetés en entier si les propriétaires le requièrent par une déclaration formelle adressée au magistrat directeur du jury, dans le délai énoncé en l'art. 24. — Il en sera de même de toute parcelle de terrain qui, par suite du morcellement, se trouvera réduite au quart de la contenance totale, si toutefois le propriétaire ne possède aucun terrain immédiatement contigu, et si la parcelle ainsi réduite est inférieure à 10 ares. »

« Le § 1er de l'art. 40 (disait en 1832 M. le comte d'Argout, ministre du commerce) contient une disposition déjà consacrée par la loi du 16 septembre 1887, mais qui, dans le système de cette dernière loi, ne s'applique qu'aux maisons et bâtiments. Le § 2 l'étend aux terrains *non bâtis*, qui, par suite du morcellement, ne conserveraient plus qu'une surface étroite, et dont l'exploitation serait impossible, ou du moins onéreuse. L'Etat s'impose l'obligation d'acquérir ces faibles parcelles si le propriétaire le requiert, sauf à l'administration à les revendre plus tard, et à verser le produit de cette vente dans les caisses de l'Etat. Cette disposition est en vigueur en Angleterre; elle y est pratiquée avec succès, et rend plus facile un grand nombre de transactions » (*Mon.*, 13 décembre 1832, p. 2137).

836. Dans le projet porté en 1840 à la Chambre des pairs, le Gouvernement proposait au § 1er de l'art. 50 des modifications qui ne furent point approuvées par la commission, et qu'il

abandonna ensuite. (*Mon.*, 22 février 1840, p. 344; 11 avril, p. 679; 10 mai, p. 989.) Le Gouvernement demandait en outre que le § 2 de ce même article fût rédigé dans les termes suivants : « Il en sera de même de toute parcelle de terrain qui, par suite du morcellement, *se trouvera réduite à moins de 10 ares, si toutefois le propriétaire ne possède aucun terrain contigu* (*Mon.*, 22 février 1840, p. 344). On lit dans le premier rapport de M. le comte Daru (*Mon.*, 11 avril, p. 679) : « Nous vous proposerons en conséquence la *suppression* du dernier paragraphe de l'art. 50 »; mais il y a nécessairement erreur d'impression : car les motifs donnés par l'honorable rapporteur ne tendent nullement à la *suppression* de ce § 2, et l'on voit, p. 680, que la commission proposait l'adoption du § 2 avec la modification introduite par le Gouvernement, modification qui fut en effet votée par la Chambre sans discussion (*Mon.*, 10 mai 1840, p. 990).

La Chambre des députés craignit, au contraire, de trop multiplier les cas où l'administration doit acheter des terrains qui ne lui sont pas nécessaires, et revint en conséquence au texte de la loi de 1833 pour ce § 2 (*Mon.*, 5 mars 1841, p. 539).

M. Galis rappela à la Chambre des députés que le § 1er de l'art. 50 avait donné lieu à des difficultés qu'il importait de faire cesser. « Des propriétaires, a-t-il dit, ont prétendu que l'expression *maisons* comprenait les bâtiments d'habitation, cours et toutes leurs dépendances; d'autres ont pensé que par *bâtiments*, il fallait entendre tous bâtiments d'exploitation, de manière que l'expropriation d'un seul dût s'étendre nécessairement à la totalité des constructions. La jurisprudence n'a pas définitivement fixé le sens de cet article; mais les tribunaux paraissent s'arrêter à l'idée de n'appliquer la première de ces expressions qu'aux bâtiments d'habitation, et la seconde qu'aux bâtiments d'exploitation atteints par l'expropriation. Il me paraît évident que l'emploi simultané de ces deux mots dans l'art. 50 peut donner lieu à des interprétations erronées, car il est naturel de ne pas supposer l'expression *maisons* synonymes de celle *bâtiments*, et de lui attribuer le sens d'une collection d'objets composant l'ensemble de la propriété. Il conviendrait de rédiger ainsi l'article en discussion : « Chacun des bâtiments dont il sera nécessaire d'acquérir une portion pour cause d'utilité publique sera acheté en entier, etc. » (*Mon.*, 5 mars 1851, p. 539).

M. Dufaure répondit que l'on pourrait mettre tout simplement : *les bâtiments*. M. le duc de Marmier fit observer qu'il y a certain bâtiment dont l'existence est tellement liée à celle d'un bâtiment qui n'est pas atteint, qu'il ne semble pas qu'on puisse les séparer dans l'expropriation. M. Galis répliqua : « La valeur de la portion expropriée sera fixée à raison du tort que l'expropriation d'une partie des dépendances aura pu causer à l'immeuble. Mais on ne peut exiger, dans les grandes villes surtout, où les bâtiments ont une grande importance, qu'on exproprie un immeuble entier pour une portion de cour ou pour un corps de bâtiment. » Après ces observations, la suppression du mot *maisons*, adoptée par la commission, le fut aussi par la Chambre (*Ibid.*).

En conséquence, l'art. 50 de la loi du 3 mai 1841 porte :
« Les *bâtiments* dont il est nécessaire d'acquérir une portion
« pour cause d'utilité publique seront achetés en entier, si les
« propriétaires le requièrent par une déclaration formelle adres-
« sée au magistrat directeur du jury dans les délais énoncés
« aux art. 24 et 27. — Il en sera de même de toute parcelle de
« terrain qui, par suite du morcellement, se trouvera réduite
« au quart de la contenance totale, si toutefois le propriétaire
« ne possède aucun terrain immédiatement contigu, et si la
« parcelle ainsi réduite est inférieure à dix ares. » — (A)

837. On a vu que la loi du 7 juillet 1833 avait, relativement au morcellement, distingué les maisons et propriétés renfermant des constructions, et les terrains qui n'en contenaient pas. Mais, d'après la loi du 3 mai 1841, la disposition du § 2 de l'art. 50 forme la règle générale pour toutes les propriétés morcelées, qu'elles contiennent ou non des constructions, qu'on les nomme maison, ferme, parc, etc., ou champ, vigne, prairie. Le § 1er de ce même article établit seulement une extension à cette règle en obligeant l'administration, lorsque les travaux doivent entamer des bâtiments, à acquérir ces bâtiments en entier si le propriétaire l'exige, mais rien au delà de ces bâtiments, à moins que l'on ne rentre dans les cas prévus par le § 2 du même article. Ce nouveau système est beaucoup moins favorable aux propriétaires.

838. Les droits des propriétaires en cas de morcellement se

Additions.

(A) Le droit de requérir l'expropriation totale d'un terrain réduit au quart de sa contenance primitive n'est pas acquis au propriétaire, si l'emprise ne provient pas exclusivement du fait même de l'expropriation, mais est en partie le résultat d'une aliénation volontaire, par exemple, d'offres faites par l'expropriant et acceptées par l'exproprié. Trib. civ. Seine, 16 nov. 1865 (*Gaz. trib.*, 7 déc. 65).

trouvent donc dans le § 2 de l'art. 50, dont M. Martin (du Nord), rapporteur de la Chambre des députés en 1833, a expliqué les divers points en ces termes : « L'art. 50 du projet accorde au propriétaire dont l'immeuble a été empris en partie la faculté d'abandonner le surplus à l'administration, si la parcelle qui doit lui rester est inférieure à dix ares. Nous avons cru qu'exprimée dans des termes aussi généraux, cette faculté pouvait souvent porter préjudice à l'administration, et qu'il était juste de la restreindre. Ainsi, si le propriétaire dont l'immeuble est réduit à dix ares possède cependant un autre terrain immédiatement contigu, pourquoi, lorsqu'il peut réunir les deux propriétés, jouirait-il du bénéfice de l'article ? D'un autre côté, si l'immeuble, avant l'emprise, était d'une très-faible contenance, à quel titre l'expropriation de quelques ares placerait-elle l'administration dans la nécessité d'acheter le surplus ? A nos yeux, cette obligation rigoureuse ne peut lui être imposée que quand la propriété a subi une atteinte notable ; et, puisqu'il faut, en pareille matière, poser des règles fixes, nous croyons concilier tous les intérêts et ménager équitablement tous les droits en déclarant que, si l'expropriation n'a pas réduit au quart la contenance originaire de l'immeuble, le propriétaire ne pourra forcer l'administration à accepter l'abandon du terrain qui lui reste. Au surplus, et puisque la Chambre des pairs a cru que la limite de dix ares n'était pas trop étroite, il nous paraît sans inconvénient que vous l'adoptiez à votre tour » (*Mon.*, 30 mai 1833, p. 1521).

M. Thiers, ministre du commerce, en reportant le projet à la Chambre des pairs, a insisté pour l'adoption de cet article. « Supposons, par exemple, disait-il, un champ de douze ares superficiels. L'établissement d'une route exige qu'on en retranche deux ; serait-il juste que l'État, qui n'a besoin que de deux ares, fût obligé d'acquérir les dix ares restants ? C'est à ce cas et à d'autres analogues que s'applique la restriction insérée dans l'art. 50 » (*Mon.*, 16 juin 1833, p. 1690).

839. Il résulte cependant de la combinaison des deux conditions établies par l'art. 50 des conséquences qui n'ont pas été dans l'intention du législateur. Supposons une propriété de quatorze ares, dont dix sont pris pour les travaux ; le propriétaire ne peut cependant pas exiger l'acquisition des quatre ares restants, car le terrain ne se trouve pas réduit *au quart de sa contenance primitive*. Une surface de deux ares ne devrait même pas être acquise, si elle avait fait partie d'une propriété inférieure à

huit ares. Ces conséquences, fâcheuses surtout pour la petite propriété, résultent du texte de la loi, mais n'entraient pas dans les prévisions du législateur.

840. En 1833, un député avait proposé d'appliquer le § 1er de l'art. 50 à toutes les *propriétés bâties*... M. Legrand, commissaire du roi, combattit cet amendement. « Je vais vous citer, dit-il, un exemple qui fera voir la nécessité de ma proposition. L'administration s'est trouvée dans le cas d'occuper une partie d'une vaste cour sans toucher au bâtiment. Le propriétaire a voulu qu'on achetât le bâtiment tout entier. Le tribunal a heureusement rejeté cette prétention. Dans ce cas, l'administration n'avait tout au plus à payer qu'une indemnité de dépréciation. (*Mon.*, 8 février 1833, p. 323.) Mais, si vous décidiez que l'administration doit acheter les bâtiments, parce qu'elle touche à quelques dépendances de ces bâtiments, vous la mettriez dans la nécessité d'acquérir des propriétés considérables, lorsqu'elle n'aurait besoin que de quelques parcelles de terrain. » L'auteur de l'amendement répondit : « Je n'entends pas qu'il soit loisible au Gouvernement de prendre la cour ou les jardins d'une maison, et de laisser au propriétaire une maison sans cour et sans jardin. Il me semble juste que l'individu dont la propriété est entamée dise alors au Gouvernement : Prenez ma propriété tout entière. » — M. Dupin, président, répliqua : « Quand il est nécessaire d'occuper une partie intégrante d'un bâtiment, comme le propriétaire ne peut être obligé à garder une portion de son bâtiment, il a le droit de dire au Gouvernement : Il faut que vous achetiez tout le bâtiment. Si, sans attaquer le corps du bâtiment, on prend seulement une portion du terrain, on devra indemniser non-seulement à raison de la partie de terrain dont on se sera emparé, mais aussi en raison de la dépréciation qui en résultera pour la maison, que l'on rend par là moins utile ou moins agréable » (*Ibid.*). L'amendement fut retiré par le député qui l'avait présenté.

Si, sans toucher aux constructions d'une propriété bâtie, on la réduisait au quart de sa contenance totale et à moins de dix ares, l'administration devrait l'acquérir en entier, en vertu du § 2 de ce même art. 50, si le propriétaire n'avait pas d'autre immeuble contigu.

841. D'après la loi de 1841, si l'on prend un bâtiment isolé, tel qu'une remise, une écurie, une grange, il n'y aura pas nécessité d'acquérir la maison entière, parce que l'on n'est tenu d'acquérir que les bâtiments dont on enlève une portion, et

qu'ici nous supposons que le bâtiment que l'on prend est distinct du corps de logis principal. Il n'y aurait, dans tous ces cas, qu'à payer la moins-value que peut éprouver le surplus de la maison. Mais, par une application également rigoureuse des termes de la loi, on doit décider que, quelque peu importante que soit la portion d'un bâtiment atteinte par l'expropriation, le propriétaire est en droit d'exiger qu'on lui achète la totalité de ce bâtiment. Ainsi, si l'on devait prendre 50 centimètres à l'extrémité d'une vaste grange, il serait certainement facile au propriétaire, par des travaux peu importants, de conserver à ce bâtiment sa destination primitive. Cependant, il pourrait obliger l'administration à acheter la totalité de cette grange.

M. Homberg dit que, « par le mot *bâtiments*, il faut entendre ceux qui sont à l'usage personnel des citoyens et servent à leur habitation » (P. 99). Nous ne voyons rien dans la loi, ni dans la discussion, qui autorise à donner au mot *bâtiments* une acception aussi restreinte. — (A)

842. L'amendement de M. Galis, que nous avons indiqué n° 836, n'aurait obligé l'administration à acquérir que *chacun des bâtiments* dont elle prenait une portion; ce qui lui aurait permis de laisser les autres au propriétaire, lors même qu'ils auraient fait corps avec celui que l'on expropriait. Mais cette rédaction n'a pas été admise, et le législateur oblige l'administration à *acheter en entier les bâtiments* dont une partie seulement lui est nécessaire. Ainsi, les bâtiments qui font corps les uns avec les autres et sont réunis sous un même toit ne peuvent être morcelés contre le gré du propriétaire; mais parce qu'on entame un bâtiment, on n'est pas obligé d'acquérir les bâtiments qui en sont distincts et indépendants, bien qu'ils soient contigus. On doit seulement payer la dépréciation que ces bâtiments éprouvent, s'ils deviennent moins utiles.

[La Cour de Toulouse a jugé en ce sens que, si les bâtiments ne forment qu'un seul corps destiné au même service, le pro-

---

Additions.

(A) L'art. 50 n'est applicable qu'au cas où le bâtiment partiellement exproprié fait partie d'un ensemble de constructions contiguës et dépendantes l'une de l'autre. Trib. Seine, 15 mars 1865 (*Gaz. trib.*, 16 mars 65).

Le sous-sol ou tréfonds étant une partie intégrante, et non pas seulement un accessoire de la propriété immobilière, ne peut être exproprié séparément sur la demande de la partie expropriante : le propriétaire a le droit d'exiger que l'expropriation comprenne tout à la fois la superficie et le sous-sol, et, si la superficie consiste en bâtiments, il est fondé à requérir qu'ils lui soient achetés en entier. C. Paris, 26 juill. 1864 (S. 65.2.407).

priétaire peut en requérir l'acquisition intégrale, quel que soit le peu d'importance de la partie expropriée, relativement au tout. Il importerait peu que cette partie des bâtiment n'eût pas été construite à la même époque que le surplus; il suffirait qu'elle y eût été incorporée (arrêt du 22 novembre 1855, Pautard; Dalloz, 1856, 2, p. 80)].

843. Le consentement du propriétaire est nécessaire pour opérer l'aliénation de la portion de propriété bâtie qui n'est pas réclamée pour cause d'utilité publique. Ainsi, le mari ne pourra pas, sans le consentement de sa femme, demander que le Gouvernement prenne la totalité d'une maison propre de celle-ci, dont une partie seulement est indispensable pour la confection des travaux. On sent, en effet, qu'il est très-important pour la femme que le mari ne puisse ainsi dénaturer sa fortune, et substituer à un immeuble une créance mobilière qu'il pourrait dissiper; il ne peut exercer seul que les actions mobilières et possessoires (C. Nap., 1428).

844. Un tuteur ne pourrait non plus faire option de son chef. Il devrait y être autorisé par le conseil de famille, dont la délibération devrait même être homologuée par le tribunal. Il s'agit là d'une véritable aliénation; on doit donc remplir les formalités exigées pour les aliénations. Le père, tuteur de son fils et usufruitier *légal* de ses biens, ne pourrait, malgré la réunion des qualités d'usufruitier et de tuteur, faire seul une pareille option, relativement à une maison appartenant au mineur. Il n'est pas propriétaire, et ne peut aliéner; il n'est qu'administrateur (C. Nap., 389).

Les administrateurs des établissements publics doivent aussi se faire autoriser pour une semblable déclaration.

845. Si le propriétaire et l'usufruitier ne sont pas d'accord pour demander que l'État achète la totalité de la maison, quel parti devra-t-on prendre? D'après l'art. 578, C. Nap., l'usufruit est le droit de jouir des choses dont un autre a la propriété comme le propriétaire lui-même, *mais à la charge d'en conserver la substance*. Ne pouvant changer la substance des choses soumises à l'usufruitier, l'usufruitier ne peut, sans le consentement du propriétaire, substituer une somme d'argent à une propriété immobilière. Le propriétaire est, à la vérité, tenu de souffrir cette substitution pour la partie de sa propriété dont l'intérêt public a commandé le sacrifice; mais il lui est permis de conserver le surplus; et l'usufruitier ne peut le forcer à l'échanger contre une simple indemnité. Le morcellement de la maison pourra sans doute por-

ter à l'usufruitier un grand préjudice; il pourra même être privé d'une partie de son habitation sans que l'intérêt de l'indemnité accordée pour la portion expropriée suffise pour le replacer dans la situation où il se trouvait avant l'expropriation. Mais c'est là l'effet du droit, en quelque sorte précaire, de l'usufruitier. C'est ainsi qu'en cas de destruction du bâtiment, il perd ses droits sur le sol et sur les matériaux (art. 624, C. Nap.).

De son côté, le propriétaire pourrait-il, sans le consentement de l'usufruitier, obliger l'Etat à acquérir la totalité des bâtiments dont on ne réclame qu'une partie pour l'exécution des travaux? Non. L'art. 599, C. Nap., dit qu'il ne peut, par son fait, *ni de quelque manière que ce soit*, nuire aux droits de l'usufruitier. Or, si l'usufruitier préfère conserver le reste des bâtiments, le propriétaire ne peut l'obliger à les échanger contre une indemnité. Lorsque l'usufruitier n'habitera pas la maison, son intérêt sera généralement le même que celui du propriétaire; mais, s'il l'habite, il peut désirer conserver tout ce qui n'est pas nécessaire aux travaux. Le propriétaire, au contraire, peut préférer une indemnité. Sans doute, jusqu'à la cessation de l'usufruit, il ne jouira pas plus de l'indemnité que des bâtiments; mais, si pendant la durée de l'usufruit, ces bâtiments se détériorent, le propriétaire pourra bien, quand il rentrera en jouissance, ne pas en obtenir le prix qu'il en aurait touché de l'État. Néanmoins, comme il doit régler ses droits de manière à ne pas nuire à ceux de l'usufruitier, il ne pourrait, sans le consentement de celui-ci, exiger l'acquisition de la totalité des bâtiments.

[M. Dalloz combat cette dernière proposition. « L'art. 50, dit-il, accorde au propriétaire un droit facultatif absolu, c'est-à-dire dont l'exercice n'est point subordonné à la condition d'obtenir l'autorisation d'un tiers. Et cette condition que la loi n'exige point, la nature des choses ne l'exige pas davantage; car il est facile de concilier les droits respectifs du propriétaire et de l'usufruitier, nonobstant l'opposition de leurs volontés : rien n'empêche en effet que le propriétaire n'oblige l'État à acheter la totalité de son immeuble, conformément à l'art. 50, sans que l'usufruitier cesse pour cela de conserver son droit sur la portion de l'immeuble non nécessaire à l'exécution des travaux publics. Il sera usufruitier d'un terrain appartenant à l'État, au lieu de l'être d'une propriété privée, voilà tout. (Répertoire, v° *Expropriation*, n° 738.) Sans doute cela est possible, mais ce serait aggraver les obligations de l'Etat, qui est tenu d'acheter une parcelle de terrain qu'il peut revendre immédiatement, mais non une nue propriété dont il ne pourrait disposer.

« Alors même, ajoute M. Dalloz, qu'il y aurait impossibilité de concilier le droit du propriétaire qui veut user du bénéfice de l'art. 50 avec le droit de l'usufruitier qui s'y refuse, nous ne voyons pas pourquoi ce serait le premier qu'il faudrait sacrifier. C'est forcer le sens de l'art. 599, C. Nap., que d'étendre cet article à un cas où le propriétaire ne cherche pas à faire sa condition meilleure aux dépens de l'usufruitier, mais seulement à atténuer le préjudice que lui occasionne un événement de force majeure, l'expropriation pour cause d'utilité publique » (*Ibid.*). Nous croyons qu'il faut la réunion de tous les intéressés dans l'aliénation, pour qu'elle puisse avoir lieu (Voir en ce sens Herson, n° 294).]

846. Il est important de remarquer que la déclaration relative à l'acquisition de la propriété entière doit être faite, d'après l'art. 50, par une déclaration formelle adressée à l'administration dans le délai énoncé en l'art. 24, c'est-à-dire dans le délai de quinzaine accordé au propriétaire pour faire connaître s'il accepte ou non les sommes que l'administration lui offre (n° 430). Si la déclaration n'était pas faite dans ce délai, il y aurait déchéance du droit de requérir l'acquisition de la propriété entière; car, sans cela, la fixation d'un délai aurait été tout à fait inutile.

[La Cour de cassation s'est prononcée en ce sens par arrêt en date du 14 août 1855, ainsi conçu : « Aux termes de l'art. 50 de la loi du 3 mai 1841, pour qu'une parcelle de terrain, morcelée par l'expropriation, soit acquise sur la réquisition du propriétaire exproprié, il faut, non-seulement que cette réquisition soit faite par une déclaration formelle adressée au magistrat directeur du jury, mais encore qu'elle soit adressée dans les délais déterminés par l'art. 24 de la même loi, c'est-à-dire dans la quinzaine qui suit la notification des offres de l'administration ; ainsi, en ne statuant pas à cet égard, la demande du propriétaire n'ayant été formée que dans le cours des débats devant le jury, et au dernier jour des débats, le jury n'a violé aucune loi. » (*Mounier*, Sirey, 1856, p. 620.)

Mêmes décisions dans deux arrêts des 9 juillet 1856 (*chemin de fer de Saint-Rembert*, Dalloz, 1856, p. 293), et 13 août 1855 (*Badoulier*, Dalloz, 1855, p. 333).]

Lorsque la déclaration doit être faite par un tuteur ou par des administrateurs qui ont besoin de se faire autoriser, le délai est d'un mois au lieu de quinzaine ; le changement fait dans la rédaction de la disposition finale du § 1er de l'art. 50 ne laisse aucun doute à cet égard. Dans la loi du 7 juillet 1833, cet article disait que la déclaration aurait lieu *dans le délai énoncé en l'art. 24* ; la loi nouvelle dit : *dans les délais énoncés aux art. 24 et 27*. Or, ce dernier article statue pour le cas où des tuteurs ou autres administrateurs ont besoin de se faire autoriser.

Nous venons de dire que la notification devait être faite *à l'administration*, quoique l'article dise *au magistrat directeur*. Cette dernière expression avait été introduite par suite d'un système proposé en 1832 par le Gouvernement, et qui ne fut pas adopté. Cette indication inexacte fut rectifiée en 1841 dans l'art. 21, mais on n'a pas remarqué alors qu'elle se trouvait aussi dans l'art. 50.

A ce sujet, un arrêt de la Cour de cassation, du 25 août 1856, a jugé que si l'art. 50 dit que cette réquisition sera adressée au magistrat directeur du jury, aucune disposition de loi ne s'oppose à ce qu'elle soit adressée sans intermédiaire, à la partie expropriante, à l'effet d'être mise ensuite, par le magistrat directeur, sous les yeux du jury (1).

« Vu les art. 39, § 4, et 50 de la loi du 3 mai 1841 ;—Attendu que Lentemann, en vertu de l'art. 50 de la loi du 3 mai 1841, avait requis de la ville de Grenoble une extension d'acquisition de l'immeuble dont il avait été partiellement exproprié ; — Attendu que si ledit art. 50 dit que cette réquisition sera adressée au magistrat directeur du jury, aucune disposition de loi ne s'oppose à ce qu'elle soit adressée, sans intermédiaire, à la partie expropriante, à l'effet d'être mise ensuite, par le magistrat directeur, sous les yeux du jury ; — Attendu qu'aux termes du même article la réquisition doit être faite dans la quinzaine qui suit la notification des offres de l'administration, et qu'il n'est pas établi que, dans l'espèce, elle ait eu lieu en dehors de ce délai — ; Qu'en effet si l'acte de notification porte en tête la date du 22 septembre 1855, la réception de cet acte par le mandataire auquel on a parlé porte sur l'original la date du 30 octobre 1855 ; que c'est de ce même jour, 30 octobre, que sont datées la réponse du mandataire et sa demande d'acquisition totale ; lesdites réponse et demande également consignées sur l'original ; qu'on ne s'explique pas comment cet original se serait trouvé en sa

---

(1) Dall.56.1.333.

possession ledit jour s'il eût été complété dès le 22 septembre ; que le timbre apposé par la ville de Grenoble sur ledit original, et indiquant l'époque d'entrée de cette pièce à la mairie, est daté du 31 octobre ; — Qu'il suit de ces circonstances que la preuve de la notification des offres à l'exproprié ne se trouvait établie, clairement et sans litige, qu'à la date du 30 octobre, jour de la demande d'acquisition totale ; et qu'ainsi il n'y avait pas lieu, en l'état, d'écarter cette demande comme formée hors des délais impartis par l'art. 50 ;—Attendu que la demande d'extension d'acquisition formée par Lentemann était repoussée par la ville de Grenoble ; que, d'une part, Lentemann soutenait n'avoir consenti à une cession amiable qu'en se réservant formellement tous ses droits résultant de la loi de 1841, ce qui comprenait le droit ouvert par l'art. 50 ; que, d'autre part, la ville prétendait que le règlement de l'indemnité ne devait porter que sur la portion de l'immeuble désignée au jugement du 18 août 1855, valant expropriation ;—Que ce désaccord des parties sur l'étendue du terrain, objet de l'indemnité, constituait un litige sur le fond du droit ; que ni le magistrat directeur ni le jury n'étaient compétents pour statuer sur ce litige, qui devait, aux termes de l'art. 39, être renvoyé devant qui de droit, après règlement par le jury de deux indemnités alternatives, correspondantes à chacune des solutions qu'il pouvait ultérieurement recevoir ;—Attendu que l'ordonnance du magistrat directeur, en décidant que le jury statuerait exclusivement sur l'indemnité des parcelles désignées au jugement du 18 août 1855, et la décision du jury, en ne statuant que sur cette indemnité, ont expressément violé les lois précitées ;—Casse. »

L'opinion que nous avons émise au tome 1er, sur l'obligation dans laquelle est l'administration, lorsque le propriétaire exerce sa réquisition en vertu de l'art. 50, de lui faire de nouvelles offres pour l'expropriation totale, et de lui laisser un nouveau délai de quinzaine, a été justifiée par un arrêt de la Cour de cassation, en date du 11 février 1857, que le *Bulletin civil* de la Cour rapporte en ces termes : « Est nulle la décision d'un jury d'expropriation pour cause d'utilité publique, lorsqu'il n'a pas été procédé aux notifications prescrites par les art. 23 et 24 de la loi du 3 mai 1841, non-seulement pour les offres *originaires, mais aussi pour les offres qui ont pu être ultérieurement faites* dans le cours de l'instance, si, par suite de l'absence de ces notifications de ces offres, la partie expropriée a été privée du délai pour délibérer que lui accordait la loi ;—La Cour, vu les art.

23, 24, 37, § 1ᵉʳ, de la loi du 3 mai 1841 ;—Attendu qu'il résulte du procès-verbal que ce n'est que devant le jury que la compagnie demanderesse fit connaître son acquiescement à la demande formulée par Meyer, dans sa notification du 21 mars 1856, et tendant à ce que la partie de sa vigne *joignant à gauche* la parcelle expropriée fût acquise par ladite compagnie et comprise dans la fixation de l'indemnité, et que ce n'est qu'alors qu'elle proposa des offres sur ce chef ; — Attendu que, par ce retard et ce mode de procéder, le demandeur fut privé du délai à lui accordé par l'art. 24 précité, pour réfléchir sur l'acceptation ou le refus de ces offres ; — Attendu que l'art. 37 précité impose au magistrat directeur l'obligation de mettre sous les yeux du jury le tableau des offres et demandes notifiées en exécution desdits art. 23 et 24, et que cette obligation ne saurait être remplie complètement, selon le vœu de la loi, si les modifications n'avaient pas été faites *quant aux dernières offres*, aussi bien que *quant aux offres originaires*, et si, par suite de l'absence de notification desdites dernières offres, le demandeur avait été privé du délai pour délibérer que lui accordait la loi ;—Attendu, enfin, que ce moyen, fondé sur la violation d'une formalité substantielle, a pu être proposé pour la première fois devant la Cour de cassation ;— Par ces motifs, casse » (1).] — (A).

---

(1) *Bull. civil*, 1857, p. 345 ; Dall.57. 1.74.

Additions.

(A) Cette réquisition est suffisamment établie par la mention qui en est faite dans le procès-verbal des opérations du jury ; il n'est pas nécessaire qu'elle soit constatée par un acte extrajudiciaire. Cass. civ., 28 déc. 1859 (S.60.1.4004).

Elle peut être adressée, non au magistrat directeur lui-même, mais à la partie qui poursuit l'expropriation.

Et cette partie à laquelle on l'a notifiée est tenue, à peine de nullité, de le faire mentionner, avec le chiffre de l'indemnité réclamée, sur le tableau des offres et demandes pour être soumise au jury.

La nullité résultant de l'inobservation de ces formalités peut être proposée pour la première fois devant la Cour de cassation. Cass., 10 avril 1861 (S.61.1.794 ; Cass., 4 juill. 1863 (S.63.1.549).

Lorsque le propriétaire d'un immeuble frappé d'expropriation partielle a requis l'expropriation totale, les offres signifiées en vue de l'expropriation partielle ne suffisent plus ; il doit, à peine de nullité, en être fait de nouvelles, signifiées plus de quinze jours avant la comparution devant le jury.

Il y a nullité de la décision intervenue, pour défaut de production d'un tableau régulier des offres et demandes, si l'exproprianl, qui n'avait pas fait d'offres nouvelles après la réquisition d'acquisition totale, s'est borné devant le jury même, et au moment où s'y ouvrait le débat, à déclarer que les offres originaires qu'il a limitées par erreur à la seule portion de l'immeuble mentionnée au jugement d'expropriation, devaient s'appliquer et s'étaient toujours appliquées dans sa pensée à la totalité dudit immeuble ; qu'il n'avait donc qu'à les maintenir.

L'exproprianl n'était pas tenu, sans doute, d'ajouter après la réquisition d'acquisition totale, à ses offres originaires,

847. Il peut s'élever des difficultés sur le point de savoir si celui qui a demandé l'acquisition de la propriété entière avait ou non qualité pour cela (1); si la déclaration a été faite dans le délai légal, ou si le propriétaire est réellement dans les circonstances déterminées par la loi pour qu'on puisse exiger l'acquisition de la propriété entière. Ces difficultés seraient renvoyées à la décision des tribunaux. Ils sont restés juges de toutes les questions qui n'ont pas été formellement attribuées au jury, et celles-ci ne rentrent pas dans celles que la loi nouvelle lui défère. Ce serait donc le cas de se conformer aux dispositions des art. 39, § 4, et 49 de la loi, et de faire fixer par le jury une indemnité pour la propriété entière, et une autre pour la parcelle nécessaire aux travaux et d'ordonner la consignation. (*Form.*, n° LVII.) Les auteurs du *Code des municipalités* veulent, au contraire, que le jury prononce sur ces difficultés. « Ce n'est point là une question judiciaire, disent-ils ; c'est une simple question de fait qui se réduit à ces termes : Le propriétaire a-t-il été exproprié d'une portion de sa maison ou de son champ, dont le surplus ne forme pas le quart de la contenance totale, etc ? Suivant la loi du 7 juillet, les tribunaux ne sont appelés à prononcer que sur les questions de forme ou les questions de droit. *Les questions de fait sont toutes réservées au jury ;* c'est donc au *jury seul* qu'il appartient de prononcer sur la difficulté que nous venons de prévoir. Pour résoudre cette difficulté, il peut s'entourer de tous les moyens d'instruction qui sont mis à sa disposition par l'art. 38. » (P. 164.) Il n'est dit nulle part dans la loi que *toutes les questions de fait sont réservées au jury*. Comme juridiction exceptionnelle, le jury ne peut connaître que des questions qui lui ont été formellement attribuées par le législateur ; toutes les autres restent dans la juridiction des tribunaux ordinaires. Les détails dans lesquels nous venons d'entrer prouvent d'ailleurs que les débats de cette nature rouleront bien plus sur des questions de droit que sur des questions de fait.

Un arrêt de la Cour de cassation du 21 août 1838 (Dall.,

---

si ces dites offres avaient été en effet calculées en vue de cette expropriation totale; mais il devait, après cette réquisition, et en temps utile, notifier au requérant la persistance de ces offres, afin que celui-ci eût les éléments et le temps nécessaires pour délibérer. Cass. civ., 19 mars 1862 (*Gaz. trib.*, 20 mai 62).

(1) [Jugé par arrêts de la Cour de cassation du 3 janv. 1848 et du 15 janv.1849 (S.48.1.661—49.1.217).

Le mandat donné pour le règlement de l'indemnité due à raison des parcelles dont l'expropriation a été prononcée, n'emporte pas le pouvoir de consentir l'expropriation d'autres parcelles.]

p. 366 ; Devill., p. 878) est conforme à notre opinion, et déclare que, si le propriétaire prétend qu'il se trouve dans le cas prévu par l'art. 50, tandis que l'administration refuse d'acquérir la propriété entière, ce litige ne peut être tranché par le jury ni par le magistrat directeur, qui doit poser des questions au jury pour les deux hypothèses, puis renvoyer les parties devant les tribunaux ordinaires.

Nous devons faire remarquer que le jury ne peut non plus prononcer sur les prétentions des autres indemnitaires, et qu'il doit seulement fixer des indemnités alternatives pour les diverses hypothèses. Cela a été jugé par trois arrêts de la Cour de cassation du 5 fév. 1840 (Devill., p. 162, 165, 166; Dall., p. 119 et 127). Dans une de ces affaires, le jury avait fixé une seule indemnité, en déclarant qu'il avait reconnu l'impossibilité de conserver aux locataires les lieux par eux occupés. La Cour a déclaré qu'il y avait là excès de pouvoir, parce qu'il n'appartenait qu'aux tribunaux de prononcer sur une question de cette nature. Les autres arrêts ont jugé qu'il y avait également excès de pouvoir lorsque le jury ne fixait qu'une seule indemnité, sans s'expliquer sur les autres hypothèses. Relativement à ces indemnités alternatives, voir ce que nous disons n° 608.

[Lorsqu'un propriétaire, exproprié partiellement, demande une indemnité, en soutenant que, sur les plans qui ont servi de base à cette opération, était comprise une rue qui devait être ouverte sur les terrains expropriés et le long de ceux qui lui restaient; que, par suite des avantages que devait lui procurer l'ouverture de cette rue, le jury lui avait accordé une indemnité moins considérable; mais que la rue projetée n'ayant pas été exécutée, il doit être indemnisé du préjudice qu'il a éprouvé, soit à raison de l'impossibilité où il est de faire usage des jours et issues ouverts dans un bâtiment qu'il a construit sur le bord de la rue projetée, soit à raison des autres dommages causés à sa propriété : cette demande nécessite l'interprétation de la décision du jury et fait naître des questions qui se rattachent à l'exécution de la loi du 3 mai 1841 sur l'expropriation pour cause d'utilité publique. Or, il n'appartient pas à l'autorité administrative de résoudre des questions de cette nature. Dès lors, en statuant sur cette demande, un conseil de préfecture excède les bornes de sa compétence (1).]

---

(1) Cons. d'Etat, 7 fév. 1856 (Lebon, Rec., 1856, p. 124).

848. Dans une affaire jugée par la Cour de cassation, le 3 juillet 1843, on a soutenu que le propriétaire d'un bâtiment ou d'un terrain morcelé n'était jamais forcé de vendre la partie non comprise dans l'expropriation, si l'indemnité fixée par le jury pour la totalité de l'immeuble ne lui convenait pas. Autrement, disait-on, l'exproprié se trouverait doublement victime, lui qui, se considérant déjà comme lésé par l'expropriation, n'aurait fait qu'augmenter sa perte en usant de la faculté qui lui était accordée par la loi ; car il se trouverait dépouillé, pour un prix qui ne lui conviendrait pas, d'une partie de sa propriété qu'il pouvait garder, puisqu'elle n'était pas atteinte par l'expropriation prononcée en justice. Sa position, quant à la partie non expropriée dont il a requis l'acquisition, est celle d'un simple vendeur. Cette réquisition, qui met l'administration dans l'obligation d'acheter, n'est, quant à lui, qu'une offre de vendre..., *à condition que le prix à fixer par le jury lui conviendra*. Si ce prix lui paraît inférieur à la valeur qu'il attache à la partie non expropriée, il reste dans la position que l'administration lui a faite, et il garde tout ce qu'on ne lui prend pas. Si l'on entendait la loi autrement, si la réquisition d'acquérir emportait pour l'exproprié l'obligation d'accepter l'indemnité, quelle qu'elle pût être, fixée par le jury pour la partie non expropriée, il en résulterait premièrement que le jury aurait réellement prononcé l'expropriation, tandis qu'elle s'opère par autorité de justice ; et en second lieu, que le propriétaire se trouverait dépouillé malgré lui, pour un prix qui ne lui agréerait point, d'une portion de bien non frappée d'expropriation, portion dont il a pu, usant du droit que lui donne l'art. 50, *requérir l'acquisition*, mais dont il reste libre de ne *consentir la vente* qu'autant que le prix fixé par le jury le satisfera. La réquisition d'acquérir, ajoute-t-on, ne fait que donner au jury le pouvoir de fixer *hypothétiquement* l'indemnité moyennant laquelle le propriétaire, *si cette indemnité lui convient*, cédera à l'administration la portion de ces bâtiments non comprise dans l'expropriation. La Cour, ayant cassé l'arrêt par un autre motif, n'a pas eu à se prononcer sur ce système (Dall., p. 369 ; Devill., p. 578) ; mais nous croyons que cette prétention est contraire au texte et à l'esprit de l'art. 50.

Cet article dit que les bâtiments *seront achetés en entier* si le propriétaire le *requiert* par une déclaration *formelle*. Ainsi ce n'est pas une intention vague, une velléité de vendre, que le propriétaire doit faire notifier à l'administration ; il doit *requérir formellement* l'acquisition de la totalité de la propriété. Aucun autre article de la loi n'oblige l'administration à demander plus tard à ce propriétaire s'il persiste dans sa réquisition ; aucun article n'autorise non plus celui-ci à rétracter sa réquisition. Bien certainement le législateur a considéré que, dès l'instant où la réquisition avait eu lieu, la cession de la totalité du bâtiment était définitivement consentie, sauf règlement du prix par un tiers, le jury spécial. Le système que nous combattons serait plus avantageux aux expropriés ; les raisons que nous venons de rappeler auraient peut-être fait impression sur le législateur, si elles eussent été présentées pendant la discussion de la loi ; mais elles tendent à consacrer une innovation à laquelle le législateur n'a certes pas pensé. Il a même, par l'art. 62, refusé à ce propriétaire la faculté de reprendre, pour le prix fixé par le jury, la portion du terrain ou du bâtiment qui n'a pas été employée aux travaux, ce qui aurait eu pour lui, en plusieurs cas, l'avantage que l'on cherche à lui procurer.

[Un arrêt de la Cour de Bordeaux, du 13 décembre 1848, a jugé que le propriétaire d'un immeuble partiellement exproprié, qui use de la faculté que lui donne l'art. 50 de la loi du 3 mai 1841, de requérir que l'immeuble soit acquis en entier, ne peut rétracter cette offre du moment qu'elle a été acceptée par l'expropriant, après fixation, par le juge, d'une indemnité éventuelle pour le cas de sa réalisation (Sirey, 1849.2.466).]

849. Les droits des tiers sur la portion de l'immeuble acquise par suite de la réquisition du propriétaire ne peuvent être régis par les dispositions établies pour les parcelles que l'expropriation a fait entrer dans le domaine public. Le jugement d'expropriation n'a pas enlevé au propriétaire la libre disposition de cette portion ; il a donc pu l'aliéner, l'hypothéquer depuis. Les publications prescrites par les art. 15 et 23, §2, ne s'appliquaient pas à cette parcelle ; la transcription ne la concernait pas non plus ; il serait donc difficile d'appliquer les mêmes déchéances.

[Dans le même sens, un jugement du tribunal civil de la Seine, en date du 7 février 1845 (1), a décidé : « Que la loi du 3 mai 1841 est une loi toute spéciale, exceptionnelle et en dehors du droit commun ; — Que dès lors ses dispositions doivent être rigoureusement renfermées dans leurs limites, sans pouvoir être étendues d'un cas à un autre, toute exception étant de droit étroit ; — Que si, dans un intérêt général, les propriétés acquises

---

(1) Dall.46.2.96 (S.46.2.490).

par la voie de l'expropriation arrivent aux mains de l'administration entièrement libres et dégagées de toute servitude, cette règle n'est nullement, indispensablement exécutoire et applicable qu'à la zone de propriétés strictement réclamées par les travaux d'utilité publique nécessitant l'expropriation ; — Qu'à la vérité, l'art. 50 de ladite loi impose à l'administration, dans certains cas déterminés, la charge d'acquérir les propriétés en leur entier ; — Mais que, de cette charge ne ressort pas que le cercle de l'expropriation soit changé, agrandi ; — Que l'expropriation reste toujours ce qu'elle était, parce qu'il est évident, d'après l'économie de la loi, que l'obligation qui frappe l'administration n'a été introduite que dans l'intérêt de l'exproprié, de manière à diminuer le sacrifice qu'il est tenu de souffrir en vue du bien général sans nullement modifier la nature, les bases et les effets de l'expropriation en elle-même ; — Qu'en effet, aucune disposition de la loi n'affranchit les fractions non affectées aux travaux publics ordonnés, en motivant l'expropriation, des servitudes réelles qui les affectent, à la différence de la partie de zone véritablement expropriée, qui, par le seul fait de l'expropriation, se trouve purgée des servitudes qui la grevaient ; d'où il faut conclure que, relativement à la portion de propriété que l'administration est tenue d'acquérir, elle arrive en ses mains, non pas à titre d'expropriation, mais à titre de vente ordinaire, conséquemment avec toutes les charges de servitudes qui l'affectent ; — Qu'ainsi, sous ce rapport, l'administration devient un acquéreur ordinaire placé sous l'empire du droit commun ; — Que c'est précisément pour cela que l'art. 61 autorise l'administration à revendre les fractions de propriété qu'elle a été forcée d'acquérir, les réputant biens communaux ; — Que l'on comprend que si les droits hypothécaires peuvent s'effacer et se purger pour ces fractions de propriété comme pour celles réellement expropriées, il ne saurait en être de même quant aux droits de servitude qui suivent la propriété aux mains de l'expropriant, ainsi qu'aux mains du nouveau propriétaire acquéreur de l'administration ; — Que l'objet des mises en demeure des art. 6 à 21 est de porter à la connaissance de tous l'imminence des travaux et l'étendue des terrains qu'ils embrassent, et, par conséquent, l'étendue des sacrifices imposés à la propriété ; — Que par là chacun est appelé à veiller à la conservation de ses droits ; mais que chacun sait en même temps, par la publicité donnée aux plans, quelles sont l'étendue et les limites de l'expropriation ; — Que les limites de l'expropriation ainsi tracées, connues et acceptées, les tiers n'ont plus à se préoccuper de toutes les éventualités qui pourraient survenir, toutes les fois qu'elles sont en dehors du tracé de l'expropriation ; — Qu'il leur importe donc peu que l'exproprié profite ou ne profite pas du bénéfice de l'article 50, pour forcer l'administration à acquérir la totalité de la propriété, puisque tout ce qui dépasse la fraction frappée d'expropriation arrive et reste dans les mains de l'administration, tel qu'il était dans celles du précédent propriétaire. »

Ce jugement a été confirmé par un arrêt de la Cour de Paris, en date du 18 mai 1846 (1), que la Cour de cassation, par arrêt du 14 juillet 1847, a maintenu en ces termes (2) :

« Attendu que le droit d'expropriation pour utilité publique est, dans l'intérêt général, une dérogation au droit sacré de la propriété individuelle et que l'exercice en doit dès lors être restreint aux exigences de l'utilité publique ; — Attendu que l'intérêt général ne permettant pas les lenteurs et les règles ordinaires du droit et de la procédure, les terrains nécessaires étant placés hors du commerce et pris à perpétuité, tout ce qui concerne l'expropriation a dû être et a été soumis par la loi à des dispositions spéciales ; ainsi au moyen des précautions prises pour l'estimation de la juste valeur, la surenchère n'est pas permise : propriété, usufruit, servitude, tout est frappé par l'expropriation, tous les intéressés sont renvoyés sur le prix ; ils ont été avertis, et s'ils cessent d'avoir la chose, ils ne la perdent que parce que l'intérêt public le veut ainsi : l'appréciation en est faite par un jury ; — Attendu que l'exercice du droit d'expropriation essentiellement restreint au terrain nécessaire, pouvant morceler la propriété de l'individu soumis à l'expropriation, les art. 54 de la loi du 16 septembre 1807 et 50 de la loi du 3 mai 1841, lui permettent de ne rien conserver et de tout vendre à l'Etat ; autorisation est donnée à l'Etat de revendre la partie qu'il a été ainsi forcé d'acheter ; — Attendu que la partie non comprise dans l'expropriation, et que le propriétaire n'a pas voulu conserver, ne peut être possédée par l'Etat et ses ayants droit, à d'autres conditions qu'elle n'eût continué à l'être par le propriétaire, s'il n'avait pas usé de la faculté donnée par la loi ; elle est restée soumise au droit commun ; — Attendu que le voisin ayant droit à une servitude sur la portion qui, n'étant pas nécessaire à l'Etat, n'était pas frappée par l'expropriation,

---

(1) S. 47.2.593.
(2) Dall. 47.1.254 ; S. 47.1.598.

n'avait point à s'occuper de l'expropriation, et si l'exproprié usait de la faculté de vendre cette portion à l'Etat, c'était un acte purement volontaire qui ne pouvait nuire au voisin, car la chose ne pouvait être vendue qu'avec les servitudes dont elle était grevée; — Attendu, dès lors, qu'en jugeant comme elle l'a fait, que la portion qui n'était pas nécessaire aux travaux entrepris n'avait pas été l'objet de l'expropriation pour utilité publique, qu'elle était restée soumise au droit commun, et qu'elle était possédée par l'Etat au même titre et avec les mêmes charges que par le propriétaire vendeur, la Cour royale de Paris, loin de violer les lois relatives à la matière, en a fait une juste application; — Rejette, etc. »

Nous croyons néanmoins qu'on est fondé à opposer à ces autorités un jugement et un arrêt postérieurs du même tribunal de la Seine et de la Cour de cassation, aux dates des 15 novembre 1849 et 25 août 1851, qui ont positivement jugé le contraire. Il s'agissait de l'art. 58 de la loi du 3 mai 1841 qui déclare exempts des droits d'enregistrement tous les actes faits en vertu de ladite loi; et la question était de savoir à quoi devait être appliqué cet art. 58, dans le cas d'expropriation partielle suivie de la réquisition forcée d'acquisition de l'immeuble total. Le tribunal de la Seine a décidé qu'il y avait là une véritable expropriation totale. Et la Cour de cassation a pleinement adopté ce système par l'arrêt suivant, en date du 25 août 1851 (1) : « Attendu que l'art. 58 de la loi du 3 mai 1841 déclare exempts des droits d'enregistrement tous les actes, sans exception, faits en vertu de la loi; — Attendu que, dans l'espèce, un jugement du tribunal civil de la Seine, rendu conformément aux art. 1 et 2 de la loi précitée, avait ordonné l'expropriation pour cause d'utilité publique de diverses portions d'immeubles appartenant aux propriétaires y dénommés, réclamée par la ville de Paris; — Attendu que la ville de Paris, procédant en conséquence de ce jugement, et conformément à la loi précitée, avait fait signifier ses offres auxdits propriétaires, et que c'est sur ces offres que plusieurs de ceux-ci, avant l'examen du jury d'expropriation, avaient déclaré vouloir user de la faculté à eux réservée par l'art. 50 de ladite loi, d'abandonner la totalité de leurs immeubles; — Qu'à la vérité, cette déclaration n'avait pas été faite dans les délais prescrits par cet art. 50, qui se réfère sur ce point aux art. 15 et 24; mais qu'en admettant même que

---

(1) Dall.51.1.235; S.51.1.687.

l'inobservation des délais ci-dessus pût permettre à une partie poursuivante de contester l'abandon total proposé par les propriétaires expropriés, il n'en résulterait pour elle qu'une fin de non-recevoir, que l'esprit de la loi, qui tend à concilier le respect des intérêts de la propriété privée avec les exigences de l'utilité publique, n'autoriserait pas à considérer comme étant d'ordre public, et que, dans l'espèce, la ville de Paris avait pu négliger, sans que rien fût changé dans le caractère de la procédure spéciale d'expropriation suivie à sa requête ;—D'où la conséquence qu'aucune contestation n'ayant eu lieu de sa part sur la déclaration des propriétaires, et cette déclaration ayant d'ailleurs précédé la discussion des intérêts respectifs devant le jury, la décision qui s'en est suivie dans les formes de la loi, et qui a réglé l'indemnité pour la totalité des immeubles, a rempli le vœu de cette loi, et a dû être considérée comme rendue tout entière, en vertu de ladite loi, dans le sens de l'art. 58 précité; — Attendu que, de ce qui précède, il résulte que la gratuité de droits accordée par ledit art. 58, §§ 1 et 2, était applicable pour le tout à la décision du jury et à l'ordonnance qui a suivi, comme à tous les autres actes de la procédure ; — Attendu en conséquence qu'en ordonnant, dans l'espèce, la restitution des droits indûment perçus sur les portions d'immeubles non comprises dans le jugement d'expropriation, le jugement attaqué a fait une juste application dudit art. 58 et n'a violé aucune loi ; — Rejette, etc. »

En effet, du moment que le propriétaire a prononcé sa réquisition, et que l'administration ne peut pas la refuser, que son acceptation est forcée, il est bien certain que l'expropriation a lieu pour le tout. Et cela s'étend à tous les actes de la procédure : il est constant, par exemple, que l'administration, dans ce cas, est tenue de faire, au propriétaire, de nouvelles offres pour l'immeuble entier (1) ; que pour délibérer sur ces offres, le propriétaire a un nouveau délai de quinze jours (art. 24) ; et que l'indemnité est fixé par le jury pour l'indemnité totale. Ainsi il n'y a pas à distinguer entre ce qui est forcé et ce qui est volontaire de la part du propriétaire, puisque tout est forcé de la part de l'administration.]

L'expropriation est un événement de force majeure qui enlève au locataire la jouissance de la portion qu'elle atteint, mais

---

(1) Cass., 5 fév. 1855 (S. 55.1.606). Voir l'arrêt plus positif encore du 11 fév. 1857, ci-dessus, n° 846, p. 111.

non la jouissance du surplus de la chose louée. Le locataire peut donc demander, conformément à l'art. 1722, C. Nap., ou une diminution de loyer ou fermage, ou la résiliation même du bail. Mais il n'a pas le droit d'obliger le propriétaire à faire les travaux nécessaires pour qu'il puisse continuer à jouir des lieux loués. Il ne peut donc pas non plus obliger l'administration à faire ces travaux lorsque, sur la réquisition du propriétaire, elle acquiert les parcelles que l'expropriation n'atteignait pas. Nous ne pouvons donc approuver la dernière partie des motifs énoncés par la Cour de Paris, dans un arrêt du 12 février 1833, ainsi conçu : « Considérant que, si l'Etat peut exiger le sacrifice d'une propriété pour cause d'intérêt public légalement constaté, cette exception au principe de l'inviolabilité des propriétés doit être restreinte dans de justes limites, et n'être appliquée qu'au seul cas de l'utilité générale ; que c'est dans ce sens que la loi n'exige du propriétaire que la cession de la portion d'immeuble nécessaire à la confection des travaux d'utilité publique, et que c'est dans l'intérêt seul de ce propriétaire qu'a été établi le droit d'obliger l'Etat à l'acquisition de la totalité de l'immeuble dont une portion seulement doit être enlevée ; — Considérant en conséquence que, lorsque le propriétaire veut user de la faculté que lui accorde l'art. 51 de la loi du 16 septembre 1807, il faut distinguer entre l'acquisition de la portion nécessaire aux travaux et celle du surplus de l'immeuble ; que la première, constituant l'exception établie par l'art. 9 de la Charte, donne à l'Etat une propriété pleine, entière, dans un but spécial, et qui doit par cela même emporter la résiliation des baux que le vendeur avait pu consentir sur ladite portion, mais que l'aliénation du surplus de l'immeuble, ne constituant qu'un acte volontaire de la part du vendeur (auquel l'Etat succède, et dont il prend la place comme simple acquéreur), doit être régie par les principes ordinaires du droit, et laisser substituer les droits acquis aux tiers dans les termes de leurs conventions, si l'état des choses le permet. » — Tout cela nous semble très-juste, mais nous ignorons sur quel texte de loi la Cour a pu appuyer les motifs suivants : — « Considérant dès lors que, dans tous les cas où le locataire ou le sous-locataire des lieux ou de partie des lieux acquis par l'Etat se refuse à la résiliation du bail de la portion d'immeuble non nécessaire aux travaux d'utilité publique, il y aura lieu pour les tribunaux à apprécier les circonstances, et conséquemment 1° à vérifier si cette portion peut en effet suffire à l'objet de la location primitive ; 2° à examiner la nature et l'importance des travaux à faire par l'État pour la continuation du bail; 3° à fixer, audit cas de continuation du bail, la diminution de prix résultant de la privation de jouissance de la portion enlevée; — Considérant que, si l'art. 1722, C. civ., n'oblige pas le propriétaire à la reconstruction de la partie de la chose louée détruite par cas fortuit, cette disposition est inapplicable à l'espèce; — Qu'en effet l'analogie n'est pas complète en matière de destruction par cas fortuit de la chose louée et de dépossession d'une partie d'immeuble pour cause d'utilité publique, puisque, dans ce dernier cas, le propriétaire reçoit une indemnité qui se base tout à la fois sur la valeur de la portion enlevée et sur les travaux à faire pour continuer la jouissance de la portion restante, tandis que tout est perte pour le propriétaire dépouillé par un événement de force majeure, dans le sens de l'art. 1722, C. civ.; — Considérant que la veuve Chauvet, propriétaire de la maison rue Richelieu, n° 76..., et aux droits de laquelle se trouve la ville de Paris pour l'acquisition de tout ce qui excède la portion nécessaire à l'ouverture de la nouvelle rue (de la Bourse), avait loué pour neuf années, dont quatre et demie environ restent encore à courir, une boutique et ses dépendances situées au rez-de-chaussée, à Batton, fleuriste; — Considérant qu'il est établi par les pièces produites et par tous les documents du procès que Batton conservera malgré les travaux à faire pour l'ouverture de la rue nouvelle un emplacement suffisant pour l'exploitation de son commerce, et qu'il justifie de son intérêt à rester dans les lieux jusqu'à l'expiration de son bail; — Considérant que cette continuation de jouissance ne pourrait avoir lieu qu'à la charge par la ville de Paris d'établir, sur l'alignement de la nouvelle rue, un mur de clôture des lieux loués à Batton, et qu'il est établi par les faits de la cause que le travail nécessaire pour la construction de ce mur ne peut être ni très-long, ni très-dispendieux, etc. » (Devill., p. 606; Dall., p. 192).

Nous ne saurions admettre les principes émis par la Cour de Paris, bien qu'au résultat elle ait pris toutes les précautions possibles pour que sa décision fût sur tous les points conforme à l'équité. La Cour pouvait accorder au sieur Batton une indemnité pour résiliation de son bail, indemnité qui eût nécessairement été fort élevée, en laissant à la ville de Paris *la faculté* de faire les travaux réclamés par le sieur Batton, auquel cas l'indemnité eût été réduite à une somme beaucoup moins élevée; mais nous ne croyons pas que, en règle générale, on puisse obliger le propriétaire exproprié, ni, par suite, l'Etat, à faire contre son gré les travaux réclamés par le locataire pour la continuation de sa jouissance. L'art. 1722, C. Nap., doit recevoir son application dans cette espèce, comme dans tout autre cas de force majeure, avec cette seule différence que cet article veut qu'il ne soit accordé aucun dédommagement au locataire dont le bail est résilié par force majeure; tandis que, si la force majeure provient de l'utilité publique, l'art. 545 de ce Code veut qu'il y ait indemnité. Si la veuve Chauvet avait conservé le surplus de sa propriété, le sieur Batton n'aurait pu l'obliger à faire les travaux nécessaires pour qu'il pût rester dans les lieux loués; l'art. 1722 le déclare implicitement. Le sieur Batton n'aurait pas eu plus de droits contre un tiers à qui la veuve Chauvet aurait transmis la partie non expropriée; il n'avait donc pas non plus le droit d'obliger la ville de Paris à faire les travaux qu'il réclamait pour rester dans les lieux loués.

[La Cour de Paris a jugé que, dans le cas d'expropriation partielle d'un bâtiment en état de location, le locataire a, comme le propriétaire, le droit d'exiger l'expropriation entière du bail des lieux qu'il occupe, et cela quand même le propriétaire n'userait pas du droit que la loi lui accorde, de requérir l'expropriation de la totalité du bâtiment. (Arrêt du 6 mai 1854, aff. Girou de Buzaringue contre la ville de Paris; Sirey, 1855.2.225.)

Mais M. Cabenthous, professeur à la Faculté de droit d'Aix, dans une dissertation insérée au Recueil de Sirey (*loc. cit.*), a démontré que rien, dans la loi du 3 mai 1841, n'autorise cette décision. « Le texte de la loi est contraire à la prétention du locataire. C'est au propriétaire nominativement et non au locataire qu'est accordée la faculté que confère l'art. 50 de la loi du 3 mai 1841. Et ce qui prouve que c'est avec intention que le législateur a omis de comprendre le locataire dans cette disposition, c'est qu'il n'a pas manqué de mentionner *les propriétaires et autres intéressés*, dans les dispositions qu'il voulait leur rendre communes, comme on le voit notamment dans les art. 23 et 24 de la loi précitée.—Il ne s'agit pas ici d'un de ces droits qu'il est permis d'exercer par cela seul que l'usage n'en est pas expressément interdit, mais bien d'une faculté exceptionnelle qui ne peut être autorisée qu'en vertu d'un texte formel.—Ce texte, qui existe pour le propriétaire, fait absolument défaut pour le locataire; d'où la conséquence que celui-ci est sans qualité pour exiger la dépossession entière de son bail partiellement atteint par l'expropriation.

Ce raisonnement semble suffire pour trancher la question contre le locataire; mais, afin de lui donner encore plus de force, nous démontrerons que l'esprit de la loi est ici parfaitement d'accord avec sa lettre, et que le droit refusé au locataire n'aurait pu lui être accordé qu'au mépris des principes, et au prix des plus graves difficultés pratiques.

Pour justifier l'assimilation des locataires aux propriétaires, quant au droit d'exiger l'expropriation entière des lieux loués, il ne suffit pas de dire, avec le jugement et l'arrêt rendus dans l'espèce, que les locataires ont des droits distincts de ceux des propriétaires; que les uns et les autres peuvent également réclamer une indemnité distincte et particulière. Cela est parfaitement vrai; mais il ne s'ensuit nullement que les locataires doivent, comme les propriétaires, avoir le droit d'exiger l'acquisition totale des bâtiments frappés d'expropriation partielle. — Pour que les locataires eussent ce droit, il faudrait que l'exercice en fût compatible, de leur part, avec la liberté d'option réservée aux propriétaires. Or, il n'est pas difficile d'établir que ces deux termes sont absolument inconciliables. — Si l'on prétend que la demande d'expropriation totale, formée par le locataire, devra entraîner l'acquisition entière de la propriété, on subordonne la volonté du propriétaire à celle du locataire, et, loin de maintenir l'indépendance mutuelle de leurs droits, on détruit l'un au profit de l'autre.—Si, pour échapper à cette exorbitante conséquence, on ne donne d'effet à la demande du locataire que par rapport au bail, laissant au propriétaire toute la portion de ses bâtiments non affectés aux travaux, on ne lui en impose pas moins, ou la résiliation du bail, ou l'administration pour locataire, suivant le système qu'on adoptera sur la portée légale de l'expropriation totale du bail; et cela sans aucun motif d'utilité publique, en dehors de toute considération d'intérêt général, et uniquement pour donner satisfaction à une prétention privée du locataire. — Comme on le voit, il est impossible de reconnaître au locataire la faculté que l'art. 50 de la loi du 3 mai 1841 accorde au propriétaire, sans détruire ou compromettre le droit de celui-ci. — Et telle est sans doute la raison pour laquelle le législateur n'a conféré cette faculté qu'au propriétaire seul, la refusant virtuellement au locataire par son silence même. Remarquons, en effet, qu'à la différence du locataire, qui ne pourrait exiger l'expropriation totale de son bail qu'au détriment des droits du propriétaire, le propriétaire qui requiert l'acquisition entière de sa propriété ne porte directement ni indirectement aucun préjudice aux droits du locataire, celui-ci ayant l'option entre la continuation ou la cessation du bail; sauf indemnité dans les deux cas, ainsi que nous l'avons dit plus haut. »

De toute cette discussion, il résulte qu'au propriétaire seul appartient le droit d'exiger l'acquisition totale de ses bâtiments partiellement atteints par l'expropriation, et qu'on ne peut, par analogie, admettre le locataire à requérir l'expropriation totale de son bail. Reconnaître ce droit au locataire, comme l'a fait l'arrêt que nous critiquons, c'est anéantir les droits du propriétaire; c'est ajouter au texte de la loi, contrairement à son esprit.]

850. De la combinaison des art. 21 et 39 de la loi, il résulte que tous ceux qui, soit propriétaires, soit locataires ou fermiers, ont droit à des indemnités, en doivent être distinctement investis par la décision du jury, laquelle doit terminer tous débats entre eux et ne leur laisser aucun droit ultérieur à exercer les uns contre les autres devant les tribunaux. En conséquence, si le jury, en fixant des indemnités pour les locataires, ajoute que ces indemnités ne sont déterminées qu'à raison du trouble qu'ils éprouvent, et qu'ils s'entendront, pour la diminution du prix ou la résiliation de leurs baux, comme bon leur semblera, avec les propriétaires, tous leurs droits respectifs demeurant réservés, cette décision réserve aux uns et aux autres des procès que la loi a voulu prévenir et tarir dans leur source même; par suite, il y a violation de la loi (Cass., 31 déc. 1838; Dall., t. 39, p, 53; Devill., p. 19). Cependant, s'il y avait litige entre le propriétaire et le locataire sur l'exercice de leurs droits respectifs, les parties devraient être renvoyées à cet égard devant qui de droit. L'art. 39, § 4, est formel à cet égard.

851. Y a-t-il lieu à la résiliation toutes les fois qu'une portion quelconque de l'objet loué se trouve frappée d'expropriation? Ou peut-on, dans certains cas, maintenir le bail avec une diminution du loyer? Bourjon dit que « la démolition de partie d'une maison n'anéantit le bail qu'autant que la suppression est considérable et gêne notablement le locataire, et que, hors ce cas, elle n'opère qu'une diminution du prix du bail, parce qu'il faut se prêter à un tel événement » (tit. IV, ch. 4, n° 7). Son annotateur ajoute : « J'ai entendu décider au Châtelet que, la face d'une maison ayant été reculée par autorité de justice, cette diminution de terrain ne donnait pas lieu à une résolution de bail, mais à une diminution du prix d'icelui. Dans l'espèce, le locataire pouvait continuer son commerce dans la maison,

nonobstant le retranchement du terrain, circonstance qui soutint le bail. » Cette jurisprudence serait-elle encore suivie aujourd'hui ? L'art. 1722 dit que, si la chose louée n'est détruite qu'en partie, *le preneur peut,* suivant les circonstances, demander, ou une diminution du prix, ou la résiliation même du bail. Il semblerait résulter de cette rédaction que le preneur peut toujours demander la résiliation du bail, dès qu'il y a une réduction dans la chose louée, et que c'est seulement en sa faveur qu'on a stipulé la faculté de maintenir le bail avec diminution du loyer. Cependant ne serait-il pas injuste que le preneur pût faire annuler son bail dans tous les cas; par exemple, parce qu'un mur de jardin aurait dû reculer de quelques pieds ? L'art. 1722 est d'ailleurs parmi les règles communes aux baux à ferme et aux baux à loyer, et serait-il raisonnable qu'un fermier pût faire résilier le bail de dix hectares de terre, parce qu'on aurait pris un ou deux ares de ce terrain pour des travaux publics ?

Rappelons-nous ce qui a lieu en matière de vente. L'art. 1636 dit que l'acquéreur qui est évincé d'une partie de la chose vendue peut faire résilier la vente, si cette partie est de telle conséquence, relativement au tout, que l'acquéreur n'eût point acheté sans la partie dont il a été évincé. Or, pourquoi accorderait-on à un locataire plus de faveur qu'à un acquéreur ? Pourquoi ce qui ne ferait pas résilier une vente ferait-il résilier un bail? L'art. 1722 doit donc être entendu dans le sens de l'art. 1636. La rédaction inexacte de l'art. 1722 naît probablement de ce que l'on a voulu indiquer que le preneur seul, et non le bailleur, pourrait demander ou la résiliation, ou une diminution de loyer ; mais l'on n'a pas voulu dire que, dès qu'il demanderait la résiliation, elle serait nécessairement prononcée. Delvincourt reproduit la disposition de l'art. 1722 dans les termes suivants :
« Si la chose louée n'est détruite qu'en partie, le juge estime,
« suivant les circonstances, si la résiliation doit avoir lieu, ou si
« le preneur doit se contenter d'une diminution dans le prix. »
Cette proposition explique la véritable intention du législateur. — (A).

Additions.

(A) Il a été décidé qu'au cas d'expropriation partielle pour l'élargissement de la voie publique d'un bâtiment en état de location, l'expropriation de la totalité du bâtiment, sur la réquisition du propriétaire, n'entraîne pas la résiliation du bail au profit du locataire qui n'occupe qu'une portion du bâtiment non affectée à l'élargissement de la voie publique. C. Paris, 12 août 1862 (S.62.2.421).

852. Que le locataire ou fermier ait reçu ou non de l'État une indemnité pour le préjudice par lui souffert, il doit obtenir du propriétaire une diminution du loyer ou fermage proportionnée à la restriction apportée à sa jouissance. C'est ce que la Cour royale de Paris a reconnu par son arrêt du 15 juin 1844, en se fondant sur ce que les locataires éprouvant une diminution de jouissance dans l'immeuble qui faisait l'objet de la location à eux faite, cette diminution de jouissance, résultat d'un cas fortuit, devait, aux termes de l'art. 1722, C. Nap., donner lieu à une diminution de loyers ; que le propriétaire, ayant reçu une indemnité qui formait la valeur représentative du terrain exproprié, et percevant les intérêts de cette indemnité, ne pouvait équitablement continuer à recevoir l'intégralité du loyer d'un bien dont les locataires ne jouissaient plus d'une manière complète.

[Il a été jugé, par arrêt de la chambre des requêtes du 7 juillet 1847, que le locataire d'une maison ou boutique, qui a reçu une indemnité de l'État pour expropriation partielle, peut, en vertu de l'art. 1722, C. Nap., demander à conserver, avec diminution de loyers, la jouissance des lieux loués, si le propriétaire les fait rebâtir. Le règlement d'indemnité entre le locataire et l'État est, à l'égard du bailleur, *res inter alios acta;* il laisse entiers les droits que le preneur peut avoir contre le propriétaire.

Pour s'opposer à l'option laissée au locataire par l'art. 1722, C. Nap., le propriétaire n'est pas fondé à exciper de ce qui s'est fait entre le locataire et la ville (expropriante) ; celle-ci, en réglant ses intérêts, ne règle en aucune manière ceux du propriétaire, qu'elle n'est pas chargée de représenter ; ainsi le locataire conserve toute sa liberté pour profiter des droits que lui assure son contrat de bail (1).

Cette doctrine a été pleinement adoptée par un jugement du tribunal de la Seine, en date du 16 mai 1854, intervenu dans les circonstances suivantes :

M. Jacquel, chef d'institution, passage du Désir, occupait, moyennant un loyer annuel de 1,300 fr., et avec un bail devant durer jusqu'au 1er janvier 1859, certaines localités dépendantes de la maison de Mme de Chéret, lorsque survinrent les travaux exécutés par la compagnie Ardoin, cessionnaire des droits de la

---

(1) Dall. 47.1.250 ; S. 47.1.835.

ville de Paris pour l'établissement de l'importante voie de communication appelée le *boulevard de Strasbourg*.

La maison de Mme de Chéret fut atteinte par l'expropriation : 70 mètres de terrain furent retranchés de la cour louée à M. Jacquel ; plusieurs bâtiments situés dans cette cour furent détruits ou modifiés.

M. Jacquel, malgré cet événement, resta dans les lieux et accepta sa position nouvelle. Mme de Chéret, elle, usant de son droit, abandonna son immeuble à la compagnie Ardoin : tous deux se présentèrent devant le jury pour faire régler les indemnités qui leur étaient dues, l'une à raison de sa propriété, l'autre à raison de sa jouissance. Ces indemnités furent réglées en même temps par le jury, contradictoirement avec la compagnie Ardoin. M. Jacquel obtint une allocation de 4,000 fr.

C'est après ce règlement d'indemnité qu'il a formé contre MM. Ardoin et Ce, devenus propriétaires de l'immeuble de Mme de Chéret, et substitués à ses droits et à ses obligations, une demande en diminution de 300 fr. de loyer. Il se fondait sur la diminution de la jouissance et sur la situation que l'expropriation avait faite à la dame de Chéret ou à ses ayants droit qui avaient, l'une, reçu la valeur de la partie de l'immeuble dont elle avait été privée ; les autres profité de cette partie d'immeuble, et qui ne pouvaient dès lors recevoir la partie du loyer afférente à la portion du terrain retranchée. L'indemnité qu'il avait reçue était, suivant lui, chose bien distincte de la diminution de loyer qu'il sollicitait ; cette indemnité, en effet, était la représentation du tort causé à son établissement, qui, diminué, restreint par l'expropriation, devait lui rapporter de moindres bénéfices ; la diminution du loyer était la compensation matérielle du défaut de jouissance de la partie expropriée.

La demande de M. Jacquel a été accueillie par jugement du tribunal civil de la Seine, du 16 mai 1854, ainsi conçu :

« Le Tribunal ; — Attendu que le locataire, en cas de destruction partielle de l'objet loué, a le choix de demander, ou la résiliation du bail ou la diminution du prix, sans que, dans l'un ou l'autre cas, il y ait lieu à dédommagement ; — Attendu que le trouble apporté, au cas d'expropriation, à la jouissance du locataire, peut être la cause d'un préjudice moral et d'une dépréciation sensible dont il est dû réparation et indemnité ; — Que l'indemnité stipulée à raison de ce trouble ne fait pas obstacle à ce que le locataire obtienne une diminution de loyer à l'occasion de la privation de jouissance d'une partie de l'objet loué ; — Et attendu qu'il est constant, en fait, que 70 mètres ont été retranchés de la cour louée à Jacquel ; que plusieurs bâtiments situés dans cette cour ont été détruits ou modifiés, et que les abords extérieurs de la maison louée ont été changés par l'exhaussement de terrain qu'a nécessité la création du boulevard de Strasbourg ; — Que ces faits motivent suffisamment la demande en diminution de loyer formée par Jacquel, et qu'Ardoin, propriétaire, au titre de la femme de Chéret, de la maison louée à Jacquel, est passible de cette indemnité vis-à-vis de ce dernier, sauf son recours contre qui de droit, s'il y a lieu ; — Par ces motifs, dit que le loyer dû par Jacquel, et fixé par le bail à la somme de 1,300 fr., sera réduit à celle de 1,000 fr., à compter du terme d'avril dernier jusqu'au 1er janvier 1859, époque à laquelle expire le bail fait par la veuve de Chéret à Jacquel ; — Condamne Ardoin et Ce aux dépens, etc. » (Voir *Gaz. trib.*, 26 novembre 1854).]

[853. Toutefois ce jugement a été réformé, sur l'appel de la compagnie Ardoin, par un arrêt de la 4e chambre de la Cour impériale de Paris, du 25 novembre 1854, qui décide que lorsque, à la suite d'une expropriation partielle d'immeuble, le propriétaire et le locataire comparaissent ensemble devant le jury pour faire régler les indemnités auxquelles ils ont droit, et afférentes l'une au droit de propriété, l'autre au droit de possession du locataire ; que ces indemnités sont réglées par décision simultanée et collective des mêmes jurés ; le locataire ainsi privé de la jouissance d'une partie de la chose louée ne peut demander ultérieurement à son propriétaire une diminution de loyer, le droit à la jouissance aliénée par ce dernier n'ayant pu entrer, comme élément, dans l'évaluation de l'indemnité accordée à la propriété, et le locataire étant indemnisé à raison même de la privation de jouissance dont il se plaint.]

[854. Cet arrêt nous paraît contraire aux principes admis par la Cour de cassation, et la Cour de Paris elle-même, par un arrêt du 15 juin 1844, a maintenu le droit du locataire à la diminution de loyer, tout en prenant en considération, pour apprécier le chiffre de cette diminution, l'indemnité précédemment obtenue du jury par le locataire.

« Considérant, dit cet arrêt, que, par suite de l'expropriation pour cause d'utilité publique subie par Périer, propriétaire, les époux Duval, locataires partiels des biens soumis à cette expropriation, ont éprouvé une diminution de jouissance due qui faisait l'objet de la location à eux faite par Paul Périer ; que que cette diminution de jouissance, résultat d'un cas fortuit, doit, aux termes de l'art. 1722, C. civ., donner lieu à une diminution de loyers ; — Que si l'expert commis par l'Etat pour déterminer la quotité de l'indemnité due aux personnes atteintes dans leurs droits par l'expropriation, a fixé cette indemnité à 17,500 francs en faveur des époux Duval, locataires, pour la restriction apportée dans leur industrie, il résulte des termes exprès de son rapport qu'il ne l'a portée à ce chiffre qu'en considération de la diminution de loyers que les époux Duval étaient en droit d'exiger de leur propriétaire ; — Considérant, en effet, que Paul Périer, propriétaire, a reçu également une indemnité pour dépossession des terrains dans lesquels sont compris ceux faisant partie de la location faite aux époux Duval ; — Que cette indemnité, qui s'élève en capital à 272,000 francs environ, a été calculée par l'expert en vue de la réduction de loyers qu'aurait à subir Périer, et en compensation de ce dommage ; que cette indemnité est d'ailleurs la valeur représentative de toute l'étendue de terrain dont Périer a été exproprié ; qu'il perçoit les intérêts de cette somme ; — Que Paul Périer ne peut équitablement continuer à recevoir l'intégralité de la chose dont les époux Duval, locataires, ne jouissent plus qu'en partie, et qui, par l'effet de l'indemnité à lui accordée, est rentrée entre ses mains ; — Considérant qu'en raison de la diminution notable de la chose louée, la réduction à 4,000 francs par an des loyers antérieurement fixés à 7,000 francs, n'a rien d'exagéré ; — Que cette réduction sur les loyers doit être faite à partir de l'époque à laquelle la jouissance des locataires a été diminuée, c'est-à-dire à partir du 1er janvier 1843 ; etc. » (*Gaz. des Trib.* du 20 juin 1844.)

[855. Un arrêt de la Cour impériale de Paris, du 16 avril 1855, a décidé que lorsque, par suite d'une expropriation pour cause d'utilité publique, une partie de la chose louée vient à être enlevée, les conditions du bail, tant que la résiliation n'en est point prononcée, subsistent pour le surplus.

En conséquence, le locataire à qui il a été fait défense de changer la forme de la chose louée, est obligé, si le propriétaire l'exige, de maintenir cette forme, lors même que les changements qu'il propose avantageraient la propriété, et qu'il s'engagerait à remettre les choses en état à la fin du bail. Mais, si une partie de la chose louée se trouve avoir une façade sur une voie publique nouvellement créée, le propriétaire ne peut s'opposer à ce que ce locataire ouvre portes et fenêtres pour avoir accès et jour sur cette voie.

« Attendu, dit l'arrêt, que devant le jury, la compagnie Ardoin, en expropriant Clément et Chanlaire, sur leur réquisition, de la totalité du bail, s'est purement et simplement substituée à eux, et n'a pu acquérir plus de droits qu'ils n'en avaient eux-mêmes; — Que si elle a déclaré que, par suite de l'expropriation, la portion des lieux loués conservée acquérait une forte plus-value, cette assertion a été contredite soit par le propriétaire, soit par les locataires, puisque ces derniers, au lieu de vouloir en jouir, ont demandé à être totalement expropriés; — Attendu que, d'ailleurs, affirmer qu'il y avait plus-value, afin de motiver la faiblesse des offres d'indemnité, n'était pas la même chose que de dire que la compagnie Ardoin n'acceptait la cession des droits des locataires qu'à la condition de pouvoir changer l'état des constructions, afin de profiter de cette plus-value, et qu'une condition aussi importante ne pouvait être suppléée et ne pouvait s'induire du silence seul gardé à cet égard; — Que la compagnie Ardoin pouvait d'autant moins croire à une pareille condition, entendue et acceptée, que Clément et Chanlaire n'avaient pas qualité pour la stipuler, et que la femme Buzaringue avait protesté contre la cession elle-même et déclaré y vouloir rester totalement étrangère; — Attendu qu'enfin, si une indemnité de 75,000 francs a été payée par la compagnie Ardoin à Clément et Chanlaire, ce n'a pas été seulement pour prix de la cession de leur bail sur la partie des bâtiments conservée, mais aussi et surtout pour l'abandon de leurs droits de jouissance sur la partie expropriée et employée à la confection du boulevard de Strasbourg, confection pour laquelle elle a reçu une subvention de la ville de Paris.....

« Attendu que les constructions vendues par Clément et Chanlaire en 1841 n'étaient, dans la partie du terrain retranchée par l'expropriation, que de simples hangars; que ce retranchement n'empêche pas le reste de subsister et de pouvoir être occupé par la compagnie Ardoin; que si le sieur Girou de Buzaringue ne veut pas consentir à ce que ces hangars et remises soient démolis par cette compagnie et remplacés par des constructions plus importantes, il use de la rigueur de son droit et ne peut être contraint d'en sortir; — Mais attendu que, par suite de la confection du nouveau boulevard de Strasbourg, ces remises et hangars ont sur cette voie publique une façade, laquelle même se trouvait complétement ouverte et n'a été fermée que depuis l'expropriation par un mur qu'a édifié Girou de Buzaringue dans toute son étendue ; — Que le droit de ce propriétaire ne peut aller jusqu'à priver ses locataires de la faculté d'accéder sur cette nouvelle rue et d'y ouvrir des portes et fenêtres pour pénétrer dans les remises et hangars et les éclairer afin de les utiliser, mais sans pouvoir les démolir ni en changer la construction ; — Attendu, d'ailleurs, que la compagnie Ardoin a le droit de bâtir dans la cour selon qu'elle jugera convenable ; qu'entre les deux hangars, il existe un terrain d'une assez grande étendue fermé par le mur de clôture dans sa façade sur le boulevard ; — Que dès lors sur cette façade, et sur le terrain qui fait suite du couchant au levant, la compagnie Ardoin a le droit d'édifier un bâtiment de la profondeur et de la hauteur qu'elle estimera la plus favorable à ses intérêts, sauf la restriction énoncée au bail de 1837, à la seule charge de l'enlever à la fin du bail ou de le laisser au propriétaire, s'il le préfère, pour prix de l'estimation ; — Attendu que c'est seulement dans ces limites que le changement d'état des lieux loués par suite de l'expropriation peut autoriser la compagnie Ardoin à faire des constructions nouvelles et à percer et modifier le mur de clôture, à la charge de le remettre à la fin du bail, si le propriétaire l'exige, dans son état actuel, mais que le surplus de sa demande ne peut être accueilli.....

« Par ces motifs, — Déclare Ardoin et compagnie mal fondés dans leur demande à fin de démolition des constructions anciennes élevées dans la cour de l'hôtel du Tillet, et de les remplacer par de nouvelles;

« Dit qu'ils pourront seulement :

« 1° Ouvrir des portes et fenêtres sur la façade du boulevard de Strasbourg, au-devant des hangars et remises situés à chaque bout de mur de clôture, à l'effet d'accéder de la rue dans ces hangars et de les éclairer, mais sans pouvoir démolir lesdits hangars et en modifier la construction;

« 2° Élever, sur la façade du boulevard, dans le terrain de la cour, libre entre lesdits hangars, un bâtiment de la hauteur et de la dimension qu'ils jugeront convenable, sauf la restriction énoncée au bail de 1837, quant à sa hauteur et à sa distance des bâtiments de l'hôtel, et ce, à la charge, si le propriétaire l'exige, de, en fin de bail, remettre le mur de clôture en son état actuel et d'enlever les constructions par eux édifiées ou de les lui laisser, s'il le préfère, pour le prix de l'estimation (1). »]

[856. Lorsqu'une propriété a été morcelée par l'expropriation, il se peut que des dommages soient causés ultérieurement au surplus de la propriété par l'exécution des travaux, pour la confection desquels il avait été procédé à l'expropriation. Ainsi des remblais effectués pour l'établissement du chemin en vue duquel l'expropriation a eu lieu viendront obstruer les abords du reste de la propriété ; ainsi encore une gare de chemin de fer établie en contre-bas du sol rendra inaccessible le surplus du domaine en partie exproprié. Quelle sera la juridiction compétente pour statuer sur l'indemnité due à raison de ces dommages ? Cette indemnité devra-t-elle être considérée comme comprise d'avance dans l'indemnité d'expropriation réglée par le jury, en tant que relative à un préjudice qui est la conséquence de l'expropriation ? Devra-t-elle, au contraire, être demandée ultérieurement au conseil de préfecture, exclusivement compétent pour connaître des dommages causés par l'exécution de travaux publics ?

La question est des plus graves ; elle a une portée considérable, et la jurisprudence paraît hésiter sur la solution qui doit lui être donnée (Voir les développements présentés à cet égard, I, n°s 303 à 312).]

[857. Il peut arriver tout d'abord qu'en fait les travaux à exécuter et le préjudice qui pourrait en résulter aient été prévus comme conséquence immédiate et pour ainsi dire nécessaire de l'expropriation ; que les plans et projets des travaux déjà arrêtés aient été soumis au jury comme élément de l'indemnité à régler par lui, et que le jury ait effectivement pris ces documents en considération pour la fixation du chiffre alloué dans sa décision. En pareil cas, point de difficulté. Si la décision du jury n'a été l'objet d'aucun recours, si elle est devenue irrévocable, il y a chose jugée à l'égard du propriétaire, en ce qui concerne l'indemnité relative aux dommages à provenir des travaux, et il ne peut réclamer une seconde fois pour la même cause une réparation nouvelle. C'est ce que le Conseil d'Etat a décidé, au moins implicitement, le 12 mai 1853, en rejetant le pourvoi d'un sieur de Niort (2).]

---

(1) Voir *Droit*, 17 avril 55.
(2) Lebon, *Rec.*, 1853, p. 524.

[858. Mais l'arrêt du 12 mai 1853 ne s'est pas borné à une décision de fait ; il n'a pas même expressément opposé la chose jugée ; il a statué en principe général dans les termes suivants :

« Considérant, en droit, que, d'après la loi du 3 mai 1841, le jury est chargé de fixer l'indemnité des propriétaires dépossédés, en raison des préjudices de toute nature qui sont la conséquence de l'expropriation ; — Considérant que lesdits propriétaires ne sont en droit de réclamer une indemnité supplémentaire que s'il leur est causé, dans l'exécution des travaux, un dommage nouveau et non prévu lors de la décision du jury ; — Considérant, en fait, que le sieur de Niort ne se plaint pas d'avoir éprouvé un préjudice de cette nature ; que, dès lors, le premier chef de sa réclamation est mal fondé. »]

[859. Cette doctrine avait été combattue par M. le ministre de l'intérieur, qui avait exprimé l'avis qu'il n'était pas possible d'admettre que le jury chargé seulement de fixer la valeur du terrain exproprié et, accessoirement, la moins-value provenant pour le reste de l'immeuble de l'expropriation même, eût apprécié par avance des dommages qui auraient pu ne pas exister, et dont l'étendue, d'ailleurs, était complétement inconnue. Et il paraît, en effet, résulter de la jurisprudence antérieure du Conseil d'État (voir ci-après) que l'*indemnité due par suite d'expropriation*, la seule qu'il appartienne au jury de prononcer, ne peut s'entendre que de celle qui a pour cause directe immédiate l'expropriation même, c'est-à-dire un préjudice né et actuel, existant d'ores et déjà, indépendamment de tout fait intermédiaire. Or ici la cause de préjudice, c'était bien réellement un fait postérieur à l'expropriation, l'exécution des travaux venant se placer entre la dépossession du propriétaire et le dommage apporté définitivement à l'immeuble. Il semble que ce cas rentrait nécessairement sous l'application du principe qui attribue et réserve à l'autorité administrative la connaissance de toutes les réclamations auxquelles peut donner lieu la confection des travaux publics (Lois des 16-24 août 1790 ; 6-11 septembre 1790, art. 4 ; 8-10 juillet 1791 ; t. IV, art 7 ; 3 avril 1793 ; 28 pluviôse an VIII ; 16 septembre 1807). On comprend combien il serait peu rationnel de faire porter l'indemnité fixe, allouée par le jury, sur des dommages essentiellement éventuels, et qui peuvent être complétement modifiés après coup, en raison des changements que l'administration est toujours libre d'apporter aux plans préconçus, pendant l'exécution des travaux.

L'arrêt précité, du 12 mai 1853, paraît s'être attaché à cette circonstance, que les plans avaient été communiqués au jury, et réserver l'action au propriétaire, devant le conseil de préfecture, pour le cas où ces plans auraient été ultérieurement changés. Mais quoi de plus incertain que la portée de ces changements au point de vue du préjudice qui peut en résulter? et n'était-il pas plus rationnel à la fois et plus conforme aux principes de renfermer l'appréciation du jury dans le seul fait de l'expropriation et de son influence nécessaire sur le surplus de la propriété, indépendamment de tous les actes postérieurs de l'administration (1)?

C'est en ce sens que s'est prononcée la jurisprudence de la Cour de cassation, notamment par les arrêts des 7 avril 1845, 18 janvier et 14 août 1854 (2), 22 mai 1855 (3), desquels il résulte que le jury ne peut faire entrer dans les éléments de l'indemnité les dommages qui résultent des travaux donnant lieu à l'expropriation; arrêts qu'il faut rapprocher de diverses décisions analogues du Conseil d'Etat, et du tribunal des conflits (25 mai 1832, préfet de la Nièvre; 17 janvier 1838, Rodet; 12 janvier 1844, Landfried; 3 janvier 1850, de Roussel; 16 décembre 1850; 29 mars 1851, Chevalier; 28 mai 1852, Ramière) (4).]

CHAPITRE XII.

DE L'ENVOI EN POSSESSION POUR CAUSE D'URGENCE.

860. — Cette mesure n'a été introduite que par la loi du 3 mai 1841.
861. — Inexactitude de l'expression : *envoi en possession provisoire*.
862. — Nécessité de dispositions exceptionnelles pour le cas d'urgence.
863. — Obstacles qu'a rencontrés cette innovation.
864. — Améliorations apportées au projet primitif.
865. — Adoption du nouveau projet.

---

(1) [Cette importante question a été traitée avec tous les développements qu'elle comporte, par l'un des auteurs du présent ouvrage, M. Jousselin, dans la *Revue critique de législation et de jurisprudence* (1853).]

(2) S. 45.1.532; 54.1.735; Dall. 55.1. 142.
(3) *Droit*, 23 mai 1855.
(4) Voir ces diverses décisions au *Recueil* de Lebon, à leur date.

866. — Accélération qui en résulte pour les travaux.
867. — Quels sont les cas d'urgence?
868. — La prise de possession ne peut s'appliquer aux terrains bâtis.
869. — L'urgence est déclarée par un décret impérial.
870. — Ce décret peut être rendu avant le jugement d'expropriation.
871. — Mais on ne peut en faire usage qu'après ce jugement.
872. — Assignation aux propriétaires et détenteurs.
873. — Elle énonce la somme qu'on offre de consigner.
874. — Notification du décret et du jugement d'expropriation.
875. — Formes de l'assignation.
876. — Le ministère d'un avoué est-il nécessaire pour comparaître devant le tribunal sur cette assignation?
877. — Indication et fixation des sommes à consigner.
878. — Signification du jugement.
879. — Mesures préparatoires que le tribunal peut ordonner.
880. — Jugement des questions préjudicielles.
881. — De la consignation.
882. — Ordonnance du président autorisant la prise de possession.
883. — Du pourvoi en cassation contre le jugement et l'ordonnance.
884. — Du règlement définitif de l'indemnité.
885. — Remboursement de l'excédant si l'indemnité définitive est inférieure à la somme consignée.
886. — Du cas où elle est supérieure.
887. — Mesures administratives qui suivent ces décisions.

860. Les articles 65 à 74 de la loi du 3 mai 1841, que nous allons examiner dans ce chapitre, ne se trouvaient pas dans la loi du 7 juillet 1833, et constituent l'amélioration la plus importante qu'ait introduite la loi nouvelle. Dans le cours de la discussion qui a eu lieu devant les Chambres, beaucoup d'orateurs ont émis l'opinion que ces dispositions exceptionnelles auraient peu d'influence sur la prompte exécution des travaux publics. Nous avons dit dans nos précédentes éditions, n° 900, et nous croyons que l'expérience a justifié cette opinion, que ces mesures peuvent être d'une grande utilité et qu'elles offrent bien plus d'avantages que les mesures exceptionnelles consacrées par la loi du 30 mars 1831 sur les travaux militaires urgents, surtout d'après le mode d'exécution de cette dernière loi qu'a adopté le ministère de la guerre.

Ces deux envois en possession diffèrent sous plusieurs rapports. La loi de 1831 veut que le tribunal fixe une indemnité qui, bien que provisionnelle, est cependant allouée définitivement aux propriétaires, et doit leur être payée, s'ils la réclament, après le délai néceessaire à la purge des hypothèques.

D'après la loi de 1841, le tribunal a uniquement à fixer la somme que l'administration devra consigner; cette somme n'est pas mise à la disposition des propriétaires, elle leur sert uniquement de garantie. La fixation faite par le tribunal ne doit avoir aucune influence sur le règlement à faire par le jury, qui presque toujours n'allouera qu'une indemnité inférieure à la somme consignée, mais pourra cependant, en certains cas, accorder une somme plus considérable. D'après cela, la fixation à faire par le tribunal pour les travaux civils ne doit pas être précédée de vérifications aussi scrupuleuses que s'il s'agissait de l'évaluation prescrite par la loi du 30 mars 1831 pour les travaux militaires. C'est pourquoi aussi la loi de 1841 permet d'assigner les indemnitaires à trois jours, sans avertissement antérieur. Par la même raison, ces derniers ne sont pas obligés d'indiquer le montant de l'indemnité qu'ils veulent définitivement obtenir (ils auraient rarement le temps de faire les calculs nécessaires pour cela), mais seulement le montant de la somme qu'ils désirent voir consigner pour assurer le paiement de leurs indemnités. A l'égard des travaux militaires, au contraire, l'évaluation à faire par le tribunal est précédée de vérifications détaillées et contradictoires.

861. Pendant la discussion de cette partie du projet de loi, on a souvent désigné l'ensemble des mesures qui y sont mentionnées, sous la dénomination d'*envoi en possession provisoire*; mais cette expression ne se trouve pas dans la loi. Elle avait été employée dans l'art. 19 de la loi du 8 mars 1810, portant qu'en cas d'urgence, le tribunal pourrait ordonner provisoirement la mise en possession de l'administration. On n'a pas reproduit cette locution, parce qu'elle manquait tout à fait d'exactitude. La possession qu'obtient l'administration n'est nullement provisoire; elle est définitive et tout aussi irrévocable que celle qui a lieu après la décision du jury. Il y a une fixation provisoire de l'indemnité, mais la prise de possession est définitive.

862. La nécessité de mesures exceptionnelles pour les cas d'urgence a été développée dans l'exposé des motifs du projet de la loi présenté en 1840, par M. Dufaure, à la Chambre des pairs.

« Si le respect du droit de propriété force toujours le législateur à entourer la dépossession de formalités qui entraînent nécessairement des délais plus ou moins longs, il y a cependant des circonstances qui ne permettent pas d'attendre. Sans parler des intérêts généraux qui peuvent réclamer la prompte exécution d'un travail, l'intérêt financier de l'Etat ou de l'industrie privée souffre quelquefois d'un chômage forcé des capitaux destinés à l'entreprise. Il peut se faire, par exemple, que, sur un point du tracé, le Gouvernement ou les compagnies aient traité à l'amiable avec un assez grand nombre de propriétaires, et que la résistance malveillante d'un seul empêche de profiter du bénéfice de tous les traités passés, ou force de payer à tout prix un consentement devenu nécessaire. Il est injuste que la cupidité particulière exploite ainsi les nécessités générales.

« Si donc il était possible, en maintenant au profit des propriétaires la garantie de toutes les formalités ordinaires pour le règlement définitif des indemnités, d'introduire cependant à côté de la procédure de 1833 une procédure sommaire, dont les résultats purement provisoires ne pourraient porter aucune atteinte à l'inviolabilité de la propriété, n'aurait-on pas permis la célérité des travaux, sans violer le droit ni blesser l'intérêt légitime du propriétaire?

« On a pensé qu'un envoi en possession pouvait être organisé de manière à respecter tous les droits, en détruisant beaucoup d'abus. Il s'agissait seulement de savoir si l'introduction de ce principe dans la loi ne serait pas en contradiction avec l'art. 9 de la Charte, qui veut une indemnité préalable à toute expropriation. Il a paru qu'en cas d'urgence la consignation préalable concilierait suffisamment les garanties constitutionnelles et les intérêts économiques. Ce n'est pas un cas rare, en droit civil, que de voir la consignation substituée au paiement et considérée comme équivalente. Mais, de plus, quel est, en réalité, l'esprit et la volonté de la Charte, quand elle exige que l'indemnité précède la dépossession? Elle veut d'abord assurer au propriétaire qu'il n'éprouvera ni lenteur ni difficulté à se faire indemniser; elle veut ensuite qu'il ne reste pas un instant sans revenus. — Eh bien! la consignation atteint évidemment l'une et l'autre fin que la Charte se propose. La somme consignée est sous la main du propriétaire; elle ne peut être remise qu'à lui; elle ne pourra lui être refusée dès que le règlement définitif du jury sera intervenu. De plus, au moyen d'un supplément de consignation, destiné à assurer le paiement d'un intérêt à 5 pour cent, le propriétaire ne subit aucune interruption, aucune diminution dans ses revenus.

« La loi du 30 mars 1831, relative à l'expropriation et à l'occupation temporaire des propriétés privées nécessaires aux fortifications, témoigne suffisamment de la constitutionnalité d'une dépossession provisoire en certains cas. Peu importe qu'aucun intérêt ne puisse être mis en balance avec celui de la défense du royaume, car aucun intérêt, quel qu'il fût, n'eût pu motiver une violation de la Charte.

« L'intérêt privé sera moins aveugle lorsqu'il saura qu'il y a un moyen de triompher provisoirement de ses exigences, et qu'on lui aura enlevé l'arme funeste de la résistance passive » (*Monit.*, 20 fév. 1840, p. 333).

Dans la discussion qui eut lieu devant la Chambre des pairs, M. Legrand, commissaire du roi, signala plusieurs circonstances dans lesquelles de graves inconvénients étaient résultés de ce que l'administration n'avait aucun moyen de pourvoir aux cas d'urgence :

« Un chemin de fer était terminé ; il allait être livré à la circulation : tout à coup une partie s'éboule, et voilà le public privé d'une jouissance qui lui était annoncée et promise, tant qu'un nouveau tracé ne sera pas ouvert. Mais la résistance d'un particulier pouvait retarder de trois ou quatre mois la prise de possession des terrains, et, à l'époque de l'accident, trois ou quatre mois de retard équivalaient au retard d'une année, puisque ce laps de temps conduisait jusqu'à la fin de la campagne sans qu'on eût pu commencer les travaux. Est-il juste que la résistance obstinée d'un propriétaire puisse faire ajourner la jouissance d'une voie publique, et prive une compagnie de la compensation des sacrifices considérables qu'elle s'est imposés ?

« Nous avions à débarrasser un canal d'eaux surabondantes qu'il pouvait éventuellement recevoir, et que sa cuvette ne pouvait pas contenir. Le remède était simple : il s'agissait de construire un déversoir pour épancher les eaux superflues ; mais à la suite de ce déversoir il fallait construire une rigole pour conduire les eaux jusqu'au ruisseau le plus voisin. Un particulier nous a longtemps disputé l'occupation de son terrain ; les délais se sont succédé sans que la rigole ait pu être ouverte à temps ; les eaux sont arrivées, le canal a été inondé, ses berges ont été détruites, une quantité considérable de prairies a été submergée. Ainsi, de grands dommages publics et privés sont nés de l'obstination d'un particulier à ne pas céder une faible parcelle de terrain pour une somme qui représentait bien au delà de sa valeur.

« Dans un autre département, une route complétement terminée, sauf une très-courte lacune, n'a pu être livrée à la circulation qu'après une lutte de plusieurs mois avec un propriétaire qui ne voulait pas donner passage au travers d'un domaine qui lui appartenait. Il ne s'agissait cependant que d'une indemnité de 500 francs au plus.

« Sur un canal, la communication entre trois villes importantes a été retardée plus d'une année par les chicanes, les procédures, les oppositions de toute espèce auxquelles l'administration a été exposée pour prendre possession d'une longueur de 95 mètres de terrain.

« Plus d'une fois, quand il s'est agi de creuser des tranchées et de faire des ouvrages d'art, nous avons été obligés de nous résigner à travailler sous l'eau, et à faire des épuisements très-dispendieux, parce qu'on nous refusait, *en temps utile*, la possession de terrains nécessaires à l'ouverture des rigoles d'écoulement. En vain avions-nous traité à l'amiable avec presque tous les propriétaires, la résistance d'un seul paralysait tous nos efforts, et imposait à l'Etat des sacrifices considérables. Cependant l'économie des fonds du Trésor est une grave considération, qui doit agir sur nos esprits et peser d'un grand poids dans la question qui s'agite » (*Monit.*, 25 avril 1841, p. 1108).

863. La commission de la Chambre des pairs ne fut cependant pas d'avis d'admettre les mesures exceptionnelles du projet présenté par les ministres; mais son opposition provenait surtout de ce que le système alors proposé n'offrait qu'une faible abréviation des délais, et pouvait cependant donner lieu à de graves inconvénients (*Monit.*, 11 avril 1840, p. 678). Cette opinion prévalut dans la Chambre, et, après une longue discussion, cette partie du projet fut rejetée (Voir le *Moniteur* des 10, 12 et 13 mai 1840).

Le projet de loi ayant été porté à la Chambre des députés, l'envoi en possession pour cause d'urgence y donna lieu aux mêmes objections, et la commission dut chercher s'il n'y aurait pas moyen d'organiser cette mesure de manière à éviter les inconvénients qui l'avaient fait repousser par la Chambre des pairs. Croyant être parvenue à une solution satisfaisante de cette difficulté, elle proposa à la Chambre les dix articles qui règlent aujourd'hui cette matière, et qui furent adoptés après quelques nouvelles améliorations (*Monit.*, 20 juin 1840, 5, 6 et 10 mars 1841).

864. M. Teste, ministre des travaux publics, reporta le projet ainsi modifié à la Chambre des pairs, et signala les différences

qui existaient entre le projet primitif et celui sur lequel il venait appeler de nouveau les méditations de la Chambre.

« Dans le système primitif, disait-il, l'occupation en cas d'urgence s'appliquait à toutes les propriétés indistinctement, bâties ou non bâties. L'urgence était déclarée par un arrêté préfectoral. Des experts pouvaient intervenir pour apprécier le montant de la consignation. Ce montant était arbitré définitivement par le président seul du tribunal.

« On alléguait avec raison que l'occupation, en cas d'urgence, d'une propriété bâtie allait précisément faire disparaître les éléments principaux de règlement de l'indemnité, et que plus tard le jury manquerait de bases pour rendre un verdict équitable ; qu'un arrêté préfectoral ne paraissait pas suffisant pour une déclaration aussi importante que celle que cet acte devait prononcer ; que l'introduction des experts renouvellerait les inconvénients qui avaient déjà conduit à modifier la loi de 1810 ; que le président du tribunal, chargé seul de statuer sur une matière aussi importante, chercherait presque toujours à soulager sa responsabilité par des informations et des expertises qui feraient perdre le seul bénéfice qu'on voulait obtenir, le bénéfice du temps. Toutes ces objections étaient fondées ; mais nous pensons qu'elles disparaissent tout entières dans la nouvelle combinaison que la Chambre des députés a cru devoir adopter sur le rapport de sa commission, et à laquelle le Gouvernement s'est empressé d'adhérer.

« Le cas d'urgence ne s'applique plus qu'aux terrains non bâtis. L'urgence sera déclarée par une ordonnance royale, qui pourra intervenir à toute époque, mais qui ne recevra son exécution qu'après le jugement d'expropriation. Le tribunal tout entier est appelé à régler le montant de la consignation, sans recourir à des experts, mais en comparant et en appréciant les offres de l'administration et les demandes des propriétaires.

« Il nous semble que ces dispositions doivent rassurer les plus scrupuleux. L'urgence ne s'appliquant plus qu'aux terrains non bâtis, il est évident que, quelles que soient les modifications que l'exécution des travaux apporte à ces terrains, il sera toujours facile d'en connaître et d'en fixer la valeur. Le cas d'urgence n'étant déclaré que par une ordonnance royale, cette déclaration ne peut plus être provoquée que dans des circonstances graves et véritablement exceptionnelles ; elle se trouve d'ailleurs placée sous la garantie de la responsabilité ministérielle, et l'on doit penser que, lorsqu'il s'agira de toucher à un intérêt aussi important que celui de la propriété, un ministre du roi n'engagera pas légèrement sa signature.

« L'intervention des experts étant écartée, les délais reprochés à cette partie de la procédure disparaissent ; et le tribunal tout entier, qui aura sous les yeux les éléments recueillis à la fois par l'administration et par les propriétaires, qui pourra ainsi balancer les offres et les demandes, réunit assurément toutes les garanties désirables, surtout lorsqu'il ne s'agit que de fixer le gage à donner au propriétaire, et non de régler définitivement l'indemnité, qui sera plus tard appréciée par le jury » (*Monit.*, 27 mars 1841, p. 768).

865. La commission de la Chambre des pairs reconnut les améliorations apportées au projet primitif, et approuva les nouvelles mesures présentées. « Nous ne nous proposons pas, a dit M. le comte Daru dans son second rapport, de discuter devant vous si le principe de la prise de possession provisoire est constitutionnel ou non ; si les travaux civils peuvent, ou non, jouir du bénéfice d'une mesure exclusivement appliquée jusqu'à présent aux travaux militaires. Toutes ces questions ont déjà été débattues. Vous avez reconnu que le principe n'était pas contraire à l'esprit de la Charte, puisque l'effet du jugement était de convertir la propriété en un gage dans les mains du détenteur, auquel l'immeuble n'appartenait plus, qui n'avait plus de droits que sur le prix ; et que, dès lors, la consignation d'une somme égale ou supérieure au montant de sa créance lui assurait, sous une autre forme, une garantie équivalente. Vous avez reconnu que les travaux civils avaient, eux aussi, leurs exigences ; qu'il y avait des cas où l'application des formes ordinaires était trop lente, et où l'intérêt public souffrait de ces lenteurs. Vous avez repoussé, non pas le principe lui-même, mais le mode d'application, inefficace et dangereux, qui vous était soumis » (*Monit.*, 20 avril 1841, p. 1043). En résumé, la commission proposa l'adoption de cette partie du projet, tout en exprimant la crainte que les avantages que l'on espérait de la loi ne fussent, dans la pratique, à peu près illusoires (*Ibid.*, p. 1044).

866. Après avoir démontré les avantages qu'offraient, sous tous les rapports, les nouvelles dispositions soumises à l'approbation de la Chambre (n°s 864 et 865), M. Legrand, commissaire du roi, s'attacha à combattre l'opinion de quelques orateurs qui supposaient que l'envoi en possession pour cause d'urgence ne ferait gagner qu'un temps peu appréciable.

« Si vous voulez prendre la peine, a-t-il dit, de supputer les délais légaux des deux procédures, vous apercevrez une différence très-sensible. Je ne pense pas qu'en suivant les règles ordinaires de la loi, et en partant même du jugement d'expropriation, vous puissiez arriver à la prise de possession *moyennant paiement préalable* en moins de soixante-quinze jours, tandis que vingt jours suffisent amplement, d'après la nouvelle rédaction du titre VII, pour arriver à cette prise de possession *moyennant consignation préalable*.

« Ainsi la *consignation préalable* substituée au *paiement préalable* (car c'est là tout le changement) peut faire gagner au moins cinquante jours. Il est telle circonstance où l'économie d'un délai de cinquante jours peut être d'une utilité capitale. Un retard de cinquante jours, c'est quelquefois la perte d'une campagne entière, c'est quelquefois l'ajournement à une année entière de la fin d'un travail qui allait procurer à la société et au Trésor d'immenses avantages ; c'est souvent l'unique moyen de soustraire un ouvrage important à une ruine imminente, et de prévenir des pertes considérables. De tels motifs sont graves! Ils peuvent bien justifier le recours à quelques mesures exceptionnelles qui ne recevront que de rares applications.

« D'abord il est facile de se convaincre qu'un délai de vingt jours est plus que suffisant pour compléter la procédure exceptionnelle du titre VII. Voyons quelle est la succession des formalités à remplir dans l'hypothèse de l'application des autres titres de la loi.

« Le jugement d'expropriation est rendu. — Il faut d'abord en lever expédition. — Il faut le publier, l'insérer dans un journal, et le notifier aux propriétaires. — Après cette notification, huit jours sont donnés aux propriétaires pour faire connaître les ayants droit et les personnes qui peuvent prendre part à l'indemnité. — Il faut relever les qualités et les domiciles de ces diverses parties. — Vient ensuite la notification des offres de l'administration aux propriétaires et aux personnes qui sont intervenues, aux termes de l'art. 21.

« La loi place ici, pour l'acceptation des offres, un délai de quinze jours pour les personnes capables, et d'un mois pour les incapables. Le raisonnement que nous avons à faire doit nécessairement reposer sur le plus long délai, le délai d'un mois. — Si les offres ne sont pas acceptées, le préfet doit s'adresser à la Cour pour la formation du jury.

« Trois opérations se succèdent : Réquisitoire du procureur

général ; — Réunion de la Cour ; — Désignation du jury. — Il faut alors lever expédition de la décision de la Cour. — Transmission de cette décision au préfet par le procureur général ; — Transmission par le préfet au sous-préfet ; — Convocation des jurés et des parties (la loi exige que cette convocation soit faite au moins huit jours à l'avance, et que les citations fassent connaître les noms des jurés) ; — Réunion du jury ; — Délibération du jury ; — Rédaction du procès-verbal ; — Expédition de la décision du jury ; — Notification de cette décision ; — Paiement de l'indemnité.

« Si le particulier refuse de recevoir, on doit faire des offres réelles. — Si les offres réelles ne sont pas acceptées, la somme est consignée ; — S'il y a des obstacles au versement des deniers, la consignation a lieu également. Ce n'est qu'après la succession de ces formalités que l'administration peut prendre possession des terrains.

« Evidemment, c'est faire un calcul faux que de se borner à supputer les délais légaux. Entre ces délais, viennent se placer plusieurs opérations judiciaires et administratives qui, elles aussi, exigent un temps moral pour s'accomplir. Pensez-vous, par exemple, que le jour où le jugement est rendu, le greffier en délivrera expédition ? Non ; plusieurs jours s'écoulent toujours avant qu'on puisse l'obtenir ; et, s'il s'agit de notifications administratives, peut-on admettre que les bureaux des préfectures et des sous-préfectures n'auront à traiter que cette catégorie d'affaires, et seront toujours prêts à la minute ? Et si des erreurs se glissent dans ces opérations, s'il faut, ce qui arrive malheureusement quelquefois, les recommencer, voyez dans quels retards préjudiciables on peut être jeté pour un cas d'urgence ! Il faut cependant prendre les choses et les hommes comme ils sont, et faire la part des imperfections inévitables dans les meilleures organisations.

« Pour moi, j'ai fait un calcul que je crois aussi exact que le comporte la matière : je ne veux pas fatiguer la Chambre de détails trop minutieux, et je me bornerai à dire que je suis arrivé à l'établissement d'un laps de temps minimum de soixante-quinze jours, et je déclare que, dans la pratique, ce délai a toujours été beaucoup plus long.

« Ainsi, il est incontestable que, dans des cas donnés, les mesures pour lesquelles nous réclamons vos suffrages procureront des avantages certains, en permettant de prendre possession des terrains en temps utile, sans léser d'ailleurs le moins du monde les intérêts de la propriété.

« On a dit qu'on se servirait du nouveau titre comme d'un moyen d'intimidation ; mais, quand l'effet de la loi serait de rendre la propriété un peu moins exigeante, ne croyez-vous pas que ce résultat serait désirable ? Vous le savez parfaitement bien, l'expérience l'a mille fois prouvé, en matière d'indemnité, c'est bien plutôt l'intérêt public qui souffre que l'intérêt privé ; on citerait peu de cas d'où l'intérêt privé ne soit pas sorti bien largement indemnisé, tandis qu'on pourrait rappeler en foule ceux où l'intérêt public a reçu de graves atteintes.

« Enfin, est-il bien moral que quelquefois la résistance d'un seul jette une sorte d'interdit sur une opération d'utilité publique ; que, lorsque tous ceux qui le précèdent ou qui le suivent sur la ligne des travaux ont accepté des prix réglés dans une juste mesure, lui seul oppose un obstacle invincible, et spécule quelquefois sur l'intérêt que peut avoir l'administration à presser vivement l'exécution de l'entreprise ! C'est ce que nous avons vu souvent, j'ai regret de le dire, dans l'état actuel de la législation ; c'est ce que nous ne verrons plus si vous nous donnez le moyen de vaincre cette résistance » (*Mon.*, 25 avril, 1841, p. 1108).

867. L'art. 63 de la loi du 3 mai 1841 porte : « Lorsqu'il y « aura urgence de prendre possession des terrains non bâtis « qui seront soumis à l'expropriation, l'urgence sera spéciale- « ment déclarée par une ordonnance royale. »

Le législateur a reconnu que les circonstances qui pouvaient autoriser une déclaration d'urgence étaient trop variées pour qu'il fût possible de les prévoir dans la loi. Mais la discussion a fourni cependant sur ce point des explications importantes à recueillir. Voici comment M. le comte Daru s'exprimait à cet égard dans son second rapport :

« Qu'entend-on par des cas d'urgence en matière de travaux publics ? Ce ne sont pas les circonstances fortuites qui peuvent se présenter à la suite de certains fléaux, comme le débordement des rivières ou les progrès d'un incendie ; ce sont là des cas de force majeure, où la plus impérieuse des lois, la nécessité, autorise des mesures exceptionnelles. Le Rhône sort de son lit : pour préserver le pays de ses ravages, on veut construire une digue ; certes, on n'attendra pas l'accomplissement des formalités légales pour s'emparer des terrains sur lesquels cette digue devra reposer. Que les propriétaires y consentent ou s'y refusent, les travaux s'exécuteront. De même qu'à l'approche de l'ennemi, on ne s'enferme pas dans les prescriptions de la loi pour aviser au moyen de mettre le pays en garde contre un danger menaçant.

« En dehors de ces faits, l'urgence peut naître, soit de circonstances imprévues qui se manifestent en cours d'exécution des travaux, soit de la nature de ces travaux eux-mêmes, soit enfin de l'étendue des intérêts compromis par des résistances coupables, résistances qui ont leur source dans un misérable esprit de cupidité. Supposons que, dans un travail quelconque, l'administration ait une tranchée à ouvrir; supposez qu'à une certaine profondeur les eaux commencent à paraître; il faudra leur donner un écoulement à travers des propriétés voisines, ou perdre toute une campagne et renvoyer tout un atelier d'ouvriers. Voilà une cause de retard si les propriétaires voisins se refusent à la cession de leurs terrains.

« Second exemple. Un coteau assis sur un banc de glaise glisse dans une tranchée à moitié ouverte; le tracé suivi jusque-là doit être abandonné; il faut infléchir l'axe dans une direction nouvelle; les propriétaires atteints font opposition. Il s'agit d'un chemin de fer, d'un canal presque terminé; cette circonstance peut priver six mois le pays d'une jouissance impatiemment attendue. Voilà l'urgence motivée sur des circonstances exceptionnelles, se produisant inopinément en cours d'exécution des travaux.

« On aura à construire les fondations d'ouvrages hydrauliques avant la mauvaise saison; l'année sera déjà plus ou moins avancée, on voudra gagner du temps; on conçoit qu'alors l'ordonnance royale intervienne en même temps que l'acte autorisant les travaux » (*Mon.*, 28 avril 1841, p. 1043).

868. L'obstacle à l'exécution ou à l'achèvement des travaux peut provenir d'une propriété bâtie comme de celle qui ne l'est pas; c'est pourquoi le Gouvernement avait demandé en 1840 que l'envoi en possession, moyennant consignation, s'appliquât à toutes les propriétés sans distinction. Mais il est bien difficile que le jury fixe exactement la valeur d'une maison, d'une usine, ou de tout autre bâtiment qui n'existe plus, et la crainte du préjudice qui pourrait résulter pour les propriétaires d'une estimation faite après la destruction de leurs bâtiments fut le principal motif qui fit rejeter par la Chambre des pairs la mesure de la prise de possession, moyennant consignation. Le Gouvernement se crut donc obligé de restreindre sa proposition aux

propriétés non bâties (n° 864), ce qui fit tomber beaucoup d'objections. Cependant, en matière de travaux militaires déclarés urgents, la prise de possession avant le règlement de l'indemnité s'applique à toutes les propriétés sans distinction; mais alors on dresse un procès-verbal détaillé de l'état de la propriété (Voir ci-après, n° 879).

Les propriétés closes de murs n'ont jamais été considérées comme des propriétés bâties, et sont dès lors soumises à l'occupation, moyennant consignation préalable.

Si une même propriété comprend, comme il arrive presque toujours, des terrains bâtis et d'autres qui ne le sont pas, l'administration pourra prendre possession de ces derniers (1).

[L'envoi en possession pour cause d'urgence s'applique à un terrain formant l'avenue par laquelle un bâtiment non atteint par l'expropriation communique avec la voie publique. L'avenue n'étant pas un terrain bâti, si un préjudice résulte de la prise de possession, cette circonstance pourra fournir une cause de réclamation d'indemnité, mais ce serait ajouter à la loi que de créer à raison de ce préjudice un obstacle légal contre la prise de possession. (Cass., 15 juill. 1845; Sir. 45,1.688; Dall.45.1. 314)] — (A).

869. Le Gouvernement avait demandé en 1840 que la déclaration d'urgence pût être faite par un arrêté du préfet, afin qu'elle n'éprouvât aucun retard; mais on a craint que cette facilité de déclarer l'urgence ne rendît la mesure tellement fréquente, que ce qu'on voulait établir comme disposition purement exceptionnelle ne devint bientôt d'un usage habituel. La commission de la Chambre des députés proposa alors de confier la déclaration d'urgence à l'autorité royale, ce qui devait donner la conviction qu'elle ne serait employée que dans des circonstances graves et véritablement exceptionnelles (n° 864). Cependant la commission de la Chambre des pairs craignait encore que la latitude indéfinie laissée à l'administration de déclarer l'urgence ne donnât lieu à quelques abus.

« La commission a craint, disait son rapporteur, que, grâce aux termes généraux dans lesquels était conçu l'art. 65, grâce

---

(1) Voir Dalloz, v° *Expropriation*, n° 762.
Additions.
(A) Les parcs et jardins d'une maison d'habitation ne sont pas réputés terrains bâtis, et la prise de possession d'urgence, moyennant consignation préalable de la somme fixée par le tribunal, peut être autorisée. Trib. civ. Seine, 4 fév. 1855 (*Gaz. trib.*, 12 fév. 65).

au vague de la rédaction, l'application de la loi de 1833 ne devînt peu à peu, par le cours du temps et la pente naturelle des choses, l'exception, et l'application du titre VII, la règle ; qu'à la longue, l'usage ne s'établît d'accompagner invariablement l'ordonnance autorisant l'ouverture des travaux de cette formule si simple : *attendu l'urgence*, etc. En pareille matière, l'abus est en effet si naturel, si tentant, on dirait volontiers si honnête, qu'il est fort à redouter. De quoi s'agit-il? de vaincre l'aveugle obstination de quelques individus sans leur causer préjudice, de déjouer quelquefois des spéculations coupables. Un travail entrepris n'est jamais terminé trop tôt. L'entraînement des esprits, l'impatience des populations poussant, secondant l'action administrative, il serait bien difficile d'y résister. C'est là le danger ; quel est le moyen de le prévenir ? Nous vous proposons de dire que l'ordonnance sera rendue dans des circonstances exceptionnelles et spéciales ; que cette ordonnance sera motivée sur la nature des travaux entrepris, sur les obstacles qu'ils rencontrent, et sur la nécessité de les terminer sans délai. Sous cette réserve, la majorité de la commission adhère au projet de loi » (*Monit.*, 20 avril 1841, p. 1044).

Evidemment ces restrictions n'auraient par suffi pour empêcher les abus que la commission redoutait, puisque, dans l'un et dans l'autre système, c'était toujours à l'administration qu'il appartenait de décider s'il y avait lieu ou non à déclarer l'urgence. En conséquence l'article fut voté tel qu'il avait été rédigé par la Chambre des députés.

La loi n'exige pas que l'ordonnance déclarative de l'urgence désigne spécialement chacun des terrains dont l'occupation immédiate est reconnue nécessaire ; mais il faut cependant qu'ils y soient indiqués avec assez de précision pour qu'au moment où l'ordonnance sera présentée au tribunal, il ne puisse s'élever aucun doute raisonnable sur le point de savoir quelles sont les propriétés dont il est urgent de prendre possession (1).

870. L'ordonnance destinée à constater l'urgence de la prise de possession peut être rendue aussitôt que l'administration en reconnaît la nécessité (2), mais il ne peut en être fait usage

---

(1) [Voir, à titre d'exemple, l'ordonnance du 16 juin 1846, qui prescrit l'envoi en possession immédiat, pour cause d'urgence, des terrains nécessaires aux travaux à exécuter à Port-Vendres.]

(2) [Un amendement tendant à ajouter dans l'art. 63, après le mot *expropriation*, les mots *soit avant, soit après le jugement qui l'aura prononcée*, a été écarté comme inutile. « J'ai eu l'honneur de dire

qu'après le jugement d'expropriation. « L'urgence, a dit M. Teste, ministre des travaux publics, en rapportant le projet à la Chambre des pairs, sera déclarée par une ordonnance du roi *qui pourra intervenir à toute époque*, mais qui ne recevra son exécution qu'après le jugement d'expropriation » (n° 864).

La commission de la Chambre des pairs proposa un système contraire qui fut repoussé par le Gouvernement. « La commission, disait M. Legrand, commissaire du roi, tout en admettant le principe, en modifie l'application de manière à la rendre presque toujours illusoire. Elle veut que nous ne provoquions l'ordonnance déclarative de l'urgence qu'après avoir passé par tous les délais nécessaires pour arriver au jugement d'expropriation. Evidemment, messieurs, c'est tout à la fois nous concéder la loi et l'annuler dans nos mains ; c'est supposer, d'ailleurs, que la déclaration d'urgence sera toujours prise en vue de telle personne connue, désignée, tandis que nous pouvons souvent la provoquer dans la vue seule des travaux, d'après l'appréciation de leur nature et de leur degré d'urgence. Vous concevez qu'ainsi envisagée, la loi n'a rien d'hostile vis-à-vis de tel ou tel propriétaire ; elle présume que des retards peuvent être occasionnés, que des résistances peuvent être élevées ; mais on ne sait pas encore de quel côté, sur quel point, ces retards et ces résistances se manifesteront. En un mot, la déclaration d'urgence est un acte de pure prévoyance, et non plus un acte d'hostilité ou de représailles. Nous tenons beaucoup à ce que la loi conserve ce caractère. Elle le perdrait par l'amendement de la commission.

« Voyez ce qui se passera dans la pratique. Se trouve-t-on dans le cas d'exécuter un travail dont l'urgence sera incontestable : en même temps que nous procéderons à l'accomplissement des formalités qui doivent précéder le jugement d'expropriation, nous nous occuperons de provoquer l'ordonnance royale déclarative de l'urgence; les deux instructions seront parallèles, les délais ne s'ajouteront pas, et si l'ordonnance royale intervient avant le jugement d'expropriation, il est entendu, il est stipulé, il est écrit dans la loi qu'on n'en fera usage qu'après

---

tout à l'heure à la Chambre, a répondu le rapporteur, que l'ordonnance qui déclarera l'urgence sera rendue en vue des travaux à faire, et qu'*elle pourra être prise depuis le moment où l'utilité publique des travaux aura été déclarée, jusqu'au moment où l'expropriation sera prononcée et même après le jugement d'expropriation* ; mais elle ne pourra être ramenée à l'exécution, comme la Chambre le voit dans l'art. 66, qu'après le jugement d'expropriation. »]

que le jugement d'expropriation aura été rendu. La commission, au contraire, voudrait que les deux instructions ne fussent jamais simultanées, que l'une vînt toujours après l'autre. C'est peut-être ce qui aura lieu quelquefois; mais rendre toujours obligatoire cette succession des deux instructions, c'est nous exposer à perdre un temps précieux, et souvent à manquer le but » (*Monit.*, 23 avril 1841, p. 1108).

« Quelle nécessité, disait M. Teste, ministre des travaux publics, quelle nécessité y a-t-il d'établir un ordre successif? et pourquoi ne pas faire marcher parallèlement toutes les formalités avec la déclaration d'urgence?... Quand un travail est bien conçu, bien étudié, quand on sait qu'on doit rencontrer quelques obstacles, qu'il y aura des constructions hydrauliques, l'urgence est immédiatement signalée, une ordonnance royale est immédiatement proposée » (*Ibid.*, p. 1110).

[La déclaration d'urgence n'a d'autre effet que d'autoriser l'État à se mettre en possession avant le règlement de l'indemnité; elle ne le dispense pas d'accomplir toutes les formalités qui doivent précéder le jugement d'expropriation. En conséquence doit être annulé le jugement d'expropriation qui, en cas de déclaration d'urgence, a été prononcé, sans que l'exproprié ait été mis en état de fournir ses contredits conformément à l'art. 2 de la loi du 3 mai 1841 : « Attendu qu'aux termes de cet article, dit l'arrêt de cassation du 28 juin 1853, les tribunaux ne peuvent prononcer l'expropriation pour cause d'utilité publique, qu'autant que les parties ont été mises en état de fournir leurs contredits, selon les règles exprimées au titre 2 de la même loi; — Attendu que la déclaration d'urgence a pour but de donner à l'État la faculté de se mettre, avant le règlement définitif de l'indemnité, en possession des terrains dont l'expropriation a été prononcée, mais qu'elle ne dispense nullement de l'observation des formalités qui doivent précéder le jugement d'expropriation; — Attendu qu'il résulte d'un certificat délivré par le sous-préfet de l'arrondissement de Gannat, avec l'autorisation du préfet de l'Allier, que « depuis le décret qui modifie le tracé du chemin de fer du Centre et laisse de côté la ville de Saint-Pourçain, il n'a été procédé à aucune enquête, aucun plan n'a été déposé dans les mairies, aucun registre n'y a été ouvert, aucune commission n'a été formée et n'a fonctionné; — Que, dans ces circonstances, et en déclarant Aufauvre exproprié pour cause d'utilité publique, lorsque les formalités susénoncées n'avaient pas été observées, le jugement attaqué a formellement violé l'art. 2 de la loi du 3 mai 1841, et commis un excès de pouvoir; — Cassé » (Dall. 1853.1.285 ; Sir. 1853.1.737).]

871. L'obligation de ne faire usage de l'ordonnance déclarative de l'urgence qu'après le jugement d'expropriation résulte de l'art. 66 de la loi qui veut que ce jugement soit notifié avec l'ordonnance aux propriétaires et aux autres détenteurs. Cet article porte : « En ce cas, après le jugement d'expropriation, « l'ordonnance qui déclare l'urgence et le jugement seront no-« tifiés, conformément à l'art. 15, aux propriétaires et déten-« teurs, avec assignation devant le tribunal civil. L'assignation « sera donnée à trois jours au moins, elle énoncera la somme « offerte par l'administration. »

Le législateur a voulu que la prise de possession ne pût avoir lieu qu'après le jugement d'expropriation, parce que ce jugement seul peut constater si les propriétés que l'administration désire occuper doivent réellement entrer dans le domaine public. Ce jugement a même pour effet de les y incorporer immédiatement (n° 367), et la possession n'en est laissée aux anciens propriétaires que comme gage et garantie du paiement de l'indemnité (n° 370). En substituant à cette garantie celle qui résulte de la consignation d'une somme d'argent, on n'aggrave réellement pas la position de ces propriétaires. Le jugement d'expropriation doit être transcrit, publié, etc.; mais l'accomplissement de ces formalités subséquentes est chose indifférente pour l'envoi en possession. Dès l'instant où le jugement existe, on peut s'occuper de suite des mesures qui doivent légaliser cette prise de possession.

Si le jugement d'expropriation venait à être cassé sur le pourvoi d'un des propriétaires, la condition essentielle de l'envoi en possession pour cause d'urgence ne se trouverait plus remplie, et le détenteur pourrait se refuser à cette prise de possession, si elle n'avait pas encore eu lieu, et à la continuation des travaux, s'ils avaient été commencés. (Arg. de l'art. 74) (1)—(A).

---

(1) [Voir Dalloz, v° *Expropriation*, n° 765 ; Dufour, *Traité de droit administratif*, t. 5, n° 534.]

Additions.

(A) Un propriétaire exproprié pour utilité publique n'est point recevable à se pourvoir devant le Conseil d'Etat statuant au contentieux, contre le décret impérial qui a déclaré d'urgence la prise de possession de son terrain, en se fondant sur ce que, suivant l'art. 66 de la loi du 3 mai 1841, le décret qui déclare d'urgence la prise de possession doit précéder le ju-

872. La fixation de la somme à consigner préalablement à la prise de possession doit être faite par le tribunal de l'arrondissement (art. 68), et il a paru juste d'appeler les intéressés devant ce tribunal pour s'expliquer sur le montant de la somme dont ils désiraient la consignation. L'assignation est donnée à trois jours au moins. Ce délai a paru suffisant, parce que les assignés n'ont pas besoin d'être prévenus longtemps à l'avance, puisqu'ils n'ont qu'à déclarer la somme dont ils réclament la consignation. Les trois jours doivent être francs, c'est-à-dire que l'on ne doit compter ni le jour de l'assignation ni celui de l'échéance; les mots *au moins* ne permettent pas de doute à cet égard.

L'assignation doit être donnée *aux propriétaires et aux détenteurs*, c'est-à-dire à ceux qui ont intérêt à s'opposer à la prise de possession, si l'administration ne se trouve pas, à leur égard, dans les cas où cette prise de possession est permise. La loi a nécessairement voulu parler des propriétaires portés à la matrice des rôles, parce que l'administration ne peut connaître que ceux-là (n° 323). Comme la somme consignée sera un gage commun à tous les indemnitaires qui auront des réclamations à former, ceux qui comparaissent défendent naturellement les intérêts des absents, et réclament la consignation d'une somme suffisante pour assurer le remboursement de toutes les indemnités qui pourront être allouées pour l'immeuble dont ils sont propriétaires ou détenteurs. C'est pourquoi la loi n'oblige pas à assigner tous les intéressés (*Form.*, n° LXXIX).

Comme la prise de possession ne peut s'appliquer aux terrains bâtis (n° 868), il ne doit pas être fait d'offres pour ces terrains.

873. L'assignation doit énoncer la somme offerte par l'administration. Cette disposition a un tout autre objet que celle de l'art. 23. Dans ce dernier article, il s'agit d'indiquer la somme que l'administration offre de payer pour indemnité (n° 510); dans l'art. 66, il est uniquement question de la somme que l'administration offre de consigner pour garantie du paiement de l'indemnité, qui sera ultérieurement fixée à l'amiable ou par

---

gement qui prononce l'expropriation, quoiqu'il ne puisse être exécuté et signifié qu'après ce jugement, et sur ce que le décret dont il s'agit a été rendu après qu'un jugement avait prononcé l'expropriation. La déclaration d'urgence des travaux et la reconnaissance de son opportunité sont des actes d'administration qui ne peuvent donner lieu à un recours devant le Conseil d'Etat statuant au contentieux. Cons. d'Etat, 8 janv. 1863 (Lebon, Rec., 1863, p. 9).

le jury. Cela résulte clairement de l'art. 67, qui veut que les propriétaires et détenteurs déclarent devant le tribunal, non la somme qu'ils réclament pour indemnité, mais *la somme dont ils demandent la consignation avant l'envoi en possession* (n° 864). Ces offres et ces demandes sont donc tout à fait distinctes de celles dont parlent les art. 23 et 24. Il est possible que l'administration n'ait pas encore eu le temps de vérifier quelle est précisément l'indemnité qui pourra être due à chacun des expropriés, et il est alors naturel que, pour rassurer entièrement ces derniers, elle offre de consigner une somme supérieure à celle qui leur sera probablement allouée, soit par un traité amiable, soit par le jury.

Dans le cas de l'art. 23, l'administration doit diviser ses offres, et indiquer ce qu'elle consent à allouer pour indemnité au propriétaire et à chacun des intéressés qui ont été désignés ou sont intervenus dans le délai fixé par l'art. 21 (n° 414). Dans le cas de l'art. 66, l'administration indique en masse ce qu'elle croit devoir consigner pour désintéresser tous les ayants droit connus ou non encore connus dans une même propriété.

Le préfet doit prendre un arrêté pour fixer les sommes dont on offrira la consignation (*Form.*, n° LXXVIII); car il s'agit de faire sortir, au moins provisoirement, des fonds du Trésor, et lui seul peut autoriser la sortie de ces fonds; lui seul peut donc aussi autoriser la proposition de les en faire sortir, si le propriétaire accepte l'offre qui lui est faite.

Ces offres ne doivent pas être publiées ni affichées : ces formalités ne sont exigées que pour les offres dont il est fait mention dans l'art. 23, et qui auront lieu ultérieurement (n° 887).

874. L'administration doit, avec l'assignation, notifier l'ordonnance qui déclare l'urgence, ainsi que le jugement d'expropriation (art. 66), et par conséquent donner copie de ces deux pièces. Si ce jugement avait déjà été notifié, une nouvelle signification n'aurait aucune utilité. On pourrait cependant rappeler dans l'assignation la date de ce jugement et de sa signification, afin que les assignés ne pussent douter que les formalités prescrites par la loi ont été exactement remplies.

875. D'après l'art. 66 de la loi, l'assignation et la notification doivent avoir lieu conformément à l'art. 15 de cette même loi. On a voulu exprimer par là que l'exploit serait notifié aux domiciles élus dans l'arrondissement de la situation des biens, et que, dans le cas où cette élection de domicile n'aurait pas eu lieu, la signification serait faite en double copie au maire et au

fermier, locataire, gardien ou régisseur de la propriété. Cependant la locution employée par l'art. 66 manque de précision, car l'art. 15 contient un premier paragraphe que l'on n'a certes pas eu l'intention d'appliquer à cette assignation, et dans lequel il est dit que le jugement est publié, affiché et inséré dans les journaux. Mais ces dernières formalités n'ont pour objet que d'arriver à connaître les tiers intéressés (Voir n°s 391 et suivants), ce qui est inutile dans la circonstance dont nous nous occupons, puisque l'administration ne doit faire de signification qu'aux propriétaires et aux détenteurs (n° 872).

876. Au jour fixé par l'assignation, le propriétaire et les détenteurs sont tenus de déclarer *la somme dont ils demandent la consignation avant l'envoi en possession* (art. 67). Ce n'est que plus tard, et en exécution de l'art. 24 de la loi, qu'ils auront à déclarer la somme qu'ils veulent recevoir pour indemnité. Faute par eux de *comparaître*, dit l'art. 67, il sera procédé en leur absence, et l'art. 71 ajoute que le jugement ne peut être attaqué par opposition ni par appel.

[Conformément à ce qui a été décidé au sujet de la *requête* dont parle le § 1er de l'art. 13 (n° 694), nous pensons que cette *comparution* devant le tribunal doit avoir lieu, aux termes de l'art. 67 du C. de pr., par le ministère d'un avoué (Voir également l'art. 14).

877. « On avait proposé, a dit M. Dufaure, d'adopter pour la consignation une base fixe qu'aurait fournie l'impôt; un autre système, présenté par voie d'amendement à la Chambre des pairs, consistait à faire consigner la somme demandée par le propriétaire, quelque élevée qu'elle pût être. Votre commission ne s'est arrêtée ni à l'un ni à l'autre de ces deux systèmes: d'une part la base fournie par l'impôt manquerait souvent d'exactitude; d'un autre côté la somme réclamée par un propriétaire malveillant pourrait être tellement exagérée, qu'il fût impossible de consentir à en opérer la consignation, et alors la faculté de la prise de possession préalable deviendrait illusoire; la loi serait à la merci des prétentions les plus blâmables » (*Monit.*, 20 juin 1840, suppl. B).

Le tribunal ne doit pas perdre de vue qu'il a uniquement à fixer la somme que l'administration devra *consigner* pour assurer le paiement ultérieur de l'indemnité qui sera allouée pour chaque propriété. Il ne doit donc pas chercher à arriver à une appréciation provisoire de l'indemnité, parce que cette évaluation, faite en l'absence de tout document positif, pourrait cependant exercer quelque influence sur l'esprit des jurés qui auront plus tard à régler les indemnités (*Form.*, n° LXXX).

Un tribunal a admis que, dans la fixation des sommes à consigner, on devait considérer que, en dehors de la consignation, les expropriés rencontreraient des sûretés dans la valeur de la concession accordée à la compagnie qui expropriait, dans la réalisation du fonds social, dans les travaux que l'on exécuterait sur les terrains expropriés, et dans la solvabilité personnelle des administrateurs de la compagnie (*Gaz. des Trib.*, 19 avril 1845). Nous croyons qu'en admettant de telles considérations, on s'écarterait tout à fait du vœu du législateur. Si l'urgence des circonstances s'oppose à ce que l'indemnité soit préalable à la dépossession et au règlement par le jury, au moins faut-il qu'elle soit payée aussitôt qu'elle aura été réglée. Il faut donc que l'exproprié trouve à la caisse des consignations des deniers suffisants pour se faire solder de tout ce que le jury lui aura alloué. Sans cela il serait, pour son paiement, à la merci de la compagnie concessionnaire : car on ne saurait présenter comme une valeur réalisable, et sur laquelle il puisse poursuivre son remboursement immédiat, ni la concession accordée, ni le fonds social, ni les terrains employés aux travaux. La somme consignée doit être suffisante pour solder toutes les indemnités principales ou accessoires que le jury pourra allouer aux expropriés et aux autres intéressés.

On aurait levé bien des difficultés si l'on avait pu mettre dans la loi que l'administration consignerait toujours la somme indiquée par les indemnitaires. Mais rien ne s'opposait à ce qu'un indemnitaire exigeât la consignation d'un million pour un terrain valant mille francs ; et il eût par là paralysé l'exercice de la prise de possession préalable. Il est probable cependant que, sauf les cas où la demande du propriétaire sera évidemment exagérée, le tribunal, afin de ne rien préjuger pour l'avenir, ordonnera souvent la consignation de la somme demandée par le propriétaire. Cette mesure simplifie et abrége la mission donnée au tribunal.

L'art. 68 charge le tribunal de fixer *la somme à consigner*, ce qui permettrait de soutenir que le tribunal ne doit fixer qu'une seule somme, que l'administration devra consigner dans l'intérêt de tous les propriétaires et autres ayants droit dans les divers terrains dont elle poursuit la prise de possession. Ce mode offrirait dans l'exécution de graves inconvénients, tant pour les propriétaires que pour l'administration. L'art. 67 veut que les propriétaires fassent connaître *la somme dont ils demandent la consignation ;* mais chacun d'eux ne peut évidemment stipuler que pour lui-même. Il peut apprécier la valeur de sa propriété ; mais, s'il fallait en outre qu'il vérifiât si la somme offerte suffira pour indemniser également les ayants droit sur toutes les propriétés que l'administration veut occuper, le délai de trois jours ne suffirait point pour un pareil travail. Les propriétaires ne trouveraient jamais que la somme offerte est suffisante. La somme consignée est toujours supérieure à celle qui est due réellement ; or, si les consignations sont distinctes, quand l'administration parvient à traiter pour une propriété, elle retire de la caisse des consignations la somme qui excède celle qu'elle a allouée à ce propriétaire. Si, au contraire, une seule consignation était faite pour tous les terrains, on ne pourrait rien retirer de la caisse des consignations qu'après avoir réglé la totalité des indemnités.

878. Le jugement qui fixe la somme à consigner n'a pas besoin d'être signifié pour être mis à exécution, car l'art. 74 dit qu'il est exécutoire par provision ; mais il est ordinairement signifié avec le procès-verbal de consignation, en tête de l'assignation donnée à comparaître devant le président, pour voir ordonner la mise en possession de l'administration (*Form.*, n° LXXXII).

879. L'art. 68 de la loi porte : « Le tribunal fixe le montant
« de la somme à consigner. — Le tribunal peut se transporter
« sur les lieux ou commettre un juge pour visiter les terrains,
« recueillir tous les renseignements propres à en déterminer la
« valeur, et en dresser, s'il y a lieu, un procès-verbal descriptif.
« Cette opération devra être terminée dans les cinq jours à dater
« du jugement qui l'aura ordonnée. — Dans les trois jours de
« la remise de ce procès-verbal au greffe, le tribunal déterminera
« la somme à consigner. »

Le délai pour comparaître étant très-court (art. 66), il arrivera souvent que les indemnitaires ne feront pas connaître la somme dont ils exigent la consignation. Le tribunal devra faire cette évaluation d'office, et c'est alors surtout qu'il aura besoin de prendre des renseignements avant de statuer. Il pourra ou se transporter sur les lieux, ou déléguer cette mission à l'un de ses membres. Comme le tribunal n'a pas besoin de spécifier les documents sur lesquels il s'est basé pour l'évaluation de la somme à consigner, le juge-commissaire pourra ne pas dresser de procès-verbal de sa descente sur les lieux. Souvent même le temps lui manquerait pour cela. L'art. 68 se borne à dire qu'on dressera, *s'il y a lieu, un procès-verbal descriptif*. C'est donc pour la description des lieux qu'un procès-verbal peut être rédigé.

En effet, bien que l'envoi en possession ait été restreint aux terrains non bâtis (art. 65), il sera cependant quelquefois nécessaire de constater certaines circonstances qui devront avoir de l'influence sur l'évaluation de l'indemnité définitive. Ce n'est presque jamais une propriété entière qui est occupée par les travaux : c'est une parcelle plus ou moins forte qu'il s'agit d'en détacher; l'aspect et la destination des parcelles restantes ne se modifiant pas, elles suffisent pour fournir les éléments d'une évaluation raisonnée. Mais lorsque les terrains sont pris en totalité, lorsqu'ils présentent quelque circonstance particulière, lorsqu'il y existe des clôtures, des plantations importantes, etc., il peut être utile, nécessaire même, de constater l'état des lieux, dans un procès-verbal que le tribunal dressera par lui-même ou par un juge-commissaire. Cette opération devra toujours être terminée dans les cinq jours à compter du jugement qui l'aura ordonnée; et, dans les trois jours de la remise de ce procès-verbal au greffe, le tribunal fixera le montant de la somme à consigner. Il rendra, en ce cas, deux jugements, l'un préparatoire, ordonnant un transport ou la visite des lieux, l'autre fixant la somme à consigner. Ces jugements sont exécutoires sur minute (art. 71). On pourrait, par un même jugement, fixer la somme à consigner pour quelques propriétés, et ordonner une mesure préparatoire avant de statuer à l'égard des autres.

Si l'on a suivi pour l'évaluation des indemnités le mode que nous indiquons dans la formule n° XV (Voir ci-après), la production du procès-verbal dressé par l'appréciateur et des documents par lui recueillis pourra dispenser de toute opération préparatoire, ou au moins abréger le travail du juge commis pour la visite et la description des lieux.

Quoique le magistrat directeur du jury soit déjà nommé, on n'a pas exigé que la visite des lieux fût faite par lui. Il peut être absent ou empêché, et, cette opération étant très-urgente, le tribunal la confiera à un magistrat qui sera à même d'y procéder sans aucun retard.

880. Il peut s'élever devant le tribunal quelques questions préjudicielles assez graves. Ainsi, le propriétaire d'une habitation avec cour et jardin prétend que la prise de possession ne peut s'appliquer à aucune partie de cette propriété, tandis que l'administration veut prendre possession de tout le terrain qui

n'est pas couvert de bâtiments (n° 868); un autre soutient que telle partie de sa propriété dont l'administration veut prendre possession n'est pas comprise dans le jugement d'expropriation qu'on lui oppose; un troisième allègue que le décret impérial qui sert de base à la poursuite a été rendu pour des propriétés autres que celles auxquelles l'administration ou la compagnie concessionnaire veut l'appliquer, etc. Ces objections, et beaucoup d'autres qui peuvent être élevées, mais principalement celle qui consiste à soutenir que la propriété est couverte de constructions de nature à la soustraire aux effets d'un décret déclaratif d'urgence, mettent en doute le droit de l'administration à la prise de possession; il faut donc qu'elles soient résolues en faveur de l'administration, pour que le tribunal puisse fixer la somme à consigner; dès lors elles forment de véritables questions préjudicielles que le tribunal devra résoudre avant de fixer le montant de la consignation, mais sur lesquelles il devra statuer par le même jugement.

[Il ne faut pas perdre de vue d'ailleurs que les juges ne peuvent étendre aux dépendances même les plus nécessaires des propriétés bâties le privilége strictement limité à celle-ci (n° 868. — Voir Dufour, *Droit administratif*, t. 5, n° 537).]

S'il se présente pour réclamer la consignation d'une indemnité une partie à laquelle l'administration n'a fait aucune notification, et à laquelle elle ne veuille pas reconnaître le droit d'intervenir dans l'instance, cet incident ne constituera pas une question préjudicielle sur laquelle le tribunal ait besoin de statuer. Le jugement à intervenir ne jugera ni ne préjugera rien sur la prétention du réclamant. On pourra faire mention dans ce jugement des prétentions et des réserves respectives, mais cela n'est pas même nécessaire — (A).

881. La consignation de la somme indiquée par le tribunal étant la condition indispensable de la prise de possession, l'administration doit se hâter de remplir cette formalité. Mais l'art. 69 de la loi exige que la consignation comprenne, outre le prin-

---

Additions.

(A) L'autorité judiciaire, appelée en matière d'expropriation d'urgence à ordonner la prise de possession immédiate des terrains soumis à l'expropriation, est investie du droit d'examiner si les propriétés comprises dans le décret d'urgence sont réellement des terrains non bâtis, les seuls à l'égard desquels cette mesure soit autorisée par la loi. Les juges ne peuvent donc, sans méconnaître les règles de leur compétence, refuser de statuer sur cette question préjudicielle, sous prétexte qu'elle aurait été résolue par le décret déclaratif d'urgence. Cass., 29 août 1864 (S. 64.1.445).

cipal, la somme nécessaire pour assurer, pendant deux ans, le paiement des intérêts à 5 pour 100, et ces intérêts devraient être consignés quand même le jugement n'en ferait pas mention. Lors donc qu'en vertu de l'art. 68 de la loi du 3 mai 1841, le tribunal a déterminé la quotité de la somme à consigner, le préfet prend un arrêté pour prescrire le versement de cette somme à la caisse des dépôts et consignations, en y ajoutant deux années d'intérêts à 5 pour 100 (*Règl. compt. trav. publ.*, 16 septembre 1843, art. 114, et *Form.*, n° LXXXI). La somme consignée est portée dans la comptabilité de la caisse des dépôts et consignations à un compte *spécial* qui n'est pas productif d'intérêts, attendu que les intérêts du capital de l'indemnité sont à la charge du Trésor jusqu'au règlement définitif de cette indemnité, et doivent être l'objet d'un règlement ultérieur. — Le compte spécial est ouvert en masse au nom du Trésor, *avec développement des sommes par indemnitaire* (*Ibid.*, art. 115). Cette dernière indication du règlement a eu pour but de faire remarquer que la consignation ne devait pas être faite en une seule somme ; mais on se fût peut-être exprimé plus exactement en disant qu'il y aurait indication des sommes *par immeuble*, puisque le tribunal doit fixer la somme à consigner pour chaque immeuble, sans indication des divers indemnitaires qui pourront y prendre part, et qui n'ont pas toujours été mis en demeure de se faire connaître (1).

---

(1) *Règlement du 16 septembre 1843.*
Art. 113. Le paiement des indemnités dues à des propriétaires expropriés pour cause d'urgence, en vertu du titre VII de la loi du 3 mai 1841, s'effectue par voie de consignation.

114. Lorsque le tribunal a déterminé la quotité de la somme à consigner, le préfet prend un arrêté pour prescrire le versement de cette somme à la caisse des dépôts et consignations, en y ajoutant deux années d'intérêts à 5 pour 100. Cet arrêté est produit en double expédition au payeur, qui conserve une expédition et remet l'autre au préposé de la caisse, en faisant sa déclaration de versement.

115. La somme consignée est portée dans la comptabilité de la caisse des dépôts et consignations à un compte spécial, qui n'est pas productif d'intérêts, attendu que les intérêts du capital de l'indemnité sont à la charge du Trésor jusqu'au règlement définitif de cette indemnité, et doivent être l'objet d'une liquidation ultérieure.

Le compte spécial est ouvert en masse au Trésor, avec développement des sommes par indemnitaire.

116. Lors du règlement définitif de l'indemnité, soit à l'amiable, soit par décision du jury, le préfet prend un arrêté de liquidation qui établit le décompte des intérêts depuis le jour de la prise de possession. L'arrêté est produit immédiatement en double expédition au payeur, avec les autres pièces concernant la liquidation qui sont indiquées dans la nomenclature.

117. Si la somme à payer est inférieure à la somme consignée, le préfet, en prenant son arrêté de liquidation, délivre un ordre de reversement, prescrivant à la

CHAP. XII. — ENVOI EN POSSESSION

882. L'administration fait alors donner aux propriétaires et détenteurs une nouvelle assignation à deux jours de délai au moins, pour comparaître devant le président du tribunal, qui, sur le vu du procès-verbal de consignation, ordonne la prise de possession (art. 70).

Cette ordonnance est exécutoire sur minute (art. 71).

La nouvelle assignation sera donnée de la manière indiquée au § 2 de l'art. 13, car le § 3 de ce même article applique ce mode à toutes les notifications prescrites par la loi du 3 mai 1841 (Voir *Form.*, n° LXXXII).

Le président taxe les dépens qui sont supportés par l'administration (art. 72).

883. Le jugement rendu par le tribunal en vertu de l'art. 68, et l'ordonnance émise par le président en vertu de l'art. 70, ne peuvent être attaqués par opposition ni par appel. La commission de la Chambre des députés avait d'abord proposé de déclarer que le jugement et l'ordonnance ne pourraient même pas être l'objet d'un *pourvoi en cassation*. Mais M. Dufaure, rapporteur, fit ensuite remarquer que l'on devait retrancher ces derniers mots, parce qu'il serait trop grave, comme l'avait fait observer M. Renouard, de déclarer qu'un jugement, et même une ordonnance du président, ne seraient pas susceptibles de cassation. Comme le pourvoi n'est jamais suspensif, ajoutait-il,

---

caisse des dépôts et consignations d'effectuer le rétablissement, dans les caisses du Trésor, de l'excédant de consignation. Il retire de l'agent de la recette deux déclarations constatant le reversement ; l'une de ces déclarations est remise au payeur pour servir de complément de justification à son paiement primitif, l'autre est transmise au ministère des travaux publics.

Le payeur remet une expédition de l'arrêté de la liquidation au préposé de la caisse en faisant sa déclaration.

La caisse des dépôts et consignations fait immédiatement passer le reste de la somme primitivement consignée du compte spécial, où elle avait été portée, au compte ordinaire des consignations.

448. Si une somme à payer est égale à la somme consignée, le payeur remet une expédition de l'arrêté de liquidation au préposé de la caisse des dépôts et consignations, en faisant sa déclaration.

La caisse des dépôts et consignations fait immédiatement passer la somme primitivement consignée du compte spécial, où elle avait été portée, au compte ordinaire des consignations.

449. Si la somme à payer, tant en principal qu'en intérêts, est supérieure à la somme consignée, le préfet délivre un mandat pour parfait paiement, et son arrêté de liquidation ordonne la consignation du montant de ce mandat.

Le payeur remet une expédition de l'arrêté de liquidation au préposé de la caisse en faisant sa déclaration.

La caisse des dépôts et consignations reçoit cette nouvelle somme au profit de l'ayant droit, et fait immédiatement passer la somme primitivement consignée, du compte spécial, où elle avait été portée, au compte ordinaire des consignations. (*Annales des ponts et chaussées*, 1843, p. 340.)

il n'y a aucun inconvénient à le permettre (*Mon.*, 10 mars 1811, p. 603).

Ce pourvoi devra-t-il être formé par le ministère d'un avocat près la Cour de cassation et dans la forme indiquée par le règlement de 1738, ou pourra-t-on l'introduire par déclaration au greffe du tribunal dont la décision est attaquée, conformément aux art. 20 et 42 de la loi du 3 mai 1841 ? Il est présumable que l'intention des rédacteurs de la loi était de rendre ce dernier mode applicable ; mais la loi ne s'explique pas à cet égard, et ne parle même pas du pourvoi contre ces deux décisions.

[Toutefois, nous sommes amené par l'analogie, dit M. Dufour (1), à dire que c'est au greffe du tribunal qui a statué, et selon le mode réglé par les art. 20 et 42 de la loi de 1841, que le pourvoi doit être formé.

Le délai pour le pourvoi sera-t-il de trois mois, selon le droit commun ; de trois jours, conformément à l'art. 20 de la loi du 3 mai, ou de quinze jours, par analogie de l'art. 42 ?

C'est en ce dernier sens que s'est prononcée, du moins implicitement, la Cour de cassation. Dans l'affaire Ménassier, jugée le 15 juillet 1845 (Sir., 45.1.688), il a été statué sur un pourvoi formé le 5 mai contre un jugement du 19 avril précédent, c'est-à-dire à l'extrême limite du délai de *quinze jours francs* accordés par la jurisprudence (Voir un arrêt du 11 janvier 1836 cité au t. 1er, n° 648).]

Il est probable que le pourvoi serait admis pour toutes les causes consacrées par la législation générale ; et, d'après ce que nous avons dit n°s 226 et suiv., il est difficile qu'il en soit autrement — (A).

884. Quand la prise de possession a eu lieu, le principal intérêt de l'administration, celui de l'exécution des travaux, se trouve satisfait ; mais cette position n'est en quelque sorte que transitoire, et il faut arriver au règlement définitif de l'indemnité. En conséquence, l'art. 73 de la loi porte « qu'après la prise de « possession, il sera, *à la poursuite de la partie la plus diligente*, « procédé à la fixation définitive de l'indemnité, en exécution

---

(1) *Traité général de droit administratif*, v, p. 539.

Additions.

(A) Est susceptible de recours en cassation le jugement qui, au cas d'expropriation d'urgence, statue sur une question préjudicielle à la prise de possession, notamment sur celle de savoir si le terrain dont la prise de possession a été autorisée, est ou non un terrain bâti. Cass., 29 août 1864 (S. 64.1.445).

« du titre IV de la loi. » Ainsi, le règlement de l'indemnité peut être poursuivi, soit par l'administration, de la manière indiquée nos 466, soit par les indemnitaires eux-mêmes, ainsi que nous l'expliquons nos 902 et suivants.

Le législateur renvoie pour la fixation définitive de l'indemnité au titre IV de la loi ; mais les art. 21 et 23 supposent l'accomplissement des formalités prescrites par les art. 15 et 16, de manière qu'avant de procéder aux formalités du titre IV, il faut accomplir celles des art. 15 et 16, si, ce qui arrivera sans doute rarement, elles n'ont pas été remplies pendant la procédure relative à l'occupation pour cause d'urgence.

L'indemnité définitive pourrait d'ailleurs être réglée à l'amiable, comme s'il n'y avait pas eu d'envoi en possession pour cause d'urgence.

[A défaut de règlement amiable, il sera statué par le jury. Il a été jugé, pour ce cas, « que ni les art. 11 et 12 de la loi du 3 mai 1841, ni aucune autre disposition de loi, ne prescrivent à peine de nullité, lorsque une indemnité approximative et provisionnelle a été accordée conformément à la loi du 30 mars 1831, et lorsque ensuite l'indemnité définitive se règle conformément à la loi de 1841, de mettre sous les yeux du jury le rapport d'expert qui a servi à la fixation de l'indemnité provisionnelle, et qui en a indiqué les éléments d'après la valeur, soit de la propriété, soit des produits et revenus » (Cass., 8 novembre 1843; Dall.44.1.29).]

885. Lorsque l'indemnité définitive sera réglée par le jury, le magistrat directeur devra, conformément à l'art. 41, déclarer la décision du jury exécutoire (n° 620), et statuer sur les dépens (n° 629); mais il n'aura pas à prononcer l'envoi en possession de l'administration, puisque cette mesure aura déjà été ordonnée en vertu de l'art. 70 (n° 882). Si l'indemnité fixée par le jury est inférieure à la somme consignée pour garantie du paiement de l'indemnité, le magistrat directeur devra ordonner qu'après le paiement, l'excédant sera remboursé à l'administration, car la consignation n'aura plus alors d'objet.

886. Si, au contraire, le jury fixe l'indemnité à une somme supérieure à celle qui a été déterminée par le tribunal, l'administration est tenue de consigner le supplément dans la quinzaine de la notification de la décision du jury, et, si cette consignation n'a pas lieu dans ce délai, le propriétaire, dit l'art. 74, *peut s'opposer à la continuation des travaux*. Cela ne veut pas dire que le propriétaire pourra, de son autorité privée par voie de

fait, empêcher les ouvriers de travailler ; on l'autorise seulement à faire ordonner cette suspension par le tribunal, qui devrait, au besoin, prescrire toutes les mesures nécessaires pour assurer la suspension des travaux (n° 830) ; mais il ne pourrait faire détruire les travaux déjà exécutés, parce qu'ils ont eu lieu à une époque où l'administration avait la possession légitime du terrain.

La commission de la Chambre des pairs avait proposé de ne pas autoriser la suspension des travaux reconnus urgents (*Mon.*, 20 avril 1841, p. 1044). « Nous avons pensé, a dit M. le marquis de Cordoue, qu'avant de déclarer l'urgence, on avait reconnu qu'effectivement cette urgence existait. Comment pourrait-on alors déclarer dans l'art. 74 que, dans le cas où le supplément ne serait pas déposé dans la quinzaine, le propriétaire aurait droit de s'opposer à la continuation des travaux ? Cela paraît une contradiction. En effet, si l'urgence a été bien reconnue, bien constatée, pourquoi donner au propriétaire le droit de s'opposer à l'exécution des travaux ? » (*Mon.*, 25 avril 1841, p. 1110). Parce qu'il faut avant tout, répondait-on, assurer au propriétaire le paiement de l'indemnité qui lui est due. En l'autorisant à s'opposer à la continuation de travaux reconnus urgents, on oblige l'administration à lui solder le complément de l'indemnité, et celle-ci ne peut se plaindre d'être astreinte à consigner ou payer ce supplément, puisque l'indemnité préalable est la condition nécessaire de toute expropriation. — La commission retira son amendement (*Ibid.*).

[L'art. 69 ne fait consigner que deux années d'intérêts, parce que le législateur a supposé que, dans ce délai, l'indemnité serait réglée et payée ; mais si, en réalité, elle n'est pas réglée et payée, les intérêts continuent de courir, à 5 pour 100, parce que, d'après l'art. 1652, C. Nap., et d'après l'équité, les intérêts doivent courir jusqu'au jour du paiement (Voir n°s 795 et suiv.) (1).

---

(1) [Nous relatons ici, au sujet des intérêts, un arrêt inédit de la Cour de Paris, qui se rapporte plus directement aux matières traitées dans les n°s 795 et suivants. Cet arrêt, en date du 14 avril 1855, et confirmatif d'un arrêt du 8 avril 1854, est ainsi conçu :

« Attendu qu'aux termes de l'art. 53 de la loi du 3 mai 1841, conforme au principe posé par l'art. 545, C. Nap., les indemnités réglées par le jury d'expropriation doivent être, préalablement à la prise de possession, acquittées entre les mains des ayants droit ; — Que, lorsqu'il y a urgence et consignation d'une indemnité provisoire, l'art. 69 dispose que la consignation doit comprendre, outre le principal, la somme nécessaire pour assu-

La caisse des consignations ne paie pas d'intérêts pendant les soixante jours qui suivent la consignation et ne paie ensuite qu'un intérêt de 3 pour 100. Ces règles doivent s'appliquer au décompte à faire entre le Trésor et le préposé de la caisse des consignations (1). Mais cela est indifférent pour l'in-

---

rer pendant deux ans le paiement des intérêts à 5 pour 100 ; — Qu'il est juste, en effet, que le propriétaire dépossédé ait, en échange de sa propriété, soit l'indemnité qui la représente, soit au moins les fruits que cette indemnité pourrait produire entre ses mains ; — Qu'ainsi, en matière d'expropriation, le seul fait de prise de possession équivaut à la sommation de payer dont parle l'art. 1652, C. Nap., et qui, en matière de vente volontaire, suffit pour faire courir les intérêts du prix ; — Que si l'art. 55 de la loi de 1841 décide que les intérêts courront de plein droit quand l'indemnité n'aura été ni acquittée ni consignée dans les six mois de la décision du jury, il n'en résulte nullement que les intérêts ne soient pas dus à partir de la prise de possession ; — Que cet article, prévoyant le cas dans lequel la partie au profit de laquelle l'expropriation a été prononcée retarderait, par négligence, sa prise de possession, fait courir les intérêts de plein droit, même avant que cette prise de possession ait été effectuée ; — Attendu que si la dame B..., en réclamant la fixation de l'indemnité à laquelle elle avait droit, a conclu devant le jury à ce qu'il fût dit que les intérêts étaient dus depuis le jour où la ville de Paris s'était emparée du sol litigieux, ces conclusions étaient moins pour le jury lui-même, auquel il n'appartenait pas de fixer le point de départ des intérêts, que pour la ville de Paris, à l'égard de laquelle la demanderesse voulait faire constater ses prétentions, dans le but d'écarter à l'avenir toutes fins de non-recevoir ; — Attendu qu'en l'absence d'une décision formelle sur le point de départ des intérêts, on ne peut supposer que le jury, excédant ses pouvoirs, ait compris dans l'indemnité par lui fixée les intérêts qui auraient couru depuis le jour de la dépossession ; — Qu'au contraire il est dit en termes exprès au procès-verbal, dressé e 6 mai 1853, que l'indemnité due à la dame B..., pour la valeur du droit de propriété sur les rues Neuve-de-Chabrol et du Marché-Saint-Laurent, tel qu'il a été défini et consacré par l'arrêt de la Cour d'appel de Paris, du 29 mai 1852, est fixée à la somme de 80,000 francs, ce qui ne peut s'entendre que du capital ; — Qu'il reste donc à déterminer depuis quand sont dus les intérêts de cette indemnité, dont le capital seul a été payé par la ville de Paris dans les six mois de la décision du jury ; — Attendu que si, à la suite du jugement de cette chambre, du 14 août 1846, qui a prononcé l'expropriation pour cause d'utilité publique des terrains nécessaires pour l'établissement du chemin de fer de Strasbourg, la dame de B... a, dès le 12 décembre de la même année, assigné le préfet de la Seine, pour faire comprendre dans le tableau des biens à exproprier le sol destiné aux rues du quartier nouveau qu'elle avait créé, il ne résulte d'aucun document la preuve positive que la ville de Paris se soit effectivement mise en possession de ces terrains avant le 28 juill. 1849, date d'un procès-verbal constatant l'opposition apportée par le préfet de la Seine à ce que la dame B... fît clore sa propriété ; — Que c'est donc seulement à partir de cette époque que ladite dame a droit de réclamer des intérêts ; — Par ces motifs, condamne le préfet de la Seine, comme représentant la ville de Paris, à payer à la dame B... les intérêts à 5 pour 100 des 80,000 francs, montant de l'indemnité fixée par le jury, depuis le 28 juill. 1849 jusqu'au jour du versement de ladite indemnité à la caisse des dépôts et consignations ; — Condamne la ville de Paris aux dépens. »]

(1) [Voir l'art. 115 du règlement général sur la comptabilité du ministère des travaux publics, qui déclare que la somme consignée ne sera pas productive d'intérêts (n° 884).]

demnitaire, la somme consignée ne lui appartenant pas, et n'étant qu'une somme approximative destinée uniquement à lui servir de cautionnement.]

887. Après le règlement définitif de l'indemnité, soit à l'amiable, soit par décision du jury, et pour régulariser la comptabilité de ces opérations, le préfet prend un arrêté de liquidation qui établit le décompte des intérêts depuis le jour de la prise de possession (*Règl. compt. trav. publ.*, 16 *sept.* 1853, art. 116; et *Form.*, n° LXXXIII).

Si la somme à payer en principal et intérêts est inférieure à la somme consignée, le préfet, en prenant son arrêté de liquidation, délivre un ordre de reversement prescrivant à la caisse des dépôts et consignations d'effectuer le rétablissement dans les caisses du Trésor de l'excédant de consignation. La caisse des dépôts et consignations fait immédiatement passer le reste de la somme primitivement consignée du compte *spécial* où elle a été portée au compte *ordinaire* des consignations (*Ibid.*, art. 117).

Quand la somme à payer est égale à la somme consignée, la caisse des dépôts et consignations fait également passer la somme consignée du compte spécial au compte ordinaire des consignations (*Ibid.*, art. 118).

Enfin, lorsque la somme à payer, tant en principal qu'en intérêts, est supérieure à la somme consignée, le préfet délivre un mandat pour parfait paiement (*Form.*, n° LXXII), et son arrêté de liquidation ordonne la consignation du montant de ce mandat. — La caisse des consignations reçoit cette nouvelle somme au profit de l'ayant droit, et fait immédiatement passer la somme primitivement consignée du compte spécial où elle avait été portée au compte ordinaire des consignations (*Ibid.*, art. 191).

CHAPITRE XIII.

DES EXPROPRIATIONS PRONONCÉES SUR LA DEMANDE DES PROPRIÉTAIRES.

888. — Faculté reconnue aux propriétaires, par la loi du 3 mai 1841, de faire prononcer l'expropriation.
889. — Division de ce chapitre.

888. Jusqu'à la loi du 3 mai 1841, les propriétaires ne savaient quelle marche suivre pour réclamer les indemnités qui leur étaient dues dans les divers cas où l'administration opérait une mainmise plus ou moins complète sur leurs terrains, sans avoir toutefois fait rendre contre eux un jugement d'expropriation. Dans nos précédentes éditions, n° 891, nous avions proposé une marche analogue à celle que consacre la loi de 1841 (1); mais cette procédure, que n'autorisait alors aucun texte de loi, rencontrait dans la pratique de sérieuses difficultés.

La loi du 3 mai 1841 a reconnu (art. 14, § 2) que l'expropriation pouvait être prononcée à la requête du propriétaire, et a donné au jugement ainsi rendu le même effet qu'à celui qui intervenait sur la poursuite de l'administration. Par le § 1er de l'art. 55, elle autorise formellement les propriétaires à faire procéder eux-mêmes à la fixation de l'indemnité par le jury. Cette loi consacre donc, en faveur de la propriété privée, des garanties qui jusqu'à présent ne lui étaient pas positivement assurées. Elle fait en même temps cesser les dissentiments qui s'étaient élevés à cet égard entre les jurisconsultes.

889. Dans la section Ire de ce chapitre, nous exposerons les règles établies par le législateur pour le cas où l'expropriation est demandée par le propriétaire, faute par l'administration de l'avoir poursuivie dans l'année qui suit la désignation définitive des propriétés dont la cession est reconnue nécessaire. La section II traitera du cas où le propriétaire a été dépossédé réellement avant qu'il soit intervenu un jugement d'expropriation.

---

(1) Voir aussi Cass., 9 déc. 1835 (Devill., 36.1.67; Dall., 36.1.47).

SECTION Ire. — *Du cas où l'administration ne poursuit pas l'expropriation dans l'année qui suit la désignation définitive des propriétés dont la cession est nécessaire.*

§ Ier. Du cas où la désignation des propriétés résulte d'un arrêté du préfet pris en vertu de l'art. 11 de la loi du 3 mai 1841.

890. — La position fâcheuse des propriétaires fut signalée à la Chambre des pairs en 1840, mais ne donna lieu à aucun amendement.
891. — Proposition faite en leur faveur par la commission de la Chambre des députés.
892. — Modification apportée à cette proposition. Faculté pour le préfet de rapporter son arrêté.
893-894. — Position des propriétaires d'après la loi nouvelle.
895. — Requête présentée par le propriétaire.
896. — Communication de cette requête au préfet.
897. — Du jugement.
898. — Publication du jugement.
899. — Du pourvoi en cassation.
900. — Notification de la demande du propriétaire.
901. — Délai pour la convocation du jury.
902. — Le propriétaire peut requérir la désignation du jury.
903. — Il convoque les jurés et l'administration.
904. — Instruction de l'affaire.
905. — Du cas où l'administration a rempli une partie des formalités, et notamment du cas où il ne reste qu'à faire régler l'indemnité.
906. — Du paiement de l'indemnité.
907. — S'il y a lieu au droit de préemption quand l'expropriation a été prononcée à la requête du propriétaire.

890. Dans la session de 1840, vingt propriétaires d'usines établies sur la rivière d'Ornain présentèrent à la Chambre des pairs une pétition dans laquelle ils se plaignaient du préjudice que leur causait le mode d'exécution du canal de la Marne au Rhin, et signalaient notamment les faits suivants : les ingénieurs ont décidé, disaient-ils, que, pour alimenter le canal, on empruntera les eaux de l'Ornain ; mais le détournement de ces eaux ne s'opérera que lorsque tous les travaux du canal seront achevés ; ce sera la dernière opération à laquelle on procédera. Les canaux de Bourgogne et du Centre prouvent les longues successions de temps qui séparent quelquefois les premiers tra-

vaux d'un canal de son exécution complète. Interrompus, repris, suivant les ressources du Trésor et les circonstances, ils ont été cinquante ans inachevés. N'en sera-t-il pas de même pour le canal de la Marne au Rhin ? En attendant que l'administration prenne possession de leurs eaux, les propriétaires d'usines souffrent considérablement ; ils n'osent s'approvisionner de matières premières, passer des marchés à long terme, perfectionner leurs machines, car ils compromettraient peut-être gravement leurs capitaux. Pendant ce temps-là, les industriels placés dans une position plus heureuse leur font une concurrence qui les ruine avant l'époque où l'expropriation sera prononcée. En conséquence, les pétitionnaires demandaient qu'on fixât un délai à l'expiration duquel l'expropriation serait de droit (*Monit.*, 5 mai 1840, p. 912). D'autres propriétaires se plaignaient que, sous le coup d'une menace d'expropriation, ils ne pouvaient trouver à louer leurs maisons. La Chambre des pairs reconnut combien la position de ces divers propriétaires était fâcheuse ; mais aucun orateur ne put indiquer un remède convenable à cet inconvénient, et aucun amendement ne fut alors proposé (*Monit.*, 6 mai 1840, p. 929).

Quelques jours après, M. le comte de Boissy proposa à la loi du 7 juillet 1833 un amendement ainsi conçu : « Si, dans les cinq ans de la déclaration d'utilité publique, l'administration ne poursuit pas le jugement d'expropriation, les parties auront la faculté de poursuivre ce jugement. » Mais cette proposition ne fut pas adoptée (*Monit.*, 13 mai, p. 1030). Il était impossible en effet d'exiger que, pour un travail étendu, toutes les expropriations fussent terminées dans un délai de cinq ans. Lors même qu'il s'est écoulé huit ou dix ans depuis le commencement des travaux, comment les propriétaires pourraient-ils prouver que leurs immeubles sont reconnus nécessaires pour ces travaux ? Des bruits publics, des projets non encore définitivement approuvés, ne peuvent servir de base à une action judiciaire. Cela suffit, il est vrai, pour déprécier certaines propriétés, mais c'est un malheur auquel le législateur ne peut apporter de remède.

891. On ne pouvait donc autoriser les propriétaires à agir qu'autant qu'il y aurait certitude que leurs immeubles étaient nécessaires pour un travail d'utilité publique. Mais dès que cette preuve était positivement rapportée, personne ne leur contestait le droit de réclamer la réalisation immédiate de l'expropriation. Il ne restait qu'à fixer la marche qu'ils auraient à suivre, et le délai après lequel ils pourraient agir. « Il peut arriver, disait

M. Dufaure dans son rapport à la Chambre des députés, que l'administration néglige de poursuivre l'expropriation. Il ne serait pas juste de prolonger ainsi l'interdit qui pèse sur les propriétés ; et d'après une disposition nouvelle, si, dans les six mois de l'arrêté du préfet, l'administration n'a pas poursuivi l'expropriation, le propriétaire pourra présenter requête au tribunal, et demander lui-même qu'il soit *statué* dans le délai de trois jours » (*Monit.*, 20 juill. 1840, suppl. B).

892. M. Legrand, commissaire du roi, signala les difficultés que la proposition rencontrerait dans l'exécution. Il fit remarquer que, quand il s'agit d'imposer à l'administration l'obligation d'acquérir des terrains dans un délai déterminé, il faudrait aussi lui assurer les moyens de remplir cette obligation ; et si, comme cela est arrivé en 1840, les crédits mis d'abord à sa disposition viennent à lui être retirés, comment pourra-t-elle payer? C'est souvent par ce motif que l'administration ne poursuit pas l'expropriation, et l'on ne peut lui en faire un reproche. Quelquefois aussi il est présenté contre la direction arrêtée des observations assez graves pour que l'administration doute s'il ne serait pas préférable d'adopter une autre direction que celle admise par le préfet. L'examen de ce point de fait exige souvent des vérifications multipliées et de nouvelles études qui prennent un temps plus ou moins long. Veut-on que l'administration achète les terrains sans être certaine qu'ils lui seront nécessaires ? » (*Monit.*, 3 mars 1841, p. 519.)

Enfin il fut reconnu par la commission et par le commissaire du roi que l'arrêté du préfet qui servait de base à la réclamation du propriétaire pourrait être annulé, si l'administration ne voulait pas donner suite aux travaux ; que dans le cas contraire, le préfet devrait envoyer les pièces au procureur du roi. Mais il n'était plus possible d'obliger le tribunal à prononcer l'expropriation *dans les trois jours* qui suivraient la présentation de la requête par le propriétaire. Dans un aussi bref délai, le préfet n'aurait pu être consulté et n'aurait pu prendre les ordres du ministre. Il fut décidé que le tribunal devrait statuer non plus dans les trois jours qui suivent la présentation de la requête du propriétaire, mais dans les trois jours qui suivent la réponse du préfet et l'envoi des pièces. D'un autre côté, on substitua le délai d'un an à celui de six mois depuis l'arrêté de cessibilité, et la Chambre adopta la rédaction suivante, qui forme le § 2 de l'art. 14 de la loi : « Si, dans l'année de l'arrêté du préfet, l'ad-
« ministration n'a pas poursuivi l'expropriation, tout proprié-

« taire dont les terrains sont compris audit arrêté peut présenter
« requête au tribunal. Cette requête sera communiquée par le
« procureur du roi au préfet, qui devra, dans le plus bref
« délai, envoyer les pièces, et le tribunal statuera dans les trois
« jours. »

893. Ce qu'il ne faut pas oublier, comme M. Legrand, commissaire du roi, l'a fait remarquer à la Chambre des députés, c'est qu'il dépendra toujours de l'administration de se soustraire aux conséquences de la nouvelle disposition, parce qu'elle ne s'applique qu'au cas où il y a eu arrêté du préfet. « Toutes les formalités du titre II ont pu être remplies, disait-il ; les plans auront été publiés, les affiches posées, la menace d'expropriation existera ; mais, si le préfet ne prend pas son arrêté, il n'y aura pas lieu à l'application de l'article, et l'administration, pour échapper à cette application, n'aura qu'à prescrire au préfet de ne pas prendre son arrêté « (*Monit.*, 3 mars 1841, p. 519).

894. Ainsi donc, tant que l'arrêté du préfet n'est pas rendu, le propriétaire et les tiers peuvent bien regarder l'expropriation comme une chose possible, probable ; mais évidemment, ce n'est pas une chose certaine, surtout si l'on voit que le préfet ne prend pas immédiatement l'arrêté de désignation définitive. Des contrats peuvent donc encore intervenir de bonne foi relativement à cet immeuble ; le propriétaire peut et doit pourvoir à l'entretien.

[Mais l'arrêté du préfet est une formalité tellement essentielle qu'elle ne saurait être suppléée par des équivalents puisés dans le décret d'autorisation des travaux. Ce décret, quand il désigne les localités et territoires sur lesquels les travaux auront lieu, peut bien rendre inutile le premier arrêté du préfet, prescrit par le n° 2 de l'art. 2, pour faire cette désignation ; mais il ne peut, quand il indique en même temps les propriétés elles-mêmes, qui seront atteintes par les travaux, remplacer l'arrêté ultérieur de désignation de ces mêmes propriétés, prescrit par l'art. 10. C'est ce dernier arrêté seul qui met le ministère public en mesure de requérir l'expropriation ; qui fixe le moment où l'administration, jusque-là simplement autorisée, commence effectivement à agir ; c'est lui conséquemment qui peut seul servir de point de départ à la faculté accordée par l'art. 14 au propriétaire, dont l'héritage doit être détruit par les travaux, de requérir cette expropriation quand elle n'est pas poursuivie dans l'année par l'administration. Le tribunal de la Seine et la Cour de cassation l'ont ainsi jugé pour une maison comprise dans le plan d'alignement de la rue Montmartre, annexé à une ordonnance royale du 12 mars 1845, qui déclarait d'utilité publique l'exécution de ce plan dans la partie comprise entre la Pointe-Saint-Eustache et la rue Neuve-Saint-Eustache.—L'ordonnance divisait l'opération en six parties qui devaient être exécutées en six années consécutives, savoir : la première et la deuxième section en 1847, la troisième en 1848, la quatrième en 1849, la cinquième en 1850, la sixième en 1851, enfin la septième en 1852. Ces cinq premières sections exécutées dans les délais, après un arrêté spécial de cessibilité et un jugement d'expropriation spécial pour chacune d'elles, la ville de Paris ne s'est plus occupée de l'exécution des deux dernières. Dans ces circonstances, le sieur Garreau, propriétaire de deux maisons situées dans la septième section, a présenté requête, en 1855, au tribunal de la Seine, pour qu'il fût, conformément à l'art. 14, procédé à l'expropriation de ces deux maisons. Le tribunal de la Seine ayant repoussé la demande comme prématurée, le pourvoi du sieur Garreau contre le jugement du tribunal a été rejeté, notamment par les motifs suivants : « Que si pour obtenir l'autorisation du Gouvernement, il est nécessaire de lui faire connaître la ligne et l'ensemble des travaux, et de lui soumettre les plans, il ne s'ensuit pas que l'approbation de ces plans et l'autorisation de les exécuter puissent rendre inutile *l'arrêté de cessibilité qui forme une époque nouvelle et importante de la procédure*, et qui, par ses indications précises, actuelles et définitives, peut seul servir de base au jugement d'expropriation, sans lequel ne peuvent être dépossédés les propriétaires dans l'intérêt desquels ces formes et ces délais ont été principalement introduits ; — Que de son côté, *l'administration, autorisée seulement jusque-là à suivre l'expropriation, ne peut être contrainte à la consommer contre son intérêt et son droit, si ce n'est après l'expiration d'une année, à partir de cet arrêté de cessibilité qui paralyse, dans les mains du propriétaire, la disposition des immeubles affectés aux travaux qui vont commencer* » (1).

Telle est la rigueur des principes : si le préfet sursoit avant de prendre l'arrêté mentionné en l'art. 11, la position du propriétaire sera certainement très-fâcheuse, mais elle le sera moins que si l'arrêté avait été pris.]

895. Le propriétaire qui veut arriver à faire prononcer l'ex-

---

(1) Rej., 2 mars 1857 (Dall. 57.1.427 ; S. 57.1.769).

propriation, ou à forcer l'administration à se désister de l'arrêté qui déclare la cession indispensable, devra présenter, par le ministère d'un avoué, une requête au tribunal (*Form.*, n° LXXXIV). La loi ne dit pas positivement ce que le propriétaire pourra demander et obtenir; mais, dans la discussion, on a reconnu que le propriétaire devrait poursuivre l'expropriation, et c'est pour cela que l'on a obligé le préfet à envoyer les pièces. « Si dans l'année de l'arrêté du préfet, a dit M. Dufaure, l'administration ne demande pas l'expropriation, *le propriétaire la demande* » (n° 894). La demande du réclamant ne peut avoir pour but évidemment que de faire prononcer l'expropriation des immeubles qui le concernent, et non des autres immeubles compris dans le même arrêté du préfet.

Le propriétaire ne pourrait substituer à cette procédure tracée par la loi une assignation donnée au préfet pour comparaître devant le tribunal, parce que la voie d'assignation a été écartée de la procédure en expropriation, et surtout parce que cette marche priverait l'administration d'une partie des garanties que lui assure la procédure spéciale adoptée par le législateur.

La requête pourra être sur du papier visé pour timbre, car elle est présentée en vertu d'une disposition formelle de la loi du 3 mai 1841 (art. 58 de cette loi, et n° 957).

896. Le tribunal ordonnera que cette requête sera communiquée par le procureur impérial au préfet, et surseoira à statuer (*Form.*, n° LXXXV) ; car il ne peut prononcer au fond jusqu'à ce que le préfet ait envoyé les pièces de la procédure en expropriation ou une décision annulant l'arrêté qui sert de base à la réclamation. Le préfet accusera de suite réception de cette requête.

On a demandé si le tribunal pourrait forcer le préfet à envoyer les pièces dans un délai déterminé : non certes. La loi dit que ce fonctionnaire enverra les pièces *dans le plus bref délai*, c'est-à-dire le plus tôt qu'il lui sera possible. Mais le tribunal ne peut fixer ce délai, qui peut être fort court si le préfet consent à envoyer les pièces de la procédure en expropriation, mais qui devient beaucoup plus long quand il faut que le ministre se prononce sur le maintien ou l'annulation de l'arrêté préfectoral. Dans ce dernier cas, il est convenable que le préfet fasse connaître au procureur impérial les motifs du retard qu'éprouve l'envoi des pièces.

Si le préfet n'envoyait aucune pièce dans les délais moralement nécessaires pour satisfaire à la demade du procureur impérial, il y aurait, dans ce refus de répondre, un déni de justice bien réel, et qui n'en serait pas moins répréhensible, quoiqu'il ne rentre peut-être pas textuellement dans les cas prévus par l'art. 185, C. pén. Le procureur impérial devrait signaler ces faits au procureur général, qui, à son tour, en informerait le ministre de la justice, et, sans nul doute, il serait pris des mesures pour que le cours de la justice ne fût pas entravé plus longtemps. Nous sommes donc convaincu que les préfets répondront le plus tôt qu'il leur sera possible à la communication du procureur impérial ; mais évidemment ce ne pourra être ni dans les trois jours, ni dans la huitaine, puisqu'il faudra souvent prendre les ordres du ministre, qui lui-même aura quelquefois besoin de recueillir des renseignements.

897. Lorsque le préfet aura envoyé les pièces, le tribunal rendra, dans les trois jours, un jugement qui, s'il y a lieu, prononcera l'expropriation du terrain appartenant au réclamant compris dans l'arrêté préfectoral, et nommera un magistrat directeur du jury, et un autre membre pour le remplacer au besoin (art. 14, §§ 1, 2 et 3).

Si l'administration annule l'arrêté qui désignait la propriété comme nécessaire à un travail d'utilité publique, la requête devient sans objet, car le tribunal n'est pas même compétent pour statuer sur le dédommagement que le propriétaire pourrait prétendre pour le préjudice par lui souffert par suite du premier arrêté.

898. Le jugement d'expropriation devra être suivi du règlement de l'indemnité : sans cela il deviendrait, dans les mains du propriétaire, une arme inutile ; mais ce règlement ne peut avoir lieu que lorsque tous les intéressés sont connus ou ont été mis en demeure de se faire connaître et d'indiquer le montant de leurs prétentions (n° 413). Il faut donc que le propriétaire appelle au règlement de l'indemnité les fermiers, locataires, ceux qui ont des droits d'usufruit, d'habitation ou d'usage, tels qu'ils sont réglés par le Code Nap., et ceux qui peuvent réclamer des servitudes résultant d'actes dans lesquels il est intervenu. Il faut ensuite que, pour mettre les autres intéressés en demeure, le jugement soit rendu public de la manière indiquée en l'art. 15 de la loi (n° 219). C'est ordinairement le préfet qui remplit ces formalités ; mais, s'il ne le fait pas, le propriétaire devra les accomplir. La transcription du jugement étant aussi nécessaire (Voir n°s 286 à 291), le propriétaire peut y faire procéder.

Le jugement devra être notifié au préfet pour faire courir le délai du pourvoi en cassation (n° 233).

899. Le jugement ne pourra être attaqué que par la voie du recours en cassation, et au plus tard dans les trois jours à dater de la notification. La disposition de l'art. 20 de la loi du 3 mai s'applique à tous les jugements rendus en vertu de l'art. 14 de la même loi, et l'on doit dès lors se reporter à ce que nous avons dit ci-dessus, n°s 226 et suivants.

900. D'après les art. 23 et 24 de la loi, l'administration doit notifier ses offres au propriétaire, qui est tenu, dans la quinzaine suivante, de faire connaître son acquiescement ou d'indiquer le montant de ses prétentions. Comme ici la procédure a lieu en sens inverse, c'est le propriétaire qui doit notifier d'abord sa demande, et, dans la quinzaine suivante, l'administration devra signifier son acquiescement ou l'indication de ses offres. Elle devra également notifier ses offres aux locataires, fermiers ou autres tiers qui seraient intervenus (n° 410) ou que le propriétaire lui aurait indiqués (n° 392).

901. Le préfet pourrait poursuivre immédiatement la convocation du jury pour le règlement des indemnités relatives à ce terrain. Mais il peut différer cette convocation pendant six mois après le jugement d'expropriation. L'article 53 dit formellement : « Si, dans les six mois du jugement d'expropriation, « l'administration ne poursuit pas la fixation de l'indemnité, les « parties pourront exiger qu'il soit procédé à ladite fixation. » Ainsi, dans ce délai de six mois, le préfet seul peut agir. « Après le jugement, a dit M. Martin (du Nord), rapporteur, *il faut un délai* pendant lequel l'administration devra acquérir la fixation de l'indemnité. Si elle ne le fait pas, il faut que le propriétaire ait le droit de le faire » (*Mon.*, 8 février 1833, p. 325). M. Dufaure a expliqué à la Chambre des députés que ce délai de six mois aurait lieu dans la procédure spéciale dont nous nous occupons (n° 894). La seule échéance du délai de six mois n'autorise même pas le propriétaire à demander immédiatement la formation d'un jury spécial. Il importe de déranger le moins souvent possible les personnes appelées à faire partie de ce jury ; et, pour que le préfet puisse réunir d'autres affaires à celle pour laquelle le propriétaire prend l'initiative, celui-ci doit adresser au préfet une sommation de faire procéder à la fixation des indemnités (Ord., 18 sept. 1833, art. 1er, n° 10, et *Form.*, n° LXXXVI. Voir *Ann. ponts et chauss.*, p. 399).

902. De la nécessité de cette sommation, on avait conclu que

le préfet seul pouvait requérir la désignation d'un jury spécial. C'est lui, à la vérité, qui fait cette réquisition dans le cas le plus ordinaire, celui où l'administration a intérêt à faire procéder au règlement de l'indemnité (n° 441) ; mais quand on a reconnu aux indemnitaires le droit de poursuivre eux-mêmes le règlement de l'indemnité par suite de la négligence de l'administration, on leur a nécessairement donné aussi le droit de requérir la désignation du jury qui doit fixer ces indemnités. Il aurait été dérisoire de leur conférer un droit contre l'administration, et de soumettre l'exercice de ce droit à la volonté de celle-ci. Aucun texte de loi ne nous paraît autoriser cette interprétation. En général, toute partie qui a intérêt à former une demande peut en saisir l'autorité judiciaire ; et l'art. 53 ne fait d'autre exception à cette règle que celle relative au délai de six mois.

Au reste, la Cour impériale ne pourrait guère refuser de procéder à la désignation du jury demandée par l'indemnitaire. Les arrêts de la Cour de cassation, du 31 déc. 1839, déclarent que les Cours d'appel n'ont en ces matières aucun pouvoir juridictionnel ; que la mission à elles donnée par l'art. 30 n'a rien de judiciaire ; qu'elle est purement administrative, et consiste dans le choix à faire des membres qui doivent composer le jury (Dall., t. 40, p. 77; Devill., p. 158). L'arrêt ajoute que, pourvu qu'il apparaisse à la Cour : 1° un jugement d'expropriation en forme probante ; 2° un procès-verbal constatant le refus du propriétaire, son devoir est d'accomplir, sans délai ni sursis, la mission que la loi lui a confiée. Dans l'espèce que nous examinons, il suffirait donc de produire à la Cour impériale le jugement d'expropriation (n° 897) ; le refus ou l'inaction de l'administration serait prouvée par la seule expiration du délai à elle accordé par le législateur.

903. Dans le cas le plus ordinaire, la liste des jurés est transmise par le préfet au sous-préfet, qui, après s'être concerté avec le magistrat directeur du jury, convoque les jurés et les parties (art. 31). Mais, lorsque le propriétaire poursuit le règlement de l'indemnité malgré l'administration, on ne peut exiger que la convocation du jury soit faite par le sous-préfet, représentant de l'administration dans l'arrondissement, ni par le préfet, pour le chef-lieu du département. Le propriétaire doit faire lui-même cette convocation, après avoir fait indiquer le lieu, le jour et l'heure de la réunion par le magistrat directeur. Ce magistrat doit se concerter pour cette indication avec le sous-préfet, car l'art. 31 prescrit que cette indication soit concertée

entre eux, et il faut que le sous-préfet puisse réunir, pour le jour indiqué, toutes les pièces que l'administration doit produire devant le jury.

Le poursuivant doit également assigner l'administration, en la personne du préfet, huit jours au moins à l'avance (n° 443), et lui adresser, en même temps, une sommation de faire mettre sous les yeux des jurés les plans parcellaires et les autres pièces relatives à la fixation des indemnités (n° 553). Dans le cas spécial dont nous nous occupons ici, le tableau des offres et demandes paraît devoir être rédigé par le propriétaire comme partie poursuivante.

904. Si l'administration ne produit pas les plans parcellaires, elle ne pourra (ainsi que nous l'avons vu au tome Ier) faire annuler la décision du jury pour défaut de production de cette pièce. Du reste, l'affaire s'instruit de la même manière que si le règlement de l'indemnité était poursuivi par le préfet. Le magistrat directeur ordonne le paiement ou la consignation de l'indemnité (n° 620), et statue sur les dépens, d'après les règles tracées par l'art. 40 de la loi.

905. Si l'administration a rempli elle-même une partie des formalités nécessaires pour arriver au règlement de l'indemnité, il est évident que le propriétaire n'aura qu'à reprendre la procédure au point où l'administration l'aura laissée. Si donc celle-ci a fait prononcer l'expropriation, le propriétaire n'aura qu'à remplir les formalités subséquentes (n° 898), et si ces formalités ont été remplies, il devra se borner à requérir lui-même la formation et la réunion du jury (n° 904, et *Form.*, n° LXXXVI). Tel est nécessairement le vœu de l'art. 55 de la loi.

906. Lorsque l'indemnité est fixée, l'indemnitaire doit en poursuivre le paiement; si elle n'est ni acquittée ni consignée dans les six mois de la décision du jury, les intérêts courent de plein droit à l'expiration de ce délai (art. 55, § 2), ainsi que nous l'expliquons au n° 795; jusqu'au paiement ou à la consignation de l'indemnité, les propriétaires peuvent s'opposer à la prise de possession de leur terrain, car pour eux, comme pour tous autres, l'indemnité doit être préalable à la prise de possession.

907. Quoique le propriétaire ait lui-même poursuivi l'expropriation de son terrain, il ne l'a fait que parce que l'administration avait déclaré que la cession de ce terrain était nécessaire pour l'exécution de travaux publics. Si l'exécution des travaux laissait ce terrain disponible, le propriétaire pourrait y

exercer le droit de préemption qu'accorde l'art. 60 de la loi du 3 mai (voir ci-après). L'exception portée en l'art. 62 n'a lieu que pour les parcelles de terrain acquises en exécution de l'art. 50.

§ II. — Du cas où la désignation des propriétés résulte d'un autre acte que d'un arrêté pris en vertu de l'art. 44 de la loi du 3 mai 1844.

908. — Nécessité d'assimiler ce cas à celui mentionné dans le paragraphe précédent.
909. — Exemples : — Travaux militaires ;
910. — Alignements ;
911. — Travaux communaux.

908. En autorisant les propriétaires à poursuivre eux-mêmes le jugement d'expropriation, si l'administration négligeait de le faire, le législateur a subordonné l'exercice de ce droit à l'existence d'un arrêté du préfet pris en vertu de l'art. 11 de la loi du 3 mai (n° 892), parce que jusque-là il n'y a pas certitude que l'administration réclamera leur terrain pour l'exécution de ses travaux. Mais lorsque d'un autre acte administratif il résulte également certitude que le terrain est déclaré nécessaire pour une entreprise d'utilité publique, l'administration doit, dans l'année qui suit, faire prononcer l'expropriation, sinon le propriétaire peut également requérir lui-même le jugement d'expropriation. L'indication de l'arrêté du préfet dans le § 2 de l'art. 14 est purement énonciative ; elle a pour but de faire connaître qu'il faut un acte qui entraîne définitivement la nécessité de la cession pour cause d'utilité publique ; mais on n'a certes pas voulu que le propriétaire placé sous la menace incessante d'une expropriation, par un autre acte que l'arrêté mentionné en l'art. 11 de la loi, fût plus malheureux que celui dont la propriété se trouve comprise dans un arrêté pris en vertu de ce même article. Tous deux sont dans la position fâcheuse qui a motivé l'introduction du § 2 de l'art. 14 (n° 890); tous deux sont dépouillés de la faculté de disposer de leur immeuble, sur lequel il y a mainmise implicite au nom de l'administration ; tous deux voient leur propriété frappée d'interdit entre leurs mains, sans indemnité préalable ; tous deux éprouvent un dommage qui s'accroît chaque jour : tous deux peuvent donc employer, pour sortir de cette position fâcheuse, la marche tracée par le § 2 de l'art. 14.

CHAP. XIII. — EXPROPRIATIONS

909. Ainsi, pour les travaux militaires qui ne sont pas déclarés urgents, et pour les travaux de la marine impériale, l'on n'accomplit pas les formalités prescrites par les titres I et II de la loi du 3 mai 1841 (n° 1018); *une ordonnance royale*, dit l'art. 75 de cette loi, *détermine les terrains qui sont soumis à l'expropriation*. Cette ordonnance (actuellement décret impérial) remplace évidemment l'arrêté prescrit par l'art. 11 de la même loi pour les travaux civils (n° 136). Il n'existe certes pas de motifs pour que les propriétaires atteints par les désignations de ce décret aient moins de droits que ceux dont les propriétés sont désignées par un arrêté du préfet. Par suite, si l'administration militaire ne poursuit pas le jugement d'expropriation dans l'année, à compter de la date de ce décret, les propriétaires peuvent faire prononcer cette expropriation dans la forme que nous avons indiquée n°s 895 et suivants.

910. Lorsqu'un propriétaire a demandé alignement le long d'une route impériale, l'arrêté du préfet qui lui donne cet alignement, et l'oblige à abandonner une partie de terrain à la voie publique, déclare bien certainement la nécessité de la cession de ce terrain au domaine public, et le propriétaire ne peut plus dès lors en tirer aucun parti utile. Son intérêt est donc souvent de le livrer immédiatement à la voie publique; mais l'administration ne se hâte pas toujours d'en faire prononcer l'expropriation ni d'en faire régler l'indemnité. Il est donc juste que ce propriétaire puisse, comme tous ceux qui sont atteints par des mesures identiques, prendre l'initiative de ces procédures.

Ce droit avait déjà été reconnu aux propriétaires, antérieurement à la loi du 3 mai 1841, par l'arrêt que nous allons citer; mais le mode d'action, n'étant réglé par aucune disposition législative, donnait lieu à de sérieuses difficultés. Aujourd'hui, on suivrait la marche que nous indiquons n°s 914 et suiv., mais la demande serait basée sur l'arrêté d'alignement, qui prouvera que le réclamant est réellement dépossédé d'une partie de sa propriété (*Form.*, n° LXXXIV).

Divers décrets et ordonnances ont prescrit la formation d'un nouveau boulevard à Paris, sous le nom de *boulevard Mazas*. En 1829, la compagnie des marchés à fourrages, ayant à construire sur l'emplacement de ce boulevard, demanda un alignement, qui lui fut donné. Six ans après, la compagnie n'avait pu encore obtenir de la ville de Paris le paiement des terrains qu'elle avait abandonnés à la voie publique. Elle forma alors une action en paiement de l'indemnité qui lui était due. Cette action fut accueillie par le tribunal de la Seine et par la Cour royale de Paris. La ville de Paris se pourvut en cassation contre cet arrêt, notamment 1° pour violation des lois des 16 sept. 1807, 8 mars 1810 et 7 juill. 1833, en ce que l'arrêt attaqué avait reçu la compagnie à demander le paiement d'une indemnité d'expropriation, alors que les formalités établies pour l'expropriation n'avaient pas été remplies ; 2° pour fausse application de l'art. 9 de la Charte, en ce que la Cour royale avait reçu l'action de la compagnie alors que celle-ci n'était pas encore dépossédée de fait, la ville de Paris n'ayant pas pris possession des terrains dont on réclamait le prix. Ces moyens ont été rejetés par arrêt du 4 déc. 1839, attendu que le défaut d'accomplissement des formalités indiquées par les art. 5, 6 et suivants de la loi du 8 mars 1810, ne pouvait être opposé par la ville de Paris à la compagnie dépossédée; que ce n'était pas à des particuliers propriétaires d'une partie seulement des terrains qui devaient être compris dans le boulevard Mazas, mais à la ville de Paris seule, qu'il appartenait de provoquer, s'il y avait lieu, l'accomplissement des formalités tendant à une expropriation générale portant sur toute la ligne du boulevard à effectuer ; que la compagnie, dont les terrains se trouvaient frappés de l'interdiction de bâtir, avait manifestement intérêt et qualité pour exercer l'action par elle formée (Devill., t. 40, p. 50 ; Dall., t. 40, p. 45).

911. Lorsqu'il s'agit de travaux communaux, la désignation définitive des terrains à acquérir est faite par un arrêté du préfet pris en conseil de préfecture (L. 3 mai 1841, art. 12). C'est dans l'année qui suit cet arrêté que le maire est tenu de poursuivre l'expropriation, et, passé ce délai, les propriétaires peuvent poursuivre eux-mêmes. Cependant, dans les cas où cet arrêté doit être soumis à l'approbation de l'administration supérieure, l'année ne court que du jour où cette approbation a été donnée ; car jusque-là il n'est pas définitivement constaté que l'immeuble est nécessaire pour les travaux projetés. Mais, le long des rues qui ne font pas partie de la grande voirie, les alignements sont donnés par les maires, et les arrêtés par eux pris à cette occasion font naître les mêmes droits que ceux des préfets, mentionnés au numéro précédent.

Section II. — *Du cas où l'administration a pris possession de l'immeuble sans en avoir fait prononcer l'expropriation.*

912. — Protection due au propriétaire dépossédé.
913. — S'il est nécessaire qu'il fasse rendre un jugement d'expropriation.
914. — Requête à présenter au tribunal.
915. — Constatation de l'état des lieux.
916. — Défenses présentées par le préfet.
917. — Jugement des questions incidentes.
918. — Convocation du jury.
919. — Le conseil de préfecture n'est pas compétent pour régler les indemnités de ce genre. Arrêts.

912. Si le législateur a cru devoir entourer d'une protection spéciale le propriétaire qui est sous le coup d'une expropriation imminente, et qui perd par là une partie des revenus de son immeuble, cette même protection ne peut être refusée au propriétaire, bien plus malheureux encore, qui se trouve exproprié de fait et dépouillé de tous les revenus d'un immeuble dont l'administration a pris possession. Que la dépossession de ce propriétaire soit la suite d'une mauvaise interprétation de la loi, d'un abus de pouvoir, d'une erreur de fait, ou de l'urgence des événements, qui n'a pas permis d'accomplir les formalités prescrites par la loi, la position du propriétaire est toujours des plus fâcheuses, car il se trouve dépossédé sans avoir reçu l'indemnité préalable que la loi lui promettait (1).

De ce que l'une des circonstances que nous venons de signaler a privé le propriétaire de quelques-unes des garanties que nos lois lui assuraient, on ne peut conclure qu'il faille aussi le priver de celles qu'il est encore à même de réclamer. Il semble indispensable, au contraire, de replacer ce propriétaire aussitôt que possible sous l'empire du droit commun. Si les circonstances n'ont pas permis que ce propriétaire reçût son indemnité préalablement à la prise de possession, il faut au moins que cette indemnité soit réglée et payée le plus tôt possible ; et si l'administration diffère de la faire fixer, il faut que le proprié-

---

(1) Si, au lieu de poursuivre le règlement de l'indemnité, le propriétaire croit pouvoir et devoir poursuivre sa réintégration dans la possession de l'immeuble, il se conformera aux dispositions rappelées précédemment.

taire puisse prendre l'initiative de la procédure. Telle est aussi l'opinion de M. Cotelle, t. 1er, p. 512. La marche la plus convenable pour arriver à ce but est celle que nous avons exposée nos 895 et suiv., d'après le § 2 de l'art. 14 de la loi du 3 mai 1841 (1).

Les propriétaires peuvent se trouver dans une semblable position, par suite de travaux de fortification urgents. L'art. 14 de la loi du 30 mars 1831 dit que, « si, dans le cours de la troi-
« sième année d'occupation provisoire, le propriétaire ou son
« ayant droit n'est pas remis en possession, ce propriétaire
« pourra exiger, et l'Etat sera tenu de payer, l'indemnité pour
« la cession de l'immeuble, qui deviendra dès lors propriété
« publique. » Ce propriétaire est donc obligé de poursuivre lui-
« même le règlement de l'indemnité. — (A).

---

(1) Jusqu'à présent les jurisconsultes n'avaient pu s'accorder sur la marche à suivre, en pareil cas, pour arriver au paiement de l'indemnité, parce que, dans le silence des lois de 1810 et 1833, chacun présentait son système, et que toutes ces propositions laissaient subsister de graves difficultés. Dans nos précédentes éditions, nous avions proposé de considérer ces dépossessions comme constituant des *expropriations tacites*, dénomination que nous-même signalions comme peu satisfaisante, mais qui, à défaut d'autre plus exacte, avait été adoptée par beaucoup de jurisconsultes. Depuis la loi du 3 mai 1841, tout ce que nous et d'autres avions écrit sur ce sujet se trouve nécessairement modifié, et il n'y a plus qu'à se ranger au système admis par le législateur.

Additions.

(A) Lorsqu'une ligne de chemin de fer a occupé, avant l'accomplissement des formalités légales, le sol de divers chemins vicinaux et ruraux appartenant à une commune, celle-ci a une action en indemnité. *En ce qui concerne les chemins ruraux*, cette action n'est pas de la compétence administrative, mais « ne peut être appréciée que par les autorités qui, d'après la loi du 3 mai 1841, doivent ordonner la dépossession, et régler l'indemnité due aux propriétaires dépossédés. » *En ce qui concerne les chemins* *vicinaux* qui, dans l'espèce, n'avaient pas été supprimés, mais déplacés en raison d'une clause du cahier des charges, c'est à l'autorité administrative qu'il appartient de statuer sur la demande d'indemnité. Cons. d'Etat.—Conflit, 7 mai 1858 (*Gaz. trib.*, 14 août 58).

L'autorité judiciaire peut, sans excès de pouvoir, ordonner, en *référé*, la *cessation de travaux* entrepris par les agents de l'administration, sur des terrains dont le propriétaire n'a pas été régulièrement indemnisé.

Décidé en ce sens par arrêt de la Cour impériale de Dijon, du 10 août 1858, ainsi conçu :

« Considérant qu'il est de principe que l'art. 806, C. proc. civ., au titre des référés, doit être entendu en ce sens que le juge du référé ne peut statuer provisoirement que sur les matières qui sont de la compétence des tribunaux ordinaires ; — Qu'il s'agit donc de savoir si, dans la cause, les tribunaux ordinaires pouvaient, sans dépasser les limites de leurs pouvoirs, ni empiéter sur la juridiction administrative, ordonner la cessation des travaux prescrits par l'administration sur les propriétés des demandeurs ; — Considérant, en fait, que le chemin de Nolay à Malain ayant été classé, par délibération du conseil général de la Côte-d'Or, du 1er septembre 1852, au nombre des chemins de grande communication, et la direction en ayant été

913. Comme le propriétaire n'a d'autre intérêt que de toucher le plus tôt possible l'indemnité qui lui est due, il semblerait, au premier aperçu, qu'il ne devrait s'occuper que de con-

fixée et le projet des travaux de construction ayant été approuvé par arrêté de M. le préfet de la Côte-d'Or des 12 sept. 1853, 24 mai 1855 et 10 mars 1858, Sellenet, en qualité d'entrepreneur adjudicataire desdits travaux, a reçu de l'administration l'ordre de poursuivre leur exécution ; — Que dans l'espérance, sans doute, d'arrangement amiable avec les demandeurs, mais sans explication préalable ni règlement et paiement d'indemnité, l'entrepreneur et ses ouvriers ont occupé et englobé dans le chemin en question des parcelles de terrain appartenant à la dame de Rochefort, qui se trouvaient dans la direction du tracé ; — Considérant que, dans cet état de faits constants et non contestés, les dispositions de la loi de 1 août 1790, sur l'organisation et les fonctions judiciaires, qui défendent expressément aux juges de troubler de quelque manière que ce soit les opérations des corps administratifs, non plus que la loi du 16 fruct. an III, qui fait itérativement défense aux tribunaux de connaître des actes d'administration de quelque espèce qu'ils soient, ne peuvent être valablement invoquées contre l'ordonnance de référé dont est appel ; — Considérant, en effet, que nul ne peut être contraint de céder sa propriété, si ce n'est pour cause d'utilité publique et moyennant une juste et préalable indemnité (art. 545, C. Nap., Chartes de 1814 et 1830, art. 9 ; Constitution de 1848, art. 11 ; Constitution de 1852, art. 1er et 26) ; — Que si, d'une part, la constatation et la déclaration d'utilité publique, l'autorisation d'exécution des travaux, ainsi que l'indication des propriétés auxquelles l'expropriation est applicable appartiennent exclusivement au pouvoir législatif, au pouvoir exécutif et à l'administration, d'autre part, la loi elle-même a proclamé avant tout que l'expropriation pour cause d'utilité publique déclarée s'opère par autorité de justice, et que les tribunaux ne peuvent la prononcer qu'après avoir reconnu l'accomplissement de toutes les conditions et formalités que la

loi a prescrites (loi du 3 mai 1841, art. 1 et 2) ; — Que loin de déroger, de la sorte, au grand principe de notre législation moderne sur la séparation des pouvoirs administratif et judiciaire, le législateur de 1841, aussi bien que celui de 1810 et de 1833, n'a fait que le consacrer d'une manière plus éclatante, en plaçant de plus fort l'inviolabilité du droit de propriété sous la sauvegarde du pouvoir judiciaire ; — Que si, dans quelques cas exceptionnels, une compétence spéciale a été réservée en dehors de l'autorité judiciaire, soit notamment lorsqu'il s'agit du règlement d'indemnité pour dommages permanents ou temporaires, soit encore lorsqu'il ne s'agit que de simple élargissement de chemins vicinaux, la compétence de l'autorité judiciaire reçoit d'ailleurs et partout sa pleine et entière application ; qu'il résulte, en effet, de l'art. 41 de la loi du 3 mai déjà citée, que c'est le magistrat directeur qui, après la décision du jury, envoie l'administration en possession des propriétés, à la charge par elle de se conformer aux art. 53, 54 et suiv., c'est-à-dire au paiement préalable ou de la consignation des indemnités : — Que, en suivant pas à pas l'économie et l'esprit de notre législation successive en matière d'expropriation pour cause d'utilité publique, depuis les dispositions si formelles et si énergiques de l'art. 74 de la loi actuelle du 3 mai 1841, qui même, dans le cas d'urgence à défaut de consignation du supplément d'indemnité dans le délai déterminé, autorise le propriétaire à s'opposer à la continuation des travaux, il est impossible de méconnaître, et la légitimité des réclamations du propriétaire dépossédé, sans avoir été régulièrement et préalablement indemnisé, et la compétence de l'autorité judiciaire pour ordonner la cessation des travaux ; — Considérant que l'ordonnance de référé de M. le président du tribunal civil de Beaune, rendue dans les limites de la compétence judiciaire, a fait, d'ailleurs, à la cause une juste application des lois de la matière ; — Considérant que

voquer le jury qui doit régler cette indemnité. Mais il faut remarquer que ce jury ne peut fonctionner que sous la direction d'un magistrat désigné par le tribunal, et il y a dès lors nécessité de faire rendre un jugement qui nomme ce magistrat. Le tribunal ne peut nommer un magistrat directeur du jury qu'après avoir reconnu qu'il y a réellement lieu à la convocation d'un jury ; la Cour impériale elle-même ne doit faire un choix, sur la liste dressée par le conseil général, que quand *il y a lieu de recourir à un jury spécial* (art. 30) ; et cette nécessité ne peut exister à ses yeux qu'autant qu'il y a eu antérieurement un jugement d'expropriation pour un bien dont l'indemnité n'a pu être réglée à l'amiable. Or, l'expropriation s'opérant toujours par autorité de justice (art. 1er), la Cour impériale est en droit d'exiger qu'on justifie d'une décision judiciaire prononçant l'expropriation (n° 902). Ces considérations suffiraient déjà pour prouver que le jugement qui nomme le magistrat directeur doit en même temps prononcer l'expropriation des immeubles dont le jury aura à estimer l'indemnité. Le propriétaire qui aurait fait régler son indemnité par le jury ne pourrait d'ailleurs en toucher le montant qu'en prouvant qu'il n'existe pas d'hypothèque sur l'immeuble dont il a été dépossédé : or, quel titre ferait-il transcrire pour purger les hypothèques, s'il n'y avait pas de jugement d'expropriation ? Avec ce jugement, qu'il peut faire transcrire (n° 286), il jouit au contraire des facilités que la loi du 3 mai 1841 accorde pour la purge. Ajoutons qu'avant que l'administration puisse faire des offres d'indemnité au réclamant, il faut qu'il soit prouvé que lui seul a droit à cette indemnité, ou que les autres ayants droit soient régulièrement connus (n°s 392 et suiv.) : or on ne peut arriver à cette connaissance que par les moyens de publicité indiqués en l'art. 15 de la loi, et dont l'accomplissement est subordonné à l'existence d'un jugement antérieur d'expropriation. Il y a donc, par beaucoup de motifs, nécessité de faire rendre un jugement d'expropriation avant de s'occuper de la convocation du jury; et il n'est pas possible de soutenir que, pour arriver à ce jugement d'expropriation, on doive suivre une autre marche que celle indiquée par le § 2 de l'art. 14.

---

la partie qui succombe doit supporter les dépens ;—Par ces motifs,—La Cour, sans s'arrêter à l'appellation, laquelle est mise à néant, non plus qu'au déclinatoire, dit qu'il a été bien et compétemment jugé par l'ordonnance dont est appel ; ordonne en conséquence qu'elle sortira effet ; — Condamne Sellenet à l'amende et aux dépens. »

914. Le propriétaire devra donc présenter au tribunal une requête (*Form.*, n° LXXXIV), qui sera ensuite communiquée par le procureur impérial au préfet (n° 896). Dans cette requête, au lieu d'invoquer les arrêtés administratifs qui entraînent l'expropriation de son héritage, il signalera les pièces et les faits qui prouvent qu'il est déjà dépouillé de cet héritage ; puis il demandera au tribunal de déclarer l'expropriation qui existe de fait, et de nommer le magistrat directeur du jury qui devra fixer l'indemnité qui lui est due.

Il n'est pas nécessaire, pour que le propriétaire puisse présenter cette requête, qu'une année se soit écoulée depuis sa dépossession. Ce délai est accordé au préfet pour faire prononcer l'expropriation dans les cas où le propriétaire est resté en possession de son immeuble (n° 892) ; mais quand la dépossession a eu lieu sans l'indemnité préalable garantie par l'art. 545 du Code Napoléon, cette circonstance constitue une illégalité qui doit cesser le plus tôt possible, lors même qu'elle est le résultat de la force majeure.

Le propriétaire n'a pas à justifier de l'accomplissement des formalités prescrites par les deux premiers titres de la loi du 3 mai 1841. Ces formalités sont établies dans son intérêt, et afin de prouver la nécessité de le déposséder de son immeuble. Quand il est dépossédé, il est indifférent qu'elles aient lieu ou non, et souvent même le défaut d'accomplissement de ces formalités sera la base de sa demande.

915. La prise de possession de l'administration doit presque toujours être suivie de travaux qui changent complétement l'état des lieux. Si le propriétaire craint que les jurés ne manquent plus tard des renseignements qui leur seraient nécessaires pour l'exacte fixation de l'indemnité, il peut demander au tribunal de faire, provisoirement et sans rien préjuger, constater l'état de la propriété. Comme il importe de ne pas s'écarter de la législation spéciale établie pour les cas d'expropriation, le tribunal ne devra pas ordonner d'expertise ; mais il pourra, appliquant par analogie le § 2 de l'art. 68, commettre un de ses membres *pour visiter les terrains, recueillir tous les renseignements propres à en déterminer la valeur, et en dresser, s'il y a lieu, un procès-verbal descriptif.* Cette mesure a été considérée par le législateur comme suffisante, en cas de prise de possession par l'administration, pour mettre plus tard le jury en mesure de fixer équitablement l'indemnité (n° 1041) ; elle doit donc être employée dans une autre circonstance à peu près identique.

916. Lorsque la requête du réclamant sera communiquée au préfet, il est possible que ce magistrat soulève une exception préjudicielle. Il peut, dans sa réponse, soutenir, ou que ce n'est pas l'Etat qui a pris possession de l'immeuble (1), ou que cette dépossession ne doit donner lieu à aucune indemnité, ou que cette propriété n'appartenait pas au réclamant, ou que le fait allégué ne constitue pas une expropriation, mais un simple dommage ou une occupation temporaire, et que dès lors l'indemnité ne doit pas être réglée par le jury spécial.

917. Souvent la question préjudicielle sera de nature à être jugée par les tribunaux ordinaires, et par le tribunal même devant lequel sera portée la demande de convocation du jury. Ce tribunal pourrait-il, par un même jugement, statuer sur la requête à lui présentée et sur l'exception invoquée par le préfet, soit en rejetant celle-ci et en nommant un magistrat directeur, soit, au contraire, en admettant l'exception, et en décidant qu'il n'y a pas lieu à déclarer l'expropriation ni à nommer un magistrat directeur ? Non. Le Code de procédure a tracé la marche à suivre pour toutes les actions portées devant les tribunaux civils. La loi du 3 mai 1841 n'a établi une procédure spéciale que pour la constatation de l'expropriation seulement. En ordonnant au tribunal de statuer dans les trois jours, et en déclarant que ce jugement ne pourrait être attaqué que par la voie du recours en cassation, le législateur a été guidé par la considération que la décision était urgente, et qu'il s'agissait pour le tribunal de vérifier un fait très-simple, l'accomplissement de quelques formalités. Mais on ne saurait admettre que l'une des parties, en alléguant une expropriation qu'aucun acte ne constate, pourra étendre cette procédure exceptionnelle à une contestation qui peut soulever de graves questions de droit et de fait. Le tribunal ne pourrait non plus, sans commettre un excès de pouvoir, consacrer un mode de procédure qui priverait les parties intéressées des voies d'opposition, d'appel, etc., que leur assurait le droit commun (n° 899). Il sera statué sur cette contestation incidente comme sur toutes les autres contestations, qui, bien que soulevées à l'occasion d'une expropriation pour cause d'utilité publique, n'en constituent pas moins un débat distinct de la question d'expropriation. On peut voir à cet égard ce que nous disons n° 663.

---

(1) V. Cass., 10 mars 1840 (Devill., 1840, p. 205 ; Dall., p. 329).

Si l'état des lieux litigieux n'avait pas encore été dénaturé, mais devait l'être prochainement, le tribunal pourrait, sans rien préjuger sur les droits des parties, autoriser la convocation d'un jury qui fixerait des indemnités alternatives, hypothétiques, comme le permettent les art. 39, § 4, et 49, de la loi du 3 mai 1841, et comme nous l'expliquons n° 608 — (A).

918. Tout ce que nous avons dit n°s 897 et suivants s'applique ici sans difficulté; cependant nous croyons que le propriétaire n'est pas obligé de laisser écouler un délai de six mois entre le jugement d'expropriation et la convocation du jury : cet intervalle est prescrit par le § 1er de l'art. 55 dans les cas ordinaires où le propriétaire conserve la possession de l'immeuble exproprié (n° 901). Mais, quand l'administration a déjà pris possession de cet immeuble, elle ne peut exiger que le propriétaire attende six mois avant de poursuivre le règlement de l'indemnité, puisque, d'après les principes de notre droit public, cette indemnité devrait déjà lui être payée. Appliquer en cette circonstance le § 1er de l'art. 55, ce serait le considérer comme dérogeant implicitement à l'art. 545 du C. Nap., ce que l'on ne saurait admettre.

L'indemnité sera réglée, non sur l'état de la propriété au moment de la décision du jury, mais d'après son état au moment où l'administration s'en est emparée. L'équité le veut ainsi, et le législateur a reconnu ce principe dans l'art. 14 de la loi du 30 mars 1831.

919. On a quelquefois prétendu que les indemnités de ce genre, étant le résultat de l'exécution de travaux publics, devaient être réglées par les conseils de préfecture. Nous avons expliqué ci-dessus, n°s 143 et suivants, la distinction qu'il faut établir entre les dommages et les expropriations : or on ne peut

---

Additions.

(A) La Cour impériale, saisie par l'exproprié de la demande à fin de désignation du jury chargé de régler l'indemnité, n'est compétente que pour vérifier le jugement d'expropriation, la qualité du requérant et l'accomplissement des formalités préalables ; elle ne peut statuer sur les questions qui, touchant le fond du droit à l'indemnité, donnent simplement lieu à une fixation conditionnelle d'indemnité ; spécialement, elle ne peut rejeter la demande à fin de désignation du jury, en se fondant sur ce que l'expropriation, à raison de circonstances particulières, n'aurait causé aucun trouble au locataire. Cass., 26 août 1857 (Dall.57.1. 353); 27 juill. 1857 (Dall.57.1.287). Contrà, Paris, 26 juill. 1856 (Dall.57.2.76). Arrêt cassé par celui précité.

L'arrêt qui désigne, sur la demande de la partie expropriée, et par défaut contre la partie expropriante, un jury à l'effet de fixer l'indemnité d'expropriation est susceptible d'opposition. Paris, 26 juill. 1856 (Dall.57.2.76).

considérer comme un simple dommage la prise de possession définitive d'un terrain ; c'est bien réellement une expropriation. Dès lors, l'indemnité doit être fixée par le jury. Ce principe a été reconnu par un arrêt du Conseil d'Etat, du 17 janvier 1838, dans lequel on lit : « Qu'aux termes des lois des 8 mars 1810 et 7 juill. 1833, le conseil de préfecture était incompétent pour fixer l'indemnité due au sieur Rodet, pour *prix d'une parcelle de terrain* appartenant au propriétaire, et *occupée par le talus d'une route nouvellement construite* » (Leb., p. 36 ; *Ann. ponts et ch.*, p. 197). Le conseil a confirmé cette jurisprudence dans les espèces suivantes :

Il existait dans le Rhône, au lieu dit *la roche de Glun*, un rocher formant îlot, occupé anciennement par une tour dont il restait encore quelques ruines. L'administration considérait ce rocher inculte comme appartenant à l'Etat, et, comme il gênait la navigation, elle en fit faire l'extraction. Mais un sieur Blachier prouva que ce rocher avait été compris dans une vente nationale faite à ses auteurs. Dès lors, une indemnité était due au sieur Blachier pour la privation de cette propriété. Par arrêt du 3 mai 1839, le Conseil d'Etat a déclaré que l'indemnité résultant de cette expropriation devait être fixée conformément aux dispositions de la loi du 7 juillet 1833 (Leb., p. 273).

La question ne pouvait plus faire de difficulté depuis la loi du 3 mai 1841. En conséquence, un arrêt du Conseil, du 12 janvier 1844, reconnaît que, d'après la loi du 3 mai 1841, il n'appartient pas à l'autorité administrative de statuer sur la question de propriété d'un terrain réuni à une route royale, *ni d'en régler l'indemnité* (Leb., p. 16 ; *Ann. ponts et chauss.*, p. 126). Cet arrêt ajoute toutefois que l'autorité administrative doit seule connaître des dommages causés à la maison du réclamant, par suite des déblais opérés par la rectification de cette route. Rien ne nous apprend si cette dernière réclamation pouvait être considérée comme connexe avec la première, seul cas où le jury aurait pu statuer sur toutes deux (n°s 607, 856 et suiv.).

Le 1er février suivant, le Conseil d'État a encore déclaré que, d'après les lois des 10 juillet 1791, 8 mars 1810, 7 juillet 1833 et 3 mai 1841, il appartenait à l'autorité judiciaire d'apprécier s'il était dû une indemnité à des propriétaires pour un terrain pris en 1811 par le génie militaire pour l'extension des fortifications du Havre, et de fixer la quotité de cette indemnité (Leb., p. 44).

Enfin l'arrêt du 6 décembre 1844 s'exprime en termes plus

formels encore : « Considérant que l'action intentée contre le préfet des Ardennes par les sieurs Gallas et consorts, a pour objet : 1° de faire déclarer que ceux-ci sont propriétaires, en vertu de titres anciens et d'une longue possession, des terrains sur lesquels un fossé a été ouvert pour l'écoulement des eaux de la route départementale n° 8, et qui sont situés en dehors des limites de cette route ; 2° d'obtenir une indemnité à raison de l'occupation indéfinie de ces terrains ; considérant qu'il appartient aux tribunaux civils de statuer sur la question de propriété soulevée par les sieurs Gallas et consorts, et que, s'il y a lieu de régler une indemnité, le règlement devrait être fait par un jury spécial, conformément à la loi du 3 mai 1841 » (Leb., p. 649).

CHAPITRE XIV.

DES EXPROPRIATIONS DEMANDÉES PAR DES CONCESSIONNAIRES DE TRAVAUX PUBLICS.

920. — Les concessionnaires sont subrogés aux droits et aux obligations de l'administration.
921. — C'est à l'administration à reconnaître leur qualité.
922. — Du cas où le concessionnaire transmet ses droits à une société.
923. — Attributions des préfets en cas de concession.
924. — Nécessité des enquêtes.
925. — Levée et publication des plans.
926. — Quel est l'ingénieur qui doit faire partie de la commission ?
927. — Désignation définitive des propriétés à acquérir.
928. — Du jugement d'expropriation.
929. — Du pourvoi en cassation contre ce jugement.
930. — De la purge des privilèges et hypothèques.
931. — Des offres et des demandes.
932. — Des traités amiables.
933. — Terrains appartenant à l'Etat.
934. — Désignation et convocation du jury.
935. — Débats devant le jury.
936. — Significations et notifications.
937. — Paiement des indemnités.
938. — De l'envoi en possession pour cause d'urgence.
939. — Rétrocession des terrains non employés aux travaux.
940. — Dispense des droits de timbre, enregistrement et transcription.

920. On désigne aujourd'hui, sous le nom de *concession*, un mode d'exécution des travaux publics qui consiste à en confier la confection à une compagnie que l'on indemnise de ses dépenses au moyen d'un péage ou de quelques autres avantages stipulés dans l'acte de concession.

« Vous aurez, sans doute, a dit, en 1833, M. Martin (du Nord) dans son rapport, remarqué une lacune qu'il est convenable de remplir. La loi parle des droits et des devoirs de l'administration, comme si, dans tous les cas, elle devait se charger de l'exécution des travaux d'utilité publique ; cependant il arrivera souvent que l'État confiera ce soin aux citoyens ou à des compagnies : l'un des premiers effets de la loi sera même, il faut l'espérer, de déterminer les capitalistes à solliciter en leur faveur ces grandes entreprises qui, tout en étant pour le pays de puissants éléments de prospérité, doivent aussi procurer aux soumissionnaires d'immenses avantages. Il convient dès lors de compléter la loi en posant le principe qu'ils seront *subrogés à tous les droits de l'administration*, comme ils seront *soumis à toutes ses obligations* » (*Monit.*, 27 janvier 1833, p. 212). Le législateur a, en effet, admis que les compagnies qui se chargeaient de l'exécution des travaux publics devaient jouir de tous les avantages que la loi nouvelle assurait à l'administration, mais avec les mêmes obligations qu'elle. En conséquence, l'art. 63 de la loi porte que « les concessionnaires des travaux publics exerce-
« ront tous les droits conférés à l'administration, et seront sou-
« mis à toutes les obligations qui lui sont imposées par la pré-
« sente loi. »

Il importe de remarquer que les concessionnaires ne sont subrogés, de plein droit, que dans les droits *conférés à l'administration par la loi du 3 mai* 1841, et non dans ceux qu'elle tient d'autres lois. Ainsi, ils ne sont pas dispensés de la consignation d'amende accordée à l'État par les lois des 2 brumaire an IV et 14 brumaire an V (Voir n° 974) — (A).

[Ils ne pourraient, par la même raison, charger les officiers du ministère public de la défense de leurs intérêts devant les Cours et tribunaux.]

921. La qualité de concessionnaire ne pouvant résulter que

Additions.

(A) Ils sont, d'autre part, soumis à toutes les obligations de l'administration.

C. Paris, 29 avril 1865 (*Gaz. trib.*, 8 mai 65).

d'un traité passé avec l'administration, c'est à l'autorité administrative seule, et non à l'autorité judiciaire qu'il appartient d'interpréter ce traité s'il a besoin de l'être. C'est aussi au Gouvernement seul qu'il appartient de vérifier l'accomplissement des conditions imposées aux concessionnaires, notamment de celle de ne pouvoir exproprier ni commencer les travaux qu'après avoir justifié valablement de la constitution du fonds social nécessaire à l'entière exécution de ces travaux; et quand le ministre atteste, soit par lui-même, soit par l'organe d'un directeur général, que le concessionnaire a satisfait à cette condition, l'autorité judiciaire est totalement incompétente pour réformer une telle déclaration (1).

922. Lorsque, par suite de l'obligation que son traité lui imposait, le concessionnaire a formé une société à laquelle il a transmis les droits que la concession lui conférait, les actes relatifs à l'expropriation se font à la requête de cette compagnie; mais on ne pourrait cependant faire annuler les procédures que le concessionnaire primitif aurait faites en son nom seul, en soutenant qu'il aurait dû les faire au nom de la compagnie qui est devenue concessionnaire (2).

923. Les préfets agissent, tantôt comme fonctionnaires, tantôt comme agents et représentants des administrations qui font exécuter les travaux. Dans tous les cas où les préfets exercent le pouvoir qui leur est délégué comme fonctionnaires, la circonstance que les travaux sont exécutés par des concessionnaires ne change rien à leurs attributions; mais ceux-ci sont substitués aux préfets pour tous les actes où le préfet n'intervient que comme agent d'une administration publique. Nous croyons qu'il sera facile à nos lecteurs de classer, dans chacune de ces deux catégories, les diverses dispositions de la loi du 3 mai; nous nous bornerons donc à de courtes observations sur les seuls points qui nous paraissent pouvoir présenter quelque incertitude.

924. Les travaux exécutés par voie de concession doivent, comme ceux exécutés par le Gouvernement, être, avant leur adoption, soumis à des enquêtes préparatoires (n° 53). « L'esprit d'entreprise, disait M. Renouard, a lui-même besoin de ne pas être discrédité par le découragement où le public est jeté, lorsque des spéculations folles bouleversent les propriétés et les

---

(1-2) Cass., 6 janv. 1836 (S. 36.4.5).

fortunes, pour s'arrêter ensuite au milieu de leur exécution. Le législateur romain prend des précautions, *ne aspectu ruinarum urbs deformetur*. Trop d'exemples nous montrent que l'esprit d'entreprise s'inquiète trop peu de ce grave objet de sollicitude. Ce ne sont pas seulement les yeux qui souffrent, le goût du beau qui est blessé : ce sont les fortunes particulières et une portion considérable de la fortune publique, c'est la fidélité aux engagements, le respect pour les contrats, l'avenir des familles, qui s'engloutissent dans ces ruines » (*Monit.*, 1er févr. 1833, p. 253). L'art. 3 de la loi a bien certainement fait droit à ces observations.

925. Le plan parcellaire des terrains ou édifices dont la cession paraît nécessaire (n° 96) doit être levé par l'ingénieur du concessionnaire ; mais le préfet ne doit le soumettre à l'approbation du ministre et aux formalités prescrites par les art. 5 et suiv. de la loi du 3 mai qu'après qu'il a été vérifié et approuvé par l'ingénieur que le Gouvernement a chargé de la surveillance et de la direction des travaux, parce qu'il pourrait se faire que, par des motifs d'économie ou pour d'autres causes, les agents du concessionnaire eussent dirigé les travaux sur des points autres que ceux où il serait le plus utile au public de les voir passer. Les propriétaires atteints par ce changement pourraient fort bien ne pas savoir qu'il eût été possible, et même préférable, de donner une autre direction aux travaux, et ne réclameraient peut-être pas ; de manière que la mauvaise direction se trouverait irrévocablement admise.

C'est à la diligence du concessionnaire que doivent avoir lieu les publications, affiches et insertions prescrites par l'art. 6 de la même loi, pour faire connaître le dépôt du plan parcellaire à la mairie.

926. L'ingénieur qui doit faire partie de la commission est-il celui que le concessionnaire a choisi pour diriger les travaux dans son intérêt, ou l'un des ingénieurs du Gouvernement ? L'ingénieur est nécessairement l'un des membres les plus influents de la commission, puisque c'est lui qui doit faire connaître aux autres membres s'il y a, sous le rapport de l'art, quelque obstacle ou quelque inconvénient à adopter le changement de direction réclamé par les propriétaires ; il faut donc qu'il apporte à cette discussion de l'impartialité. Le plan est le tracé présenté par le concessionnaire, et les réclamants proposent nécessairement un autre tracé ; l'ingénieur du concessionnaire n'est pas en position d'émettre une opinion impartiale dans ce débat. Le pré-

fet désignera certainement, pour faire partie de cette commission, un ingénieur du Gouvernement qui connaîtra les localités, ou à qui, dans tous les cas, il sera facile de se rendre sur les lieux pour faire les toisés, nivellements ou autres opérations nécessaires pour apprécier les réclamations. Cette désignation atteindra donc le but du législateur.

A la vérité, l'art. 8 dit que l'on appellera dans la commission *l'un des ingénieurs chargés de l'exécution des travaux*, parce que, dans cette partie de la loi, on ne s'occupe que du cas où les travaux sont exécutés par l'administration, et qu'il n'y a alors que les ingénieurs des ponts et chaussées qui participent à cette exécution. Mais il n'en est pas moins certain que l'on a voulu appeler dans la commission un fonctionnaire public, un homme qui ne pouvait être guidé dans sa décision que par des considérations d'intérêt général. Si l'on tolère que de simples citoyens (dont un grand nombre sont d'ailleurs fort instruits et fort honorables) prennent le titre d'*ingénieurs civils*, cette dénomination ne leur est pas reconnue par la loi, et ne peut dès lors leur donner entrée dans la commission. Souvent les ingénieurs des compagnies ne sont même pas Français; comment pourraient-ils remplir une mission administrative?

Pour les travaux qu'exécute le Gouvernement l'ingénieur ne peut avoir d'autre but que l'intérêt général : il peut se tromper dans l'indication du tracé qu'il signale comme le meilleur; mais l'opinion qu'il émet est tout à fait désintéressée. L'ingénieur du concessionnaire, au contraire, doit prendre en très-grande considération l'intérêt personnel de son mandant, et doit naturellement chercher à diminuer les dépenses qui lui sont imposées. Si le concessionnaire tient à faire prévaloir tel tracé, son ingénieur ne peut que repousser tous les autres. Une compagnie qui exécute un chemin de fer, par exemple, ne voit que l'exécution de ce chemin; elle ne s'occupe pas des canaux, des routes, des chemins vicinaux, tous intérêts que l'ingénieur du Gouvernement ne perdrait pas de vue, et sur lesquels la commission doit aussi porter une sérieuse attention. Appeler l'ingénieur du concessionnaire dans la commission, c'est y appeler le concessionnaire lui-même, et l'y appeler, non-seulement avec voix délibérative, mais en quelque sorte avec voix prépondérante; car on sait qu'il est toujours facile à un homme de l'art d'opposer à la réclamation des propriétaires des difficultés d'exécution plus ou moins réelles, mais dont l'allégation suffit pour décider la commission à maintenir le tracé primitif.

A Paris, l'on a commencé par appeler dans les commissions l'ingénieur des concessionnaires; mais les membres de ces commissions ont bientôt reconnu que l'intervention de cet ingénieur ne leur offrait pas les garanties nécessaires pour l'émission d'une opinion parfaitement éclairée. Le préfet a donc invité les ingénieurs du Gouvernement à assister aux opérations de la commission pour lui fournir les renseignements dont elle aurait besoin (M. Husson, t. 1er, p. 304). Mais on n'a pas tardé à remarquer que l'on plaçait par là les ingénieurs dans une position que la loi n'a certes pas voulu leur faire : au moment du vote, le fonctionnaire public devait se retirer, et l'agent du concessionnaire prenait seul part à la décision. Le fonctionnaire n'avait que voix consultative, tandis que la partie intéressée avait voix délibérative; c'était l'inverse de ce qu'il fallait faire, selon nous. On renonça donc à cette mesure, et l'ingénieur du Gouvernement fut appelé à émettre son avis sur la délibération de la commission. Mais il résulte de là que, si l'administration adopte l'avis de l'ingénieur et modifie le tracé présenté par le concessionnaire, il faut remplir de nouveau toutes les formalités du titre II de la loi; tandis que si l'ingénieur du Gouvernement avait fait partie de la commission, il aurait pu l'amener à proposer ce même tracé, ce qui n'aurait exigé que l'accomplissement des formalités indiquées par l'art. 10 de la loi.

Ces divers modes offraient donc des inconvénients réels. En appelant, au contraire, l'ingénieur du Gouvernement dans la commission, comme le veut la loi, tout reprend une marche naturelle. L'ingénieur du concessionnaire est appelé devant la commission, comme les propriétaires eux-mêmes, dont il est, en ce cas, l'adversaire réel, uniquement pour soutenir son avis. Chacun d'eux fait valoir ses raisons, mais aucun ne prend part à la délibération (1).

927. C'est le préfet qui, par un arrêté motivé, détermine définitivement les propriétés qui doivent être cédées, et indique l'époque à laquelle il sera nécessaire de prendre possession de ces propriétés (n° 99); mais, pour cette dernière indication, il doit généralement adopter l'époque proposée par le concessionnaire, qui doit savoir mieux que personne le moment où il aura besoin de faire travailler sur les différents terrains, et qui paie d'ailleurs des indemnités d'autant plus fortes, qu'il laisse à ceux

---

(1) Voir Dalloz, *Rép.*, v° *Expropriation*, n°ˢ 748 et suiv.; Horson, n° 362.

qui occupent les terrains ou bâtiments moins de temps pour évacuer les lieux ou recueillir les fruits et récoltes.

928. C'est ordinairement le procureur impérial qui requiert l'expropriation des terrains et bâtiments désignés dans l'arrêté du préfet (n° 192), parce que cette expropriation est requise dans l'intérêt de l'État ; mais lorsqu'elle a lieu sur la poursuite d'un concessionnaire, c'est à celui-ci à réclamer l'expropriation au moyen d'une requête qu'il présente à cet effet au tribunal, et qui est signée d'un avoué.

[La concession implique en effet ce droit d'acquérir les terrains nécessaires, soit à l'amiable, soit par la voie de l'expropriation pour cause d'utilité publique, et par conséquent la faculté de provoquer, de la part de l'autorité publique compétente, les actes nécessaires pour arriver à l'expropriation.

La Cour de cassation a décidé en principe, par arrêt du 29 août 1854 (1), « que la concession faite par l'État à des particuliers du droit de construire un chemin de fer implique le droit d'acquérir les terrains nécessaires à cet effet, soit à l'amiable et de gré à gré, soit par l'expropriation forcée pour cause d'utilité publique ; et que, *comme moyen d'exercice de cette faculté*, la compagnie concessionnaire peut provoquer de la part de l'autorité publique compétente tous les actes nécessaires pour arriver à l'expropriation. »

L'arrêt de la Cour de cassation, du 20 novembre 1854 (2), porte également « qu'aux termes de l'art. 63 de la loi du 3 mai 1841, les concessionnaires de travaux publics exercent tous les droits conférés à l'administration, à la charge de remplir les obligations qui lui sont imposées ; que si cette délégation ne s'étend point aux mesures antérieures à l'expropriation qui affectent l'intérêt général et qui n'appartiennent en conséquence qu'à l'autorité publique (3), elle comprend le droit pour les concessionnaires de faire faire à leur requête, après en avoir référé au magistrat directeur du jury, les notifications et convocations relatives au débat et au règlement des indemnités qui n'intéressent que les concessionnaires et l'exproprié. »]

On ne pourrait cependant pas annuler un jugement qui aurait, en ce cas, prononcé l'expropriation, sur la requête du procureur impérial.

---

(1) Cass., 29 août 1854 (Dall.54.4.320; S.55.1.734).
(2) Dall.54.5.343.

(3) Voir à cet égard, Dalloz, *Répert.*, v° *Expropriation*, n°* 712 et suiv.

[L'administration, dans l'intérêt de laquelle se poursuit l'expropriation, conserve, malgré la concession qu'elle a consentie, le droit de faire les diligences nécessaires en son propre nom, et d'adresser au procureur impérial les pièces et la demande à fin d'expropriation. Le concessionnaire n'est que son délégué, et le déléguant est toujours en droit d'agir lui-même. C'est alors au concessionnaire à intervenir si bon lui semble. L'administration et la compagnie concessionnaire peuvent ainsi agir concurremment (1).

Quant l'administration a ainsi figuré, conjointement avec la compagnie concessionnaire, dans l'instance d'expropriation, il est tout naturel qu'elle ne puisse répudier les obligations prises en son nom par ses représentants réguliers devant le jury (2) — (A).

Le concessionnaire, le plus souvent, met son privilége en société; il n'en conserve pas moins cependant le droit de poursuivre l'expropriation en son nom personnel; car, lorsque la condition de constituer une compagnie ne lui a pas été imposée, c'est à lui, et à lui seul, que la concession a été accordée; personne n'a à s'enquérir des traités particuliers qu'il peut avoir faits avec les tiers. Pour le public, il est toujours resté concessionnaire, malgré la formation d'une société, et les expropriés ne sont pas admis à lui opposer un défaut de qualité (3).

Le principe que les concessionnaires de travaux publics, subrogés à l'administration, font et reçoivent toutes les notifications aux lieu et place de l'administration, ne reçoit son application que lorsque la subrogation est régulièrement accomplie et définitivement consommée.

Ainsi, quand la concession est donnée à une société anonyme, il va de soi que cette société ne peut faire procéder en son nom aux expropriations nécessaires avant que ces statuts aient été approuvés par le Gouvernement (4).

---

(1) Cass., 4 juin 1855 (Dall.55.1.285; S.56.1.78); C. Paris, 6 mai 1854 (S.55.2.225).
(2) C. Paris, 6 mai 1854, ci-dessus.
(3) Cass., 6 janv. 1836 (S.36.1.5).
(4) Cass., 14 fév. 1855 (Dall. 55.1.178).

Additions.

(A) Lorsque, s'agissant de travaux pour la confection desquels l'État s'était subrogé un concessionnaire, spécialement, des travaux d'un chemin de fer exécutés par une compagnie concessionnaire, c'est cependant le préfet qui a poursuivi le règlement de l'indemnité, l'exproprié qui, devant le jury, n'a fait ni protestation ni réserve contre cette manière de procéder, ne peut en faire plus tard un moyen de cassation contre la décision qui fixe l'indemnité. Cass. civ., 31 mai 1865 (*Gaz. trib.*, 6 juin 65).

Bien plus, il ne suffit même pas que le décret d'autorisation ait été rendu, pour que la société puisse agir, il faut encore qu'il ait été rendu exécutoire par la remise régulière d'une ampliation (1).]

Le jugement d'expropriation doit être publié, affiché et inséré dans un journal (n° 219), à la diligence et aux frais du concessionnaire.

Si, dans l'année qui suit l'arrêté pris par le préfet, le concessionnaire n'a pas poursuivi l'expropriation, tout propriétaire d'un terrain compris audit arrêté peut demander lui-même l'expropriation (n° 894). Le concessionnaire est soumis, comme l'Etat, à l'obligation de poursuivre l'expropriation dans l'année.

929. Le pourvoi en cassation (n° 226) est aussi formé au nom du concessionnaire, qui devra justifier les motifs du pourvoi devant la Cour suprême, car c'est lui surtout qui a intérêt à faire casser le jugement qui a refusé de prononcer l'expropriation. C'est de même à lui à défendre à un pourvoi formé contre le jugement qui prononce l'expropriation et à prouver la légalité de ce jugement.

[C'est contre lui que le pourvoi doit être formé, à moins que l'administration ne soit restée en cause, auquel cas le pourvoi peut être notifié aussi bien à l'administration qu'au concessionnaire. Ce qui importe, c'est que le procès devant la Cour de cassation ne puisse être instruit et jugé sans que les véritables défendeurs aient été mis en demeure de comparaître et de se défendre (2).

Ainsi encore lorsque, nonobstant le traité qui la subroge à l'administration, la compagnie concessionnaire procède sous le nom de l'administration agissant ou défendant par son représentant légal, ses adversaires, par une juste réciprocité, peuvent agir et procéder contre l'administration, et par conséquent lui notifier leur pourvoi (3)] — (A).

---

(1) Cass., 24 avril 1855 (Dall.55.1.432; S.55.1.607).
(2) Cass., 4 juin 1855 (S.56.1.78).
(3) Cass., 20 mars 1855 (Dall. 55.1. 61).

Additions.

La compagnie concessionnaire, qui poursuit une expropriation pour cause d'utilité publique, n'est pas substituée d'une manière absolue aux droits et priviléges de l'Etat, et notamment au privilége créé en faveur de celui-ci par la loi du 16 juill. 1793, portant qu'il ne sera fait par le Trésor public aucun paiement en vertu de jugements qui seront attaqués par voie de cassation, qu'au préalable ceux au profit desquels lesdits jugements auraient été rendus, n'aient donné bonne et suffisante caution.

Dans tous les cas, cette disposition ne saurait être invoquée par la compagnie

930. Quand l'expropriation est définivement prononcée, le préfet n'a plus guère à intervenir dans les opérations. Il ne s'agit, pour le concessionnaire, que de payer des indemnités plus ou moins élevées, et de payer plus ou moins régulièrement. Les débats qui peuvent s'élever sur ce point ne se rattachent donc qu'aux intérêts personnels du concessionnaire; le préfet ne peut y prendre aucune part.

Les dispositions des art. 16, 17, 18 et 19, de la loi du 3 mai, établissent, comme on l'a vu précédemment, sur les effets du jugement d'expropriation et sur la purge des priviléges et des hypothèques, plusieurs dispositions dérogatoires au droit commun. Le concessionnaire, exerçant tous les droits conférés à l'administration par cette loi, jouit nécessairement des avantages résultant des dispositions rappelées.

931. Si le concessionnaire ne peut parvenir au règlement amiable des indemnités, il doit faire notifier aux différentes parties intéressées les sommes qu'il leur offre pour indemnités (n° 422), et, dans la quinzaine suivante, les indemnitaires doivent lui faire connaître s'ils acceptent les sommes offertes, ou, en cas de refus, lui indiquer le montant de leurs prétentions (n° 436).

932. L'art. 56 de la loi du 3 mai 1841 déclare que tous les actes relatifs à l'acquisition d'un terrain *peuvent être* passés dans la forme administrative (n° 664). Nous devons cependant rappeler ici que M. Legrand, commissaire du roi, fit remarquer qu'il fallait éviter de constituer les préfets agents nécessaires des compagnies. « Vous penserez comme nous, disait-il, qu'il n'est pas convenable de placer dans une telle position des magistrats d'un ordre supérieur. Si les préfets veulent bien prêter leur intervention aux compagnies, ils en auront la faculté, mais du moins ils n'en recevront pas l'obligation » (*Mon.*, 14 mai 1833, p. 1352). La rédaction de l'article fut modifiée pour éviter cet inconvénient (n° 664). Mais M. le commissaire du roi a alors déclaré que l'administration avait souvent plus d'avantages à faire recevoir les actes par un notaire que par le préfet, et les motifs qu'il a donnés s'appliquent avec bien plus de force encore à des concessionnaires qu'à l'administration. Nous croyons donc

---

qui, après s'être pourvue en cassation, et pour prendre possession du terrain exproprié, fait elle-même des offres réelles de l'indemnité fixée; elle ne peut subordonner ces offres à la condition par l'exproprié de donner caution. C. Toulouse, 16 fév. 1864 (S.64.2.71).

que ce serait souvent une mauvaise économie pour les concessionnaires que de réclamer de l'obligeance des fonctionnaires administratifs, la faculté de faire recevoir habituellement les contrats dans la forme des actes d'administration.

Du reste, les concessionnaires jouissent, pour les actes et les contrats, de tous les avantages énoncés au chap. IX.

933. La compagnie du chemin de fer de Versailles (rive gauche), obligée par son cahier des charges d'acquérir les terrains nécessaires à l'exécution de ce chemin, avait cru qu'elle n'avait pas d'indemnité à payer pour les immeubles appartenant à l'Etat, parce qu'elle ne devait pas être propriétaire du chemin, qu'elle n'avait que la jouissance d'un péage temporaire pour l'indemniser de sa dépense, et qu'au bout d'un certain temps le chemin devenait la propriété de l'Etat. C'est donc réellement pour l'Etat, disait-elle, que la compagnie acquiert les terrains nécessaires à l'établissement du chemin, et s'il est déjà propriétaire d'une portion de ces terrains, il n'y a lieu à aucune indemnité, ou tout au moins il suffit à la compagnie d'indemniser le domaine de la privation de jouissance qu'il doit éprouver temporairement, c'est-à-dire pendant la durée de la jouissance de la compagnie.

Ce système reposait sur la confusion du domaine public et du domaine de l'Etat. C'est pourquoi il fut repoussé par un arrêt de la Cour de cassation du 19 déc. 1838 : « Attendu que l'Etat, comme propriétaire, est à l'instar des particuliers ; — Que les conventions qui interviennent entre les concessionnaires de travaux publics et le Gouvernement, comme administration, n'affectent en aucune façon les propriétés de l'Etat, lesquelles demeurent gouvernées par les règles du droit commun ; d'où il suit que la condition substantielle de l'indemnité due en cas d'expropriation à l'Etat, comme propriétaire dépossédé, ne peut être aucunement modifiée (1) par les clauses insérées dans l'acte de concession d'un chemin de fer, ni conséquemment par la stipulation portant qu'à l'expiration de la jouissance con-

---

(1) *Ne peut être aucunement modifiée ;* il est évident que l'arrêt veut dire seulement que la position de l'Etat comme propriétaire *n'est pas modifiée de plein droit* par les clauses ordinaires des actes de concession. Mais on pourrait certes convenir qu'une compagnie n'aurait rien à payer pour les terrains appartenant à l'Etat qui seraient compris dans le tracé des travaux. Cette clause constituerait une subvention accordée implicitement à la compagnie. Mais, à défaut de cette stipulation, il faut indemniser le domaine de l'Etat pour les biens qui entrent dans le domaine public.

férée à la compagnie concessionnaire, elle sera tenue d'en faire remise à l'Etat « (Devill., t. 39, p. 255 ; Dall., p. 53).

934. Nous ne pensons pas que le concessionnaire puisse demander en son nom personnel, à la Cour impériale ou au tribunal du chef-lieu judiciaire, la convocation d'un jury spécial ; il doit s'adresser au préfet, qui réunit toutes les affaires d'indemnités qui doivent être jugées dans un même arrondissement, soit qu'elles intéressent l'Etat, ou des communes, ou des concessionnaires, et demande à l'autorité judiciaire compétente la formation d'un seul jury pour prononcer sur toutes ces affaires (n° 466). C'est l'unique moyen de ne pas déranger trop souvent les jurés de leurs occupations personnelles, et de ne pas les mettre en quelque sorte à la disposition d'un concessionnaire, qui les obligerait à se déplacer tous les quinze jours peut-être, pour prononcer sur une ou deux affaires.

Si, dans les six mois à compter du jugement d'expropriation, le concessionnaire ne poursuit pas la fixation des indemnités, les propriétaires ou autres intéressés peuvent demander qu'il soit procédé à la fixation de ces indemnités (n° 901), et ils doivent transmettre au préfet leur demande en convocation du jury spécial.

[Quand le préfet convoque ainsi les jurés, sans figurer dans aucun autre des actes de la procédure suivis tous à la requête de la compagnie concessionnaire, il n'agit pas comme poursuivant l'expropriation, mais uniquement comme exerçant les droits de la puissance publique ; le pourvoi en cassation ne peut être notifié à l'administration dans la personne du préfet, il ne doit l'être qu'à la compagnie concessionnaire seule en cause (1).]

935. Lorsque le jury est réuni, c'est au concessionnaire à exercer le droit de récusation que l'art. 34 de la loi du 3 mai accorde à l'administration (n° 532). C'est lui aussi qui doit présenter par lui-même, ou par son fondé de pouvoir, le tableau des offres et des demandes, ainsi que les titres et autres documents qu'il veut faire valoir à l'appui de ses offres. C'est lui également qui doit développer les considérations qui repoussent les prétentions de ses adversaires.

936. L'art. 57 de la loi du 3 mai dit que toutes les significations et notifications mentionnées en ladite loi peuvent être

---

(1) Cass., 4 juin 1855 (Dall.55.1.285 ; S.56.1.78).

faites tant par huissier que par tout agent de l'administration dont les procès-verbaux font foi en justice (n° 978). En vertu de la subrogation portée en l'art. 63 de cette loi (n° 928), les concessionnaires peuvent faire faire les notifications dont il s'agit par les agents de l'administration, pourvu que ceux-ci obtiennent à cet effet la permission de leurs supérieurs. L'indemnitaire n'aurait pas à se plaindre de l'exercice de cette faculté, puisque, les agents de l'administration n'ayant droit à aucun émolument pour ces significations (n° 1013), les frais, s'il succombe, seront moins considérables.

937. Les concessionnaires sont soumis à toutes les obligations imposées à l'administration, et par conséquent à celle d'acquitter le montant des indemnités entre les mains des ayants droit, ou de le consigner préalablement à la prise de possession (n° 801).

938. L'envoi en possession pour cause d'urgence a été établi pour faciliter l'exécution des travaux (n° 862); et comme il est également de l'intérêt public que les travaux entrepris par des concessionnaires n'éprouvent pas d'entraves sans nécessité, ces concessionnaires peuvent faire usage des dispositions exceptionnelles établies par les art. 63 et suiv. Cela a été reconnu plusieurs fois dans le cours des discussions qui ont eu lieu devant les Chambres.

939. Les concessionnaires sont tenus de remettre aux anciens propriétaires, si ceux-ci le réclament, les terrains acquis pour les travaux, et qui ne reçoivent pas cette destination (n° 1116).

940. Relativement à la dispense des droits de timbre, d'enregistrement et de transcription, on peut voir ce que nous disons n°s 953 et suivants.

CHAPITRE XV.

DES EXPROPRIATIONS DEMANDÉES PAR DES COMMUNES.

941. — Enquête préalable à la déclaration d'utilité publique, quand les travaux intéressent plusieurs communes.
942. — Enquête préalable à la déclaration d'utilité publique, quand ils ont lieu dans l'intérêt exclusif d'une commune.

943. — Les réclamations sont soumises au conseil municipal.
944. — L'utilité publique est déclarée par un décret.
945. — Désignation des propriétés dont l'acquisition est nécessaire.
946. — Ce mode exceptionnel de désignation ne s'applique qu'aux expropriations demandées dans un intérêt purement communal. — Jurisprudence.
947. — Motifs de la suppression de la commission d'enquête.
948. — Du cas où il faut l'approbation de l'autorité supérieure.
949. — Poursuite en expropriation.
950. — Pièces que le maire doit transmettre au tribunal.
951. — Purge des hypothèques.
952. — Timbre et enregistrement. — Renvoi.

941. Lorsque les travaux intéressent plusieurs communes, l'enquête qui doit précéder le déclaration d'utilité publique a lieu conformément aux art. 9 et 10 de l'ordonnance du 18 fév. 1834, et les formalités diffèrent selon que les travaux s'exécutent dans un seul arrondissement ou dans plusieurs. Voir chap. Ier, sect. 2 (Ord. 23 août 1835, art. 6; *Ann. ponts et chauss.*, 1834, p. 120, et 1835, p. 360).

942. Quand les travaux doivent avoir lieu dans l'intérêt *exclusif* d'une commune, les formalités prescrites par l'ordonnance du 18 fév. 1834 seraient, les unes sans objet, les autres insuffisantes. En conséquence, l'ordonnance du 23 août 1835 a établi des formalités spéciales.

L'enquête s'ouvre sur un projet où l'on fait connaître le but de l'entreprise, le tracé des travaux, les dispositions principales des ouvrages et l'appréciation sommaire des dépenses (art. 2). Ce projet est déposé à la mairie pendant quinze jours, pour que chaque habitant puisse en prendre connaissance. A l'expiration de ce délai, un commissaire, désigné par le préfet, reçoit à la mairie, pendant trois jours consécutifs, les déclarations des habitants sur l'utilité publique des travaux projetés. Les délais ci-dessus indiqués pour le dépôt des pièces à la mairie, ainsi que pour la durée de l'enquête, pourront être prolongés par le préfet, lorsque les circonstances paraîtront rendre cette prolongation nécessaire (art. 3). Dans tous les cas, les délais ne courent qu'à dater de l'avertissement donné par voie de publication et d'affiches, et il est justifié de l'accomplissement de ces formalités par un certificat du maire (*Ibid.*). Le registre destiné à recevoir les déclarations des habitants est clos et signé par le commissaire, qui le transmet immédiatement au maire, avec son avis motivé et les autres pièces de l'instruction qui auront servi de base à l'enquête (art. 4).

943. Si aucune réclamation ne s'est élevée, il est inutile d'appeler le conseil municipal à délibérer de nouveau sur un projet qu'il a déjà approuvé; mais si le registre d'enquête contient des déclarations contraires à l'adoption du projet, ou si l'avis du commissaire lui est opposé, le conseil municipal est appelé à examiner les réclamations, à émettre son avis, par une délibération motivée, dont le procès-verbal est joint aux pièces. Dans tous les cas, le maire adresse immédiatement les pièces au sous-préfet, et celui-ci au préfet, avec son avis motivé (*Ibid.*).

944. Le préfet, dans les cas prévus par les règlements, prend l'avis des chambres de commerce et des chambres consultatives des arts et manufactures, dans les lieux où il en est établi, et transmet le tout, avec son avis motivé, au ministre de l'intérieur, sur le rapport duquel il est statué par un décret impérial, sur la question d'utilité publique des travaux.

945. La désignation des propriétés dont l'acquisition est nécessaire se fait à peu près de la manière indiquée n°ˢ 87 et suiv. Cependant l'art. 12 de la loi du 3 mai porte : « Les dispositions
« des art. 8, 9 et 19 ne sont point applicables au cas où l'expro-
« priation serait demandée par une commune, et dans un inté-
« rêt purement communal, non plus qu'aux travaux de redres-
« sement des chemins vicinaux.—Dans ce cas, le procès-verbal
« prescrit par l'art. 7 est transmis, avec l'avis du conseil muni-
« cipal, par le maire au sous-préfet, qui l'adressera au préfet
« avec ses observations.—Le préfet, en conseil de préfecture,
« sur le vu de ce procès-verbal, et sauf l'approbation de l'ad-
« ministration supérieure, prononcera comme il est dit à l'ar-
« ticle précédent. » Ainsi, les formalités indiquées au chap. Ier, et relatives au plan parcellaire, à sa publication et aux réclamations des parties intéressées, doivent être remplies; mais ces réclamations ne sont point transmises à la commission spéciale indiquée par l'art. 8 de la loi du 3 mai (n° 112). A l'expiration du délai de huitaine (art. 5), le procès-verbal d'enquête est soumis par le maire au conseil municipal, qui examine les réclamations et y fait droit en proposant de modifier le projet primitif, ou les repousse en insistant pour l'adoption de ce projet. Le procès-verbal d'enquête et l'avis du conseil municipal sont ensuite transmis par le maire au sous-préfet, qui l'adresse au préfet avec ses observations. Le préfet, en conseil de préfecture, sur le vu du procès-verbal, et sauf l'approbation de l'adminis-

tration supérieure (n° 948), détermine, par un arrêté motivé, les propriétés qui doivent être cédées, et indique l'époque à laquelle il est nécessaire d'en prendre possession.

La Cour de cassation a ainsi interprété cet art. 12, en déclarant que, si, pour les travaux d'un intérêt purement communal, cet article dispensait de convoquer une commission d'examen dans les formes prescrites par les art. 8, 9 et 10 de la même loi, il ne dispensait pas de l'observation des art. 5, 6 et 7 de cette loi, et notamment du dépôt du plan parcellaire à la mairie de la commune où sont situées les propriétés qu'il s'agit d'exproprier (1).

C'est le maire qui doit certifier le dépôt du plan, ainsi que les publications et affiches, comme pour les autres travaux ; la loi n'a conféré à aucune autre personne, qu'à cet officier public, le droit de délivrer ces certificats (2).

946. Il faut remarquer que l'exception établie par l'art. 12 de la loi ne s'applique qu'aux expropriations demandées *par une commune et dans un intérêt purement communal*. Ainsi, l'exception n'est pas établie pour tous les travaux communaux ; il faut, en outre, que ces travaux soient *d'un intérêt purement communal*, c'est-à-dire qu'aucune autre partie de l'Empire que cette commune ne soit directement intéressée à l'exécution de ces travaux ; de sorte que, si, l'exécution des travaux intéresse d'autres communes, et surtout si ces travaux doivent passer sur leurs territoires, les habitants de ces communes ayant intérêt à être entendus, la commission spéciale devient un intermédiaire indispensable. Le sens et le but de l'exception ont été ainsi indiqués par M. Chasles, sur les observations duquel la Chambre des députés a adopté l'amendement qui, après quelques modifications, est devenu l'art. 12 de la loi. « La loi que nous discutons, disait-il, donnera lieu à des projets d'acquisition *d'un intérêt purement communal*. Il me semble que, dans ce cas, où l'utilité publique est restreinte à une localité, *où les* SEULS *intérêts locaux sont en présence d'intérêts individuels*, il n'y a pas lieu de prescrire des formalités aussi solennelles et surtout aussi sérieuses que s'il s'agissait… » — *Voix nombreuses* : « Il n'y a pas d'opposition. — La commission, par un de ces membres, déclare adhérer à cet amendement » (*Monit.*, 5 fév. 1833, p. 295).

---

(1) Cass., 2 fév. 1836 (S.36.1.337 ; Dall.36.1.85).

(2) Cass., 11 août 1844 (S.44.1.670 ; Dall.44.1.327).

On voit qu'il a été bien expliqué que l'exception ne s'appliquait qu'aux cas où les *seuls* intérêts locaux étaient en présence, et c'est ce que l'on a voulu rendre par ces mots : *dans un intérêt purement communal*, et que l'on eût mieux exprimé peut-être par ceux-ci : *et qui n'intéressent directement que cette commune*.

Pour se procurer le volume d'eau dont ses habitants avaient besoin, une ville voulait changer la direction de la rigole qui lui amenait ces eaux, et la faire passer sur d'autres communes que celles où elle était précédemment établie. Ce changement devait s'exécuter aux frais de la ville et dans son seul intérêt; mais cette innovation intéressait toutes les communes sur lesquelles les travaux devaient avoir lieu, et même celles sur lesquelles passait l'ancienne rigole. L'administration a donc dû ordonner, et a en effet ordonné, que les formalités des art. 8, 9 et 10 de la loi seraient remplies. Nous croyons qu'il en doit être de même toutes les fois que les travaux projetés par la commune ne doivent pas s'exécuter uniquement sur son territoire, et même toutes les fois que ces travaux doivent se faire sentir sur d'autres communes. Mais nous ne pensons pas, comme l'a dit un commentateur, qu'un pont exécuté par une commune, à ses frais et sur son territoire, ne puisse pas être considéré comme un travail d'intérêt purement communal. Les autres communes n'y sont intéressées qu'indirectement.

[Il en est autrement d'une expropriation qui, poursuivie, il est vrai, dans l'intérêt exclusif d'une commune, affecte cependant le territoire d'une commune voisine, si cette dernière surtout s'oppose à l'expropriation; il y a alors deux communes intéressées; et la réunion d'une commission spéciale, conformément à l'art. 8 de la loi, devient nécessaire (1).]

947. L'exception proposée pour les travaux communaux n'avait pas été en 1833 complétement approuvée par la commission de la Chambre des pairs : « Fidèle au principe d'assurer à la propriété toutes les garanties qu'elle a un droit légitime de réclamer, nous ne nous sommes point expliqué, disait M. de Vaines, son rapporteur, pourquoi on les refuserait toutes au propriétaire menacé d'expropriation par suite des travaux communaux...; à la commission ordinaire nous vous proposons d'en substituer une composée de quatre propriétaires pris hors du conseil municipal, et présidée par le sous-préfet, remplissant

---

(1) Cass., 13 mars 1848 (S. 48.1.379; Dall. 48.5.184).

en petit les obligations imposées à l'autre commission, et donnant un avis motivé, sur lequel le préfet statue en dernier ressort » (*Monit.*, 21 avril 1833).

« En instituant une commission de cette nature, fit observer M. le comte d'Argout, ministre de l'intérieur, vous instituez un corps en dehors du conseil municipal, et par conséquent opposé au conseil municipal; de sorte que l'administration supérieure sera fort embarrassée pour choisir entre l'avis du conseil municipal et celui de la commission » (*Monit.*, 7 mai 1833, p. 1268). « Il sera souvent impossible à un préfet, ajouta M. le comte Molé, de trouver dans certaines communes quatre hommes capables hors du conseil municipal » (*Ibid.*). — « Comment d'ailleurs appeler, dit M. le duc Decazes, du conseil municipal, c'est-à-dire de douze membres élus du peuple, à une commission de quatre membres élus du préfet? » (*Ibid.*). — « On parle, répondit M. le comte Portalis, de la difficulté d'exécution dans les communes rurales; mais, dans les grandes villes, la question s'agrandit; et remarquez combien peu de garanties vous donnez à la propriété! » (*Ibid.*). — « Veuillez examiner, répliqua M. Legrand, commissaire du roi, si réellement un aussi grand appareil est nécessaire pour des travaux communaux, qui sont généralement d'une faible importance, et dont l'emplacement peut être si facilement connu à l'avance... Il n'est certainement pas un seul propriétaire qui, si sa propriété doit être atteinte, n'ait pu se mettre en mesure de présenter ses observations... Un accès suffisant n'est-il pas donné à toutes les réclamations? et si elles sont justes, raisonnables, légitimes, peut-on présumer que l'autorité supérieure n'y aura pas égard?... Enfin, si vous pensez que les résultats de l'enquête doivent absolument être soumis à un contrôle quelconque, avant de l'être à la décision du préfet, déférez ce contrôle au conseil de préfecture » (*Monit.*, 8 mai, p. 1278). M. le comte Portalis, appuyé par M. le baron Mounier, proposa en outre que le procès-verbal d'enquête fût soumis au conseil municipal, et ces deux propositions furent adoptées (*Ibid.* p. 1279).

« Il avait paru, a dit M. Thiers, ministre du commerce, en reportant le projet à la Chambre des députés, que pour les travaux communaux, l'appareil de la commission n'était pas indispensable; mais on a fait remarquer qu'on ne pouvait pas se dispenser d'entendre le conseil municipal sur les pièces de l'enquête, surtout s'il s'était élevé des réclamations contre le projet que ce conseil avait déjà adopté; que, de plus, dans ce même cas de réclamations, il était bon que le préfet ne fût pas appelé à statuer seul, et qu'il s'entourât des lumières des conseillers que lui donne notre système d'administration. Il est superflu de faire remarquer que le conseil de préfecture n'intervient pas ici comme tribunal administratif, mais qu'il est chargé seulement de donner au préfet, qui le préside et qui statue, l'assistance de ses lumières » (*Monit.*, 22 mai, p. 1438).

948. L'art. 12 de la loi du 7 juillet 1833 portait, comme l'article correspondant de la loi du 3 mai 1841, que, pour les travaux communaux, le préfet statuerait, *sauf l'approbation de l'administration supérieure*. Plusieurs jurisconsultes avaient conclu de ces expressions que, toutes les fois qu'il y aurait des réclamations contre le plan parcellaire, l'arrêté du préfet devrait être approuvé par le ministre. Les auteurs du *Code des municipalités* croyaient même que l'on avait considéré cette approbation comme une nouvelle garantie donnée aux propriétaires; d'où ils induisaient que l'approbation du ministre devait être demandée *dans tous les cas*, que l'on eût ou non proposé des changements au tracé primitif (p. 54).

Les dispositions de l'art. 12 ayant été appliquées en 1841 aux travaux d'ouverture et de redressement des chemins vicinaux, la question prenait un nouvel intérêt, puisqu'il s'agissait de décider si, pour ces travaux et pour les autres travaux d'intérêt communal, le préfet devait soumettre tous ses arrêtés à l'approbation du ministre. M. Legrand, commissaire du roi, rappela qu'à la Chambre des députés il avait été convenu que ces mots : *sauf l'approbation de l'administration supérieure*, ne devaient s'entendre que de l'approbation de l'administration supérieure dans les cas prévus par les lois et règlements (*Monit.*, 24 avril 1841, p. 1100).

M. Laplagne-Barris répondit : « Remarquez qu'il ne faut pas beaucoup se préoccuper de ces opinions émises à la tribune sur le sens de tel article de la loi; ces opinions, quelque respectables qu'elles soient, cèdent devant le texte lorsqu'un débat s'engage devant les tribunaux. Je n'hésite donc pas à penser qu'il y aura dérogation à la loi du 21 mai 1836 sur les chemins vicinaux, par ces mots : *sauf l'approbation de l'administration supérieure*, qui s'appliquent à toutes les parties de la loi, et par conséquent aux chemins vicinaux » (*Ibid.*). M. le comte d'Argout, et M. le comte Jaubert, ministre des travaux publics, firent observer que l'art. 12 avait toujours été exécuté dans le sens que lui avait donné M. le commissaire du roi. M. le comte

Daru, rapporteur, répondit : Les explications données par M. le ministre satisferont peut-être un jour les commentateurs, mais elles sont contradictoires avec le texte de la loi » (*Ibid.*).

Ces débats, et ceux qui se sont élevés entre les commentateurs, prouvent que la rédaction de cet art. 12 est fort obscure, et il est probable qu'elle eût été modifiée si la Chambre n'avait su qu'à cette époque avancée de la session l'adoption d'un seul amendement aurait pour résultat d'ajourner d'un an, et peut-être plus, la publication d'une loi vivement désirée. Il résulte cependant de cette discussion que tout le monde était d'accord sur ce point, qu'il ne fallait pas exiger l'approbation du ministre dans tous les cas ; mais quelques membres supposaient qu'on arriverait à ce résultat sans le vouloir ; d'autres soutenaient qu'on ne pouvait tirer une pareille conséquence de la rédaction adoptée.

Aujourd'hui, pour établir la nécessité de l'approbation de l'autorité supérieure relativement à tous les arrêtés pris en vertu de l'art. 12, on fait remarquer que, si, d'après les lois et règlements, certains travaux doivent être autorisés par le ministre et même par l'Empereur, cette autorisation intervient toujours antérieurement aux formalités établies par le titre II de la loi du 3 mai 1841, mais qu'il n'existe aucune loi, ordonnance ou règlement, portant que les arrêtés pris par le préfet, en vertu de l'art. 12 de cette loi, seront soumis au ministre dans certains cas, et ne le seront pas dans d'autres. On ajoute que, s'il n'y a aucun règlement qui spécifie les cas où le préfet devra soumettre son arrêté à l'approbation du ministre, il en résultera que cette approbation ne sera jamais demandée, et que la disposition invoquée de l'art. 12 ne recevra jamais d'application, il faut exiger que l'approbation soit demandée dans tous les cas.

Ce raisonnement, qui nous avait d'abord séduit nous-même, n'est réellement que spécieux. Il n'existe, à la vérité, aucune loi, ordonnance ou décret qui parle de l'approbation des arrêtés pris par le préfet en exécution de l'art. 12 ; mais on reconnaît que certains travaux communaux doivent être autorisés par l'Empereur ou par le ministre. Or, quand, par suite de l'enquête, le conseil municipal est d'avis de modifier un projet qui a été approuvé par l'Empereur ou par le ministre, le préfet ne peut autoriser ce changement de sa seule autorité. C'est alors, mais en ce cas seulement, que son arrêté doit être *approuvé par l'autorité supérieure*. Si donc le conseil municipal est d'avis de maintenir le projet primitif, le préfet pourra prononcer ce maintien sans consulter l'autorité supérieure, soit qu'il s'agisse de travaux communaux ou de travaux plus étendus.

D'un arrêt de la Cour de cassation du 11 août 1841 (1) on a conclu que cette Cour avait pensé que, dans tous les cas, l'arrêté du préfet devait être approuvé par l'autorité supérieure. Nous ne croyons pas que l'on puisse tirer une pareille conséquence de cet arrêt, qui juge uniquement que, la loi ne déterminant point le délai dans lequel l'approbation de l'administration supérieure doit intervenir, la procédure est suffisamment régulière, quand cette approbation a eu lieu antérieurement au jugement qui prononce l'expropriation.

949. Par exception à l'art. 49 de la loi du 18 juillet 1837, la commune n'a pas besoin d'être autorisée par le conseil de préfecture pour la poursuite en expropriation. L'autorisation d'exproprier que la commune a obtenue antérieurement entraîne implicitement l'autorisation de remplir toutes les formalités nécessaires pour réaliser cette expropriation; et la loi du 3 mai 1841, qui a indiqué toutes les formalités relatives à l'expropriation, ne suppose pas que l'autorisation du conseil de préfecture puisse jamais être nécessaire. L'arrêté précité de la Cour de cassation du 11 août 1841, admet cette opinion, mais les motifs qu'elle en donne sont que, pour toute expropriation, qu'elle soit poursuivie dans un intérêt communal ou dans l'intérêt de l'État, les art. 13 et 14 de la loi chargent, dans tous les cas, le procureur impérial de requérir l'expropriation, de manière que, la commune n'étant pas partie au procès, l'on ne peut exiger qu'elle soit préalablement autorisée à ester en justice. M. Gand (p. 261) combat ces motifs, et fait observer que la commune est réellement partie au procès, puisque, s'il y avait lieu à un pourvoi en cassation, c'est par ou contre le maire qu'il devrait être dirigé; l'art. 20, § 2, de la loi est formel à cet égard.

La Cour de cassation elle-même a jugé, le 12 janvier 1842 (2), que la notification du jugement d'expropriation obtenu dans l'intérêt d'une commune, et la signification des offres relatives à cette expropriation étaient valablement faites à la requête du maire de cette commune.

[Si la commune cependant a le droit de poursuivre, comme

---

(1) S.44.1.670; Dall.41.1.327.
(2) S.42.1.420; Dall.42.1.445.

nous le pensons, sur les diligences de son maire, une expropriation qui l'intéresse exclusivement, elle ne saurait intervenir dans le cours de la procédure et notamment devant la Cour de cassation, sans faire double emploi et entraîner des frais inutiles, lorsque l'expropriation a été suivie jusque-là à la requête du préfet (1).]

950. Les pièces que le maire devra soumettre au tribunal pour obtenir le jugement d'expropriation sont : 1° l'ordonnance qui autorise les travaux; 2° le plan parcellaire; 3° le certificat du maire constatant la publication et l'affiche de l'avertissement relatif au dépôt de ce plan; 4° un exemplaire du journal dans lequel cet avertissement a été inséré; 5° le procès-verbal du maire concernant les réclamations des parties intéressées; 6° l'avis du conseil municipal; 7° l'arrêté par lequel le préfet, en conseil de préfecture, a déterminé définitivement les propriétés auxquelles l'expropriation est applicable. On y joint, s'il y a lieu, l'arrêté d'approbation pris par le ministre. La procédure en expropriation s'accomplit ensuite en la forme ordinaire (2).

951. La purge des hypothèques s'opère conformément aux art. 16 et 17 de la loi du 3 mai 1841 (n°ˢ 286 et suiv.).

L'ordonnance du roi du 18 avril 1842 permet aux maires de ne pas remplir les formalités hypothécaires, lorsqu'il s'agit d'acquisitions faites de gré à gré, et dont le prix n'excède pas 100 fr. (3), pourvu qu'ils y soient autorisés par délibérations des conseils municipaux, approuvées par le préfet (art. 1ᵉʳ).—Quant aux acquisitions faites en vertu de la loi du 3 mai 1841, et n'excédant pas 500 fr., ils peuvent (conformément au § 2 de l'art. 19 de cette loi), en vertu d'une semblable autorisation, se dispenser de purger les hypothèques (art. 2). La circulaire du ministre de l'intérieur du 30 avril 1842 dit que l'approbation

---

(1) Cass., 13 janv. 1837 (S.37.1.124).
(2) [Aux termes d'un arrêt de la Cour de cassation, du 20 nov. 1857, lorsqu'une expropriation est poursuivie au profit d'une commune, la commune expropriante peut faire prononcer la nullité de la décision qui fixe l'indemnité due aux expropriés, si le préfet a négligé de faire convoquer la commune, en la personne de son maire, son représentant légal. La nécessité de cette convocation existe aussi bien à l'égard de la partie expropriante que de la partie expropriée, et la circonstance que le préfet chargé de faire la convocation est en même temps le représentant de l'administration expropriante, dispense seule, dans la plupart des cas, de cette convocation (*Gaz. trib.*, 1 déc. 57; Dall. 58.1.82).]

(3) Une circulaire du ministre de l'intérieur du 17 déc. 1837 (Devill. 38.1.463) prescrivait de toujours remplir les formalités de purge pour les acquisitions faites par les communes.

des préfets ne doit être accordée que dans les cas de besoin urgent de la prise de possession, ou d'inutilité évidente de la purge des hypothèques, parce que la loi nouvelle, en simplifiant les formes, a épargné la plus grande partie des frais, de sorte que la raison d'économie perd ici de sa force (M. Demilly, p. 85). Les receveurs municipaux peuvent donc acquitter les mandats délivrés par les maires pour le paiement des acquisitions, lorsque ces mandats indiquent la délibération du conseil municipal, approuvée par le préfet, qui autorise le maire à ne pas procéder à la purge des hypothèques (art. 3).

952. Relativement à la dispense des droits de timbre, enregistrement et transcription, voir ce que nous disons au chapitre suivant.

CHAPITRE XVI.

DISPENSE DES DROITS DE TIMBRE, D'ENREGISTREMENT ET DE TRANSCRIPTION.

953. — Disposition de la loi du 3 mai 1841.
954. — Du *visa* pour timbre.
955. — De l'enregistrement.
956. — Dispense des droits de transcription.
957. — Les dispenses s'appliquent à tous les actes faits en vertu de la loi du 3 mai 1841.
958. — Même quand la déclaration d'utilité publique est antérieure à cette loi et à celle de 1833.
959. — Elles s'appliquent aux significations faites par les indemnitaires.
960. — Pour les acquisitions, la déclaration d'utilité publique est indispensable.
961. — Des procurations.
962. — De la renonciation par une femme à son hypothèque légale.
963. — De la translation de l'hypothèque sur un autre immeuble. — Acquisitions à titre de remploi.
964. — Le *visa* pour timbre et l'enregistrement ont lieu simultanément.
965. — Acquisitions faites par des concessionnaires. Restitution des droits perçus sur les acquisitions antérieures aux arrêtés de désignation.

D'ENREGISTREMENT ET DE TRANSCRIPTION. 243

966. — La restitution se borne aux droits perçus sur la portion comprise dans les arrêtés.
967. — Des droits à percevoir sur les immeubles morcelés.
968. — Le bénéfice de restitution ne s'applique pas à ces acquisitions.
969. — Délai pour la demande en restitution.
970. — Acquisitions faites par les départements.
971. — Acquisitions faites par les communes et les établissements publics.
972. — Des traités passés entre une commune et un entrepreneur.
973. — Acquisitions faites pour alignements.
974. — Des acquisitions d'immeubles pour extraction de matériaux.
975. — Salaires pour les certificats hypothécaires. Modification résultant du décret du 24 novembre 1855.
976. — Mode de paiement de ces salaires par les départements et les communes.

953. L'art. 58 de la loi du 3 mai 1841 est ainsi conçu : « Les « plans, procès-verbaux, certificats, significations, jugements, « contrats, quittances et autres actes faits en vertu de la pré- « sente loi, seront *visés pour timbre* et enregistrés *gratis*, lors- « qu'il y aura lieu à la formalité de l'enregistrement. — Il ne « sera perçu aucun droit pour la transcription des actes au bu- « reau des hypothèques.—Les droits perçus sur les acquisitions « amiables faites antérieurement aux arrêtés de préfet seront « restitués lorsque, dans le délai de deux ans à partir de la per- « ception, il sera justifié que les immeubles acquis sont compris « dans ces arrêtés. La restitution des droits ne pourra s'appli- « quer qu'à la portion des immeubles qui aura été reconnue né- « cessaire à l'exécution des travaux. »

La disposition du § 1er de cet article se trouvait déjà dans l'article correspondant de la loi du 7 juillet 1833, et en partie seulement dans celle du 8 mars 1810. Les deux autres paragraphes ont été ajoutés en 1841 — (A).

954. Le timbre est un impôt établi sur tous les papiers destinés aux actes civils et judiciaires, et aux écritures qui peuvent être produites en justice et y faire foi (Loi du 13 brum. an VII,

---

(A) La **Additions**.
La faveur établie par cet article et par l'art. 2 du décret du 26 mars 1852, peut bien être réclamée par l'adjudicataire des travaux qui s'est fait subroger aux droits de l'administration : mais elle ne s'étend pas au marché par lequel l'admi- nistration lui a concédé l'exécution des travaux : ce marché, si le prix en est à la charge, non du Trésor, mais d'une administration municipale, donne lieu à la perception d'un droit proportionnel de 1 p. 100. Cass., 17 juin 1857 (S.58.1.314).

art. 1ᵉʳ). D'après cette loi et celles des 28 avril 1816 et 25 mars 1817, presque toutes les pièces et actes relatifs à l'expropriation auraient dû être écrits sur papier timbré, ce qui aurait entraîné des dépenses assez considérables; mais l'art. 58, que nous venons de citer, prouve, par la généralité de ses termes, que le législateur a voulu, en matière d'expropriation, dispenser tous ces actes des droits de timbre.

Il importe de remarquer que, parmi les actes ou écrits, il y en a qui peuvent être faits sur papier libre sans contravention : ce sont tous ceux qu'aucune loi ne désigne comme devant être écrits sur papier timbré ; et d'autres qui doivent être faits sur du papier non timbré, mais *visé pour timbre*, et c'est dans cette dernière catégorie que se trouvent placés les actes relatifs à l'expropriation. Le *visa pour timbre* est la mention écrite par le préposé de l'administration de l'enregistrement, en tête d'une feuille de papier libre, que ce papier a été par lui *visé* pour tenir lieu de timbre, au droit de... ou *gratis*, comme dans les matières d'expropriation (Rolland de Villargues, v° *Timbre*).

Les art. 8 et 15 de l'ordonnance du 18 septembre 1833 déclarent que les greffiers et huissiers ne pourront rien réclamer pour le papier par eux employé, ni pour l'avoir fait viser pour timbre. Les greffiers doivent employer du papier d'une dimension égale à celle des feuilles assujetties au timbre de 1 fr. 25 centimes (art. 9), 29 centimètres sur 42 (que l'on plie en deux), et les huissiers, du papier d'une dimension égale au moins à celle des feuilles assujetties au timbre de 70 centimes (art. 8), 25 centimètres sur 3.

955. L'enregistrement est l'inscription ou la relation des actes sur un registre public. On désigne aussi par ce mot le droit payé pour cette formalité. La formalité de l'enregistrement, établie d'abord pour mieux constater la date des actes et leur donner plus de force et d'authenticité, est devenue ensuite une branche très-importante de l'impôt indirect. Tous les actes civils, judiciaires ou extrajudiciaires, doivent être enregistrés sur la minute ou sur l'original, sauf ceux mentionnés en l'art. 70, § 3, de la loi du 22 frimaire an VII, et dans quelques dispositions législatives postérieures. Mais, parmi les actes qui doivent être enregistrés, les uns le sont moyennant un droit fixe ou proportionnel, d'autres en *débet* et d'autres enfin *gratis*. C'est dans cette dernière classe que sont rangés les actes relatifs à l'expropriation. Ainsi ces actes doivent toujours être présentés à l'enregistrement, mais ils sont enregistrés sans frais.

D'ENREGISTREMENT ET DE TRANSCRIPTION.

Le délai accordé pour l'enregistrement est de *quatre jours* pour les actes des huissiers *et autres ayant pouvoir de faire des exploits et procès-verbaux,* dit l'art. 20 de la loi du 22 frimaire an VII. Par conséquent, c'est dans ce délai que doivent être enregistrés les actes des agents de l'administration autorisés par l'art. 57 de la loi du 3 mai à faire des significations et notifications (n° 978). Les actes doivent être remis au bureau d'enregistrement, soit de la résidence des huissiers et agents, soit du lieu où l'acte est passé, à leur choix (Loi 22 frim., art. 26).

Le délai est de 20 jours pour les actes des autorités administratives assujettis à la formalité de l'enregistrement (Loi 15 mai 1818, art. 78); mais il n'est que de 10 jours pour les actes des notaires qui résident dans la commune où le bureau d'enregistrement est établi, et de 15 jours pour ceux des notaires qui n'y résident pas (L. 22 frimaire an VII, art. 20). On peut, d'après cela, demander dans quel délai doivent être enregistrés les contrats reçus dans la forme administrative, en vertu de l'art. 56 de la loi du 3 mai. Nous croyons que, ces contrats étant réellement des actes administratifs, les fonctionnaires ont 20 jours pour les soumettre à l'enregistrement. D'après l'art. 26 de la loi du 22 frimaire, les greffiers et les secrétaires des administrations centrales et municipales doivent faire enregistrer au bureau du lieu dans lequel ils résident les actes qu'ils sont tenus de soumettre à cette formalité.

Dans les délais ci-dessus indiqués, le jour de la date de l'acte n'est pas compté; et, si le dernier jour du délai se trouve être un dimanche ou un jour de fête légale, ce jour-là n'est pas compté non plus (L. 22 frimaire an VII, art. 25).

Lorsque les actes administratifs ne sont pas enregistrés dans le délai légal, ils ne sont pas nuls pour cela; il y a seulement un droit en sus à la charge personnelle des employés ou administrateurs (L. 22 frimaire an VII, art. 35 et 36; Rolland de Villargues, v° *Enreg.*, n° 278; Dalloz, v° *Enreg.*, n° 4873).

956. D'après l'art. 52 de la loi du 28 avril 1816, le droit perçu lors de la transcription des contrats de vente d'immeubles se confond avec le droit d'enregistrement. En affranchissant de ce droit les jugements d'expropriation et les contrats d'acquisition d'immeubles pour cause d'utilité publique, l'intention du législateur avait été nécessairement de les exempter également de celui de transcription (1). L'administration de l'enregistrement

---

(1) Voir Dalloz, *Répert.*, v° *Expropriation*, n° 842.

avait admis cette exemption par son instruction du 22 juillet 1836.

La même instruction reconnaissait que l'exemption des droits de timbre prononcée par l'art. 58 de la loi de 1833 s'appliquait aux feuilles du registre des conservateurs employées à la transcription des jugements d'expropriation et des contrats d'acquisition. A plus forte raison, doit-il en être ainsi sous l'empire de la loi de 1841. La régie tient compte aux conservateurs du prix des feuilles de timbre employées à la transcription des jugements et contrats de la manière indiquée dans les instructions des 22 juillet 1836 et 31 juillet 1843.

D'après cette instruction, la dispense ne devait pas s'appliquer au salaire dû au conservateur pour la transcription; mais une décision du ministre des finances du 24 juillet 1837, rappelée dans une instruction de l'administration de l'enregistrement du 1er août suivant, porte « qu'en matière d'expropriation, les conservateurs ne pourront, dans tous les cas où le prix des immeubles sera payé par le Trésor, réclamer aucun salaire, soit pour le dépôt et la transcription des contrats ou jugements, soit pour la délivrance des états d'inscriptions ou de certificats négatifs (1), de même que pour toute autre espèce de renseignements dans l'intérêt de l'Etat. » Cette instruction ajoute que, dans le cas où des formalités hypothécaires sont requises par des compagnies ou par des particuliers mis aux lieu et place de l'Etat, les salaires seront payés aux conservateurs, conformément aux tarifs existants.

C'est dans ces circonstances que, lors de la révision de la loi en 1841, on a ajouté à l'art. 58 le paragraphe suivant :

« Il ne sera perçu aucun droit pour la transcription des actes au bureau des hypothèques. »

Une rédaction aussi claire n'a pas empêché de nouvelles difficultés de s'élever.

L'instruction du 14 mars 1842 porte que, conformément à celle du 22 juillet 1836, l'exemption portée en cet article ne s'applique point au salaire dû au conservateur pour la formalité de la transcription ; et une autre instruction du 30 mai 1842 explique que celle du 22 mars précédent n'a eu en vue que les transcriptions requises par des compagnies ou des particuliers mis aux lieu et place de l'Etat pour la confection des travaux

---

(1) Voir sur cette dernière question le n° 975.

d'utilité publique, et que, par suite, la décision de 1837 devait continuer d'être exécutée.

[Une nouvelle instruction du 8 mai 1846, rédigée en conformité d'une décision du ministre des finances, du 27 avril précédent, ne défend aux conservateurs des hypothèques de percevoir, pour la transcription des acquisitions d'immeubles faites par les compagnies ou particuliers concessionnaires de travaux publics, par les départements ou par les communes, en vertu de la loi du 3 mai 1841, que la moitié de leur salaire attribuée au Trésor par l'ordonnance du 1er mai 1816.

La Cour de cassation a admis cette distinction par un arrêt déjà cité (1), du 25 février 1846, et a déclaré « que la loi, en « disposant par son art. 58, § 2, qu'il ne serait perçu aucun « droit pour la transcription des actes, n'a exonéré les compa- « gnies concessionnaires de travaux publics que des droits du « Trésor, de l'impôt proprement dit, mais non point du salaire « du conservateur, de son traitement, de la rémunération attri- « buée par des tarifs légaux, dans la proportion de son travail « et de sa responsabilité....., et que le jugement attaqué, en « décidant que le salaire des conservateurs devait être perçu, « n'a violé ni l'art. 58 de la loi du 3 mai 1841, ni aucune autre « disposition législative » (2).

Le même arrêt prononce la cassation du jugement attaqué pour violation de l'ordonnance royale du 1er mai 1816, qui porte que la moitié des salaires, pour la transcription des actes d'acquisition, est dévolue au Trésor.

Mais cette disposition a été abrogée par un décret du 24 novembre 1855, qui supprime l'attribution faite au Trésor, et réduit à 50 centimes par rôle le salaire des conservateurs pour la transcription des actes de mutation (3).]

Nous avions pensé que, quand le législateur a écrit, dans le

---

(1) Voir ci-dessus, n° 728.
(2) Cass., 25 fév. 1846 (S.46.1.298 ; Dall.46.1.449).
(3) Napoléon, etc., — Sur le rapport de notre ministre des finances ; — Vu le décret du 21 sept. 1810, portant fixation des salaires attribués aux conservateurs des hypothèques ; — Vu l'ordonnance du 1er mai 1816, concernant les salaires pour la transcription des actes de mutation ; — Vu l'art. 40 de la loi sur la transcription hypothécaire du 23 mars 1855, portant que cette loi ne sera exécutoire qu'à partir du 1er janv. 1856.

Art. 1er. A partir du 1er janv. 1856, le salaire alloué aux conservateurs des hypothèques par le n° 7 du tableau annexé au décret du 21 sept. 1810, pour la transcription des actes de mutation, est réduit à 50 cent. par rôle de vingt-cinq lignes à la page et de dix-huit syllabes à la ligne.

2. A compter de la même époque, l'art. 1er (unique) de l'ordonnance du 1er mai 1816 cessera de recevoir son exécution.

paragraphe 2 de l'art. 58, qu'il ne serait perçu *aucun droit* pour la transcription des actes, il n'est pas permis de faire payer un droit quelconque à l'occasion de cette formalité, et que quand l'art. 63 veut que les concessionnaires jouissent de tous les droits conférés à l'administration, on ne peut leur faire payer des salaires que l'administration ne paie pas. Il nous semblait même que c'était en vue de l'intérêt des concessionnaires qu'avait été introduit le paragraphe 2 de l'art. 58 : car, l'Etat n'ayant jamais rien payé pour les transcriptions, il était inutile de modifier la loi, uniquement pour dire qu'il jouirait d'une dispense qui ne lui était pas contestée ; mais elle était contestée aux concessionnaires, et il était naturel de déclarer, dans leur intérêt, qu'aucun droit ne serait perçu pour la transcription.

957. La dispense des droits d'enregistrement et de timbre est prononcée par le paragraphe 1er de l'art. 58 pour *tous les actes faits en exécution de la loi du 3 mai* 1841, qu'ils aient lieu avant ou après les arrêtés que les préfets doivent prendre en exécution de l'art. 11 de la même loi. Mais, sur les actes d'*acquisition* de terrains passés par des concessionnaires antérieurement à ces arrêtés, il y a lieu à la perception provisoire des droits, sauf restitution ultérieure (n° 965).

Il n'est pas douteux que les plans, procès-verbaux d'experts, etc., sont compris dans l'exemption (Instr. adm. enreg., 24 juin 1836).

958. Ces dispenses doivent être appliquées à toutes les acquisitions faites *pour cause d'utilité publique*, lors même que la déclaration de l'utilité publique serait antérieure à la loi du 7 juillet 1833, ainsi que l'administration de l'enregistrement le reconnaît par sa circulaire du 24 juin 1836.

959. L'art. 58 de la loi du 3 mai 1841, dispensant des droits de timbre et d'enregistrement toutes les significations et autres actes faits en vertu de cette loi, l'administration de l'enregistrement reconnaît qu'il ne faut faire aucune distinction entre les significations qui ont lieu à la requête de l'Etat ou des concessionnaires, et celles qui sont faites à la requête des propriétaires dont on poursuit l'expropriation, et que l'exemption doit s'appliquer aux unes et aux autres (Instr. adm. enreg., 7 juin 1837).

960. Il ne suffit pas qu'une acquisition puisse être considérée comme se rattachant à l'utilité publique pour qu'elle jouisse des exceptions portées en l'art. 58, il faut que cette utilité ait été déclarée par un décret impérial, conformément au sénatus-

consulte interprétatif du 25 décembre 1852. Toutes les acquisitions qui ne sont pas précédées de cette déclaration sont soumises aux droits ordinaires, conformément à l'art. 17 de la loi du 18 avril 1831.

Un arrêt de la Cour de cassation, du 23 août 1841, a décidé qu'il y avait lieu de soumettre au droit proportionnel l'acquisition faite, par le département de la Dordogne, d'un bâtiment destiné à former la sous-préfecture de l'arrondissement de Sarlat, parce que l'art. 58 de la loi du 3 mai 1841 ne prononce point en termes généraux l'affranchissement de tous les actes qui ont pour objet un service public ou une cause d'utilité publique, mais seulement des actes à l'égard desquels l'utilité publique a été déclarée, conformément à cette loi, et qui sont faits en exécution de cette même loi (1). Trois autres arrêts, du 19 juin 1844, déclarent que les acquisitions faites à l'amiable par une ville, pour redresser, élargir ou ouvrir des rues, ne sont affranchies du droit d'enregistrement qu'autant qu'elles ont été précédées d'une loi ou d'une ordonnance déclarant que ces acquisitions sont immédiatement nécessaires pour un objet d'utilité publique (2).

[La Cour suprême a maintenu sa jurisprudence sur ce point par trois nouveaux arrêts des 3 janvier 1849, 30 janvier 1854 et 31 mai 1856 (3).]

Pour qu'un acte puisse être visé pour timbre et enregistré *gratis*, il faut même qu'il porte avec lui la preuve, par les énonciations qu'il contient, qu'il est fait en exécution de la loi du 3 mai 1841, et notamment qu'il y a eu déclaration de l'utilité publique.

961. Cependant, et bien que l'art. 58 de la loi du 7 juillet porte que tous les *contrats* faits en vertu de cette loi seront enregistrés *gratis* et visés pour timbre, une décision du ministre des finances, du 20 janvier 1835, déclare qu'on ne peut viser pour timbre ni enregistrer *gratis* les procurations données à des tiers par les propriétaires contre lesquels on poursuit l'expropriation, ni les certificats ou actes de notoriété constatant les droits des individus avec lesquels l'administration veut traiter. Nous ne pouvons partager cette opinion. Le propriétaire qui est obligé de céder sa propriété pour des travaux publics doit en recevoir la valeur sans aucuns frais; sans cela il ne serait pas *indemne*,

---

(1) S.41.1.773 ; Dall.41.1.350. 262. Voir n° 970.
(2) S.41.1.492,493,496 ; Dall.260,264, (3) S.49.1.498 ; 54.1.207; 56.1.752.

puisqu'il pourrait arriver, en certaines circonstances, que les frais absorbassent une bonne partie et même quelquefois la totalité de l'indemnité, de manière que son terrain serait perdu pour lui, sans qu'il lui restât rien ou presque rien de l'indemnité qu'il aurait touchée. Les propriétaires qui consentent à traiter à l'amiable avec l'administration y mettent presque toujours pour condition qu'il leur sera tenu compte de tous les frais que ce traité pourra entraîner pour eux, de manière que ces frais retombent en définitive à la charge du Trésor. Il était donc d'une bonne administration de les diminuer autant que possible, et c'est ce que l'on a fait par les art. 56, 57 et 58 de la loi du 3 mai. La latitude des expressions de l'art. 58 et les motifs de cette disposition prouvent que l'on a voulu dispenser du timbre et de l'enregistrement tous les actes relatifs à l'acquisition des terrains. On oppose à cela que les procurations sont faites pour l'intérêt privé ou la commodité des parties. C'est, selon nous, une erreur. Si un propriétaire est absent, et qu'on lui fasse proposer de céder son terrain, il répondra qu'il consent, mais qu'il faut que l'administration attende son retour. Force sera d'attendre en effet son retour, ou d'agir par voie d'expropriation, ou d'offrir de lui rembourser les frais de la procuration qu'il devra envoyer. C'est à ce dernier parti que l'administration s'arrête ordinairement, ce qui suffit pour prouver que ces procurations sont demandées dans l'intérêt et pour l'avantage de l'administration, et non dans l'intérêt et pour la commodité des propriétaires, qui ne sont jamais pressés de traiter, et à qui il est indifférent que l'administration recoure ou non à l'expropriation, tandis que c'est pour l'administration une cause de retard souvent très-préjudiciable aux travaux. Lors même que les propriétaires résident habituellement loin des lieux où les travaux s'exécutent, ne serait-il pas injuste de les obliger à des déplacements ou à des frais qui n'auraient point lieu si l'Etat ne leur imposait pas la cession de leur propriété? N'est-ce pas également dans l'intérêt de l'administration que sont exigés les actes de notoriété ou autres pièces qui établissent les droits des vendeurs? C'est surtout quand une parcelle de terrain appartient à un grand nombre de copropriétaires, habitant des endroits différents, que la question offre de l'intérêt, parce que les frais de toutes ces procurations et des autres pièces à produire peuvent excéder le montant de l'indemnité — (A).

Additions.
(A) L'article 58 ne s'appliquant qu'aux actes sans lesquels ne peut avoir lieu soit l'expropriation elle-même, soit la cession

962. Par une décision du 8 février 1833 (Dall. 33.1.84), la régie avait déclaré que la loi du 29 mai 1827, relative aux canaux de Saint-Quentin et de Crozat, n'ayant admis à l'enregistrement au droit fixe d'un franc que les *actes de vente* relatifs à ces canaux (ce sont les termes de l'art. 3 du cahier des charges), cette exception ne pouvait s'appliquer à la renonciation faite par la femme du vendeur à son hypothèque légale, ni aux quittances de prix données par actes séparés. Ces solutions, peut-être un peu rigoureuses, semblaient autorisées par les expressions restrictives de la loi dont il s'agit; mais l'art. 58 de la loi du 3 mai emploie, au contraire, les expressions les plus larges, *contrats quittances et autres actes;* et il n'y a plus lieu à de pareilles distinctions. Tous les actes doivent aujourd'hui être enregistrés *gratis.*

963. L'art. 26 de la loi du 8 mars 1810 portait que, toutes les fois qu'il y aurait lieu de recourir au tribunal pour faire reporter l'hypothèque sur des fonds autres que ceux cédés pour utilité publique, l'enregistrement des actes qui sont sujets à cette formalité aurait lieu *gratis.* L'art. 58 de la loi du 3 mai ne prévoit pas positivement ce cas; mais, comme il dispense des droits de timbre et d'enregistrement tous les actes passés en vertu de cette loi, les auteurs du *Code des municipalités* (p. 176) pensent que les actes faits pour reporter l'hypothèque sur d'autres fonds devraient être enregistrés *gratis,* parce que la nécessité de rétablir l'hypothèque sur d'autres fonds résulte de la loi même, puisque c'est elle qui a enlevé une portion du gage immobilier et mis le débiteur dans la nécessité de donner de nouvelles garanties hypothécaires.

L'administration de l'enregistrement pourrait opposer à ce sytème que l'art. 58 ne dispense pas du timbre et de l'enregistrement tous les actes faits par suite de l'expropriation ou de la cession amiable pour l'utilité publique, mais seulement les *actes faits en vertu de la présente loi.* Or la loi du 3 mai ne s'occupe nullement de la translation de l'hypothèque. La dispense de droits serait probablement restreinte au cas où la translation d'hypothèque serait stipulée dans l'acte même de vente.

[L'acquisition en remploi d'un immeuble dotal exproprié est considérée comme une nécessité de l'expropriation, par la juris-

---

amiable des immeubles soumis à l'expropriation, ne s'applique pas, dès lors, à la procuration donnée pour consentir une cession amiable ou en toucher le prix. Cass., 18 août 1863 (S.63.1.451).

prudence de la Cour de cassation, qui l'affranchit, en conséquence, des droits de timbre et d'enregistrement (1). Le remploi d'un bien dotal étant imposé par le droit commun, les juges, dit-on dans ce système, en autorisant l'aliénation dans les termes de l'art. 13, ne peuvent pas ne pas l'ordonner par le jugement d'autorisation. D'un autre côté, quand l'expropriation suit son cours ordinaire et que l'indemnité est fixée par le jury, le remploi devient également, par la seule force de la loi, une obligation attachée à la consommation de l'expropriation.

Une instruction générale du 12 mars 1849 (n° 1832, *Journal de l'enregistrement*, vol. 1851, p. 191), fait remarquer que l'exemption des droits de timbre et d'enregistrement ne doit pas être étendue au remploi volontaire d'une indemnité d'expropriation ni même au remploi fait au profit des autres personnes incapables désignées en l'art. 13 de la loi, attendu que, dans ce cas, le remploi n'est pas une conséquence nécessaire et absolue de la loi sur l'expropriation, mais seulement une mesure que les tribunaux peuvent imposer ou ne pas imposer.

Les véritables principes, suivant nous, ne permettent pas d'étendre la faveur de l'exemption des droits aux remplois, quels qu'ils soient. Les faits de remploi, en effet, constituent l'un des éléments de l'indemnité d'expropriation; en conséquence, l'exproprié est présumé les avoir fait entrer en ligne de compte devant le jury dans l'évaluation de l'indemnité par lui réclamée. Il ne peut, dès lors, en cas de remploi, obtenir la remise des droits pour le paiement desquels il a dû se faire allouer une somme suffisante par le jury. C'est ce que la Cour de cassation a jugé contre la ville de Paris, dans une espèce où la ville avait fait pour les frères de la Doctrine chrétienne l'acquisition d'immeubles en remploi de ceux qu'elle était tenue de leur fournir et dont elle avait subi l'expropriation (2)—(A).]

---

(1) Cass., 10 déc. 1845, 8 déc. 1847, 24 mai 1848 (S. 46.1.161 ; 48.1.247 et 506).
(2) Cass., 8 fév. 1853 (Dall.53.1.28 ; S. 53.1.205). Voir aussi un arrêt du 26 mai 1847 (Dall. 47.4.209).

Additions.

(A) L'acte d'acquisition portant remploi de l'indemnité touchée par une femme mariée à raison de l'expropriation d'un immeuble dotal, doit bénéficier de la dispense de droits de timbre et d'enregistrement prononcée par l'art. 58. Cass. req., 15 juill. 1863 (*Gaz. trib.*, 16 juill. 63).

Le droit proportionnel de transmission à titre onéreux est régulièrement exigible sur l'acte par lequel une femme mariée sous le régime dotal achète un immeuble, en se réservant d'indiquer lors du paiement du prix l'origine des deniers ser-

964. D'après la loi du 3 brum. an VII, le *visa pour timbre* doit être donné avant la rédaction des actes, tandis que l'enregistrement ne peut avoir lieu qu'après que ces actes sont rédigés et signés. L'accomplissement de cette double formalité à des époques distinctes causait des embarras multipliés pour les fonctionnaires chargés de la confection des actes, surtout pour les grands travaux publics. En conséquence, le ministre des finances a décidé, par application de la loi du 3 mai 1841, que la formalité du visa pour timbre serait remplie en même temps que celle de l'enregistrement, et, par conséquent, après la confection des actes. (Déc. min. des fin., 20 mars 1843; Circ. min. des trav. publ., 19 mai et 27 juillet 1843. Voir *Ann. ponts et chauss.*, 1843, p. 178 et 458).

965. Par arrêt du 18 janv. 1831, la Cour de cassation avait jugé que, de ce que les concessionnaires d'un chemin de fer avaient été, pour l'établir, subrogés par le Gouvernement à son droit, à l'effet d'exproprier pour cause d'utilité publique les terrains sur lesquels ce chemin devait passer, et qu'ils devaient payer de leurs deniers, il ne s'ensuivait pas qu'ils eussent été subrogés, par cela seul, au privilége qu'a le Trésor de faire enregistrer *gratis* ses actes d'acquisition; que, dès lors, ces concessionnaires prétendaient en vain devoir être affranchis, pour leurs acquisitions, du paiement du droit proportionnel, et n'être tenus que du droit fixe (1).

Sous la loi de 1833, l'administration de l'enregistrement reconnut que les acquisitions de terrains faites à l'amiable par des concessionnaires n'étaient pas soumises au droit proportionnel d'enregistrement (Instr. 28 janv. 1834). Par une décision du 18 juill. 1834, elle a admis que les sieurs Blum, concessionnaires du chemin de fer d'Épinac, en vertu d'une ordonnance du 7 avril 1830, pouvaient faire enregistrer leurs con-

---

vant à la libération. — Et si elle annonce ensuite, dans la quittance, que ces deniers proviennent d'une indemnité d'expropriation et que l'immeuble acquis lui servira de remploi, c'est là un événement ultérieur qui ne saurait autoriser une demande en restitution des droits. Cass., 14 juin 1864 (S.64.1.296).

L'exemption des droits proportionnels d'enregistrement ne saurait être étendue à l'acquisition d'un immeuble en échange d'actions immobilières de la Banque de France acquises elles-mêmes à titre d'emploi provisoire de l'indemnité, et pour éviter la perte d'intérêt pouvant résulter de la consignation de cette indemnité.

La clause d'un acte d'échange, qui met la totalité des droits à la charge d'un seul des échangistes, établit pour moitié une soulte passible du droit proportionnel. Cass. req., 10 mai 1865 (*Gaz. trib.*, 11 mai 65).

(1) Dall.31.1.65.

trats d'acquisition au droit fixe, « parce que l'intention du législateur a été de favoriser les travaux d'utilité publique entrepris par les particuliers, et que l'on ne voit pas pourquoi les acquisitions consenties volontairement, et sans aucune formalité, seraient assujetties au paiement des droits, tandis qu'on en excepterait les expropriations ; qu'une pareille distinction n'est pas dans la loi ; qu'au contraire, d'après les art. 13 et 60, ce n'est qu'à défaut de conventions amiables qu'il y a lieu de suivre la marche tracée pour les expropriations » (1). Une décision de même nature a été rendue le 13 nov. 1835, en faveur de la compagnie qui avait été déclarée concessionnaire du canal de Givors par l'ordonnance du 5 déc. 1831 (Instr. adm. enreg. 23 juin 1836).

D'après les mêmes motifs, les concessionnaires en vertu de traités postérieurs à la loi du 7 juill. 1833 devaient jouir, pour tous les actes relatifs à l'acquisition de terrains, de la dispense des droits de timbre et d'enregistrement. Mais on ne tarda pas à remarquer que, pour qu'il y ait dispense de droits, il ne suffit pas qu'une loi ou une ordonnance (aujourd'ui un décret) ait déclaré l'utilité publique de la cession ; car il arrive souvent que la loi, et même l'ordonnance, n'indique pas quels sont les terrains dont l'acquisition est nécessaire, et se borne à déclarer que tel travail est d'utilité publique (n° 45). L'utilité publique de la cession n'est certaine, disait-on, que quand l'immeuble acquis se trouve compris dans l'arrêté pris par le préfet, en vertu de l'art. 11 de la loi du 3 mai 1841 (n° 136), et, s'il suffisait d'invoquer une loi ou une ordonnance déclarative de l'utilité publique, une compagnie concessionnaire de travaux pourrait acquérir sans frais des terrains qui lui seraient utiles pour ses spéculations particulières, mais qui ne seraient pas nécessaires pour les travaux à elle concédés.

Une nouvelle disposition législative fut donc réclamée. M. le comte Daru, rapporteur, et M. Vivien, garde des sceaux, ont expliqué devant la Chambre des pairs les motifs qui rendaient nécessaire la disposition contenue dans le § 3 de l'art. 58. Les compagnies passent souvent des contrats amiables pour l'acquisition des terrains sur lesquels les travaux doivent s'exécuter. Comme à cette époque il n'est pas encore certain, du moins d'une manière officielle et authentique, que les terrains, objets

---

(1) Voir Dall. 35.3.62.

de ces traités, serviront aux travaux projetés, le droit d'enregistrement est perçu et doit l'être (1). Quand plus tard l'arrêté du préfet intervenait, les compagnies s'adressaient à l'administration de l'enregistrement et lui disaient : Si nous avions acheté après l'arrêté, nous aurions été affranchies du droit d'enregistrement ; est-il juste que nous le payions par cela seul que nous avons acheté avant l'arrêté ? L'administration leur opposait un principe qui, dans les cas ordinaires, est une garantie contre la fraude. C'est le principe que toute perception régulièrement faite n'est jamais restituée (L. 22 frim. an VII, art. 60) : principe indispensable dans les matières d'intérêt privé ; mais dans le cas dont il s'agit, l'arrêté du préfet désigne clairement, et sans fraude possible, les propriétés qui auraient été soumises à l'expropriation si l'on n'eût pas traité à l'amiable, et qui dès lors devaient profiter de l'exemption du droit. De là règle établie par l'administration il résultait alors une véritable injustice. En effet, de deux terrains également nécessaires à la confection d'un travail d'utilité publique, parce que l'un aura été acheté à l'amiable avant l'exécution des formalités légales, il ne jouira pas de l'exemption, tandis que l'autre, acheté postérieurement, en profitera. Cependant il faut reconnaître que les acquisitions antérieures à la déclaration légale de l'utilité publique ont droit aux mêmes faveurs, aux mêmes encouragements que celles qui ont lieu postérieurement ; mieux que ces dernières encore, elles ont pour résultat d'accélérer ces travaux. Mais, d'un autre côté, si elles étaient immédiatement enregistrées *gratis*, il pourrait en résulter des fraudes et des abus. Avant la déclaration d'utilité publique, rien n'atteste, en effet, et il n'y a pas moyen de vérifier, la destination donnée aux immeubles acquis dans les contrats de vente. On a pensé que, sans compromettre les intérêts du Trésor, on pourrait faire jouir les acquisitions antérieures à la déclaration d'utilité publique de la faveur qu'il était dans l'esprit de la loi de leur accorder, en faisant fléchir la règle qui défend de restituer les droits d'enregistrement régulièrement perçus, quels que soient les événements ultérieurs, en ajoutant une nouvelle exception à celles qui étaient déjà consacrées (*Mon.*,

---

(1) Un arrêt de la Cour de cassation, du 16 août 1843, a même jugé que, sous l'empire de la loi du 7 juill. 1833, les concessionnaires ne pouvaient exiger qu'il fût sursis à la perception des droits jusqu'à ce que l'achèvement et le bornage du chemin de fer eussent fait connaître si les terrains acquis étaient ou non nécessaires à son exécution (Dall. 43.1.457; S. 43.1.822).

13 mai 1840, p. 1031). En conséquence, on a ajouté à l'art. 58 un troisième paragraphe ainsi conçu :

« Les droits perçus sur les acquisitions amiables faites anté-
« rieurement aux arrêtés de préfet seront restitués lorsque,
« dans le délai de deux ans à partir de la perception, il sera
« justifié que les immeubles acquis sont compris dans ces arrê-
« tés. La restitution des droits ne pourra s'appliquer qu'à la
« portion des immeubles qui aura été reconnue nécessaire à
« l'exécution des travaux. » Les arrêtés dont il est question dans cette disposition sont nécessairement ceux pris en vertu de l'art. 11 de la même loi (nos 136 et suiv.).

L'instruction de l'administration de l'enregistrement du 14 mars 1842 développe cette disposition en ces termes : « *Toute acquisition* faite antérieurement à l'arrêté du préfet sera soumise, lors de l'enregistrement, au droit proportionnel; mais ce droit sera restitué si, dans le délai de deux ans à partir de la perception, il est établi que les immeubles acquis ont été désignés dans l'arrêté du préfet comme sujets à l'expropriation. » Mais, quoique le § 3 de l'art. 58 soit conçu en termes généraux, il est certain cependant que sa disposition ne peut s'appliquer aux acquisitions faites pour le compte de l'Etat, car celles-ci, à quelque époque qu'elles interviennent, sont enregistrées *gratis* en vertu de l'art. 70, § 2, de la loi du 22 frim. an VII. Le législateur n'a pu supposer qu'il y aurait lieu à restituer des droits d'enregistrement à l'Etat, qui n'en paie jamais. C'est donc uniquement dans les cas où, d'après la législation générale, les droits doivent être payés, que le § 3 de l'art. 58 en ordonne la restitution, si plus tard les immeubles sur lesquels ces droits ont été perçus viennent à être compris dans les arrêtés pris par les préfets en vertu de l'art. 11 de la loi du 3 mai 1841.

M. le comte Roy avait critiqué la disposition de l'art. 58 en tant qu'elle s'appliquait aux concessionnaires de travaux publics, parce qu'il la considérait comme contraire à la maxime constitutionnelle que tous les Français contribuent indistinctement aux charges publiques (*Monit.*, 13 mai 1840, p. 1030). M. Vivien, garde des sceaux, répondit : « Le Gouvernement, vous le savez, ne fait plus de concession perpétuelle, et toutes les fois qu'une compagnie se forme, il ne lui accorde que la jouissance temporaire des terrains qu'elle achète pour y établir ses travaux. On conçoit dès lors que l'Etat renonce au droit d'enregistrement sur des terrains qu'il s'attribue, et qui doivent lui faire retour au bout d'un certain temps. — Les propriétés que le Gouverne-

D'ENREGISTREMENT ET DE TRANSCRIPTION. 257

ment s'attribue ainsi pour un temps à venir deviennent en quelque sorte, dès ce moment, domaines publics, et ne peuvent être confondues avec les propriétés privées » (*Ib.*, p. 1831) — (A).

966. Une instruction de la régie de l'enregistrement du 14 mars 1842 porte : « La restitution est expressément limitée par la loi *à la portion des immeubles qui aura été reconnue nécessaire à l'exécution des travaux ;* d'où il suit que, si l'acquisition comprend une étendue de terrain supérieure à celle qui est reconnue, par l'arrêté du préfet, nécessaire pour les travaux, il y a lieu, pour la restitution des droits applicables à cette portion, d'opérer une ventilation proportionnelle du prix exprimé dans l'acte d'acquisition. » Il faut cependant, ainsi que nous allons l'expliquer, excepter le cas où le surplus de l'immeuble devait nécessairement être acquis pour obéir à la disposition de l'art. 50 de la loi du 3 mai 1841.

967. L'administration des finances a reconnu que le contrat d'acquisition de la totalité d'une propriété morcelée par les travaux devait jouir de l'exemption des droits de timbre et d'enregistrement lorsque le vendeur se trouve dans un des cas prévus par l'art. 50 de la loi, par le motif qu'alors l'État ainsi que la compagnie concessionnaire n'achetaient que parce qu'ils sont légalement forcés d'acheter. L'acquisition est donc faite *en vertu* de la loi sur l'expropriation pour cause d'utilité publique, et l'art. 58 de cette loi doit être appliqué (Décis. min. fin. 29 juin 1836).

Additions.

(A) La dispense de droits établie par l'article 58 n'est pas subordonnée à une déclaration d'utilité publique antérieure à ces acquisitions.

Les droits d'enregistrement perçus sur des acquisitions amiables d'immeubles compris plus tard dans l'arrêté préfectoral qui indique les propriétés à exproprier pour cause d'utilité publique, sont sujets à restitution, bien que cet arrêté soit postérieur de plus de deux ans à la perception, si le décret qui a déclaré l'utilité publique, intervenu dans les deux ans de la perception, désignait déjà les immeubles et si la demande en restitution a été formée moins de deux ans après la perception.

L'arrêté du préfet, portant indication des propriétés à exproprier, ne figure pas au nombre des pièces à signifier à l'administration de l'enregistrement à l'appui de la demande en restitution, lorsque cette demande est basée sur les désignations du décret déclaratif de l'utilité publique qui a précédé l'arrêté préfectoral. Cass., 4 mai 1858 (Dall 58.1.274-275).

Le délai de deux ans pour la prescription de l'action en restitution des droits perçus sur les acquisitions amiables d'immeubles qui ont été compris plus tard, par un arrêté préfectoral, parmi des immeubles à exproprier pour cause d'utilité publique, court du jour de la perception des droits, et non du jour de l'arrêté déclarant l'utilité publique. Cass. civ., 7 déc. 1858 (S.59.1.351).

TOME II. 17

La régie de l'enregistrement a cependant prescrit diverses mesures dans le but d'empêcher que cette faveur de la loi ne dégénérât en abus. En ce qui concerne les terrains morcelés, trois conditions, disait-elle, sont nécessaires pour que le propriétaire puisse exiger qu'ils soient acquis *en entier*, savoir : 1° que le terrain morcelé soit réduit au quart de la contenance totale ; 2° que le propriétaire ne possède aucun terrain immédiatement contigu ; 3° que la parcelle de terrain réduite par le morcellement soit inférieure à dix ares. En conséquence, la régie exige que ces trois conditions soient constatées dans l'acte d'acquisition (consenti à des concessionnaires), pour que cet acte soit exempté des droits de timbre et d'enregistrement ; si l'une ou l'autre de ces conditions manque, elle exige les droits (Inst. adm. enreg., 31 août 1838).

Cette instruction ajoute que, d'après l'art. 50, la cession intégrale de terrains et bâtiments ne peut avoir lieu qu'autant que le propriétaire l'a requise par une déclaration adressée au magistrat directeur du jury dans la quinzaine qui suit la notification des offres.

[En conséquence, la régie a voulu exiger le paiement ordinaire des droits dans une espèce où la demande à fin d'acquisition totale n'avait été formulée par le propriétaire morcelé qu'après les délais prescrits par l'art. 50 de la loi, sans que la partie expropriante se fût opposée néanmoins à la fixation par le jury d'une indemnité représentant la valeur totale de la propriété. Mais la Cour de cassation a décidé, par un arrêt de rejet du 25 août 1831 « qu'en admettant que l'inobservation des délais ci-
« dessus pût permettre à une partie poursuivante de contester
« l'abandon total proposé par les propriétaires expropriés, il
« n'en résulterait pour elle qu'une fin de non-recevoir que l'es-
« prit de la loi, qui tend à concilier le respect des intérêts de la
« propriété privée avec les exigences de l'utilité publique, n'au-
« toriserait pas à considérer comme étant d'ordre public, et que,
« dans l'espèce, la ville de Paris avait pu négliger, sans que
« rien fût changé dans le caractère de la procédure spéciale
« d'expropriation suivie à sa requête ; qu'aucune contestation
« n'ayant eu lieu de sa part sur la déclaration des proprié-
« taires, et cette déclaration ayant d'ailleurs précédé la discus-
« sion des intérêts respectifs devant le jury, la décision qui s'en
« est suivie dans les formes de la loi, et qui a réglé l'indemnité
« pour la totalité des immeubles, a rempli le vœu de cette loi,
« *et a dû être considérée comme rendue tout entière, en vertu de la-*

« *dite loi, dans le sens de l'art.* 58 *précité;* que la gratuité de
« droits accordée par ledit art. 58, §§ 1 et 2, était applicable
« pour le tout à la décision du jury et à l'ordonnance qui a suivi
« comme à tous les autres actes de la procédure » (1).]

L'instruction du 31 août 1838 ajoute qu'il doit toujours être justifié de la déclaration adressée au directeur du jury pour que l'acte d'acquisition fait dans les circonstances prévues à l'art. 50 soit admis *gratis* au timbre et à l'enregistrement (Même instr. et décis. min. des fin., 17 août 1838). — Cette dernière partie de la décision nous paraît encore donner une interprétation inexacte de l'art. 50. Le législateur a voulu que, quand le propriétaire n'aurait pas fait connaître, *dans les délais énoncés aux art. 24 et 27*, son intention d'exiger l'acquisition de la totalité de l'immeuble, il pût être déclaré non recevable dans sa demande. Mais la loi ne dit pas que cette demande ne pourra pas être formée plus tôt. Elle veut qu'avant de recourir à la voie de l'expropriation, on essaie de traiter à l'amiable (art. 13, § 6). Si dans ces pourparlers le propriétaire fait connaître son intention d'exiger l'acquisition de la totalité de l'immeuble, et justifie qu'il se trouve dans le cas prévu par l'art. 50, il n'y a nul motif pour repousser sa demande et recourir à la voie de l'expropriation, uniquement pour qu'il puisse réitérer sa déclaration dans la quinzaine qui suivra les offres judiciaires.

Ce que l'administration de l'enregistrement pourrait régulièrement exiger, selon nous, c'est qu'il fût énoncé dans le contrat que les offres prescrites par l'art. 23 n'ont pas encore eu lieu, ou que la réquisition du propriétaire est intervenue dans la quinzaine qui a suivi ces offres.

968. M. Vavin voulut étendre à ces acquisitions le bénéfice de restitution établi par le § 3 de l'art. 58. Il demanda à la Chambre des députés que la restitution s'étendît aux droits perçus sur la portion des immeubles acquis à l'amiable dont les propriétaires auraient pu exiger l'acquisition, aux termes de l'art. 50 de la loi (n° 846). Mais M. Dufaure, rapporteur, fit remarquer les difficultés que cette disposition rencontrerait dans la pratique. Quand il y a eu expropriation, le propriétaire a adressé à l'administration une réquisition d'acquérir telle partie d'immeuble en sus de celle qui était nécessaire aux travaux (n° 856); on sait positivement que cette dernière acquisition a

---

(1) S.51.1.688.

été forcée. Mais quand le traité intervient avant l'arrêté du préfet, comment reconnaître si la partie qui n'est pas nécessaire aux travaux a été achetée volontairement par la compagnie, ou si elle a cru que le propriétaire serait disposé à invoquer, au besoin, le droit que l'art. 50 lui aurait conféré (*Monit.*, 5 mars 1841, p. 540) ? M. Calmon combattit aussi l'amendement comme pouvant donner lieu à des pertes considérables pour le Trésor, et à des procès interminables, également désagréables pour l'administration et pour les compagnies. L'amendement fut donc rejeté (*Ibid.*, p. 541).

969. M. Gillon fit remarquer à la Chambre des députés que l'action en restitution était renfermée dans le cercle de deux ans, espace ordinaire fixé pour réclamer, en matière d'enregistrement, toutes les restitutions auxquelles on croit avoir droit, et que, conformément à la règle générale en ces matières, aucune cause n'empêche ni ne suspend le cours de cette prescription bisannuelle (*Monit.*, 5 mars 1841, p. 541). Les deux ans courent du jour de la perception (Instr. adm. enreg., 14 mars 1842).

970. Des décisions du ministre des finances des 7 janvier et 21 mai 1828, et 10 mars 1829, avaient admis que les actes d'acquisition de terrains pour les *routes départementales* devaient être enregistrés et visés pour timbre *gratis*. Ces décisions étaient basées sur ce que la propriété des routes départementales faisait partie du domaine public ; d'où la conséquence que les acquisitions de terrains pour ces routes, étant faites pour le compte de l'État, devaient jouir de l'enregistrement et du visa pour timbre gratuit, par application de l'art. 70 de la loi du 22 frimaire an VII. Une instruction de l'administration de l'enregistrement, du 16 août 1834, reconnaît que ces décisions n'ont point été modifiées par l'art. 17 de la loi du 18 avril 1831, qui a abrogé la disposition de la loi du 16 juin 1824 et toutes autres d'après lesquelles les acquisitions au profit des départements, arrondissements, communes et établissements publics, étaient dispensées du droit proportionnel d'enregistrement.

Il semblait que les lois des 7 juillet 1833 et 3 mai 1841 avaient étendu l'exemption reconnue dans ces diverses circulaires en faveur des routes départementales ; cependant l'administration des finances a modifié les dispositions que nous venons de rappeler.

Elle a fait observer que le bénéfice du timbre et de l'enregistrement gratuits n'est accordé qu'aux actes faits en vertu de la loi sur l'expropriation, et qu'aux termes d'un arrêt de la Cour de cassation du 23 août 1841 (1), les acquisitions faites par les départements, même dans un but d'utilité publique, mais sans que l'utilité ait été déclarée selon les formes légales, ne sont point comprises dans l'exemption. Or, dit-elle, l'arrêté du préfet qui, conformément à l'art. 11, désigne les propriétés soumises à l'expropriation, est un des éléments essentiels de la déclaration d'utilité publique ; par suite, les acquisitions faites à l'amiable antérieurement à cet arrêté, pour les routes départementales, sont sujettes aux droits de timbre et d'enregistrement, de même que celles qui ont lieu, en pareille circonstance, au profit des concessionnaires de travaux publics, sauf le cas de restitution autorisé par l'art. 58 (Décis. min. des fin., 20 nov. 1843 ; Instr. adm. fin., 13 déc. suiv.).

L'arrêt du 23 août 1841 ne peut avoir aucune influence sur la question, puisqu'il a été rendu à l'occasion d'un bâtiment destiné à une sous-préfecture et dans une circonstance où il n'y avait ni loi ni ordonnance qui déclarât l'utilité publique : par conséquent, l'acquisition n'était pas faite en vertu de la loi du 3 mai 1841. Mais, dès qu'on accorde la restitution ordonnée par le § 3 de l'art. 58, cette décision, qui cependant nous paraît en opposition avec les principes de la matière, aurait peu d'inconvénients pour les départements.

971. Un arrêt de la Cour de cassation du 18 novembre 1823 avait jugé que la dispense des droits d'enregistrement accordée à l'État ne pouvait être appliquée aux actes des communes et des établissements publics, qui ne sont que de simples personnes privées dans tout ce qui tient au règlement de leurs intérêts (2). Peu après, la loi du 16 juin 1824 décida que les départements, arrondissements, communes, etc , ne paieraient qu'un droit fixe de 10 francs pour l'enregistrement et la transcription hypothécaire des actes d'acquisition pour cause d'utilité publique. Mais la loi du 18 avril 1831 assujettit les acquisitions faites au profit des communes aux mêmes droits que celles qui concernent les particuliers. C'est alors que l'art. 58 de la loi du 7 juillet 1833 a introduit une exception qui a été textuellement reproduite dans la loi du 3 mai 1841.

L'administration de l'enregistrement a cherché à restreindre le plus possible l'effet de cette dispense.

---

(1) S.44.4.773.
(2) S., Coll. nouv., VII, p. 344 ; Dall. 23.1.344.

Dans son instruction du 28 janvier 1834 l'administration de l'enregistrement avait dit : « Il importe d'observer que la faveur de l'enregistrement et du visa pour timbre *gratis* doit être appliquée aux actes de procédure, contrats, quittances, etc., concernant les expropriations pour cause d'utilité publique demandées par une *commune, dans un intérêt purement communal.* » Cette distinction, qui semblait être basée sur l'art. 12 de la loi du 7 juillet 1833 (n° 945), n'était cependant pas conforme aux vues du législateur. Si l'exemption existait pour les travaux d'intérêt purement communal, elle devait à plus forte raison être admise pour les travaux qui intéressaient plusieurs communes, ou pour ceux qui intéressaient tout à la fois une commune ou un département.

Cette instruction ajoutait, avec raison, que les acquisitions faites au profit des départements, des communes et des établissement publics, *dans d'autres formes que celles qui sont déterminées par la loi du 7 juillet* 1833, restaient assujetties aux droits ordinaires de timbre et d'enregistrement, d'après la disposition générale de l'art 17 de la loi du 18 avril 1831.

L'administration de l'enregistrement rendit, le 9 mai 1834, une décision portant qu'une acquisition faite, par la ville d'Yvetot, d'un terrain destiné à l'ouverture d'une rue qui avait été déclarée d'utilité publique par ordonnance royale ne devait pas être enregistrée *gratis*, parce que cette acquisition avait eu lieu avant qu'un jugement eût prononcé l'expropriation de ce terrain. Cette décision ne pouvait résister à un examen attentif, et M. Dalloz, en la rapportant (1), fit remarquer combien elle s'accordait peu avec le texte et avec l'esprit de la loi du 7 juillet 1833. Il paraît que cette administration n'a pas tardé à reconnaître elle-même le peu de fondement de sa première prétention : car une décision du ministre des finances du 21 mai 1835, mentionnée dans une instruction de la régie du 15 juin suivant, porte que les contrats d'acquisition d'immeubles faits par les communes pour des travaux d'utilité publique, et relatant la loi spéciale ou l'ordonnance royale qui aura autorisé ces travaux et la poursuite en expropriation des propriétaires des immeubles, seront admis au *visa* pour timbre et à l'enregistrement *gratis*, par application de l'art. 58 de la loi du 7 juillet 1833 (2). En effet, ce

---

(1) Voir xxxiv, p. 86.
(2) S.35.1.413 ; Dall. 34.1.86.

n'est pas parce qu'une acquisition a lieu par voie d'expropriation qu'elle est dispensée des droits de timbre et d'enregistrement, mais parce que cette acquisition est faite *pour cause d'utilité publique*, et il est dès lors indifférent que la cession ait été volontairement consentie, ou qu'elle ait été ordonnée par justice. Une autre instruction du 15 janvier 1836 consacrait les mêmes principes.

Mais, ultérieurement cette administration soutint que la déclaration d'utilité publique ne résultait, d'après l'art. 2 de la loi du 7 juill. 1833, que des trois actes suivants : 1° la loi ou l'ordonnance qui autorise les travaux ; 2° l'acte du préfet qui désigne les localités ou territoires sur lesquels les travaux doivent avoir lieu, lorsque cette désignation ne résulte pas de la loi ou de l'ordonnance ; 3° l'arrêté ultérieur par lequel le préfet détermine les propriétés particulières auxquelles l'expropriation est applicable. C'est seulement, disait-elle, *après cet arrêté, en vertu de cet arrêté*, que l'Etat ou les concessionnaires de travaux publics peuvent, ou traiter à l'amiable avec les propriétaires des immeubles, ou poursuivre leur expropriation. En conséquence, elle voulait que le bénéfice de l'art. 5 ne pût être réclamé que pour les contrats passés *postérieurement à l'arrêté du préfet*, prescrit par les art. 2 et 11 de la même loi, ayant pour objet des immeubles *expressément désignés dans cet arrêté* (Inst. adm. enreg., 31 août 1838).

Pour lever toutes les difficultés de cette nature, la loi du 3 mai 1841 a ajouté à l'art. 58 un paragraphe qui, comme nous venons de le dire, autorise la perception des droits sur les acquisitions amiables faites antérieurement aux arrêtés des préfets, mais en ordonne la restitution lorsque, dans le délai de deux ans à partir de la perception, il sera justifié que les immeubles acquis sont compris dans ces arrêtés (n° 965). (Voir Instr. adm. enreg., 31 août 1843.)

972. On ne peut considérer comme *fait en vertu de la loi du 3 mai 1841* un traité passé entre une commune et un particulier, par lequel celui-ci se charge d'exécuter des travaux d'utilité publique. C'est un véritable marché avec un entrepreneur, qui doit être enregistré au droit d'un pour cent, en vertu des art. 69 de la loi du 22 frim. an VII et 54 de la loi du 28 avril 1816. En vain alléguerait-on ensuite qu'une portion du prix alloué à l'entrepreneur a été employée à payer les propriétés nécessaires à l'exécution des travaux ; ce paiement serait un fait postérieur à la convention, qui ne saurait en changer la nature,

ni autoriser la restitution du droit régulièrement perçu lors de la passation du traité. Cass., 12 nov. 1838 (1). Cette décision ne pouvait guère faire de difficulté d'après le texte du contrat passé entre le préfet de la Seine et le sieur Penne. Mais, si la commune est régulièrement autorisée à acquérir pour cause d'utilité, les actes d'acquisition passés en son nom, par l'entrepreneur subrogé à ses droits et obligations, devront être enregistrés *gratis*, et jouir de tous les priviléges accordés par la loi de 1841 (2).

973. Relativement aux acquisitions pour cause d'alignement, une distinction a été établie par deux arrêts rendus par la Cour de cassation le 19 juin 1844. Dans une de ces affaires, le jugement attaqué constatait qu'à l'époque où l'acquisition avait été faite, les propriétaires des terrains acquis *voulaient reconstruire sur la rue;* en conséquence, l'arrêt dit « que le plan qu'il s'agissait d'exécuter, en déterminant d'une manière spéciale les portions de terrains destinées à être occupées par la voie publique *actuelle,* avait nécessairement donné à la ville d'Evreux, pour le cas où cette incorporation devrait avoir lieu, c'est-à-dire pour le cas où les propriétaires de ces terrains voudraient reconstruire, le droit et l'autorisation dont elle avait besoin pour les forcer à subir toutes les conséquences de son plan d'alignement; qu'ainsi elle trouvait dans ce plan la déclaration d'utilité publique exigée par la loi du 7 juillet 1833; — Que, dès lors, les acquisitions amiables qu'elle a faites pour l'application immédiate d'un plan d'alignement, à l'exécution duquel les propriétaires des terrains désignés ne pouvaient se soustraire, doivent être considérées comme ayant eu lieu en vertu de cette loi, et doivent être par là admises à jouir de l'exemption des droits de timbre et d'enregistrement qu'elle a établis dans son art. 58 » (3).

Dans l'affaire de la ville de Montpellier, au contraire, l'ordonnance du roi portait que les dispositions ayant pour objet l'exécution *immédiate* des alignements arrêtés ne pourraient avoir lieu qu'après que la ville aurait été spécialement autorisée à acquérir à l'amiable ou par voie d'expropriation les portions d'immeubles dont l'emplacement devrait être occupé par la voie publique. Cette nouvelle autorisation n'avait pas été ob-

---

(1) S.38.1.891; Dall.38.1.397.
(2) [Voir, dans le même sens, jugement du tribunal de Riberac, du 24 déc.

1845, *Journal de l'Enregistrement,* n° 13,904.]
(3) S.44.1.496; Dall.44.1.260.

tenue; d'où l'arrêt conclut qu'à l'époque où la vente était intervenue, les vendeurs et la ville de Montpellier n'étaient obligés par aucune loi, ni par aucune décision de l'autorité compétente, à consentir la vente et à l'accepter; que tout a été *volontaire* entre eux, qu'ils n'ont pas agi dès lors en vertu d'une déclaration d'utilité publique légalement rendue (1). Cet arrêt décide en outre que l'ordonnance du roi (aujourd'hui le décret) qui approuve l'acquisition qui avait été faite n'a pu sous ce rapport suppléer à la déclaration d'utilité publique qui devait précéder cette acquisition.

La circulaire de l'administration de l'enregistrement du 26 octobre 1844 interprète ces deux arrêts comme nous venons de le faire (Dall., t. 44, 3ᵉ part., p. 4). Mais les communes éviteront facilement les conséquences onéreuses de ce dernier arrêt en ne traitant de l'acquisition qu'après avoir fait demander un alignement par le propriétaire avec lequel l'arrangement verbal aura eu lieu.

974. L'art. 55 de la loi du 16 septembre 1807 donne à l'administration la faculté d'acquérir, à l'amiable ou par voie d'expropriation, les terrains dans lesquels elle veut prendre les matériaux nécessaires aux travaux publics; mais cette faculté n'est pas conférée de plein droit aux concessionnaires qui ne sont subrogés, par l'art. 73 de la loi du 3 mai 1841, qu'aux droits conférés à l'administration *par la présente loi* (n° 920). Cependant la compagnie du chemin de fer de Paris à Saint-Germain, ayant *acquis* des immeubles dans lesquels elle devait prendre les terres nécessaires pour les remblais de son chemin, demanda que ces acquisitions fussent exemptées des droits de timbre et d'enregistrement. Mais cette prétention fut déclarée mal fondée par un avis du comité des finances du Conseil d'Etat, du 13 octobre 1837, fondé principalement sur cette considération qu'il s'agissait de terrains que la compagnie n'était pas *forcée* d'acheter, et pour lesquels l'art. 22 du cahier des charges annexé à la loi du 9 juillet 1835 l'obligeait seulement à indemniser les propriétaires des terrains endommagés. On faisait en outre remarquer que le système contraire pourrait donner lieu aux abus les plus préjudiciables aux intérêts du Trésor (Instr. adm. enreg., 31 août 1838).

975. Nous avons déjà indiqué, n° 732, une décision du mi-

---

(1) S.44.1.494; Dall.44.1.261.

nistre des finances du 24 juillet 1837 déclarant qu'il ne serait payé aucun salaire aux conservateurs pour les certificats hypothécaires par eux délivrés dans l'intérêt de l'Etat (1). Un conservateur ayant réclamé devant les tribunaux contre cette décision, un arrêt du Conseil du 14 février 1842, aff. *Hochon* (Leb., p. 48), a déclaré qu'une telle contestation n'était pas de la compétence des tribunaux.

Une autre décision du même ministre, du 18 novembre 1842, rappelée dans une instruction du 28 du même mois, porte que des doutes se sont élevés sur la question de savoir si cette dispense s'étend aux acquisitions faites pour le compte des départements ou par les communes pour les chemins de grande communication. « Considérant, y est-il dit, que les lois des 7 juillet 1833 et 3 mai 1841 ont affranchi les actes relatifs aux expropriations des droits de timbre, d'enregistrement et de transcription, mais non pas des salaires, *qui ne sont pas des droits*, et ont une autre origine, un autre caractère, une autre destination ; — Considérant que ces salaires ont été, en effet, établis pour indemniser les conservateurs du travail matériel qu'exige l'accomplissement des formalités hypothécaires et de la responsabilité qu'ils encourent aux termes des lois ; — Que si le ministre des finances a pu imposer aux conservateurs des hypothèques, comme agents de l'administration des finances, et à raison de la position qui leur est faite, le sacrifice de leurs salaires dans les opérations qui intéressent directement le Trésor public, il n'existe pas de motifs semblables pour exiger le même sacrifice envers les départements et les communes, pas plus qu'envers les compagnies ou les particuliers concessionnaires ; — Par ces motifs, le ministre a rendu la décision suivante : Conformément à la décision du 24 juillet 1837, il n'est payé par le Trésor public aucun salaire aux conservateurs pour les actes relatifs aux expropriations pour cause d'utilité publique dans tous les cas où les acquisitions sont faites pour le compte de l'Etat et à la charge du budget général, quelle que soit la participation des départements à la dépense. Mais lorsque les indemnités de dépossession sont dues exclusivement par les départements, les communes ou les compagnies ou particuliers concessionnaires, les conservateurs des hypothèques conservent le droit de percevoir le salaire fixé par le

---

(1) V. Dalloz, *Répert.*, v° *Expropriation*, n° 844, note 4.

décret du 21 septembre 1810, sauf l'exécution de l'ordonnance du 1ᵉʳ mai 1816 » (1).

En rapportant cette décision, l'instruction fait remarquer que l'exemption s'applique à tous les cas où les acquisitions sont à la charge du budget général, *quelle que soit la participation des départements à la dépense*. On a probablement voulu par là comprendre dans l'exemption les acquisitions faites pour les chemins de fer, et dont la dépense, d'après l'art. 3 de la loi du 11 juin 1842, doit être supportée à raison des deux tiers par les départements et les communes intéressées.

Nous admettons volontiers presque tous les principes posés dans cette décision, parce que la loi du 3 mai 1841 n'a point parlé des formalités hypothécaires, et que dès lors on ne peut induire de ses dispositions aucune dispense des salaires dus aux conservateurs pour les inscriptions, radiations, états et certificats. Quant aux droits perçus à l'occasion de la transcription, nous nous référons aux observations présentées dans le n° 956, ci-dessus.

976. En vertu des art. 27 de la loi du 21 vent. an VII et 2155, C. Nap., les droits et salaires dus pour les formalités hypothécaires doivent être payés d'avance par les requérants. Des conservateurs des hypothèques, se fondant sur ces dispositions, voulaient exiger que les frais et salaires à eux dus en raison des formalités hypothécaires accomplies à l'occasion de travaux exécutés par les départements et les communes leur fussent payés *immédiatement*. Cette prétention ne pouvait être accueillie. Ces formalités seront remplies, pour le compte des départements ou des communes, à la diligence des employés de la préfecture ou de la mairie, qui n'ont point de fonds publics à leur disposition, et qui ne peuvent être tenus de faire de leurs deniers l'avance des salaires attribués aux conservateurs. En conséquence, le ministre des finances a décidé, le 12 juillet 1843, que le paiement des salaires dus aux conservateurs, par suite de la transcription des actes de vente intéressant les communes et les départements, s'opérerait, par trimestre, sur les états dressés par ces préposés. Ces états, en forme de mémoires, doivent indiquer 1° la date des actes qui ont donné lieu à la formalité ; 2° le nom des parties ; 3° la nature de l'acte ; 4° celle de la for-

---

(1) Voir au n° 956, à la note, le décret du 24 nov. 1855, portant abrogation de cette ordonnance, qui réservait au Trésor la moitié des salaires pour la transcription des actes d'acquisition.

malité; 5° le montant des salaires. On réserve un espace où l'ordonnateur inscrit le numéro et la date des mandats délivrés pour le paiement de l'indemnité de dépossession des terrains auxquels se rapportent les formalités requises au bureau des hypothèques. Les conservateurs adressent ces états au directeur du département, qui les transmet au préfet, pour faire ordonnancer le paiement des salaires. Le remboursement des droits de timbre a lieu de la même manière que pour les travaux exécutés par l'État (Inst. adm. enreg., 31 juill. 1843).

CHAPITRE XVII.

DES SIGNIFICATIONS ET NOTIFICATIONS.

977. — Les significations ont lieu ordinairement à la requête des préfets.
978. — Elles peuvent être faites par des agents de l'administration.
979. — Désignation de ces agents.
980. — Timbre et enregistrement.
981. — Énonciations que les significations doivent contenir.
982. — Significations à faire les jours de fête légale.
983. — A qui la copie d'exploit doit être remise.
984. — Des élections spéciales de domicile.
985. — Du registre destiné à recevoir ces déclarations.
986. — Formes de la déclaration.
987. — Du cas où l'élection de domicile n'a pas eu lieu.

977. Quelle que soit l'administration qui poursuit l'exécution des travaux, dès qu'ils sont faits dans l'intérêt de l'État, toutes les significations et notifications ont lieu à la diligence et à la requête du préfet du département où les biens sont situés (L. 3 mai 1841, art. 57), parce que ce fonctionnaire est, dans chaque département, le représentant supérieur de l'État. C'est également à lui que doivent être adressées toutes les notifications que les propriétaires et autres intéressés veulent faire à l'État (C. proc., 69). Si les travaux sont exécutés par une commune, les significations sont faites à la requête du maire ou au maire (Arg. art. 20, § 2). En cas de concession, elles ont lieu à la requête du concessionnaire, ou de la compagnie à laquelle celui-ci

a transmis ses droits (Voir, à cet égard, les nos 920 et suivants, ci-dessus).

[Lorsqu'il y a doute possible sur le point de savoir si l'expropriation a lieu dans l'intérêt exclusif d'une commune ou si, au contraire, les travaux à effectuer n'intéressent pas aussi le département, il convient que les notifications émanent à la fois du préfet et du maire et soient adressées simultanément à ces deux fonctionnaires. Lorsqu'une ville est représentée dans l'instance d'expropriation par le préfet, elle ne peut se prévaloir des irrégularités qui peuvent exister dans la signification, alors que ces irrégularités sont l'œuvre de ce fonctionnaire (1).

978. « Ces significations et notifications peuvent être faites tant par huissier que par tout agent de l'administration dont les procès-verbaux font foi en justice » (art. 57, § 2)—(A). Ce ne sont pas seulement les significations à la requête de l'Etat qui peuvent être faites par les agents de l'administration, ce sont toutes les notifications faites à l'occasion de l'acquisition des terrains ; mais comme les agents de l'administration ne doivent agir que d'après les instructions de leurs chefs, ils ne devraient pas, sans ordre de ceux-ci, faire des significations à la requête des particuliers. Mais si un propriétaire, en traitant avec l'administration, l'avait chargée de faire, à sa requête, des notifications à l'usufruitier ou au locataire, ces notifications pourraient être faites par les agents de l'administration.

« Il n'est du reste alloué aucune taxe aux agents de l'administration autorisés, par la loi du 7 juillet 1833, à instrumenter concurremment avec les huissiers » (Ord. 18 septembre 1833, art. 29).

979. Il y a des procès-verbaux qui font foi jusqu'à inscription de faux, d'autres qui ne font foi que jusqu'à preuve contraire. En 1833, le projet du Gouvernement n'accordait la faculté de faire des significations qu'aux agents de l'administration dont les procès-verbaux font foi en justice *jusqu'à inscription de faux*. Mais la Chambre des pairs supprima ces derniers mots, de manière que la faculté de faire des notifications et significations appartient aujourd'hui à tous les agents de l'administration dont

---

(1) Cass., 2 fév. 1846 (Dall. 46.1.78).

Additions.

(A) Ainsi elles peuvent être valablement faites par un agent assermenté de la compagnie de chemins de fer expropriante, agent dont les procès-verbaux font foi en justice. Cass. civ., 11 janv. 1865 (*Gaz. trib.*, 12 janv. 65).

les procès-verbaux font foi en justice. Les procès-verbaux de ces divers agents ne font généralement foi que relativement aux objets dont la surveillance leur est expressément confiée par la loi ; mais, comme il s'agit ici d'une mission spéciale conférée par la loi indistinctement à tous les agents dont les procès-verbaux font foi en justice, tous ceux dont les procès-verbaux, dans un cas particulier, font foi en justice, ont qualité pour faire les notifications prescrites par la loi du 3 mai 1841.

Les conducteurs des ponts et chaussées tiennent ce droit de l'art. 112 du décret du 16 décembre 1811 ; les agents voyers, de l'art. 11 de la loi du 21 mai 1836 ; les agents de la navigation, de l'art. 2 de la loi du 29 floréal an x. L'art. 2 de la loi du 23 mars 1842 l'accorde également aux piqueurs et cantonniers-chefs dûment commissionnés et assermentés ; disposition qui révoque implicitement celle de l'article précité du décret de 1811 qui conférait ce droit à tous les agents qui portaient à cette époque le titre de *cantonniers*.

Le droit de dresser des procès-verbaux est aussi accordé à beaucoup d'autres employés et agents : nous indiquerons les gardes du génie (L. 29 mars 1806, art. 2), les portiers-consignes des places de guerre (décr. 16 sept. 1811, art. 15), les gardes et agents forestiers (Cod. forest., 176, 177), les gardes champêtres (C. instr. crim., 9 et 16), les porteurs de contraintes (arr. 16 therm. an VIII, art. 24 ; C. pén., 209 ; arr. Cass., 14 août 1843 ; Dall., p. 411 ; Devill., p. 887), la gendarmerie (C. instr. crim., art. 72 ; L. 3 mai 1844, art. 22), les gardes-pêche (même art. 22), les commissaires de police, les employés des contributions indirectes et des douanes, etc. Tous ont qualité pour faire les significations ; c'est à l'administration à déterminer ceux de ces agents qu'il peut convenir de charger d'une pareille mission (1).

Il est des *magistrats* et *fonctionnaires* dont les procès-verbaux font également foi en justice, tels que les préfets, les maires et adjoints, les juges de paix, les procureurs impériaux et leurs substituts, les juges d'instruction, officiers de gendarmerie, etc. (Cod. instr. crim., 9, 10, 32, 49, 59), les ingénieurs des ponts et chaussées (L. 27 flor. an x sur la voirie, art. 2) ; sans doute ce ne sont pas eux que la loi a eus en vue en employant la déno-

---

(1) Voir Dalloz, *Répert.*, v° *Expropriation*, n° 454.

mination d'*agents de l'administration* que l'on trouve dans l'art. 57 de la loi du 3 mai 1841.

[Cependant, comme le fait observer M. Dufour (1), la signification n'en serait pas moins valable pour être faite par un fonctionnaire supérieur dans l'ordre hiérarchique, pourvu que la rédaction des procès-verbaux rentrât dans ses attributions.

La Cour de cassation a décidé, par arrêt du 26 août 1857 (2), que le maire d'une commune a qualité, en principe, pour faire les notifications auxquelles peut donner lieu la loi du 3 mai 1841 ; mais qu'il n'a plus ce pouvoir quand la notification intéresse la commune qu'il administre ; — « Attendu que, d'après l'art. 57 de la loi du 3 mai 1841, les notifications auxquelles l'application de cette loi peut donner lieu sont faites tant par huissier que par tout agent de l'administration dont les procès-verbaux font foi en justice ; — Qu'il résulte de ces dispositions que cette loi spéciale n'a fait que confirmer les principes généraux suivant lesquels il n'appartient qu'aux fonctionnaires ayant le caractère légal nécessaire, de constater soit l'existence, soit la date et les circonstances des actes émanés d'eux ; — Que s'il est vrai qu'à ce titre *le maire d'une commune, comme agent de l'administration, peut, dans les cas ordinaires, faire de semblables notifications*, il n'en saurait être ainsi lorsqu'il agit pour les affaires et dans l'intérêt de la commune qu'il administre ; que sa position comme partie ou comme représentant de la partie ôte alors nécessairement à ses actes le caractère d'impartialité, et, par conséquent, la foi en justice, qui doit appartenir aux actes destinés à constater des poursuites ou des actes judiciaires ou extrajudiciaires. »]

980. Les notifications sont faites sur du papier visé pour timbre, et d'une dimension égale au moins à celle des feuilles assujetties au timbre de 70 centimes (Ord. du 18 sept. 1833, art. 8, et n° 954). Ces exploits sont enregistrés *gratis* (n°⁵ 957 et suiv.).

981. Lorsque les significations sont faites par des huissiers, elles doivent contenir toutes les énonciations indiquées dans les art. 61 et 64, C. proc., car la loi du 3 mai 1841 ne déroge en aucune manière à ces dispositions, qui ne font que consacrer des mesures indispensables, d'une part, pour donner aux personnes à qui les notifications s'adressent une exacte connais-

---

(1) *Traité général de droit administratif*, v n° 518.

(2) Dall.57.1 354.

sance du but de la signification ; d'autre part, pour constater que la notification a dû parvenir à la personne à qui elle était adressée. Beaucoup de ces significations ayant lieu à un domicile élu, il est très-important de constater où et à qui elles ont été remises.

En autorisant les agents de l'administration à instrumenter concurremment avec les huissiers, le législateur a voulu diminuer les dépenses qu'entraînait l'emploi de ces officiers ministériels ; mais il n'a pu vouloir diminuer les garanties que le propriétaire trouvait dans les significations qui ont lieu par leur intermédiaire. Nous croyons donc que les significations faites par des agents de l'administration doivent contenir les mêmes énonciations que si elles étaient faites par un huissier. Ainsi elles doivent indiquer : 1° la date des jour, mois et an, auxquels elles sont faites ; 2° les noms, ou au moins la qualité de la partie à la requête de laquelle la signification est faite ; 3° les noms, profession et demeure, de la personne à qui la signification est faite ; 4° la mention de la personne à laquelle la copie de l'exploit est laissée ; 5° les noms et qualités de l'agent qui fait la signification ; 6° l'indication de l'objet de la signification, et, si elle se rattache à un immeuble, elle devra énoncer la nature de l'héritage, la commune, et, autant que possible, la partie de la commune où il est situé, et deux au moins des tenants et aboutissants. Toutefois, s'il s'agit d'un domaine, corps de ferme ou métairie, il suffit d'en désigner le nom et la situation. Si le but de la signification est de sommer la personne à qui elle est faite de comparaître devant le jury spécial ou ailleurs, il faut indiquer les lieux, jour et heure, de la comparution (C. proc., 61 et 64). Tous les auteurs ont admis ce principe, et la Cour de cassation a jugé, le 28 janvier 1834 (1), que la mention faite par un maire, sur une expédition d'un jugement, qu'il avait notifié ce jugement à la demoiselle Dumarest, l'un des propriétaires expropriés, ne remplissait pas le vœu de la loi, et ne faisait pas courir le délai du pourvoi ; qu'il fallait une notification conforme au prescrit des art. 15 et 57 de la loi.

Mais aucun article de la loi de 1841 ne dit que ces énonciations sont nécessaires *à peine de nullité*. Dès que la signification est parvenue à la personne à laquelle elle était destinée, et l'a mise en mesure d'y obéir, le vœu du législateur est rempli. Lors

---

(1) S.34.1.206 ; Dall.34.1.48.

même que la notification donnée à l'indemnitaire, en vertu de l'art. 31 de la loi du 3 mai 1841, pour comparaître devant le jury, serait signifiée par un huissier, l'esprit des art. 57 et 31 n'est pas de prescrire que l'exploit contienne, *sous peine de nullité*, toutes les conditions voulues par l'art. 61, C. proc., mais seulement d'exiger qu'il y ait certitude que la copie a été remise au domicile indiqué par l'art. 15. Il est utile, mais il n'est pas indispensable que le domicile réel de l'indemnitaire soit indiqué (1).

982. L'art. 63, C. proc., veut qu'aucun exploit ne soit donné un jour de fête légale, si ce n'est en vertu de permission du président du tribunal ; cette prohibition s'applique à toutes les significations, quel que soit l'agent qui les fasse.

983. Les significations sont faites à la personne à qui elles sont adressées, ou à son domicile réel, ou au domicile qu'elle a élu. Si l'agent qui fait la notification ne trouve au domicile indiqué aucun des parents ou serviteurs de la personne à qui ou chez qui la signification est faite, il remet de suite la copie à un voisin, qui signe l'original. Si ce voisin ne peut ou ne veut signer, la copie est remise au maire ou à l'adjoint de la commune, qui vise l'original sans frais. Il est fait mention du tout tant sur l'original que sur la copie (C. proc., 68).

984. En matière d'expropriation, les significations se font ordinairement à un domicile élu. L'art. 15 de la loi du 3 mai 1841 impose à tous les propriétaires l'obligation d'élire domicile dans l'arrondissement de la situation des biens. « On s'est effrayé avec raison, disait M. Martin (du Nord), rapporteur, de la nécessité de notifications individuelles, parce qu'il est souvent fort difficile de découvrir le domicile réel de propriétaires fort éloignés, et que les recherches qu'entraîne le besoin d'exécuter la loi commune dans toute sa rigueur font perdre un temps précieux, et anéantissent, pour ainsi dire, il faut en convenir, les bienfaits de la loi. Ces craintes disparaîtront si vous adoptez les dispositions que nous vous proposons d'insérer dans la loi. Il nous semble qu'il convient d'imposer aux propriétaires qui pourraient craindre que leurs intérêts fussent compromis par l'éloignement de leurs propriétés l'obligation d'indiquer, sur un registre qui sera déposé dans chaque mairie, soit leur domicile réel, soit le lieu de l'arrondissement de la situation des biens où ils désirent

---

(1) Cass., 4 avril 1842 (S. 42.1.297 ; Dall. 42.1.246).

que les notifications concernant ces biens soient remises. Certes la nécessité de cette indication n'est pas trop rigoureuse, et personne ne pourra se plaindre des exigences d'une loi qui, par cela qu'elle est loi, doit être connue de tous » (*Mon.*, 27 janv. 1833, p. 210).

Il ne paraît pas cependant que cette élection doive avoir lieu de la part des propriétaires qui sont indiqués, *sur la matrice des rôles*, comme ayant leur domicile réel dans l'arrondissement, puisqu'il est bien à supposer que leur élection de domicile serait toujours faite à leur domicile réel. Lors donc que ces propriétaires n'auront pas fait de déclaration d'élection de domicile, nous croyons que les significations qui les concernent devront être faites à leur domicile réel, et non à celui des locataires, fermiers ou régisseurs.

Les déclarations d'élection de domicile devront être faites, dit l'article 15, à la mairie de la commune où les biens sont situés; mais cette indication n'est pas, selon nous, exclusive de tout autre mode, et nous pensons que l'élection de domicile peut également être faite dans les actes extrajudiciaires signifiés à la requête des propriétaires. Si la même personne possède des propriétés frappées d'expropriation dans différentes communes, elle doit renouveler la déclaration d'élection de domicile à la mairie de chaque commune.

985. Il importe à l'administration de connaître exactement les déclarations d'élection de domicile faites dans chaque commune; le plus sûr moyen est donc de les faire consigner sur un registre spécial, comme l'a dit M. le rapporteur de la Chambre des députés. La loi n'indique pas à quelle époque ces registres doivent être ouverts; mais il paraît naturel que ce soit au moment de la publication du plan parcellaire (n° 102), afin que les propriétaires, obligés de se rendre à la mairie pour prendre communication du plan, puissent faire en même temps leur déclaration d'élection de domicile. Il serait souvent très-fâcheux pour eux d'être obligés à un second voyage pour cet objet. En transmettant les plans parcellaires aux maires, les préfets doivent donc leur adresser en même temps un registre destiné à recevoir les déclarations d'élection de domicile (*Form.*, n° VIII), et l'avis publié en exécution de l'art. 6 contient souvent l'annonce de l'ouverture de ces registres (n° 103).

Les registres destinés à recevoir les déclarations d'élection de domicile doivent être renvoyés au préfet et réunis aux autres pièces relatives à ces acquisitions, parce qu'ils servent à consta-

986. La loi ne soumet les déclarations d'élection de domicile à aucune forme, mais il est nécessaire qu'elles aient une authenticité suffisante pour mettre les significations qui en seront la suite à l'abri de toute critique. Il faut donc qu'elles soient reçues par le maire, et signées par lui et par le déclarant, à moins que celui-ci ne sache ou ne puisse le faire. L'élection de domicile peut être faite par un fondé de pouvoir; une procuration générale suffit même, la loi n'exige point un pouvoir spécial. Si la procuration est notariée, il suffit d'en indiquer la date et le nom du notaire qui en est dépositaire. Mais, si elle est sous seing privé, elle doit être annexée à la déclaration (*Form.*, n° VIII).

987. « Si le propriétaire, ajouta M. le rapporteur, remplit le vœu de la loi, le domicile qu'il aura choisi dans l'arrondissement sera le lieu où les notifications lui seront faites; s'il n'a pas fait élection de domicile, les notifications devront toujours, jusqu'à nouvelle déclaration et quels que soient les événements, être faites au domicile réel indiqué (1). Mais, si le propriétaire néglige ces mesures de précaution que la sollicitude du législateur cherche à concilier avec le besoin de ne pas multiplier les entraves que les travaux pourraient rencontrer, cette dernière considération doit alors l'emporter sur toutes les autres. Vous supposerez que le propriétaire a pris, pour la garantie de ses droits, quelques mesures extralégales qui vous échappent, et vous croirez, comme nous, que la notification au maire de la commune de la situation des biens sera suffisamment rassurante. Toutefois, et comme garantie supplétive, nous pensons devoir vous proposer de déclarer que, dans ce dernier cas, l'administration sera obligée de laisser aussi une copie au fermier, locataire, gardien ou régisseur de la propriété » (*Monit.*, 27 janv. 1833, p. 210). En conséquence, l'art. 15 porte : « Cet extrait, « contenant les noms des propriétaires, les motifs et le disposi- « tif du jugement, leur est notifié au domicile qu'ils auront élu « dans l'arrondissement de la situation des biens, par une décla- « ration faite à la mairie de la commune où les biens sont si- « tués; et, dans le cas où cette élection de domicile n'aurait « pas eu lieu, la notification de l'extrait sera faite, *en double*

---

(1) Cette supposition se rattachait à un système qui a été écarté ensuite par la Chambre.

« copie, au maire, et au fermier, locataire, gardien ou régisseur
« de la propriété. »

Ainsi, à défaut d'élection de domicile, la signification doit être faite en double copie : 1° au maire de la commune ; 2° au fermier, locataire, gardien ou régisseur; et l'un comme l'autre doit s'empresser de transmettre au propriétaire la copie qui lui a été remise (C. Nap., 1727). Les agents de l'administration leur en font verbalement la recommandation expresse. Ces copies étant adressées par deux voies différentes, il est à croire que l'une des deux, au moins, parviendra à la partie intéressée. En l'absence du maire, la copie est remise à l'un des adjoints. S'il y a tout à la fois, dans l'arrondissement, un fermier et un régisseur, c'est à ce dernier que la copie doit être remise, parce que l'on doit supposer qu'il lui est plus facile de la faire parvenir au propriétaire (Voir n° 224). La dénomination de *gardien* doit s'appliquer, non-seulement au concierge chargé de la surveillance d'une habitation en l'absence des maîtres, mais aussi aux gardes des bois ou forêts.

L'art. 15 de la loi n'exige pas que l'original de la signification soit visé par le maire ; nous croyons cependant que cela doit être, parce que l'art. 68, C. proc., a prescrit le visa dans une circonstance identique, et que le tarif indique l'émolument alloué pour ce visa (n° 1007).

Ces mots : *en double copie*, ne veulent pas dire que deux copies doivent être laissées au maire, et deux copies au fermier, locataire, etc. Cette surabondance de copies n'aurait aucune utilité. On a voulu dire qu'il serait fait deux copies, l'une pour le maire, l'autre pour le fermier ou locataire, gardien ou régisseur — (A).

[Nous pensons, dit M. Dufour (1), que l'administration est toujours libre de renoncer à la faveur que lui confère l'art. 15, et que les significations faites au domicile réel de l'exproprié seraient parfaitement régulières.]

---

(1) *Traité général de droit administratif*, v, n° 519.

Additions.

(A) L'art. 15 est absolu, et doit recevoir son exécution, quoique le fermier ne réside pas dans l'arrondissement : la notification ne saurait être valablement faite en ce cas, au garde champêtre, lequel n'a aucune qualité pour représenter l'exproprié. Cass., 28 nov. 1860 (S.61.1.552).

CHAP. XVIII. — TARIF DES FRAIS ET DÉPENS.   277

CHAPITRE XVIII.

DU TARIF DES FRAIS ET DÉPENS EN MATIÈRE D'EXPROPRIATION.

988. — Bases adoptées pour ce tarif.
989. — Indemnité de transport au magistrat directeur.
990. — Remboursement des avances faites par le receveur de l'enregistrement.
991. — Suppression des droits de greffe.
992. — Émolument du greffier pour les expéditions et extraits.
993. — Émolument du greffier pour l'état des dépens.
994. — Émolument du greffier pour transport.
995. — Émolument du greffier pour le procès-verbal des opérations du jury.
996. — Dépenses laissées à la charge du greffier.
997. — Du greffier près la Cour de cassation.
998. — Indemnité de transport aux jurés.
999. — Indemnité de transport aux personnes appelées pour éclairer le jury.
1000. — Ces indemnités sont avancées et recouvrées par le receveur de l'enregistrement.
1001. — Émoluments des huissiers. — Règle générale.
1002. — Actes dont l'original est taxé à 1 franc.
1003. — Actes dont l'original est taxé à 1 franc 50 centimes.
1004. — Émolument pour les offres et consignations.
1005. — Émolument pour les actes non prévus au tarif.
1006. — Émolument pour les copies d'exploit.
1007. — Émolument pour les *visa* donnés par les fonctionnaires.
1008. — Émolument pour les copies de pièces.
1009. — Émolument pour frais de transport.
1010. — Il n'est rien alloué pour faire enregistrer et viser pour timbre.
1011. — On doit éviter la multiplicité des originaux.
1012. — Les émoluments des greffiers et huissiers sont acquittés par les parties.
1013. — Aucun émolument n'est alloué aux agents de l'administration.

988. L'art. 41, § 3, de la loi du 7 juillet, portait : « Un règle-
« ment d'administration publique, qui sera publié avant la mise
« en exécution de la loi, déterminera le tarif des dépens. » Ce

règlement se trouvait dans l'ordonnance du 18 septembre 1833. L'art. 41 de la loi du 3 mai 1844 se borne à dire que le tarif des dépens *est déterminé par un règlement d'administration publique*, parce que l'ordonnance du 18 septembre 1833 existait, et qu'on voulait s'y référer.

« La première question que ce tarif offrait à résoudre, a dit M. Barthe, ministre de la justice, dans son rapport au roi, était de savoir sur quelles bases le nouveau tarif serait établi. La juridiction nouvelle participe de la justice civile par la nature des affaires dont elle s'occupe, et des actes de sa procédure ; elle participe en même temps des formes de la justice criminelle par l'intervention du jury. Le législateur, en ne s'arrêtant, ni au tarif civil du 16 février 1807, ni au tarif criminel du 18 juin 1811, a, par cela même, reconnu que le premier est trop élevé, et le second insuffisant pour s'appliquer à tous les actes de la nouvelle procédure. Cependant ces deux tarifs sont depuis longtemps en vigueur, et leurs dispositions sont familières aux magistrats chargés d'en surveiller l'application. Il importait de s'en écarter le moins possible, et de conserver leurs fixations pour le coût des actes qu'on peut assimiler à ceux qu'ils ont mentionnés, en ayant soin d'emprunter surtout au tarif criminel, parce qu'il est moins dispendieux, et qu'il s'approprie mieux à une procédure par jurés ; quant au tarif civil, il convenait d'y recourir pour les actes d'une rédaction plus difficile et sans analogie dans la procédure criminelle. Telle est la règle qui a été suivie dans les différentes parties de ce règlement » (*Monit.*, 21 sept. 1833).

Nous n'avons pas l'intention d'examiner ici toutes les questions qui peuvent s'élever à l'occasion de ce tarif ; nous ne nous occuperons que de celles qui se présentent le plus fréquemment. On pourra consulter au besoin le *Commentaire du tarif en matière civile*, par M. Ad. Chauveau, et l'ouvrage de M. de Dalmas *sur les frais de justice en matières criminelle, correctionnelle et de police*. Ces deux auteurs ont examiné avec beaucoup de méthode et de clarté les nombreuses questions que les matières de taxe peuvent faire naître. M. de Dalmas, qui était, comme nous, membre de la commission chargée de rédiger le projet de ce tarif spécial, a même inséré dans son ouvrage sur les frais de justice un commentaire de l'ordonnance du 18 septembre 1833.

Cette ordonnance porte : « La taxe de *tous les actes faits en vertu de la loi du 7 juillet 1833* sera réglée par le tarif ci-après... » Ce qui comprend aussi bien les frais de l'instance en expropriation que les frais faits devant le jury pour arriver à la fixation de l'indemnité (1).

989. Lorsque les assises spéciales se tiennent dans la ville où siége le tribunal auquel le magistrat directeur est attaché, il ne lui est alloué aucune indemnité pour cette mission; mais lorsque le jury se réunit dans une autre commune, éloignée de plus de cinq kilomètres du lieu où siége le tribunal, ce magistrat a droit à une indemnité fixée de la manière suivante : s'il se transporte à plus de cinq kilomètres de sa résidence, il reçoit, pour tous frais de voyage, de nourriture et de séjour, une indemnité de neuf francs par jour, et s'il se transporte à plus de deux myriamètres, l'indemnité est de douze francs par jour (Ordonn. 18 sept. 1833, art. 16). Ces allocations sont celles allouées en matière criminelle, par l'art. 88 du décret du 18 juin 1811, aux magistrats qui vont instruire des procédures hors de la ville où siége le tribunal auquel ils appartiennent. Cette indemnité est acquittée par le receveur de l'enregistrement sur un état certifié par le magistrat directeur, et indiquant le nombre des journées employées au transport, et la distance entre le lieu où siége le jury et le chef-lieu judiciaire de l'arrondissement (*Ibid.*, 27). Dans tous les cas, cette indemnité, ainsi que celle du greffier (n° 994), reste à la charge soit de l'administration, soit de la compagnie concessionnaire, qui aura provoqué l'expropriation, et ne peut entrer dans la taxe des dépens (*Ibid.*, 28). Ces indemnités étant payées comme frais urgents, il n'y a pas lieu à la formalité préalable de l'ordonnancement (Instr. adm. enreg., 28 janv. 1834). L'administration de l'enregistrement s'en fait rembourser par l'administration ou par la compagnie concessionnaire qui a provoqué l'expropriation (*Ibid.*, 31).

990. D'après une décision prise par le ministre des finances, le 24 décembre 1833, de concert avec les autres ministres, les receveurs de l'enregistrement qui ont fait des avances de frais d'expropriation à la charge d'un ministère ou d'une administration publique, en vertu des art. 26 et 27 de l'ordonnance du 18 septembre 1833, adressent, par l'entremise du directeur de leur département, au sous-ordonnateur du ministère ou de l'administration publique dans le même département, l'état de ces avances, appuyé des pièces justificatives consistant dans les mandats, états et exécutoires délivrés par le magistrat directeur du jury.

---

(1) Bioche, *Dictionn. de procéd.*, v° *Expropriation*, n° 208.

Au vu de ces pièces, le sous-ordonnateur, en vertu d'un crédit de délégation qui lui a été ou qui lui est immédiatement ouvert, délivre sur le payeur un mandat du montant de ces frais au profit du receveur de l'enregistrement qui les a avancés. Toutefois, en ce qui concerne spécialement le service des ponts et chaussées, les pièces constatant les avances à rembourser sont remises par le directeur des domaines à l'ingénieur en chef du département, lequel est chargé du soin d'examiner et de préparer les documents nécessaires au paiement, et d'en faire l'objet d'un certificat de proposition qu'il remet au préfet pour servir de base à la délivrance du mandat de remboursement. Les receveurs de l'enregistrement provoquent en cette forme le remboursement de ces indemnités aussitôt que l'avance en a été faite (Instr. adm. enreg., 28 janv. 1834).

A l'égard des compagnies concessionnaires, les préposés de l'enregistrement poursuivent le recouvrement suivant le mode usité pour le recouvrement des droits dont la perception leur est confiée, c'est-à-dire par voie de contrainte, de saisie, etc. (*Ibid.*).

991. On désigne sous la dénomination de *droits de greffe* certains droits perçus au profit de l'État dans les Cours et tribunaux, dont une portion est allouée aux greffiers pour leur émolument, et le surplus entre dans les caisses du Trésor, et fait partie des perceptions confiées à la régie de l'enregistrement. L'art. 58 de la loi du 7 juillet 1833 ayant supprimé, en matière d'expropriation, tous les droits de timbre et d'enregistrement, on s'est demandé s'il avait voulu conserver les droits de greffe. L'ordonnance du 18 septembre a reconnu que ces droits ne pouvaient être exigés. M. le garde des sceaux, dans son rapport au roi sur cette ordonnance, a dit : « D'après l'esprit de la loi du 7 juillet, qui tend à diminuer les frais, et d'après les discussions auxquelles elle a donné lieu, les droits établis par-devant les juridictions ordinaires ne paraissent pas devoir être perçus à raison d'affaires jugées par la nouvelle juridiction spéciale » (*Monit.*, 21 sept. 1833). En effet, les droits dont il s'agit sont un véritable impôt, et ne peuvent, en l'absence d'une disposition formelle de la loi qui en prescrive la perception, être exigés pour les expéditions relatives aux opérations du jury spécial; on aurait pu seulement soutenir qu'ils devaient être réclamés sur les jugements d'expropriation; mais l'ordonnance susindiquée a admis que ces droits n'étaient jamais dus; décision qui est dans l'esprit de la loi, puisqu'elle a établi la dispense des droits de timbre et d'enregistrement.

La suppression des droits de greffe faisant tomber la remise du greffier, on a dû chercher un autre moyen de le rétribuer. L'ordonnance a donc déterminé les actes qui donneraient lieu à des rétributions en faveur du greffier, et le montant de ces rétributions. On a emprunté ces dispositions aux matières criminelles, dans lesquelles il n'est pas non plus perçu de droits de greffe.

992. Tous extraits ou expéditions délivrés par les greffiers en matière d'expropriation pour cause d'utilité publique seront portés sur du papier d'une dimension égale à celle des feuilles assujetties au timbre de 1 fr. 25 c.; ils contiendront 28 lignes à la page, et 14 à 16 syllabes à la ligne. Il sera alloué aux greffiers 40 c. par chaque rôle (1) d'expédition ou d'extrait (Ord. 18 sept. 1833, art. 9 et 10). Cette base d'allocation est celle établie par l'art. 48 du décret du 18 juin 1811 ; mais il faut remarquer que les extraits sont payés comme les expéditions, suivant le nombre de rôles qu'ils contiennent et non suivant un droit fixe.

L'art. 10 de l'ordonnance n'a rien déterminé pour les fractions de rôle; mais il paraît naturel d'adopter l'interprétation qui a été donnée à l'art. 48 du décret du 18 juin 1811 par l'instruction générale du 30 septembre 1826. « Ainsi on ne doit rien allouer pour un quart de rôle ou 14 lignes; lorsqu'il y a plus de 15 lignes et moins de 43, on doit passer en taxe un demi-rôle ; enfin, lorsqu'il y a 43 lignes et plus, le rôle doit être compté comme s'il était complet : ce qui établit une juste compensation pour les autres cas où de légères fractions sont négligées. De plus, comme le règlement accorde des droits aux greffiers pour toutes les expéditions ou extraits qu'ils délivrent, et qu'il peut se faire que la copie ou l'extrait de certains actes ne comporte pas plus d'un quart de rôle, on doit toujours, en pareil cas, allouer 20 c., lors même que l'expédition ou l'extrait contiendrait moins de 15 lignes » (M. de Dalmas, p. 130).

993. Il est alloué au greffier 10 cent. pour chaque article de l'état des dépens, y compris le paraphe des pièces admises en taxe (art. 13); mais il ne peut être fait qu'un article pour chaque pièce de la procédure, quand même il y aurait émolument, visa, transport, etc. (Voir le 2ᵉ décret du 16 fév. 1807, § 3).

994. De même que l'on a alloué une indemnité de voyage au

---

(1) On sait que le rôle forme deux pages.

magistrat directeur, lorsque les assises spéciales se tiennent ailleurs que dans la ville où siége le tribunal (n° 989), il a paru juste d'accorder, dans le même cas, une indemnité au greffier ou au commis greffier assermenté qui accompagne le magistrat directeur. Cette indemnité est de 6 ou 8 fr. par jour, suivant que le voyage sera de plus de 5 kilomètres, ou de plus 2 myriamètres (art. 17). Voir n° 1009.

995. Il n'est généralement rien alloué aux greffiers pour la rédaction des actes de leur ministère ou de celui des magistrats. Mais, le greffier devant assister à toutes les séances du jury spécial, et rédiger le procès-verbal de ses opérations, il a paru convenable de lui accorder à cette occasion un émolument particulier. Il est donc alloué aux greffiers, pour la rédaction du procès-verbal des opérations du jury, 5 fr. pour chaque affaire *terminée par décision du jury rendue exécutoire.* Néanmoins cette allocation ne pourra jamais excéder 15 fr. par jour, quel que soit le nombre des affaires, et, dans ce cas, ladite somme de 15 fr. sera répartie également entre chacune des affaires terminées le même jour (art. 11). L'ordonnance ne dit pas qu'il sera alloué au greffier 5 fr. pour chaque décision du jury, parce que l'on a voulu qu'il ne fût rien alloué pour les décisions préparatoires ou interlocutoires; on n'a pas voulu dire non plus 5 fr. pour chaque affaire, parce que les greffiers auraient pu considérer les réclamations du propriétaire, du locataire, de l'usager, etc., comme formant autant d'affaires distinctes. On a donc dit 5 fr. *pour chaque affaire terminée par une décision du jury rendue exécutoire,* parce que le jury ne rendra qu'une seule décision pour tous les ayants droit dans une même propriété.

Comme le jury doit prononcer sur des affaires qui n'offrent pas de difficultés sérieuses, et qui ne lui sont soumises que parce que les ayants droit n'ont pas répondu à la notification à eux faite, ou parce qu'il y a parmi eux des mineurs, des interdits ou d'autres incapables, il arrivera souvent que le jury statuera, dans la même journée, sur un grand nombre d'affaires; mais l'ordonnance a voulu que le greffier ne pût jamais recevoir plus de 15 fr. par jour, et, dans ce cas, la somme de 15 fr. est répartie également entre chacune des affaires terminées le même jour. Il peut arriver que le jury instruise successivement plusieurs affaires, et renvoie la prononciation de toutes les décisions ou d'un assez grand nombre à un même jour. Il ne serait pas juste, dans ce cas, que le greffier ne reçût que 15 fr. pour toutes les décisions rendues ce jour-là. Il nous semble qu'il devrait recevoir autant de fois 5 fr. qu'il y a eu d'affaires jugées, pourvu que cette somme n'excède pas 15 fr. pour chacun des jours qu'il a été occupé près du jury spécial pour ces affaires.

996. Au moyen des droits ci-dessus indiqués, il n'est alloué aux greffiers aucune autre rétribution à aucun titre, et ils demeurent chargés : 1° du traitement des commis-greffiers, s'il était besoin d'en établir pour le service des assises spéciales; 2° de toutes les fournitures de bureau nécessaires pour la tenue de ces assises; 3° de la fourniture du papier des expéditions ou extraits qu'ils devront faire viser pour timbre (art. 15).

997. Le tarif n'a rien statué à l'égard du greffier près la Cour de cassation (Voir M. Chauveau, *Introd.*, p. 42). Comme il a un traitement fixe, et que la totalité des droits dits *de greffe* se perçoit au profit du Trésor, on admet qu'il ne doit être perçu aucun des droits ordinairement payés au greffe de cette Cour.

998. « Il est une question, a dit, en 1833, M. Martin (du Nord), rapporteur de la Chambre des députés, qui a paru à quelques bons esprits ne pouvoir rester sans solution : on se demande si, dans tous les cas, les jurés seront privés de toute indemnité. Nous répondrons qu'à notre avis, les fonctions du jury sont essentiellement gratuites : tel est le principe en matière criminelle, tel il doit être en matière d'expropriation. La mission temporaire confiée au jury est trop importante, elle est trop honorable, pour être rabaissée par un salaire, qui nécessairement serait hors de proportion avec le service rendu; c'est le sentiment d'avoir rempli un devoir, c'est la reconnaissance du pays, qui doivent payer les sacrifices que les jurés s'imposent dans l'intérêt de la chose publique. Mais il ne faut pourtant pas donner à ce principe des conséquences outrées : si, pour s'acquitter de leurs fonctions, et notamment pour s'éclairer sur la vraie valeur d'une propriété, les jurés sont obligés à un déplacement quelconque, les frais de transport ne peuvent être à leur charge; ils doivent nécessairement être supportés par l'administration ou le propriétaire, suivant les distinctions que vous avez posées. Votre commission n'a pas pensé qu'il fût nécessaire de formuler dans un article de la loi la déclaration d'un principe qu'il suffit d'énoncer, puisqu'il est d'accord avec les règles de la plus sévère équité » (*Mon.*, 30 mai 1833, p. 1521). L'ordonnance du 18 sept. 1833 a consacré ces dispositions; son art. 18 porte : « Les jurés qui se transporteront à plus de deux kilomètres du lieu où se tiendront les assises spéciales, pour les descentes sur les lieux, autorisées par l'art. 37 de la loi du 7

juillet 1833, recevront, s'ils en font la demande formelle, une indemnité qui sera fixée, pour chaque myriamètre parcouru, en allant et revenant, à deux francs cinquante centimes. Il ne leur sera rien alloué pour toute autre cause que ce soit, à raison de leurs fonctions; si ce n'est dans le cas de séjour forcé en route, comme il est dit ci-après, art. 24. » Comme ces voyages n'ont lieu que dans l'intérêt des plaideurs, on aurait pu craindre que, si les dépenses de voyage avaient dû rester entièrement à la charge des jurés, ceux-ci ne s'abstinssent d'opérer un déplacement utile peut-être aux parties, mais onéreux pour ceux qui l'exécuteraient. Cette indemnité n'est cependant allouée aux jurés que lorsqu'ils en font formellement la demande.

En cas de séjour obligé par suite de force majeure, l'art. 24 alloue aux jurés 2 fr. 50 c. par jour, à la charge de faire constater par le juge de paix, et, à son défaut, par l'un des suppléants ou par le maire, et, à son défaut, par l'un de ses adjoints, la cause du séjour forcé en route, et d'en représenter le certificat à l'appui de leur demande en taxe. — (A).

999. Nous avons vu ci-dessus que le jury ne devait ordonner ni expertise, ni enquêtes proprement dites, mais qu'il avait le droit d'appeler devant lui les personnes qu'il jugeait pouvoir l'éclairer sur les difficultés qui étaient soumises à sa décision (n° 569). Les personnes qui seraient ainsi appelées pour éclairer le jury, conformément à l'art. 37 de la loi du 3 mai, recevront, *si elles le requièrent,* savoir : quand elles ne seront pas domiciliées à plus d'un myriamètre du lieu où elles doivent être entendues, pour indemnité de comparution, 1 fr. 50 c., et quand elles seront domiciliées à plus d'un myriamètre, pour indemnité de voyage, lorsqu'elles ne seront pas sorties de leur arrondissement, 1 fr. par myriamètre parcouru en allant et revenant; et lorsqu'elles seront sorties de leur arrondissement, 1 fr. 50 c. Dans le cas où l'indemnité de voyage est allouée, il ne doit être accordé aucune taxe de comparution (art. 19). Il nous a toujours

---

Additions.

(A) Cette circonstance que, sur la proposition du magistrat directeur et du consentement de la partie expropriante et des parties expropriées, une indemnité de séjour, supportée par moitié par la première et les secondes, a été accordée aux membres d'un jury d'expropriation pour cause d'utilité publique, peut être une cause d'annulation de la taxe des frais, mais ne saurait être considérée comme une atteinte au principe de la garantie de la justice, et entraîner, à ce titre, l'annulation de la décision intervenue. Cass. civ., 22 nov. 1864 (*Gaz. trib.*, 23 nov. 64).

paru que cette indemnité était trop faible pour des personnes dérangées de leurs affaires dans l'intérêt de tiers.

Les citoyens appelés devant le jury, qui reçoivent un traitement quelconque à raison d'un service public, n'auront droit qu'à l'indemnité de voyage, s'il y a lieu, et s'ils le requièrent (art. 20).

Lorsque les personnes appelées devant le jury seront arrêtées dans le cours du voyage par force majeure, elles recevront en indemnité, pour chaque jour de séjour forcé, 1 fr. 50 c.; mais elles seront tenues de faire constater par le juge de paix, et, à son défaut, par l'un des suppléants ou par le maire, et, à son défaut, par l'un de ses adjoints, la cause du séjour forcé en route, et d'en représenter le certificat à l'appui de leur demande en taxe (art. 24). Il nous semble que l'indemnité de séjour forcé doit être allouée aux personnes qui reçoivent un traitement à raison d'un service public, en faisant les mêmes justifications.

1000. Les indemnités des jurés et des personnes appelées pour éclairer le jury sont acquittées, comme frais urgents, par le receveur de l'enregistrement, sur un simple mandat du magistrat directeur du jury, lequel mandat devra, lorsqu'il s'agira d'un transport, indiquer le nombre des myriamètres parcourus, et, dans tous les cas, faire mention expresse de la demande d'indemnité (art. 26). Par leur nature de frais urgents, ces mandats doivent être dispensés de la formalité préalable de l'ordonnancement (Inst. adm. enreg., 28 janv. 1834).

Le greffier tient exactement note des indemnités allouées aux jurés et en porte le montant dans l'état de liquidation des frais (art. 30). L'administration de l'enregistrement se fait rembourser de ses avances comprises dans la liquidation des frais, *par la partie qui est condamnée aux dépens*, en vertu d'un exécutoire délivré par le magistrat directeur du jury, et selon le mode usité pour le recouvrement des droits dont la perception est confiée à cette administration (art. 31). Le recouvrement est donc poursuivi, selon les circonstances, ou contre les propriétaires et autres indemnitaires, ou contre l'administration ou la compagnie concessionnaire qui a provoqué l'expropriation : mais ces poursuites ne peuvent avoir lieu qu'après la clôture des opérations du jury, et même, à l'égard des administrations publiques, après que la condamnation est devenue définitive.

Lorsque ce remboursement est à la charge d'une administration publique, le recouvrement est poursuivi de la manière rappelée n° 990. A l'égard des concessionnaires et des indemnitaires, le préposé de l'enregistrement suit le mode usité pour le recouvrement des droits dont la perception lui est confiée, et agit par voie de contrainte, saisie, etc. (Même inst).

1001. Les décrets des 16 février 1807 et 18 juin 1811 ont établi des émoluments différents pour les huissiers, selon le lieu de leur résidence, et ces différences rendent la vérification des états de frais beaucoup plus difficile. On n'a donc pas jugé convenable de les introduire dans le nouveau tarif, et la rétribution des huissiers est la même pour les actes de même nature, quels que soient le lieu de leur résidence et la juridiction à laquelle ils sont attachés. Tous peuvent d'ailleurs faire les actes prescrits par la loi du 3 mai 1841.

Les actes et significations à faire par les huissiers donnent lieu à quatre espèces d'émoluments différents : 1 fr., 1 fr. 50 cent., 2 fr. 25 cent. et 4 fr.; mais ces deux dernières allocations ne sont établies que pour des actes uniques, 2 fr. 25 cent. pour le procès-verbal d'offres, et 4 fr. pour le procès-verbal de consignation (n° 807).

1002. Tous les autres actes du ministère des huissiers ont été divisés en deux catégories : l'art. 1er de l'ordonnance alloue 1 fr. pour l'original, 1° de la notification de l'extrait du jugement d'expropriation aux personnes désignées dans les art. 15 et 22 de la loi; 2° de la signification de l'arrêt de la Cour de cassation (art. 20 et 42); 3° de la dénonciation de l'extrait du jugement d'expropriation aux ayants droit mentionnés aux art. 21 et 22; 4° de la notification de l'arrêté du préfet qui fixe la somme offerte pour indemnité (art. 23); 5° de l'acte contenant acceptation des offres faites par l'administration, avec signification, s'il y a lieu, des autorisations requises (art. 24, 25 et 26); 6° de l'acte portant convocation des jurés et des parties, avec notification aux parties d'une expédition de l'arrêt par lequel la Cour impériale a formé la liste du jury (art. 31 et 33); 7° de la notification au juré défaillant de l'ordonnance du directeur du jury qui l'a condamné à l'amende (art. 32); 8° de la notification de la décision du jury revêtue de l'ordonnance d'exécution (art. 41); 9° de la sommation d'assister à la consignation dans le cas où il n'y aura pas eu d'offres réelles (art. 54); 10° de la sommation au préfet pour qu'il soit procédé à la fixation de l'indemnité (art. 55); 11° de l'acte contenant réquisition, par le propriétaire, de la consignation des sommes offertes, dans le cas où cette réquisition n'a pas été faite par l'acte même d'acceptation (art. 59); 12° et *généralement de tous autres actes simples auxquels pourra donner lieu l'expropriation*.

1003. L'art. 2 alloue 1 fr. 50 cent. pour l'original, 1° de la notification du pourvoi en cassation formé, soit contre le jugement d'expropriation, soit contre la décision du jury (art. 20 et 42); 2° de la dénonciation faite à l'administration par le propriétaire ou l'usufruitier, des noms et qualités des ayants droit mentionnés au § 1ᵉʳ de l'art. 21 de la loi (art. 21 et 22); 3° de l'acte par lequel les parties intéressées font connaître leurs réclamations (art. 18, 21, 39, 52, 54); 4° de l'acte d'acceptation des offres de l'administration avec réquisition de consignation (art. 24 et 59); 5° de l'acte par lequel la partie qui refuse les offres de l'administration indique le montant de ses prétentions (art. 17, 24, 28, 53); 6° de l'opposition formée par un juré à l'ordonnance du magistrat directeur du jury qui l'a condamné à l'amende (art. 32); 7° de la réquisition du propriétaire tendant à l'acquisition de la totalité de son immeuble (art. 50); 8° de la demande à fin de rétrocession des terrains non employés à des travaux d'utilité publique (art. 60 et 61); 9° de la demande tendant à ce que l'indemnité d'une expropriation déjà commencée fût réglée conformément à la loi du 7 juillet 1833 (art. 68); 10° enfin, *de tous actes qui, par leur nature, pourront être assimilés à ceux dont l'énumération précède*.

1004. Il est alloué 2 fr. 25 cent. pour le procès-verbal d'offres réelles contenant le refus ou l'acceptation des ayants droit, ainsi que sommation d'assister à la consignation, et 4 fr. pour le procès-verbal de consignation, soit qu'il y ait eu ou non offres réelles (Tarif, art. 3). Ces actes exigent des détails multipliés de la part de l'huissier; ils lui imposent d'ailleurs une responsabilité quelquefois fort grave relativement aux sommes qui lui sont confiées pour les offres ou pour la consignation; on a donc dû lui allouer un émolument plus élevé que pour les significations ordinaires.

La loi du 7 juillet 1833 ne prévoyait que deux espèces d'offres à faire aux propriétaires et autres ayants droit; la loi de 1841 en a introduit une troisième. L'art. 23 dit que l'administration notifie aux propriétaires et à tous autres intéressés les sommes qu'elle offre pour indemnités. Ces offres se bornent à déclarer que l'administration consent à payer à la personne à qui la notification se fait *telle somme* pour indemnité; il n'y a pas d'exhibition de fonds; c'est une simple notification de l'arrêté par lequel le préfet a fixé les sommes à offrir pour indemnité (n° 420);

il n'est alloué pour cette notification qu'un franc (Tarif, art. 1er § 4). Mais l'art. 53, § 2, de la loi, veut qu'après le règlement de l'indemnité, et si les indemnitaires refusent de recevoir les sommes convenues ou fixées, la prise de possession ait lieu après offres réelles et consignation. Il s'agit là d'offres réelles proprement dites, et pour lesquelles on doit observer les formalités prescrites par les art. 1258, C. Nap., 812 et 813, C. proc. C'est pour ces offres seulement que l'art. 3 de l'ordonnance du 18 septembre 1833 alloue 2 fr. 25 c. (art. 4).

Le § 3 de l'art. 53 de la loi du 3 mai 1841 prévoit une troisième espèce d'offres : c'est celle d'un mandat délivré par l'administration et égal au montant de l'indemnité (n° 826). L'ordonnance du 18 septembre 1833 n'a pu fixer l'émolument de cet acte, dont la loi de 1833 ne parlait pas ; mais, comme l'offre de ce mandat est un acte assez simple, nous croyons qu'il ne doit être alloué que 1 fr. 50 c., par analogie avec les actes énoncés en l'art. 2 de l'ordonnance (*Form.*, LXXIV).

1005. On voit que, d'après l'art. 1er, § 12, et l'art. 2, § 10, tous les actes qui ne sont point expressément désignés dans ces deux articles doivent être taxés par analogie avec ceux qui y sont mentionnés, c'est-à-dire que l'on allouera 1 franc pour ceux de ces actes qui ne demandent aucun soin de rédaction, qui sont presque calqués les uns sur les autres, et 1 fr. 50 c. pour ceux dont la rédaction exige quelques soins de la part de l'huissier, ou qui l'obligent à prendre un pouvoir de son client, pour ne pas exposer sa responsabilité.

1006. Il est alloué, pour chaque copie des exploits ci-dessus, le quart de la somme fixée par l'original (Tarif, art. 4).

1007. Il est alloué à tous huissiers 50 c. pour *visa* de leurs actes, dans le cas où cette formalité est prescrite ; ce droit est double quand le refus du fonctionnaire qui doit donner le *visa* oblige l'huissier à se transporter auprès d'un autre fonctionnaire (Tarif, art. 7). D'après l'art. 69, C. proc., lorsque les significations sont faites à des préfets, maires ou autres administrateurs ou agents du Gouvernement, l'original de l'exploit doit être visé par celui à qui la copie de l'exploit est laissée, et l'article ajoute en cas d'absence ou de refus, le visa sera donné, soit par le juge de paix, soit par le procureur impérial près le tribunal de première instance, auquel, en ce cas, la copie sera laissée. C'est à cette dernière disposition que l'art. 7 de l'ordonnance fait allusion. Ainsi, en cas d'absence du fonctionnaire à qui la signification est faite, le *visa* est donné par le juge de paix ou par le procureur impérial, et la copie lui est laissée.

1008. Les huissiers doivent souvent donner, en tête de leurs exploits, copie de jugements ou d'autres actes. Lorsque les copies de pièces dont la notification a lieu en vertu de la loi sont certifiées par l'huissier, il lui est payé 30 c. par chaque rôle, évalué à raison de 28 lignes à la page et 14 à 16 syllabes à la ligne (art. 5), c'est-à-dire à raison de 8 à 900 syllabes par rôle. « On a suivi ici, dit M. de Dalmas, l'un des taux fixés par l'art. 71, n° 10, du décret du 18 juin 1811. On a pris le plus faible, et il paraîtra suffisant, si l'on considère qu'on n'exige que 28 lignes à la page et 14 à 16 syllabes à la ligne, tandis que le décret précité veut qu'on mette dans chaque rôle 30 lignes à la page et 18 à 20 syllabes à la ligne, et qu'il prescrit en outre de ne pas compter le premier rôle, défense qui n'a pas été reproduite dans le nouveau tarif. Cette double innovation a été motivée sur l'utilité qu'il y a à rendre les copies d'huissiers en tout semblables aux expéditions des greffiers, afin qu'elles puissent se contrôler réciproquement et faciliter ainsi la surveillance des magistrats chargés de les taxer » (p. 465). Les préfets doivent veiller avec soin à ce que les huissiers ne signifient jamais que les pièces dont la notification est prescrite par la loi, et rejeter de la taxe l'émolument des copies de pièces inutiles (M. Chauveau, I, p. 73).

Les copies de pièces doivent être correctes et lisibles, à peine de rejet de la taxe. Les papiers employés à ces copies ne pourront contenir plus de 35 lignes par page. L'huissier qui aura signifié une copie illisible sera condamné à l'amende de 25 francs (Décr. 29 août 1813).

Les huissiers ne peuvent réclamer le droit de copie des pièces que quand ce sont eux qui les ont faites et certifiées. Si elles ont été faites dans les bureaux de l'administration, ou si elles sont imprimées, puis certifiées par le fonctionnaire qui les a fait faire, l'huissier ne peut réclamer aucun émolument pour ces copies.

1009. Outre les émoluments de l'huissier pour la rédaction et la remise de ses exploits, le tarif lui alloue une indemnité pour frais de voyage, lorsqu'il est obligé de se transporter à une certaine distance du lieu de sa résidence ; l'ordonnance du 18 septembre 1833 a établi sur ce point des dispositions précises. — Art. 21. « Les huissiers qui instrumenteront dans les procédures en matière d'expropriation pour cause d'utilité publique recevront, lorsqu'ils seront obligés de se transporter à plus de deux kilomètres de leur résidence, 1 fr. 50 c. pour chaque myriamètre parcouru en allant et en revenant, sans préjudice de l'application de l'art. 35 du décret du 14 juin 1813. » Art. 22. « Les indemnités de transport ci-dessus établies sont réglées par myriamètre et demi-myriamètre. Les fractions de 8 ou 9 kilomètres seront comptées pour un myriamètre, et celles de 3 à 8 kilomètres pour un demi-myriamètre. » — Art. 23. « Les distances seront calculées d'après le tableau dressé par les préfets, conformément à l'art. 93 du décret du 18 juin 1811. » L'art. 24 ajoute que, si les huissiers sont arrêtés dans le cours de leur voyage par force majeure, il recevront 1 fr. 50 c. par chaque jour de séjour forcé ; mais ils sont tenus de faire constater par le juge de paix, et, à son défaut, par l'un des suppléants ou par le maire, et, à son défaut, par l'un de ses adjoints, la cause du séjour forcé en route, et d'en représenter le certificat à l'appui de leur demande en taxe.

L'art. 35 du décret du 14 juin 1813, cité dans l'art. 21 de l'ordonnance, porte : « Dans tous les cas où les règlements accordent aux huissiers une indemnité pour frais de voyage, il n'est alloué qu'un seul droit de transport pour la totalité des actes que l'huissier aura faits dans une même course et dans le même lieu. — Ce droit doit être partagé en autant de portions égales entre elles qu'il y a d'originaux d'actes, et à chacun desdits actes l'huissier applique l'une desdites portions ; le tout à peine de rejet de la taxe ou de restitution envers la partie et d'une amende qui ne pourra excéder 100 fr., ni être moindre de 20 fr. » L'art. 36 du même décret ajoute que si, pour se procurer un droit de transport qui ne lui aurait pas été alloué, l'huissier a chargé un de ses confrères d'une autre résidence d'instrumenter pour lui, il est passible d'une amende de 100 fr., et l'huissier qui a prêté sa signature est puni de la même peine. En cas de récidive, l'amende est double, et, de plus, l'huissier peut être destitué. Dans tous les cas, le droit de transport indûment perçu doit être rejeté de la taxe ou restitué. Pour assurer l'exécution de cette disposition en matière criminelle, le ministre de la justice exige que les huissiers comprennent dans un seul mémoire, et par ordre de date, tous les actes et diligences qu'ils ont faits pendant un laps de temps (M. de Dalmas, p. 270). Comme c'est un moyen facile de vérifier si les transports effectués, à l'occasion de différentes affaires mais dans les mêmes communes, ont eu lieu ou non le même jour, il pourrait être adopté pour les significations qui ont lieu en matière d'expropriation lorsqu'elles sont confiées aux huissiers.

Il n'est alloué aucune indemnité aux huissiers quand leur transport n'a pour objet que d'aller faire enregistrer leurs exploits (Déc. min. de la just., 24 août 1820 et 24 mars 1821, applicable en matière d'expropriation).

Quand l'huissier va instrumenter dans les hameaux dépendant d'une commune autre que celle de son domicile, la distance est calculée d'après l'éloignement du chef-lieu de la commune (Déc. min. 7 sept. 1813; M. de Dalmas, p. 274; M. Chauveau, 1, p. 53).

L'art. 23 de l'ordonnance du 18 septembre veut que les distances soient calculées d'après le tableau dressé par le préfet, conformément à l'art. 93 du décret du 18 juin 1811. Ce dernier article porte que les préfets feront dresser un tableau des distances en myriamètres et kilomètres de chaque commune au chef-lieu de canton, au chef-lieu d'arrondissement et au chef-lieu du département, et que ce tableau sera déposé aux greffes des Cours impériales, des tribunaux de première instance et des justices de paix et transmis au ministre de la justice. Comme ce tableau n'indique pas la distance des communes entre elles, lorsqu'un huissier est chargé de faire le même jour des actes de son ministère dans différentes communes, l'usage s'est généralement établi de calculer, en pareil cas, de commune à commune la distance parcourue, en consultant à cet égard la notoriété publique (M. de Dalmas, p. 276). M. Chauveau, t. 1er, p. 53 et suiv., donne plusieurs exemples de l'interprétation que doivent recevoir les dispositions du tarif que nous venons de rappeler.

La réduction des kilomètres en myriamètres ne doit pas se faire isolément, d'abord sur les kilomètres parcourus en allant, puis sur les kilomètres parcourus en revenant, mais sur les kilomètres réunis tant de l'aller que du retour. Ainsi, lorsque le domicile de l'huissier est éloigné du lieu où il a dû se transporter d'un myriamètre trois kilomètres, on ne doit pas compter un myriamètre et demi pour l'aller et un myriamètre et demi pour le retour; mais il faut réunir les trois kilomètres parcourus en allant avec les trois kilomètres parcourus en revenant, et compter en tout deux myriamètres et six kilomètres, c'est-à-dire deux myriamètres et demi au lieu de trois qu'aurait donnés le premier mode (Cir. minist. de la just., 2 nov. 1816, 30 sept. 1826; M. de Dalmas, p. 272).

L'art. 62, C. proc., dit que, dans le cas du transport d'un huissier, il ne lui sera payé, pour tous frais de déplacement, qu'une journée au plus, et l'art. 66, § 2, du décret du 16 février 1807, déclare que l'allocation pour frais de voyage ne pourra excéder cinq myriamètres (dix lieues anciennes). Mais, en matière d'expropriation comme en matière criminelle, le tarif veut que l'on compte l'aller et le retour, ce qui ferait dix myriamètres, qui, à raison de 1 fr. 50 cent. par myriamètre, donneraient 15 francs par jour. Mais, quoiqu'il s'agisse ici d'une matière civile, rien ne prouve que l'on ait voulu que les dispositions de l'art. 66, § 2, du décret de 1807, reçussent leur application en matière d'expropriation. Il semble au contraire que la disposition de l'art. 35 du décret du 14 juin 1813 ait été établie pour remédier d'une autre manière à l'abus que l'art. 66 paraît craindre.

Au premier aperçu une certaine antinomie se manifeste entre les art. 21 et 22 de l'ordonnance. L'art. 21 paraît n'allouer de frais de voyage que quand l'huissier se transporte à plus de deux kilomètres de sa résidence, ce qui fait quatre kilomètres pour l'aller et le retour, et cependant l'art. 22 permet de compter trois kilomètres pour un demi-myriamètre. « Comme l'huissier, dit M. de Dalmas, peut se transporter à plus de deux kilomètres, et cependant à moins de trois, on pourrait éprouver quelque difficulté pour la fixation de la taxe, si l'on ne faisait pas attention que la distance à parcourir est toujours calculée doublement pour l'aller et pour le retour, de sorte que, si cette distance n'est que de deux kilomètres et demi, en en comptant autant pour le retour, on a cinq kilomètres, qui donnent droit à l'indemnité d'un demi-myriamètre » (P. 273). Nous devons cependant faire remarquer que, si l'huissier se transporte à un kilomètre trois quarts, la même distance pour le retour ferait trois kilomètres et demi, qui, d'après l'art. 22, lui donneraient droit à l'indemnité d'un demi-myriamètre, tandis que l'art. 21 lui refuse toute indemnité, puisque l'huissier ne s'est pas réellement *transporté à plus de deux kilomètres de sa résidence*. Pour que les deux articles fussent en parfaite harmonie, il aurait fallu dire dans l'art. 21, qu'il ne serait accordé d'indemnité à l'huissier que lorsqu'il se transporterait à plus d'un kilomètre et demi de sa résidence; sans cela, il faut déclarer que jamais l'huissier n'a droit à des frais de voyage quand il ne va pas à plus de deux kilomètres de sa résidence, et supposer que trois kilomètres ne doivent être comptés pour un demi-myriamètre que quand le voyage a été d'un myriamètre trois kilomètres, deux myriamètres trois kilomètres, etc.

1010. Les significations relatives à l'expropriation, même lorsqu'elles ont lieu à la requête des particuliers, ne doivent pas être faites sur papier timbré, mais sur du papier visé pour timbre (L. 3 mai, art. 58). Toutefois, les huissiers ne peuvent rien réclamer pour le papier des actes par eux notifiés, ni pour l'avoir fait viser pour timbre et enregistrer. Ils doivent employer du papier d'une dimension égale, au moins, à celle des feuilles assujetties au timbre de 70 centimes (n° 954).

1011. Lorsque les significations qui ont lieu à la requête de l'administration sont faites par les huissiers, les préfets doivent veiller à ce que ces officiers ministériels ne multiplient pas sans nécessité les originaux d'exploits qui, outre l'émolument ci-dessus énoncé, donnent lieu à réclamer des frais de transport. Ainsi, lorsqu'il s'agit de notifications à faire à des propriétaires, usufruitiers, locataires, etc., résidant dans la même commune ou dans des communes voisines, il ne doit être fait qu'un seul original, bien que les indemnités se rattachent à des immeubles différents. Il suffit que ces immeubles soient acquis pour une même entreprise d'utilité publique ; des instructions dans ce sens ont été données par M. le garde des sceaux, pour les frais qui sont à la charge de son ministère (M. de Dalmas, p. 179). Il doit en être ainsi des assignations à donner pour comparaître devant le jury spécial. Tous les indemnitaires résidant dans la même commune ou dans des communes voisines, appelés devant le même jury, doivent être assignés par un seul exploit, et cela quoique des jours différents soient indiqués par le jugement de leurs affaires (*Ibid.*, p. 180). Tous les jurés domiciliés dans la même commune ou dans des communes voisines doivent aussi être cités par un seul exploit (*Ibid.*, p. 181). Mais on ne pourrait guère comprendre dans le même exploit les citations aux jurés et les assignations aux indemnitaires, parce que les énonciations de ces deux actes sont tout à fait différentes (*Ibid.*, p. 180).

1012. Les émoluments alloués aux huissiers et aux greffiers sont acquittés directement par la partie qui a requis leur ministère, sauf à celle-ci à s'en faire ultérieurement rembourser par qui de droit (n° 630). Les receveurs de l'enregistrement n'ont pas à s'immiscer dans le paiement de ces frais (Instr. adm. enreg., 28 janv. 1834).

1013. Il n'est alloué aucune taxe aux agents de l'administration pour les significations et notifications qu'ils sont autorisés à faire en vertu de l'art. 57 de la loi du 3 mai 1841 (Ordonn. 18 sept. 1833, art. 29).

Les copies de pièces déposées dans les archives de l'administration, et réclamées par les parties dans leur intérêt, sont payées à l'administration sur le même pied que les copies certifiées par les huissiers (*Ibid.*, art. 6). Elles sont certifiées par les agents de l'administration qui les ont fait délivrer.

CHAPITRE XIX.

DES TRAVAUX MILITAIRES ET DES TRAVAUX DE LA MARINE IMPÉRIALE.

1014. — L'utilité publique de ces travaux est déclarée par ordonnance.
1015. — Cette ordonnance n'est pas précédée d'enquête.
1016. — Mode de conciliation des intérêts civils et militaires.
1017. — Division de ce chapitre.

1014. D'après l'art. 6 de la constitution du 14 janvier 1852, l'Empereur peut, sans l'intervention du pouvoir législatif, déclarer la guerre et prendre toutes les mesures nécessaires pour la sûreté de l'État. La construction de nouvelles fortifications sera souvent l'une des premières mesures que réclamera la défense du territoire, et il appartient à l'Empereur de reconnaître et de constater la nécessité de ces travaux. Tel était également le système consacré par l'art. 14 de la Charte de 1830 : c'est pourquoi l'art. 75 de la loi du 3 mai 1841 et l'art. 2 de la loi du 30 mars 1831 reconnaissent que l'utilité publique, relativement aux travaux de fortification, sera toujours déclarée par une ordonnance du roi, sauf aux Chambres à intervenir dans le vote ou la régularisation des dépenses nécessitées par ces travaux.

[« Cette exception, dit M. Dufour (1), se confond dans la règle générale, d'après le sénatus-consulte qui a fait du droit de

---

(1) *Traité général de droit administratif,* v, n° 542.

déclarer l'utilité publique l'une des attributions du pouvoir impérial; mais le décret émané de cette autorité présente encore cette particularité, que la déclaration d'utilité publique peut n'y être qu'implicite, et qu'elle résulte de la seule désignation des terrains (1). »]

1015. « Il est possible, a dit M. le comte d'Argout en présentant le projet de loi à la Chambre des députés, il est utile même, d'appeler les observations des habitants d'un pays sur les emplacements que doivent occuper les travaux civils, et encore, dans un grand nombre de cas, le choix de ces emplacements est-il soumis à des règles dont il n'est pas permis de s'écarter; mais, quand il s'agit d'ouvrages militaires, le lieu est nécessairement donné à l'avance; tout est subordonné à une condition inflexible : celle de la nécessité » (*Monit.*, 13 déc. 1832, p. 213). Par suite, le projet de loi portait que les dispositions des art. 2 à 12 de ce projet n'étaient pas applicables aux travaux militaires.

A la Chambre des députés, cette proposition fut combattue par M. Jousselin. « Hors le cas d'urgence, disait-il, il faut que les travaux militaires soient soumis, comme les autres, aux enquêtes ordinaires; on rentre alors dans le droit commun... Il faut que ces travaux soient déterminés dans les formes prescrites par les règlements d'administration publique; que l'on prenne en considération l'influence qu'ils peuvent avoir sur les propriétés et sur la salubrité du pays. Ainsi, un ouvrage de fortification peut gêner les communications du pays, peut arrêter le cours des eaux, les faire refluer sur une grande étendue de terrain, et produire des inondations, non-seulement nuisibles à l'agriculture, mais encore insalubres pour le pays.... Je propose donc de n'appliquer l'exception qu'aux travaux urgents » (*Mon.*, 9 fév. 1833, p. 330).

« Cet amendement est inadmissible, répondit M. Charles Dupin. On demande que l'on crée une commission d'enquête qui puisse recevoir les réclamations des citoyens qui voudraient contester les avantages des travaux militaires ordonnés par le Gouvernement... Quelle serait cette monstruosité de constituer

---

(1) [Il faut distinguer soigneusement de l'*expropriation* pour travaux militaires les *servitudes* créées à l'égard des propriétés privées par l'établissement ou l'existence de la zone des frontières ou des places de guerre et qui ne donnent pas lieu généralement à indemnité (Voir 1, n°˚ 144 et suiv., et *Traité des Servitudes d'utilité publique*, par M. Jousselin, 1, p. 85 et suiv.).]

une commission d'enquête qui viendrait discuter, d'après des intérêts particuliers et souvent égoïstes, les avantages ou les inconvénients des plans militaires conçus par le Gouvernement? Alors il n'y aurait plus moyen d'exécuter aucun genre de travaux, ni de prendre aucune précaution militaire. Ce serait jeter le Gouvernement dans l'impossibilité de pourvoir, en temps opportun, à la défense du pays; ce serait compromettre la sûreté de l'Etat. Il s'agit ici d'un intérêt trop grand pour qu'on puisse le mettre en parallèle avec l'intérêt privé, qui se trouve, dans tous les cas, garanti par l'indemnité préalable » (*Ibid.*).

« La loi, ajouta M. le colonel Lamy, commissaire du roi, appelle les commissions d'arrondissement à prononcer sur la convenance du tracé des travaux publics qui doivent entraîner des expropriations. Mais ici, de quelles convenances est-il question? Je comprends que, lorsqu'il s'agit d'une route, vous consultiez les habitants du pays; je comprends que les membres du conseil d'arrondissement puissent avoir une opinion qu'il est bon de consulter; mais, lorsqu'il s'agit de fortifications, irez-vous leur soumettre les détails d'un tracé presque toujours compliqué, le résultat d'un problème de géométrie descriptive? Je ne comprends pas quelles lumières vous pourriez en retirer. Il est donc sage de faire une exception pour les travaux militaires, comme pour les travaux maritimes » (*Ibid.*, p. 332). Cette exception résulte de l'art. 75 de la loi du 3 mai 1841.

1016. Quant aux moyens de concilier les besoins de la défense du territoire avec les autres intérêts généraux du pays, comme la facilité des communications, la salubrité du sol, etc., il y est pourvu par les conférences qui ont lieu sur ces objets entre les autorités civiles et militaires, dont les prétentions respectives sont, en cas de dissentiment, soumises à la commission mixte des travaux publics. Nous avons exposé cette partie de notre législation dans notre *Traité des Servitudes des places de guerre et de la zone des frontières*, p. 437 et suivantes (1).

1017. Les dispositions de la loi du 3 mai 1841 ne pouvaient s'appliquer sans modifications aux travaux militaires ni aux travaux de la marine impériale. Mais ces modifications devaient elles-mêmes varier, selon qu'il s'agirait de travaux plus ou moins urgents. Nous traiterons donc, dans la section Iʳᵉ, des travaux militaires qui ne sont pas déclarés urgents; dans la section II,

---

(1) Voir également le *Traité des Servitudes d'utilité publique*, 1, p. 86 et suiv.

des travaux de fortification urgents (n° 1027), et dans la section III, des travaux de la marine impériale (n° 1064).

Section Ire. — *Des travaux militaires qui ne sont pas déclarés urgents.*

1018. — Désignation des terrains dont la cession est nécessaire.
1019. — Examen de la discussion qui a eu lieu en 1833.
1020. — Enonciations qui doivent accompagner la désignation.
1021. — Jugement qui prononce l'expropriation.
1022. — Publicité à donner au jugement et effets qui en résultent.
1023. — Si les tiers sont mis en demeure.
1024. — Purge des hypothèques.
1025. — Signification des offres.
1026. — Ces règles s'appliquent aux propriétés communales.

1018. Nous venons de voir que, pour ces travaux, l'utilité publique peut toujours être déclarée par un décret impérial (n° 1014), qui n'a pas besoin d'être précédé d'une enquête (n° 1015). L'art. 75 de la loi du 3 mai 1841 porte : « Les forma- « lités prescrites par les titres Ier et II de la présente loi ne sont « applicables ni aux travaux militaires, ni aux travaux de la ma- « rine royale (impériale). — Pour ces travaux, une ordonnance « royale (un décret impérial) détermine les terrains qui sont « soumis à l'expropriation. » La discussion qui a eu lieu dans les Chambres prouve que le but de cette exception a été de dispenser les travaux auxquels elle se rattache : 1° de l'enquête administrative qui doit précéder l'adoption des travaux ; 2° de l'arrêté du préfet qui désigne les localités ou territoires ; 3° de l'enquête particulière exigée par le titre II de la loi ; et 4° de l'arrêté du préfet qui détermine les propriétés cessibles. Ces formalités ont été établies dans la crainte que, par condescendance pour tel ou tel propriétaire influent, on ne porte la route ou le canal sur un point autre que celui où il est de l'intérêt public de l'établir. Mais l'emplacement des ouvrages de fortification est déterminé par leur nature même, et il n'est pas permis de penser que l'on en change l'étendue ou les formes pour favoriser tel ou tel propriétaire. Il n'y avait donc nul inconvénient à supprimer ces formalités. Toutefois, l'art. 75 dispense, sans distinction, de toutes les formalités du titre 1er, ce qui comprend l'art. 1er de la loi, portant : « L'expropriation pour cause d'utilité publique s'opère par « autorité de justice ; » d'où l'on pourrait être tenté de conclure qu'en matière de travaux militaires, l'expropriation s'opère autrement que par autorité de justice. Mais comme, d'après l'art. 75 lui-même, les formalités du titre III devront toujours être observées, et que les art. 13 et 14 sont positivement ceux qui règlent l'intervention des tribunaux dans les expropriations, il n'est pas permis de douter qu'en ces matières, comme en toute autre, l'expropriation ne puisse être prononcée que par autorité de justice. Seulement les pièces à produire au tribunal pour justifier la demande en expropriation ne seront pas celles indiquées par l'art. 2 de la loi (n° 1021).

La Cour de cassation a jugé, le 9 févr. 1842, qu'il n'y avait pas lieu, en ce cas, à remplir les formalités prescrites par les art. 8, 9 et 10 de la loi du 3 mai 1841 (1).

1019. L'art. 75 avait donné lieu en 1833, dans la Chambre des pairs, à une discussion qu'il importe de rappeler ici. Le projet adopté par la Chambre des députés portait : « Pour ces travaux, « l'ordonnance royale qui déclare l'utilité publique détermine « en même temps les terrains qui sont soumis à l'expropria- « tion. » — La commission de la Chambre des pairs proposa la suppression de ce paragraphe. « La commission, disait M. le baron Mounier, a pensé qu'en thèse générale, cette disposition imposerait une gêne considérable au Gouvernement. Il est fort difficile, au moment où l'on rend l'ordonnance qui déclare l'utilité publique, de connaître les propriétés particulières qui doivent être comprises dans le projet. Nous avons pensé que ce travail ultérieur pouvait être ordonné sur une approbation des devis et des plans à exécuter dans l'enceinte des fortifications, sans que cependant l'indication de chaque propriété particulière fût connue. L'opération est tout à fait analogue à celle qui a lieu dans les travaux civils, où le Gouvernement, après avoir approuvé, par une première décision, le tracé d'un canal ou d'une route, se livre à une seconde opération pour appliquer ce tracé aux propriétés particulières. Nous avons pensé qu'il devait en être de même lorsqu'il s'agirait de travaux militaires » (*Mon.*, 14 mai 1833, p. 1353).

M. le chevalier Allent ajouta : « Avec quelque soin qu'un projet de loi soit rédigé, l'exécution peut exiger des modifications

---

(1) Cass. (Dall. 42.1.76; S. 42.1.262).

dans les détails du tracé. Si la rédaction demeurait telle qu'elle est, il faudrait, pour chaque modification, demander une ordonnance déclarative de l'utilité publique. On éviterait cet inconvénient si on rédigeait le § 2 dans les termes suivants : « Pour ces « travaux, les ordonnances du roi déterminent les propriétés « qui doivent être cédées. » Ainsi rédigé, ce § 2 serait corrélatif à l'art. 11 et se bornerait à le modifier. M. le colonel Lamy, commissaire du roi, déclara acquiescer à cet amendement, qui fut adopté par la Chambre. (*Ibid.*) Par suite de la rédaction définitive de la commission, ce § 2 porte : « Pour ces travaux, une « ordonnance royale (un décret impérial) détermine les terrains « qui sont soumis à l'expropriation. »

L'intention de la Chambre des pairs aurait été, d'après cette discussion, que, pour les travaux militaires et les travaux de la marine, il intervînt d'abord une ordonnance déclarative de l'utilité publique, puis une autre ordonnance désignant les terrains soumis à l'expropriation ; mais la rédaction de l'art. 75 de la loi n'entraîne nullement cette double obligation. La Chambre paraît n'avoir pas assez remarqué que, par la nouvelle rédaction du § 1er de cet article, elle avait supprimé, pour ces travaux, toutes les formalités prescrites par le titre Ier de la loi, et par conséquent la nécessité d'une ordonnance déclarative de l'utilité publique. L'art. 75 n'impose donc d'autre formalité que celle du décret qui désigne les terrains soumis à l'expropriation, et qui est en même temps déclaratif de l'utilité publique. Un premier décret qui ne serait ni publié ni affiché n'aurait aucune utilité pour les propriétaires des terrains qui doivent servir aux travaux. La Chambre des députés n'ayant pas manifesté l'intention d'exiger deux ordonnances (décrets), on ne doit voir dans la loi que ce qui est réellement prescrit, et le tribunal ne pourrait refuser de prononcer l'expropriation sur la représentation du seul décret prescrit par le § 2 de l'art. 75.

1020. Le décret qui désigne les terrains est presque toujours rendu sur un plan dressé par les ingénieurs militaires ; si le plan est annexé au décret, il ne fait qu'un avec lui, et le décret n'a pas besoin de répéter les énonciations qui se trouvent sur le plan (Cass., 22 déc. 1834 ; Devill., t. 35, p. 172 ; Dall., p. 112). Mais le plan peut n'être pas joint au décret. Dans tous les cas, il faut que le plan ou le décret indique : 1° les noms de chaque propriétaire, *tels qu'ils sont inscrits sur la matrice des rôles* (n° 101) ; 2° la nature et la contenance de chaque parcelle ; 3° l'époque à laquelle il sera nécessaire de prendre possession des propriétés.

Tous ces renseignements doivent se trouver dans le décret, sur le plan ou dans un état y annexé, afin que le tribunal puisse les mentionner dans son jugement (nos 215 et suivants). Il est indispensable d'ailleurs de les porter à la connaissance des propriétaires et autres intéressés (n° 219). Cependant, si ces renseignements ne se trouvaient pas dans le décret, nous croyons que le préfet pourrait y suppléer par un arrêté pris en vertu de l'art. 11 de la loi, et qui contiendrait ces énonciations ; il ne ferait par là que rentrer dans le droit commun.

L'ordonnance du 1er août 1821 avait indiqué, dans ses art. 56 et suiv., la marche à suivre pour parvenir à l'évaluation des indemnités dues pour les terrains que l'administration de la guerre devait acquérir; mais ces dispositions sont implicitement abrogées par la loi du 3 mai 1841, ainsi que nous l'avons indiqué précédemment.

1021. Pour obtenir l'expropriation, le préfet devra transmettre au procureur impérial le décret qui désigne les terrains nécessaires aux travaux. Sur le vu de ce décret, le procureur impérial requiert et le tribunal prononce l'expropriation pour cause d'utilité publique des terrains et bâtiments y indiqués; ce même jugement commet un des membres du tribunal pour remplir les fonctions de magistrat directeur du jury, et un autre pour remplacer au besoin le premier (n° 216). Si le préfet avait pris un arrêté pour compléter les énonciations du décret impérial, cet arrêté devrait être soumis au tribunal.

On avait prétendu que, dans les cas auxquels s'applique l'art. 75 de la loi, il était nécessaire de citer les propriétaires pour entendre prononcer l'expropriation, parce que la suppression des formalités des titres Ier et II les laissait sans autre garantie que celle-là. Cette prétention a été repoussée par un arrêt de la Cour de cassation du 22 déc. 1834 (Devill., t. 35, p. 172; Dall., p. 112).

[Il a été également jugé que les propriétaires intéressés n'ont pas même le droit d'*intervenir* dans l'instance (1) ; et cela à peine de nullité tant du jugement qui admet leur intervention que de celui qui, sur leurs conclusions comme parties en cause, a provisionnellement réglé l'indemnité (2) (voir, à cet égard, les nos 1044 et suivants).]

---

(1) Cass., 5 juill. 1842 (Dall. 42.1. 334).

(2) Cass., 11 déc. 1844 (Dall. 45.1. 45).

1022. Le jugement est publié et affiché, par extrait, dans la commune de la situation des biens, et inséré dans l'un des journaux de l'arrondissement, ou, s'il n'en existe aucun, dans l'un de ceux du chef-lieu du département (n° 219). L'art. 15 de la loi du 3 mai veut, en outre, que l'extrait de ce jugement soit notifié aux propriétaires, au domicile qu'ils auront élu dans l'arrondissement de la situation des biens, par une déclaration faite à la mairie de la commune où les biens sont situés; et, dans le cas où cette élection de domicile n'aurait pas eu lieu, la notification de l'extrait sera faite, en double copie, au maire, et au fermier, locataire, gardien ou régisseur de la propriété (n° 219). L'art. 20 ajoute que le pourvoi en cassation devra avoir lieu dans les trois jours à compter de cette notification. Cette disposition est déjà fort rigoureuse dans les matières ordinaires; cependant elle peut se justifier, puisqu'il y a, avant ce jugement, une longue série d'opérations qui doivent généralement parvenir à la connaissance des parties intéressées, qui ont déjà été averties aussi par les publications qui ont eu lieu en vertu de l'art. 6 de la loi (n° 103); mais, pour les travaux militaires, les propriétaires n'ont pu soupçonner qu'ils eussent une élection de domicile à faire ni donner des instructions pour le pourvoi en cassation. La faculté de se pourvoir n'existera donc pas pour la plupart de ces propriétaires.

L'obligation, imposée à ces propriétaires par l'art. 21, de faire connaître, dans la huitaine qui suit cette notification, les noms des fermiers, locataires, usufruitiers, etc. (n° 279), est également presque inexécutable, et cependant l'art. 21 déclare qu'à défaut d'avoir indiqué ces indemnitaires, le propriétaire demeure seul chargé envers eux des indemnités qu'ils pourront réclamer. Le législateur ne paraît pas s'être occupé de ces conséquences de l'art. 75, mais elles existent réellement.

1023. L'art. 21, § 2, porte que les autres intéressés seront en demeure de faire valoir leurs droits par l'avertissement énoncé en l'art. 6, et tenus de se faire connaître à l'admnistration dans le délai de huitaine qui suit la notification prescrite par l'art. 15; à défaut de quoi, ils seront déchus de tous droits à l'indemnité. L'avertissement énoncé en l'art. 6, c'est-à-dire la publication relative au plan parcellaire, n'ayant pas lieu pour les travaux militaires, il nous paraissait difficile, sous la loi du 7 juillet 1833, de leur appliquer la déchéance prononcée par le § 2 de l'art. 21. M. Cotelle, 1, p. 533, et M. Gand, p. 252, ont combattu cette opinion. La loi du 3 mai 1841 a donné une nouvelle force à leurs objections, en déclarant que la publication des traités amiables, sans publication du plan parcellaire, mettait les tiers en demeure de se faire connaître à l'administration. Une double notification n'est donc pas nécessaire pour cette mise en demeure, et la publication du jugement doit avoir cet effet. Cette décision s'applique aux tiers qui ont des actions en revendication et autres actions réelles à exercer sur l'immeuble.

1024. Le jugement d'expropriation doit être transcrit, et, dans la quinzaine, tous les créanciers hypothécaires, même pour hypothèques légales, sont tenus de prendre inscription (n° 286).

1025. Les offres que l'administration de la guerre doit faire pour parvenir à un traité amiable ou à une expropriation devant avoir lieu au domicile élu (n° 1022), et cette élection étant rarement faite à temps, elles auront presque toujours lieu, par double copie, au maire, et au fermier, locataire, gardien ou régisseur.

1026. Les autres dispositions de la loi s'appliquent sans difficulté aux travaux militaires, et nous nous bornerons à rappeler ici qu'un arrêt du Conseil d'Etat du 26 août 1818 (Sirey, t. 4, p. 431) a déclaré que le ministre de la guerre ne pouvait disposer d'une propriété appartenant à une ville qu'en vertu d'un traité amiable ou par voie d'expropriation (1).

SECTION II. — *Des travaux de fortification urgents.*

1027. — Législation sur cette matière.
1028. — Déclaration d'urgence.
1029. — Publicité à donner au décret qui déclare l'urgence.
1030. — Le tribunal nomme un juge-commissaire.
1031. — Et un expert.
1032. — Ordonnance relative au transport sur les lieux.
1033. — Délai qui doit précéder le transport.
1034. — Nomination d'un expert par les propriétaires.
1035. — Désignation d'office pour les défaillants et incapables.
1036. — Nomination par une partie des copropriétaires.
1037. — Du cas où l'expert nommé ne se présente pas.
1038. — Constatation de la nomination des experts.

---

(1) Voir l'arrêté du 30 juill. 1848, n° 1083.

ET TRAVAUX DE LA MARINE IMPÉRIALE.   303

1039. — Personnes qui doivent assister à l'expertise.
1039 bis. — Du serment des experts.
1040. — Levée du plan parcellaire.
1041. — Procès-verbal descriptif des propriétés et évaluation des indemnités par l'expert qu'a désigné le tribunal.
1042. — Présence du juge-commissaire aux opérations et procès-verbal qu'il doit dresser.
1043. — Conventions amiables.
1044. — Les propriétaires ne sont pas appelés devant le tribunal.
1045. — Le procureur impérial est toujours entendu.
1046. — Le jugement prononce l'expropriation et nomme le magistrat directeur.
1047. — Il détermine les indemnités de déménagement,
1048. — Et l'indemnité provisionnelle de dépossession.
1049. — Il indique les conditions de la prise de possession.
1050. — Offres réelles des indemnités de déménagement.
1051. — Délai à accorder pour l'abandon des lieux.
1052. — Le jugement est exécutoire par provision.
1053. — Publicité à donner au jugement.
1054. — Purge des hypothèques.
1055. — Translation des hypothèques.
1056. — Exigibilité de l'indemnité provisionnelle.
1057. — Règlement de l'indemnité définitive.
1058. — Désignation des tiers intéressés à ce règlement.
1059. — Vérifications que peut prescrire le jury.
1060. — Du paiement de l'indemnité définitive.
1061. — Forme des contrats et significations. — Dispense des droits de timbre, etc.
1062. — Indemnité des fermiers.
1063. — Occupation temporaire rendue définitive.

1027. Sous l'empire de la loi du 8 mars 1810, les formalités ordinaires d'expropriation pour cause d'utilité publique entraînaient des délais qui entravaient les travaux de fortification, même dans les cas où il y avait une grande urgence à les exécuter promptement. Le Gouvernement demanda donc que des mesures exceptionnelles fussent adoptées pour ces cas d'urgence, et c'est ce qui eut lieu par la loi du 30 mars 1831.

Cette loi se référait nécessairement à celle du 8 mars 1810, qui était la loi générale en matière d'expropriation; mais cette dernière loi devant être abrogée par l'art. 77 de la loi du 3 mai 1841, il a fallu modifier celle du 30 mars. En conséquence, l'art. 76 de la loi du 3 mai porte : « L'expropriation ou l'occupation « temporaire, en cas d'urgence, des propriétés privées qui « seront jugées nécessaires pour des travaux de fortification,

« continueront d'avoir lieu conformément aux dispositions pré-
« scrites par la loi du 30 mars 1831.—Toutefois, lorsque les
« propriétaires ou autres intéressés n'auront pas accepté les
« offres de l'administration, le règlement définitif des indem-
« nités aura lieu conformément aux dispositions du titre IV ci-
« dessus. — Seront également applicables aux expropriations
« poursuivies en vertu de la loi du 30 mars 1831 les art. 16, 17,
« 18, 19 et 20, ainsi que le titre VI de la présente loi. »

Nous allons donc indiquer ici quels sont aujourd'hui les principes qui régissent l'expropriation pour travaux de fortification urgents. Nous devons toutefois faire remarquer que les dispositions de l'art. 76 de la loi du 3 mai, et celles de la loi du 30 mars 1831, s'appliquent non-seulement à l'expropriation, mais aussi à *l'occupation temporaire* des terrains nécessaires à des travaux de fortification élevés momentanément, à ce que l'on appelle *fortifications de campagne;* mais nous ne parlerons ici des occupations temporaires qu'accidentellement et pour le cas où elles peuvent entraîner une expropriation (n° 1063).

La commission de la Chambre des pairs a fait remarquer que les formalités auxquelles la loi astreint l'administration supposent une latitude de temps et d'action que les événements de la guerre n'accordent pas toujours, et que telles circonstances peuvent survenir où l'autorité aurait le devoir d'agir immédiatement sous sa responsabilité, sauf à régulariser plus tard des actes que les événements l'auraient contrainte à précipiter (*Monit.*, 26 mars 1831, p. 620, et n° 912).

Relativement aux différences qui existent entre cet envoi en possession et celui qui a eu lieu en matière de travaux civils, voir n° 860.

1028. Lorsque les travaux de fortification sont urgents, le décret impérial qui autorise ces travaux et déclare l'utilité publique déclare en même temps qu'il y a urgence (L. 31 mars 1831, art. 2). Lors de la rédaction de cette loi, l'on a été trop préoccupé de la circonstance qui l'avait provoquée, celle où l'on veut tout à coup créer de nouveaux points fortifiés. C'est pourquoi l'on a dit que l'ordonnance qui autorisait les travaux et constatait l'utilité publique déclarerait en même temps qu'il y avait urgence. Mais il devra arriver fréquemment que l'urgence surviendra pendant l'exécution des travaux, lorsque déjà un décret aura autorisé ces travaux et déclaré qu'ils étaient d'utilité publique. Ne pourra-t-on pas alors *déclarer l'urgence* par un nouveau décret? Le texte de l'art. 2 permettrait de soutenir la négative ; mais cette conséquence n'a pu être dans l'intention du législateur. S'il peut être urgent de commencer promptement des fortifications dont on reconnaît la nécessité, il peut l'être également de terminer avec célérité celles qui ont été entreprises à une époque où l'on ne prévoyait pas encore que leur achèvement pourrait devenir urgent. Nous croyons donc que l'*urgence* pourrait être déclarée par un décret postérieur à celui qui a constaté l'utilité publique.

S'il n'a pas été ouvert de crédit au budget pour les travaux qu'il s'agit d'exécuter, la dépense reste soumise à la disposition de l'art. 152 de la loi du 25 mars 1817 (*Ibid.*, art. 15), c'est-à-dire que le décret doit être converti en loi à la plus prochaine session du Corps législatif.

1029. Le décret déclaratif de l'utilité publique et de l'urgence est adressé au préfet du département où les travaux de fortification doivent être exécutés ; et, dans les vingt-quatre heures de la réception, ce fonctionnaire en transmet ampliation au procureur impérial près le tribunal de l'arrondissement où sont situées les propriétés qu'il s'agit d'occuper (art. 3). Ampliation de ce décret est également transmise au maire de la commune où les propriétés sont situées (*Ibid.*), ou aux maires des différentes communes, si les fortifications doivent s'étendre sur plusieurs territoires (1).

L'espoir du législateur a été que le maire s'empresserait de publier ce décret *par tous les moyens que sa prudence lui suggérerait*, afin que le projet des travaux parvienne à la connaissance non-seulement des habitants de la commune, mais aussi des intéressés qui résident dans d'autres communes, et que des amis ou des mandataires s'empresseront sans doute d'en informer (*Monit.*, 15 mars 1831, p. 538). C'est pourquoi le § 3 du même art. 3 porte : « Le maire fera sans délai publier l'ordonnance « royale (le décret impérial) par affiche, tant à la principale « porte de l'église du lieu qu'à celle de la maison commune, et « par tous autres moyens possibles. Les publications et « affiches seront certifiées par ce magistrat. » Aujourd'hui que l'art. 6 de la loi du 3 mai 1841 indique comme les moyens de publicité les plus convenables : 1° la publication à son de trompe ou de caisse dans la commune ; 2° l'affiche tant à la principale porte de l'église du lieu qu'à celle de la maison commune ;

---

(1) V. Dufour, *Traité de droit administratif*, v, n° 545.

3° l'insertion dans l'un des journaux de l'arrondissement ou du département, il nous semble que ces divers moyens de publicité doivent être employés dans le cas dont nous nous occupons. Mais, comme le plan des terrains à acquérir n'est pas connu, les parties intéressées n'apprendront pas toujours que les travaux projetés vont exiger la cession d'une de leurs propriétés.

1030. Sur le vu du décret déclaratif de l'*urgence*, le procureur impérial requiert *de suite* du tribunal la nomination d'un de ses membres pour se transporter sur les lieux, ainsi que celle d'un expert. Le tribunal procède *immédiatement* à la nomination du juge-commissaire et de l'expert (L. 30 mars 1831, art. 3). On avait demandé à la Chambre des députés que les propriétaires fussent appelés avant la nomination du juge-commissaire et de l'expert; mais M. Gillon, rapporteur, fit observer qu'il faudrait alors différer de plusieurs jours la prononciation de ce jugement, et que même, pour donner à tous les intéressés les moyens de comparaître, il faudrait leur accorder un délai assez long, tandis qu'une grande célérité est indispensable. On fit en outre remarquer que les propriétaires n'avaient presque aucun intérêt à être présents lors de la prononciation de ce jugement : aussi cet amendement ne fut-il point appuyé. Dans le système de la loi, le plan pouvant n'être point levé, il aurait même été impossible de connaître, et par conséquent d'appeler les propriétaires.

1031. Dans le projet présenté à la Chambre des députés, il n'était pas question de la nomination d'un expert d'office par le tribunal. Cette mesure fut introduite par la commission. « L'introduction de cet expert, a dit M. Gillon, son rapporteur, a principalement été décidée par cette réflexion, née de l'expérience des expertises juridiques, que, tenant ses pouvoirs de la seule autorité de la justice, il se maintiendra plus aisément et plus religieusement dans l'observance d'une stricte impartialité : aussi est-ce à lui que nous vous demanderons bientôt de confier le soin de recueillir dans un procès-verbal tous les renseignements propres à faire arbitrer par le tribunal l'exacte valeur des propriétés dont se saisit le Gouvernement. »

Cette proposition fut combattue par la considération qu'il y aurait double emploi. « C'est au préfet, disait-on, qu'il appartient de désigner l'expert. Celui que le tribunal désignera, étant pris dans la localité, aura intérêt à ménager les propriétaires de terrains. C'est aux ménagements et à la faiblesse de ces experts, soumis aux influences locales, qu'il faut attribuer l'élévation des expertises; tandis que l'expert désigné par le préfet, étant étranger aux localités, ne vivant pas au milieu des propriétaires, n'attendant pas d'eux son existence, aura plus d'indépendance » (*Monit.*, 14 mars 1831, p. 543). M. le rapporteur répondit : « L'Etat, représenté par le préfet, a des intérêts assez graves à faire valoir pour qu'un homme soit spécialement le dépositaire de sa confiance. Il doit donc avoir un expert. Quant aux propriétaires, personne ne songe à leur discuter le pouvoir d'avoir chacun son expert particulier ; mais, au milieu de cette divergence extrême d'intérêts, qui donc tiendra la balance ? qui recueillera avec impartialité les éléments de la bonne justice que le tribunal sera appelé à rendre bientôt ? qui fixera et rassurera la conscience des magistrats flottante entre les assertions contraires des experts du préfet et des propriétaires? L'expert nommé par le tribunal lui-même, parce que, fidèle à son origine, il sera impassible et intègre comme le juge-commissaire lui-même, auquel il sera jaloux de s'associer avec tant d'utilité et de noblesse. Vous ne voulez pas assurément ôter aux propriétaires la meilleure garantie que nous soyons parvenus à vous offrir pour l'exacte détermination de la valeur des sacrifices que l'Etat leur impose » (*Ibid.*, p. 544). La proposition de la commission fut adoptée.

1032. Dans les vingt-quatre heures de sa nomination, le juge-commissaire rendra une ordonnance qui fixera le jour et l'heure de sa descente sur les lieux. Cette ordonnance sera, à la requête du procureur impérial, signifiée au maire de la commune où le transport devra s'effectuer et à l'expert nommé par le tribunal (L. 30 mars 1831, art. 4). Le transport du juge-commissaire s'effectuera dans les dix jours à compter de la date de l'ordonnance par lui rendue, mais seulement huit jours après la signification qui doit être faite au maire et à l'expert, à la requête du procureur impérial (même article). Pour concilier ces deux dispositions, le procureur impérial sera tenu de faire faire cette signification dans les vingt-quatre heures. Cet intervalle de huit jours est établi afin que le maire puisse convoquer les personnes qui ont intérêt à assister à l'opération. Cette convocation, dit l'art. 4, aura lieu au moins cinq jours à l'avance. Il est extrêmement important pour les intéressés de pouvoir assister à l'expertise, et le législateur l'a senti ; mais il fallait prendre des mesures pour que le maire connût tous les intéressés. La convocation aura lieu, ajoute l'art. 4, sur les indications qui seront données au maire par l'agent militaire chargé de la direction des travaux. En quoi consisteront ces indications? D'après l'art. 6 de la loi, il semblerait que le plan parcellaire ne devra être dressé qu'en présence du juge-commissaire ; mais il faut nécessairement supposer que l'ingénieur militaire en aura levé un préalablement, et qu'il le communiquera au maire, afin que ce magistrat puisse, en se rendant sur les lieux avec cet ingénieur, reconnaître les terrains sur lesquels les travaux devront s'exécuter, s'informer des noms des propriétaires et fermiers, et les prévenir du jour du transport du juge-commissaire. Comme le maire n'a que quelques jours pour leur donner cet avertissement, il convient, suivant nous, qu'aussitôt la réception du décret qui prescrit les travaux, il se concerte avec l'ingénieur militaire pour obtenir ces renseignements, sans attendre le jour de la réception de l'ordonnance du juge-commissaire. En dressant le plan des travaux, l'ingénieur fera même bien de recueillir des documents sur ces points.

1033. « La descente sur les lieux, a dit M. Gillon, rapporteur, ne pourra s'opérer que huit jours francs après la double notification accomplie ; mais aussi elle ne poura être différée au delà de dix jours. Par là se trouvent satisfaits l'intérêt du propriétaire et l'intérêt public, qui repousse tous les retardements sans nécessité. Le maire mettra à profit la huitaine qui lui est donnée. Il devra, au moins cinq jours avant l'ouverture des opérations, instruire de leur prochaine exécution les propriétaires ou les personnes que la loi indique. Cet avis, il lui sera plus facile de le transmettre avec justesse aux véritables intéressés, puisque déjà, lors de la réception de l'ordonnance royale que nous avons obligé le préfet à lui adresser (n° 1029), il a dû s'enquérir de tout ce qui était propre à l'aider à donner bientôt l'avertissement direct et dernier aux citoyens dont les propriétés se trouvent engagées dans les travaux entrepris » (*Monit.*, 14 mars 1832, p. 538).

La loi dit que le maire devra convoquer les propriétaires, usufruitiers, fermiers, locataires ou occupeurs, à quelque titre que ce soit, et toutes autres personnes intéressées (art. 4). Elle ajoute que, si les propriétaires ne résident pas sur les lieux, on convoquera leurs *agents*, *mandataires* ou *ayants cause*. Il est à présumer que, par ces mots, le législateur a voulu désigner les receveurs, les concierges, les gardes ou régisseurs, etc.

Si, d'accord avec le préfet, le juge-commissaire indiquait la descente sur les lieux à un intervalle de plus de dix jours, il n'y aurait aucune nullité; la brièveté du délai n'a été établie que dans l'intérêt de l'Etat. Si on prolonge le délai, les propriétaires auront plus de temps pour comparaître et réunir leurs titres et documents; ils ne seront donc pas en droit de se plaindre.

1034. Personne ne peut contester aux propriétaires, locataires, etc., le droit de se faire assister par un expert : aussi l'art. 4 de la loi du 30 mars dit-il que « les personnes ainsi con-« voquées pourront se faire assister par un expert ou arpen-« teur. » Si la personne intéressée assiste à l'opération, nul « doute que la nomination qu'elle fait ne soit valable. Mais si, en l'absence du propriétaire, on a convoqué son *agent* ou *ayant cause*, celui-ci aura-t-il le droit de désigner un expert s'il n'a point une procuration spéciale pour ce cas ? Nous ne pensons pas qu'on puisse écarter de l'opération l'expert qui serait ainsi nommé. Mais quel sera l'effet des aveux ou reconnaissances émanés d'un expert désigné ainsi par quelqu'un qui n'avait point réellement qualité pour le nommer ? Il nous semble qu'on ne pourra jamais les opposer au propriétaire comme constatant irrévocablement les faits avoués par ce représentant irrégulier, et que l'on n'aura que tel égard que de raison aux déclarations de cet expert.

1035. L'art. 7 du projet présenté par le Gouvernement supposait que le juge-commissaire n'aurait d'expert à nommer d'office que pour les parties absentes. Le § 4 de ce même article déclare, au contraire, qu'on devra désigner un expert d'office, non-seulement pour les parties absentes, mais aussi pour celles qui n'auront point le libre exercice de leurs droits. « Le projet, a dit M. Gillon dans son rapport, ne laisse au juge-commissaire le pouvoir de nommer un expert pour les parties intéressées qu'autant qu'elles auraient manqué à en désigner un, et qu'elles n'assisteraient pas à l'opération. Se réduire à ce cas unique serait une erreur. Il faut y ajouter celui où les parties intéressées n'ont pas la capacité civile ou le libre exercice de leurs droits. Ainsi, par exemple, pour le mineur, pour l'interdit, pour l'homme placé sous un conseil judiciaire, et non assisté par ce conseil, pour l'envoyé en possession des biens d'un absent, pour l'héritier bénéficiaire qui ne veut pas perdre sa qualité, pour la femme commune en biens ou séparée de biens, mais non assistée de son mari, ou pour la femme assistée de son mari, mais procédant pour un immeuble engagé dans les liens du régime dotal, le juge doit d'office nommer un expert, encore que les parties intéressées assistent aux opérations. Le motif est que la mission de l'expert est de contribuer au règlement du prix et du mode d'exécution d'une vente immobilière, dont ces parties elles-mêmes sont incapables de stipuler la convention » (*Ibid.*, p. 558).

Nous ne saurions partager cette opinion dans tous ses détails. Le mineur et l'interdit ne pouvant faire aucun acte civil, leur présence à l'opération est tout à fait indifférente, et il ne peuvent désigner leur expert. Il en est de même de toute femme mariée qui n'est pas assistée ou autorisée de son mari. Mais le tuteur du mineur ou de l'interdit a qualité pour nommer l'expert qui doit défendre les intérêts de son pupille. L'art. 450, C. Nap., dit que le tuteur représentera le mineur dans tous les actes civils. Sans doute le tuteur ne peut aliéner les biens du mineur; mais il faut remarquer qu'il ne s'agit point de consentir l'aliénation. C'est le tribunal qui la prononcera (n° 1057). Il n'est encore question que de recueillir des renseignements sur la valeur du bien. Le tuteur n'est pas demandeur dans cette procédure, il ne peut être considéré que comme défendeur : or, d'après l'art. 464, C. Nap., le tuteur peut défendre à toute action intentée contre le mineur. Quelle connivence peut-on supposer entre le ministre de la guerre et le tuteur du mineur, surtout quand la fixation de l'indemnité devra être faite par le jury spécial? Serait-il convenable d'enlever au père le droit de nommer l'expert dans l'intérêt de son fils, pour en faire nommer un par le juge-commissaire? Il nous semble aussi que la nomination d'un expert par un héritier bénéficiaire ne pourrait être regardée comme une renonciation au bénéfice d'inventaire. L'art. 803, C. Nap., porte qu'il est chargé d'administrer les biens de la succession, et certes il est de l'intérêt de la succession que les biens expropriés soient estimés à leur juste valeur. On peut dire la même chose de l'envoyé en possession des biens d'un absent (1).

Quant à la femme mariée sous le régime de la communauté, elle peut, avec l'assistance de son mari, aliéner ses biens immeubles; à plus forte raison peut-elle, avec la même assistance, nommer un expert pour aider à les évaluer. Relativement aux biens dotaux, ils sont inaliénables pendant le mariage; mais cela n'empêche pas que le tribunal puisse en prononcer l'expro-

---

(1) V. Dufour, *Traité de droit administratif*, v, n. 549.

priation pour cause d'utilité publique. Il ne s'agit ici que de réunir des documents pour en fixer le prix. Il nous paraît donc difficile de refuser aux époux le droit de désigner l'expert qui doit préparer les moyens de connaître la valeur de l'immeuble dotal.

Remarquons même qu'il ne s'agit pas encore de fixer l'indemnité définitive due pour l'immeuble, mais seulement de déterminer l'indemnité *provisionnelle* qui sera consignée. Sans doute ces documents pourront influer sur la fixation définitive, mais il n'y a aucune connivence à redouter pour dissimuler le vrai prix de l'aliénation.

L'art. 7 de la loi parle, sans rien spécifier, des personnes qui n'ont pas le libre exercice de leurs droits ; et rien n'oblige à adopter les explications insérées dans le rapport. D'ailleurs, lorsque le juge-commissaire aura quelque incertitude sur la validité du choix fait par une des parties intéressées, il pourra nommer d'office la même personne pour expert, et alors il ne sera pas à craindre qu'aucune réclamation s'élève contre l'opération.

Souvent le juge-commissaire désigne, en commençant les opérations, un expert pour représenter tous les incapables et les non-comparants. Il est douteux que ce soit là le vœu de la loi.

1036. Si de plusieurs copropriétaires quelques-uns seulement désignent un expert, le juge-commissaire devra en nommer un pour les absents ; mais il pourra désigner l'expert qui a été choisi par les parties présentes, s'il juge que toutes ont le même intérêt.

1037. Si l'expert nommé par la partie ne se présente pas pour procéder à l'opération, ou si, après avoir commencé le travail, il s'absente avant de l'avoir achevé, nous croyons que le juge-commissaire doit considérer que cette partie n'a réellement pas d'expert, et doit lui en nommer un d'office, parce qu'il importe que les énonciations du procès-verbal soient reconnues exactes par un représentant du propriétaire.

1038. La loi ne dit pas comment on constatera la nomination de l'expert des propriétaires, fermiers, etc. Comme le juge-commissaire doit recevoir le serment des experts et dresser procès-verbal de cette prestation de serment, il nous semble qu'il doit en même temps indiquer comment a été nommé l'expert dont il reçoit le serment. Cette mention sera suffisante pour constater la nomination ; cependant il convient que le juge-commissaire fasse signer la personne qui a fait la nomination, ou indique qu'elle a déclaré ne savoir ou ne pouvoir signer. Si la nomination a eu lieu par écrit, il annexera l'acte ou la lettre à son procès-verbal.

1039. Les personnes qui doivent assister à l'expertise sont : 1° le juge-commissaire, 2° le maire de la commune ou un de ses adjoints, 3° l'agent militaire, 4° un agent de l'administration des domaines désigné par le préfet, 5° l'expert désigné par le préfet, 6° celui désigné par le propriétaire. Tous se transporteront sur les lieux au jour et à l'heure indiqués par l'ordonnance du juge-commissaire (Même loi, art. 5).

Le maire est appelé sans doute afin que l'on puisse obtenir de lui des renseignements que les autres personnes pourraient ne point posséder. M. le rapporteur a dit, il est vrai : « Ne s'agissant dans l'art. 5 que de déterminer le *périmètre*, l'agent militaire a libre pouvoir, sans excéder les nécessités que comportent les travaux projetés, et c'est pour le retenir dans la ligne du devoir que la loi oblige à assister à ces opérations le maire ou son adjoint, qui est le défenseur de l'intérêt privé de ses administrés autant que de l'intérêt de l'Etat » (*Monit.*, 15 mars 1831, p. 538). Mais que pourra faire le maire relativement au tracé d'un ouvrage de fortification ? Nous croyons que sa présence serait à peu près sans objet sous ce rapport.

[« Nous sommes porté, dit M. Dufour, à comprendre autrement l'intervention du maire. Il nous paraît appelé, par sa position et par l'influence locale qu'elle lui assure, à fournir au magistrat les renseignements nécessaires sur les choses et les personnes, en même temps qu'à s'interposer utilement entre les particuliers et les agents de l'Etat (1).]

La loi suppose que le préfet devra nommer pour expert un ingénieur, architecte ou arpenteur. Il serait difficile de dire pourquoi le législateur est entré dans des explications qui paraîtraient ne devoir se trouver que dans des instructions, et pourquoi l'expert du Gouvernement doit nécessairement avoir l'une de ces trois qualités.

1039 *bis*. Tous les experts devront prêter serment, ainsi que cela se pratique dans toutes les expertises ; mais la réception du serment se fera sur les lieux mêmes, et le juge-commissaire la mentionnera dans son procès-verbal.

[Il a été jugé par le tribunal de la Seine (2) qu'en cas de

---

(1) *Traité général de droit administratif*, n° 570.

(2) Jugement du 26 janv. 1842 (Dall. 42.1.334).

remplacement de l'expert primitivement commis, son successeur n'est pas tenu de prêter serment *sur les lieux*, lorsque cette formalité a été remplie par le premier expert nommé; il suffit, en ce cas, de la prestation du serment ès mains du président.]

1040. L'agent militaire, en présence de toutes les personnes ci-dessus nommées, déterminera par des pieux et piquets le périmètre du terrain dont l'exécution des travaux nécessitera l'occupation (art. 5, § 3). Cette opération achevée, l'expert désigné par le préfet procédera immédiatement et sans interruption, de concert avec l'agent de l'administration du domaine, à la levée du plan parcellaire, pour indiquer dans le plan général de circonscription les limites et la superficie des propriétés particulières (art. 6). « Les art. 5 et 6, a dit M. de la Villegontier, rapporteur de la Chambre des pairs, prescrivent d'exécuter en présence de tous les intéressés et de tous les agents de l'administration les opérations relatives à la détermination du périmètre du terrain demandé et à la levée du plan parcellaire. Votre commission a redouté, dans l'application au moins, une perte considérable de temps sans aucune utilité. Ces opérations préliminaires exigeront quelquefois une ou plusieurs journées. Les lois des 16 sept. 1807 et 8 mars 1810 n'offraient pas cet inconvénient. Les plans étaient levés d'avance. N'eût-il pas été préférable de ne pas innover à cet égard et d'avoir à présenter aux intéressés les plans sur lesquels les rectifications auxquelles leurs réclamations pourraient donner lieu seraient aussi promptes que faciles? Votre commission espère que le Gouvernement pendra tous les moyens de conciliation pour arriver à ce but, et prévenir des difficultés qu'il suffit d'avoir indiquées » (*Monit.*, 26 mars 1831, p. 621).

Nous croyons, comme M. le rapporteur, qu'il n'y a aucun avantage à faire tracer le périmètre et dresser le plan en présence de tous les intéressés, et nous y voyons une grande perte de temps; car, si les travaux devaient occuper une certaine étendue de terrain, il faudrait consacrer un temps bien plus considérable que ne l'indiquait le rapporteur à tracer le périmètre des fortifications et le plan parcellaire des propriétés. Il est donc indispensable que l'agent militaire trace à l'avance le périmètre des terrains et le fasse reconnaître par toutes les personnes présentes; il peut même dresser à l'avance le plan parcellaire, de manière que l'on n'ait ensuite qu'à faire vérifier les points sur lesquels il s'élèverait des réclamations, ou ceux dont l'exactitude serait seulement *mise en doute*. Cette marche, qui rentre bien mieux dans l'esprit de la loi, ne nous paraît pas repoussée par son texte (1).

Nous ne pouvons nous expliquer pourquoi c'est l'expert désigné par le préfet et l'agent de l'administration des domaines qui sont plus particulièrement chargés de la confection du plan parcellaire; il nous semble toutefois, comme à M. le rapporteur de la Chambre des pairs, que la levée du plan parcellaire doit avoir lieu en présence de tous les intéressés et de leurs experts. Cela résultait formellement de la rédaction de l'art. 7 du projet présenté par le Gouvernement, et l'on ne voit point que la commission de la Chambre des députés ait eu l'intention de changer cette marche. Mais, les opérations des experts ayant été relatées dans les art. 6 et 7, il en est résulté que ces mots de l'art. 7 : *ces diverses opérations auront lieu contradictoirement*, etc., ont paru ne se rapporter qu'aux opérations énoncées dans l'art. 7, tandis qu'elles doivent s'appliquer aussi à celles indiquées dans l'art. 6. Il s'agit là de constater les limites et la superficie des diverses propriétés, et les propriétaires, usufruitiers, etc., ont intérêt à vérifier si les énonciations relatives à ces deux points sont exactes.

On ne remplit pas pour ce plan les formalités des art. 5 et suiv. de la loi du 3 mai 1841, ni aucunes formalités analogues. Les propriétés qui sont comprises dans le plan sont définitivement soumises à l'expropriation.

L'expert du préfet et l'agent du domaine devront-ils dresser procès-verbal de la levée du plan parcellaire? La loi n'en dit rien. Il leur suffira donc de signer le plan qu'ils auront dressé, et d'y joindre un tableau indiquant les noms de chaque propriétaire et la contenance de chaque parcelle. Comme la législation générale doit être appliquée toutes les fois qu'une loi spéciale n'y a point dérogé formellement ou implicitement, les noms des propriétaires devront être indiqués *tels qu'ils sont inscrits sur la matrice des rôles*. Les déclarations des parties sur l'exactitude ou l'inexactitude de leur opération seront inscrites au procès-verbal de l'expert nommé par le tribunal. Si, comme nous l'avons supposé, l'agent militaire dresse le plan à l'avance, et qu'il n'y ait qu'à vérifier les points sur lesquels des réclamations sont élevées, le juge-commissaire pourra se borner à mentionner dans son procès-verbal que le plan a été reconnu exact,

---

(1) Voir, dans le même sens, M. Dufour, v, n° 554.

ou que la vérification réclamée sur certains points a donné tel résultat. Du reste, ces réclamations ne peuvent porter que sur les limites respectives des propriétés, leur étendue, etc.

1041. Le but de la loi du 30 mars 1831 a été de faciliter au ministre de la guerre le moyen d'obtenir l'envoi en possession provisoire des terrains nécessaires aux travaux de fortification, moyennant consignation des indemnités présumées. La principale objection que les propriétaires puissent élever contre cette mesure, c'est que, cette occupation devant amener la destruction ou le bouleversement de leurs propriétés, il pourrait ensuite être fort difficile aux jurés de reconnaître qu'elle en était réellement la valeur. Pour écarter cette objection, le législateur a pris des mesures pour que l'état et la valeur de chaque propriété fussent toujours constatés avec une grande précision. En conséquence l'expert nommé par le tribunal dressera un procès-verbal qui comprendra : 1° la désignation des lieux, des cultures, plantations, clôtures, bâtiments et autres accessoires des fonds : cet état descriptif devra être assez détaillé pour pouvoir servir de base à l'appréciation de la valeur foncière, et, en cas de besoin, de la valeur locative, ainsi que des dommages et intérêts résultant des changements ou dégâts qui pourront avoir lieu ultérieurement ; 2° l'estimation de la valeur foncière et locative de chaque parcelle et de ses dépendances, ainsi que de l'indemnité qui pourra être due pour frais de déménagement, pertes de récoltes, détérioration d'objets mobiliers, et tous autres dommages (art. 7), avec les motifs des évaluations diverses (art. 8). Ces opérations auront lieu contradictoirement avec l'agent de l'administration des domaines et l'expert nommé par le préfet avec les parties intéressées, si elles sont présentes, et leur expert, si elles en ont désigné un (art. 7). Cet article paraît indiquer avec assez d'exactitude ce que doit contenir le procès-verbal de l'expert désigné par le tribunal. Cependant l'art. 8 ajoute encore que « cet expert devra, dans son procès-« verbal, indiquer la nature et la contenance de chaque pro-« priété, la nature des constructions et l'usage auquel elles « sont destinées. » Les parties ont un grand intérêt à contrôler l'exactitude de ces diverses énonciations (n° 1059).

[Il y a d'ailleurs communication suffisante du travail des experts par la lecture des résultats de ce travail faite à l'assemblée des intéressés (1)].

---

(1) Jugement du tribunal de la Seine, 26 janv. 1842 (Dall. 42.1.334).

Il faut remarquer que c'est l'expert désigné par le tribunal qui rédige le procès-verbal détaillé des opérations. La commission a pensé que, « par la source de ses pouvoirs, cet expert promettait plus d'impartialité et d'indépendance, plus de sentiment bien réfléchi de ses devoirs, que l'expert nommé par le préfet et que celui désigné par les parties intéressées. Il eût été à craindre, disait-elle, que ces deux derniers experts ne se défendissent point d'un certain entraînement à protéger les intérêts ou de l'Etat ou du citoyen qui leur avait confié le soin de les régler » (*Monit.*, 15 mars 1831, p. 538). Mais l'expert nommé par le tribunal doit transcrire dans son procès-verbal l'avis de chacun des autres experts, ainsi que les observations et réquisitions, *telles qu'elles lui seront faites*, de l'agent militaire, du maire, de l'agent du domaine, et des parties intéressées ou de leurs représentants. Chacun signe ses dires, ou mention est faite de la cause qui l'en empêche (art. 8). La commission de la Chambre des députés a développé les avantages de cette mesure. « Pour garantie du bien moral que nous espérons de l'intervention de l'expert que le tribunal choisira, le devoir lui est imposé de transcrire avec son propre sentiment l'avis des deux autres experts, et les observations et réquisitions *telles qu'elles lui seront faites*. Ces expressions ont été préférées par vos commissaires comme très-propres à établir cette vérité, qu'une analyse ou un résumé des moyens ou des renseignements fournis par toute personne ayant le droit et le devoir d'assister aux opérations ne pouvait jamais être licite à l'expert-rédacteur. Cette disposition prudente assure à la justice tous les éléments d'une décision éclairée ; et pour sanction il nous a paru nécessaire que chacun signât ses dires, ou que mention fût faite de la cause d'empêchement » (*Ibid.*).

1042. Le juge-commissaire doit assister à toutes les opérations (art. 10), et indépendamment du procès-verbal dressé par l'expert qu'a désigné le tribunal, il doit en dresser un lui-même. La loi n'a point dit ce que devait mentionner le procès-verbal du juge-commissaire ; mais il est facile de reconnaître qu'il devra constater toutes les parties de l'opération que l'expert du tribunal n'est point appelé à insérer dans le sien. Ainsi, le procès-verbal du juge-commissaire constatera son transport sur les lieux ; la désignation des divers agents qui ont assisté à l'opération ; le nom de l'expert du préfet, et la mention de l'arrêté qui l'a nommé ; les noms des parties intéressées qui auront comparu, et ceux des experts qu'elles auront désignés ; les noms de ceux qu'il aura nommés pour les absents ; la prestation de serment de chaque expert ; la fixation du périmètre du terrain à acquérir et la levée du plan parcellaire ; la continuation des opérations de tel jour à tel autre, etc.

[Le défaut de signature immédiate du procès-verbal par les personnes qui y ont été dénommées comme présentes n'est pas une cause de nullité (1).]

« Nous avons cru utile, disait M. le rapporteur, de dire expressément, ce qui ne résultait que par induction des textes antérieurs, que le juge-commissaire avait l'indispensable devoir d'assister à toutes les opérations que décrit la loi. C'est l'accomplissement de ce devoir que son procès-verbal est destiné à constater ; mais les détails seront consignés dans le procès-verbal de l'expert » (*Monit.*, 15 mars 1831, p. 538). C'est dans l'art. 10 que cette recommandation se trouve écrite : « Sur le vu, dit cet « article, du procès-verbal du juge-commissaire *qui aura assisté* « *à toutes les opérations...* »

Par arrêt du 5 juillet 1842, la Cour de cassation a déclaré que la présence du juge-commissaire à toutes les opérations était exigée *à peine de nullité :* « Attendu que le texte de l'art. 10 de la loi du 30 mars 1831 est formel ; qu'il se lie d'ailleurs aux articles qui le précèdent, et qu'il en est le complément ; qu'il résulte de leur ensemble que la surveillance du juge-commissaire est la garantie essentielle et indispensable des opérations prescrites ; que cependant le jugement déclare que le juge-commissaire qui a procédé à l'ouverture et à la clôture des opérations, qui a reçu et constaté les réclamations des personnes intéressées, a rempli le mandat qui lui était confié ; qu'après avoir ainsi borné la mission et le devoir du juge-commissaire, le tribunal a ordonné la dépossession du sieur Saint-Albin ; en quoi le jugement attaqué se trouve entaché d'un excès de pouvoir qui doit en entraîner l'annulation » (Dall., p. 334 ; Devill., p, 671).

Même décision par arrêt du 2 janvier 1843 : « Attendu que l'art. 10 de la loi du 20 mars 1831 exige en termes formels que le juge-commissaire assiste à toutes les opérations de l'instruction, et que la surveillance de ce magistrat est la garantie indispensable des opérations essentielles à cette instruction ; — Attendu qu'un tribunal excède ses pouvoirs lorsqu'il statue, soit

---

(1) Jugement précité du tribunal de la Seine, 26 janv. 1842 (Dall. 42.1.334).

sur la dépossession des terrains à exproprier, soit sur l'indemnité approximative et provisionnelle de dépossession, sans que l'instruction ait été préalablement suivie et consommée conformément à la loi » (1).

1043. Le ministre de la guerre, dans l'exposé des motifs fait à la Chambre des députés, avait dit : « Si les propriétaires acceptent l'indemnité fixée par l'expertise, il s'ensuivra un arrangement amiable entre eux et l'administration militaire. » Mais, comme aucun article du projet ne parlait de ces arrangements amiables, la commission avait pensé qu'on pourrait en conclure qu'en toute circonstance il fallait recourir au tribunal pour faire régler l'indemnité et prononcer le jugement comme titre de dépossession. » Dans cette mesure, a dit M. le rapporteur, il y a une nécessité de frais et de lenteur que nous avons voulu épargner lorsque la facile possibilité s'en présentera » (*Monit.*, 15 mars 1831, p. 538). En conséquence, la commission proposa l'art. 9 de la loi, qui est ainsi conçu : « Lorsque les proprié-
« taires, ayant le libre exercice de leurs droits, consentiront à
« la cession qui leur sera demandée, et aux conditions qui leur
« seront offertes par l'administration, il sera passé entre eux et
« le préfet un acte de vente qui sera rédigé dans la forme des
« actes d'administration, et dont la minute sera déposée aux ar-
« chives de la préfecture. » L'art. 56 de la loi du 3 mai 1841 ajoute qu'une expédition de ces contrats est transmise à l'administration des domaines.

M. Husson dit que, quand ces traités sont passés devant notaire, l'État est représenté par l'intendant militaire et le chef du service intéressé (1, p. 377) (2).

L'art. 66 de la loi du 7 juillet 1833 n'avait pas compris l'art. 19 de la même loi parmi ceux qu'il déclarait applicables aux travaux de fortification urgents. « Il est résulté de cette omission, dit M. le comte Daru, une chose assez bizarre : c'est que, lorsqu'il s'agit d'acquisition d'utilité publique seulement, on remplit, pour la purge des hypothèques, les formalités rapides

---

(1) Dall. 43.1.80. — Voir Dufour, v, n° 554.

(2) † Un arrêté du chef du pouvoir exécutif, du 30 juill. 1848, porte que « à l'avenir, le prix des acquisitions immobilières faites à l'amiable pour le compte de l'administration de la guerre, et dont la valeur n'excédera pas 500 francs, pourra être payé sans que les formalités de la purge des hypothèques légales aient été préalablement accomplies. Toutefois, le prix de ces acquisitions ne sera payé qu'après la transcription de l'acte de vente au bureau des hypothèques, et sur la production d'un certificat négatif délivré dans la quinzaine de la transcription. »]

de la loi de 1833 ; tandis que, lorsqu'il s'agit d'acquisitions faites en vertu d'une loi qui proclame l'urgence, l'administration est forcée d'observer les longues et dispendieuses formalités du Code Napoléon » (*Monit.*, 13 mai 1840, p. 1031). En conséquence, l'art. 76 de la loi du 3 mai 1841 mentionne l'art. 19 parmi les articles de cette loi que l'on doit appliquer aux travaux militaires urgents.

1044. Aussitôt que les opérations préparatoires sont terminées, le juge-commissaire doit clore son procès-verbal, et y annexer celui de l'expert que le tribunal avait nommé. A la première audience du tribunal, il lui donne connaissance de ces procès-verbaux, mais sur la minute, et aucun de ces deux procès-verbaux ne doit être expédié. C'est sur le vu des deux minutes elles-mêmes que la justice prononce. Un autre magistrat que le juge-commissaire peut présenter ce rapport. Cass., 17 mai 1843 (1).

L'art. 10 de la loi du 30 mars 1831 dit que le tribunal statuera, *comme en matière sommaire*, sans retards et sans frais. Or l'art. 405, C. proc., porte que « *les matières sommaires* seront jugées à « l'audience, *après les délais de la citation échus*, sur un simple « acte, sans autres procédures ni formalités. » Il résulterait de ce rapprochement que toutes les parties devraient être assignées pour assister à la prononciation de ce jugement, qui ne pourrait être rendu qu'après l'échéance des délais de la citation, délais qui pourraient être quelquefois fort longs (C. proc., art. 72, 73, 1033). Telle n'a pu être l'intention du législateur, puisque l'on a surtout cherché la célérité, et que l'article dit que le tribunal prononcera *sans retard*. Beaucoup d'affaires se jugent sur le rapport d'un juge-commissaire, sans que les parties soient appelées; et c'est nécessairement ce que le législateur a voulu prescrire

---

(1) [Dall.43.1.344 ; S.43.1.498. Dans cette affaire, après la cassation d'un jugement du tribunal de la Seine et le renvoi devant le tribunal de Versailles, l'administration crut pouvoir saisir de nouveau le premier tribunal, en recommençant la procédure. Mais, par l'arrêt précité, la Cour suprême décida « que son arrêt de cassation, du 5 juillet 1842, avait fait, au tribunal civil de Versailles, attribution de juridiction sur tous les points dont avait été saisi le tribunal de la Seine, lequel n'était pas seulement chargé de vérifier les formes d'une instruction, mais encore de déterminer l'indemnité provisionnelle et approximative de dépossession ; qu'en cet état le préfet de la Seine ne pouvait plus, sans égard pour le renvoi prononcé et au moyen d'un désistement de la première poursuite, requérir du tribunal dessaisi et désormais incompétent une instruction nouvelle et dépouiller par là de l'attribution qui lui était conférée sur le fond le tribunal de Versailles, qui seul avait pouvoir de procéder, s'il y avait lieu, par voie de nouvelle instruction, de faire à cet effet toute délégation, etc. » (Voir Dufour, v, n° 556).]

dans le cas dont nous nous occupons, comme dans le système de la loi du 3 mai 1841 ; mais, en assimilant ces affaires aux affaires sommaires, on a employé une expression peu exacte.

Le tribunal de la Seine a admis notre opinion, en jugeant, le 26 janvier 1842, « qu'il résulte de l'ensemble et de l'esprit de la législation sur la matière, que la procédure doit être rapide, et que le tribunal ne doit prononcer que sur le vu des pièces et des observations écrites que les parties ont la faculté de présenter, qu'il ne s'agit d'ailleurs que de la fixation d'une indemnité provisoire, et que les droits des propriétaires expropriés restent intacts devant le jury » (Devill., t. 42, part. 2e, p. 200). En conséquence, le tribunal avait repoussé l'intervention de propriétaires qui voulaient développer des moyens de nullité contre le procès-verbal d'expertise et celui du juge-commissaire. Par arrêt du 5 juillet suivant, la Cour de cassation a adopté les mêmes principes : « Attendu que l'expropriation, en cas d'urgence, des propriétés privées nécessaires aux travaux de fortification est réglée par une procédure spéciale et exceptionnelle ; qu'il résulte du texte et de l'esprit de la loi du 30 mars 1831 que les propriétaires ou détenteurs sujets à l'expropriation ne doivent pas être appelés à l'audience ; qu'ils ne sont pas parties au jugement ; que c'est sur le vu des procès-verbaux, aussitôt après le retour du juge-commissaire, que le tribunal prononce ; d'où il suit que le tribunal de la Seine a pu légalement refuser au sieur Saint-Albin la faculté de reprendre, par la voie d'intervention, le rôle de défenseur principal qui ne lui était pas accordé par la loi » (1).

L'arrêt fut cassé sous un autre rapport (n° 1042), et la question se reproduisit bientôt devant la Cour, qui, par arrêt du 11 décembre 1844, persista dans sa jurisprudence : « Attendu que, selon l'art. 4 de la loi du 30 mars 1831, les propriétaires intéressés sont convoqués par le maire à se trouver sur le terrain, objet de l'expropriation, avec le juge-commissaire, les experts et les autres agents administratifs ; que, selon l'art. 7, l'évaluation doit être contradictoire entre les propriétaires et le mandataire de l'administration, et que pour lui imprimer, dans tous les cas, ce caractère, le même article exige, si les propriétaires ne sont pas présents, et s'ils n'ont pas nommé d'expert ou s'ils n'ont pas le libre exercice de leurs droits, que le juge-commissaire désigne d'office un expert qui les représente ; l'art. 8, pour compléter la défense des intérêts des propriétaires, oblige l'ex-

---

(1) Dall. 42.1.334 ; S. 42.1.671.

pert désigné par le tribunal à transcrire, *telles qu'elles ont été faites*, leurs observations et leurs réquisitions, avec celles du maire et des agents administratifs ; et, pour garantie de l'accomplissement de toutes ces conditions, l'art. 10 exige du juge-commissaire qu'il assiste à la série entière des opérations ; qu'après avoir ainsi veillé aux intérêts de la propriété, la loi, dans le même article, afin d'arriver au plus tôt à l'expropriation déclarée urgente, veut assurer la prompte et facile détermination de l'indemnité qui n'est que *provisionnelle*, et dont le taux définitif sera ultérieurement fixé par le jury, conformément à l'article 76 de la loi du 3 mai 1841 ; — Que c'est dans ce but d'urgence que, sur le vu du procès-verbal du juge-commissaire et de celui de l'expert, et dans une audience tenue aussitôt après le retour de ce magistrat, le tribunal arbitre l'indemnité provisionnelle, et autorise l'État à prendre possession ; — Qu'il ressort manifestement de ce texte et de son esprit qu'aucune des parties n'est admissible à prendre et à déposer dans cette audience des conclusions et à les développer ; que ce serait à l'instruction simple et rapide, complète et contradictoire, qui a lieu sur le terrain soumis à l'expropriation, ajouter, contrairement au vœu de la loi, une instruction nouvelle en l'absence peut-être de l'autre partie, puisque la loi n'oblige pas à appeler les parties à l'audience, et en courant les risques de retarder la remise à l'État de terrains dont la prompte occupation importe à sa défense ; d'où il suit que les deux jugements attaqués, en admettant de Saint-Albin à poser à l'audience des conclusions et à les développer, ont ouvertement violé les art. 1ᵉʳ et 10 de la loi du 30 mars 1831 » (1).

1045. Comme l'intérêt public peut être compromis dans la fixation provisionnelle des indemnités, ou dans l'indication de l'époque de la prise de possession, il semble que le procureur impérial devra être entendu, mais seulement dans l'intérêt public, et non comme représentant de l'État.

1046. L'intitulé de la loi fait connaître qu'elle est relative aux *expropriations* pour cause d'utilité publique, et la lecture de la discussion ne laisse aucun doute à cet égard ; cependant aucun article ne dit quand et comment le tribunal prononcera l'expropriation ; mais il est incontestable que c'est par le jugement dont parle l'art. 10 de la loi, puisque ce même jugement doit fixer

---

(1) Dall. 45.1.45 ; S. 45.1.32.

provisoirement l'indemnité qui est la suite de cette expropriation, et déterminer l'époque à laquelle les propriétaires seront tenus de laisser prendre possession des terrains. L'art. 11 veut d'ailleurs que le jugement soit transcrit, afin de parvenir à la purge des hypothèques. Or, d'après l'art. 2181, C. Nap., l'on ne transcrit que le titre translatif de propriété, et ce jugement ne peut être translatif de propriété qu'autant qu'il prononce l'expropriation. Il nous semble qu'il est impossible de contester qu'à l'égard des non-consentants au moins, l'expropriation doit être prononcée, et elle ne peut l'être que par le jugement dont parle l'art. 10. La loi du 8 mars 1810 ne disait pas non plus que le tribunal *prononcerait l'expropriation;* mais cela s'induisait de son art. 1er, qui est reproduit textuellement dans l'art. 1er de la loi du 3 mai 1841.

Comme le règlement définitif des indemnités devra être fait par le jury spécial, et que le magistrat qui dirigera les opérations de ce jury doit être désigné par le tribunal, sa nomination doit avoir lieu dans le jugement dont nous nous occupons; sans cela, plusieurs dispositions de la loi du 3 mai 1841 seraient inexécutables. Le juge-commissaire qui aura dirigé l'expertise sera probablement désigné souvent pour magistrat directeur du jury; mais rien ne s'oppose à ce que cette nouvelle mission soit donnée à un autre membre du tribunal. Le tribunal désignera même un magistrat pour remplacer le premier en cas de besoin (L. 3 mai 1841, art. 14, § 3).

Un arrêt de la Cour de Metz, du 6 mai 1833, paraît avoir admis que le jugement qui fixe l'indemnité provisionnelle pourrait statuer sur la prétention d'un propriétaire d'exiger l'acquisition de la totalité de sa propriété (1). Cette marche ne serait pas régulière, à cause de la célérité qu'exige ce jugement, et parce que les propriétaires ne doivent pas y être appelés (n° 1044).

1047. Le même jugement déterminera 1° l'indemnité de déménagement, et 2° l'indemnité approximative et provisionnelle de dépossession (art. 10). Rien dans la discussion ne nous fait connaître ce que le législateur a entendu par l'indemnité de *déménagement*. On appelle *déménagement* le transport de meubles d'une maison à une autre où l'on va loger (*Acad.*). Si l'on devait restreindre à cette signification positive les expressions de l'art. 10, il serait permis de s'étonner que le législateur se fût

---

(1) Dall. 33.2.495.

occupé d'un objet aussi minime. Comprendra-t-on sous ce nom l'indemnité qui peut être due au propriétaire ou au locataire pour la perte de leur industrie, de leur achalandage? Cette partie de l'indemnité sera alors très-importante, et ce sera quelquefois celle qui donnera lieu aux contestations les plus sérieuses; et cependant il faudrait la payer avant la prise de possession. Ne comprendra-t-on sous cette dénomination que l'indemnité relative au déménagement précipité auquel les expropriés sont astreints? Cette interprétation serait peut-être la plus raisonnable; mais comme ces mots *indemnité de déménagement* ne se trouvent ni dans nos Codes ni dans nos lois, nous ne pouvons affirmer que ce soit là la signification que les magistrats sont tenus de leur donner. Dans l'exposé des motifs à la Chambre des députés, on lit : « Non-seulement il sera accordé une indemnité représentant la valeur du fonds et de tout ce qui s'y rattache ; mais, en outre, il en sera alloué une pour frais de déménagement. Cette dernière indemnité sera payée immédiatement; et il a paru juste qu'il en fût ainsi, afin de ne blesser aucune sorte d'intérêt, *quelque minime qu'il fût* » (*Monit.*, 10 fév. 1831). On pensait donc qu'il ne s'agissait que d'une indemnité minime. Il faut aussi remarquer qu'il résulte du cinquième alinéa de cet art. 10 que l'indemnité de déménagement peut être due au propriétaire aussi bien qu'au locataire. Du reste, la fixation de l'indemnité de déménagement est définitive, et non provisionnelle, comme celle pour dépossession.

Il semble que le même motif d'équité, qui porte à faire payer immédiatement l'indemnité de déménagement, devrait s'appliquer à l'indemnité pour pertes de récoltes, car ces récoltes pourraient être nécessaires à la nourriture de l'exproprié et de sa famille.

1048. Le même jugement doit fixer l'indemnité due pour la dépossession ; mais cette fixation n'est que *provisionnelle* et *approximative*. D'une part, l'opération des experts est faite avec trop de célérité pour que leur rapport puisse toujours être considéré comme exempt d'erreur. D'autre part, le tribunal prononce sans entendre les parties, qui peuvent cependant n'avoir pas été présentes à l'expertise, et, par conséquent, n'avoir point été entendues sur l'importance de l'indemnité qui leur est due.

Comme la fixation faite par le tribunal ne peut jamais devenir définitive, et qu'il ne s'agit que de déterminer la somme qu'il faudra consigner pour assurer le paiement de l'indemnité, on pourrait supposer que cette évaluation provisoire présente peu d'intérêt. Il n'en est cependant pas ainsi, et il importe d'arriver autant que possible à une évaluation rigoureuse. Il paraîtrait, il est vrai, assez naturel qu'à moins que la prétention du propriétaire ne fût évidemment ou mal fondée, ou exagérée, le tribunal fît consigner, de même qu'en cas d'envoi en possession pour cause d'urgence de travaux civils (n° 877), une somme suffisante pour le paiement de toutes les réclamations, si elles venaient à être toutes accueillies lors du règlement définitif; mais, en suivant ce système, l'indemnité provisionnelle serait souvent plus élevée que l'indemnité définitive; et comme d'après le § 3 de l'art. 11, le propriétaire peut, après la purge des hypothèques, exiger le paiement de l'indemnité provisionnelle (n° 1056), s'il était insolvable, l'Etat perdrait la somme qu'il aurait payée au delà de celle définitivement allouée par le jury. Cette considération doit beaucoup influer sur la fixation provisionnelle de l'indemnité (1).

1049. Le jugement autorisera en même temps le préfet à se mettre en possession des terrains y désignés, à charge par lui, 1° de payer sans délai l'indemnité de déménagement, soit au propriétaire, soit au locataire; 2° de déposer à la caisse des consignations le montant de l'indemnité provisionnelle de dépossession, et 3° de signifier l'acte de consignation à chaque partie intéressée, avec copie du jugement (art. 10).

1050. Si la partie intéressée refuse de recevoir l'indemnité de déménagement, le préfet doit lui en faire faire offres réelles, et ensuite consigner le montant desdites offres : car, d'après l'art. 1257, C. Nap., les offres réelles suivies de consignation tiennent lieu de paiement. Elles pourraient avoir lieu au moyen d'un mandat égal au montant de l'indemnité, conformément à l'art. 53, § 3, de la loi du 3 mai 1841; mais la consignation doit toujours avoir lieu en numéraire (n° 826).

1051. Il est nécessaire, en outre, que le jugement détermine le délai dans lequel les détenteurs seront tenus d'abandonner les lieux. Ce délai ne peut excéder cinq jours pour les propriétés non bâties, et dix jours pour les propriétés bâties. Le délai court du jour où les formalités préalables à la dépossession ont été accomplies (art. 10), c'est-à-dire lorsque le paiement de

---

(1) Voir M. Foucart, 3ᵉ édition, n° 670, où ce jurisconsulte abandonne l'opinion soutenue dans ses précédentes éditions. que l'indemnité provisionnelle devait être réglée par le jury spécial.

l'indemnité de déménagement et la signification du jugement et de l'acte de consignation ont eu lieu, ou du jour où la dernière de ces deux conditions se trouve remplie. Pour les propriétés non bâties, le délai de cinq jours est suffisant ; mais, pour les maisons et autres propriétés bâties, le délai de dix jours doit être bien court pour certaines personnes, même en admettant que les formalités antérieures ont dû faire connaître aux intéressés qu'ils allaient être obligés d'abandonner leur habitation.

1052. Le jugement, disait l'art. 10 de la loi du 30 mars 1831, sera exécutoire, nonobstant appel ou opposition ; cela était indispensable à cause de l'urgence. Mais l'art. 20 de la loi du 3 mai 1841 a supprimé la voie d'opposition et celle d'appel pour toute espèce de jugement d'expropriation (n° 226), et cet article est du nombre de ceux que l'art. 76 de la même loi déclare expressément applicables aux travaux urgents de fortification. Du reste, le jugement sera exécutoire nonobstant le pourvoi en cassation, qui n'est pas suspensif (n° 248).

1053. Nous avons rappelé ci-dessus que, d'après la jurisprudence de la Cour de cassation, le délai de trois jours pour le pourvoi ne courait que du jour où toutes les formalités prescrites par l'art. 15 de la loi du 3 mai 1841 avaient été remplies (n° 233). Cette interprétation, ayant été admise dans les matières ordinaires, pour lesquelles les propriétaires ont eu bien du temps et des moyens d'être informés du projet d'expropriation de leurs terrains, doit, à bien plus forte raison, s'appliquer dans le cas de travaux de fortification urgents, où toutes les opérations préliminaires peuvent s'accomplir en peu de jours. D'après cela, le jugement dont parle l'art. 10 de la loi du 30 mars devait être publié et affiché dans la commune de la situation des biens et inséré dans l'un des journaux de l'arrondissement, ou, s'il n'en existe aucun, dans l'un de ceux du département (n° 220) (1).

1054. Relativement à la purge des priviléges et hypothèques, l'art. 11 de la loi du 30 mars porte : « Si l'indemnité provisionnelle n'excède pas 100 fr., le paiement en sera effectué sans production d'un certificat d'affranchissement d'hypothèque et sans formalité de purge hypothécaire. — Si l'indemnité excède cette somme, le Gouvernement fera, dans les trois mois de la

---

(1) [Voir l'arrêté du 30 juillet 1848, n° 1083.]

date du jugement dont il est parlé dans l'article précédent, transcrire ledit jugement, et purgera les hypothèques légales. A l'expiration de ce délai, l'indemnité provisionnelle sera exible de plein droit, lors même que les formalités ci-dessus n'auraient pas été remplies, à moins qu'il n'y ait des inscriptions ou des saisies-arrêts ou oppositions : dans ce cas, il sera procédé selon les règles ordinaires et sans préjudice des dispositions de l'art. 26 de la loi du 8 mars 1810. » Mais ces dispositions se trouvent aujourd'hui complétement changées par l'art. 76 de la loi du 3 mai 1841, qui déclare que les art. 16 et 17 de cette même loi sont applicables aux travaux de fortification urgents. Ainsi le jugement qui prononce l'expropriation doit être publié, affiché et immédiatement transcrit; dans la quinzaine suivante, les priviléges et les hypothèques conventionnelles, judiciaires ou légales, devront être inscrits, sinon les immeubles y désignés sont affranchis de tous priviléges et de toutes hypothèques (n° 292). Les créanciers inscrits n'ont, dans aucun cas, la faculté de surenchérir; mais ils peuvent exiger que l'indemnité soit fixée par le jury spécial. Les dispositions de l'art. 11 de la loi du 30 mars se trouvent donc tout à fait modifiées par celles que nous venons d'indiquer, et que nous avons développées nos 286 et suivants.

L'exercice des actions réelles, en revendication, résolution, etc., se trouve complétement modifié : car l'art. 76 applique à ces expropriations les dispositions de l'art. 18 de la même loi, dont nous avons expliqué l'effet, nos 283 et suivants.

Le § 2 de l'art. 11 porte que « si l'indemnité provisionnelle « n'excède pas 100 fr., le paiement en sera effectué sans pro- « duction d'un certificat d'affranchissement d'hypothèques, et « sans formalité de purge hypothécaire (1). »

1055. L'art. 11 de la loi du 30 mars reconnaît que l'indemnité ne pourra être payée, s'il y a des inscriptions, des saisies-arrêts ou des oppositions, et se termine ainsi : « Dans ce cas, « il sera procédé selon les règles ordinaires et sans préjudice « des dispositions de l'art. 26 de la loi du 8 mars 1810. » La plupart des dispositions de cet art. 26 n'ont aucun rapport avec la purge des hypothèques; le renvoi ne devait donc s'appliquer qu'à la disposition relative au droit de reporter l'hypothèque sur d'autres immeubles. « Je regarde, a dit d'ailleurs M. Gillon,

---

(1) [Voir, n° 1043, l'arrêté du 30 juill. 1848, qui porte ce chiffre à 500 francs.]

rapporteur, cette énonciation comme très-utile ; c'est le plus sûr moyen de conserver au propriétaire exproprié le droit de donner à ses créanciers une hypothèque nouvelle en remplacement de celle qui reposait sur l'immeuble qui, de sa fortune privée, a passé dans le domaine public. Ce droit est précieux à maintenir, car, sans lui, le propriétaire serait contraignable au remboursement inopiné, et peut-être ruineux, de dettes considérables qui avaient l'immeuble exproprié pour sûreté de leur gage hypothécaire » (*Mon.*, 16 mars 1831, p. 544). Dès que ces mots de l'art. 11 : *sans préjudice des dispositions de l'art. 26 de la loi du 8 mars 1810*, doivent être interprétés comme s'il y avait : *sans préjudice du droit de reporter l'hypothèque sur des fonds autres que ceux cédés*, il n'y a pas de raison pour que cette disposition ne reçoive pas encore aujourd'hui son application.

1056. L'art. 11 de la loi du 30 mars déclare, d'une part, qu'à l'expiration du délai accordé pour la purge des hypothèques, *l'indemnité provisionnelle sera exigible de plein droit*, lors même que les formalités de la purge n'auraient pas été remplies, et, d'autre part, que « l'acceptation de l'indemnité approximative « et provisionnelle de dépossession ne fera aucun préjudice à « la fixation de l'indemnité définitive. » Il résulte de la combinaison de ces deux dispositions que les expropriés pourront toucher le montant de l'indemnité provisionnelle, sans attendre le règlement définitif, pourvu qu'il n'y ait pas d'hypotèque sur l'immeuble.

[Si le propriétaire ne retire pas l'indemnité consignée, il n'a droit qu'aux intérêts payés par la Caisse des consignations ; il ne peut demander que l'État lui alloue 5 pour 100 à compter du jour de sa dépossession, jusqu'au jour où il retire la somme consignée. Il dépendait de lui de retirer cette indemnité et de la faire valoir à son gré ; s'il a préféré la laisser à la Caisse, il doit se contenter de l'intérêt que celle-ci alloue. La consignation faite par l'administration a, comme toute autre, l'effet d'un paiement ; elle met la somme aux risques du créancier, qui peut la toucher sans préjudicier au droit que la loi lui réserve de réclamer une indemnité plus élevée (1).]

Le § 1er de l'art. 11 n'existait pas dans le projet du Gouvernement, et il a été introduit par la Chambre des députés. Le ministre disait, au contraire, dans l'exposé des motifs : « Les

---

(1) Tribunal de Lyon, 17 déc. 1845 (*Gaz. trib.*, 22 janv. 46).

sommes arbitrées par le tribunal seront déposées à la Caisse des consignations, où elles serviront de sûreté pour le paiement des indemnités définitives. — La disposition finale de l'art. 11, a dit M. le rapporteur, garantit au citoyen qui a été contraint à l'abandon de sa propriété qu'il n'éprouvera pas encore de pénibles retards dans le paiement du prix ; rien ne peut l'obliger à les endurer plus de trois mois après le jugement qui a prononcé la dépossession, parce que ce délai suffit aisément à l'accomplissement des formalités de la purge hypothécaire, qui s'opérera comme l'exige l'art. 25 de la loi du 8 mars 1810.... Au lieu d'attendre le jugement de fixation d'indemnité définitive, comme le propose le Gouvernement, il nous semble que l'intérêt du propriétaire exige que la purge commence tout aussitôt après le jugement de dépossession. Si le devoir n'en est pas accompli dans le délai fixé de trois mois, l'État ne peut se défendre de payer le prix intégral. Vainement soutiendrait-il que cette charge est trop dure et qu'elle l'expose à des recherches de la part des créanciers. La réponse serait péremptoire : il a su à quelle condition la propriété passait dans son domaine » (*Mon.*, 15 mars 1831, p. 538). Ces observations seraient très-justes si elles s'appliquaient à une indemnité *définitivement* réglée, mais il ne fallait pas perdre de vue qu'il ne s'agissait que d'un règlement *provisionnel et approximatif*. N'eût-il pas été plus sage de faire payer l'indemnité définitive aussitôt qu'elle aurait été réglée, lorsqu'il se serait écoulé plus de trois mois depuis le jugement dont il s'agit, que la purge fût achevée ou non ?

Avec le système adopté, l'État pourra être obligé de laisser toucher à des propriétaires, usufruitiers, locataires, etc., des indemnités, plus ou moins importantes, qui ne leur sont pas dues, et dont il devra réclamer le remboursement après le règlement définitif des indemnités ; mais ceux qui les auront touchées peuvent se trouver insolvables, et ces sommes seraient perdues pour le Trésor. Toutefois, comme l'art. 11 établit une espèce d'exception au principe de notre droit public, qui exige une indemnité *préalable*, cette exception ne peut être admise qu'avec toutes les conditions que le législateur lui a imposées.

Nous devons d'ailleurs faire remarquer que l'art. 11 ne rend l'indemnité exigible qu'après le délai de trois mois, peut-être parce que ce délai était alors présumé nécessaire pour la purge des hypothèques ; mais aujourd'hui l'administration pourrait, dans cet intervalle, faire procéder au règlement définitif des indemnités par le jury spécial, surtout pour les affaires où l'indemnité provisionnelle lui paraîtrait trop élevée; elle éviterait par là les inconvénients que nous venons de signaler.

Si l'acceptation de l'indemnité provisionnelle par le propriétaire ne l'empêche pas de réclamer le supplément qui pourrait lui être dû, à plus forte raison la consignation ou le paiement de cette indemnité par l'administration ne peuvent-ils être considérés comme un acquiescement à la fixation du tribunal, puisqu'il y avait nécessité de consigner ou de payer cette indemnité avant de prendre possession de terrains destinés à des travaux reconnus urgents.

1057. Les mesures que nous venons d'indiquer donnent à l'administration le droit de prendre provisoirement possession des terrains dont elle a besoin; mais il faut arriver à la prise de possession définitive, ainsi qu'au règlement et au paiement de l'indemnité d'expropriation. L'art. 76 de la loi du 3 mai 1841 porte : « Lorsque les propriétaires ou autres intéressés n'auront « pas accepté les offres de l'administration, le règlement défi- « nitif des indemnités aura lieu conformément aux dispositions « du titre IV ci-dessus »; ce qui soumet le règlement de ces indemnités au jury spécial.

Toutes les opérations indiquées par le titre IV de la loi supposent que le tribunal a désigné l'un de ses membres pour remplir les fonctions de directeur du jury. La loi du 30 mars ne parle pas du mode de cette nomination, dont il ne pouvait être question à l'époque de sa promulgation; mais nous pensons que c'est lors du jugement mentionné en l'art. 10 de cette loi que le tribunal doit désigner le magistrat directeur du jury. Si cette nomination n'avait pas eu lieu lors de ce jugement, il serait nécessaire de faire désigner ce magistrat par un jugement postérieur. Les propriétaires pourraient, comme l'administration, provoquer la nomination de ce magistrat. Le droit commun les autoriserait même à former cette demande aussitôt qu'ils sont dépossédés; mais comme la loi du 3 mai 1841 est la loi générale pour les expropriations, et comme le § 2 de son art. 55 veut que, pendant les six mois qui suivent le jugement d'expropriation, l'administration puisse seule poursuivre la fixation de l'indemnité par le jury, il serait difficile que l'action des propriétaires fût accueillie si elle était formée avant ce délai de six mois (n. 902).

1058. Comme le jury doit régler définitivement les droits de tous les indemnitaires, le propriétaire doit faire connaître au magistrat directeur du jury les fermiers, locataires, usufruitiers, etc., et les autres intéressés sont tenus de se faire connaître à l'administration. Les agents du ministère de la guerre peuvent alors faire leurs offres pour l'indemnité définitive ; et dans la quinzaine suivante, les indemnitaires sont tenus de déclarer leur acceptation, sinon d'indiquer le montant de leurs prétentions. L'administration peut ensuite provoquer la désignation d'un jury spécial, dont les opérations ont lieu de la manière indiquée n⁰ˢ 478 et suivants. On voit que le règlement définitif des indemnités n'exige point un long délai.

1059. Le ministre de la guerre avait prétendu qu'un propriétaire ne pouvait, lors du règlement définitif de son indemnité, soutenir que le terrain dont l'autorité militaire s'était emparée avait une contenance plus forte que ne l'indiquait le procès-verbal d'expertise fait antérieurement à la prise de possession (n⁰ 1041) ; mais son système n'était appuyé d'aucun texte de loi, et se trouvait trop contraire à l'équité pour être accueilli : aussi la Cour de Paris, par arrêt du 16 janvier 1836, a-t-elle proscrit cette prétention : « Considérant qu'il est allégué par Satizelle que depuis le procès-verbal d'expertise, et le plan qui l'a accompagné, les agents du Gouvernement auraient pris possession d'une portion de terrain plus considérable que celle fixée par ledit procès-verbal, et désignée au plan ; — La Cour ordonne, avant faire droit, que par N..... il sera procédé à l'arpentage et à l'expertise de la portion de terrain sur laquelle a porté l'expropriation ; lequel expert donnera son avis sur la valeur de cette portion, sur les indemnités qui peuvent être dues à Satizelle, notamment sur la dépréciation de la portion de la propriété restant à ce dernier, etc. » (*Gaz. trib.*, 17 janv. 1836). On voit que la Cour a admis implicitement (ce qui ne nous paraît pas non plus pouvoir faire de difficulté réelle) que, si le rapport d'expert fait sous la direction du juge-commissaire ne fournit pas tous les renseignements nécessaires pour la fixation définitive des indemnités, une vérification peut être ordonnée par le jury, de la manière indiquée par l'art. 37 de la loi du 3 mai 1841 (n⁰ˢ 566 et suiv.).

De ce qu'une indemnité approximative et provisionnelle a été accordée conformément à l'art. 10 de la loi du 30 mars 1831, il ne résulte pas qu'il soit nécessaire, à peine de nullité, de mettre sous les yeux du jury appelé à déterminer l'indemnité définitive le rapport d'expert qui a servi à la fixation de l'indemnité provisionnelle. Cass., 28 novembre 1843 (1).

---

(1) Dall. 44.1.29; S. 44.1.247.

1060. La loi du 30 mars s'en référait, sur le mode de paiement, aux dispositions de la loi du 8 mars 1810, abrogée depuis par l'art. 77 de la loi du 3 mai 1841.—Or, l'art. 76 de cette dernière loi, en désignant les articles antérieurs qui doivent être appliqués aux travaux de fortification urgents, ne mentionne ni le § 2 de l'art. 53, ni les art. 54 et 55. Cette application est cependant de toute nécessité ; mais elle résulte, selon nous, de cette seule circonstance que la loi du 3 mai est la loi générale sur l'expropriation, et que rien ne s'oppose à ce que les dispositions du titre V de cette loi (sauf le § 1er de l'art. 53) soient appliquées aux travaux de fortification urgents.

[Lorsque le chiffre de l'indemnité provisoire a été augmenté par le jury, le propriétaire dépouillé de sa jouissance a droit aux intérêts de ce supplément d'indemnité, à compter du jour de la dépossession, et non pas seulement à partir de la décision du jury. Il s'agit d'un prix de vente dont l'intérêt est dû de plein droit, et ce principe, d'application générale, n'a été modifié par aucune disposition des lois de 1831 et 1841 (1).]

1061. L'art. 76 de la loi du 3 mai 1841 déclare que le titre VI de cette loi sera applicable aux expropriations pour travaux de fortification urgents : or, ce titre traite spécialement des formalités des actes administratifs, et des diverses significations (n° 977) ; de la dispense des droits de timbre et d'enregistrement (n° 953) ; de la rétrocession des terrains non employés aux travaux (voir ci-après) ; et de la faculté de faire valoir pendant un an, pour former le cens électoral, les contributions des immeubles cédés pour utilité publique. Cette dernière disposition est devenue sans intérêt et est implicitement abrogée par l'établissement du suffrage universel.

1062. L'expropriation pour cause d'utilité publique donne lieu à une indemnité pour tous ceux qui éprouvent quelque perte par suite de cette expropriation, et notamment en faveur des fermiers (n° 356). La loi du 30 mars 1831 n'aurait pas rappelé cette règle, que l'on n'aurait guère pu douter qu'elle ne fût applicable dans l'espèce qui nous occupe ; toutefois l'art. 14 porte : « Tout dommage causé au fermier ou exploitant par « cette dépossession définitive lui sera payé après règlement « amiable ou judiciaire. » Aujourd'hui, en cas de dissentiment, le règlement serait fait par le jury spécial, s'il en est convoqué

---

(1) Tribunal de Lyon, 17 déc. 1845 (Gaz. trib., 22 janv. 46).

un pour fixer l'indemnité du propriétaire : la demande du fermier serait alors jugée conjointement avec celle du propriétaire, à cause de la connexité. Mais si le fermier agit seul, sa réclamation devra être portée au conseil de préfecture, car le jury ne connaît que des indemnités relatives aux expropriations, et le fermier n'éprouve aucune expropriation (n° 158).

[La destruction d'une propriété privée, ordonnée par l'autorité militaire pendant le combat et pour les nécessités de la défense, constitue un cas de guerre, mais non une expropriation, ni une dépossession ou démolition qui, exécutée en vertu d'une délibération du conseil de défense, puisse être assimilée à une expropriation (1).]

1063. La loi du 30 mars 1831 s'occupe tout à la fois, et de l'expropriation des propriétés privées nécessaires aux travaux de fortification, et de l'occupation temporaire de ces mêmes terrains ; mais la loi du 3 mai 1841 ne statue que sur les cas où il y a expropriation ; par conséquent, les dispositions de la loi du 30 mars conservent toute leur force relativement à l'occupation temporaire des terrains. Nous devons toutefois faire remarquer que l'art. 14 de la loi du 30 mars porte : « Si, dans « le cours de la troisième année d'occupation provisoire, le pro- « priétaire ou son ayant droit n'est pas remis en possession, ce « propriétaire pourra exiger et l'Etat sera tenu de payer l'in- « demnité pour la cession de l'immeuble, qui deviendra dès « lors propriété publique. » Le but de cet article a été d'abord d'établir que l'occupation temporaire ne pourrait durer plus de trois ans. « Tous les inconvénients disparaissent, disait M. le maréchal Soult, ministre de la guerre, en présentant le projet à la Chambre des députés, si l'on songe que le propriétaire a le droit d'exiger que la valeur de sa propriété lui soit remboursée, *lorsque la privation de jouissance se prolonge plus de trois ans* » (*Monit.*, 10 fév. 1831). Ainsi l'art. 14 ne donne pas au propriétaire le droit d'agir dans le cours de la troisième année, mais seulement s'il n'est pas remis en possession à l'expiration de la troisième année ; de manière que ce n'est qu'au commencement de la quatrième qu'il peut user de la faculté que lui confère l'art. 14. Il importe de remarquer que cette faculté de convertir l'occupation temporaire en expropriation n'est accordée qu'au propriétaire. C'est, en effet, un acte d'aliénation qui ne peut

---

(1) Cass., 14 juill. 1846 (S.46.1.735).

avoir lieu sans sa volonté. L'exercice de ce droit pouvant faire naître les mêmes questions que celui d'exiger l'acquisition d'une propriété morcelée, on peut voir ce que nous avons dit n⁰ˢ 853 et suivants.

Les indemnités dues pour l'immeuble occupé plus de trois ans sont aussi réglées par le jury spécial, et doivent être établies sur les mêmes bases que pour toute autre expropriation. Cependant l'art. 14 ajoute que « l'indemnité foncière sera réglée, non « sur l'état de la propriété à cette époque, mais sur son état au « moment de l'occupation, tel qu'il aura été constaté par le pro- « cès-verbal descriptif. » Cela est très-juste, mais le législateur a cru nécessaire de l'exprimer.

Relativement à la marche à suivre pour arriver au règlement de cette indemnité, on peut consulter ce que nous avons dit n⁰ˢ 913 et suivants.

Section III.—*Des travaux de la marine impériale.*

1064. — Travaux qui n'ont pas été déclarés urgents.
1065. — Travaux déclarés urgents.
1066. — De l'intervention du préfet maritime.

1064. L'art. 75 de la loi du 3 mai 1841 ayant placé sur la même ligne les travaux militaires non urgents et les travaux de la marine impériale, on peut, pour ces derniers travaux, voir ce que nous avons dit à l'occasion des premiers, n⁰ˢ 1018 et suivants.

1065. Nous ne pouvons partager une opinion émise dans un ouvrage, d'ailleurs fort estimable. On lit dans le *Dictionnaire des travaux publics* de M. Tarbé de Vauxclairs : « Il reste dans la loi de 1833 (et celle de 1841 n'y a apporté aucune modification) une lacune fâcheuse pour les travaux de la marine royale, en cas d'expropriation forcée. Les réserves mentionnées au § 1ᵉʳ de l'art. 66 sont textuellement applicables aux seuls travaux des fortifications, pour lesquels, en effet, la loi nouvelle se réfère en ce point à la loi du 30 mars 1831, qui ne concerne que les travaux du génie militaire ; et, comme l'art. 65 porte que les formalités prescrites par les titres Iᵉʳ et II de la loi de 1833 ne sont pas applicables aux travaux de la marine royale, et qu'aucune disposition ne porte qu'on leur appliquera la *loi exceptionnelle de*

1831, les travaux de la marine semblent devoir demeurer, à cet égard, sous la *loi commune* de 1810 : or cette loi de 1810 est abrogée par l'art. 67 de la loi de 1833 ; il faudrait donc recourir à la loi de 1807, ce qui ne serait pas moins contraire à la volonté présumée du législateur. Que faut-il donc conclure de ce qui précède ? C'est que l'on a eu l'intention d'étendre aux travaux de la marine royale les dispositions exceptionnelles de la loi de 1831 ; mais on a omis de le dire. Jusqu'à ce que cette omission soit réparée, ce sera un beau champ de controverse pour les avocats » (v° *Expropriation*, p. 265).

Le législateur a-t-il réellement voulu appliquer aux travaux de la marine impériale la loi exceptionnelle de 1831 ? Nous ne le croyons pas. Il n'a pas été dit un mot dans la discussion qui permette de supposer cette intention aux rédacteurs de la loi, ni aux membres des deux Chambres, et certes le texte de l'art. 76 n'autorise nullement, on le reconnaît, cette application. Il n'y a d'ailleurs en cela rien de regrettable pour le ministère de la marine, car un des hauts fonctionnaires de l'administration, très-versé assurément dans cette partie de notre législation, n'a pas voulu appliquer aux routes stratégiques cette législation exceptionnelle de 1831, malgré la faculté que lui en donnait la loi du 27 juin 1833. Il a déclaré que la loi du 7 juillet 1833, avec les modifications établies par l'art. 65, offrait plus de célérité et d'avantages pour l'administration (*Cir. dir. gén. ponts et ch.*); or, les mêmes avantages existent pour la marine impériale, d'après le § 1er de l'art. 75 de la loi du 3 mai 1841, qui n'applique pas aux travaux de la marine la loi de 1810, ni celle de 1807, comme on le suppose dans l'article que nous combattons, mais les laisse sous l'empire de la loi du 3 mai 1841, en les dispensant toutefois des formalités des titres 1er et II de cette loi, comme les travaux militaires non urgents.

1066. La Cour de cassation a jugé, le 22 décembre 1834, que, si dans les art. 10, 13 et 57, de la loi du 7 juillet 1833, la dénomination de *préfet* doit s'entendre du *préfet civil* dans le plus grand nombre des cas d'expropriation pour cause d'utilité publique, cependant le *préfet maritime* avait manifestement qualité pour tenter des conventions amiables, dont l'effet serait de prévenir l'expropriation, et, à défaut de ces conventions, de mettre en action le ministère du procureur impérial, lorsqu'il s'agit d'expropriations pour travaux utiles au service de la marine, et que l'intervention légale du procureur impérial, magistrat incontestablement civil, suffisait en pareille occasion pour fonder la compétence du tribunal, et pour absoudre son jugement de tout reproche d'incompétence ou d'excès de pouvoir (1). Le demandeur en cassation soutenait que l'expropriation avait été illégalement provoquée par le préfet maritime, qui, d'après nos lois, disait-il, n'est qu'un chef, un administrateur militaire, non investi d'aucuns droits ni attributions contre la propriété des citoyens. Mais en essayant des arrangements amiables, et, à défaut, en transmettant au procureur impérial les pièces nécessaires pour requérir l'expropriation, le préfet maritime ne faisait point un acte d'administration publique : il gérait les affaires du ministère de la marine; on ne pouvait lui refuser des droits qu'ont même les concessionnaires de travaux publics.

CHAPITRE XX.

DE L'APPLICATION DE LA LOI DU 3 MAI 1841 AUX LÉGISLATIONS SPÉCIALES.

1067. — La loi du 3 mai 1841 régit tous les cas d'expropriation.

1067. La loi du 3 mai 1841, étant destinée à remplacer celle du 7 juillet 1833, qui elle-même avait succédé à celle du 8 mars 1810, l'art. 77 de la loi nouvelle déclare que les deux autres sont abrogées. L'art. 67 de la loi du 7 juillet 1833 portait : « Les dispositions de la présente loi seront appliquées dans tous les cas où les lois se réfèrent à celle du 8 mars 1810. » Cette disposition avait été introduite dans la loi de 1833 sans que l'on exposât les motifs de cette addition, et elle a été retranchée de la loi de 1841 sans qu'il ait été donné aucune explication à l'appui de cette suppression. Nous croyons que cela tient à ce que tout le monde a reconnu que les lois nouvelles remplacent nécessairement celles qu'elles abrogent, et que, par suite, les dispositions de la loi nouvelle doivent être appliquées dans tous les cas où des lois se référaient à la loi abrogée. Il n'y avait pas plus

---

(1) Dall. 35.1.142; S. 35.1.172.

de motifs pour écrire ce principe dans la loi sur l'expropriation que dans une foule d'autres lois auxquelles il s'applique également. Nous allons donc examiner l'influence de la loi du 3 mai 1841 sur les législations spéciales qui prévoient des cas d'expropriation pour cause d'utilité publique.

Section Ire.—*Des chemins vicinaux.—Loi du 21 mai 1836.*

1068. — Nécessité d'appliquer à ces travaux la loi du 3 mai 1841.

1068. Comme il n'existe aucune loi générale sur l'expropriation pour cause d'utilité publique appliquée aux chemins vicinaux, il faut reconnaître que cette espèce d'expropriation est régie par la loi *générale* en matière d'expropriation, celle du 3 mai 1841, sauf sur les points à l'égard desquels il existe des dispositions spéciales dans les lois relatives à cette nature de chemins. Si l'on n'admettait pas ce principe, il n'y aurait sur cette matière que des dispositions fort incomplètes, et qui laisseraient sans solution une foule de questions très-importantes, notamment à l'égard des traités amiables.

Une instruction du ministre de l'intérieur du 24 juin 1836 portait : « Le législateur a compris que, pour les expropriations peu considérables qui seraient à faire en vue des chemins vicinaux, même de grande communication, il n'était pas indispensable d'exiger l'accomplissement de toutes les formalités prescrites par la loi du 7 juillet 1833, en vue de travaux bien plus considérables. On a senti qu'en matière de vicinalité, la lenteur des formes pouvait arrêter d'utiles entreprises. Le législateur a donc extrait de la loi de 1833 les seules dispositions qu'il lui a paru nécessaire de conserver pour régulariser les expropriations relatives aux chemins vicinaux, et *l'art. 16 de la loi du 21 mai 1836 présente l'ensemble complet de ces formalités* » (Dall., t. 36, p. 148). On va voir que la Cour de cassation avait repoussé cette interprétation (n° 1071). Aujourd'hui, le législateur, en déclarant qu'il dispensait ces expropriations des formalités portées aux art. 8, 9 et 10, a suffisamment annoncé que les autres dispositions du même titre seraient appliquées, et l'opinion énoncée dans l'instruction que nous venons de rappeler n'est plus admissible. M. Foucart, II. p. 380, combat aussi l'interprétation donnée dans cette circulaire.

M. Gillon souleva devant la Chambre des députés une autre question plus délicate. Il demanda s'il était bien entendu que la loi du 21 mai 1836 s'améliorerait virtuellement, nécessairement de toutes les dispositions de la loi nouvelle qui ne seraient pas absolument inconciliables avec le caractère exceptionnel de celle du 21 mai ; si, notamment, les causes de pourvoi en cassation réglées par la loi de 1836 passaient dans la loi de 1841. Il lui fut répondu unanimement qu'on l'entendait ainsi. On reconnut aussi notamment que l'art. 60 de la loi nouvelle s'appliquait aux acquisitions faites par les communes (*Monit.*, 5 mars 1841, p. 544). Ainsi, il fut alors admis que la loi de 1841 régissait les expropriations relatives aux chemins vicinaux, et qu'elle modifiait même celle du 21 mai 1836 en tout ce qui ne serait pas inconciliable avec le caractère exceptionnel de cette dernière.

Cette espèce d'expropriation est donc régie aujourd'hui par les principes généraux que nous avons développés dans les chapitres précédents, sauf les modifications résultant de l'art. 12 de la loi du 3 mai 1841, et des art. 15 et 16 de celle du 21 mai 1836.

[C'est ainsi que la Cour de cassation a jugé que les expropriations, ayant pour cause *l'ouverture* ou le *redressement* des chemins vicinaux de grande communication, sont assujetties aux formes ordinaires d'expropriation pour cause d'utilité publique, tracées par la loi du 3 mai 1841, et notamment aux formalités prescrites par les art. 5 et suivants de cette loi (1).

Par suite de ce même principe, il a été décidé que les dispositions générales de la loi de 1841 sont également applicables aux expropriations pour cause d'élargissement des chemins vicinaux de grande communication, quand elles se concilient avec la loi spéciale du 21 mai 1835. Ainsi, la plus-value acquise, par suite de l'exécution des travaux, au terrain d'un exproprié, peut, par application de l'art. 51 de la loi du 3 mai 1841, être comptée en déduction de l'indemnité à laquelle il a droit (2).]

Néanmoins, la conciliation de ces diverses dispositions soulève quelques questions assez sérieuses (3).

---

(1) Cass., 24 juin 1844 (Dall. 44.1.334).

(2) Cass., 14 déc. 1847 (Dall. 48.1.152). Voir également l'arrêt du Conseil d'État cité ci-après, n° 1073 *bis*, du 7 juillet 1853 (Dall. 54.3.35).

(3) [Voir, en ce qui concerne les terrains situés sur les frontières, loi du 7 avril 1844, et Dufour, *Traité général de droit administratif*, III, p. 278.]

§ Iᵉʳ. — Ouverture d'un chemin vicinal.

1069. — Y a-t-il lieu à enquête?
1070. — Déclaration de l'utilité publique.
1071. — Formalités préalables à l'expropriation.
1072. — Les réclamations ne sont pas soumises à la commission d'arrondissement.
1073. — Recours contre les décisions administratives. — Leur effet.
1073 bis. — Du cas où les formalités préalables n'ont pas été remplies.
1074. — Des traités amiables.
1075. — L'expropriation est prononcée par le tribunal.
1076. — Notification et publication du jugement.
1077. — Offres et demandes d'indemnités.
1078. — Jury chargé de régler les indemnités.
1079. — Mission du magistrat directeur du jury.
1080. — Du greffier.
1081. — Du recours en cassation.
1082. — Des offres réelles.
1083. — Dispositions relatives au timbre et à l'enregistrement.
1084. — Prescription des indemnités.
1085. — S'il y a des mesures spéciales pour les cas d'urgence.
1086. — Du droit de préemption sur les terrains des chemins vicinaux.

1069. L'art. 3 de la loi du 3 mai 1841 veut que la déclaration d'utilité publique soit toujours précédée d'une enquête, dont les formes doivent être déterminées par un règlement d'administration publique. En matière de chemins vicinaux, aucun règlement ne détermine les formes de l'enquête qui devrait précéder la déclaration d'utilité publique. La circulaire du ministre de l'intérieur, du 24 juin 1836 (n° 1068), parle, à la vérité, d'une enquête *de commodo et incommodo*, mentionnée par l'art. 10 de la loi du 28 juillet 1824, mais dont les formes ne sont pas déterminées par un règlement d'administration publique, et dont l'instruction ne prescrit même pas l'accomplissement.

[Toutefois, il est admis par la doctrine et la jurisprudence administrative que l'enquête doit être faite dans la forme prescrite par l'ordonnance royale du 18 février 1834, si le chemin traverse plusieurs communes, ou d'après celle prescrite par l'ordonnance royale du 23 août 1835, si le tracé du chemin ne doit pas dépasser les limites d'une commune (1).]

1070. L'utilité publique doit-elle être déclarée par un décret

---

(1) Voir Dufour, *Traité général de droit administratif*, 2ᵉ édit., III, p. 279. — Herman, *Encyclopédie du droit*, IV, p. 39.

impérial, lorsqu'il s'agit d'ouvrir, de créer un nouveau chemin vicinal ? La loi du 7 juillet 1833 ne contenait aucune disposition spéciale relativement aux chemins vicinaux, parce que l'on savait que cette partie de la législation devait être complétement revisée. Cette révision eut lieu par la loi du 21 mai 1836, dont l'art. 16 apporta des modifications importantes à celle du 7 juillet 1833. Cet article porte d'abord : « Les travaux d'ouverture et de « redressement des chemins vicinaux seront autorisés par arrêté « du préfet. » Il a été entendu, lors de la discussion, que jamais, pour ces travaux, l'on n'aurait besoin de recourir à une ordonnance royale (un décret impérial).

M. Legrand, commissaire du roi, fit remarquer que le but du § 1er de l'art. 16 de la loi du 21 mai 1836 avait été de dispenser, pour une certaine catégorie de communications, de la nécessité d'une ordonnance déclarative de l'utilité publique. La loi actuelle, ajouta-t-il, va prendre date après celle du 21 mai 1836 ; elle est générale, elle ne mentionne aucune exception. Il est donc nécessaire de faire une réserve pour que plus tard on ne vienne pas obliger l'administration à provoquer des ordonnances royales pour les cas spécifiés dans l'art. 16 de la loi du 21 mai 1836 (*Monit.*, 2 mars 1841, p. 508). M. le rapporteur répondit : « Le principe général en matière de législation est que la loi générale ne déroge pas à la loi spéciale » (*Ibid.*). Il est cependant à regretter, comme le dit M. Dumay, n° 538, que le législateur ne se soit pas expliqué d'une manière plus positive.

Par arrêt du 2 janvier 1844, la Cour de cassation a jugé que la déclaration légale d'utilité publique est attribuée, par l'art. 7 de la loi du 21 mai 1836, au conseil général du département, lorsqu'il s'agit des chemins vicinaux de grande communication (Devill., p. 185 ; Dall., p. 76), ce qui est reconnaître qu'une ordonnance ou décret n'est pas nécessaire. C'est aussi le conseil général qui, sur l'avis des conseils municipaux, des conseils d'arrondissement, et sur la proposition du préfet, détermine la direction du chemin. Le préfet en fixe ensuite la largeur et les limites (L. 21 mai 1836, art. 7).

La déclaration de l'utilité publique de l'ouverture d'un chemin vicinal et la désignation des localités que ce chemin traversera doivent faire l'objet d'un premier arrêté distinct de celui destiné à indiquer les parcelles de terrain dont la cession est nécessaire pour son exécution (1).

---

(1) Cass., 30 avril 1845 (Dall. 45.1.295).

1071. On avait prétendu que les expropriations nécessaires pour l'ouverture d'un chemin vicinal pouvaient être prononcées sur la représentation d'un arrêté du préfet, sans autre formalité; mais, par arrêt du 2 février 1836 (Dall., p. 85; Devill., p. 337), la Cour de cassation avait jugé que ces expropriations n'étaient pas dispensées des formalités prescrites par les art. 5, 6 et 7 de la loi du 7 juill. 1833. La même prétention a été reproduite, avec plus d'apparence de fondement, depuis la loi du 21 mai 1836, et, par un arrêt du 23 avril 1838, la Cour a d'abord admis que le jugement d'expropriation devait être prononcé sur la seule représentation d'un arrêté du préfet autorisant les travaux (Devill., p. 458; Dall., p. 203); mais elle est revenue à sa première jurisprudence par ses arrêts des 25 mars, 9 juillet 1839 et 4 août 1841 (1).

Enfin, par son arrêt du 24 juin 1844, basé uniquement sur la loi de 1841, la Cour a jugé « que l'art. 7 de la loi du 24 mai 1836, en attribuant au conseil général le droit de déclarer les chemins vicinaux de grande communication, et au préfet celui d'en fixer la largeur et les limites, n'est pas contraire au principe fondamental établi dans les art. 1er et 14 de la loi du 3 mai 1841, d'après lesquels l'expropriation s'opère par autorité de justice après l'accomplissement des formalités prescrites notamment dans le titre 2 de cette loi. » L'arrêt ajoute: « Attendu que l'art. 12 de la loi de 1841, qui dispose notamment pour le cas où il y a lieu à ouverture ou à redressement de chemins vicinaux, ne dispense que de l'exécution des art. 8, 9 et 10; en quoi il laisse subsister l'obligation de se conformer aux autres dispositions du titre 2, notamment à celles des art. 4, 5, 6 et 7; —Que l'intention du législateur à cet égard est d'autant moins douteuse que la loi du 7 juillet 1833, n'ayant d'abord, par son art. 12, dispensé de l'exécution des art. 8, 9 et 10 que les expropriations demandées par une commune et dans un intérêt purement communal, on avait douté si sa disposition s'étendait aux expropriations demandées par un préfet pour un chemin de grande communication, et que c'est pour lever ce doute que la loi du 3 mai 1841 a ajouté à son art. 12 ces mots: *Non plus qu'aux travaux d'ouverture ou de redressement des chemins vicinaux;* addition dont le but est d'étendre aux travaux de ce genre les garanties que le titre 2 donne au droit de propriété;—Attendu

---

(1) Devill., p. 403, 792; Dall. p. 139, 279; Devill., p. 664; Dall., p. 344.

en fait que le jugement attaqué ne déclare pas que les formalités des art. 5, 6, 7 et 12, ont été observées, et qu'il résulte de l'ensemble de la procédure qu'elles ne l'ont pas été ; —Casse » (Devill., p. 510 ; Dall., p. 331). Même décision par arrêt du 30 avril 1845 (Dall., 1845.1.295).

1072. L'art. 12 de la loi du 7 juillet 1833 portait que les dispositions des art. 8, 9 et 10, n'étaient point applicables aux expropriations demandées *par une commune* et *dans un intérêt purement communal.* On en avait conclu naturellement que cette exception s'appliquait aux expropriations réclamées par une commune pour l'exécution d'un de ses chemins vicinaux, mais il restait à décider si cette exception s'appliquait à tous les chemins vicinaux, notamment à ceux dits de grande communication.

Par un premier arrêt en date du 23 avril 1838 (Devill., p. 458 ; Dall., p. 203), la Cour de cassation déclara, comme nous venons de le dire, que les expropriations relatives à l'ouverture des chemins vicinaux de grande communication n'étaient soumises à aucune autre formalité qu'à celle prévue par l'art. 16 de la loi du 21 mai 1836, c'est-à-dire un arrêté du préfet. Mais, par deux arrêts en date des 20 et 21 août 1838 (Dall., p. 381 ; Devill., p. 784 et 975), la Cour adopta un système contraire. Les principaux motifs de ces arrêts sont : Que les lois spéciales laissent sous l'empire des lois générales tout ce qu'elles n'ont pas directement réglé ; — Qu'en cas d'ouverture ou de redressement d'un chemin vicinal, si des conventions n'interviennent pas avec le propriétaire, il y a lieu, suivant l'art. 16 de la loi du 21 mai 1836, de recourir à l'expropriation, ce qui fait rentrer les parties dans le cadre obligé des formalités prescrites par la loi du 7 juill. 1833, loi fondamentale de la matière et formant le droit commun sur l'expropriation pour cause d'utilité publique ; — Que les garanties données par cette loi à la propriété doivent alors être rigoureusement remplies ; qu'autrement, les propriétaires seraient livrés à l'arbitraire le plus complet, puisqu'en l'absence de tout contredit de leur part, il serait toujours possible de favoriser certaines propriétés au détriment de certaines autres ; — Qu'il serait déraisonnable d'attribuer à un arrêté du préfet plus de puissance et d'étendue qu'à une loi ou à une ordonnance royale, etc. »

Cette variation dans la jurisprudence prouve combien il était difficile de concilier la loi spéciale du 21 mai 1836 avec la loi générale du 7 juill. 1833. M. Renouard proposa de faire cesser cette difficulté en dispensant formellement les expropriations relatives aux chemins vicinaux de grande communication, ou autres, des formalités portées aux art. 8, 9 et 10 de la loi nouvelle, et, pour cela, il proposa d'ajouter à la fin du § 1ᵉʳ de l'art. 12, ces mots : *Non plus qu'aux travaux d'ouverture ou de redressement des chemins vicinaux.* Cette proposition fut combattue par M. Dalloz, qui réclama, en faveur des chemins de grande communication, les garanties portées dans la loi générale sur l'expropriation. Mais l'amendement fut adopté sans modification (*Monit.*, 2 mars 1844, p. 511). A la Chambre des pairs, cette disposition donna lieu à une très-longue discussion ; et si l'on n'avait pas eu déjà adopté le parti de n'accueillir aucun amendement, afin de ne pas obliger la Chambre des députés à discuter de nouveau la loi, ce qui n'aurait pu avoir lieu qu'à la session suivante, la Chambre eût peut-être, comme le lui proposait sa commission, repoussé l'addition faite à l'art. 12 (*Monit.*, 23 avril 1841, p. 1084 ; 24 avril, p. 1095).

[Il a été expressément jugé par la Cour de cassation que les formalités prescrites, relativement à l'enquête, par les art. 5 et 6, doivent être observées, à peine de nullité, pour l'ouverture des chemins vicinaux. Elle a, par son arrêt du 30 avril 1845 (1), cassé le jugement qui lui était déféré : « Attendu que, dans l'espèce, aucune des formalités prescrites par l'art. 6 n'a été accomplie ; — Qu'il n'y a eu, en effet, ni affiches, ni publications, ni insertions dans les journaux ; que, par suite, le maire n'a pu attester, aux termes de l'art. 7, l'accomplissement de ces formalités ; — Que *l'avertissement individuel qu'il prétend avoir donné aux parties intéressées ne saurait suppléer l'avertissement collectif et public, dont les formes ont été soigneusement déterminées par la loi.* »]

Il résulte de la modification introduite dans l'art. 12, qu'après la clôture du procès-verbal d'enquête, le conseil municipal donne son avis qui est transmis avec toutes les pièces au sous-préfet, et par celui-ci au préfet, qui, en conseil de préfecture et par un arrêté spécial et motivé, distinct de celui qui déclare d'utilité publique l'ouverture du chemin (n° 1070), détermine les propriétés qui doivent être cédées, et indique l'époque à laquelle il sera nécessaire d'en prendre possession (Même arrêt du 30 avril 1845).

---

(1) Devill. 45.1.746 ; Dall. 45.4.295. Voir un arrêt de la Cour de cassation du | 17 mars 1858 (*Gaz. trib.*, 18 mars 58).

Il importe de remarquer qu'il est indispensable que le conseil municipal donne son avis sur les réclamations qui ont été faites dans le procès-verbal rédigé par le maire en exécution de l'art. 7 de la loi du 3 mai 1841. Cet avis doit être produit au tribunal, et visé dans le jugement d'expropriation. Il ne suffit pas que le conseil municipal ait approuvé le projet avant qu'il ait été soumis aux enquêtes. Cass., 4 avril, 4 juill. et 21 août 1843 (Devill., p. 344, 784 et 914; Dall., p. 192, 404 et 450); 30 avril 1845 (Devill., p. 746).

Il est indispensable également que l'arrêté du préfet soit rendu *en conseil de préfecture*, lors même qu'il s'agirait d'un chemin vicinal de grande communication. Cass., 22 mai 1843 (Dall., p. 328; Devill., p. 529).

Quand le préfet veut adopter un tracé différent de celui qu'a indiqué le conseil municipal, son arrêté n'a d'effet qu'autant qu'il a été revêtu de l'approbation de l'administration supérieure (1); jusque-là le tribunal doit refuser de prononcer l'expropriation des immeubles désignés dans cet arrêté. Cass., 31 mars 1845 (Devill., p. 307); 2 et 30 avril 1845 (Devill., p. 746).

[Nous résumons avec MM. Dufour (2) et Herman (3) les formalités à remplir d'après les dispositions combinées des lois du 21 mai 1836 et du 3 mai 1841 :

Enquête dans la commune ou les communes sur le territoire desquelles le chemin vicinal sera ouvert (L. du 3 mai 1841, art. 3; ordonn. du 18 fév. 1834 et 23 août 1835).

Arrêté du préfet ordonnant l'ouverture du chemin (L. du 21 mai 1836, art. 16);

Levée par les agents voyers du plan parcellaire des terrains qui devront être expropriés (L. du 3 mai 1841, art. 4);

Dépôt des plans parcellaires, pendant huit jours, à la mairie de la commune où sont situées les propriétés (L. du 3 mai 1841, art. 5);

Avertissement, à son de trompe ou de caisse, collectif et public, qui ne saurait être remplacé par un avertissement individuel donné aux intéressés; affiche à la porte de l'église et de la maison commune; insertion dans l'un des journaux de l'arrondissement ou, à défaut, du département — (A);

---

(1) [Voir en ce sens, Dufour, III, p. 281, note 1.]

(2) *Traité général de droit administratif*, III, n° 303.

(3) *Encyclopédie du droit*, IV, p. 39.

Additions.

(A) La publication de cet avertissement

Certificat par le maire de l'accomplissement des publications et affiches; procès-verbal sur lequel sont relatées les déclarations des parties; avis du conseil municipal sur le vu dudit procès-verbal;

Transmission par le maire au sous-préfet, du procès-verbal ainsi que de l'avis du conseil municipal, et, par le sous-préfet, desdites pièces avec son avis, au préfet du département;

Arrêté motivé du préfet, en conseil de préfecture, sur le vu du procès-verbal et des pièces annexées, à l'effet de déterminer les propriétés qui doivent être cédées, sauf l'approbation du ministre, si l'arrêté du préfet est contraire à l'avis du conseil municipal.]

1073. Un propriétaire menacé d'expropriation pourrait-il déférer au Conseil d'Etat, pour excès de pouvoir, la délibération du conseil général qui aurait, par exemple, fixé la direction du chemin sans que la commune, sur le territoire de laquelle est situé le terrain à acquérir, ait été consultée? La négative résulte d'un arrêt du Conseil d'Etat du 29 juin 1844, portant qu'à la commune seule pourrait appartenir le droit de se pourvoir pour omission des formalités prescrites par la loi à l'égard du classement et de la direction d'un chemin vicinal de grande communication auquel elle est appelée à contribuer, mais qu'un propriétaire est sans qualité pour se pourvoir contre les actes administratifs qui ont classé et fixé la direction du chemin (Leb., p. 408). Le sieur de Mauduit avait opposé à cette fin de non-recevoir « qu'une jurisprudence fondée sur les principes les plus incontestables avait reconnu que la Cour de cassation ne pouvait, sur le pourvoi d'un propriétaire exproprié, entrer dans l'examen des délibérations des conseils municipaux et du conseil d'arrondissement, ni apprécier la régularité des délibérations du conseil général; et que, si le Conseil d'Etat n'admettait pas le recours des propriétaires menacés d'expropriation ou expropriés, ceux-ci n'auraient aucun moyen de faire statuer sur l'acte administratif qui forme la base de l'expropriation » (Ibid.).

De son côté, la Cour de cassation a jugé, le 27 mars 1839, « qu'il résulte de l'art. 16 de la loi du 21 mai 1836, qu'en matière de chemins vicinaux, l'arrêté du préfet qui ordonne l'ou-

---

doit précéder l'ouverture du procès-verbal destiné à recevoir la réclamation des parties intéressées. Cass. civ., 16 fév. 1859 (S. 59.1.524).

verture ou le redressement d'un chemin vicinal, tient la place et produit les effets de l'ordonnance du roi ou de la loi, qui déclarent l'utilité publique en matière de travaux publics d'un intérêt général; que, sans qu'il soit besoin d'examiner si un pareil arrêté est susceptible d'être réformé par l'autorité administrative supérieure, le recours dirigé contre cet acte de l'autorité du préfet ne serait point suspensif de sa nature, puisqu'il est de principe que les actes de l'autorité administrative contre lesquels le recours est autorisé par la loi sont exécutoires par provision, à moins qu'il n'ait été sursis à leur exécution par l'autorité compétente; que la législation spéciale des chemins vicinaux, et notamment la loi du 21 mai 1836, n'ont point dérogé à ce principe. » En conséquence, l'arrêt a cassé un jugement qui avait refusé de prononcer l'expropriation, par le motif que l'arrêté du préfet, prescrivant l'ouverture du chemin vicinal, était attaqué devant le ministre (Dall., p. 140; Devill., p. 404).

[Il ne saurait d'ailleurs rester de doute sérieux, sur la question réservée par la Cour de cassation, de savoir si l'arrêté pris par le préfet, pour remplacer le décret d'expropriation, est irrévocable comme l'acte dont il tient la place, ou s'il peut être l'objet d'un recours devant le ministre. « La loi, dit M. Dufour (1), en appelant le préfet à remplir une mission réservée, dans des circonstances plus graves, au Pouvoir souverain, n'a point exprimé l'intention de le dégager de la règle qui soumet l'action préfectorale au contrôle de l'autorité supérieure. On ne voit pas, dès lors, sur quel motif on se fonderait pour interdire le recours devant le ministre par la voie administrative. »

Quant au recours contentieux devant le Conseil d'État, il a été décidé, en termes généraux, que l'arrêté qui détermine la direction d'un chemin vicinal n'est pas susceptible d'être attaqué par la voie contentieuse (2).] — (A).

[1073 *bis*. Aux termes d'un arrêt du Conseil d'État, en date

---

(1) *Traité général de droit administratif*, 2ᵉ édit., III, n° 304, p. 282.
(2) Cons. d'État, 18 janv. 1854 (Lebon, Rec., 1854, p. 38; Dall. 54.3.44).

Additions.

(A) C'est contre le préfet que doit être dirigée l'action intentée par un propriétaire exproprié pour l'établissement d'un chemin vicinal de grande communication, et fondée sur ce que l'administration se serait emparée de terrains non compris au jugement d'expropriation. Mais une telle action ne rentre pas dans la classe de celles qui doivent être précédées de la présentation d'un mémoire à l'administration. C. Rennes, 13 mars 1863 (S. 64.2.303).

du 7 juill. 1853 (1), les travaux prescrits par le préfet, en matière de chemins vicinaux de grande communication, ne peuvent, s'il s'agit d'ouverture ou de redressement et *non d'élargissement*, être entrepris sur les terrains compris dans le tracé, qu'après accomplissement des formalités d'expropriation prescrites par l'art. 16 de la loi du 21 mai 1836, ou cession amiable; et, au cas où les travaux auraient été commencés avant le règlement de l'indemnité, c'est aux tribunaux, et *non à l'autorité administrative*, qu'il appartiendrait de prononcer sur la demande en discontinuation de travaux, de même que sur la demande en dommages-intérêts formée par les intéressés (2).

Toutefois, d'après l'arrêt du 25 mars 1852 (3), l'autorité administrative serait seule compétente pour ordonner la suppression des travaux ordonnés par l'administration.]

1074. Les dispositions relatives aux traités amiables doivent s'appliquer aux acquisitions relatives aux chemins vicinaux. L'art. 16, §§ 3 et 4, de la loi du 21 mai 1836, prévoit même une espèce particulière de convention qui devra se réaliser assez souvent. Lorsque les indemnitaires sont appelés devant le jury, ils acquiescent souvent aux offres de l'administration. D'après la loi du 3 mai 1841, il faut alors laisser statuer le jury sur des indemnités à l'égard desquelles on est en réalité d'accord, ou se retirer devant un fonctionnaire ayant qualité pour recevoir l'acte de vente, qu'il est souvent difficile de rédiger immédiatement. En matière de chemins vicinaux, le magistrat directeur peut recevoir les acquiescements des parties, et son procès-verbal emporte translation définitive de la propriété.

1075. Il est certain que l'art. 7 de la loi du 21 mai 1836, en attribuant au conseil général le droit de déclarer les chemins vicinaux de grande communication, et au préfet celui d'en fixer la largeur et les limites, ne déroge pas aux art. 1er et 14 de la loi du 3 mai 1841, suivant lesquels *l'expropriation s'opère par autorité de justice*, après vérification des formalités prescrites par la loi. C'est ce que reconnaît l'arrêt de la Cour de cassation, du 24 juin 1844, que nous avons rapporté ci-dessus (n° 1071). Cet arrêt exige même que le jugement d'expropriation déclare que les formalités légales ont été observées. Les arrêts des 25 mars et 9 juill. 1839 sont basés sur les mêmes principes.

---

(1) Voir Dall. 54.3.35 ; Lebon, Rec., à la date.

(2-3) Arrêt du 25 mars 1852. Voir Lebon, Rec., à la date.

Le tribunal a donc mission pour vérifier si une délibération du conseil général est intervenue, et si elle a été prise compétemment ; mais il ne peut juger cette délibération, soit quant au fond, soit quant à l'accomplissement des formalités en vertu desquelles le conseil général a dû procéder. Il ne peut notamment vérifier si la délibération du conseil général a été précédée, ainsi que le veut la loi, de l'avis des conseils municipaux. Cass., 7 janv. 1845 (1).

Le tribunal désigne, pour présider et diriger le jury, un de ses membres, *ou le juge de paix du canton* (Loi 21 mai 1836, art. 16, § 1er). L'art. 14, § 3, de la loi du 3 mai 1841, exige que le tribunal désigne, en outre, un autre magistrat pour remplacer le premier en cas d'empêchement.

1076. Le jugement d'expropriation doit être notifié et publié de la manière indiquée par la loi du 3 mai 1841 (voir nos 249 et suivants), et produit les mêmes effets que tout autre jugement d'expropriation. Il n'existe aucune dérogation à ces règles, ni dans la loi du 21 mai 1836, ni dans celle du 3 mai 1841. Pour la purge des hypothèques, voir n° 951.

1077. La commune doit faire signifier ses offres, comme il est dit en l'art. 23 de la loi de 1841, et les intéressés sont tenus de notifier leur acceptation ou leurs prétentions dans les délais indiqués aux art. 24 et 27. A défaut d'acceptation dans ces délais, il est procédé au règlement des indemnités par le jury spécial — (A).

[Notons que les pouvoirs de ce jury expirent au renouvellement des listes par le conseil général, à moins que leurs opérations ne soient commencées à cette époque (Voir les deux arrêts de cassation du 13 mai 1846) (2).]

La procédure à suivre devant le jury diffère en plusieurs points de celle que nous avons indiquée au tome Ier.

1078. L'art. 16 de la loi du 21 mai 1836 porte en effet : « Lorsque, pour l'exécution du présent article, il y aura lieu de recourir à l'expropriation, le jury spécial chargé de régler les indemnités ne sera composé que de quatre jurés. Le tribunal d'arrondissement, en prononçant l'expropriation, dési-

---

(1) Devill. 45.1.46 ; Dall. 45.1.83.
(2) Dall. 46.1.207, 208.

Additions.
(A) La nécessité d'offres préalables existe et est substantielle en cette matière, aussi bien que dans les cas ordinaires d'expropriation. Cass. civ., 9 déc. 1863 (*Gaz. trib.*, 10 déc. 63).

gnera, pour présider et diriger le jury, l'un de ses membres ou le juge de paix du canton. Ce magistrat aura voix délibérative en cas de partage. — Le tribunal choisira sur la liste générale prescrite par l'art. 29 de la loi du 7 juillet 1833, quatre personnes pour former le jury spécial, et trois jurés supplémentaires. L'administration et la partie intéressée auront respectivement le droit d'exercer une récusation péremptoire. — Le juge recevra les acquiescements des parties. — Son procès-verbal emportera translation définitive de propriété. — Le recours en cassation, soit contre le jugement qui prononcera l'expropriation, soit contre la déclaration du jury qui réglera l'indemnité, n'aura lieu que dans les cas et selon les formes déterminées par la loi du 7 juillet 1833. »

Ainsi, c'est le tribunal de l'arrondissement de la situation des biens qui choisit le jury chargé de régler l'indemnité. Au lieu de seize jurés titulaires et de quatre jurés supplémentaires qu'exige le droit commun, le tribunal ne choisit que quatre jurés titulaires et trois jurés supplémentaires.

L'administration et la partie intéressée ont respectivement le droit d'exercer une récusation péremptoire, au lieu de deux qu'autorise le § 2 de l'article 34 de la loi du 3 mai 1841.

Un commentateur a prétendu que, par l'effet des récusations, le jury pouvait n'être composé que de deux jurés. Nous croyons que l'on doit appeler au besoin des jurés complémentaires, conformément à l'art. 33 de la loi du 3 mai 1841, car l'art. 16, § 2, de la loi du 21 mai 1836, indique clairement que le jury doit toujours être composé de quatre jurés.

1079. En matière ordinaire, le magistrat directeur doit s'abstenir de prendre aucune part à la délibération du jury. Lorsqu'il s'agit d'une expropriation relative à un chemin vicinal, le magistrat directeur, au contraire, non-seulement dirige le jury pendant l'instruction de l'affaire, mais a voix délibérative en cas de partage. M. Dumay, t. 2, n° 539, pense que le magistrat directeur de ce jury ne doit délibérer et voter qu'en cas de partage, à peu près comme, suivant l'art. 351, aujourd'hui abrogé, du Code d'instruction criminelle, le faisait autrefois la Cour d'assises, en cas de déclaration de culpabilité à la simple majorité. Cette remarque, ajoute ce jurisconsulte, a peu d'importance, puisque, les jurés ne pouvant jamais être ni plus ni moins de quatre, une cinquième voix n'a d'influence décisive que lorsqu'il y a partage.

L'opinion de M. Dumay n'a point été admise par la Cour de

cassation. Un premier arrêt, du 23 juin 1840, décide : « Qu'aux termes de l'art. 16 de la loi du 21 mai 1836, le magistrat délégué pour diriger les opérations des jurés est le président du jury et a voix délibérative en cas de partage ; qu'il a dès lors le droit d'accompagner les jurés lorsqu'ils se retirent dans la chambre du conseil pour délibérer, et que sa présence à leur délibération le met à portée de donner son avis, en connaissance de cause, pour départager le jury » (Dall., p. 260; Devill., p. 714).

Cet arrêt n'a pas mis fin à toutes les incertitudes. On fait observer que le président des assises n'accompagne jamais les jurés lorsqu'ils entrent en délibération, et que rien n'annonce qu'on ait voulu donner d'autres attributions au magistrat directeur de ce petit jury. Si le législateur avait dit que le magistrat directeur aurait *voix prépondérante* en cas de partage, cela aurait fait entendre qu'il avait toujours voix délibérative, et qu'il devait, par conséquent, prendre part à toutes les délibérations. Mais, au lieu de cette locution, si souvent employée dans nos lois, on a dit que ce magistrat aurait *voix délibérative* en cas de partage, ce qui prouve que, s'il n'y a pas partage, le magistrat directeur ne devra pas avoir voix délibérative, et cela veut dire probablement qu'il ne devra pas prendre part à la délibération. L'arrêt a, dit-on, donné aux mots *voix délibérative* le même sens qu'aux mots *voix prépondérante*, qui cependant ont dans nos lois un sens différent. Enfin, on demande s'il est bien convenable de faire assister le magistrat à une délibération à laquelle il lui serait presque toujours interdit de prendre part ; s'il est permis de croire que le magistrat, présent à la discussion, observerait réellement un silence absolu ; si les jurés ne lui demanderaient pas à chaque instant son avis, et si sa qualité de magistrat, ses connaissances en droit et l'habitude de la discussion, ne lui donneraient pas une très-grande influence sur les jurés, tandis que le législateur n'a voulu lui donner cette influence que dans le seul cas où les jurés seraient partagés.

Dans ce système, le magistrat directeur ne devrait pas accompagner les jurés dans la salle de leurs délibérations lorsqu'ils y entrent. Quand il y aurait partage, ce qui arrive rarement, ils rentreraient en séance pour déclarer ce partage, et alors le magistrat directeur retournerait avec eux dans la chambre du conseil, la délibération recommencerait, et, les délibérants étant nécessairement au nombre de cinq, le partage égal des voix deviendrait impossible.

[Ces objections ont été repoussées par plusieurs arrêts de la Cour suprême, qui ont complété et développé le principe posé par l'arrêt du 23 juin 1840. « Attendu, dit un arrêt du 27 novembre 1855, qu'aux termes de l'art. 16 de la loi du 21 mai 1836, le tribunal qui prononce l'expropriation désigne, pour présider et diriger le jury, l'un de ses membres ou le juge de paix du canton, et que ce magistrat a voix délibérative en cas de partage; — Qu'il résulte de ce texte que l'art. 38 de la loi de 1841 est inapplicable au jury formé en vertu de la loi de 1836, en celle de ses dispositions qui veut que les jurés désignent l'un d'eux pour les présider; — Qu'une autre conséquence de l'art. 16 de la loi de 1836, est que le magistrat désigné pour présider et diriger le jury avec voix délibérative, en cas de partage, *a le droit et le devoir d'assister aux délibérations du jury* (1). »

Un précédent arrêt, du 4 juill. 1855, avait décidé de même que la disposition de l'art. 16 de la loi du 21 mai 1836, suppose nécessairement que le magistrat directeur *doit assister à la délibération* des jurés (2).

Un arrêt, du 2 fév. 1848, a jugé également que la délibération du jury est nulle, quand le magistrat directeur n'a point été présent aux délibérations ayant pour objet le transport des jurés sur les lieux pour la fixation du chiffre de l'indemnité (3).]
— (A).

---

(1) Dall. 55.1.456.
(2) Dall. 55.1.284.
(3) Dall. 48.5.484.

Additions.

(A) De nombreuses décisions ont confirmé ces principes : Cass., 3 juill. 1858 (*Gaz. trib.*, 5 juill. 58); Ib., 6 avril 1858 (S. 58.1.830); Ib., 18 mars 1862 (*Gaz. trib.*, 19 mars 62); Ib., 3 juin 1862 (*Gaz. trib.*, 3 juin 62); Ib., 12 août 1863 (*Gaz. trib.*, 13 août 63); Ib., 4 fév. 1864 (*Gaz. trib.*, 2 fév. 64); Ib., 3 avril 1865 (*Gaz. trib.*, 4 avril 65); Ib., 30 janv. 1866 (*Gaz. trib.*, 31 janv. 66).

Les opérations du jury d'expropriation en matière de chemins vicinaux sont nulles, lorsque le procès-verbal ne fait pas connaître si c'est le magistrat directeur qui a présidé les débats, si les parties ont été averties de leur droit de récusation, si le tableau des offres et demandes a été mis sous les yeux du jury, si enfin les formalités prescrites par l'art. 38 de la loi du 3 mai 1841 ont été remplies.

Vainement soutiendrait-on qu'il a été satisfait sur tous ces points aux prescriptions de la loi, la constatation de la régularité des opérations du jury doit, à peine de nullité, se trouver au procès-verbal. Cass. civ., 6 avril 1858 (S. 58.1.830); Cass., 25 août 1858 (*Gaz. trib.*, 27 août 58).

1080. On a demandé si le greffier doit accompagner le magistrat directeur lorsqu'il se réunit aux jurés pour délibérer. Il nous semble qu'il ne doit pas plus accompagner alors les jurés qu'il n'accompagne les juges quand ceux-ci se retirent pour délibérer. La Cour de cassation paraît avoir admis ce système, par l'arrêt précité du 23 juin 1840, lors duquel on avait aussi invoqué la circonstance que le greffier était présent à la délibération des jurés. La Cour n'a rejeté le pourvoi que par le motif que le procès-verbal ne constatait pas que le greffier eût assisté à la délibération du jury, et que les documents invoqués pour établir ce fait, ne formaient pas une preuve régulière et légale (Dall., 1840.1.360).

1081. Le recours en cassation, soit contre le jugement qui prononce l'expropriation, soit contre la déclaration du jury qui règle l'indemnité, n'a lieu, disait le § 3 de l'art. 16 de la loi du 21 mai 1836, que dans les cas et selon les formes déterminés *par la loi du 7 juillet* 1833. M. Gillon ayant (ainsi que nous l'avons rappelé n° 1068) demandé si les causes de pourvoi, réglées par la loi du 3 mai 1841, passeraient dans la loi du 21 mai 1836, au lieu de celles indiquées par la loi de 1833, la Chambre se prononça pour l'affirmative. Ainsi on devra appliquer ici tout ce que nous avons dit sur ces pourvois.

[L'arrêt du 4 juillet 1855 (voir n° 1079) déclare, en effet, « que ledit article (16) ouvre le recours en cassation dans les cas prévus et selon les formes déterminées par la loi du 7 juillet 1833, aujourd'hui remplacée par la loi du 3 mai 1841 ; que l'art. 38 de la loi de 1841 est compris, par l'art. 42, au nombre de ceux dont la violation donne ouverture à cassation ; et que la disposition précitée de l'art. 16 de la loi de 1836 tient lieu, en matière de chemins vicinaux, de la disposition de l'art. 38 de la loi de 1841 qui y correspond. »

Jugé de même que la déchéance dont les art. 20 et 42 de la loi du 3 mai 1841 frappent le pourvoi en cassation, signifié plus de huit jours après sa déclaration au greffe, s'applique au cas d'expropriation concernant les chemins vicinaux (1).]

1082. La faculté de faire des offres réelles au moyen d'un mandat (voir n° 826) ne peut être invoquée par les communes. L'art. 53 de la loi du 3 mai 1841 ne donne cette faculté que pour les travaux exécutés par l'État et les départements. La discus-

---

(1) Arrêt du 5 juill. 1850 (Dall. 50.1.162).

sion qui a eu lieu à la Chambre des députés prouve que c'est avec intention que l'on n'a pas étendu cette faculté aux travaux exécutés par les communes (*Monit.*, 5 mars 1841, p. 539). C'est aussi ce que reconnaît M. Dumay, *Tr. dom. pub.*, II, p. 262.

1083. Les autres dispositions de la loi du 3 mai 1841 paraissent devoir s'appliquer aux chemins vicinaux, sauf celle de l'art. 58, qu'il est difficile de concilier avec l'art. 20 de la loi du 21 mai 1836, portant : « Les plans, procès-verbaux, certificats, « significations, jugements, contrats, marchés, adjudications de « travaux, et autres actes ayant pour objet exclusif la construc- « tion, l'entretien et la réparation des chemins vicinaux, seront « enregistrés moyennant le droit fixe de *un franc.* » Cette dernière disposition s'applique-t-elle aux expropriations et aux acquisitions amiables de terrains destinés à des chemins vicinaux? Dans l'intérêt des communes, on fait observer que ces acquisitions ne peuvent être comprises parmi les actes qui ont pour objet la *construction* de chemins vicinaux ; que, quand les communes acquièrent, par voie d'expropriation, des terrains destinés à former une halle, un cimetière, etc., elles jouissent du bénéfice de l'art. 58 de la loi du 3 mai 1841, et qu'il y aurait contradiction à refuser ce bénéfice pour les chemins vicinaux, que le législateur a voulu favoriser spécialement ; que l'art. 20 de la loi du 21 mai 1836 a eu pour but d'ajouter une nouvelle faveur à celle que concédait déjà l'art. 58 de la loi du 7 juillet 1833, mais non de retirer aux communes le bénéfice de cette disposition, qui était, de plein droit, applicable aux chemins vicinaux comme aux autres travaux publics, etc. « Il est évident, dit M. Dumay, que cette disposition ne peut s'appliquer qu'aux cas d'acquisitions faites amiablement et sans emploi des formes tracées par la loi du 3 mai 1841, ou au moins de l'enquête prescrite par les art. 5, 6, 7, 11 et 12 ; autrement l'art. 58 de la loi du 3 mai 1841 doit recevoir son exécution et produire, non-seulement l'exemption complète du droit d'enregistrement, mais aussi celle des droits de timbre, de transcription, et de certificats d'inscription, dont ne parle pas la loi du 21 mai 1836 » (*Tr. dom. pub.*, II, p. 266).

Le ministre des finances a hésité à admettre cette interprétation. Par une première décision, du 28 février 1840, il avait autorisé l'enregistrement *gratis* des actes relatifs à l'expropriation, en soumettant aux droits les acquisitions faites de gré à gré. Mais on crut ensuite que cette décision consacrait une véritable anomalie, puisque des actes contenant des expropriations quelquefois considérables étaient visés pour timbre et enregistrés *gratis*, tandis que des acquisitions amiables, souvent moins importantes, donnaient lieu à la perception des droits. En conséquence, une décision du 8 janvier 1841, intervenue par conséquent au moment de la discussion de la loi du 3 mai suivant, déclara que les acquisitions faites amiablement ou par voie d'expropriation, pour les chemins vicinaux, ne pouvaient jouir du bénéfice de l'art. 58 de la loi du 7 juillet 1833. La loi du 3 mai n'ayant point statué sur ce point, le ministre a maintenu sa précédente décision par une autre, du 12 janvier 1843, qui explique que les significations et autres actes faits par suite d'une procédure en expropriation concernant les chemins vicinaux, sont passibles du droit fixe de 1 fr.

Ayant eu connaissance de ces décisions, pendant l'impression de son ouvrage, M. Dumay n'en a pas moins persisté dans l'opinion que nous venons de rappeler par le double motif : 1° que l'art. 20 de la loi du 21 mai 1836, trouvant son application naturelle dans les cas très-nombreux d'acquisitions amiables, ne peut être considéré comme inconciliable avec l'art. 58 des lois de 1833 et 1841 ; 2° parce que les chemins vicinaux exigent l'acquisition d'un grand nombre de parcelles, et peuvent donner lieu à une multitude d'expropriations dont les frais indispensables, augmentés des droits de timbre et d'enregistrement des jugements, significations, offres, citations, etc., dépasseraient la valeur, en général très-faible, de ces parcelles, et absorberaient toutes les ressources des communes. M. Garnier, au contraire, se range à l'avis du ministre des finances (*Suppl.* à la 4ᵉ édit. du *Traité des chemins*, p. 408).

[Par une nouvelle décision du 11 septembre 1846 (1), transmise le 6 octobre suivant, le ministre des finances a reconnu qu'il y avait lieu d'étendre le bénéfice de l'art. 58 aux actes relatifs à l'expropriation des terrains nécessaires à l'ouverture ou au redressement des chemins vicinaux. En communiquant cette décision aux préfets, le ministre de l'intérieur ajoute, dans sa circulaire du 4 février 1847 (2), qu'il importe de remarquer qu'il n'est pas nécessaire que l'expropriation des terrains à occuper soit prononcée par le tribunal, pour que les communes soient affranchies des frais de timbre et d'enregistrement. Le bénéfice de cette exemption s'étend aussi aux actes de cession amiable,

---

(1) Dall. 47.3.474.
(2) Dall. 47.3.77.

pourvu 1° qu'un arrêté préfectoral ait préalablement déclaré d'utilité publique les travaux d'ouverture ou de redressement du chemin, conformément à l'art. 16 de la loi du 21 mai 1836; 2° qu'un second arrêté pris par le préfet, en conseil de préfecture, conformément à l'art. 11 de la loi du 3 mai 1841, ait déterminé les propriétés qui doivent être cédées pour l'exécution des travaux. — Si on ne produisait que le premier arrêté, celui déclaratif de l'utilité publique, le receveur serait fondé à réclamer le droit fixe; toutefois, dans le délai de deux ans, la commune pourrait se faire restituer la somme payée, en justifiant, conformément à l'art. 58 de la même loi, que les immeubles acquis sont compris dans un arrêté préfectoral pris postérieurement, en conseil de préfecture, à l'effet de désigner les terrains à incorporer à la voie publique; mais cette restitution offre toujours des difficultés.]

1084. L'art. 18 de la loi du 21 mai 1836 porte : « L'action en indemnité des propriétaires pour les terrains qui auront servi à la confection des chemins vicinaux..... sera prescrite par le laps de deux ans. » Cette prescription s'applique-t-elle à toutes les indemnités relatives au chemins vicinaux? Par arrêt du 5 août 1843 (1), la Cour de Douai a jugé que cette prescription ne pouvait être appliquée que lorsqu'il s'agit de l'indemnité due par suite d'un arrêté du préfet, déclarant vicinal un chemin déjà existant, parce que cet arrêté n'est ni précédé ni suivi d'aucune mise en demeure, d'aucune notification, de manière que le propriétaire de ce chemin peut ignorer qu'il a été déclaré vicinal. D'un autre côté, si l'exécution du chemin a exigé la prise de possession d'un terrain dont un particulier était en possession, l'indemnité a dû être acquittée préalablement à la prise de possession. Cette prescription biennale ne devra donc être appliquée que dans les cas où le propriétaire aura consenti à laisser prendre possession de son terrain avant d'avoir reçu l'indemnité qui lui était due.

1085. Les dispositions des art. 65 à 74 de la loi du 3 mai 1841, relatifs à l'envoi en possession pour cause d'urgence, ne peuvent guère être appliquées en matière de chemins vicinaux. Il faudrait, dans tous les cas, que cette urgence fût déclarée par un

---

(1) [S. 44.2.24. — Voir la note et les auteurs cités. Garnier, *Supplément au Traité des Chemins*, p. 73 et suiv.; Dumay sur Proudhon, *Traité du Domaine public*, II, p. 554 et suiv.]

décret; un arrêté du préfet ne suffirait pas. L'art. 65 est formel, et il n'y est dérogé par aucune loi.

1086. L'art. 19 de la loi du 12 mai 1836 est ainsi conçu : « En « cas de changement de direction ou d'abandon d'un chemin « vicinal en tout ou partie, les propriétaires riverains de la par- « tie de ce chemin qui cessera de servir de communication, « pourront faire leur soumission de s'en rendre acquéreurs, et « d'en payer la valeur qui sera fixée par des experts nommés « dans la forme déterminée par l'art. 17 ». L'instruction publiée par le ministre de l'intérieur explique ainsi les motifs de cette disposition : « Lorsqu'un chemin est bordé des deux côtés par une propriété privée, et que ce chemin vient à être abandonné, on conçoit tout ce qu'il y a de fâcheux à ce qu'un tiers puisse l'acheter et venir ainsi au centre d'une propriété. Cet inconvénient cesse par le droit que donne la loi au propriétaire d'acquérir ce terrain d'après une valeur qui sera réglée par experts. Si le chemin est bordé sur les deux rives par des propriétaires différents, ils devront s'entendre entre eux pour l'usage de cette faculté, soit que l'un d'eux l'exerce en totalité, soit que le terrain abandonné soit partagé entre eux. »

A l'égard des terrains acquis pour l'ouverture ou le redressement d'un chemin vicinal, et qui ne recevraient pas cette destination, il faudrait appliquer l'art. 60 de la loi du 3 mai 1841 (Voir n°s 1118 et suiv.). C'est ce qu'ont reconnu un arrêt du Conseil d'État du 30 août 1843, aff. Charrin, et un autre arrêt, du 27 mai 1846, rendu en faveur de la dame de Cazeau (1)—(A).

---

(1) Lebon, *Rec.*, 1843, p. 499, et 1846, p. 310.

Additions.

(A) Les opérations d'un jury d'expropriation en matière vicinale, commencées dans le prétoire de la justice de paix, ne peuvent être continuées et terminées valablement dans un autre lieu non désigné d'avance, et spécialement dans la salle de la mairie de la commune où est situé l'immeuble exproprié, encore que les portes de cette salle seraient demeurées ouvertes pendant toute la durée des débats. Cass. civ., 9 avril 1862 (*Gaz. trib.*, 12 avril 62).

L'ancien propriétaire de terrains qui ont été expropriés ou par lui cédés amiablement pour l'établissement d'un chemin vicinal, n'est pas fondé à revendiquer devant les tribunaux une parcelle de ces terrains comme étant restée inoccupée ; il n'a que le droit de demander la rétrocession à l'autorité administrative, conformément aux articles 60 et 61 de la loi du 3 mai 1841.

Les tribunaux sont surtout incompétents pour ordonner la restitution de la parcelle dont s'agit à l'ancien propriétaire, lorsqu'un arrêté préfectoral a décidé que cette parcelle serait attribuée au chemin. Cass., 9 déc. 1861 (S. 62.1.349).

§ II.—Redressement d'un chemin vicinal.

1087. — Assimilation au cas d'ouverture d'un chemin.

1087. L'art. 16 de la loi du 21 mai 1836 met sur la même ligne les cas d'ouverture et de redressement des chemins vicinaux. Cette expression *redressement* n'offre pas un sens bien précis, car le redressement d'un chemin peut s'opérer de plusieurs manières : par voie d'alignement, par voie d'élargissement, et par la substitution, pour une partie du chemin, de lignes droites à des lignes courbes, afin de faire disparaître les sinuosités. C'est ce dernier cas qui constitue plus positivement ce que la loi a appelé et ce que nous appelons ici *redressement*. Les alignements sont régis par une législation spéciale (n° 1103), à laquelle on n'admet pas que cet art. 16 ait dérogé. Mais, dans les deux autres cas, il peut y avoir lieu à expropriation, et l'art. 16 assimile ces expropriations à celles qui ont lieu pour l'ouverture d'un chemin (Voir n°s 1071 et suiv.). Plusieurs des arrêts que nous y avons cités s'appliquent à des redressements ou rectifications de chemins vicinaux, ou du moins en font mention.

[En matière de redressement, le préfet a le pouvoir, sans que le conseil général ait à en délibérer, de faire subir à la voie existante les changements qui n'altèrent pas la direction telle que le conseil général l'a établie par des indications de localités. Entre les localités ainsi désignées comme devant être nécessairement touchées par le chemin, il appartient au préfet de régler la ligne des travaux sur les points intermédiaires. C'est là un détail d'exécution qui rentre dans les pouvoirs de l'administration.—Il suffit donc de présenter au tribunal l'arrêté préfectoral relatif au redressement; il n'est pas nécessaire de produire une délibération du conseil général autorisant les redressements prescrits par le préfet (Cass., 28 fév. 1849) (1).

Il a été jugé, en vertu du même principe, par arrêt de cassation du 30 mars 1853 (2), que le tribunal qui, saisi de la demande en expropriation de parcelles de terrain désignées par un arrêté du préfet comme nécessaires à l'établissement du chemin sur ces points intermédiaires, sursoit à prononcer jus-

---

(1) Dall. 49.1.189; S. 49.1.267.
Da .53.1.105.

qu'à la décision du conseil général, commet un excès de pouvoir et méconnaît les attributions de l'autorité administrative]—(A).

§ III. — De la déclaration de vicinalité d'un chemin existant.

1088. — Il n'y a pas lieu à faire prononcer l'expropriation par l'autorité judiciaire. — L'art. 545, C. Nap., ne peut recevoir d'application.

1089. — Les règles relatives aux chemins vicinaux sont inapplicables aux chemins ruraux.

1088. Les auteurs ne sont pas complétement d'accord sur les circonstances dans lesquelles il peut intervenir une déclaration de vicinalité ; mais tout le monde reconnaît que cette déclaration ne peut s'appliquer qu'à un chemin existant, et dont le public a déjà l'usage, sauf à vérifier ultérieurement si cet usage est l'exercice d'un droit légitime ou l'effet d'une simple tolérance. En conséquence, l'art. 15 de la loi du 21 mai 1836 décide que les arrêtés des préfets, déclarant la vicinalité d'un chemin, attribuent définitivement à ce chemin le sol compris dans les

---

Additions.

(A) Dans le cas où il s'agit de travaux à faire pour l'ouverture ou le redressement d'un chemin vicinal, les arrêtés du préfet qui autorisent ces travaux n'emportent pas expropriation des terrains nécessaires pour l'ouverture ou le redressement du chemin. C'est le jury qui statue en pareil cas, conformément aux prescriptions de l'art. 16 de la loi du 21 mai 1836. Cass. req., 5 août 1862 (*Gaz. trib.*, 9 août 62).

Celui qui se prétend propriétaire du sol sur lequel a été établi un chemin classé par arrêté préfectoral comme chemin vicinal, est non recevable à demander sa réintégration dans la propriété du sol de ce chemin ; il ne peut agir que dans le but de faire déclarer sa propriété antérieure au classement, à l'effet d'établir son droit à une indemnité.

Il en est ainsi alors même qu'il prétendrait que, dans la circonstance, il y avait lieu de prendre, non un arrêté de classement, mais un arrêté de redressement précédé d'une expropriation pour cause d'utilité publique, formalité qui n'aurait pas été accomplie ; l'arrêté préfectoral, qualifié d'arrêté de classement, vaut comme tel, tant qu'il n'a pas été réformé par l'autorité administrative supérieure. Et, dans ce cas, l'arrêt qui donne effet comme arrêté de classement à l'arrêté préfectoral ainsi qualifié, et qu'on prétendrait ne constituer qu'un arrêté de redressement, ne peut être considéré comme ayant interprété cet arrêté, et par suite comme ayant excédé ses pouvoirs en empiétant sur les attributions de l'autorité administrative. Au cas où l'action en indemnité à raison du classement d'un chemin vicinal est exercée sur l'acquéreur du terrain sur lequel, avant une acquisition, a été établi ce chemin, les tribunaux peuvent, sans violer aucune loi, décider sans interprétation des termes du contrat de vente et des circonstances, que le vendeur auquel appartenait cette action en indemnité, y a renoncé, et n'a pas entendu la transmettre à un acquéreur qui a acheté le terrain tel qu'il se comportait au prix de la vente. Cass. civ., 20 janv. 1864 (S.64. 1.130).

limites qu'ils déterminent, et que le droit des propriétaires se résout en une indemnité. Il résulte de là que l'expropriation n'a pas besoin, en ce cas, d'être prononcée par le tribunal. Si le sol du chemin n'appartient pas à la commune, comme la déclaration de vicinalité le fait supposer, les ayants droit peuvent réclamer une indemnité qui sera fixée, ainsi que nous l'indiquons n° 1100. Voir les arrêts du Conseil d'Etat des 17 août 1836, aff. Couderc (Beauc., p. 408) ; 23 août 1838, aff. demoiselle Martin (Leb., p. 532), et Cass., 10 février 1848 (Devill., p. 589 ; Dall., 48.5.372) ; 29 novembre 1848 (Devill., t. 49, p. 268) (1).

[L'arrêté par lequel le préfet classe parmi les chemins vicinaux d'une commune un chemin qu'il déclare avoir existé précédemment comme chemin public, ne fait pas obstacle à ce que ceux qui se prétendraient propriétaires d'un terrain compris dans le tracé dudit chemin fassent reconnaître leurs droits par l'autorité judiciaire, pourvu que, en dehors de l'examen de la question de propriété, il ne soit rien décidé de contraire à l'exercice que le préfet a fait de son pouvoir administratif, en livrant le chemin à la circulation, à titre de chemin vicinal (2).

Il a été décidé, dans le même sens, que l'arrêté préfectoral qui ordonne la réunion de certains terrains au sol d'un chemin vicinal, ne fait pas obstacle à ce que ceux qui s'en prétendent propriétaires fassent reconnaître leurs droits par l'autorité judiciaire, à l'effet de réclamer ultérieurement une indemnité (3). Toutefois, si la commune soutient qu'avant l'arrêté préfectoral, les terrains litigieux faisaient déjà partie d'un chemin vicinal que ledit arrêté n'aurait fait que classer comme chemin vicinal d'intérêt collectif, avec l'étendue et les limites qu'il avait antérieurement, ce point doit être résolu préjudiciellement par l'autorité administrative (4).]

Dans cette circonstance, il n'y a pas lieu à appliquer l'art. 545 du C. Nap. Dans le droit commun, après le jugement d'expropriation, le propriétaire conserve la possession de l'immeuble comme garantie du paiement de l'indemnité, et cette possession ne peut lui être enlevée que quand l'administration s'est libé-

---

(1) Voir cependant, en sens contraire, l'arrêt C. cass. du 9 mars 1847 (Devill., 47.1.773) que critique M. Dufour, *de l'Expropriation*, n° 368.

(2) Arrêt du Conseil d'Etat, 26 janv. 1854 (Dall. 54.3.34; Lebon, *Rec.*, à la date).

(3-4) Conseil d'Etat, 10 mai 1855 (Lebon, *Rec.*, à la date).

rée envers lui. Mais, dans l'espèce dont nous nous occcupons ici, ce n'est pas le propriétaire, c'est le public qui a la possession de l'immeuble. Il n'y a donc pas lieu à faire payer l'indemnité avant la mise en possession de la commune, puisque celle-ci avait déjà cette possession avant l'arrêté du préfet. Voir Cass., 2 mai 1845 (*Gaz. trib.*, 3 mai 45).

[Il peut arriver qu'un particulier, au moment de la déclaration de vicinalité, soit en possession du chemin. En ce cas, il doit en être réputé propriétaire, à l'effet d'obtenir une indemnité pour l'expropriation qu'il subit, tant que la commune ne prouve pas qu'elle était propriétaire de ce chemin, autrement que par la déclaration de vicinalité qui ne préjuge rien sur la propriété du chemin. Cass., 22 novembre 1847 (Devill., t. 48, p. 24)]—(A).

1089. [Les effets attribués par la loi au classement des chemins *vicinaux*, ou déclaration de vicinalité, n'ont point lieu par suite des arrêtés de classement des chemins *ruraux*. La jurisprudence du Conseil d'Etat, comme celle des Cours et tribunaux, reconnaît que l'arrêté par lequel un chemin est classé comme rural, n'a pas pour résultat d'attribuer le sol du chemin au domaine public (1). D'où la conséquence que les propriétaires sont admis, nonobstant un tel arrêté, à se défendre, suivant les formes ordinaires, contre la servitude de passage public qu'on prétend leur imposer (2) ; et que le juge, saisi de poursuites exercées pour usurpation commise sur le sol du chemin rural ainsi classé, doit surseoir à statuer, jusqu'à ce que l'exception de propriété, élevée par le prévenu, ait été jugée par les tribunaux compétents (3).]

§ IV. — Reconnaissance et fixation de la largeur du chemin.

1090. — Il n'en résulte aucune expropriation.

1090. Depuis longtemps on reconnaît que les chemins vici-

---

(1) Cons. d'Etat, 9 mars 1853 (Dall. 53.3.34 ; Lebon, *Rec.*, à la date) : Nancy, 6 août et 13 déc. 1845 (Dall., 45.2.173, et 46.2.294 ; S. 46.2.249) ; Cass., 7 juill. 1854 (Dall.55.1.42) ; Cass., 8 mars 1844 (S. 44.4.349).

(2) Arrêt de Nancy précité, du 6 août 1845.

(3) Cons. d'Etat, 9 mars 1853 (Lebon, *Rec.*, à la date).

Additions.

(A) Lorsque, dans l'exécution d'un chemin vicinal, il y a eu usurpation d'un terrain non compris au plan approuvé par l'administration, l'autorité judiciaire est compétente, à l'exclusion du conseil de préfecture, sur la revendication formée par le propriétaire contre la commune. Cons. d'Etat, 14 déc. 1864 (Lebon, *Rec.*, 1864, p. 991).

naux sont imprescriptibles (L. 2, ff., *De via publica;* Denisart, v° *Chemin;* Pothier, *Tr. de la prescription,* chap. Ier ; L. 9 vent. an XIII; Proudhon, t. 2, n° 600; L. 21 mai 1836, art. 10; Cass. 10 avril, 28 mai, 6 juillet 1841 ; Dall., 41.1.360, 339, 269). Par conséquent, les usurpations que les riverains ont pu opérer sur la largeur du chemin ne leur confèrent aucun droit. C'est pourquoi l'art. 6 de la loi du 9 vent. an XIII déclare que l'administration fera rechercher et reconnaître les *anciennes limites* des chemins vicinaux, et fixera, *d'après cette reconnaissance,* leur largeur. Les arrêtés du préfet qui, en vertu de cet article, fixent la largeur d'un chemin, n'ont donc pour objet que de réprimer une usurpation, de rendre au chemin ses *anciennes limites;* et, dès lors, il ne résulte des arrêtés portant reconnaissance et fixation de la largeur du chemin aucune expropriation. Telle est aussi l'opinion de M. Cotelle, t. 3, p. 413. Nous n'avons donc pas à nous occuper ici de cette hypothèse.

Si l'administration juge convenable de réduire l'ancienne largeur du chemin, les terrains délaissés peuvent être acquis par les riverains, ainsi que nous l'indiquons n° 1086.

Si, au contraire, l'administration veut élargir le chemin, on rentre dans le cas que nous examinons n°^{s} 1091 et suiv.

§ V. — De l'élargissement des chemins vicinaux.

1091. — L'utilité de l'élargissement est déclarée par le préfet.
1092. — Si les expropriations sont prononcées par l'autorité judiciaire.
1093. — Si la prise de possession peut précéder le règlement de l'indemnité.
1094 à 1097. — Examen de la jurisprudence de la Cour de cassation.
1098. — Opinions des jurisconsultes.
1099. — Jurisprudence du Conseil d'Etat.
1100. — L'indemnité est réglée par le juge de paix.
1101. — Sa décision est sujette à appel.
1102. — Les propriétaires peuvent poursuivre le règlement de l'indemnité.

1091. Lorsque l'administration prend un arrêté pour prescrire l'élargissement d'un chemin vicinal, elle reconnaît implicitement que ce chemin n'avait pas antérieurement cette largeur, et qu'il s'agit de la lui donner en prenant, comme de raison, l'excédant sur les propriétés riveraines. Cette mesure ne peut donc s'exécuter qu'à l'aide d'acquisitions amiables ou forcées, et ces dernières réunissent tous les caractères qui constituent les expropriations pour cause d'utilité publique. L'art. 6 de la loi du 28 février 1805 (9 ventôse an XIII) permet à l'administration de prescrire cet élargissement sans pouvoir cependant porter les chemins vicinaux au delà de six mètres. Cet article ayant reconnu l'utilité de porter à six mètres la largeur des chemins vicinaux, il n'est pas besoin qu'un décret déclare l'utilité de cet élargissement pour chacun des chemins auxquels on veut donner cette largeur; il suffit qu'un arrêté du préfet indique, conformément à l'art. 12 de la loi du 3 mai 1841, les terrains sur lesquels l'élargissement aura lieu. L'art. 15 de la loi du 21 mai 1836 fait clairement connaître qu'un décret impérial est alors inutile. Cet élargissement occasionne généralement peu de changements dans l'état des propriétés sur lesquelles il s'opère ; l'intervention du conseil municipal, celle du préfet, et la faculté de réclamer auprès du ministre, ont donc été considérées comme des garanties suffisantes — (A).

1092. L'art. 1er des lois des 8 mars 1810, 7 juillet 1833 et 3 mai 1841, déclare que l'expropriation s'opère par autorité de justice. Il faut cependant reconnaître qu'il peut être dérogé à cette règle par une loi spéciale, et nous avons nous-même admis qu'il en était ainsi pour les arrêtés portant déclaration de la vicinalité d'un chemin existant (n° 1088). L'administration a soutenu que le même effet devait être attribué aux arrêtés portant élargissement du chemin. Elle s'est fondée sur l'art. 15 de la loi du 21 mai 1836, dans lequel on lit : « Les arrêtés des préfets, por« tant reconnaissance et fixation de la largeur d'un chemin vici« nal, attribuent définitivement au chemin le sol compris dans « les limites qu'ils déterminent. » L'administration a conclu de là qu'elle était dispensée de faire rendre un jugement d'expropriation toutes les fois qu'il s'agissait de modifier la largeur d'un chemin. *Circ. min. int.*, 24 juin 1836 (Dall., t. 36 ; part. 3e, p. 147 ; *Ann. ponts et ch.*, p. 408). Nous avons soutenu dans nos précédentes éditions qu'il s'agit dans cet article des arrêtés portant reconnaissance et fixation de l'*ancienne* largeur du chemin (n° 1090), et que, quand il s'agit de déposséder un possesseur

---

Additions.

(A) Quand il s'agit de l'élargissement d'un chemin vicinal, les arrêtés du préfet pris à cet effet attribuent définitivement au chemin le sol compris dans les limites qu'ils déterminent. L'expropriation de ce sol est donc la conséquence de cette mesure, sauf le règlement de l'indemnité dans la forme établie par la loi de 1836. Dans ce cas, l'expropriation du sol entraîne l'expropriation des accessoires, et par conséquent des arbres plantés dans ce sol. Cass. req., 5 août 1862 (*Gaz. trib.*, 9 août 62).

légitime, le législateur n'a pas voulu déroger aux lois sur l'expropriation pour cause d'utilité publique. M. Proudhon, t. 2, n° 601, est de cet avis; toutefois la jurisprudence est généralement favorable au système adopté par le ministre de l'intérieur (Voir Dufour, *de l'Expropriation*, n° 368).

1093. Mais si la loi du 21 mai 1836 pouvait, sans nulle difficulté, écarter l'application de l'art. 1er de la loi du 7 juillet 1833, ni cette loi, ni aucune autre, ne peut être considérée comme ayant dérogé au principe de droit public, qui exige que dans tous les cas l'indemnité soit préalable à la dépossession. Une pareille dérogation est au-dessus du pouvoir du législateur. Le § 2 de ce même art. 45 porte : « Le droit des propriétaires rive-« rains se résout en une indemnité qui sera réglée à l'amiable « ou par le juge de paix du canton, sur le rapport d'experts « nommés conformément à l'art. 17. » De là le ministre de l'intérieur, dans une instruction du 24 juin suivant, a conclu que, dès la notification de l'arrêté du préfet, le maire était autorisé à considérer le sol incorporé au chemin par cet arrêté, comme en faisant déjà partie intégrante, sauf règlement *ultérieur* de l'indemnité (Dall., t. 36, part. 3e, p. 147 ; *Ann. des ponts et ch.*, p. 408). Cette interprétation nous paraît, surtout dans le cas d'élargissement, en opposition formelle avec l'art. 9 de la Charte alors en vigueur, et dont le principe est incontestablement maintenu. Cet article veut que le paiement de l'indemnité soit préalable à la dépossession (n° 801) ; l'instruction dit, au contraire, que la dépossession sera préalable au paiement et même au règlement de l'indemnité. Le propriétaire est dépouillé de son bien, sauf à se pourvoir, comme il l'entendra, pour obtenir une indemnité.

A l'opinion du ministre de l'intérieur, nous pouvons opposer la déclaration formelle faite par M. le comte Roy, comme rapporteur de la loi de 1836 à la Chambre des pairs : « D'après le projet de loi, les arrêtés du préfet portant reconnaissance et fixation de la largeur d'un chemin vicinal, attribuent définitivement au chemin le sol compris dans les limites qu'ils déterminent. Le droit des propriétaires riverains se résout, dans ce cas, en une indemnité.—Il ne résulte cependant pas de cette disposition que le propriétaire du sol ou d'une partie du sol compris dans les limites fixées par l'arrêté du préfet puisse être immédiatement dépossédé du terrain qui lui appartient *avant que l'indemnité qui lui est due ait été fixée et acquittée*.....—Il faut d'ailleurs ne pas perdre de vue que, aux termes de la loi du 7 juill. 1833, les indemnités réglées par le jury, devront être acquittées entre les mains des ayants droit, préalablement à la prise de possession. »

1094. Il est nécessaire d'examiner avec beaucoup d'attention les arrêts rendus par les différentes chambres de la Cour de cassation sur cette question. On lit dans un arrêt de la chambre criminelle, du 7 juin 1838, que, lorsqu'il s'agit de *fixer* ou de *reconnaître* la largeur que doivent avoir les chemins vicinaux déjà existants, l'art. 15 de la loi du 21 mai 1836 a eu précisément pour objet d'affranchir des formalités de la loi du 7 juillet 1833 l'exécution des mesures prises pour *rendre* ou *donner* aux chemins vicinaux la largeur qu'ils doivent avoir; que, si ces mesures atteignent une portion de la propriété des riverains, le droit de ceux-ci se résout en une indemnité, sans que ce *droit puisse arrêter ou paralyser l'élargissement* ordonné d'une voie de communication, qui doit toujours rester libre et ouverte pour le public; que l'art. 18, assimilant les propriétaires dont une partie de terrain a servi à la confection des chemins, à ceux qui ont été obligés de souffrir une occupation temporaire ou une extraction de matériaux, soumet l'action en indemnité des uns et des autres à une prescription de deux ans; d'où il suit que cette indemnité, lorsqu'elle est due, ne peut être demandée et réglée dans les formes fixées, qu'*ultérieurement* aux travaux autorisés par le préfet (Dall., p. 383; Devill., p. 707).

Ces principes sont vrais lorsqu'il s'agit de *rendre* aux chemins vicinaux la largeur qu'ils avaient précédemment (n° 1090); mais en est-il de même lorsqu'il faut leur *donner* une largeur qu'ils n'ont jamais eue, et qu'il devient nécessaire d'exproprier un riverain d'une partie de sa propriété? N'est-ce pas pour ce cas qu'avait été fait l'art. 9 de la Charte? Il nous semble que l'on peut donner à l'art. 18 de cette loi une interprétation très-naturelle (voir n° 1084), sans admettre que le législateur ait voulu déroger au principe de l'indemnité préalable.

1095. La chambre civile de la Cour de cassation, dans son arrêt du 21 août 1838, distingue soigneusement le cas où il s'agit d'une simple reconnaissance de vicinalité, *ce qui suppose*, dit-elle, *un état primordial auquel le chemin est ramené en vertu d'un droit préexistant*, et le cas où il s'agit du redressement ou de l'ouverture d'un chemin vicinal. Elle ajoute : que, dans ce dernier cas, si des conventions amiables n'interviennent pas avec le propriétaire, il y a lieu, suivant l'art. 16, de recourir à l'expropriation, ce qui fait rentrer les parties dans le cadre obligé des formalités prescrites par la loi du 7 juillet 1833, loi fondamentale de la ma-

tière, et formant le droit commun sur l'expropriation pour cause d'utilité publique ;—que les garanties données par cette loi à la propriété doivent alors être rigoureusement maintenues ; qu'autrement, les propriétaires seraient livrés à l'arbitraire le plus complet, puisque, dans l'absence de tout contredit de leur part, il serait toujours possible de favoriser certaines propriétés au détriment de certaines autres ;—que, d'après les termes formels de la disposition finale de l'art. 2, titre Ier de la loi du 7 juillet 1833, lors même qu'une loi ou une ordonnance royale ont constaté et déclaré l'utilité publique de travaux à exécuter, « l'ap-
« plication ne peut en être faite à aucune propriété particulière
« qu'après que les parties intéressées ont été mises en état d'y
« fournir leurs contredits, selon les règles exprimées au titre
« II, » et qu'il serait déraisonnable d'attribuer à l'arrêté d'un préfet plus de puissance et d'étendue qu'à une loi ou à une ordonnance royale ; — que si, en matière d'expropriation pour chemins vicinaux, la loi du 21 mai 1836, dans son art. 16 (à la différence de celle du 7 juillet 1833, dans son art. 34), réduit à quatre, au lieu de douze, le nombre des membres du jury spécial chargé de régler l'indemnité, elle laisse subsister dans leur intégrité les autres conditions de l'expropriation, par cela seul qu'elle ne les abroge pas, et que d'ailleurs, tout en diminuant les garanties par la réduction du nombre des jurés, elle statue, par la disposition finale de cet article, que, « le recours
« en cassation, soit contre le jugement d'expropriation, soit
« contre la déclaration du jury d'indemnité, aura lieu dans les
« cas prévus et dans la forme déterminée par la loi du 7 juillet
« 1833 »;—qu'en dernière analyse, lorsque la nouvelle direction d'un chemin vicinal doit entraîner la dépossession d'une propriété particulière, l'art. 16 s'en est référé, en les simplifiant, aux formes prescrites par la loi du 7 juillet 1833 ; tandis qu'il résulterait du système contraire qu'un propriétaire pourrait, sans avoir été mis en état de fournir ses contredits, être exproprié par l'effet d'un simple arrêté du préfet qui changerait arbitrairement la direction d'un chemin vicinal..... » (Devill., p. 784 ; Dall., p. 381).

1096. L'arrêt de la chambre des requêtes, du 27 novembre 1843, déclare formellement qu'aux termes de la loi du 21 mai 1836, la dépossession pour élargissement d'un chemin vicinal peut s'effectuer sans indemnité préalable (Devill., t. 44, p. 16); mais cet arrêt n'explique pas comment cette loi peut être considérée comme ayant dérogé à l'art. 9 de la Charte.

1097. Par arrêt du 2 février 1844, la chambre criminelle paraît avoir admis de nouveau le même principe, en décidant que le propriétaire, aux dépens de qui doit s'opérer l'*élargissement* d'un chemin vicinal, ne peut s'opposer à la prise de possession de son terrain, sous prétexte qu'aucune indemnité préalable ne lui a été payée (Devill., p. 271 ; Dall., p. 125). Cet arrêt a été rendu dans l'intérêt de la loi ; et, dans son réquisitoire, M. le procureur général disait que, quand il s'agit de fixer la largeur des chemins existants, il n'y a pas lieu de remplir les formalités prescrites par la loi de 1833. « Les chemins existent : *le plus souvent* il ne s'agit que de *rendre* aux chemins la largeur qu'ils avaient dans le principe, et de reconnaître et fixer cette largeur. *Dans tous les cas*, les riverains ont toujours dû s'attendre qu'ils devaient laisser prendre cette largeur sur leurs propriétés. L'intérêt général veut que le public jouisse sur-le-champ de la voie avec la largeur quelle aurait toujours dû avoir, et, par suite, les principes sur les formes à suivre pour l'expropriation et sur la nécessité d'une indemnité préalable cessent d'être applicables. » Il nous semble que ces raisons sont bien faibles pour justifier une dérogation à un article formel de la Charte alors en vigueur, et qu'on pourrait les appliquer également à toute autre nature de travaux d'utilité publique, beaucoup de ces travaux offrant même plus d'utilité et d'urgence que l'élargissement d'un chemin vicinal. Il faut laisser à l'écart le cas où il s'agit de *rendre* au chemin son ancienne largeur : il n'y a pas alors expropriation (n° 1090). On doit aussi reconnaître que l'art. 15 de la loi de 1836 a dérogé aux formalités des lois de 1833 et de 1841 (n° 1092) ; mais que cet article ait pu déroger à un principe fondamental de notre droit public, c'est ce qu'il nous est impossible d'admettre.

1098. De savants jurisconsultes partagent notre opinion. M. Garnier dit : « Il nous reste à examiner si l'indemnité doit être préalable. Il faut à cet égard distinguer. Il est évident que, lorsque l'arrêté du préfet décide que le chemin a toujours été vicinal avec telles direction et largeur, cet arrêté n'ordonne pas une dépossession, mais ne fait que prescrire le maintien de l'état des choses ; que, par conséquent, l'indemnité ne peut être préalable à la dépossession, puisque, dans l'opinion du fonctionnaire, elle a déjà eu lieu depuis longtemps. Lorsque, au contraire, le préfet a prescrit une augmentation de largeur, il y a, par cela même, aveu de l'innovation, de la nécessité d'une nouvelle dépossession ; par conséquent, il y a véritablement expropriation pour cause d'utilité publique, et l'*indemnité doit être préalable*, aux termes de l'art. 9 de la Charte, dont la disposition est générale » (*Tr. des chemins*, suppl. à la 4ᵉ édit., p. 58). M. Dumay déclare adopter cette opinion de M. Garnier (*Tr. Dom. publ.*, II, n° 530).

1099. La jurisprudence du Conseil d'Etat n'a pas décidé positivement qu'en cas d'*élargissement*, l'administration pouvait se dispenser du paiement préalable de l'indemnité. On peut tirer de quelques arrêts des inductions pour l'un et l'autre système. C'est ainsi qu'un arrêt du 5 juin 1838, aff. Nicolas, a jugé que, si sur le terrain qui doit être acquis pour l'élargissement du chemin, il existe des arbres plantés antérieurement à l'arrêté qui prescrit cet élargissement, la commune ne peut en obtenir la destruction avant d'avoir acquis le terrain (Lebon, *Recueil*, p. 312) (1).

1100. [Nous avons précédemment posé en principe que, si l'art. 15 de la loi du 21 mai 1836 a établi des formalités abrégées et spéciales pour l'évaluation des indemnités dues par suite de l'élargissement des chemins vicinaux, ces indemnités n'en ont pas moins pour objet l'expropriation pour cause d'utilité publique, des terrains nécessaires auxdits chemins, et doivent être soumises aux mêmes règles d'appréciation. Ces règles sont déterminées par la loi du 3 mai 1841, qui est générale pour tous les cas d'expropriation pour cause d'utilité publique, et doit être appliquée dans chacune de ses dispositions auxquelles il n'est pas formellement dérogé par une loi spéciale (2). L'une des plus importantes de ces exceptions est relative au règlement de l'indemnité.]

Lorsqu'il s'agit de l'élargissement d'un chemin vicinal, le législateur n'a pas cru qu'il fût nécessaire de faire intervenir le jury dans le règlement d'indemnités généralement peu importantes. L'art. 15 de la loi du 21 mai 1836 dit que l'indemnité sera réglée à l'amiable, ou par le juge de paix du canton, sur le rapport d'experts *nommés conformément à l'art. 17 de la même loi*. Or l'art. 17 parle d'experts nommés l'un par le sous-préfet, l'autre par le propriétaire, ajoutant qu'en cas de discord, le tiers expert sera *nommé par le conseil de préfecture*. Se croyant enchaîné par le *texte* de ce dernier article, MM. Dumay, t. 2, n° 527, et Serrigny, t. 2, n° 721, disaient que, dans le cas dont nous

---

(1) Consulter à ce sujet l'arrêt du 31 mars 1847 (Lebon, *Rec.*, p. 173).

(2) Cass., 14 déc. 1847 (Devill. 48.1. 489; Dall. 48.1.452).

nous occupons, le tiers expert devait être nommé par le conseil de préfecture. MM. Garnier, p. 76, et Curasson (*Tr. de la comp. des juges de paix*, t. 1ᵉʳ, p. 31), pensaient que l'*intention* du législateur avait été de faire nommer le tiers expert par le magistrat chargé de régler l'indemnité, c'est-à-dire par le juge de paix. Un arrêt du Conseil d'Etat, du 26 avril 1844, aff. Breton, a tranché cette difficulté, en déclarant que, l'indemnité devant être réglée par le juge de paix, c'est à ce juge qu'il appartient de nommer le tiers expert, et que le conseil de préfecture est incompétent pour cette nomination (Leb., p. 260).

1101. Des doutes s'étaient élevés sur le point de savoir si la décision du juge de paix était sujette à appel. Le comité de législation du Conseil d'Etat, consulté sur cette question, s'est prononcé pour l'affirmative. « Considérant que le règlement d'indemnité fait par le juge de paix dans le cas prévu par l'art. 15 de la loi du 21 mai 1836, est un véritable jugement; que, si, pour l'exercice de l'attribution spéciale qui lui est conférée par la loi précitée, le juge de paix est obligé de s'éclairer par un rapport d'experts, il n'est pas forcé d'admettre les conclusions de ce rapport, et peut faire usage de tous les autres moyens d'information qu'il est autorisé à employer dans les affaires de sa compétence ordinaire;—Considérant que, d'après les principes sur lesquels repose notre organisation judiciaire, l'appel à une juridiction supérieure est de droit commun; qu'il ne peut être interdit dans les limites générales établies par la loi, qu'autant qu'il existe à cet égard une prohibition expresse; que, dans la matière dont il s'agit, il n'en existe point de semblable;—Considérant d'ailleurs que, si, d'après l'art. 16 de la loi du 21 mai 1836, le jury spécial d'expropriation statue en dernier ressort (n° 1081) sur les demandes en indemnités, qui portent ordinairement sur des sommes plus importantes que celles qui sont soumises à l'appréciation des juges de paix, aux termes de l'art. 15, il faut remarquer qu'il ne s'agit pas, dans cet article, d'un acte de juridiction du juge de paix, mais d'une décision du jury dont le juge de paix est l'organe, et que, dans notre organisation judiciaire, il n'y a point de tribunal qui soit le supérieur hiérarchique du jury, et auquel l'appel de ses décisions puisse être porté; que l'intervention du jury présente, dans le cas prévu par l'art. 16, des garanties spéciales qui ont paru suffisantes au législateur, et que ce n'est pas une raison pour supprimer les garanties de droit commun dans le cas prévu par l'art. 15;—Considérant qu'il est aussi à remarquer que l'art. 17

de la même loi, qui appelle les conseils de préfecture à faire le règlement d'indemnités souvent moins considérables que celles auxquelles peut donner lieu l'art. 15, n'a pas interdit les recours de droit au Conseil d'État ;—Par ces motifs, le comité est d'avis que, dans le silence gardé par la loi sur l'appel des jugements intervenus à l'occasion de ces actions (celles résultant de l'art. 15), il n'est pas possible de refuser aux parties l'exercice d'une faculté qui est de droit commun. »

L'appel peut donc avoir lieu lorsque la demande du propriétaire excède 100 francs ou est indéterminée ; telle est aussi l'opinion de M. Garnier (*Suppl.*, p. 57), et de M. Dumay (*Comm.*, t. 1er, n° 56). La Cour de cassation a adopté le même système par arrêts des 19 juin 1843, 18 août 1845 (Devill., p. 719) et 27 janvier 1847 (Devill., p. 470), en se fondant sur ce que, en attribuant au juge de paix le règlement de l'indemnité dans le cas dont il s'agit, l'art. 15 de la loi du 21 mai 1836 ne lui assigne pas d'autre qualité que celle de juge, et ne contient point d'exception à la règle des deux degrés de juridiction (Devill., p. 484 ; Dall., p. 312).

[Par suite, le pourvoi en cassation contre les décisions des juges de paix est soumis aux règles ordinaires. Ainsi, ce pourvoi est non recevable : s'il porte sur une décision qui n'est pas en dernier ressort ; s'il a été formé par déclaration faite au greffe de la justice de paix ; si le défendeur a été assigné directement devant la chambre civile de la Cour de cassation (1).]

1102. Si, par erreur ou autre cause, l'administration s'était mise en possession des terrains nécessaires à l'élargissement, les propriétaires pourraient se pourvoir devant le tribunal pour faire désigner le jury appelé à fixer l'indemnité qui leur est due. Ce droit leur a été reconnu, sous l'empire de la loi du 7 juillet 1833, par un arrêt du Conseil du 23 février 1839, aff. Mespoulier (Leb., p. 177). A plus forte raison en serait-il ainsi depuis la loi du 3 mai 1841, qui concède cette faculté à tous les propriétaires atteints par une expropriation (n° 902) (2).

---

(1) Cass., 10 déc. 1845 (Dall.45.1.62, S. 46.1.55) ; 27 janv. 1847 (Dall. 47.1. 176).

(2) [Si l'administration conteste le droit de propriété d'un des riverains qui a dû contribuer à l'élargissement et lui refuse toute indemnité, celui-ci peut intenter une action possessoire, non pour se faire réintégrer dans sa jouissance, mais pour faire constater sa possession annale,—d'obtenir, s'il y a lieu, une indemnité. L'action possessoire peut être intentée dans l'année qui suit le refus d'indemnité, bien qu'il se soit écoulé plus d'un an depuis l'arrêté préfectoral qui classe le chemin, et depuis la prise de possession du

Section II. — *Des alignements en général.* — *Loi du 16 septembre 1807.*

1103. — Effets de l'arrêté d'alignement relativement à la propriété du sol.
1103 *bis*. — Effets de l'arrêté d'alignement relativement aux règlements de police et de voirie.
1104. — Compétence relative aux contestations nées au sujet des traités amiables auxquels donnent lieu les arrêtés d'alignement.
1105. — Le propriétaire peut poursuivre le règlement de l'indemnité qui lui est due.
1106. — Elle est fixée par le jury.
1106 *bis*. — Bases de cette fixation.
1107. — Clauses domaniales.
1108. — Du cas où l'alignement oblige à avancer.
1109. — Du cas où l'administration des domaines doit intervenir dans la cession.

1103. La législation sur les alignements est encore, sous beaucoup de rapports, celle qu'a établie la loi du 16 septembre 1807. L'arrêté qui fixe l'alignement que doit suivre le propriétaire qui veut construire ou reconstruire, a pour celui-ci, lorsqu'il s'oblige à reculement, des effets fort remarquables (1). En effet, il le met dans la nécessité de laisser en dehors de son héritage une partie de terrain plus ou moins importante, qui devient pour lui sans valeur. Ainsi l'arrêté d'alignement, non-seulement tient lieu de l'arrêté prescrit par l'art. 11 de la loi du 3 mai 1841, mais a même beaucoup plus de force. Ce dernier arrêté n'a par lui-même aucun effet immédiat; il faut, pour arriver à la dépossession des individus y dénommés, que l'administration le fasse suivre d'un jugement d'expropriation. Mais

---

terrain nécessaire à l'élargissement. Cass., 13 janv. 1847 (Devill., p. 248). — Jugé néanmoins que lorsqu'un chemin a été classé comme vicinal, les tribunaux sont incompétents pour statuer sur l'action en complainte d'un riverain qui prétend avoir la possession d'un terrain compris dans ce chemin. Cons. d'Etat, 12 mai 1847.]

(1) [Jugé que les arrêtés portant délivrance d'alignement ont pour effet de réunir de plein droit à la voie publique les terrains que les propriétaires riverains sont forcés de délaisser. Arrêt du Cons. d'Etat, du 5 fév. 1857 (Lebon, *Rec.*, p. 93).—Décidé, toutefois, par arrêt du Conseil d'Etat, du 9 mars 1854 (Lebon, *Rec.*, 1854, p. 189), que lorsqu'une route a, devant une maison riveraine, toute sa largeur légale, le préfet ne peut, sur une demande en autorisation de reconstruire tout ou partie de la façade de ladite maison, ordonner que cette façade sera reportée à alignement plus reculé (Voir, dans le même sens, 18 août 1842).]

quand le préfet a pris un arrêté d'alignement, il n'a plus rien à faire, et si le propriétaire doit reconstruire ses bâtiments ou ses clôtures, la force seule des choses mettra à la disposition du public le terrain que le propriétaire est tenu d'abandonner à la circulation. C'est pourquoi l'on a toujours dit qu'en matière d'alignement, l'administration n'avait pas besoin de faire rendre un jugement d'expropriation (1).

Cependant cette conséquence de l'arrêté d'alignement est de fait et non de droit. De ce que le propriétaire ne peut bâtir sur la parcelle de terrain destinée à la voie publique, de ce qu'il n'en peut faire aucun usage utile, il ne s'ensuit nullement qu'il cesse d'être propriétaire de cette parcelle. Il ne peut perdre sa propriété que par un traité amiable ou par suite d'une expropriation, et, d'après les principes de notre droit public, cette expropriation ne peut avoir lieu que moyennant une indemnité préalable. Tant que cette indemnité n'a pas été réglée et payée, celui qui a demandé et même exécuté l'arrêté d'alignement ne cesse pas d'être propriétaire du terrain qu'il a laissé en dehors de ses constructions. S'il veut sortir de cette position, fâcheuse sous beaucoup de rapports, il peut provoquer le jugement d'expropriation et le règlement de l'indemnité (n° 1105).

Un jugement du tribunal de la Seine, dont les motifs ont été adoptés par un arrêt de la Cour de Paris, du 31 janvier 1837, établit en principe « qu'en matière d'expropriation pour cause d'utilité publique, il faut distinguer deux époques : 1° celle à laquelle l'administration signifie au propriétaire l'alignement qu'elle a déterminé et le reculement qui doit en être la suite ; 2° celle où l'indemnité résultant de l'expropriation est comptée au propriétaire dépossédé ou lui est offerte réellement dans les termes de droit ; — Que l'alignement signifié n'a pas pour effet d'investir immédiatement l'État ou la commune de la propriété d terrain qu'ils veulent réunir au domaine public, mais ne onstitue de leur part qu'un acte conservatoire, dont la conséquence ne peut leur être définitivement acquise que par la numération de l'indemnité ; — Que ce principe découle des dispositions de l'art. 9 de la Charte, au titre du *Droit public des Français*, qui dispose que nul ne peut être exproprié pour cause d'utilité publique que moyennant une préalable indemnité ; — Que, de la nécessité où se trouve l'État où la commune de faire

---

(1) Cass., 30 janv. 1836 (Dall. 36.1.293 ; Devill. 36.1.655).

délivrance préalable de l'indemnité pour acquérir par voie d'expropriation, résulte la conséquence que la propriété, qui ne saurait demeurer en suspens, continue, jusqu'au paiement de l'indemnité, à reposer sur la tête de l'ancien propriétaire, qui peut l'hypothéquer. » En conséquence, ces décisions reconnaissent que l'hypothèque consentie par le sieur Saucède, sur l'hôtel de la Croix-Blanche, frappait l'ensemble de cette propriété, et même les parties qui devaient en être retranchées par suite d'un arrêté d'alignement rendu antérieurement, mais sans que l'indemnité eût été payée, et sans qu'il fût intervenu aucun acte de cession du terrain par le sieur Saucède à la ville de Paris. Par arrêt du 19 mars 1838, la Cour de cassation a déclaré qu'en décidant que la fixation d'alignement, quoique pouvant donner lieu à une indemnité, n'avait point eu pour effet de dessaisir actuellement le sieur Saucède des portions de terrain retranchées sur lesquelles il lui était interdit de bâtir, et qu'ainsi il avait pu les hypothéquer valablement, la Cour de Paris avait fait *la plus juste application* des lois sur la matière (1).

[Il est d'ailleurs certain que l'administration, en donnant l'alignement sur les terrains longeant la voie publique, ne préjuge pas les droits de propriété et de servitude qui peuvent être prétendus au sujet de ces terrains, et qu'en conséquence les tribunaux peuvent, nonobstant les alignements, statuer sur les questions de droit civil. C'est ce qui a été jugé par arrêt du Conseil d'Etat, du 6 décembre 1855, portant rejet d'un arrêté de conflit émané du préfet de Maine-et-Loire : « Considérant que s'il appartient à l'autorité administrative de donner l'alignement pour les constructions à établir sur les terrains longeant la voie publique, les alignements sont donnés aux risques et périls de ceux qui les obtiennent; que l'administration, en réglant l'alignement dans l'intérêt de la viabilité publique, ne préjuge en aucune manière les droits de propriété ou de servitude que les tiers prétendraient avoir sur ces terrains; que dès lors les arrêtés d'alignement ne font pas obstacle à ce que l'autorité judiciaire statue sur les questions de propriété et de servitude, qui, par leur nature, appartiennent à sa juridiction; — Considérant que, ni dans l'exploit introductif d'instance, ni dans ses conclusions, la dame Sauvaget n'a contesté ni la validité ni la régularité des arrêtés d'alignement et de cession émanés de

---

(1) Dall. 38.1.430; Devill. 38.1.242.

l'autorité administrative, et qu'elle s'est bornée à soutenir qu'en vertu des règles du droit commun, elle avait acquis par ses auteurs, de temps immémorial, des droits de servitude sur la parcelle de terrain cédée au sieur Leroy, et que celui-ci, en construisant sur cette parcelle, devait respecter ses droits; que le débat ainsi restreint était de la compétence de l'autorité judiciaire; que dès lors c'est à tort que le conflit d'attribution a été élevé. — Art. 1ᵉʳ. L'arrêté de conflit est annulé » (1).]

1103 *bis.* Par cela même que le terrain délaissé par le riverain se trouve, de fait, réuni à la voie publique, il est nécessairement soumis à tous les règlements de voirie, et le propriétaire lui-même ne pourrait invoquer sa qualité pour se soustraire à l'exécution de ces règlements, qui obligent, de droit, tous les citoyens. Il peut réclamer l'indemnité qui lui est due, mais il ne peut se soustraire aux règlements de police jusqu'à ce qu'elle lui ait été payée (2).

Un arrêt de la Cour de cassation, du 5 février 1844, a jugé que tout terrain livré à la circulation est soumis aux mesures et règlements de police, notamment en ce qui touche la commodité et la sûreté du passage, même à l'égard des particuliers qui seraient fondés à se dire propriétaires de ce terrain (3). Un arrêt du 10 juin 1843 décide, avec raison, qu'un particulier qui, lors de la reconstruction de sa maison, a abandonné une parcelle de terrain à la voie publique, ne peut, sans contravention, déposer des matériaux sur ce terrain, quoiqu'il n'ait pas encore touché l'indemnité qui lui est due. Mais les motifs donnés à l'appui de cette décision nous paraissent prêter à la critique. Ils portent qu'en droit, « lorsqu'un propriétaire a reconstruit, soit volontairement, soit pour cause de vétusté, des bâtiments placés sur ou joignant la voie publique actuelle, et sujets à reculement, le terrain qui devait être affecté à l'élargissement de cette voie *s'y trouve immédiatement et de plein droit incorporé, par le seul fait du nouvel œuvre, aussi complètement que s'il en avait toujours fait partie*, selon les art. 50 et 52 de la loi du 16 septembre 1807 (4); qu'il ne peut donc y rien faire ou entreprendre au mépris des règlements qui régissent la petite voirie

---

(1) Lebon, *Rec.*, 1855, p. 746.—Voir, en ce sens, 2 juill. 1847 (Lebon, *Rec.*, 1847, p. 446).

(2) Cass., 30 janv. 1836 (S.36.4.600); 27 janv. 1837 (Dall. 37.4.507; S. 37.1.

473).

(3) S. 44.1.253.

(4) Tel pouvait être le vœu de la loi de 1807; mais est-ce conforme aux principes de notre droit public actuel?

sans encourir les peines de sa contravention;—Qu'il ne saurait, pour se prétendre encore possesseur de ce terrain et faire surseoir au jugement de l'action exercée contre lui, exciper utilement de la circonstance qu'il n'a pas touché l'indemnité qui lui est due relativement à ce terrain, puisqu'il en fut irrévocablement dépouillé aussitôt qu'il l'abandonna *librement et de son plein gré* (1) à l'intérêt public, et ne conserve plus que l'action en paiement de sa valeur;—Qu'il ne faut pas confondre, en effet, cette hypothèse avec celle où le retranchement qui profite à la voirie ne s'opère que par l'exercice de l'expropriation pour cause d'utilité publique, ce dernier mode de procéder concernant exclusivement le cas où l'administration municipale provoque d'office, et malgré l'opposition du riverain, qui sera tenu de le subir, le reculement que l'intérêt général réclame » (2).

[Un arrêt du Conseil d'Etat, du 20 avril 1854 (3), a décidé que lorsqu'un propriétaire à élevé des constructions le long d'une route, en se conformant à l'alignement qui lui a été donné par le préfet, la rectification *ultérieure* de cet alignement ne peut avoir pour effet de soumettre ce propriétaire à l'obligation de détruire la partie de ses constructions en saillie sur le nouvel alignement, et, en cas de refus, de le rendre passible de l'application des règlements de grande voirie]—(A).

[1104. Nous avons dit au n° 1103 que des traités amiables peuvent intervenir par suite des arrêtés d'alignement, pour effectuer l'expropriation des terrains retranchés. De nombreuses

---

(1) N'est-ce pas au contraire un abandon forcé, comme en cas d'expropriation prononcée en justice ?
(2) S. 44.1.280; Dall. 44.1.413.
(3) Lebon, *Rec.*, 1854, p. 335), et dans le même sens, 16 avril 1851, et 3 mai 1839 (Lebon, *Rec.*, à la date).

Additions.

(A) Lorsque les alignements d'une rue n'ont pas encore été modifiés par l'autorité compétente, le préfet de la Seine ne peut refuser à un propriétaire l'autorisation de construire sur ces alignements, en se fondant sur ce qu'un décret impérial (non encore suivi de l'arrêté préfectoral de cessibilité) déclare d'utilité publique l'ouverture d'une rue nouvelle qui doit entraîner ultérieurement l'expropriation d'une partie du terrain sur lequel le propriétaire se propose d'élever des constructions. Cons. d'Etat, 22 janv. 1863 (Lebon, *Rec.*, 1863, p. 68).

Une ville, à la charge de laquelle un jury a mis une indemnité pour dépossession d'un terrain incorporé à la voie publique, n'est pas admissible à se plaindre pour la première fois devant la Cour de cassation, de ce qu'il se serait agi d'une indemnité d'alignement, de ce que, par suite, ce serait en violation de l'art. 50 de la loi du 16 sept. 1807 qu'indépendamment de l'indemnité pour la valeur du terrain enlevé, le jury aurait, en outre, alloué une indemnité pour dépréciation du terrain restant. La ville qui n'a pas excipé de l'article précité devant le jury, ne peut s'en prévaloir devant la Cour de cassation. Cass. civ., 30 janv. 1865 (*Gaz. trib.*, 30 janv. 65).

controverses se sont élevées relativement à la détermination de la compétence, en ce qui concerne ces contestations. Il a été jugé par le Conseil d'Etat, d'une part, que lorsque, par suite d'alignements, des terrains sont retranchés de la voie publique, il appartient à l'autorité administrative de reconnaître, s'il y a lieu, l'existence et de déterminer le caractère de l'abandon qui peut avoir été fait en pareil cas par l'administration aux propriétaires riverains ; mais, d'autre part, que les tribunaux civils sont seuls compétents pour prononcer, par application des règles du droit commun, sur l'étendue et les effets de la cession résultant de cet abandon. « Considérant, dit l'arrêt du 12 janvier 1854 (1), qu'en élevant les constructions autorisées par la permission du 15 juillet 1825, et en se conformant d'ailleurs à l'alignement contenu dans ladite permission, le sieur Duclos a réuni à sa propriété une parcelle de terrain, retranchée de la voie publique, d'une superficie de 238 mètres, et a livré à celle-ci diverses parcelles contenant ensemble 169 mètres superficiels ; que, par jugement du 18 juin 1844, rendu à la requête du préfet de la Seine, agissant dans l'intérêt de la ville de Paris, le tribunal a donné acte au sieur Duclos du consentement du préfet à la réunion à sa propriété de la portion de terrain retranchée de la voie publique, et au préfet, du consentement du sieur Duclos à l'incorporation à cette même voie des terrains abandonnés par ce propriétaire ; — Considérant que, d'après l'art. 53 de la loi du 16 septembre 1807, lorsque, par suite des alignements arrêtés, des terrains sont retranchés de la voie publique, à la charge de payer la valeur du terrain qui leur est cédé, la cession qui a lieu dans ces circonstances constitue une aliénation qui est régie par le droit civil ; que, par les consentements échangés, comme il a été dit ci-dessus, entre la ville et le sieur Duclos, et dont le jugement du 18 juin 1844 a donné acte, les parties ont complété et régularisé les cessions réciproques résultant virtuellement de l'alignement de 1825 ; que dès lors c'est à tort que le conseil de préfecture de la Seine a décidé qu'il n'y avait pas eu aliénation par la ville de Paris, au profit du sieur Duclos, des terrains retranchés de la voie publique ; — Considérant que, s'il appartenait à l'autorité administrative de reconnaître l'existence et de déterminer le caractère de l'abandon fait par la ville au sieur Duclos, *les tribunaux sont seuls compétents pour prononcer, par appli-*

---

(1) Lebon, *Rec.*, 1854, p. 34.

cation des règles du droit commun, sur l'étendue et les effets de la cession résultant de cet abandon » (1).

Lorsqu'au lieu d'un traité amiable il intervient un jugement d'expropriation, il y a lieu également, et d'après les mêmes principes, de distinguer avec soin les domaines respectifs de la juridiction administrative et de la juridiction civile. Suivant un arrêt de la Cour de cassation du 17 mars 1858 (2), s'il appartient à l'autorité administrative, aux termes de la loi du 16 septembre 1807, de régler les alignements des grandes routes et d'apprécier souverainement la régularité des enquêtes et des diverses formalités qui ont précédé l'ordonnance d'alignement, et si, en conséquence, cette ordonnance, renfermée dans les limites d'une ordonnance d'alignement, doit rester à l'abri de toute atteinte de la part de l'autorité judiciaire, c'est, au contraire, un droit et un devoir pour les tribunaux d'apprécier la régularité des enquêtes et des autres formalités, lorsque l'administration, ne se contentant plus de procéder par voie d'alignement, appelle l'autorité judiciaire à prononcer l'expropriation immédiate des propriétés que l'ordonnance déclarait retranchables par voie d'alignement.

---

(1) [Les principes sur ce dernier point ont été nettement posés dans divers arrêts du conseil relatifs aux cessions amiables en général et qui reçoivent en conséquence leur application, non-seulement aux cessions dont il s'agit ici, mais à toutes les cessions remplaçant les jugements d'expropriation. L'un de ces arrêts, en date du 22 août 1853 (Lebon, *Rec.*, 1853, à la date), est conçu dans les termes suivants : « Considérant qu'il résulte des deux actes de vente amiable susvisés, en date du 20 mars 1846, que le sieur Duhoux a cédé à l'État la propriété de diverses parcelles de terrains nécessaires à l'établissement du chemin de fer de Tours à Nantes ; qu'en sus du prix stipulé par lui, le sieur Duhoux, aux termes desdits actes de vente, a réservé tous ses droits à une indemnité pour le cas où, par suite de l'exécution du chemin de fer, l'exploitation de ses fours à chaux du Bernardeau et de Saint-Méen, situés sur une des parcelles voisines, deviendrait plus difficile ou plus onéreuse, ou même impossible ; — Considérant que le sieur Duhoux, se fondant sur lesdites réserves, réclame, à raison de l'impossibilité d'exploiter qui résulterait pour lui de l'exécution des travaux dont il s'agit, une indemnité de 100,000 francs, représentative de la valeur de ses fours à chaux ; que le ministre des travaux publics, sans contester que ces réserves, acceptées par l'administration, aient eu pour effet de conférer au sieur Duhoux un droit éventuel à une indemnité pour le cas qu'elles ont prévu, a refusé d'allouer ladite indemnité, par le motif que les travaux du chemin de fer auraient été exécutés par l'administration de manière à permettre au sieur Duhoux la libre exploitation de ses fours à chaux ; que, dès lors, il s'agissait, dans l'espèce, d'interpréter et d'apprécier les conditions d'une cession amiable d'immeubles faite à l'administration, par un propriétaire, pour l'exécution de travaux publics, conformément à la loi du 3 mai 1841, et qu'aux termes de ladite loi, c'est aux autorités instituées par elle qu'il appartient de connaître des questions de cette nature ; qu'ainsi l'arrêté du conseil de préfecture a été incompétemment rendu, etc. »

(2) *Gaz. trib.*, 18 mars 1858.

Appelé, dans ces circonstances, à prononcer l'expropriation, un tribunal peut et doit vérifier si toutes les formalités prescrites par la loi du 3 mai 1841, ont été accomplies, et c'est à bon droit qu'il refuse de prononcer l'expropriation si l'accomplissement de ces formalités ne résulte pas suffisamment des documents qui lui sont fournis ; si, notamment, la publication à son de trompe, ordonnée par l'art. 6, et la régularité de l'enquête prescrite par les art. 6 et 7 de la même loi, ne sont pas régulièrement constatées. Il n'importe que l'ordonnance d'alignement, en vue, sans doute, d'une conversion ultérieure de l'alignement en une expropriation, exprime, en termes généraux, que les formalités exigées par la loi du 3 mai 1841 ont été remplies. Cette déclaration générale ne met aucun obstacle à ce que l'autorité judiciaire opère les vérifications dont elle est chargée par l'art. 14 de la loi du 3 mai 1841, vérifications qui sont dans ses attributions exclusives, et dont, d'ailleurs, l'autorité administrative n'avait eu à se préoccuper dans l'ordonnance, qu'au seul point de vue de l'alignement, et non au point de vue d'une expropriation.—Rejet, après délibération en chambre du conseil, d'un pourvoi dirigé contre un jugement du tribunal civil de Châteauroux.]

1105. Comme le terrain laissé en dehors des constructions ne peut donner aucun produit au riverain, le droit de propriété sur ce terrain, que nous lui reconnaissons, n'a pour lui aucun résultat utile, et il lui importe de faire cesser le plus tôt possible un état de choses qui le prive de son terrain, sans le remplacer par une indemnité (Cour de Paris, 1er mars 1836.— Dall., p. 50). La marche à suivre pour arriver à ce résultat était fort difficile à indiquer sous l'empire des lois des 8 mars 1810 et 7 juillet 1833. C'est alors que l'on avait pensé à présenter les arrêtés d'alignement comme opérant tacitement l'expropriation des terrains destinés à être réunis à la voie publique ; mais le § 2 de l'art. 14 de la loi du 3 mai 1841 a levé toutes ces difficultés. Maintenant, si, dans l'année de l'arrêté du préfet, l'indemnité n'est pas réglée, le propriétaire peut poursuivre lui-même la déclaration de l'expropriation qu'il a subie, et la nomination d'un magistrat directeur du jury, de la manière que nous avons indiquée n°s 894 et suivants.

Comme le propriétaire consent à la cession, le tribunal n'aura nul besoin de s'assurer si les formalités prescrites par le titre II ont été remplies. Nous croyons même qu'il est inutile qu'elles le soient. C'est, du reste, ce qu'on peut induire de l'arrêt de la

Cour de cassation, du 6 fév. 1844 (1). Cet arrêt admet, en outre, et avec raison, que, l'expropriation étant déjà exécutée, le propriétaire n'est pas obligé d'attendre, pour poursuivre la convocation du jury, qu'il se soit écoulé six mois depuis le jugement qui nomme le magistrat directeur de ce jury (art. 53, § 1er) (A).

1106. Le règlement des indemnités est fait par le jury spécial. C'est, en effet, ce qui a été reconnu par la Chambre des députés, en 1833. En matière d'alignement, demanda M. Daguillon-Pujol, par qui sera jugée l'indemnité? Dans l'état de choses actuel, elle est jugée par les tribunaux, en exécution de la loi de 1850. Aujourd'hui, et d'après la loi en discussion, la loi de 1810 se trouve abrogée; la question reste donc entière. Sera-ce le jury, ou le conseil de préfecture, ou les tribunaux? Il est urgent de déclarer laquelle de ces autorités vous ferez juge de l'indemnité : si vous ne le dites pas, il s'élèvera des indécisions, des contestations continuelles : il faut les faire cesser; c'est une question de nécessité et de prudence. Laisserez-vous à l'administration le soin de juger et d'apprécier l'indemnité? Mais alors il y aura de l'arbitraire, car l'administration sera juge et partie dans sa propre cause. Donnerez-vous cette faculté au jury? Mais il pourrait peut-être y avoir quelques inconvénients à convoquer trop souvent des jurés pour de faibles intérêts; peut-être faudrait-il craindre de dégoûter, de fatiguer des citoyens appelés à exercer de nouvelles fonctions. Laisserez-vous les tribunaux juges de l'indemnité? Mais cette faculté accordée à eux seuls, d'une manière absolue, est justement contestée. Vous ne pourriez pas davantage admettre les tribunaux dans un cas, le jury dans un autre, le conseil de préfecture dans un troisième. Quant à moi, il me semble qu'il est préférable, en ce sens que cela offre le moins d'inconvénients probables, de faire juger l'indemnité par un jury, juge spécial pour ces sortes de contestations; de la sorte, il y aura moins d'obstacles à redouter » *Mon.*, 10 février 1833, p. 339).

M. Dureault renouvela ces observations : « La loi de 1807,

---

(1) Dall. 44.1.165; Devill. 44.1.328.

Additions.

(A) Au cas de dépossession par suite d'alignement, à la différence du cas de dépossession par suite d'expropriation pour cause d'utilité publique, le propriétaire de l'immeuble a seul le droit de réclamer une indemnité pour le terrain retranché et réuni à la voie publique. Ce droit n'appartient pas à l'emphytéote ou à tout autre ayant droit secondaire, sauf leur recours, s'il y échet, contre le propriétaire, soit en dommages-intérêts, soit en diminution du prix du bail et de redevance. C. Paris, 31 mars 1863 (S. 63.2.160).

disait-il, attribuait au conseil de préfecture toutes les questions d'indemnité pour cause d'expropriation ; la loi de 1810 a modifié celle de 1807, en ce qu'elle a attribué la décision de ces questions aux tribunaux. Si vous abrogez la loi de 1810 dans les modifications qu'elle apporte à la loi de 1807, je demande ce que deviendra la loi de 1807, et quelle sera l'autorité qui sera appelée à prononcer sur les questions d'indemnité, et particulièrement dans les cas d'alignement? » M. le rapporteur répondit : *Ce sera le jury*. M. Legrand, commissaire du roi, ajouta : « Tous les règlements d'indemnité déférés aux tribunaux par la loi de 1810 sont déférés au jury par la nouvelle loi » *Ibid.*, p. 340).

Le ministre de l'intérieur a hésité longtemps à déférer au jury le règlement des indemnités résultant d'alignements; mais tout dissentiment a cessé à cet égard (Avis Conseil d'Etat, 1er avril 1841; Circ. min. int., 23 août 1841; Herson, n° 391).

[La jurisprudence du Conseil d'Etat, bien formelle sur ce point, résulte d'un grand nombre de décisions, dont une des plus récentes (du 14 décembre 1857) est ainsi conçue :

« Considérant que sous l'empire de la loi du 8 mars 1810, c'était à l'autorité judiciaire qu'il appartenait de régler les indemnités dues pour terrains retranchés par voie d'alignement; qu'aux termes de la loi du 7 juillet 1833 et de la loi du 3 mars 1841, qui l'a remplacée, un jury spécial a été chargé de fixer les indemnités dont le règlement avait été déféré aux tribunaux par la loi du 8 mars 1810; que c'est donc à tort que le préfet de l'Allier a, par l'arrêté de conflit susvisé, revendiqué pour l'autorité administrative le règlement de l'indemnité réclamée par le sieur Larbaud, pour une partie de terrain réunie à la voie publique par suite d'alignement. — Art. 1er. L'arrêté de conflit est annulé » (1).

La question, qui ne pouvait pas faire difficulté quand il s'agit de l'indemnité due au propriétaire qui perd une partie de son terrain, a été plus sérieusement discutée relativement à l'indemnité due par le propriétaire, au cas où une portion de la route est au contraire incorporée à sa propriété, par suite de retranchement (Voir ci-après, n° 1108). Dans la précédente édition du présent ouvrage, il avait été soutenu, au n° 1183, conformément

---

(1) [Lebon, *Rec.*, 1857, p. 848.—Voir également, 5 fév. 1857 (Lebon, *Rec.*, 1857, p. 93); 30 mars 1846 (Lebon, *Rec.*, 1846, p. 203); Cass., 21 fév. 1849 (S.49.1.279). — Dufour, *Droit administratif*, v, n° 421.]

à l'opinion de MM. Gillon et Stourm, *Traité de la Voirie*, que, dans cette hypothèse, l'indemnité doit être réglée, après expertise, par le conseil de préfecture. Mais cette opinion, contraire à deux avis administratifs du Conseil d'Etat, en date des 1er avril 1841 et 13 juin 1850, a été définitivement condamnée par la jurisprudence contentieuse, malgré les efforts de M. le ministre des finances et de l'administration des domaines. Un arrêté, en date du 15 novembre 1851, par lequel le conseil de préfecture de la Seine s'était déclaré incompétent, ayant été déféré à la censure du Conseil d'Etat par M. le ministre des finances, le pourvoi a été rejeté par arrêt du 27 janvier 1853, rendu dans des termes analogues à ceux de l'arrêt précité du 14 décembre 1857, et repoussant toute distinction entre les deux hypothèses inverses qui peuvent se présenter (1).]

1106 *bis*. Quoique l'indemnité due au propriétaire qui a été obligé de céder son terrain soit fixée par le jury, il n'en faut pas moins se conformer à la disposition de l'art. 50 de la loi du 16 septembre 1807, portant qu'en ce cas le propriétaire n'a droit à indemnité que pour la valeur du terrain délaissé. Le jury ne peut avoir égard aux dommages résultant du reculement. Par arrêt du 7 juillet 1829, la Cour de cassation avait jugé que la disposition de cet art. 50 n'avait pas été modifiée par la loi du 8 mars 1810 (2). La même décision doit s'appliquer sous les lois de 1833 et 1841. Mais il est à présumer que le jury, sans l'indiquer dans sa décision, aura souvent égard aux dommages que le reculement causera au propriétaire. La Cour de Paris, dans une affaire régie par la loi du 8 mars 1810, avait jugé que l'on devait, dans le règlement de l'indemnité, prendre en considération la moins-value du terrain restant, quand l'alignement le réduisait à une profondeur de 10 à 11 mètres. Arr., 11 nov. 1835 (Dall., t. 36, p. 4). Mais la Cour de cassation, dans son arrêt du 3 mai 1841, a déclaré que, dans le règlement de l'indemnité résultant d'un alignement, on doit se conformer à l'art. 50 de la loi du 16 sept. 1807, qui n'accorde d'indemnité que pour la valeur du terrain abandonné à la voie publique (Devill., p. 481; Dall., p. 239) (3). L'arrêt paraît cependant admettre

---

(1) Lebon, *Rec.*, 1853, p. 475. —Voir également *Dictionnaire d'administration*, p. 1579, art. de M. Davenne; Husson, dans sa deuxième édition du *Traité des Travaux publics*, p. 414-416; Dumay, p. 750; Decaudavaine e Théry, *Traité de l'Expropriation*, p. 337.]

(2) Devill., 4.308; Dall., 4.294.

(3) [Voir, dans le même sens, l'arrêt de cassation du 24 fév. 1849 (S.49.1.279).]

qu'une convention régulièrement faite avec la ville, antérieurement à la démolition, pourrait donner lieu à une indemnité plus élevée.

1107. A Paris, beaucoup de propriétés ont été vendues nationalement sous la condition que les acquéreurs fourniraient gratuitement tout le terrain nécessaire à l'exécution des plans d'alignement; c'est ce que l'on appelle *clause domaniale*.

[Cette clause exorbitante du droit commun doit être interprétée en un sens limitatif. Quand elle porte obligation de se conformer, sans indemnité, aux *alignements arrêtés*, il faut entendre par là les alignements déjà arrêtés, au moment de la vente nationale, par le ministre de l'intérieur, et non pas ceux qui auraient été ultérieurement réglés par l'administration. C'est ce qui résulte de plusieurs arrêts du Conseil d'État, en date des 27 juill. 1850 (2) et 21 juill. 1853 (3).

Si les arrêtés primitifs d'alignement ont été modifiés depuis la vente, suivant le droit qui appartient toujours à l'administration en pareille matière, il ne résulte pas de ces modifications que les stipulations du contrat intervenues entre l'État et les propriétaires aient perdu leur effet, et que ces derniers soient déchargés de l'obligation par eux contractée; il en résulte seulement qu'en présence de nouveaux alignements venant augmenter la partie retranchable, l'adjudicataire ou ses ayants cause ne sont tenus de livrer, sans indemnité, que la partie retranchable d'après les anciens alignements approuvés lors de la vente nationale, le surplus de l'immeuble retranché d'après les alignements nouveaux devant, au contraire, donner lieu à indemnité (3).

La clause domaniale peut assujettir l'immeuble à subir, sans indemnité, une expropriation totale par suite d'alignement aussi bien qu'un retranchement partiel. D'ailleurs, lorsqu'il y a doute sur la portée de la clause, la question d'interprétation appartient exclusivement à l'autorité administrative, ainsi que l'ont jugé deux arrêts de cassation, en date des 24 et 26 février 1847 (3).]

C'est une question très-grave que celle de savoir si les acquéreurs de ces propriétés n'ont pas été affranchis de cette charge par la prescription, lorsque la ville a laissé écouler trente ans

---

(1) Voir Lebon, *Rec.*, à la date.
(2) *Ib.*, 1853, p. 757, 758.

(3) Arrêt du Cons. d'Etat, 21 juill. 1853 (Lebon, *Rec.*, 1853, p. 758).
(4) Dall., 47.1.99; S. 47.1.430, 431.

depuis la date du contrat, sans réclamer des possesseurs le terrain qu'elle voulait réunir à la voie publique.

[La question successivement débattue devant le tribunal de la Seine, devant la Cour de Paris et devant la Cour de cassation, y a reçu trois solutions différentes. Le tribunal, par jugement du 21 juin 1844, a admis, conformément à la prétention des propriétaires, que la prescription avait cours contre la ville depuis le moment où l'engagement de supporter l'alignement avait été pris, parce qu'à partir de ce moment, rien n'avait empêché la ville d'agir et de demander l'alignement. La Cour de Paris, par arrêt du 22 mai 1845, a jugé, suivant le système proposé par la ville, que la faculté d'agir avait été retirée à celle-ci par l'effet de la loi du 16 sept. 1807, qui avait réservé au pouvoir central le droit de déterminer les alignements; qu'en conséquence, la prescription s'était trouvée suspendue depuis le 16 sept. 1807 jusqu'à la date de l'acte du Gouvernement qui avait définitivement réglé l'alignement de la rue. La Cour de cassation, posant en principe « que la faculté de réduire à l'alignement les maisons et édifices situés sur la voie publique dérive d'une loi de police contre laquelle aucune prescription ne peut courir », a décidé que la prescription ne court, au profit du propriétaire, qu'à partir de la réquisition d'alignement qui lui est adressée, par le motif que « le droit à l'indemnité ne s'ouvrant qu'après la réquisition de l'alignement, l'affranchissement de l'obligation de la subir sans indemnité n'est point sujet à la prescription avant ce terme (1). »]

Du reste, si le détenteur d'un immeuble vendu avec la clause domaniale est obligé, lors de la reconstruction de ses bâtiments, d'abandonner du terrain à la voie publique, et s'il vient ensuite réclamer la valeur de ce terrain, la ville, outre le moyen ci-dessus indiqué, pourra lui opposer la maxime : *Temporalia ad agendum, perpetua ad excipiendum.*

1108. Lorsque, par l'alignement arrêté, un propriétaire reçoit la faculté de s'avancer sur la voie publique, il est tenu de payer la valeur du terrain qui lui est cédé (n° 1105). L'art. 53 de la loi du 16 sept. 1807 ajoute que, « au cas où le propriétaire ne voudrait point acquérir, l'administration est autorisée *à le déposséder de l'ensemble de sa propriété*, en lui en payant la valeur, telle qu'elle était avant l'entreprise des travaux (2). » Cette déposses-

---

(1) Voir les six arrêts conformes du 24 fév. 1847 (Dall.47.1.99 ; S.47.1.444).

(2) Voir Dufour, *Droit administratif*, VII, p. 423.

sion devrait être alors consacrée par un traité amiable ou par un jugement d'expropriation suivi de la convocation du jury chargé de régler l'indemnité.

[Nous avons vu précédemment que toute indemnité due par le propriétaire pour incorporation à sa propriété de partie de la voie publique sur laquelle l'alignement l'oblige à s'avancer, est réglée par le jury et non par le conseil de préfecture, d'après la jurisprudence administrative et contentieuse du Conseil d'État (voir ci-dessus n° 1105).]

[1109. Notons que, pour céder des terrains retranchés de la voie publique par suite de la fixation de l'alignement, l'intervention de l'administration des domaines est indispensable, d'après les ordonnances du 14 sept. 1822, art. 3 et 31 mai 1838, et la décision ministérielle du 25 août 1835, quand il s'agit des grandes routes dont le sol appartient à l'État (Voir, à cet égard, le *Dictionnaire d'administration publique*, p. 690 (1).]

SECTION III. — *Voirie urbaine.* — *Habitations insalubres.* — *Décret du 26 mars 1852.* — *Loi du 13 avril 1850.*

1110. — Des plans généraux d'alignement en matière de voirie urbaine.
1111. — Des alignements partiels.
1112. — De l'expropriation et du règlement des indemnités.
1113. — Du cas où la rue projetée n'est pas exécutée.
1114. — Dispositions du décret du 26 mars 1852 relatives à l'expropriation forcée.
1115. — Faculté accordée à l'administration d'acquérir les *délaissés*.
1116. — Condition de l'exercice de cette faculté.
1117. — Le décret du 26 mars 1852 laisse subsister la nécessité de l'accomplissement des formalités prescrites par la loi de 1841.
1118. — Application de ce principe par le Conseil d'État. — Recevabilité du recours pour excès de pouvoir contre le décret déclaratif de l'utilité publique.
1118 bis. — Arrêt du Conseil d'État, en date du 27 mars 1856. — Nécessité d'une enquête spéciale.

---

(1) [En ce qui concerne les alignements en général, les alignements le long des chemins de fer, les alignements en matière de voirie urbaine, etc., on peut consulter utilement le *Dictionnaire d'administration publique*, 4° *Alignements*, article de M. Boulatignier, et le *Traité général de droit administratif*, par M. Dufour, vii, n°s 404, 446.]

1119. — Dangers auxquels pourrait donner lieu une application abusive du décret du 26 mars 1852.
1120. — Garanties en faveur de la propriété. — Le motif tiré de l'insalubrité doit être énoncé dans le décret.
1121. — Du cas où le motif, bien qu'énoncé, ne serait qu'un prétexte abusif.
1122. — Du droit de réunir les *délaissés* aux propriétés contiguës. — Option laissée, en ce cas, au propriétaire.
1123. — De quelle manière et à quel moment le propriétaire peut exercer son droit. — Cas où le jury doit fixer deux indemnités alternatives.
1124. — Du droit d'expropriation à l'effet de supprimer des rues devenues inutiles.
1125. — Le décret du 26 mars 1852 est applicable aux villes qui en font la demande.
1126. — Expropriation forcée de logements insalubres.
1127. — Conditions auxquelles est subordonnée cette expropriation.

1110. [Aux termes de l'article 52 de la loi du 16 septembre 1807 :

« Dans les villes, les alignements pour l'ouverture de nouvelles rues, pour l'élargissement des anciennes qui ne font point partie d'une grande route, ou pour tout autre objet d'utilité publique, seront donnés par les maires, conformément au plan dont les projets auront été adressés aux préfets, transmis, avec leur avis, au ministre de l'intérieur, et arrêtés en Conseil d'État.

« En cas de réclamations de tiers intéressés, il sera de même statué en Conseil d'État, sur le rapport du ministre de l'intérieur. »

Le décret du 25 mars 1852, sur la décentralisation, substitue le préfet au chef de l'État pour l'approbation des plans *généraux* d'alignement (1), sauf recours au ministre de l'intérieur, d'après l'art. 6 du même décret.

---

(1) [Voir l'art. 1ᵉʳ, tableau A, n° 50, du décret du 25 mars 1852.—Une circulaire ministérielle, en date du 5 mai 1852, résume ainsi qu'il suit les attributions des préfets à cet égard :

« D'après la loi du 16 sept. 1807 et les circulaires ministérielles des 17 août 1813 et 25 octobre 1837, toutes les localités réputées villes et les communes ayant une population agglomérée de 2,000 habitants et au-dessus doivent être pourvues d'un plan général d'alignement. Les frais relatifs à sa confection ont été rangés au nombre des dépenses obligatoires par l'art. 30 de la loi du 18 juillet 1837. Le préfet est armé d'un pouvoir suffisant pour vaincre l'inertie ou la résistance des communes, qui n'ont point encore satisfait aux prescriptions de la loi. La circulaire précitée, du 25 octobre 1837, contient à ce sujet des instructions détaillées auxquelles il faut se reporter. Il est né-

L'approbation du plan par le préfet a pour effet immédiat de soumettre les propriétaires à la servitude d'alignement; mais il ne remplace pas la déclaration d'utilité publique qui, lorsqu'il y a lieu de déposséder immédiatement des particuliers pour rectification ou élargissement des rues, doit être faite par décret

cessaire de doter ces communes d'un plan d'alignement; il est très-regrettable qu'elles aient pu, en aussi grand nombre, se soustraire jusqu'à ce jour aux obligations que la loi leur impose.

Voici maintenant les formalités dont l'accomplissement est essentiel :

1° Le plan rédigé par un agent voyer, par un architecte ou tout autre homme de l'art, doit être dressé en double expédition, suivant les indications du tracé prescrites par la circulaire du 2 octobre 1815;

2° Il est soumis à l'examen du conseil municipal, qui donnera son avis sur les alignements proposés;

3° Il est ensuite procédé à une enquête, suivant les formes tracées par l'ordonnance réglementaire du 23 août 1844;

4° Le conseil municipal est appelé à examiner et à discuter les réclamations qui seront consignées ou annexées au procès-verbal d'enquête;

5° Toutes les pièces de l'affaire sont adressées au sous-préfet, qui doit les transmettre au préfet sous un bref délai, avec son avis motivé;

6° Afin d'éclairer la décision du préfet sur le mérite graphique du plan projeté, il convient de prendre l'avis d'hommes spéciaux. A cet effet, le préfet doit former, s'il n'existe déjà dans son département, un conseil des bâtiments civils, composé d'un ingénieur des ponts et chaussées, de l'agent voyer en chef, de l'architecte du département, et de tels autres hommes de l'art qu'il jugera nécessaire d'y adjoindre;

7° Enfin, sur l'avis de ce conseil, le préfet prend, à l'effet d'homologuer le plan, un arrêté qui doit être libellé conformément au modèle ci-annexé.

Lorsque, par suite des observations du conseil des bâtiments civils, il lui paraîtra nécessaire d'apporter des modifications aux alignements proposés, il y aura lieu de procéder à une nouvelle enquête et à prendre de nouveau l'avis du conseil municipal avant de statuer définitivement.

Si, dans quelques circonstances exceptionnelles, il paraissait utile au préfet d'avoir l'avis du conseil général des bâtiments civils qui siège au ministère de l'intérieur, il pourra adresser le dossier de l'affaire au ministre, qui aura soin de le renvoyer, sous un bref délai, avec les observations et l'avis du conseil. Comme ce n'est là qu'une simple faculté, il appartient au préfet de juger de l'opportunité de ces communications.

Toutefois, cette communication à l'autorité supérieure des plans en cours d'instruction sera obligatoire : 1° lorsqu'il s'agira d'arrêter, dans une place de guerre ou un port de mer, les alignements des voies publiques avoisinant les établissements militaires (décret du 9 déc. 1844); 2° lorsque ces alignements devront affecter un monument historique ou précieux sous le rapport de l'art, ou un bâtiment quelconque appartenant au domaine de l'État.

Enfin, il ne faut pas perdre de vue que toutes les fois qu'il y aura lieu à expropriation, le dossier de l'affaire devra être adressé au ministre, afin qu'il provoque, s'il y a lieu, le décret qui déclarera l'utilité publique et arrêtera en même temps tous les alignements qui devront être exécutés immédiatement; en un mot, les règles établies en matière d'expropriation continueront à être observées comme par le passé. Le préfet aura, en conséquence, à soumettre également à l'approbation du ministre les arrêtés de cessibilité qu'il aura pris en exécution de l'art. 11 de la loi du 3 mai 1841.

Sous ces réserves, le préfet agira dans la plénitude de son droit, en arrêtant les plans généraux d'alignement des communes.]

impérial, comme dans les autres cas d'expropriation (1).]

1111. [Quant aux alignements *partiels* et individuels, ils sont donnés par les maires, en vertu des dispositions de l'article 1er du décret du 26 juill. 1790; de l'art. 3, t. 2, de la loi du 24 août 1790; de l'art. 29 de la loi du 22 juill. 1791; de l'art. 52 de la loi du 16 sept. 1807, sous réserve du droit exclusif du préfet relativement aux rues servant de routes dans la traversée des villes, et appartenant, en conséquence, à la grande voirie (2).]

1112. [Lorsque, par suite de l'alignement, les riverains sont autorisés à avancer sur la voie publique, il en résulte une aliénation de la propriété communale, pour laquelle il y a lieu de suivre les formalités prescrites à cet égard (3).

L'indemnité à payer, en ce cas, à la commune, aussi bien que celle due au particulier qui abandonne, par suite de reculement, une partie de sa propriété à la voie publique, doit être réglée par le jury, ainsi qu'on l'a expliqué précédemment (voir ci-dessus, n° 1106)] — (A).

1113. [Il peut arriver qu'un propriétaire ayant été exproprié partiellement, en vue de l'ouverture d'une rue qui devait traverser le surplus de sa propriété et lui procurer une plus-value notable, le projet soit abandonné et la rue remplacée par des constructions après le règlement de l'indemnité par le jury sur le vu du plan où était indiquée la rue projetée. En pareil cas, le propriétaire est en droit de soutenir que la plus-value, non réalisée, ayant été prise en considération par le jury, il y a lieu à une indemnité supplémentaire, à raison du préjudice

---

(1) Voir Circ. min. du 5 mai 1852, et Dufour, *Traité général de droit administratif*, VII, n° 316.

(2) Voir un arrêt du Conseil d'État, 26 août 1848 (Lebon, *Rec.*, à la date), et arrêt de Cass., 5 août 1858 (*Gaz. trib.*, 7 août 58).

(3) Voir un arrêt du Conseil d'État, du 3 fév. 1835 (Lebon, *Rec.*, à la date).

Additions.

(A) La loi qui ordonne le prolongement d'une rue, et qui ordonne en même temps que les parcelles de terrain restant en dehors de l'alignement et non susceptibles de recevoir des constructions salubres, seront réunies aux propriétés contiguës, soit à l'amiable, soit au moyen de l'expropriation de ces propriétés, conformément à l'art. 53 de la loi du 16 sept. 1807, emporte déclaration d'utilité publique et d'alignement pour les maisons séparées de la voie publique par une de ces parcelles; tellement que lorsqu'il y a eu accord entre la ville et les propriétaires pour l'acquisition de ces parcelles et la reconstruction de ces maisons sur le nouvel alignement, il n'y a plus d'expropriation à prononcer, mais seulement lieu à recourir au jury pour la fixation des indemnités dues aux locataires à raison de leur éviction de jouissance. Cass. civ., 15 mars 1853 (S.53.1.352).

causé par l'inexécution de la rue indiquée sur les plans soumis au jury. Mais il ne peut être statué *de plano* par le conseil de préfecture sur une telle demande, attendu, dit un arrêt du Conseil d'État, du 7 fév. 1856 (1), « qu'elle nécessite l'interprétation de la décision du jury d'expropriation, et fait naître des questions qui se rattachent à l'exécution de la loi du 3 mai 1841 sur l'expropriation pour cause d'utilité publique; qu'il n'appartient pas à l'autorité administrative de résoudre des questions de cette nature. »]

1114. [Le droit d'expropriation en matière de voirie urbaine a reçu une extension considérable par suite de la promulgation du décret législatif du 26 mars 1852, dont les dispositions, relatives aux rues de Paris, ont été depuis déclarées applicables aux principales ville de France, et même à un grand nombre de villes secondaires.

Les art. 1er et 2 de ce décret sont ainsi conçus :

Art. 1er. Les rues de Paris continueront d'être soumises au régime de la grande voirie.

Art. 2. Dans tout projet d'expropriation pour l'élargissement, le redressement ou la formation des rues de Paris, l'administration aura la faculté de comprendre la totalité des immeubles atteints, lorsqu'elle jugera que les parties restantes ne sont pas d'une étendue ou d'une forme qui permette d'y élever des constructions salubres.

Elle pourra pareillement comprendre, dans l'expropriation, des immeubles en dehors de l'alignement, lorsque leur acquisition sera nécessaire pour la suppression d'anciennes voies publiques jugées inutiles.

Les parcelles de terrain acquises en dehors des alignements, et non susceptibles de recevoir des constructions salubres, seront réunies aux propriétés contiguës, soit à l'amiable, soit par l'expropriation de ces propriétés, conformément à l'art. 53 de la loi du 16 septembre 1807.

La fixation du prix de ces terrains sera faite suivant les mêmes formes, et devant la même juridiction que celle des expropriations ordinaires.]

1115. [La première innovation résultant du décret du 26 mars 1852 consiste en ce que l'administration a *la faculté* d'acquérir à son gré les parcelles de terrain *délaissé*, demeurées en dehors

---

(1) Lebon, *Rec.*, 1856, p. 121.

de l'alignement de la voie nouvelle, qu'elle juge insuffisantes pour recevoir des constructions salubres.

D'après les art. 51 de la loi du 16 septembre 1807 et 50 de la loi du 3 mai 1841, c'était le propriétaire exproprié de la partie de son immeuble qui avait le droit, si telle était sa volonté, d'obliger l'administration à acquérir le surplus de sa propriété réduite à des dimensions trop étroites pour qu'il pût en tirer un parti utile. Les rôles sont intervertis par le décret de 1852 ; et ce qui était une charge que l'administration devait subir sur la réquisition du propriétaire devient, dans l'intérêt de l'assainissement, de l'embellissement et de la sécurité de la ville, un droit que celle-ci peut exercer même contre le gré du propriétaire (1). L'art. 51 de la loi de 1807, comme l'art. 50 de la loi de 1841, étaient édictés dans l'intérêt privé ; l'art. 2 du décret de 1852 l'est, au contraire, dans l'intérêt public.]

1116. [L'exercice de la faculté accordée à l'administration est subordonné à une seule condition : c'est *qu'elle juge que les parties restantes ne sont pas d'une étendue ou d'une forme qui permette d'y élever des constructions salubres.* Cette disposition investit l'administration d'un pouvoir discrétionnaire pour apprécier si la partie restante d'un immeuble atteint par l'alignement est ou non susceptible de recevoir des constructions salubres (2). En conséquence, elle exclut la possibilité du recours par la voie

---

(1) [Voir Dufour, *Droit administratif*, vu, n° 556, et Dissertation de M. le président Nicias Gaillard, *Revue de législation*, 1855, i.]

(2) [Voir un arrêt de la Cour de cassation, du 14 fév. 1855 : « Sur le deuxième moyen, tiré d'un excès de pouvoir, de la violation de l'art. 1ᵉʳ de la loi du 3 mai 1841, de l'art. 33, paragraphe dernier, de la loi du 3 mai 1841, de l'art. 2 du décret du 26 mars 1852, relatif aux rues de Paris, rendu applicable à la ville de Lyon par le décret du 13 décembre 1853 ; — Attendu que les matières que régit l'art. 2 du décret du 26 mars 1852 tiennent essentiellement à la salubrité et à la facilité de la circulation publique, lesquelles, comme conditions fondamentales d'une bonne police, sont exclusivement dans les attributions de l'autorité administrative ; que cet article, qui appelle le préfet à désigner les immeubles à prendre dans l'intérêt de la cité et à soumettre à l'expropriation, ne pouvait ouvrir et n'ouvre pas, en effet, de recours contre les arrêtés de ce fonctionnaire devant les tribunaux ; ceux-ci, par les lois et le but de leur institution, demeurant étrangers aux actes d'administration ; — Qu'aucune loi n'exige, dans ces divers cas, qu'il soit signifié aux propriétaires une mise en demeure spéciale de se prononcer sur les concessions des terrains permises en leur faveur ; qu'il suffit de les prévenir de la dépossession dont ils sont menacés à raison des *délaissés* ou restants de parcelles que l'administration a déclarés impropres à constituer des habitations salubres, avertissement qui est donné par les avis publics qui annoncent l'ouverture des enquêtes et le dépôt des plans, et à la suite duquel les oppositions ou réclamations des propriétaires sont appréciées et jugées administrativement ; qu'il en a été ainsi dans les espèces qui font la base des pourvois ;—Que le tribunal civil de Lyon n'avait donc à examiner que le

contentieuse, sauf en cas d'excès de pouvoir, ainsi qu'il en sera expliqué ci-après (n° 1117) (1).

Elle prête d'ailleurs, par la latitude qu'elle comporte, à de graves abus, que la pratique a déjà signalés, et dont la possibilité donne une extrême importance aux conditions et garanties qu'elle laisse subsister.]

1117. [Constatons d'abord, d'après deux arrêts du Conseil d'Etat du 27 mars 1856 (2), « que *le décret du 26 mars 1852*, en donnant à l'administration, dans certains cas déterminés, la faculté de comprendre dans ses projets d'expropriation, les parties des immeubles atteints par les alignements qui restent en dehors de la voie publique, *n'a aucunement modifié, en ce qui concerne ces portions d'immeubles, les dispositions de la loi du 3 mai 1841*; que dès lors, et sauf application dans les cas prévus des art. 51 et 53 de la loi du 16 septembre 1807, *l'expropriation desdites parties d'immeubles ne peut être autorisée* comme celle des terrains qui doivent former le sol de la voie publique elle-même, *que dans les formes et après les enquêtes prescrites par la loi du 3 mai 1841.* »

Il résulte de ce principe, qu'avant qu'il intervienne un décret impérial qui déclare l'utilité publique et autorise l'exécution des travaux, en désignant les localités sur lesquelles ils doivent avoir lieu (3), il est nécessaire qu'une enquête préliminaire ait lieu

---

point unique de savoir si les formalités voulues par la loi du 3 mai 1841, pour arriver à l'expropriation nécessaire à l'exécution simultanée du décret du 31 mars 1854 et de celui du 26 mars 1852, appliqué à la ville de Lyon, avaient été observées en leur entier;—Que ce n'est qu'après avoir reconnu leur accomplissement que le jugement attaqué a prononcé l'expropriation des immeubles désignés dans l'arrêté de cessibilité qui a approuvé, comme devant être la base de l'expropriation, le plan parcellaire qui avait été l'objet de l'enquête;—D'où il suit que le jugement n'a ni commis d'excès de pouvoir, ni violé les lois invoquées; rejette le moyen » (Dall.55.1.178).]

(1) Voir Dufour, *de l'Expropriation*, n° 27.

(2) Lebon, *Rec.*, 1856, p. 224 et 227.

(3) [Le décret impérial autorisant l'ouverture d'une rue dans Paris n'est pas soumis à l'application de l'art. 4 du sénatus-consulte du 25 déc. 1852, d'après lequel « tous les travaux d'utilité publique... seront ordonnés et autorisés par décrets de l'Empereur..... rendus dans les formes prescrites pour les règlements d'administration publique. » En effet, cet article n'a pas eu pour résultat de modifier les formes dans lesquelles le pouvoir exécutif autorisait ceux des travaux publics qu'il était dans ses attributions d'ordonner; il n'a eu d'autre but et d'autre effet que de rendre à ce pouvoir la faculté dont il avait joui autrefois, d'autoriser par un règlement d'administration publique les travaux qui, antérieurement à la promulgation du sénatus-consulte, ne pouvaient être autorisés que par une loi. Or, avant cette promulgation, une loi n'était pas nécessaire pour autoriser l'ouverture des voies de communication dans Paris. Arrêt du Conseil d'Etat, 27 mars 1857 (Lebon, *Rec.*, à la date).]

conformément à l'art. 3 de la loi du 3 mai 1841. Cette enquête portera spécialement sur les terrains qui doivent être soumis à l'expropriation, en dehors de la voie publique, par application de l'art. 2 du décret du 26 mars 1852, et ce, au point de vue qui fait l'objet de ce décret, à savoir l'aptitude des parcelles en question à recevoir des constructions salubres.]

1118. [L'application de ce principe a été faite dans les circonstances suivantes :

Il a été procédé, en octobre 1853, à une enquête administrative, relativement à l'ouverture du boulevard Malesherbes, sa direction et sa largeur, dans les limites indiquées par des lignes bleues sur le plan annexé. Le sol destiné à la voie publique était d'ailleurs, entre les lignes bleues, *teint en jaune* sur le plan, aussi bien qu'une partie de terrain, plus considérable que la première, située en dehors de l'alignement, et qui ne pouvait dès lors être soumise à l'expropriation que par application du décret du 26 mars 1852.

A la suite de l'enquête est intervenu, le 14 mars 1854, un décret impérial autorisant le préfet à acquérir à l'amiable ou par voie d'expropriation tous les immeubles nécessaires à l'exécution des travaux et *qui sont teintés en jaune sur le plan*. M. et Mme de Pommereu ont attaqué ce décret, par la voie contentieuse, devant le Conseil d'Etat, pour excès de pouvoir, « en tant que, par l'approbation qu'il donne au plan, il pourrait rendre et rend en effet passibles d'expropriation leurs terrains de 2,700 et 5,054 mètres *teintés en jaune au delà des lignes bleues du plan* (renfermant une étendue superficielle de 3,869 mètres); attendu que cette extension donnée par ledit décret à l'expropriation est abusive, qu'elle est contraire aux art. 544 et 545 du C. Nap., à la loi du 3 mai 1841 sur l'expropriation pour cause d'utilité publique, à l'art. 2 du décret législatif du 26 mars 1852; qu'elle porte atteinte aux droits de propriété et constitue dès lors un excès de pouvoir. »

Le ministre de l'intérieur a opposé au pourvoi une fin de non-recevoir tirée de ce que le décret attaqué n'était pas susceptible d'un recours par la voie contentieuse. Le Conseil d'Etat (1) a rejeté cette fin de non-recevoir par le motif « que les sieur et dame de Pommereu attaquent le décret du 14 mars 1854 pour excès de pouvoir; que dès lors, aux termes de la loi des 7-14 octobre 1790, leur pourvoi est recevable. »]

---

(1) Arrêt précité du 27 mars 1856.

1118 bis. [Statuant au fond, le Conseil a décidé, non point par voie d'annulation du décret, mais par une interprétation qui sauvegardait également les droits des parties et les principes protecteurs de la propriété privée, que l'expropriation ne pouvait porter, même en application du décret de 1852, sur les parcelles non soumises à l'enquête administrative préalable au décret déclaratif de l'utilité publique.

« Considérant, dit l'arrêt du 27 mars 1856, que l'enquête à laquelle il a été procédé en octobre 1853 a porté exclusivement sur l'ouverture du boulevard Malesherbes, sur sa direction et sa largeur dans les limites indiquées par les lignes bleues du plan; qu'elle n'a porté sur l'expropriation d'aucune des portions des immeubles situées en dehors de ces lignes ; qu'en autorisant le préfet à acquérir à l'amiable ou par voie d'expropriation *tous les immeubles nécessaires à l'exécution des travaux* et qui sont teintés en jaune sur le plan, le décret attaqué, qui, d'ailleurs, ne vise pas celui du 26 mars 1852, n'a pu comprendre et n'a en effet compris, nonobstant l'extension donnée sur le plan à la teinte jaune, que les portions des immeubles ainsi colorées, à l'égard desquelles il a été procédé à l'enquête, et qui sont nécessaires à l'ouverture de la voie publique dans les limites indiquées par les lignes bleues ; que, dès lors, c'est à tort que les requérants ont attaqué devant nous ledit décret comme s'appliquant à certaines portions d'immeubles à eux appartenant, sises en dehors de la voie publique, et qui n'ont pas été l'objet de l'enquête. — La requête est rejetée. »

Un arrêt conforme a été rendu le même jour sur le recours de M. Camusat-Busserolles (1).

Cette importante décision met les propriétaires à l'abri de la prétention, qu'avait paru manifester l'administration, de soustraire aux conditions et garanties que présente l'enquête administrative préliminaire, l'expropriation du terrain dont elle peut s'emparer en vertu de l'art. 2 du décret du 26 mars 1852.]

1119. [Mais un abus d'un autre genre peut se reproduire. Il a été soutenu que, sauf l'observation de la formalité prescrite par l'art. 3 de la loi de 1841, l'exercice du pouvoir conféré à l'administration par l'alinéa 1er de l'art. 2 du décret de 1852 n'est soumis à aucune sorte de contrôle ni de critique de la part des particuliers ; que l'administration, seule juge de la

---

(1) Voir Lebon, *Rec.*, 1856, p. 247, 228.

question de savoir si les *délaissés* ou parties *restantes* des propriétés atteintes par les alignements, étaient susceptibles de recevoir des constructions salubres, a la faculté, en y faisant porter l'enquête, d'étendre l'expropriation, par le décret déclaratif d'utilité publique, aux terrains d'une superficie quelconque restant en dehors de la voie publique. M. Dufour (1) signale une consultation insérée au journal *la Presse*, dans son n° du 21 novembre 1854, dont le signataire cherche à établir qu'armé du décret du 26 mars 1852, le Gouvernement serait en droit de transmettre à des concessionnaires le pouvoir d'exproprier successivement la ville de Paris tout entière, de manière à la rebâtir par quartiers. Il est à notre connaissance personnelle qu'un entrepreneur de travaux publics, cessionnaire des droits de la ville de Paris, a émis la prétention d'exproprier, pour la totalité, par application du décret de 1852, un terrain de plus de 10,000 mètres dont 3,000 seulement sont compris dans l'alignement d'un des boulevards récemment décrétés. Ces divers symptômes des tendances qui pourraient se révéler par les faits, autorisent à se demander si le décret du 26 mars peut effectivement investir l'administration ou ses cessionnaires, de la faculté d'exproprier, non-seulement des parcelles minimes, comme l'a entendu assurément le décret, mais de vastes propriétés, qui seraient occupées non plus dans l'intérêt de la salubrité, mais purement et simplement dans un intérêt de spéculation, à l'effet de revendre, en les morcelant, les terrains acquis en bloc le long des nouvelles voies publiques.

A supposer qu'il intervienne un décret régulier en la forme, portant autorisation d'exproprier des immeubles d'une superficie considérable, serait-il permis aux propriétaires de soutenir que l'intérêt de la salubrité ne peut motiver l'envahissement d'un terrain susceptible de recevoir des constructions spacieuses?

1120. [Nous ferons remarquer, à cet égard, que les termes mêmes de l'art. 2 du décret de 1852 offrent une première et importante garantie. Il en résulte, suivant nous, que toutes les fois que l'expropriation s'étendra, en vertu de cette disposition, à des terrains situés en dehors de l'alignement, le décret impérial devra mentionner explicitement l'existence de la condition requise par ce décret, à savoir que les parties *restantes* ont été

---

(1) *De l'Expropriation*, n° 7, p. 15.

jugées ne pas être d'une étendue ou d'une forme qui permette d'y élever des constructions salubres. Si le motif de l'extension exceptionnellement donnée à l'expropriation n'était pas exprimé, nous pensons que le décret pourrait être attaqué pour excès de pouvoir, par la voie contentieuse, devant le Conseil d'Etat, comme manquant d'une des conditions essentielles prescrites par le décret législatif du 26 mars 1852. Nous croyons même que le tribunal chargé de rendre le jugement d'expropriation, étant investi, d'après les paroles précitées de l'Empereur, du droit de *vérifier si toutes les conditions ont été remplies* (voir ci-dessus, n° 206), et, d'après la jurisprudence de la Cour suprême, du devoir de vérifier *si l'utilité publique a été légalement déclarée*, devrait, en pareil cas, se refuser à prononcer l'expropriation, et encourrait la cassation s'il la prononçait (1).

Cette nécessité d'énoncer le motif tiré de l'intérêt de la salubrité des contructions à élever sur les terrains expropriés nous paraît devoir être, à elle seule, un obstacle réel à l'extension abusive de la faculté d'expropriation.]

1121. [Si, néanmoins, ce motif était énoncé, et que, par conséquent, l'accomplissement, *dans la forme*, de la condition requise par le décret, interdît soit le pourvoi au Conseil d'État pour inaccomplissement des formalités, soit le contrôle du tribunal, le propriétaire, dépossédé d'un immeuble considérable à peine entamé par la voie nouvelle, pour raison d'insalubrité implicitement ou explicitement exprimée, serait-il privé de tout recours? Nous pensons que si l'abus était manifeste, et que, si le motif d'insalubrité n'était évidemment qu'un prétexte mis en avant pour éluder la loi et ouvrir les voies à une spéculation essentiellement contraire au vœu du législateur, le Conseil d'État n'hésiterait pas à accueillir un recours fondé sur l'excès de pouvoir et à annuler le décret déféré à sa censure (2).]

1122. [Un second privilège accordé à l'administration par le décret du 26 mars 1852 consiste à pouvoir *joindre les parcelles par elle acquises*, en vertu de l'alinéa 1er de l'art. 2, *aux propriétés contiguës*, de manière à en former un tout d'une étendue suffisante pour y élever des constructions salubres et convenables.

Mais il est essentiel de remarquer que cette jonction effectuée, l'expropriation ne s'opère que dans les conditions déterminées

---

(1) Voir un arrêt du 2 janv. 1844, rapporté au tome I, n° 209.

(2) Voir, à cet égard, Dufour, *de l'Expropriation*, n° 341.

par l'art. 53 de la loi de 1807, auquel l'art. 2, alinéa 3, du décret de 1852, renvoie expressément, c'est-à-dire que le propriétaire, en avant duquel il reste un espace libre ou *délaissé* acquis par l'administration, en vertu de l'alinéa 1er de l'art. 2 du décret, peut demander, en offrant d'en payer la valeur, qu'on le lui cède pour le réunir à sa propriété, et avancer ainsi jusqu'à la voie publique. C'est seulement dans le cas où il ne fait pas usage de cette faculté que l'administration, usant de la faculté contraire, peut le déposséder, soit à l'amiable, de la manière réglée par l'art. 51 de la loi de 1807, soit dans les formes ordinaires de l'expropriation pour cause d'utilité publique.

Cette disposition, qui, du moment où les intérêts de la salubrité ou même de l'embellissement de la ville sont assurés, donne la préférence au propriétaire sur l'administration, et qui révèle ainsi l'esprit équitable et vraiment conservateur du décret, nous paraît militer en faveur des garanties que nous avons proposées contre les abus auxquels pourrait donner lieu l'application de l'alinéa 1er du même article] — (A).

1123. [Quant au mode d'après lequel le propriétaire peut, s'il le juge convenable, exercer le droit que lui confère l'alinéa 3 de l'art. 2 du décret de 1852, de se rendre acquéreur du *délaissé* contigu à sa propriété, il n'est nullement déterminé ni délimité par les termes du décret. Il suit de là que l'administration n'est pas tenue de mettre le propriétaire en demeure de s'expliquer; que chaque intéressé est réputé suffisamment averti par le dépôt et la publication des plans, qui reproduisent habituellement les délaissés ainsi que les héritages auxquels ils devront être réunis. C'est donc aux propriétaires à prendre les devants sans attendre aucun avertissement spécial, et à faire connaître ses intentions à l'administration par une déclaration extrajudiciaire (1). Ce droit peut s'exercer en tout état de cause, non-seulement sans qu'il y soit porté atteinte par le jugement d'expropriation (2), mais même à la suite de ce juge-

---

(1) Voir l'arrêt précité du 4 fév. 1855.

(2) [« En ce qui touche le droit pour les expropriés, dit l'arrêt du 4 fév. 1855, de conserver les délaissés ou portions de terrains qui ne sont pas nécessaires à l'établissement de la rue : — Attendu que le jugement d'expropriation ne préjuge rien sur le fond de ce droit, qui, mis en exercice par l'expropriation elle-même, lui survit et peut encore, s'il y a lieu, être utilement invoqué devant l'autorité compétente;—Rejette le pourvoi formé contre le jugement rendu par le tribunal civil de Lyon, le 2 juin 1854, etc. »]

Additions.

(A) Le propriétaire d'un terrain contigu à un délaissé déclaré par l'adminis-

ment jusqu'à la décision du jury. Le législateur assimile ainsi, quoique la situation soit inverse, le propriétaire qui requiert l'expropriation totale, en vertu de l'art. 50 de la loi du 3 mai 1841, à celui qui requiert l'acquisition totale en invoquant l'art. 2, alinéa 2, du décret de 1852. Il suffit, dans un cas comme dans l'autre, que la partie intéressée adresse sa demande formelle et expresse au magistrat directeur du jury, dans les délais fixés par les art. 24 et 27 de la loi du 3 mai.

Lorsqu'il y a litige sur le point de savoir si le propriétaire est en droit d'exercer la prérogative que le décret lui confère, le jury, en présence des prétentions respectives de l'administration et de la partie privée, doit fixer deux indemnités alternatives représentant, l'une la valeur du *délaissé*, l'autre celle de l'immeuble contigu, sauf au tribunal civil à décider laquelle devra être allouée en raison de l'acquisition qui sera définitivement reconnue pouvoir être faite, soit par le propriétaire, soit par l'administration. C'est ce qui a été décidé par un arrêt de cassation, du 20 mars 1855, ainsi conçu : « Vu l'art. 39 de la loi du 3 mai 1841; — Attendu que, par signification faite le 26 juin 1854, à la ville de Lyon, Togny a protesté de sa volonté d'acquérir une parcelle touchant, d'une part, à sa maison qui est comprise dans l'expropriation prononcée le 2 du même mois, et, d'autre part, à l'alignement de la rue projetée; — Attendu que, devant le jury d'expropriation (séance du 17 août), Togny a demandé acte de ce qu'il n'acceptait le débat sur l'évaluation de sa maison, que sous la réserve de ses droits, pour faire statuer sur le pourvoi en cassation qu'il avait formé contre le jugement d'expropriation ; que le magistrat directeur avait donné acte de cette réserve; — Attendu que dès lors il y avait litige sur le point de savoir si Togny serait admis, aux termes de l'art. 2, § 3, du 26 mars 1852, à acquérir la parcelle voisine de sa maison, et que, selon l'art. 39 de la loi du 3 mai 1841, c'était le cas, pour le jury, de régler deux indemnités alternatives : l'une appliquée à la maison de Togny, pour le cas où il serait privé de cet immeuble par l'expropriation ; l'autre appliquée à la parcelle, et qu'il

---

tration impropre à établir des constructions salubres ne saurait, s'il refuse d'acquérir le délaissé, résister à l'expropriation de son propre immeuble (réclamée par application du § 3 de l'art. 2 du décret du 26 mars 1852), sous prétexte que le terrain que l'expropriant prétendrait le contraindre à acquérir serait parfaitement susceptible de recevoir des constructions salubres. Ces sortes de questions appartiennent exclusivement à la juridiction administrative. Cass. civ.; 1 août 1865 (*Gaz. trib.*, 2 août 65).

devrait payer si le terrain lui était cédé;—Attendu que le jury, en ne fixant pas cette dernière indemnité, a essentiellement violé l'art. 39 précité; — La Cour casse et annule la décision rendue par le jury d'expropriation de l'arrondissement de Lyon, le 18 août 1854, au regard de Togny, et aussi l'ordonnance du magistrat directeur, en date du même jour (1).]

1124. [Une troisième faculté résultant, pour l'administration, du décret de 1852, est celle de faire prononcer l'expropriation des immeubles dont l'acquisition est *nécessaire pour la suppression des rues* dont elle juge le maintien inutile. La question de nécessité de la suppression d'une rue, ainsi et plus encore que celle de la salubrité d'une construction à élever sur une parcelle de terrain, est abandonnée à l'appréciation de l'administration; mais il est essentiel de remarquer que la *nécessité* seule peut ici justifier l'exercice du droit exorbitant accordé à l'administration; que la convenance, l'utilité même, ne sauraient tenir lieu de ce motif suprême, rigoureusement exigé par le législateur.

« Là, dit M. Dufour (2), est la garantie ménagée à l'intérêt particulier. Ce n'est pas dans la réserve stipulée au § 3 que la propriété privée peut chercher protection contre l'abus du droit écrit dans le § 2. L'administration est libre de construire elle-même ou d'allotir et mettre en adjudication les terrains par elle acquis pour la suppression des rues devenues inutiles ; elle n'a point de préférence à subir dans le droit d'en disposer. On ne saurait cependant supposer que la volonté du décret ait été de laisser, à cet égard, la propriété à la merci d'un pouvoir qu'il se faisait un devoir de limiter et de restreindre dans son application à l'ouverture et à l'élargissement des voies publiques. L'économie, je ne dirai pas seulement du décret du 26 mars 1852, mais aussi de la loi de 1850 *sur les logements insalubres*, qu'il n'en faut pas séparer si l'on veut apprécier dans leur ensemble les améliorations apportées au régime de la voirie dans les grandes villes, résisterait à cette supposition. Tout se suit et se tient, en effet, dans les dispositions nouvellement édictées. Les unes ont eu pour objet de pourvoir aux exigences de la salubrité à l'intérieur des habitations; l'administration a été armée, à cet effet, d'une force irrésistible, mais son action ne se peut produire sans de grands ménagements pour la propriété.

---

(1) Voir Dall. 55.1.169.
(2) *Traité général de droit administratif*, VII, n° 557.

Dans les autres, on s'est proposé pour but l'assainissement et l'embellissement des cités elles-mêmes, mais la propriété n'a pas été, non plus, oubliée dans les conditions assignées à l'exercice des pouvoirs dont l'administration a été investie pour faire pénétrer partout l'air et la lumière, et pour écarter des rues et places les constructions qui ne seraient pas en harmonie avec leur importance et leur grandeur. Dans quelle pensée, à quelle fin les mêmes pouvoirs auraient-ils donc été dégagés de toute restriction et la propriété déshéritée de toute garantie, lorsqu'il s'est agi de donner à l'administration le moyen de compléter des mesures de voirie en supprimant les rues devenues inutiles? La suppression d'une voie publique ancienne pouvait-elle rencontrer des obstacles plus grands, répondait-elle à des intérêts plus pressants que l'ouverture d'une voie nouvelle, et avait-on plus à faire pour les quartiers mal percés que pour les quartiers qui ne l'étaient pas du tout? Non, mille fois non, la disposition qui autorise l'administration à s'emparer des immeubles dont l'acquisition est nécessaire pour les suppressions de rues, n'a point été conçue dans un esprit autre que celui qui a dicté les réserves sous lesquelles elle a été autorisée à user de l'expropriation en dehors des alignements. L'intérêt général avait souffert de l'inviolabilité des droits que les riverains invoquaient pour conserver des rues que l'édilité jugeait devoir supprimer, le remède était d'armer l'édilité de l'expropriation à l'égard de ces droits, et c'est ce qui a été fait. Entend-on se prévaloir des droits acquis pour mettre obstacle à une suppression résolue par la ville ? Elle exproprie les opposants, c'est son droit, mais son droit ne va pas plus loin ; les seuls immeubles dont elle soit autorisée à s'emparer, ce sont les immeubles dont l'acquisition est nécessaire.

La nécessité, voilà la source et la mesure de son droit ; en dehors du *nécessaire*, il n'y aurait de sa part que des excès de pouvoir dont l'autorité supérieure ne se refuserait pas, sans doute, à faire justice et qui, d'ailleurs, ne seraient point vainement dénoncés au juge chargé de prononcer l'expropriation. »]

1125. [D'après l'art. 9 du décret du 26 mars 1852 « les dispositions du présent décret pourront être appliquées à toutes les villes qui en font la demande par des décrets spéciaux, rendus dans la forme des règlements d'administration publique. »

Un très-grand nombre de villes ont usé de cette faculté, et le décret de 1852 est présentement en vigueur dans une notable partie de l'Empire.

Nous n'avons pas à nous occuper ici des dispositions du décret, étrangères aux questions d'expropriation.]

1126. [Aux mesures relatives à la voirie, il convient de rattacher un cas spécial d'expropriation concernant *les logements insalubres*. La loi du 13 avril 1850 ne se contente pas d'armer l'administration du droit de prescrire des mesures pour l'assainissement des logements qui, après vérification, sont reconnus susceptibles de compromettre la vie ou la santé des habitants, et même le droit d'interdire, soit provisoirement, soit définitivement (art. 10) l'habitation déclarée nuisible (1); d'après l'art. 13 de cette même loi, « lorsque l'insalubrité est le résultat de causes extérieures et permanentes, ou lorsque ces causes ne peuvent être détruites que par des travaux d'ensemble, *la commune peut acquérir, suivant les formes et après accomplissement des formalités prescrites par la loi du 3 mai 1841, la totalité des propriétés* comprises dans le périmètre des travaux. »

Les portions de ces propriétés qui, après l'assainissement opéré, restent en dehors des alignements arrêtés par les nouvelles constructions, peuvent être revendues aux enchères publiques, sans que, dans ce cas, les anciens propriétaires ou leurs ayants droit puissent demander l'application des art. 60 et 61 de la loi du 3 mai 1841.]

1127. [Cette expropriation ne peut avoir lieu qu'après l'accomplissement des vérifications et formalités prescrites par les art. 1 à 6 de la loi du 13 avril 1850 (2), préliminaires indispen-

---

(1) L'interdiction provisoire est prononcée par l'autorité municipale; l'interdiction absolue par le conseil de préfecture, sauf recours au Conseil d'Etat.

(2) Art. 1er. Dans toute commune où le conseil municipal l'aura déclaré nécessaire par une délibération spéciale, il nommera une commission chargée de rechercher et indiquer les mesures indispensables d'assainissement des logements et dépendances insalubres mis en location ou occupés par d'autres que le propriétaire, l'usufruitier ou l'usager. — Sont réputés insalubres les logements qui se trouvent dans des conditions de nature à porter atteinte à la vie ou à la santé de leurs habitants.

2. La commission se composera de neuf membres au plus et de cinq au moins. — En feront nécessairement partie un médecin et un architecte ou tout autre homme de l'art, ainsi qu'un membre du bureau de bienfaisance et du conseil des prud'hommes, si ces institutions existent dans la commune. — La présidence appartient au maire ou à l'adjoint. — Le médecin et l'architecte pourront être choisis hors de la commune. — La commission se renouvelle tous les deux ans par tiers; les membres sortants sont indéfiniment rééligibles. — A Paris, la commission se compose de douze membres.

3. La commission visitera les lieux signalés comme insalubres. Elle déterminera l'état d'insalubrité et en indiquera les causes, ainsi que les moyens d'y remédier. Elle désignera les logements qui ne seraient pas susceptibles d'assainissement.

4. Les rapports de la commission seront

sables du décret impérial qui doit intervenir suivant l'art. 3 de la loi du 3 mai 1841 combiné avec l'art. 4 du sénatus-consulte du 25 décembre 1852. Le renvoi fait par la loi de 1850 à la loi de 1841 nous paraît mettre cette première loi à l'abri du reproche que lui adresse M. Dufour (1) d'avoir porté atteinte au principe de l'inviolabilité de la propriété.

Section IV. — *Halles et marchés.* — *Lois des* 15-18 *mars* 1790 (*art.* 19).

1128. — Ce qu'il faut entendre par halles et marchés dans le sens de la loi du 15 mars 1790.
1129. — Faculté d'expropriation résultant de la loi du 15 mars 1790. — Dans quel cas elle s'exerce.
1130. — Il n'y a pas lieu à déclaration d'utilité publique.
1131. — La dépossession ne peut avoir lieu sans indemnité préalable.
1132. — Formalités à remplir. — Compétence du tribunal civil et du jury d'expropriation.
1133. — Sur quelle base doit être réglée l'indemnité.

1128. [Dans un intérêt tout autre, mais non moins important que celui de la circulation ou de la salubrité, dans l'intérêt de l'alimentation publique, la loi confère aux communes un droit d'expropriation au moins conditionnel, à l'égard des bâtiments servant de *halles* ou de *marchés*.

Il faut entendre par ces mots, dans le sens des dispositions dont il va être parlé, non pas les terrains nus et sans constructions, servant de foire ou de marché, mais les halles proprement dites consistant dans des emplacements couverts. C'est ce qui a été formellement jugé par arrêt du Conseil d'Etat en date du 1er juin 1849 (2), contrairement aux termes d'une ordonnance royale, en date du 10 mars 1825.]

---

déposés au secrétariat de la mairie, et les parties intéressées mises en demeure d'en prendre communication et de produire leurs observations dans le délai d'un mois.

5. A l'expiration de ce délai, les rapports et observations seront soumis au conseil municipal, qui déterminera, — 1° les travaux d'assainissement et les lieux où ils devront être entièrement ou partiellement exécutés, ainsi que les délais de leur achèvement; — 2° les habitations qui ne sont pas susceptibles d'assainissement.

6. Un recours est ouvert aux intéressés contre ces décisions devant le conseil de préfecture, dans le délai d'un mois à dater de la notification de l'arrêté municipal. Ce recours sera suspensif.

(1) *De l'Expropriation*, n° 337.
(2) Lebon, *Rec.*, à la date. Voir Dalloz, v° *Halles*, n° 52.

1129. [Suivant l'art. 19 de la loi des 15-28 mars 1790, contenant suppression sans indemnité de tous les droits, à raison de l'apport des denrées dans les foires, marchés, places et halles..., « les bâtiments et halles continueront d'appartenir à leurs propriétaires, sauf à eux à s'arranger à l'amiable, soit pour le loyer, soit pour l'aliénation avec les municipalités des lieux ; et les difficultés qui pourraient s'élever à ce sujet seront soumises à l'arbitrage des assemblées administratives. »

« Les bâtiments, halles, étaux et bancs, dit également une instruction de l'Assemblée nationale du 20 août 1790 (ch. III, part. II), continuent d'appartenir à leurs propriétaires ; mais ceux-ci peuvent obliger les municipalités de les acheter ou de les prendre à loyer ; et, réciproquement, ils peuvent être contraints par les municipalités et les vendre, à moins qu'ils n'en préfèrent le louage. »

Il résulte de ces dispositions, ainsi que l'enseignent MM. de Cormenin (t. I, p. 204, 1re édit.), et Dalloz (v° *Halles*, n° 34), que le propriétaire a seul un droit d'option, et que ce n'est que lorsqu'il se refuse à louer que la commune peut le contraindre à *aliéner*.]

1130. [Si le propriétaire ne consent ni à louer ni à céder amiablement le bâtiment en question, l'expropriation s'opère sans nouvelle déclaration de l'utilité publique qui est d'ores et déjà déclarée par la loi de 1790 elle-même. Il ne reste qu'à faire prononcer l'expropriation et à régler le montant de l'indemnité.]

1131. [Un décret rendu au contentieux, le 22 mars 1814, décide, par application de la loi de 1791 précité et de l'art. 545, C. Nap., que le propriétaire d'une halle n'en peut être dépossédé sans une indemnité préalable.]

1132. [Le décret précité du 22 mars 1814, nonobstant la promulgation de la loi du 8 mars 1810 sur l'expropriation, avait maintenu l'attribution conférée aux autorités administratives par la disposition finale de l'art. 19 de la loi de 1790. Mais postérieurement à ce décret la jurisprudence du Conseil d'Etat s'est prononcée d'une manière constante pour l'application en cette matière de la loi de 1833, puis de celle de 1841 (1).

---

(1) Voir avis du Conseil d'Etat, du 20 juill. 1836 ; arrêts des 2 juin 1849, 22 fév. 1824 ; Dalloz, v° *Halles*, n° 38 ; Foucart, *Droit administratif*, III, p. 230 ; de Cormenin, 1re édit., p. 404 ; Husson, *Législation des travaux publics*, p. 189.

En conséquence, sur le vu de la sommation faite au propriétaire et demeurée infructueuse, le préfet prend un arrêté déterminant la nature du local à exproprier. Cet arrêté est transmis au procureur impérial qui requiert du tribunal l'expropriation des bâtiments désignés dans l'arrêté du préfet. Le jugement d'expropriation et ses suites, ainsi que la convocation et la décision du jury, sont soumis à toutes les formes requises par la loi du 3 mai 1841.]

1133. [Une vive controverse s'est élevée sur la question de savoir sur quelle base doit être réglé le prix de vente des anciennes halles. Un avis du Conseil d'Etat du 2 août 1811, approuvé le 11 par l'Empereur, semble décider, en rappelant que tous les anciens droits de hallage ont été supprimés sans indemnité par la loi des 15-28 mars 1790, que la seule valeur des bâtiments, abstraction faite de tout droit ou redevance, doit être prise en considération pour la fixation de l'indemnité. Nonobstant les termes en apparence absolus de cet avis, les auteurs s'accordent à soutenir que les droits supprimés par la loi de 1790, auxquels l'avis du 2 août 1811 fait allusion, sont uniquement les droits féodaux abolis par les lois de la révolution, et non pas les droits représentatifs du loyer que la loi des 15-28 mars 1790 maintient au contraire en faveur des propriétaires (1). Il nous paraît également que le jury devra tenir compte, non-seulement de la valeur intrinsèque des bâtiments, mais encore du revenu qu'ils procurent à leurs [propriétaires.]

CHAPITRE XXI.

DU DROIT DE PRÉEMPTION SUR LES TERRAINS RESTÉS OU DEVENUS DISPONIBLES APRÈS L'EXÉCUTION DES TRAVAUX.

1134. — Définition de ce droit.
1135. — Divers cas où il peut s'exercer.

---

(1) Voir Macarel, *Thémis*, III; de Cormenin, v° *Halles*; Dalloz, v° *Halles*, n° 16. Les arrêts du Conseil d'Etat intervenus à cet égard se contentent de renvoyer à l'avis du 2 août 1811. Voir notamment l'arrêt précité du 22 fév. 1821 (Lebon, *Rec.*, à la date).

1134. En matière de travaux publics, le droit de *préemption* est le privilége accordé à un propriétaire d'acquérir, s'il le désire, de préférence à tout autre, un immeuble ou une portion d'immeuble qui cesse de faire partie du domaine public. Ce droit constitue un *privilége*, car l'art. 62 de la loi du 3 mai 1841 lui donne ce nom.

Le terme *préemption* ne se trouve pas dans les lois que nous allons examiner, mais il a été adopté par les rapporteurs et les orateurs des deux Chambres (n°s 1154, 1157, 1160, etc.).

1135. Ce privilége a lieu dans plusieurs cas différents que nous envisagerons séparément, parce qu'ils ne sont pas soumis aux mêmes règles. Il est admis d'abord à l'égard des terrains acquis pour des travaux d'utilité publique, et qui ne reçoivent pas cette destination ; nous en traiterons dans la section Ire. Le droit de préemption peut aussi s'exercer sur des terrains qui ont été réellement incorporés au domaine public, mais qui cessent d'être nécessaires aux voies de communication dont ils faisaient partie. Ce sera l'objet de la section II, dans laquelle nous examinerons plusieurs hypothèses, parce que la législation est différente, selon que le terrain provient de voies publiques totalement supprimées, ou de celles dont les dimensions ont seulement été modifiées. Ces distinctions sont reconnues par l'administration de l'enregistrement, qui, dans sa circulaire du 15 octobre 1842, a soin de faire remarquer que l'art. 60 de la loi du 3 mai 1841 ne s'applique qu'aux terrains acquis pour des travaux *auxquels ils n'ont pas été employés*, et ne doit pas être étendu aux cessions des portions de routes royales (impériales) délaissées, pour lesquelles il existe, en effet, une législation différente (n° 1154)—(A).

Additions.

(A) L'art. 19 de la loi du 21 mars 1836, sur les chemins vicinaux, en accordant aux propriétaires riverains d'un chemin vicinal abandonné ou dont la direction a été changée, le droit de s'en rendre acquéreurs moyennant un prix à fixer par experts, n'a pas entendu en limiter l'exercice aux seuls riverains des chemins vicinaux classés. Cet article, sainement compris et interprété par la discussion publique à laquelle il a donné lieu, par les instructions ministérielles dont il a été l'objet et par l'exécution constante qu'il a reçue depuis la promulgation de la loi de 1836, s'applique également aux chemins ruraux qui n'ont jamais été classés comme chemins vicinaux. Le droit de préemption peut s'exercer pour les uns comme pour les autres sans distinction. Voir n° 1160, Cass., 19 mai 1858 (*Gaz. trib.*, 21 mai 58 ; Dall. 58.1.204).

La réclamation du droit de préemption dont il s'agit doit être portée devant les tribunaux civils et non devant l'autorité administrative. Cons. d'Etat, 18 déc. 1856 (Lebon, *Rec.*, à la date ; Dall. 57.3.48).

Les terrains qui font retour à l'Etat par suite de la suppression d'un chemin de fer, ne sont pas soumis au droit de

CHAP. XXI. — DROIT DE PRÉEMPTION

Section Ire. — *Du droit de préemption sur les terrains acquis pour des travaux publics et qui ne reçoivent pas cette destination.*

1136. — L'équité prescrivait l'admission de ce privilége,
1137. — Même à l'égard des terrains acquis à l'amiable.
1138. — Il ne s'applique pas aux terrains acquis sur la réquisition du propriétaire,
1139. — A moins que la propriété ne reste intacte après les travaux.
1140. — *Quid* si les terrains sont destinés à d'autres travaux ?
1141. — C'est l'administration qui déclare qu'il y a lieu à revendre les terrains,
1142. — Avertissements qui précèdent la vente.
1143. — Quand l'administration ne peut plus revenir sur l'arrêté de revente.
1144. — Délai pour l'exercice du privilége de préemption.
1145. — Quelles personnes peuvent exercer ce privilége.
1146. — Débats entre les prétendants à l'exercice du privilége.
1147. — Fixation du prix de rétrocession.
1148. — Délai pour passer le contrat et payer le prix.
1149. — Formes du contrat.
1150. — Le privilége de préemption s'applique à toute espèce de terrains acquis pour utilité publique,
1151. — Même aux terrains acquis avant 1833.

1136. L'expropriation ou la vente transmet à l'Etat tous les droits du précédent propriétaire. Ces cessions sont du reste irrévocables, sans conditions ; et lorsque l'abandon ou la modification des travaux permet de faire rentrer ces immeubles dans le commerce, l'Etat pourrait, à la rigueur, le vendre au plus offrant, comme les autres propriétés domaniales. Mais cela serait-il conforme à l'équité ? Non, certes. Supposons que l'administration annonce l'intention de faire une route dans le pays que j'habite, et, pour cela, m'exproprie d'une partie du terrain nécessaire à sa confection. Tout à coup ce projet est abandonné, et l'Etat revend ou loue le terrain que je lui avais transmis ; mes terres se trouvent alors divisées par une propriété étrangère qui en rend la culture beaucoup plus difficile, m'expose à

---

préemption accordé aux anciens propriétaires, alors que le chemin de fer ayant existé pendant plusieurs années, les terrains ont reçu par là même la destination pour laquelle ils avaient été expropriés. C. Lyon, 20 août 1857 (Dall. 57.2.249).

une multitude de contestations, sans me procurer aucun des avantages sur lesquels j'avais dû compter. La même injustice peut se manifester plus ou moins dans tous les autres cas où des travaux publics ne sont pas exécutés. Malgré l'indemnité allouée, l'expropriation peut encore être préjudiciable ou gênante pour l'exproprié. Il est dédommagé de cet inconvénient par sa participation aux avantages que procurera l'ouvrage entrepris. Mais, si les travaux sont abandonnés, il est juste qu'il puisse reprendre son bien, quand même d'autres en offriraient un plus grand prix. Celui qui achèterait ces terrains n'aurait-il pas presque toujours pour but de les revendre très-cher aux voisins, à cause de la convenance? L'administration doit-elle faire ou favoriser une pareille spéculation au préjudice de ceux-ci? Quelle ne serait pas l'injustice du refus de rétrocession, si l'on avait pris une partie d'un jardin, d'une cour ou d'un parc!

Ces considérations, que nous avions présentées dans la première édition de cet ouvrage, étaient, comme on le voit, basées sur des principes d'équité; aussi furent-elles admises lors de la rédaction du projet de loi de 1833. Cependant les dispositions relatives au droit de préemption sur les terrains non employés aux travaux ne furent point approuvées par la commission de la Chambre des pairs, qui en proposa la suppression. M. de Vaines, son rapporteur, disait: « Que l'administration reste pleinement libre à cet égard, rien de mieux; mais quand tout est consommé, quand elle a payé, quand elle est bien légitimement propriétaire, l'obliger à traiter de la chose avec tel plutôt qu'avec tel autre, ce serait la jeter dans une foule de petits embarras sans lui offrir en dédommagement aucun avantage qu'elle ne pût obtenir autrement. Si, en effet, les anciens propriétaires ont quelque intérêt à rentrer dans les terrains dont ils ont été dépossédés, ils peuvent en provoquer la vente et s'en rendre adjudicataires » (1er *rapport*, p. 30).

M. Legrand, commissaire du roi, répondit: « L'Etat n'a pas acquis au même titre qu'un simple particulier; il n'a pu devenir propriétaire qu'à condition; les terrains ne lui ont été vendus que pour cause d'utilité publique. Si cette cause ne se réalise pas, il est juste que les propriétaires dépossédés puissent, s'ils le veulent, recouvrer la jouissance des immeubles qu'ils ont cédés; et ce n'est qu'à leur refus de les reprendre à un prix équitablement réglé que l'administration peut procéder à une vente publique » (*Monit.*, 14 mai 1833, p. 1352). Cette observation décida la Chambre à conserver les art. 60, 61 et 62.

1137. L'art. 60 porte que, « si les terrains acquis pour des « travaux d'utilité publique ne reçoivent pas cette destination, « les anciens propriétaires ou leurs ayants droit peuvent en « demander la remise. » On voit que cette faculté a lieu, non-seulement pour les terrains frappés d'expropriation, mais aussi pour ceux qui ont été *acquis* par un contrat de vente amiable, car l'art. 60 emploie, et avec intention, sans doute, cette expression : *terrains acquis pour des travaux publics*, et non *terrains expropriés*—(A).

1138. Le droit de préemption s'applique aux terrains acquis sur la demande de l'administration, qui les avait indiqués comme nécessaires à des travaux d'utilité publique. Mais il ne peut évidemment pas en être de même des terrains acquis *sur la réquisition du propriétaire*, en vertu de l'art. 50 de la loi du 3 mai 1841. Lorsqu'une propriété doit être morcelée par les travaux, et que le propriétaire exige qu'on l'acquière en entier, il sait bien que le restant qu'il ne veut pas garder, n'étant pas nécessaire aux travaux, sera revendu par l'administration ; en la forçant à faire cette acquisition, il consent bien certainement à ce que cette revente ait lieu. C'est donc avec raison que l'art. 62 de la loi du 3 mai dit : « Les dispositions des art. 60 et 61 ne sont « pas applicables aux terrains qui auront été acquis sur la « réquisition du propriétaire, en vertu de l'art. 50, et qui reste- « raient disponibles après l'exécution des travaux. » Ces terrains n'étaient pas destinés aux travaux projetés.

1139. Il faut toutefois restreindre la disposition de l'art. 62 au seul cas sur lequel elle a voulu statuer, celui de terrains qui, n'étant pas destinés aux travaux, restent disponibles, que les travaux s'exécutent ou non. Mais supposons que, pour l'exécution d'un travail d'intérêt public, l'administration annonce qu'elle a besoin de partie d'un immeuble, et que, pour éviter le morcellement de cet immeuble, le propriétaire exige qu'on l'acquière en totalité ; si, par suite d'abandon ou de modification du projet, il est reconnu qu'aucune partie de cet immeuble n'est nécessaire pour les travaux, le propriétaire pourra demander qu'il lui soit rétrocédé en totalité, car il n'a consenti à l'aliéner que parce qu'on assurait qu'une portion de l'immeuble

---

Additions.
(A) Cet article s'applique exclusivement au cas où les terrains expropriés n'ont pas reçu cette destination et non au cas où cette destination leur a été donnée après un long espace de temps. Cass. req., 8 juin 1863 (*Gaz. trib.*, 9 juin 63).

était nécessaire pour des travaux publics. Cette nécessité n'existant plus, il est en droit de demander qu'on le lui remette en totalité, si l'administration est encore en possession du tout. M. Vavin ayant soulevé cette question devant la Chambre des députés, M. Dufaure, rapporteur, et M. Legrand, commissaire du roi, déclarèrent que ce cas rentrait dans la disposition générale de l'art. 60, et non dans l'exception introduite par l'art. 62 (*Monit.*, 5 mars 1841, p. 541).

1140. Si les terrains n'étaient pas employés au travail pour lequel ils étaient d'abord destinés, mais devaient servir à un autre travail d'utilité publique, le propriétaire ne pourrait réclamer le privilége de préemption, puisque l'administration aurait le droit de l'exproprier de nouveau ; c'est pourquoi l'art. 61 parle des *terrains que l'administration est dans le cas de revendre.* M. Herson, n° 349, dit que c'est créer à l'administration un moyen d'éluder la disposition de l'art. 60; mais les autres commentateurs ont embrassé notre opinion (1). Il n'est pas possible, en effet, de supposer que l'administration entreprendra un travail d'utilité publique, uniquement pour éviter la rétrocession d'un immeuble (2)—(A).

---

(1) Voir Dalloz, v° *Expropriation*, n° 742.

(2) [Voir, en ce sens, Conseil d'Etat, 17 mai 1855 (Lebon, *Rec.*, 1855, p. 357).]

Additions.

(A) Lorsque le bornage d'un chemin de fer, prescrit par le cahier des charges annexé au décret de concession, n'est pas achevé, le ministre des travaux publics, saisi d'une demande en rétrocession, formée en vertu de l'art. 60, par l'ancien propriétaire d'un terrain exproprié pour l'établissement d'un chemin de fer, n'excède pas ses pouvoirs en prenant, à l'égard de cette demande, une décision de rejet motivée sur ce que la parcelle dont la rétrocession est réclamée, doit être utilisée presque en totalité pour la régularisation des talus d'un remblai et qu'une bande de terrain qui resterait après que le talus aurait été ramené à l'inclinaison ordinaire, devrait être conservée pour le cas où, par suite de tassement des terres, le talus prendrait une inclinaison plus douce que celle du profil réglementaire.

Il appartient au ministre des travaux publics d'apprécier si les terrains expropriés sont nécessaires pour l'établissement d'un chemin de fer; mais la décision ne fait pas obstacle à ce que si, après l'achèvement définitif des talus et remblais et le bornage du chemin de fer, il était reconnu qu'une partie du terrain exproprié n'est pas affectée au service du chemin de fer, l'ancien propriétaire puisse en demander la remise et, en cas de contestation, faire valoir devant les tribunaux civils le privilége établi à son profit par l'art. 60, sauf à la compagnie à lui opposer, si elle s'y croit fondée, que, par application de l'art. 62, il ne serait pas dans le cas de réclamer ce privilége. Cons. d'Etat, 27 mars 1862 (Lebon, *Rec.*, 1862, p. 252) ; Cons. d'Etat, 16 août 1862 (Lebon, *Rec.*, 1862, p. 688).

Celui qui a été exproprié, pour cause d'utilité publique, de la totalité de sa propriété ne peut être déclaré déchu du droit de préemption de l'art. 60 relativement à la portion de terrain qui reste non utilisée, après que l'utilité publique est satisfaite,

1141. Il est certain que l'administration qui fait exécuter les travaux peut seule reconnaître et déclarer si les terrains sont réellement inutiles pour leur exécution (1) ; mais ce n'est pas à elle à en opérer la rétrocession. Une ordonnance, du 22 mars 1835, rendue pour l'exécution de l'art. 60 de la loi du 7 juillet 1833, confie ces opérations à l'administration des domaines. L'art. 1er de cette ordonnance porte : « Les terrains ou portions « de terrains acquis pour des travaux d'utilité publique, et qui « *n'auraient pas reçu* ou *ne recevraient pas cette destination*, seront « remis à l'administration des domaines pour être rétrocédés, « s'il y a lieu, aux anciens propriétaires ou à leurs ayants droit, « conformément aux art. 60 et 61 de la loi du 7 juillet 1833. »

[Une circulaire du ministre des travaux publics, du 20 janvier 1846, recommande à ses agents de faire, le plus tôt possible, la remise des terrains inutiles, à l'administration des domaines.]

---

par cela seul qu'il a reçu le prix entier de son terrain sans réserve, et alors qu'il savait à ce moment son droit ouvert. Ce droit lui appartient tant qu'il n'y a pas expressément renoncé et qu'il n'est pas par lui exercé dans le délai fixé par l'art. 64. Cass. req., 26 mai 1862 (*Gaz. trib.*, 27 mai 62) ; Cass. civ., 27 avril 1863 (S. 63.1.319) ; C. Paris, 31 déc. 1863 (*Gaz. trib.*, 7 janv. 64). — *Contrà*, C. Lyon, 13 mars 1861.

Un terrain exproprié jadis pour l'établissement d'un chemin de fer, n'a pas reçu cette destination ; ce terrain est frappé d'une expropriation nouvelle pour l'établissement d'une rue. Postérieurement au décret déclaratif d'utilité publique en vue de ce second objet, mais avant le jugement qui prononce l'expropriation, l'ancien propriétaire demande, en vertu de l'art. 60, la rétrocession du terrain à lui pris en vertu d'un travail qui n'a pas été et qui ne sera pas exécuté. L'instance relative à cette rétrocession étant pendante, le jury se réunit pour régler les indemnités, et l'ancien propriétaire demande à intervenir ; le magistrat directeur excède ses pouvoirs en rejetant cette intervention ; il ne saurait se faire juge du mérite de la demande de rétrocession : il doit donc admettre celui qui en est l'auteur à défendre devant le jury l'intérêt que le succès ultérieur de cette demande pourrait lui donner, à la fixation de l'indemnité. Cass. civ., 15 mars 1865 (*Gaz. trib.*, 16 mars 65).

La faculté laissée au propriétaire par l'art. 60, s'exerce du moment qu'il est constaté que la destination prévue n'a pas été remplie, sans qu'il soit besoin de recourir à l'administration pour faire prononcer sur le changement de destination.

La compagnie concessionnaire ne peut prescrire contre la rétrocession du terrain non employé, le titre en vertu duquel elle possède conservant également le droit de l'ancien propriétaire, aussi bien lorsqu'il s'agit d'une parcelle revendiquée que de la totalité du terrain.

L'action en rétrocession appartient à l'ancien propriétaire et non à l'adjudicataire postérieur du surplus de la propriété qui n'a pas été exproprié.

Le fait d'une nouvelle expropriation dans un but différent de la première ne forme pas obstacle à l'action en rétrocession. C. Paris, 8-9 août 1865 (*Gaz. trib.*, 8-9 mai 65).

(1) [Cass., 29 mars 1842 (S.42.1. 355) ; 28 déc. 1852 (S.53.1.288). Voir Dufour, *de l'Expropriation*, n° 190. — *Contrà*, Herson, n° 765 ; Dalloz, v° *Expropriation*, n° 745.]

1142. Un avis, publié de la manière indiquée en l'art. 6 de la loi du 3 mai (n°s 85 et 86), fait connaître les terrains que l'administration est dans le cas de revendre (art. 61 et *Form.*, n° LXXXVII). C'est un appel fait aux anciens propriétaires ou à leurs ayants droit. Dans les trois mois à compter de cette publication, les anciens propriétaires qui veulent réacquérir la propriété desdits terrains, sont tenus de le déclarer, à peine de déchéance du privilége qui leur est accordé (*Ibid.*). Cette déclaration peut être faite dans une notification par huissier, dont l'art. 2, 8°, de l'ordonnance du 28 septembre 1833, fixe même l'émolument (*Form.*, n° LXXXVIII); mais, la loi n'ayant prescrit aucun mode, il nous semble que toute autre notification, dès qu'elle est parvenue à l'administration des domaines, suffit pour empêcher que la déchéance ne soit encourue. M. Gand, p. 385, suppose que la déclaration pourrait être faite devant le maire, conformément à l'art. 7 de la même loi ; mais le procès-verbal dont parle cet article a dû sortir depuis longtemps des mains du maire (n° 106), et aucun texte de loi ne l'autorise à recevoir une déclaration adressée à l'administration des domaines. Un arrêté du ministre des finances, du 13 juillet 1837, reproduit les dispositions des art. 60 et 61, sans statuer sur les points que nous venons d'indiquer. *Circ. dir. gén. ponts et ch.*, 20 septembre 1837 (*Ann. ponts et ch.*, p. 353).

[1143. Quand après la publication par l'administration de l'avis qu'elle entend revendre les terrains non employés, les anciens propriétaires ont régulièrement fait connaître leur volonté de réacquérir, il s'est formé un contrat qui lie les parties, et l'administration ne peut plus revenir sur son arrêté de revente. Il y a accord en effet sur la chose objet du contrat, et comme la loi porte qu'à défaut d'entente sur le prix, celui-ci est fixé par le jury, les parties sont par là même convenues d'abandonner la fixation de ce prix à un tiers désigné d'avance par la loi : or, comme ce tiers, qui est ici le jury, ne peut refuser la mission qui lui est confiée, il en résulte qu'il y a vente, conformément aux principes de l'art. 1592, C. Nap. (1).]

1144. A défaut de déclaration dans le délai de trois mois, la déchéance du droit de préemption est définitivement encourue (art. 61), même à l'égard des mineurs et interdits. La loi leur offre un privilége sous certaines conditions : si leur tuteur ne

---

(1) Cons. d'Etat, 4 avril 1856 (Lebon, *Rec.*, 1856, p. 264).

remplit pas ces conditions dans les délais fixés, le privilége offert ne peut leur être acquis, et il n'y a pas lieu à appliquer les dispositions des lois relatives à la prescription.

1145. L'art. 60 n'accorde pas le privilége de préemption aux anciens propriétaires seulement; il dit que *les anciens propriétaires ou leurs ayants droit* peuvent demander la remise des immeubles. Quels sont donc les ayants droit qui peuvent, de préférence à l'ancien propriétaire, réclamer la rétrocession des immeubles non employés aux travaux ? Ce sont ceux qui, selon toutes les présomptions, seraient actuellement les propriétaires du terrain, si l'État ne l'avait pas réclamé pour des travaux publics; ceux que l'équité commande d'en investir, pour ne pas les rendre victimes de spéculations plus ou moins odieuses.

Supposons, par exemple, que le terrain qu'il s'agit de rétrocéder faisait partie d'une plus grande propriété qui, depuis l'expropriation, a été aliénée en entier à une seule personne. La rétrocession devra-t-elle être faite à l'ancien propriétaire ou à l'acquéreur du restant de la propriété ? Nous croyons que cet acquéreur est l'*ayant droit* de l'ancien propriétaire pour tout ce qui tient à l'immeuble par lui acquis, et que c'est à lui qu'appartient le droit d'exiger la rétrocession. Cette interprétation est d'ailleurs la plus conforme à l'équité. Si le canal ou la route devait traverser la propriété et la diviser en deux, serait-il juste que le vendeur pût se rendre, par privilége, acquéreur du terrain intermédiaire, et son seul but ne serait-il pas de forcer l'acquéreur de lui racheter ce terrain à un très-haut prix ? En aliénant le surplus de sa propriété, il a nécessairement transmis tacitement à l'acquéreur tous les droits qui se rattachaient à cet immeuble, et n'a pu équitablement se réserver celui de réclamer éventuellement la remise du surplus du terrain, s'il n'était pas employé aux travaux d'utilité publique projetés.

Si le propriétaire est mort, et que l'immeuble dont le terrain non employé aux travaux avait fait partie soit échu par partage à l'un des héritiers, c'est à celui-ci, et non à tous les héritiers, qu'appartiendrait le droit de réclamer la rétrocession. De même, si cet immeuble avait été légué par l'ancien propriétaire, c'est le légataire, et non l'héritier légitime, qui pourrait demander la rétrocession.

MM. Cotelle, I, p. 527; Herson, n° 348; Dumay, I, p. 249, interprètent les mots *ayants droit* comme nous venons de le faire; mais MM. Armand Dalloz et Gand, p. 385 (1), combattent cette interprétation et nous opposent que les successeurs à titre particulier doivent toujours être écartés (à moins de stipulations spéciales dans leurs titres), parce que le vendeur ou testateur ne leur a transmis aucun droit sur l'immeuble dont il était exproprié au moment de la vente ou du legs. Évidemment celui-ci ne pouvait alors ni transmettre ni se réserver aucun droit sur l'immeuble exproprié, puisqu'il ne lui en restait aucun, sa dépossession ayant été complète : aussi n'est-ce pas comme subrogé aux droits de l'ancien propriétaire, qui n'en avait plus, qu'aucune personne peut se présenter. Nul n'a de droit effectif que celui qu'il tient de l'art. 60 de la loi du 3 mai 1841. D'après cet article, l'administration, qui était devenue propriétaire incommutable de l'immeuble, doit s'en dessaisir. En faveur de qui ? En faveur de l'ancien propriétaire ou de son ayant droit, dit l'article. Il y a donc des circonstances où la remise n'est pas accordée à l'ancien propriétaire : dès lors on peut réclamer cette remise sans subrogation expresse ni tacite aux droits de cet ancien propriétaire. La faculté de préemption concédée par l'art. 60 ne résulte pas d'un principe rigoureux ; elle n'est basée que sur des considérations d'équité : c'est pourquoi le législateur n'a pas voulu concéder cette faculté à l'ancien propriétaire seulement, mais l'appliquer à celui que l'équité recommandait à sa bienveillance, soit à titre d'ancien propriétaire, soit comme étant devenu depuis l'expropriation le véritable intéressé à la remise de cet immeuble. On a voulu réunir ces parcelles aux héritages dont ils avaient été séparés, de manière que c'est généralement au propriétaire riverain que le droit de préemption doit être accordé, ainsi qu'on le voit dans l'art. 3 de la loi du 24 mai 1842 — (A).

1146. Lorsqu'il s'élève des difficultés entre les prétendants à la rétrocession, la contestation est de la compétence de l'auto-

---

(1) Voir, dans le même sens, Dalloz, *Rép.*, v° *Expropriation*, n° 744.

Additions.

(A) La faculté de préemption peut être exercée même contre le sous-acquéreur à qui l'exproprient a revendu l'immeuble par l'exproprié qui n'a pas encore reçu son indemnité. Ce dernier peut reprendre l'immeuble, sauf l'action en garantie que le sous-acquéreur peut intenter contre l'exproprient, son vendeur.

A cette action, fondée sur l'art. 60, ne saurait être opposée comme constituant l'exception de chose jugée, une décision qui aurait été rendue dans une simple instance en revendication où le demandeur se bornait à méconnaître l'expropriation elle-même, sans conclure subsidiairement à l'exercice du droit de préemption. Cass. req., 12 juin 1865 (*Gaz. trib.*, 14 juin 65).

rité judiciaire, et le ministre des finances doit surseoir à la rétrocession jusqu'à ce que, à la requête de la partie la plus diligente, la question de qualité ait été jugée (1).

Si un propriétaire de terrains expropriés pour un travail d'utilité publique saisit les tribunaux d'une demande en restitution de ceux de ces terrains qui n'ont pas reçu cette destination, ceux-ci ne peuvent ordonner la restitution demandée sans excéder leurs pouvoirs, dans le cas où, avant la demande, les terrains ont été aliénés par l'État. Ils doivent surseoir à prononcer sur la demande en restitution, jusqu'à ce qu'il ait été statué par l'autorité administrative sur le mérite de l'arrêté préfectoral qui a opéré cette aliénation (2).

Comme des difficultés de cette nature peuvent se présenter assez fréquemment, l'administration des domaines ne passe aucun contrat de rétrocession avant l'expiration du délai de trois mois accordé aux intéressés pour faire connaître leur intention d'acquérir. Toutefois, cette administration ne peut statuer sur les contestations qui, en pareil cas, s'élèveraient entre les réclamants; elle devrait les renvoyer à faire juger leur différend par les tribunaux. Il serait possible que ce fût l'administration des domaines elle-même qui contestât au réclamant le droit de jouir du privilége établi par les art. 60 et 61 de la loi, et, dans ce cas, la contestation devrait encore être portée devant les tribunaux.

Les employés des domaines doivent vérifier les titres et les droits des anciens propriétaires ou de ceux qui se présentent en leur nom, et s'assurer surtout qu'ils n'ont point encouru la déchéance du privilége que les art. 60 et 61 de la loi du 3 mai 1841 leur accordent (Instr. adm. enreg., 22 mai 1835).

1147. Le prix des terrains à rétrocéder est fixé à l'amiable s'il est possible; sinon, cette fixation est faite par le jury spécial de la manière indiquée au chap. IX (art. 60, § 2). Le législateur avait tellement le désir d'éviter toute lésion aux propriétaires atteints par l'expropriation, qu'il a déclaré que la fixation par le jury ne pourra, en aucun cas, excéder la somme moyennant laquelle l'État était devenu propriétaire du terrain (*Ibid.*). Cette dernière disposition fut critiquée en 1833 à la Chambre des députés, et l'on demanda que l'État profitât de la plus-value

---

(1) Cons. d'État, 1er avril 1840 (Lebon, Réc., p. 97). Voir Dufour, *de l'Expropriation*, n° 490 ; Dalloz, v° *Expropria-* tion, n° 745.
(2) Cass., 29 mars 1842 (S.42.1.355 ; Dall.42.1.479).

que l'immeuble aurait acquise, comme il supporterait la moins-value, s'il y en avait une. M. Legrand, commissaire du roi, répondit : « Un de nos collègues a pensé que les terrains pouvaient obtenir une plus grande valeur entre les mains du Gouvernement. Mais les propriétés ne peuvent être restituées aux anciens possesseurs que dans le cas où les travaux d'utilité publique ne seraient pas exécutés; dès lors, je n'aperçois pas par quelle cause leur valeur pourrait s'accroître, et quelle plus-value l'Etat serait en droit de réclamer. Si cette plus-value n'est que l'effet du temps ou de causes naturelles, le Gouvernement ne doit pas se l'approprier » (*Mon.*, 9 fév. 1833, p. 329).

M. Martin (du Nord) ajouta : « L'article est fait pour le cas où l'entreprise est abandonnée, et où par conséquent l'expropriation pour cause d'utilité publique ne doit pas avoir son effet. N'est-il pas naturel que le propriétaire rentre dans sa propriété aux mêmes conditions pour lesquelles il a été forcé de l'abandonner, sans éprouver aucun dommage? Il n'y a pas de plus-value au profit de l'État. Si la propriété était restée entre les mains du propriétaire, n'aurait-elle pas augmenté de valeur? La cause d'utilité publique, l'expropriation, est résolue, et le propriétaire rentre en possession de la chose, comme s'il n'en avait pas été dépossédé. Il est évident qu'il y aurait injustice à lui faire payer un prix supérieur à celui qu'il aurait reçu » (*Ibid.*).

L'administration doit, en conséquence, s'abstenir de faire des améliorations dans les terrains qui ne sont pas employés aux travaux.

Lorsque la rétrocession s'applique à la totalité du terrain acquis, on connaît exactement la somme moyennant laquelle ce terrain a été acquis, et qui forme le maximum du prix de cession. Mais, lorsqu'il s'agit de restituer une partie seulement de ce terrain, la limite indiquée par l'art. 60 devient souvent sans effet, parce qu'il est presque toujours impossible d'établir avec certitude la part pour laquelle cette parcelle est entrée dans le prix d'acquisition. Répartir l'indemnité allouée par le jury proportionnellement à l'étendue du terrain exproprié serait quelquefois un mode erroné; dès lors le propriétaire ne peut imposer cette base à l'administration; et puisqu'on n'est pas d'accord sur le prix, on doit le faire fixer par un nouveau jury, qui n'aura, pour le règlement de ce prix, d'autre limite que le total de l'indemnité primitive.

[Comme il s'agit toujours en définitive d'apprécier un résultat de l'expropriation, le conseil de préfecture serait incompétent pour fixer le prix de rétrocession malgré le consentement du propriétaire et de l'administration à l'investir de cette mission (1).]

1148. Dans le mois de la fixation du prix, soit amiable, soit judiciaire, dit l'art. 61 de la loi, les réclamants doivent passer le contrat de rachat et payer le prix, *à peine de déchéance* du privilége que la loi leur accorde. Par cette expression : *la fixation judiciaire du prix*, l'on a nécessairement voulu parler de la fixation du prix par le jury spécial : car, sans cela, l'art. 61 serait en contradiction avec l'art. 60, § 2.

1149. Le contrat de rétrocession est passé devant le préfet du département ou devant le sous-préfet, sur délégation du préfet, en présence et avec le concours d'un préposé de l'administration des domaines et d'un agent du ministère pour le compte duquel l'acquisition des terrains avait été faite. — Le prix de la rétrocession est versé dans les caisses du domaine (Ord. 22 mars 1835, art. 1er). Cet acte doit être visé pour timbre et enregistré *gratis*, car l'art. 58 de la loi du 3 mai 1841 établit cette disposition pour *tous les contrats faits en vertu de cette loi* (n° 993). Pour la forme du contrat, voir ce que nous avons dit n°^{s} 670 et suivants.

1150. Le droit de préemption sur les terrains non employés aux travaux s'applique à toute espèce d'acquisition pour utilité publique. L'art. 60 de la loi du 7 juillet 1833 parlait de la somme moyennant laquelle *l'État* était devenu propriétaire des terrains. Cette locution laissait quelque doute sur le point de savoir si le droit de préemption pouvait être exercé par les anciens propriétaires des terrains acquis ou expropriés sur la poursuite des départements, des communes et des concessionnaires. A la Chambre des députés, tout le monde se prononça pour l'application du droit de préemption à ces divers cas, et M. Vivien, afin de lever toute incertitude, proposa de supprimer la mention de *l'État*, en disant : La somme moyennant laquelle *les terrains ont été acquis*; ce qui fut unanimement admis (*Mon.*, 5 mars 1841, p. 541). L'art. 63 déclare formellement que les concessionnaires de travaux publics sont soumis à toutes les obligations qui sont imposées à l'administration par les lois des 7 juillet 1833 et 3

---

(1) Cons. d'Etat, 25 janv. 1855 (Lebon, 1855, p. 68). Voir Dalloz, v° *Expropriation*, n° 747.

mai 1841 ; par conséquent, ils ne peuvent se soustraire à l'exercice du droit de préemption. Le § 3 de l'art. 66 de la loi du 7 juill. 1833 et de la loi du 3 mai 1841, déclare que le titre VI de ces lois s'applique aux acquisitions faites pour travaux urgents de fortifications, et l'art. 60, relatif au droit de préemption, se trouve dans ce titre.

1151. La loi du 7 juillet 1833 est la première qui ait reconnu aux propriétaires un droit de préemption sur les terrains non employés aux travaux. Dès lors l'administration n'était pas obligée d'accorder le même droit aux anciens propriétaires des terrains acquis sous l'empire de la loi du 8 mars 1818 ; mais les considérations d'équité qui ont fait concéder le droit de préemption s'appliquaient également aux terrains acquis sous l'empire de cette loi. En conséquence, l'art. 1ᵉʳ de l'ordonnance du 22 mars 1835 ne se borne pas à employer le conditionnel présent, *ne recevraient pas*, mais emploie, en outre, le conditionnel passé : *n'auraient pas reçu*, ce qui annonce assez que ces dispositions s'appliquent, non-seulement aux terrains acquis depuis 1833, mais encore à ceux acquis antérieurement, lorsque les uns comme les autres n'ont pas été employés aux travaux pour lesquels ils avaient été achetés (1).

Quand il s'agit de terrains acquis antérieurement à 1833, doit-on admettre que le prix de cession ne peut, en aucun cas, excéder celui pour lequel l'immeuble a été acquis ? L'administration, qui est restée en possession de ces terrains pendant nombre d'années, et qui, d'après la législation antérieure à 1833, ne croyait pas devoir jamais les rétrocéder aux anciens propriétaires, a pu légitimement y faire des améliorations qui en ont augmenté la valeur ; il ne serait pas juste qu'elle fût privée des bénéfices de ses travaux. Ce serait donner à la loi un effet rétroactif.

SECTION II. — *Du droit de préemption sur les terrains qui cessent de faire partie du domaine public.*

1152. — Ce droit a été consacré par le législateur.
1153. — Modifications dans le tracé des routes.
1154. — Route impériale devenant voie départementale ou communale.

---

(1) *Contrà*, Cons. d'Etat, 29 janv. 1863 (Lebon, *Rec.*, 1863, p. 83).

1155. — Route abandonnée sous la réserve d'un chemin d'exploitation.
1156. — Mode de jouissance de ce chemin.
1157. — Divers modes d'aliénation du terrain des routes abandonnées.
1158. — Le droit de préemption prime celui d'échange.
1159. — Mise en demeure et forme de l'acquisition.
1160. — Droit de préemption quand la communication est supprimée.
1161. — Quand elle est réduite à une moindre largeur.
1162. — De l'autorité compétente pour statuer sur la nullité de la cession.
1163. — Droit de préemption en cas d'alignement.

1152. Lorsque le terrain acquis à l'amiable ou par voie d'expropriation a servi à l'exécution des travaux et s'est, par suite, trouvé incorporé au domaine public, il n'y a plus lieu à l'exercice du privilége établi par l'article 60 de la loi du 3 mai 1841, puisqu'il ne s'applique qu'aux terrains acquis pour des travaux d'utilité publique et *qui ne reçoivent pas cette destination*. Si, par la suite, ces terrains cessent de faire partie de nos voies publiques, les anciens propriétaires ne peuvent les réclamer, en vertu du droit de préemption consacré par cet article 60. On a pensé longtemps que l'Etat pouvait disposer, comme il le jugeait convenable, des terrains qui cessaient de faire partie du domaine public, et c'est plus récemment que le législateur a reconnu qu'il convenait d'admettre, pour ce cas, un droit de préemption, non plus en faveur des anciens propriétaires, mais au profit des propriétaires riverains au moment où l'aliénation s'opère. La reconnaissance de ce droit a donné lieu à la discussion de plusieurs questions préalables dont nous devrons dire ici quelques mots. Bien que le droit n'ait été proclamé qu'à l'égard des routes, l'administration a reconnu qu'il devait s'appliquer aux marais bordant la mer (1), ainsi qu'aux portions de terrains provenant des canaux et rivières navigables et devenues inutiles. Déc. min. fin., 13 juillet 1837; Circ. dir. gén. des ponts et chauss., 20 septembre 1837 (*Ann. ponts et chauss.*, p. 353).

Depuis longtemps les propriétaires riverains des rues, places, etc., ont le droit d'acquérir, de préférence à tous autres, les parcelles de terrains qui bordent leurs héritages, lorsqu'elles leur sont nécessaires pour l'exécution de l'alignement qui leur a été prescrit. Mais cette disposition a toujours été

---

(1) Voir, à ce sujet, Cons. d'Etat, 30 juin 1853 (Dall.54.3.10).

considérée par eux comme une obligation plutôt que comme un droit.

Une circulaire du directeur général des ponts et chaussées, du 17 août 1835, explique que l'art. 60 de la loi du 7 juillet 1833 ne concerne pas cette hypothèse : « Les dispositions ci-dessus énoncées (celles dont nous avons parlé dans la section précédente) ne sauraient s'étendre au cas prévu par l'art. 53 de la loi du 16 septembre 1807, c'est-à-dire au cas où, par suite de l'alignement qui lui est donné, le propriétaire riverain d'une route réunit à son propre fonds une portion du terrain dépendant du domaine public. Ici la cession de terrain est une conséquence de l'acte qui détermine l'alignement des constructions, et cet acte lui-même est essentiellement dans les attributions de l'administration des ponts et chaussées. Il faut remarquer d'ailleurs que le propriétaire a un droit incontestable de préférence, qui exclut toute idée de vente aux enchères publiques. Cependant l'arrêté du ministre des finances, du 13 juillet 1837, prescrit que les publications faites en vertu de l'art. 60, contiennent l'avertissement aux propriétaires riverains de portions de terrains restées sans emploi, de réclamer, dans le délai de trois mois, le droit de préférence qui leur est accordé par l'art. 53 de la loi du 16 septembre 1807. Circ. dir. gén. des ponts et chauss., 20 septembre 1837 (*Ann. ponts et chauss.*, p. 251). Voir n° 1142—(A).

1153. L'Etat est chargé, par nos lois, de pourvoir aux frais d'établissement et aux frais d'entretien des routes impériales. Le vote des Chambres permet, chaque année, d'exécuter sur ces routes des améliorations. Tantôt il s'agit de tourner une montagne, au lieu de la gravir; tantôt la construction d'un pont nouveau oblige à rechercher de nouvelles directions et à négliger les anciennes; d'autres fois il devient nécessaire de

---

Additions.

(A) La faculté accordée à l'administration, lorsque par suite d'alignement un terrain vacant se trouve en dehors d'une propriété bâtie, d'exproprier le propriétaire qui n'use pas du droit de préemption que lui réserve sur le terrain vacant, l'art. 53 de la loi du 16 sept. 1807, ne peut être exercée qu'autant que le jugement qui prononce l'expropriation au profit de l'administration, constate en même temps d'une manière précise le refus du propriétaire de profiter de son droit de préemption. Et cette constatation ne résulte pas d'une manière suffisante de la simple énonciation du refus du propriétaire, sans indication ni de la substance, ni de la date de l'acte qui renfermerait ce refus, alors surtout qu'il résulte des pièces produites que ce propriétaire sur la sommation qui lui a été faite par l'administration, n'a pas répondu par un refus, mais par une offre d'acheter sous certaines conditions, Cass., 8 avril 1864 (S.64.1.795).

rectifier des tracés et d'éviter des circuits (Voir Ordonn., 13 novembre 1844). Dans tous ces cas, dont le nombre et la forme doivent varier à l'infini, il peut arriver qu'il ne soit ni juste ni convenable de conserver à la charge de l'Etat des portions de route dont le service, amoindri et dénaturé, ne permet plus de les classer parmi les voies publiques de premier ordre. La question de savoir quel emploi devra être fait de ces portions délaissées méritait examen; elle a même soulevé des difficultés tellement graves, que quelques-unes sont restées indécises, et que les Chambres n'ont pu s'accorder, sur celles qui sont résolues par la loi du 24 mai 1842, qu'après avoir consacré plusieurs sessions à leur examen. L'art. 19 de la loi du 21 mai 1836 établit des dispositions de même nature à l'égard des chemins vicinaux (n° 1086).

1154. Lorsque la direction d'une route impériale est changée, quel doit être le sort du terrain qui cesse de faire partie de la route? Souvent la partie de route abandonnée conserve encore une utilité locale assez grande; elle peut être nécessaire à l'exploitation du territoire qu'elle traverse ou aux besoins de la population agglomérée qu'elle rencontre. Sous ce double rapport, elle devient d'une utilité départementale ou communale. Il paraissait donc naturel (lors de la discussion de la loi de 1842) que, sur la demande des conseils généraux de département ou des conseils municipaux ou des communes intéressées, ces portions de routes pussent être classées, soit parmi les routes départementales, soit parmi les chemins vicinaux de grande communication, soit parmi les simples chemins vicinaux.

Le Conseil d'Etat, supposant qu'il s'agissait d'aliéner une portion du domaine de l'Etat, avait pensé que des ordonnances royales ne suffisaient pas pour distraire de ce domaine les parties de routes royales qui cessaient de conserver cette affectation, et qu'une loi spéciale était nécessaire pour chaque aliénation.

L'administration pensait, au contraire, qu'une ordonnance royale, rendue dans la forme des règlements d'administration publique, était suffisante pour inscrire au nombre des communications départementales ou communales les parties de routes royales délaissées par suite de changements apportés, soit à leurs tracés, soit à leurs pentes; elle faisait observer, à l'appui de son opinion, qu'il ne s'agissait pas, en effet, d'aliéner une partie du domaine de l'Etat au profit d'un département ou d'une commune; mais uniquement d'affecter une portion du domaine public à un service public, départemental ou communal; qu'il n'y avait donc pas transmission d'une propriété ordinaire, mais plutôt acceptation de l'engagement offert, ou consenti par le département ou par la commune, d'entretenir, dans l'intérêt de ses habitants, une partie de route que le Trésor ne devait plus garder à sa charge (Exposé des motifs du 7 avril 1840). C'est pour mettre fin à cette controverse que le projet primitif fut présenté. L'art. 1er de la loi du 24 mai 1842 confère formellement à l'administration le pouvoir de ranger les portions de routes royales (impériales) abandonnées parmi les routes départementales ou les chemins vicinaux, sur la demande ou avec l'assentiment des conseils généraux ou municipaux.

Un amendement avait été proposé par M. de la Plesse dans la vue d'autoriser à classer les routes abandonnées, soit comme rues, soit comme promenades. M. Teste, ministre des travaux publics, répondit : « Lorsqu'une rue ou une place sont affectées à une route royale, il y a deux choses qui se trouvent conjointes : d'abord la route royale, ensuite la rue, la place publique ; c'est un mélange résultant nécessairement du fait que telle portion de la rue ou de la place a été affectée à une route royale. La loi a pour but de prévoir le cas où l'affectation est révoquée. Que reste-t-il alors ? la rue et la place. Ces deux choses étaient grevées d'une affectation ; l'affectation cesse d'exister, le terrain reprend sa nature première, c'est-à-dire la nature de rue ou de place » (*Monit.*, 31 mars 1842, p. 636). Sur cette observation, l'amendement fut retiré.

Lorsque, par suite de la conversion des routes impériales en routes départementales ou en chemins vicinaux, la voie publique aura été réduite à une moindre largeur, il restera, sur toute sa longueur, des terrains disponibles. Qui aura le droit d'en disposer? On a considéré qu'il était utile d'encourager les départements et les communes à classer ces portions de la voie publique parmi leurs routes ou chemins. Il a donc été reconnu que, lorsque le nouveau classement serait accepté, la route royale abandonnée se trouverait mise dans toute sa largeur à la disposition des départements ou des communes, afin que la vente des parcelles reconnues inutiles à la voie publique serve, en quelque sorte, de compensation aux frais d'entretien (*Monit.*, 27 mars 1842). Une circulaire de l'administration des domaines, en date du 15 octobre 1842, reconnaît que tel est le sens de l'art. 4 de cette loi. Du reste, l'art. 1er de la loi du 24 mai 1842 porte : « Les portions de routes royales délaissées par suite de changement de tracé ou d'ouverture d'une nouvelle route pourront, sur la demande ou avec l'assentiment des conseils généraux des départements ou des conseils municipaux des communes intéressées, être classées, par ordonnances royales, soit parmi les routes départementales, soit parmi les chemins vicinaux de grande communication, soit parmi les simples chemins vicinaux » (Voir n° 1157 et la note).

1155. Si la route royale ne devient ni départementale ni communale, le domaine, qui reprend les terrains, pourra-t-il les vendre immédiatement et comme terrains libres de toute espèce de charges? ou faudra-t-il réserver un chemin d'exploitation pour le service des héritages riverains, et mettre les propriétaires en demeure d'acquérir, chacun en droit soi, les parcelles attenant à leurs propriétés? Cette question a donné lieu à des débats très-sérieux, que M. Renouard a résumés en ces termes, dans son rapport à la Chambre des députés :

« Le sol des routes royales fait partie du domaine de l'Etat. Le domaine de l'Etat, inaliénable d'après les anciens principes de la législation française, peut aujourd'hui être aliéné, en vertu d'une loi ou en vertu des dispositions réglées et autorisées par une loi. Les routes royales, inaliénables tant qu'elles conservent ce caractère, entrent dans le domaine aliénable lorsqu'elles sont supprimées. Les aliénations de ces parties du domaine de l'Etat seront-elles assimilées aux aliénations que tout propriétaire a généralement le droit de faire, avec pleine liberté et aux conditions qui lui plaisent?

« En faveur du droit plein et entier de l'Etat, on fait le raisonnement suivant : le sol des routes royales, tant qu'elles sont restées en nature de routes, a été, non-seulement inaliénable, mais imprescriptible. Par notre législation actuelle, l'imprescriptibilité est même étendue aux chemins vicinaux; l'art. 10 de la loi du 21 mai 1836 est ainsi conçu : « Les chemins vici-« naux, reconnus et maintenus comme tels, sont imprescripti-« bles. » Du principe d'imprescriptibilité des routes royales dérive cette conséquence, non-seulement que nul n'a droit de prescrire contre l'Etat la propriété du sol de ces routes, mais, de plus, que nul ne peut acquérir, par prescription, aucune fraction de leur propriété, aucune servitude, démembrement de la propriété. Si donc l'Etat est propriétaire d'un sol sur lequel personne n'a pu acquérir, par prescription ou autrement, aucun droit de servitude, la logique veut que, maître de disposer de ce sol, il ne soit gêné dans cette disposition par aucun obstacle, et ne soit tenu à aucune obligation envers les riverains.

« La logique est facile, mais elle est trompeuse, lorsque, dans une question où sont impliqués plusieurs principes vrais, elle fait acception d'un seul sans laisser aux autres leur part. L'État est propriétaire d'un sol qui a été imprescriptible tant qu'il a été route : cette proposition est incontestable. Mais voici une seconde proposition non moins vraie que la première : lorsque l'objet de la propriété de l'Etat est une route, l'Etat, propriétaire de ce sol et maître d'en disposer, n'a point, tant que le sol est route, un exercice de sa propriété aussi plein, aussi affranchi de conditions, qu'un particulier l'a sur son champ. La destination d'une route est d'établir une voie de communication à l'usage du public considéré en masse, à l'usage de chaque particulier comme faisant partie du public. L'État, chargé de pourvoir à la création de la route, à son entretien, à sa police, doit avoir, et a en effet, tant que la route existe, des droits fort étendus, mais qui dérivent de sa qualité d'administrateur, et non de sa qualité de propriétaire. Personne n'élèvera la prétention que l'Etat parce qu'il est propriétaire de la route, pourra, comme le peut un particulier sur son champ et lorsque la conservation de la route n'y est pas intéressée, l'ouvrir et la fermer à son gré ou à son caprice, en permettre l'accès à telles personnes et l'interdire à telles autres.

« Les riverains d'une route en tirent des avantages plus immédiats que le reste du public, avantages que l'Etat, tout propriétaire qu'il est, n'est pas maître de leur refuser, si l'intérêt même de la route ne le commande point. Ils y trouvent un accès à leur propriété, un écoulement pour les eaux, une jouissance de vues, et l'impossibilité qu'on bâtisse au-devant d'eux. Ces avantages ne sont pas entièrement gratuits ; les riverains, en échange, sont soumis à des charges spéciales. Ils sont sujets à l'alignement ; ils sont tenus de laisser prendre des matériaux, de supporter le jet des curages de fossés. S'ils ont été expropriés lors de la création de la route, non pour utilité du domaine de l'Etat, mais pour utilité publique, leur indemnité a été diminuée de la plus-value apportée par la création de la route aux terrains qui leur restaient ; ou, s'ils ont vendu à l'amiable, cette plus-value a diminué d'autant le prix d'acquisition stipulé. La plus-value, d'après l'art. 30 de la loi du 16 septembre 1807, a pu s'élever jusqu'à la valeur de la moitié des avantages que les propriétés privées ont acquis par l'ouverture de la route.

« Ce n'est pas tout. Du fait seul de l'existence de la route, il est résulté, par la force des choses, que l'emploi et la division des propriétés qu'elle borde et qu'elle traverse ont été dirigés vers une destination appropriée à ce voisinage. Des maisons ont été bâties en façades ; des avenues ont été plantées ; des chemins privés se sont ouverts ; des eaux ont reçu leurs cours. Il se peut que cet état soit fort ancien, et ait notablement affecté la valeur des propriétés. Loin que cette ancienneté, à travers laquelle se sont accomplies, en grand nombre, les transmissions héréditaires, les ventes, les transactions de toute nature, soit une vaine et rare hypothèse, il faut reconnaître, au contraire, qu'elle se rencontrera dans les cas les plus fréquents. Il n'y a donc ni sophisme, ni même paradoxe, à prétendre que la propriété d'une route royale, attribuée à l'Etat, en vue d'un service public dans lequel des services particuliers, non gratuits, sont compris, ne lui confère, par conséquent, point la plénitude des droits dont l'exercice constitue la propriété ordinaire. La stricte justice veut qu'au moment où l'Etat, usant de son droit, fait subir à cette propriété un changement de destination et d'emploi, on tienne compte de sa destination antécédente. La foi publique y est engagée.

« La logique conduirait à une solution facile ceux qui se préoccuperaient exclusivement de la situation et de l'intérêt des propriétaires riverains ; elle n'aurait pour cela qu'à convertir en servitudes proprement dites, acquises à leur profit, les facultés de passage, de vue, d'égout et autres, qu'ils exerçaient sur la route. Mais ici encore la logique serait menteuse, parce qu'elle ne verrait qu'une des faces de la question : conserver aux riverains, comme droits acquis, tous les usages qu'ils faisaient de la route, tels qu'ils se comportaient, ce serait empêcher à perpétuité la suppression de cette route et la possibilité de disposer de son sol ; ce serait refuser à l'Etat, avec tous les usages de sa propriété, toutes les conséquences de son droit de propriétaire sur le sol qui a cessé d'être route. Dans cette question, où se trouvent en présence les prétentions contradictoires de l'Etat et des riverains, une conciliation législative est prudente et raisonnable. Le projet de loi a été dicté par la sage pensée d'organiser cette conciliation d'une manière définitive, et en traitant assez favorablement les riverains pour qu'aucune indemnité ultérieure ne leur soit ouverte et ne puisse être réclamée par eux.

« La transaction est-elle effectuée entre deux droits, ou bien s'établit-elle entre un droit de l'Etat d'une part, et, d'autre part, des considérations d'équité dérivant en faveur des riverains du fait de leur possession antérieure ? Votre commission n'a point été unanime à cet égard ; une partie de ses membres a aussi pensé que, tout le monde arrivant au même résultat législatif, il était inutile de s'expliquer sur le grave débat que la contradiction entre les deux systèmes peut faire naître.

« L'opinion de la minorité de la commission, minorité à laquelle appartient le rapporteur, a été qu'il s'agit réellement ici d'une transaction entre deux droits, et qu'il est bon de le dire ; que la raison et la justice n'admettent point ces thèses commodes et partiales où triomphe l'argumentation, et qui, là où existent deux principes, se mettent à l'aise en s'établissant sur un seul, et en tenant l'autre pour non avenu ; que l'Etat a sur la route royale une propriété imprescriptible, mais non absolue ; que cette propriété, lorsqu'elle change de destination, ne devra être transmise à des tiers et devenir entre leurs mains une propriété absolue qu'autant que, dans les conditions de cette transmission, on aura égard à l'affectation spéciale par laquelle cette nature particulière de propriété se trouvait modifiée pendant qu'existait la route ; que tel est *le droit* ; qu'on se trompe si l'on relègue parmi les considérations de pure faveur les justes limitations qu'apportaient à cette propriété l'intérêt du public et celui des riverains ; qu'enfin il faut tenir ceci pour axiome fondamental : l'équité, quand elle est permanente et nécessaire, est le droit pour le législateur ; une seule condition lui manque afin de devenir le droit pour le jurisconsulte, c'est d'obtenir la consécration d'un texte.

« Quoi qu'il en soit de l'exactitude de ces principes, et si fortes que puissent être les objections par lesquelles on les combat, toujours est-il que les membres de votre commission sont arrivés par des voies diverses à un même résultat, celui d'écrire dans la loi les conditions d'une transaction définitive, qui satisfassent les riverains assez pleinement pour qu'aucune réclamation ultérieure ne soit admise » (*Monit.*, 27 mars 1842, p. 595). Les bases de cette transaction sont, d'une part, la réserve d'un chemin d'exploitation, stipulée dans le § 2 de l'art. 2, et, d'une autre part, le droit de préemption consacré par le § 1er de l'art. 3. L'art. 2 de la loi porte en effet : « Au cas où ce classement ne serait pas ordonné, les terrains délaissés seront remis à l'administration des domaines, laquelle est autorisée à les aliéner. Néanmoins il sera réservé, s'il y a lieu, eu égard à la situation des propriétés riveraines, et par arrêté du préfet en conseil de préfecture, un chemin d'exploitation dont la largeur ne pourra excéder cinq mètres. »

1156. La commission déclara que dans la largeur des chemins d'exploitation n'étaient pas compris les fossés que l'on jugerait à propos d'établir, et qui ne feront point partie du chemin (*Ibid.*, p. 596, et *Monit.*, 31 mars, p. 637). M. Galis demandait que l'on autorisât les préfets à prendre des arrêtés pour régler le mode de jouissance du chemin d'exploitation réservé aux riverains; sans cela, disait-il, comment ceux-ci parviendront-ils à pourvoir aux frais d'entretien, aux mesures de police, à la répression des usurpations, etc.? Il fut répondu par M. Legrand, commissaire du roi, et par M. Renouard, rapporteur, que tous ces points seraient réglés par le droit commun (*Ibid.*). M. Teste, ministre des travaux publics, ajouta que, si l'on permettait aux préfets de prendre des arrêtés sur ces matières, cela n'empêcherait pas les contestations que l'on prévoyait; mais qu'il y aurait alors nécessité d'aller plaider, relativement aux effets de ces arrêtés, devant les tribunaux administratifs, ce qui serait un changement très-grave dans l'ordre des juridictions (*Ibid.*).

1157. Une instruction de l'administration de l'enregistrement, du 15 oct. 1842, fait remarquer que les terrains provenant du changement de tracé des routes royales peuvent être aliénés de trois manières : d'abord au profit des propriétaires riverains, en vertu de l'art. 3 de la loi du 24 mai 1842, et dans les formes tracées par l'art. 61 de la loi du 3 mai 1841. Si les propriétaires riverains n'usent point de ce droit de préemption dans le délai déterminé, les terrains délaissés peuvent, par application de l'art. 4 de la loi du 20 mai 1836, être cédés sur estimation contradictoire, à titre d'échange, et par voie de compensation de prix, aux propriétaires des terrains sur lesquels des parties de route neuve doivent être exécutées. Enfin les terrains délaissés peuvent être vendus aux enchères selon *les règles qui régissent les aliénations du domaine de l'État*.

L'art. 4 de la loi du 20 mai 1836 est ainsi conçu : « Les por-
« tions de terrains dépendant d'anciennes routes ou chemins,
« et devenues inutiles par suite de changement de tracé ou d'ou-
« verture d'une route royale ou départementale, pourront être
« cédées, sur estimation contradictoire, à titre d'échange, et
« par voie de compensation de prix, aux propriétaires de ter-
« rains sur lesquels les portions de routes neuves devront être
« exécutées. L'acte de cession devra être soumis à l'approba-

« tion du ministre des finances, lorsqu'il s'agira de terrains
« abandonnés par des routes royales » (1).

1158. L'intention du Gouvernement, en présentant le projet de la loi du 24 mai 1842, avait été d'abord de donner à cette faculté d'échange une priorité formelle sur le droit de préemption accordé aux propriétaires riverains. La loi a supprimé cette priorité, qui n'était pas en rapport avec le principe de transaction posé à l'égard des riverains, atténuait les dédommagements que l'équité conseille de leur accorder, aggravait dans certains cas le tort que la suppression de la route leur causera, et pouvait donner lieu à des difficultés presque insolubles.

M. Renouard a justifié en ces termes la préférence qu'en qualité de rapporteur, il proposait d'accorder au droit de préemption. « L'échange et la préemption étant bien compris, on voit que, si la faculté d'échange obtient la priorité, les riverains seront exclus toutes les fois que l'échange s'opérera. Le marché, dit-on, sera avantageux pour l'Etat. Le domaine pourra, par ce moyen, obtenir à de meilleures conditions le terrain nécessaire à la nouvelle route. Avant d'adopter une mesure parce qu'il la juge utile, le législateur a le devoir de se demander d'abord si elle est juste.

« Pourquoi la préemption est-elle accordée aux riverains? parce que l'on pense que ce dédommagement leur est dû comme compensation du tort qu'ils éprouvent par la suppression de l'ancienne route. Si peu d'accord que l'on puisse être sur la qualification de ce tort, qu'il ne blesse que les intérêts des riverains, ou qu'il aille jusqu'à blesser leurs droits, toujours est-il qu'il existe un tort reconnu, un tort que le projet de loi a l'équitable intention de réparer, un tort qui cessera du moment où les riverains auront la certitude de pouvoir, moyennant un juste prix, acquérir la parcelle attenant à leur propriété. S'il en était autrement, pourquoi la préemption accordée aux riverains? Elle ne serait plus qu'un privilége illégitime, qu'une concession injustement faite aux clameurs de certains propriétaires, à l'effet de les rendre maîtres d'acquérir, par préférence et sans concur-

---

(1) [D'après l'art. 4 et le tableau D, 5°, 6° du décret du 25 mars 1852, les préfets statuent sans l'autorisation du ministre des travaux publics; mais sur l'avis ou la proposition des ingénieurs en chef, sur les objets ci-après : .....5° cessions de terrains domaniaux compris dans le tracé des routes nationales et départementales et des chemins vicinaux ; 6° échange de terrains provenant de déclassement de routes, dans le cas prévu par l'art. 4 de la loi du 20 mai 1836 (Voir tableau A, 5°, et Circulaire ministérielle du 5 mai 1852).]

rence, des terrains appartenant à l'Etat, qui font partie de la fortune publique. Si la faculté de préemption n'est qu'un privilége injuste, il faut l'effacer de la loi. Mais commencer par consacrer la préemption parce qu'on la croit juste, en créer le privilége dans les vues de sage transaction et pour rendre hommage à l'équité; puis, dans certains cas, et par ce seul motif que l'Etat trouverait de l'utilité à agir autrement, supprimer le privilége et effacer la transaction, ce serait ou une inconséquence, ou la proclamation de cet étrange principe que l'utilité doit passer avant la justice. La loi du 20 mai 1836 permet d'échanger d'anciennes portions du sol qu'occupera la route nouvelle. En quoi cette circonstance modifie-t-elle la situation des riverains de l'ancienne route ? Si un tort leur est causé parce qu'on aliénera au profit d'un tiers une parcelle de l'ancienne route bordant leur propriété, en quoi ce tort deviendra-t-il moindre parce que ce tiers se trouvera être propriétaire d'une partie de la route nouvelle ?

« Votre commission a repoussé ces conséquences; au lieu de supprimer le droit de préemption toutes les fois qu'il y aurait eu échange, elle a pensé qu'il ne devra y avoir ouverture à l'échange qu'autant que le riverain n'aura pas exercé la préemption. C'est en ce sens qu'elle a modifié le dernier paragraphe du projet du Gouvernement. La faculté d'échange créée par la loi du 20 mai 1836 continue à faire partie des règles qui régissent les aliénations du domaine de l'Etat; mais l'Etat n'y pourra recourir que si le riverain n'a pas usé d'abord de son droit de préemption » (*Ibid.*) Ce système, adopté d'abord par la Chambre des députés, fut également admis par la Chambre des pairs et par le Gouvernement.

M. de la Plesse fit remarquer que, si la faculté d'échanger cédait au droit de préemption, elle devait du moins primer la vente au profit des tiers. M. Renouard répondit que, l'échange étant un contrat essentiellement volontaire de part et d'autre, et jamais un contrat forcé, personne ne pouvait obliger l'administration à opérer l'échange de ces terrains. M. Teste, ministre des travaux publics, expliqua alors le sens de la dernière disposition de l'art. 3 : « Il est évident que, quand le droit de préemption n'a pas été exercé, le retour complet de la route s'opère au profit du domaine. Que fera-t-il ? De deux choses l'une : ou il vendra les terrains dans les formes voulues pour l'aliénation des domaines de l'Etat, ou, s'il y a convenance pour lui et à son choix seulement, s'il trouve qu'il y a avantage à disposer de la route abandonnée pour la donner en échange de terrains nécessaires à la confection d'une nouvelle route, il l'échangera » (*Ibid.*).

1159. En conséquence, l'art. 3 de la loi du 24 mai 1842 porte : « Les propriétaires seront mis en demeure d'acquérir, chacun en droit soi, dans les formes tracées par l'art. 61 de la loi du 3 mai 1841, les parcelles attenant à leurs propriétés. A l'expiration du délai fixé par l'article précité, il pourra être procédé à l'aliénation des terrains selon les règles qui régissent les aliénations du domaine de l'Etat et par application de l'art. 4 de la loi du 20 mai 1836 » (Voir n° 1157).

La rédaction du projet primitif présentait une équivoque en ce qu'elle semblait, par sa contexture grammaticale, n'appliquer les formes de l'art. 61 de la loi du 3 mai 1841, qu'à la mise en demeure des propriétaires riverains. Telle n'était pas évidemment l'intention du projet ; c'est aux formes de l'acquisition comme à celles de la mise en demeure qu'on entendait rendre la loi de 1841 applicable. En conséquence, la commission modifia la rédaction du projet (*Ibid.*). Sur le sens de cet art. 61, on peut voir aussi ce que nous avons ci-dessus.

[La jurisprudence, d'ailleurs, a fait disparaître toute équivoque dans l'interprétation de l'art. 3 de la loi du 24 mai 1842, en décidant que cette loi, par les formes indiquées dans l'art. 61 de la loi du 3 mai 1841, avait entendu parler de la fixation du prix par le jury spécial (1).

S'il s'agit d'un chemin vicinal, le prix sera réglé d'après l'art. 19 de la loi du 21 mai 1836.]

1160. Le projet ne parlait que des parcelles situées de part et d'autre du chemin d'exploitation. Cette désignation était trop restrictive. Alors même qu'un chemin d'exploitation n'aura pas été jugé nécessaire, il n'existe point de motifs suffisants pour refuser aux riverains la préemption des parcelles de l'ancienne route, qui se trouvent situées en face de leurs propriétés. Peu importe, à cet égard, qu'aucune autre voie de communication ne soit substituée à la route ancienne. Afin de prévoir tous les cas, la commission a remplacé ces mots : *Les parcelles situées de part et d'autre du chemin d'exploitation*, par ceux-ci : *Les parcelles attenant à leurs propriétés* (*Ibid.*).

M. Vivien demanda dans quelle portion les riverains partage-

---

(1) Cass., 11 août 1845 (S.45.1.269).

raient, lorsqu'il ne serait point réservé de voie publique. M. Legrand, commissaire du roi, répondit que chacun d'eux irait jusqu'au milieu de la route (*Monit.*, 31 mars 1842, p. 637).

1161. M. Vivien craignit qu'il n'existât une lacune dans la loi; « L'art. 3, disait-il, attribue aux propriétaires riverains un droit de préemption. Cet article s'applique au cas où les terrains qu'occupaient les routes royales doivent devenir la propriété du domaine de l'Etat ; c'est à ce cas spécialement que l'article doit pourvoir. D'après le rapport de la commission, une autre hypothèse peut se présenter : la commission établit que, dans le cas où les terrains ont été convertis en route départementale ou en chemin vicinal, l'ancienne route devient en entier la propriété du département ou de la commune (n° 1154). Mais la nouvelle route, qui deviendra départementale ou vicinale, pourra ne pas occuper la totalité du terrain qui constituait l'ancienne route, et, dans ce cas, l'excédant étant attribué au département ou à la commune, ils pourront le vendre. Je crois qu'il est essentiel d'établir que, dans ce cas, la règle qui a été imposée à l'Etat par l'art. 3 sera encore applicable, et que la vente ne pourra être faite à des tiers, à l'exclusion des propriétaires auxquels sera réservé le droit de préemption » (*Monit.*, 31 mars 1842, p. 637).

M. Legrand, commissaire du roi, répondit qu'on n'avait pas cru devoir établir sur ce point aucune disposition nouvelle, parce que la législation existante autorisait ce que demandait M. Vivien, l'art. 53 de la loi du 16 septembre 1807 donnant aux propriétaires riverains d'une voie publique quelconque (soit royale, soit départementale, soit vicinale) la faculté d'acheter le terrain que les alignements arrêtés par l'administration retranchent de la route livrée à la circulation (*Ibid.*).

M. Vivien fit alors remarquer que des difficultés pourraient s'élever à cet égard. « Cet art. 53, disait-il, s'applique au cas où une route, sans changer de nature, reçoit un alignement différent. Mais ici remarquez qu'il pourra arriver qu'un simple chemin vicinal soit substitué à une route royale ; ce cas là n'est pas prévu par la loi de 1807 ; et, comme vous avez établi le principe de la préemption à l'encontre du domaine public, par l'art. 3, je crois qu'il est nécessaire d'étendre ce principe à la propriété vendue par le département ou la commune. Il n'y a aucun inconvénient à le dire, et il pourrait y en avoir à le taire » (*Ibid.*).

Le Gouvernement et la commission ayant alors adhéré à l'amendement, il fut immédiatement adopté, et forme l'art. 4 de la loi du 24 mai 1842, ainsi conçu : « Lorsque les portions de « routes royales (impériales) délaissées auront été classées « parmi les routes départementales ou les chemins vicinaux, les « parcelles de terrain qui ne feraient pas partie de la nouvelle « voie de communication, ne pourront être aliénées qu'à la « charge, par le département ou la commune, de se conformer « aux dispositions du 1er § de l'article précédent. »

[1162. Une difficulté se présente pour le cas où l'administration fait concession d'une portion de route délaissée, au préjudice du droit de préférence que le riverain prétend avoir, en vertu de l'art. 3 de la loi du 24 mai 1842. Qui jugera entre le réclamant et l'administration ? Le Conseil d'Etat a décidé, dans cette circonstance, que la nullité de la cession ne pouvait être prononcée que par l'autorité administrative supérieure (1).

Nous avons peine à admettre une telle décision. Il s'agit ici d'une question d'acquisition de propriété. Dès le moment que la loi attribue au jury la fixation du prix, il suit que, si des difficultés s'élèvent sur l'existence ou la validité du contrat qui précède la fixation du prix, la connaissance doit en appartenir à l'autorité judiciaire.

Mais l'autorité judiciaire est incompétente pour fixer le délai dans lequel la remise du terrain délaissé à l'administration des domaines et la mise en demeure des riverains doivent avoir lieu. Il s'agit, en effet, ici d'actes administratifs préalables dans lesquels le pouvoir judiciaire n'a rien à voir. C'est à l'administration que devra s'adresser le riverain s'il souffre du retard apporté dans l'accomplissement de ces actes (2).]

1163. D'après la disposition générale de l'art. 3 de l'ordonnance du 14 septembre 1822, les cessions de terrains, dans le cas prévu par l'art. 53 de la loi du 16 sept. 1807, ne peuvent être faites qu'avec le concours des préposés de l'administration des domaines, et le produit doit en être versé dans les caisses de cette administration. Cependant, comme les arrêtés d'alignement qui rendent les terrains disponibles sont pris sur le rap-

---

(1) Cons. d'Etat. 17 juill. 1843 (S.43. 2.604).
(2) Voir l'arrêt précité du Cons. d'Etat,

17 juill. 1843 (S.43.2.604, et Lebon, Rec., à la date).

port des ingénieurs des ponts et chaussées, qui, mieux que personne, sont à même d'apprécier la valeur de ces terrains, il convenait de leur laisser le soin de préparer les ventes et d'en fixer le prix contradictoirement avec les propriétaires. Quelquefois les cessions sont consenties par l'arrêté du préfet, qui détermine l'alignement; en d'autres cas, elles ont lieu par des actes distincts. D'après une décision du ministre des finances, du 25 août 1835, les opérations relatives aux cessions de terrains à faire aux propriétaires riverains en cas d'alignement doivent être suivies par les soins des ingénieurs des ponts et chaussées, et les cessions réalisées devant le préfet, en présence du directeur des domaines ou de son délégué, à qui une expédition de l'acte de vente sera remise pour faire suivre le recouvrement du prix de vente dans les caisses de l'Etat (Circ. dir. gén. ponts et ch., du 17 août 1835; Instr. adm. enreg., 8 sept. 1835. (*Ann. ponts et ch.*, p. 231.)

[Mais voir l'art. 4, tableau D, 5°, du décret du 25 mars 1852, ci-dessus, n° 1157.]

CHAPITRE XXII.

DE L'EXPROPRIATION POUR CAUSE D'UTILITÉ PUBLIQUE DANS L'ALGÉRIE ET DANS NOS COLONIES.

SECTION Ire. — *De l'expropriation pour cause d'utilité publique en Algérie.*

1164. — Variations de la législation sur cette matière.
1165. — Cas dans lesquels l'utilité publique peut être déclarée.
1166. — Avertissements donnés aux intéressés. — Mode de réclamation.
1167. — Une décision ministérielle déclare l'utilité publique. — Elle est publiée par extrait.
1168. — L'expropriation est prononcée par une seconde décision ministérielle.
1169. — Publication et notification de cette décision.

1170. — Sa transcription.
1171. — Offres et demandes d'indemnités.
1172. — L'indemnité est réglée par le tribunal.
1173. — Instruction de l'affaire.
1174. — Base d'appréciation des indemnités.
1175. — Question de compétence. — Arrêt du Conseil d'Etat du 10 juin 1857.
1176. — Fixation de l'indemnité.
1177. — La décision est sans appel.
1178. — Des dépens.
1179. — L'indemnité est préalable à la prise de possession.
1180. — Du cas d'urgence.
1181. — Fonctionnaires chargés de suivre l'expropriation.
1182. — Des significations et notifications.
1183. — Délais pour les assignations.
1184. — Des cas où l'administration ne poursuit pas l'instance.
1185. — Pour obtenir une indemnité, le propriétaire doit représenter les titres justificatifs de sa qualité.
1186. — Occupation temporaire se prolongeant plus de trois ans.
1187. — Dispense des droits de timbre, d'enregistrement, etc.
1188. — Des concessionnaires de travaux publics.
1189. — Des terres incultes.
1190. — Des marais.

1164. L'expropriation des immeubles situés en Algérie fut d'abord réglée par des arrêtés des gouverneurs généraux de cette colonie, en date des 17 octobre 1833, 4 novembre 1835, 9 septembre 1841 et 15 janvier 1842; mais ces mesures laissaient beaucoup à désirer. On se plaignait surtout de ce que l'indemnité était basée sur le prix d'achat, ce qui exposait le propriétaire à perdre la plus-value résultant de son travail personnel et des chances de perte auxquelles il s'était exposé (1).

L'ordonnance du 1er octobre 1844, celle du 21 juillet 1846 et la loi du 16 juin 1851, ont établi sur cette matière des règles beaucoup plus équitables et qui s'appliquent à toutes les portions de l'Algérie qui se trouvaient comprises, non-seulement dans les territoires civils, mais dans les territoires militaires (art. 21 de la loi du 16 juin 1851).

[Ces dispositions ne statuant que pour l'avenir, les expropriations qui leur sont antérieures ont continué à être régies par

---

(1) Dans les numéros de la *Gazette des tribunaux* des 31 oct. et 1er nov. 1845, M. Paillard de Villeneuve a présenté sur cette législation des considérations fort remarquables, que nous regrettons de ne pouvoir reproduire ici.

les législations alors existantes, et peuvent être, à cet égard rangées en trois catégories :

1° En ce qui concerne les expropriations *antérieures au 31 juillet* 1836, toute demande d'indemnité qui n'aurait pas été présentée dans les trois mois de la promulgation de cette ordonnance est frappée de déchéance par l'art. 1er de l'ordonnance du 1er mai 1845 (1);

2° En ce qui concerne les expropriations qui ont été faites en Algérie postérieurement au 31 juillet 1836, mais *antérieurement au 1er janvier* 1845, pour quelque cause et sur quelque territoire que ce soit, les ordonnances, arrêtés, règlements et décrets relatifs aux indemnités dues pour les expropriations, sont, suivant le relevé consigné dans un arrêt du conseil d'Etat, du 21 février 1856 (2) : « le règlement général des 9-15 décembre 1841; l'ordonnance du 1er octobre 1844, art. 79; l'arrêté du gouverneur général, du 5 mai 1848; l'arrêté ministériel, du 1er juillet 1848, rendu pour l'exécution du précédent; les décrets des 30 avril 1849 et 5 février 1851, ce dernier prononçant la clôture des opérations de la commission de liquidation instituée par l'arrêté du 5 mai 1848, et portant, art. 2 : « Les récla-
« mations sur lesquelles la commission n'aurait pas encore pu ren-
« dre de décision définitive à cette époque (28 février 1851)
« seront remises aux préfets de chacun des départements
« qu'elles concerneront respectivement, pour être jugées au fur
« et à mesure de leur mise en état, par les conseils de préfec-
« ture, sur les bases posées par l'arrêté du 5 mai 1848 » (3).

3° Enfin, postérieurement au 1er janvier 1845, et *antérieurement à la loi du 16 juin* 1851, dans les territoires qui se trouvaient en dehors du ressort des tribunaux civils de 1re instance, l'expropriation pour cause d'utilité publique a continué à être régie, après l'ordonnance du 1er octobre 1844 et en vertu de l'art. 113 de cette ordonnance, par le règlement du 9 décembre 1841. Il a été jugé, en conséquence, qu'un locataire d'un immeuble qui n'était situé, en 1848, dans le ressort d'aucun tribunal, n'avait, aux termes de l'art. 12 du règlement de 1841, aucune action en indemnité contre l'Etat (4).

---

(1) Arrêt du Cons. d'Etat, du 8 mai 1856 (Lebon, *Rec.*, 1856, p. 339). Voir arrêt du 24 juin 1858, p. 447.
(2) Lebon, *Rec.*, 1856, p. 149.
(3) (Jugé que la question de savoir si la dépossession a eu lieu avant ou après le 1er janv. 1845, est de la compétence de l'autorité judiciaire. Cons. d'Etat, 4 juin 1857 (*Rec.*, 1857, p. 438).]
(4) Cons. d'Etat, 6 mars 1856 (Lebon, *Rec.*, 1856, p. 173).

Aujourd'hui, d'après l'art. 21 de la loi du 16 juin 1851, la législation est uniforme pour toute l'Algérie.]

Le système consacré par la loi du 3 mai 1841 a été, sauf quelques modifications, appliqué aux terres cultivées, maisons de ville et de campagne; des dispositions spéciales (depuis abrogées) ont été établies pour les terres incultes et les marais (Voir n°s 1189, 1190). — Les indemnités dues pour des expropriations consommées avant la promulgation de ces lois et ordonnances continuent, avons-nous dit, p. 511, à être réglées conformément à la législation sous l'empire de laquelle ces expropriations ont été consommées. Pour le temps antérieur à l'arrêté du 17 octobre 1833, l'expropriation est réputée consommée : 1° par le seul fait de la démolition ou de l'occupation effective de l'immeuble ; 2° par l'attribution qui en aura été faite à un service public ; 3° par la disposition que l'administration en aurait faite en faveur des tiers, à titre d'aliénation, d'échange ou de concession ; 4° enfin par tout acte ou fait administratif ayant eu pour résultat de faire cesser la possession du propriétaire (art. 79).

[Un arrêt du Conseil d'État, du 24 juin 1858, vient de consacrer plusieurs solutions importantes en ce qui concerne les expropriations antérieures à 1833 (*Gaz. des Trib.*, du 2 août 1858). D'après cet arrêt, un procès-verbal dressé par les ordres du ministre de la guerre, antérieurement au 17 octobre 1833, en vue de fixer les limites intérieures et extérieures du terrain militaire dans le voisinage des fortifications d'une place forte (la ville de Bone), ne saurait être considéré comme un fait administratif équivalent à expropriation dans le sens des ordonnances des 9-15 décembre 1841 (art. 31), du 1er octobre 1844 (art. 79), et des 9 mai et 18 juin 1849 (art. 1 et 2).

Ne peut équivaloir à une expropriation un procès-verbal de délimitation militaire dressé, sans publicité, alors même que l'administration aurait entendu exproprier indistinctement et réunir au domaine toutes les propriétés que le procès-verbal et les plans annexés indiquent comme comprises dans la zone des terrains militaires.

L'expropriation ne résulte pas non plus du fait que, depuis 1832, tout ou partie du terrain litigieux aurait journellement servi de passage aux troupes pour le besoin du service.

Mais s'il est constant que sur une parcelle du terrain, l'administration a établi en 1832 un dépôt de fourrages qu'elle a remplacé plus tard par une caserne, la parcelle ainsi occupée doit être considérée comme expropriée.

A l'égard de cette dernière parcelle, l'indemnité a dû, à peine de déchéance, être réclamée dans le délai de trois mois, fixé par l'art. 1er de l'ordonnance du 24 mai 1845, tandis qu'à l'égard de tout le surplus du terrain non exproprié les indemnités dues pour les portions dont le propriétaire aurait été dépossédé de fait par l'administration depuis 1836, ont du être utilement réclamées dans le délai de deux ans fixé par l'art. 2.]—(A).

Aux termes de l'art. 18 de la loi du 16 juin 1851, en Algérie, « l'État ne peut exiger le sacrifice des droits de propriété ou des droits de jouissance reconnus par les art. 10, 11 et 12 de la présente loi (1), que pour une cause d'utilité publique légalement constatée, et moyennant le paiement ou la consignation d'une juste et préalable indemnité. »]

1165. [C'est aujourd'hui le Prince chargé du ministère de l'Algérie, exerçant à cet égard les attributions antérieures du ministre de la guerre (2), qui déclare l'utilité publique de la ces-

---

(1) [10. La propriété est inviolable, sans distinction entre les possesseurs indigènes et les possesseurs français ou autres.

11. Sont reconnus, tels qu'ils existaient au moment de la conquête ou tels qu'ils ont été maintenus, réglés ou constitués postérieurement par le Gouvernement français, les droits de propriété et les droits de jouissance appartenant aux particuliers, aux tribus ou aux fractions de tribus.

12. Sont validées, vis-à-vis de l'État, les acquisitions d'immeubles, en territoire civil, faites plus de deux années avant la promulgation de la présente loi, et à l'égard desquelles aucune action en revendication n'a été intentée par le Domaine.

Les actions en revendication d'immeubles acquis dans le cours des deux années antérieures à la promulgation de la présente loi devront, sous peine de déchéance, être intentées par le Domaine dans le délai de deux ans, à partir de ladite promulgation.

Les deux paragraphes précédents sont applicables aux domaines acquis en territoire militaire, avec autorisation du Gouvernement.]

(2) [Nous mentionnons, une fois pour toutes, que les attributions conférées par les lois et ordonnances, relativement à 'Algérie, au ministre de la guerre, sont désormais exercées par le prince chargé du ministère de l'Algérie (décret du 24 juin 1858 et décret du 31 août 1858). Voir le *Monit.* du 25 juin 1858 et celui du 3 sept. 1858.]

Additions.

(A) Lorsque le Gouvernement, en Algérie, a exproprié un particulier pour cause d'utilité publique et que ses agents seront mis en possession, non-seulement du terrain qui a donné lieu à l'expropriation, mais encore d'une autre parcelle qui n'y avait pas été comprise, l'exproprié qui après avoir touché l'indemnité afférente à chacun des deux terrains, vient revendiquer plus tard le terrain non compris dans l'expropriation, doit succomber dans sa prétention en présence des faits de possession opposés par l'État et suivis du paiement des indemnités librement acceptées. La décision qui, pour écarter la prétention de l'exproprié, s'est fondée sur ces faits, ne peut violer la règle de la séparation des pouvoirs, alors même que des plans et des actes administratifs auraient été produits pour prouver qu'il n'y avait pas eu expropriation, si ces plans et ces actes n'ont pas été appréciés par la Cour impériale et n'ont pas servi de base à ladite décision. Cass. req. 7 mai 1862 (*Gaz. trib.*, 12-13 mai 62).

sion (ordonnance du 1ᵉʳ octobre 1844, art. 26), sur la proposition du chef du service dans l'intérêt duquel l'expropriation est poursuivie (art. 72).

Suivant l'art. 19 de la loi du 16 juin 1851, qui a remplacé l'art. 25 de l'ordonnance du 1ᵉʳ octobre 1844, « l'expropriation peut être prononcée pour les causes suivantes :

« Pour la fondation des villes, villages ou hameaux, ou pour l'agrandissement de leur enceinte ou de leur territoire;

« Pour l'établissement des ouvrages de défense et des lieux de campement des troupes;

« Pour l'établissement de fontaines, d'aqueducs, d'abreuvoirs;

« Pour l'ouverture des routes, chemins, canaux de dessèchement, de navigation ou d'irrigation et l'établissement de moulins à farines;

« Pour toutes les autres causes prévues et déterminées par la loi française » (voir la loi du 3 mai 1841, art. 3).]

1166. Il est nécessaire que les propriétaires soient mis à même de présenter leurs observations contre l'acte qui doit entraîner leur dépossession. Un avis, indiquant la nature et la situation des travaux à entreprendre et des établissements à former, est, par les soins de l'administration, inséré dans le journal officiel de l'Algérie, et affiché au siége de la justice de paix, et à défaut de justice de paix, au chef-lieu du commissariat civil. Pendant dix jours, à partir de ces insertions et affiches, les propriétaires et autres intéressés seront admis à consigner leurs observations sur un registre ouvert aux préfectures et sous-préfectures. Toutefois, dans les portions du territoire qui sont formées en districts, ces observations peuvent être faites au commissariat civil du district. Les observations des propriétaires et autres intéressés devaient, jusqu'à présent, être soumises au conseil du Gouvernement, et la déclaration d'utilité publique ne pouvait intervenir que sur l'avis du gouverneur général (Ord. de 1844, art. 26); mais un décret impérial, du 31 août 1858, a supprimé le gouverneur général et le conseil de Gouvernement (voir le *Moniteur* du 3 septembre 1858).

1167. Un extrait de la décision du Prince chargé du ministère de l'Algérie, indiquant les immeubles qui doivent être soumis à l'expropriation, leur nature, leur situation et leurs propriétaires, s'ils sont connus, est inséré dans le journal officiel de l'Algérie et affiché aux lieux indiqués dans le numéro précédent. Les observations des propriétaires et autres parties intéressées sont reçues dans les formes et délais que nous venons de signaler (art. 27). Toutes les pièces sont transmises au Prince, auquel les parties intéressées peuvent encore adresser leurs réclamations ou observations (article 28).

1168. L'expropriation n'est pas prononcée par l'autorité judiciaire ; elle résulte d'une décision du Prince chargé du ministère de l'Algérie, rendue sur la proposition du chef du service dans l'intérêt duquel l'expropriation est poursuivie (art. 28 et 72) (voir le décret précité du 31 août 1858).

1169. Extrait de cette décision portant indication des immeubles expropriés, avec les désignations mentionnées n° 1167, est publié et affiché, sans délai, de la même manière que la décision qui a déclaré l'utilité publique. Pareil extrait est notifié aux propriétaires intéressés (art. 28).

1170. La décision ministérielle est transcrite immédiatement après l'accomplissement de ces formalités, et cette transcription a, relativement aux hypothèques et aux actions réelles à exercer sur l'immeuble, les mêmes effets que la transcription du jugement d'expropriation rendu en vertu de la loi du 3 mai 1841. Voir n°s 283, 286 et suiv. (art. 30 et 31).

Les intéressés au règlement des indemnités sont indiqués par le propriétaire, ou tenus de se faire connaître à l'administration dans le délai de huitaine (art. 33 et 34), conformément au droit commun (n° 414).

1171. Les offres de l'administration et les demandes des propriétaires et autres intéressés ont lieu conformément à la loi du 3 mai 1841 (art. 35, 36) ; mais les demandes doivent toutes être faites dans le délai de quinzaine (n° 428), sans prolongation pour les biens de mineurs et autres incapables.

1172. Si les offres ne sont pas acceptées dans le délai de quinzaine, l'administration cite les propriétaires et tous les autres intéressés devant le tribunal de la situation de l'immeuble exproprié, pour qu'il y soit procédé au règlement de l'indemnité. La citation contient l'énonciation des offres qui ont été faites et les moyens à l'appui (art. 37).

1173. Les parties assignées doivent signifier leurs demandes et les moyens dont elles les appuient, dans la huitaine qui suit l'assignation. A l'expiration de ce délai, le tribunal peut se transporter sur les lieux, ou déléguer, à cet effet, un ou plusieurs de ses membres. Le même jugement fixe le jour et l'heure où le transport devra s'effectuer, et nomme d'office, s'il y a lieu, un ou plusieurs experts (art. 38). Le tribunal ou le juge-commissaire fait sur les lieux, en présence des parties ou elles dûment appelées, toutes les vérifications, et prend tous les renseignements ou entend toutes les personnes qu'il croit pouvoir l'éclairer. Les experts prêtent serment et procèdent en la forme ordinaire. Lorsque le procès-verbal est déposé, le tribunal délibère, en chambre du conseil, toute affaire cessant, sur les mémoires produits et sur les conclusions du ministère public. Le jugement est prononcé en audience publique (art. 39)—(A).

1174. Le tribunal apprécie la sincérité des titres produits et les actes et circonstances qui sont de nature à modifier l'évaluation de l'indemnité.

Si l'exécution des travaux qui ont motivé l'expropriation doit procurer une augmentation de valeur immédiate et spéciale au restant de la propriété, cette augmentation est prise en considération dans l'évaluation du montant de l'indemnité (art. 40).

[La loi du 16 juin 1851 contient sous ce rapport une disposition dont nous avons signalé toute l'importance (n° 336). Suivant l'art. 20 de cette loi, non-seulement « il sera toujours tenu compte dans le règlement des indemnités de la plus-value résultant des travaux pour la partie de l'immeuble qui n'aura pas été atteinte par l'expropriation », mais « la plus-value pourra être admise jusqu'à concurrence du montant total de l'indemnité, et, dans aucun cas, elle ne pourra motiver le paiement d'une soulte par le propriétaire exproprié. »

D'après l'interprétation donnée par la Cour de cassation à l'art. 51 de la loi du 3 mai 1841 par une jurisprudence que nous avons cru devoir combattre, mais qui est désormais bien constante (1), la plus-value, dans le droit commun, ne peut jamais être admise jusqu'à concurrence du montant intégral de l'indemnité. En conséquence, l'art. 20 de la loi du 16 juin 1851 doit être considéré comme ayant apporté à la loi de 1841 une dérogation applicable seulement en Algérie.]

Si le tribunal acquiert la conviction que des ouvrages ou tra-

---

(1) Voir, outre les arrêts des 28 août 1839 et 28 fév. 1848, cités aux n°s 335 et 336, l'arrêt du 26 janv. 1857 (Dall. 57. 1. 44).

Additions.

(A) L'art. 39 n'exige pas que cette délibération soit précédée du rapport d'un des membres du tribunal; on ne saurait donc considérer cette formalité comme nécessaire à la validité de la décision. L'appréciation des tribunaux est d'ailleurs, en pareil cas, souveraine sur la question d'indemnité. Cass. req., 28 déc. 1864 (Gaz. trib., 29 déc. 64).

vaux quelconques ont été faits par les propriétaires de mauvaise foi, et dans la vue d'obtenir une indemnité plus élevée, il devra, selon les circonstances, rejeter ou réduire la valeur de ces ouvrages ou travaux (art. 41).

Les dispositions qui précèdent, sauf celle de l'art. 20, al. 2, sont la reproduction des règles tracées au jury par les art. 48 et 52 de la loi du 3 mai 1841. De même que le jury (n° 609), le tribunal ne peut, en aucun cas, allouer une indemnité inférieure aux offres de l'administration ni supérieure à la demande de la partie intéressée (art. 44). Le tribunal doit accorder des indemnités distinctes aux parties qui les réclament à des titres différents, comme propriétaires, fermiers, locataires, ou en toute autre qualité (art. 43). Cet article établit, en outre, relativement à l'usufruitier, les mêmes règles que les §§ 2 et 3 de l'art. 59 de la loi du 3 mai 1841—(A).

1175. [Il a été jugé par le Conseil d'Etat (1) que l'autorité judiciaire, à laquelle appartient, en Algérie, le règlement des indemnités d'expropriation, est compétente pour connaître d'une demande en supplément d'indemnité, motivée sur le préjudice causé à la partie non expropriée de l'immeuble, par la création, dans la partie expropriée, d'un établissement public dont le voisinage doit être dangereux ou incommode.

Cette décision rendue par annulation d'un arrêté de conflit est ainsi conçue :

« Considérant que la demande du sieur Lavie, qui fait l'objet de l'arrêté de conflit, tend à ce que, dans le règlement de l'indemnité qui lui est due pour expropriation d'une partie du

---

(1) Arrêt du 10 juin 1857, Lavie (S.58. 2.293 ; Lebon, *Rec.*, 1857, p. 46).

Additions.

(A) Le même tribunal qui prononce l'expropriation a compétence pour décider si telle ou telle portion du terrain atteint par l'expropriation appartient à une personne qui y prétend droit, ou dépend du domaine public. La décision rendue sur ce point par le tribunal est susceptible d'appel, et ne peut, sous aucun prétexte, être déférée à la Cour de cassation. Cass. civ., 4 juill. 1864 (*Gaz. trib.*, 5 juill. 64).

Il n'est interdit par aucune loi aux tribunaux algériens pas plus qu'à un jury ordinaire, de tenir compte pour la fixation de l'indemnité, non-seulement de la valeur actuelle des terrains expropriés, mais aussi de la valeur qu'ils étaient susceptibles d'acquérir dans la suite par toute autre circonstance que les travaux mêmes de l'expropriant. Cass. req., 22 août 1864 (*Gaz. trib.*, 24 août 64 ; 22 sept. 65).

Le tribunal, chargé en Algérie de régler les indemnités, peut, sans excès de pouvoirs, déclarer qu'au moyen d'une indemnité qu'il alloue au propriétaire, celui-ci sera tenu d'indemniser le fermier qu'il n'avait pas dénoncé et qui ne s'était pas présenté dans les délais de la loi. Cass. req., 4 juill. 1865 (*Gaz. trib.*, 5 juill. 65).

domaine qu'il possède auprès des chutes du Rummel, il lui soit tenu compte de la dépréciation qui résulterait de l'établissement de la poudrerie de Constantine, pour la partie de son immeuble qui n'est pas atteinte par l'expropriation; — Considérant que, d'après les dispositions législatives ci-dessus rappelées, l'autorité judiciaire, chargée de faire le règlement de l'indemnité en cas d'expropriation pour cause d'utilité publique en Algérie, ne doit pas seulement apprécier la valeur de l'immeuble exproprié, qu'elle doit toujours tenir compte de la plus-value résultant de l'exécution des travaux pour la partie de l'immeuble qui n'est pas atteinte par l'expropriation, et que, pour déterminer la plus-value dont cette partie est susceptible, il est nécessaire d'apprécier tout à la fois les avantages et le préjudice que l'exécution des travaux peut lui occasionner; que, la demande du sieur Lavie ayant pour objet de faire apprécier un préjudice qui serait la conséquence de l'expropriation d'une partie de son domaine et de l'établissement sur cet immeuble de la poudrerie de Constantine, c'est au tribunal chargé de faire le règlement de l'indemnité d'expropriation qu'il appartient de prononcer sur cette demande; que, dès lors, c'est à tort que le conflit d'attributions a été élevé par le préfet du département de Constantine : Art. 1er. L'arrêté de conflit... est annulé » (1).

1176. L'art. 47 de l'ordonnance déclare que l'indemnité sera liquidée en une somme capitale. Toutefois, si l'immeuble exproprié est grevé d'une rente valablement constituée pour le prix de la transmission du fonds, cette rente n'est pas comprise dans la liquidation. L'indemnité en ce cas consiste dans la somme que l'immeuble est jugé valoir en sus de la rente, et l'administration a l'option de continuer le service de cette rente ou de la racheter au taux légal. Ces dispositions font disparaître un des sujets de plainte les plus vifs contre les arrêtés rendus antérieurement sur cette matière, en vertu desquels on pouvait 1° donner des rentes en paiement de l'indemnité; 2° ne pas tenir compte des rentes grevant les immeubles expropriés... « Etait-il équitable, dit M. Paillard de Villeneuve, de donner des rentes en paiement des capitaux déboursés par les expropriés ? Etait-ce politique, lorsque, l'intérêt de l'argent est à *dix* pour cent en Algérie, et que le Gouvernement en a en France à *quatre ?* Etait-il équitable aussi que l'administration ne tînt pas compte

---

(1) Voir aussi Cons. d'Etat, 10 juin 1857 (S.58.2.293).

des rentes grevant les immeubles expropriés ? Il est arrivé que des Européens, qui avaient acheté moyennant un prix une fois payé et une rente perpétuelle, n'ont reçu pour indemnité qu'une somme égale au prix déboursé par eux en capital, et se sont trouvés privés de l'immeuble, sans être déchargés de la rente » (*Gaz. des trib.*, 1er nov. 1844)—(A).

1177. La décision du tribunal est souveraine et sans appel, mais seulement en ce qui concerne la fixation du montant de l'indemnité (art. 44) — (B).

1178. Les dépens sont supportés par l'une ou l'autre des parties, ou compensés entre elles de la manière indiquée par l'art. 40 de la loi du 3 mai 1841. Voir l'art. 46 de l'ordonnance du 1er octobre 1844.

1179. Le principe de l'indemnité *préalable* est appliqué à l'Algérie par l'art. 48 de l'ordonnance, portant : « L'administration « ne peut se mettre en possession des immeubles qu'après « avoir délivré aux propriétaires expropriés le montant de l'in- « demnité, ou en avoir fait la consignation. » S'il s'élève des contestations relatives à l'attribution de l'indemnité, le tribunal

Additions.

(A) L'obligation imposée au jury d'expropriation de régler d'une manière fixe et définitive l'indemnité due à l'exproprié pour chaque parcelle atteinte, sans se borner à en fixer les bases, n'est pas applicable dans toute sa rigueur aux tribunaux algériens qui remplissent les fonctions de jury, tribunaux permanents et disposant de tous les moyens d'instruction ordinaires pour compléter leurs décisions. Ils peuvent notamment fixer le taux de l'indemnité à raison de tant l'are, sans déterminer immédiatement à quelle quantité d'ares cette fixation sera applicable. Cass. req., 22 août 1864 (*Gaz. trib.*, 24 août 65 ; 22 sept. 65).

(B) Cass. req., 4 juill. 1865 (*Gaz. trib.*, 5 juill. 65).

Ainsi, si, le tribunal est en même temps saisi d'un litige sur le fond du droit, il ne le vide qu'à charge d'appel, et doit par conséquent réserver aux parties la possibilité de se pourvoir utilement devant les juges du second degré.

Par suite, on doit considérer comme entaché d'excès de pouvoirs le jugement qui, dans le cas où il existe une contestation sur le fond du droit, au lieu de régler des indemnités alternatives en vue des diverses solutions qui pourront intervenir en appel, fixe en bloc l'indemnité, de telle sorte que l'appel, s'il était interjeté serait inefficace, puisqu'il ne pourrait pas aboutir à la réformation du règlement de l'indemnité. Cass. req., 6 janv. 1864 (*Gaz. trib.*, 7 janv. 64); Cass. civ. 6 déc. 1864 (*Gaz. trib.*, 8 déc. 64); Cass. req., 17 juill. 1865 (*Gaz. trib.*, 18 juill. 65).

Les dispositions de l'art. 42 de la loi du 3 mai 1841, qui limitent les ouvertures à cassation et règlent les délais et les formes des pourvois contre les décisions du jury, ne s'appliquent pas aux pourvois formés contre les décisions des tribunaux ordinaires qui, en Algérie, remplacent le jury, et fixent les indemnités, pourvois qui, dans le silence de l'ordonnance du 1er oct. 1844, restent soumis aux délais et formes du droit commun, et sont dès lors recevables devant la chambre des requêtes de la Cour de cassation. Cass. req., 22 août 1864 (*Gaz. trib.*, 24 août 64).

en ordonne la consignation pour le compte de qui il appartiendra. Les titres de liquidation ne sont délivrés par l'administration que sur le vu d'un jugement ou d'un arrêt définitif, ou sur une transaction régulière et authentique (art. 49, § 1 et § 3). La consignation est également ordonnée si l'immeuble est chargé d'inscriptions hypothécaires, ou s'il s'élève des oppositions ou autre empêchement à la délivrance de l'indemnité (*Ibid.*, § 2).

1180. Les dispositions de la loi du 3 mai 1841, sur la prise de possession des immeubles en cas d'urgence ont été appliquées à l'Algérie par les art. 62 à 71 de l'ordonnance du 1er octobre 1844. Mais la déclaration d'urgence résulte d'une décision du Prince chargé du ministère de l'Algérie, et s'applique aux bâtiments comme aux terrains qui ne contiennent pas de constructions (art. 62). L'assignation n'est pas donnée à trois jours, mais à huit jours au moins, outre le délai des distances, s'il y a lieu (art. 63).

1181. Pour tous les services publics, le règlement et l'attribution de l'indemnité sont effectués à la diligence du préfet.

1182. Les significations et notifications sont faites à la personne ou au domicile réel ou d'élection, ou à la résidence de la partie citée. Lorsque le lieu du domicile ou de la résidence de cette partie n'est pas connu, l'exploit est affiché à la principale porte, et dans l'auditoire du tribunal où la demande est portée. Il en est, en outre, donné copie en duplicata à l'officier du ministère public près le tribunal compétent, lequel vise l'original, garde l'une des copies, dont il fait insérer l'extrait au *Moniteur algérien*, et transmet l'autre au ministère de l'Algérie si la partie est française, ou au ministère des affaires étrangères si la partie est étrangère. Ce mode de citation ne peut toutefois être employé qu'autant qu'il sera constaté, par un certificat délivré sans frais et dispensé de la formalité de l'enregistrement, que la partie assignée n'a point fait la déclaration du lieu de sa résidence à la mairie du chef-lieu de l'arrondissement judiciaire, sur un registre qui est spécialement tenu à cet effet dans cette mairie. Aucune signification ou citation ne peut, à peine de nullité, être faite au domicile d'un mandataire, à moins qu'il ne soit porteur d'un pouvoir spécial et formel de défendre à la demande. Cette nullité peut être prononcée d'office par le tribunal (Ord. 1er oct. 1844, art. 73 ; 16 avril 1843, art. 3 et 4).

1183. Pour les assignations en règlement d'indemnité, dans les circonstances ordinaires et en cas d'urgence, les délais sont augmentés d'un jour par chaque myriamètre de distance par terre entre le tribunal devant lequel l'assignation est donnée et le domicile où la résidence en Algérie de la partie citée. Lorsque cette partie ne peut se rendre que par voie de mer dans le lieu où siège le tribunal, il lui est ordinairement accordé un délai fixe de trente jours pour la traversée maritime, indépendamment du délai réglé pour la distance par terre (Ord. 16 avril 1843, art. 6 et 7); mais en matière d'expropriation, le délai pour comparaître ne peut jamais excéder trente jours (Ord. 1er oct. 1844, art. 74).

1184. Si l'administration ne poursuit pas la fixation de l'indemnité dans les six mois à compter de la décision ministérielle prononçant l'expropriation (n° 1168), les parties peuvent exiger qu'il soit procédé à cette fixation. Quand l'indemnité aura été réglée, si elle n'est ni acquittée ni consignée dans les six mois du jugement qui l'aura fixée, les intérêts courront de plein droit à l'expiration de ce délai (art. 41). Telles sont aussi à peu près les dispositions de l'art. 14, § 2, et de l'art. 55 de la loi du 3 mai 1841.

1185. Les propriétaires qui veulent faire valoir leurs droits à une indemnité sont tenus de justifier de leur qualité. Les titres et documents par eux produits sont communiqués au préfet, qui procède à leur examen, et prend ou provoque telles mesures qu'il juge convenables pour la conservation des intérêts du domaine (art. 32). Le titre 1er de l'ordonnance établit sur de nouvelles bases la justification et la transmission des propriétés immobilières situées en Algérie (1)—(A).

1186. Les art. 50 et suiv. de l'ordonnance du 1er octobre 1844 tracent les règles relatives à l'occupation temporaire des immeubles pour l'exécution des travaux publics, et l'art. 61 ajoute :
« Si l'occupation temporaire se prolonge plus de trois ans, le
« propriétaire aura le droit d'exiger la prise de possession défi-
« nitive, par une déclaration expresse notifiée à l'administration ;
« en ce cas, il sera procédé à l'expropriation conformément aux

---

(1) Voir les ordonnances des 10 fév. et 16 juill. 1846.

Additions.

(A) Lorsque des demandes relatives à l'expropriation et à l'occupation temporaire d'immeubles par l'autorité militaire, ont été présentées dans le délai établi par l'ordonnance du 31 juill. 1836, et par la dé-cision ministérielle du 12 fév. 1841, si le demandeur justifie, soit devant le conseil de préfecture, soit même devant le Conseil d'Etat, qu'il n'a pas dépendu de lui de produire des titres de propriété dans les délais prescrits, il y a lieu de le relever de la déchéance. Cons. d'Etat, 18 déc. 1852 (Lebon, *Rec.*, 1862, p. 804).

« dispositions de la présente ordonnance, et l'indemnité sera
« réglée eu égard à l'état et à la consistance de l'immeuble, tels
« qu'ils auront été constatés par les procès-verbaux mentionnés
« aux art. 54 et 55 de la même ordonnance. »

1187. Les dispositions de la loi du 3 mai 1841 portant dispense des droits de timbre, d'enregistrement et de transcription (Voir chap. XVI), sont applicables à l'Algérie (art. 76).

1188. Les concessionnaires de travaux publics sont subrogés à tous les droits et à toutes les obligations de l'administration (art. 77). Voir chap. XIV.

1189. L'ordonnance du 1er octobre 1844 contient, dans son titre V, des dispositions spéciales relativement aux terres incultes modifiées et complétées par les art. 40 et suiv. de l'ordonn. du 12 juillet 1846.

[Ces dispositions ont été formellement abrogées par l'art. 23 de la loi du 16 juin 1851.]

1190. [Les marais étaient réputés biens vacants et sans maîtres et attribués implicitement à l'Etat par l'art. 46 de l'ordonnance du 21 juillet 1846. Cette disposition est également abrogée par l'art. 23 de la loi du 16 juin 1851]—(A).

Additions.

(A) [Nous citerons, pour compléter cet exposé de la législation de l'Algérie, les décrets suivants :

—Décret du 26 août 1857 (Bull. Alg., 39, n° 559).

Ce décret concernant l'expropriation pour l'élargissement, le redressement ou la formation des rues d'Alger, est calqué, sauf quelques modifications, sur ceux des 26 mars 1852 et 27 déc. 1858 (S.59.3. 23).

—Décret du 8 sept. 1859 (Bull. Alg., 38, n° 551 ; S.59.3.151).

Napoléon, etc..., avons décrété et décretons ce qui suit :

Art. 1er. Dans les différents cas prévus, tant par les art. 26, 27, 28 et 51 de l'ordonnance royale du 1er oct. 1844, que par l'art. 2 du décret du 11 juin 1858, les attributions qui appartenaient au gouverneur général, seront exercées en territoire civil par le préfet, et en territoire militaire par le général commandant la division.

Dans les cas pour lesquels les dispositions précitées demandent l'avis du conseil d'administration, il y aura lieu à avis du préfet en conseil de préfecture, et du général en conseil des affaires civiles, suivant les territoires.

2. Les avis déterminés par les art. 26 et 27 de l'ordonnance précitée seront affichés dans la commune de la situation des biens, et à défaut, au chef-lieu du commissariat civil ou de l'autorité qui en tient lieu.

Les registres d'enquête seront ouverts aux mêmes lieux. Les observations écrites adressées aux autorités chargées de procéder aux enquêtes seront annexées à ces registres.

Les insertions prévues par ladite ordonnance et ledit décret, seront publiées dans le journal désigné pour l'insertion des annonces judiciaires.

Les décisions rendues par le ministre seront, en outre, publiées au *Bulletin officiel de l'Algérie et des colonies*.

3. Le plan parcellaire des immeubles compris dans la déclaration d'utilité publique prévue par l'art. 27 de l'ordonnance précitée sera tenu à la disposition des intéressés aux mêmes lieux et pendant le même délai que les registres d'enquête].

Section II.—*De l'expropriation à la Réunion, à la Guadeloupe, à la Martinique et dans leurs dépendances.*

1191. — Ces colonies sont régies par la loi du 3 mai 1841, qui leur a été déclarée applicable, sauf quelques modifications, par le sénatus-consulte du 3 mai 1856.

1191. [Les trois colonies de la Martinique, de la Guadeloupe et de la Réunion sont régies, en ce qui concerne l'expropriation pour cause d'utilité publique, par le sénatus-consulte des 5-9 mai 1856, qui n'est autre chose que la loi du 3 mai 1841, modifiée en quelques points et adaptée au mode d'administration existant dans les possessions françaises.

Nous en rapportons intégralement les dispositions, qu'il sera facile de comparer aux articles correspondants de la loi du 3 mai 1841.

TITRE Ier.—*Dispositions préliminaires.*

ART. 1er. L'expropriation pour cause d'utilité publique s'opère par autorité de justice.

2. Les tribunaux ne peuvent prononcer l'expropriation qu'autant que l'utilité en a été constatée et déclarée dans les formes prescrites par le présent sénatus-consulte. — Ces formes consistent : 1° dans le décret impérial rendu dans les formes prescrites par les règlements d'administration publique, ou dans l'arrêté du gouverneur, pris en conseil privé, qui autorise l'exécution des travaux pour lesquels l'expropriation est requise, selon que ces travaux sont à la charge de l'Etat ou à la charge de la colonie ; 2° dans l'arrêté du gouverneur, pris en conseil privé, qui désigne les localités ou territoires sur lesquels les travaux doivent avoir lieu, lorsque cette désignation ne résulte pas du décret impérial ou de l'arrêté mentionné au paragraphe précédent ; 3° dans l'arrêté ultérieur, pris en conseil privé, par lequel le gouverneur détermine les propriétés particulières auxquelles l'expropriation est applicable.—Cette application ne peut être faite à aucune propriété particulière qu'après que les parties intéressées ont été mises en état de fournir leurs contredits, selon les règles exprimées au titre II.

3. Le décret impérial ou l'arrêté du gouverneur qui autorise des travaux pour l'exécution desquels l'expropriation est re-

quise n'est rendu qu'après une enquête administrative. — L'arrêté du gouverneur est également précédé d'un avis du conseil général.

TITRE II. — *Des mesures d'administration relatives à l'expropriation.*

4. Les ingénieurs ou autres gens de l'art chargés de l'exécution des travaux lèvent, pour la partie qui s'étend sur chaque commune, le plan parcellaire des terrains ou des édifices dont la cession leur paraît nécessaire.

5. Le plan desdites propriétés particulières indicatif des noms de chaque propriétaire, tels qu'ils sont inscrits sur la matrice des rôles, reste déposé, pendant huit jours, à la mairie de la commune où les propriétés sont situées, afin que chacun puisse en prendre connaissance.

6. Le délai fixé à l'article précédent ne court qu'à dater de l'avertissement, qui est donné collectivement aux parties intéressées, de prendre communication du plan déposé à la mairie. —Cet avertissement est publié à son de trompe ou de caisse dans la commune, et affiché tant à la principale porte de l'église du lieu qu'à celle de la maison commune. — Il est, en outre, inséré dans l'un des journaux publiés dans l'arrondissement, ou, s'il n'en existe aucun, dans l'un des journaux de la colonie.

7. Le maire certifie ces publications et affiches; il mentionne, sur un procès-verbal qu'il ouvre à cet effet, et que les parties qui comparaissent sont requises de signer, les déclarations et réclamations qui lui ont été faites verbalement, et y annexe celles qui lui sont transmises par écrit.

8. A l'expiration du délai de huitaine prescrit par l'art. 5, une commission se réunit au chef-lieu de l'arrondissement.— Cette commission, présidée par le directeur de l'intérieur ou par un fonctionnaire que désignera le gouverneur, sera composée de quatre membres choisis par le gouverneur dans le sein du conseil général ou parmi les principaux propriétaires de l'arrondissement, du maire de la commune où les propriétés sont situées, et de l'un des ingénieurs chargés de l'exécution des travaux. La commission ne peut délibérer valablement qu'autant que cinq de ses membres au moins sont présents.—Dans le cas où le nombre des membres présents serait de six, et où il y aurait partage d'opinions, la voix du président sera prépondé-

rante.—Les propriétaires qu'il s'agit d'exproprier ne peuvent être appelés à faire partie de la commission.

9. La commission reçoit, pendant huit jours, les observations des propriétaires. — Elle les appelle toutes les fois qu'elle le juge convenable. Elle donne son avis.—Ses opérations doivent être terminées dans le délai de dix jours ; après quoi, le procès-verbal est adressé immédiatement, par le président de la commission, à la direction de l'intérieur.—Dans le cas où lesdites opérations n'auraient pas été mises à fin dans le délai ci-dessus, le président de la commission devra, dans les trois jours, transmettre à la direction de l'intérieur son procès-verbal et les documents recueillis.

10. Si la commission propose quelques changements au tracé indiqué par les ingénieurs, le président de la commission devra, dans la forme indiquée par l'art. 6, en donner immédiatement avis aux propriétaires que ces changements pourront intéresser. Pendant huitaine, à dater de cet avertissement, le procès-verbal et les pièces resteront déposés dans le bureau de l'administration intérieure de l'arrondissement ; les parties intéressées pourront en prendre communication sans déplacement et sans frais, et fournir leurs observations écrites.—Dans les trois jours suivants, le président de la commission transmettra toutes les pièces à la direction de l'intérieur.

11. Sur le vu du procès-verbal et des documents y annexés, le gouverneur détermine, par un arrêté motivé, les propriétés qui doivent être cédées, et indique l'époque à laquelle il sera nécessaire d'en prendre possession. Toutefois, dans le cas où il résulterait de l'avis de commission qu'il y aurait lieu de modifier le tracé des travaux ordonnés, le gouverneur, en conseil privé, pourra, suivant les circonstances, statuer définitivement, ou ordonner qu'il soit procédé de nouveau à tout ou partie des formalités prescrites par les articles précédents.

12. Les dispositions des art. 8, 9 et 10 ne sont point applicables au cas où l'expropriation serait demandée par une commune et dans un intérêt purement communal, non plus qu'aux travaux d'ouverture ou de redressement des chemins vicinaux. —Dans ce cas, le procès-verbal prescrit par l'art. 7 est transmis, avec l'avis du conseil municipal, par le maire, au directeur de l'intérieur.—Le gouverneur, en conseil privé, sur le vu de ce procès-verbal, prononcera comme il est dit en l'article précédent.

TITRE III. — *De l'expropriation et de ses suites, quant aux priviléges, hypothèques et autres droits réels.*

13. Si les biens de mineurs, d'interdits, d'absents ou autres incapables, sont compris dans les plans déposés, en vertu de l'art. 5, ou dans les modifications admises par le gouverneur, aux termes de l'art. 11 du présent sénatus-consulte, les tuteurs, ceux qui ont été envoyés en possession provisoire, et tous représentants des incapables, peuvent, après autorisation du tribunal, donnée sur simple requête, en la chambre du conseil, le ministère public entendu, consentir amiablement à l'aliénation desdits biens. — Le tribunal ordonne les mesures de conservation ou de remploi qu'il juge nécessaires. — Ces dispositions sont applicables aux immeubles dotaux et aux majorats. — Le gouverneur pourra, dans le même cas, aliéner les biens de la colonie, après avis du conseil général. Les maires ou administrateurs pourront aliéner les biens des communes ou établissements publics, s'ils y sont autorisés par arrêté du gouverneur, en conseil privé, après avis du conseil municipal ou du conseil d'administration. — Le gouverneur peut consentir à l'aliénation des biens de l'Etat, s'il y est autorisé par le ministre de la marine et des colonies. — A défaut de conventions amiables, soit avec les propriétaires des terrains ou bâtiments dont la cession est reconnue nécessaire, soit avec ceux qui les représentent, le directeur de l'intérieur transmet au procureur impérial, dans le ressort duquel les biens sont situés, le décret impérial ou l'arrêté du gouverneur qui autorise l'exécution des travaux, et l'arrêté mentionné en l'art. 11.

14. Dans les trois jours, et sur la production des pièces constatant que les formalités prescrites par l'art. 2 du titre 1er et par le titre II du présent sénatus-consulte ont été remplies, le procureur impérial requiert et le tribunal prononce l'expropriation pour cause d'utilité publique des terrains ou bâtiments indiqués dans l'arrêté du gouverneur. — Si, dans l'année de l'arrêté du gouverneur, l'administration n'a pas poursuivi l'expropriation, tout propriétaire, dont les terrains sont compris audit arrêté, peut présenter requête au tribunal. Cette requête sera communiquée, par le procureur impérial, au directeur de l'intérieur qui devra, dans le plus bref délai, envoyer les pièces, et le tribunal statuera, dans les trois jours. — Le même jugement commet un des membres du tribunal pour remplir les fonctions

attribuées par le titre IV, ch. 2, au magistrat directeur du jury chargé de fixer l'indemnité, et désigne un autre membre pour le remplacer au besoin.—En cas d'absence ou d'empêchement de ces deux magistrats, il sera pourvu à leur remplacement par une ordonnance sur requête du président du tribunal civil.— Dans le cas où les propriétaires à exproprier consentiraient à la cession, mais où il n'y aurait point accord sur le prix, le tribunal donnera acte du consentement, et désignera le magistrat directeur du jury, sans qu'il soit besoin de rendre le jugement d'expropriation, ni de s'assurer que les formalités prescrites par le titre II ont été remplies.

15. Le jugement est publié et affiché, par extrait, dans la commune de la situation des biens, de la manière indiquée en l'art. 6. Il est, en outre, inséré dans l'un des journaux publiés dans l'arrondissement, ou, s'il n'en existe aucun, dans l'un de ceux de la colonie.— Cet extrait, contenant les noms des propriétaires, les motifs et le dispositif du jugement, leur est notifié au domicile qu'ils auront élu dans l'arrondissement de la situation des biens, par une déclaration faite à la mairie de la commune où les biens sont situés, et, dans le cas où cette élection de domicile n'aurait pas eu lieu, la notification de l'extrait sera faite en double copie au maire et au fermier, locataire, gardien ou régisseur de la propriété. Toutes les autres notifications prescrites par le présent sénatus-consulte seront faites dans la forme ci-dessus indiquée.

16. Le jugement sera, immédiatement après l'accomplissement des formalités prescrites par l'art. 15 du présent sénatus-consulte, transcrit au bureau de la conservation des hypothèques de l'arrondissement, conformément à l'art. 2181 du Code Napoléon.

17. Dans la quinzaine de la transcription, les priviléges et les hypothèques conventionnelles, judiciaires ou légales, seront inscrits. — A défaut d'inscription dans ce délai, l'immeuble exproprié sera affranchi de tous priviléges et hypothèques, de quelque nature qu'ils soient, sans préjudice des droits des femmes, mineurs et interdits, sur le montant de l'indemnité, tant qu'elle n'a pas été payée ou que l'ordre n'a pas été réglé définitivement entre les créanciers inscrits.—Les créanciers inscrits n'auront, dans aucun cas, la faculté de surenchérir ; mais ils pourront exiger que l'indemnité soit fixée, conformément au titre IV.

18. Les actions en résolution, en revendication, et toutes

autres actions réelles, ne pourront arrêter l'expropriation, ni en empêcher l'effet. Le droit des réclamants sera transporté sur le prix, et l'immeuble en demeurera affranchi.

19. Les règles posées dans le premier paragraphe de l'art. 15 et dans les art. 16, 17 et 18, sont applicables dans le cas de conventions amiables passées entre l'administration et les propriétaires.—Cependant l'administration peut, sauf les droits des tiers, et sans accomplir les formalités ci-dessus tracées, payer le prix des acquisitions dont la valeur ne s'élèverait pas au-dessus de 500 fr.—Le défaut d'accomplissement des formalités de la purge des hypothèques n'empêche pas l'expropriation d'avoir son cours ; sauf, pour les parties intéressées, à faire valoir leurs droits ultérieurement dans les formes déterminées par le titre IV du présent sénatus-consulte.

20. Le jugement ne pourra être attaqué que par la voie du recours en annulation devant la Cour impériale, et seulement pour incompétence, excès de pouvoir ou vices de formes du jugement.—Le recours aura lieu, au plus tard, dans les trois jours, à dater de la notification du jugement, par déclaration au greffe du tribunal. Il sera notifié, dans la huitaine, soit à la partie, au domicile indiqué par l'art. 15, soit au directeur de l'intérieur ou au maire, suivant la nature des travaux; le tout à peine de déchéance.—Dans la quinzaine de la notification du recours, les pièces seront adressées à la Cour impériale, qui statuera dans le mois suivant. — L'arrêt, s'il est rendu par défaut, à l'expiration de ce délai, ne sera pas susceptible d'opposition.

TITRE IV. — *Du règlement des indemnités.*

CHAP. 1er. — Mesures préparatoires.

21. Dans la huitaine qui suit la notification prescrite par l'art. 15, le propriétaire est tenu d'appeler et de faire connaître à l'administration les fermiers, locataires, ceux qui ont des droits d'usufruit, d'habitation ou d'usage, tels qu'ils sont réglés par le Code Napoléon, et ceux qui peuvent réclamer des servitudes résultant des titres mêmes du propriétaire ou d'autres actes dans lesquels il serait intervenu ; sinon il restera seul chargé envers eux des indemnités que ces derniers pourront réclamer. —Les autres intéressés seront mis en demeure de faire valoir leurs droits par l'avertissement énoncé à l'art. 6, et tenus de se

faire connaître à l'administration dans le même délai de huitaine, à défaut de quoi ils seront déchus de tous droits à l'indemnité.

22. Les dispositions du présent sénatus-consulte, relatives aux propriétaires et à leurs créanciers, sont applicables à l'usufruitier et à ses créanciers.

23. L'administration notifie aux propriétaires et à tous autres intéressés qui auront été désignés ou qui seront intervenus dans le délai fixé par l'art. 21, les sommes qu'elle offre pour indemnités.—Ces offres sont, en outre, affichées et publiées conformément à l'art. 6 du présent sénatus-consulte.

24. Dans la quinzaine suivante, les propriétaires et autres intéressés sont tenus de déclarer leur acceptation, ou, s'ils n'acceptent pas les offres qui leur sont faites, d'indiquer le montant de leurs prétentions.

25. Les femmes mariées sous le régime dotal, assistées de leurs maris, les tuteurs, ceux qui ont été envoyés en possession provisoire des biens d'un absent, et autres personnes qui représentent les incapables, peuvent valablement accepter les offres énoncées en l'art. 23, s'ils y sont autorisés dans les formes prescrites par l'art. 13.

26. Le gouverneur peut accepter les offres d'indemnité pour expropriation des biens appartenant à l'Etat ou à la colonie.—Les maires ou administrateurs peuvent accepter les offres d'indemnités pour expropriation des biens appartenant aux communes ou établissements publics, dans les formes et avec les autorisations prescrites par l'art. 13.

27. Le délai de quinzaine, fixé par l'art. 24, sera d'un mois dans les cas prévus par les art. 25 et 26.

28. Si les offres de l'administration ne sont pas acceptées dans les délais prescrits par les art. 24 et 27, l'administration citera devant le jury, qui sera convoqué à cet effet, les propriétaires et tous autres intéressés qui auront été désignés ou qui seront intervenus, pour qu'il soit procédé au règlement des indemnités de la manière indiquée au chapitre suivant. La citation contiendra l'énonciation des offres qui auront été refusées.

CHAP. II. — Du jury spécial chargé de régler les indemnités.

29. Dans sa session annuelle, le conseil général désigne, pour chaque arrondissement, sur une liste de soixante personnes,

dressée par le directeur de l'intérieur, trente personnes qui ont leur domicile réel dans l'arrondissement, parmi lesquelles sont choisis, jusqu'à la session suivante ordinaire du conseil général, les membres du jury spécial appelé, le cas échéant, à régler les indemnités dues par suite d'expropriation pour cause d'utilité publique.

30. Toutes les fois qu'il y a lieu de recourir à un jury spécial, la Cour impériale, dans les arrondissements qui sont le siège d'une Cour impériale, et, dans les autres arrondissements, le tribunal du chef-lieu judiciaire choisit, en la chambre du conseil, sur la liste dressée en vertu de l'article précédent pour l'arrondissement dans lequel ont lieu les expropriations, dix personnes qui formeront le jury spécial chargé de fixer définitivement le montant de l'indemnité; et, en outre, deux jurés supplémentaires. En cas d'abstention ou de récusation des membres du tribunal, le choix du jury est déclaré à la Cour impériale. — Ne peuvent être choisis : 1° les propriétaires, fermiers, locataires des terrains et bâtiments désignés en l'arrêté du gouverneur, pris en vertu de l'art. 11, et qui restent à acquérir; 2° les créanciers ayant inscription sur lesdits immeubles; 3° tous autres intéressés désignés ou intervenant en vertu des art. 21 et 22. — Les septuagénaires seront dispensés, s'ils le requièrent, des fonctions de juré.

31. La liste des dix jurés et des deux jurés supplémentaires est transmise au directeur de l'intérieur, qui, après s'être concerté avec le magistrat directeur du jury, convoque les jurés et les parties, en leur indiquant, au moins huit jours à l'avance, le lieu et le jour de la réunion. La notification aux paties leur fait connaître les noms des jurés.

32. Tout juré qui, sans motifs légitimes, manque à l'une des séances ou refuse de prendre part à la délibération, encourt une amende de cent francs au moins et de trois cents francs au plus. — L'amende est prononcée par le magistrat directeur du jury. — Il statue en dernier ressort sur l'opposition qui serait formée par le juré condamné. — Il prononce également sur les causes d'empêchement que le jurés proposent, ainsi que sur les exclusions on incompatibilités dont les causes ne seraient survenues ou n'auraient été connues que postérieurement à la désignation faite en vertu de l'art. 30.

33. Ceux des jurés qui se trouvent rayés de la liste, par suite des empêchements, exclusions ou incompatibilités prévus à l'article précédent, sont immédiatement remplacés par les jurés

supplémentaires, que le magistrat directeur du jury appelle dans l'ordre de leur inscription.—En cas d'insuffisance, le magistrat directeur du jury choisit sur la liste dressée en vertu de l'art. 29 les personnes nécessaires pour compléter le nombre des dix jurés.

34. Le magistrat directeur du jury est assisté, auprès du jury spécial, du greffier ou commis greffier du tribunal, qui appelle successivement les causes sur lesquelles le jury doit statuer, et tient procès-verbal des opérations.—Lors de l'appel, l'administration a le droit d'exercer une récusation péremptoire ; la partie adverse a le même droit.—Dans le cas où plusieurs intéressés figurent dans la même affaire, ils s'entendent pour l'exercice du droit de récusation, sinon le sort désigne ceux qui doivent en user. — Si le droit de récusation n'est point exercé, ou s'il ne l'est que partiellement, le magistrat directeur du jury procède à la réduction des jurés au nombre de huit, en retranchant les derniers noms inscrits sur la liste.

35. Le jury spécial n'est constitué que lorsque les huit jurés sont présents. — Les jurés ne peuvent délibérer valablement qu'au nombre de six au moins.

36. Lorsque le jury est constitué, chaque juré prête serment de remplir ses fonctions avec impartialité.

37. Le magistrat directeur met sous les yeux du jury : 1° le tableau des offres et demandes notifiées en exécution des art. 23 et 24 ; 2° les plans parcellaires et les titres ou autres documents produits par les parties à l'appui de leurs offres et demandes.—Les parties ou leurs fondés de pouvoirs peuvent présenter sommairement leurs observations. — Le jury pourra entendre toutes les personnes qu'il croira pouvoir l'éclairer.— Il pourra également se transporter sur les lieux ou déléguer, à cet effet, un ou plusieurs de ses membres.—La discussion est publique ; elle peut être continuée à une autre séance.

38. La clôture de l'instruction est prononcée par le magistrat directeur du jury.—Les jurés se retirent immédiatement dans leur chambre pour délibérer, sans désemparer, sous la présidence de l'un d'eux, qu'ils désignent à l'instant même.—La décision du jury fixe le montant de l'indemnité ; elle est prise à la majorité des voix. — En cas de partage, la voix du président du jury est prépondérante.

39. Le jury prononce des indemnités distinctes en faveur des parties qui les réclament à des titres différents, comme propriétaires, fermiers, locataires, usagers et autres intéressés dont il

est parlé dans l'art. 21.—Dans le cas d'usufruit, une seule indemnité est fixée par le jury, eu égard à la valeur totale de l'immeuble ; le nu propriétaire et l'usufruitier exercent leurs droits sur le montant de l'indemnité au lieu de l'exercer sur la chose. — L'usufruitier sera tenu de donner caution : les père et mère ayant l'usufruit légal des biens de leurs enfants en seront dispensés.—Lorsqu'il y a litige sur le fond du droit ou sur la qualité de réclamants, et toutes les fois qu'il s'élève des difficultés étrangères à la fixation du montant de l'indemnité, le jury règle l'indemnité indépendamment de ces litiges et difficultés, sur lesquels les parties sont renvoyées à se pourvoir devant qui de droit.—L'indemnité allouée par le jury ne peut, en aucun cas, être inférieure aux offres de l'administration, ni supérieure à la demande de la partie intéressée.

40. Si l'indemnité réglée par le jury ne dépasse pas l'offre de l'administration, les parties qui l'auront refusée seront condamnées aux dépens.— Si l'indemnité est égale à la demande des parties, l'administration sera condamnée aux dépens. — Si l'indemnité est à la fois supérieure à l'offre de l'administration, et inférieure à la demande des parties, les dépens seront compensés de manière à être supportés par les parties et l'administration, dans les proportions de leur offre ou de leur demande avec la décision du jury.—Tout indemnitaire qui ne se trouvera pas dans le cas des art. 25 et 26 sera condamné aux dépens, quelle que soit l'estimation ultérieure du jury, s'il a omis de se conformer aux dispositions de l'art. 24.

41. La décision du jury, signée des membres qui y ont concouru, est remise par le président au magistrat directeur, qui la déclare exécutoire, statue sur les dépens, et envoie l'administration en possession de la propriété, à la charge par elle de se conformer aux dispositions des art. 53, 54 et suivants.—Ce magistrat taxe les dépens, dont le tarif est déterminé par un arrêté du gouverneur, pris en conseil privé.— La taxe ne comprendra que les actes faits postérieurement à l'offre de l'administration ; les frais des actes antérieurs demeurent, dans tous les cas, à la charge de l'administration.

42. La décision du jury et l'ordonnance du magistrat directeur ne peuvent être attaquées que par la voie du recours en annulation, et seulement pour violation de premier paragraphe de l'art. 30, de l'art. 31, des deuxième et quatrième paragraphes de l'art. 34, et des art. 35, 36, 37, 38, 39 et 40. — Le délai sera de quinze jours pour ce recours, qui sera d'ailleurs formé, no-

tifié et jugé comme il est dit en l'art. 20; il courra à partir du jour de la décision.

43. Lorsqu'une décision du jury aura été annulée, l'affaire sera renvoyée devant un nouveau jury, choisi dans le même arrondissement.—Néanmoins la Cour impériale pourra, suivant les circonstances, renvoyer l'appréciation de l'indemnité à un jury pris dans un autre arrondissement.—Il sera procédé, à cet effet, conformément à l'art. 30.

44. Le jury ne connaît que des affaires dont il a été saisi au moment de sa convocation, et statue successivement et sans interruption sur chacune de ces affaires. Il ne peut se séparer qu'après avoir réglé toutes les indemnités dont la fixation lui a été ainsi déférée.

45. Les opérations commencées par un jury, et qui ne sont pas encore terminées au moment du renouvellement annuel de la liste générale mentionnée en l'art. 29, sont continuées, jusqu'à conclusion définitive, par le même jury.

46. Après la clôture des opérations du jury, les minutes de ses décisions et les autres pièces qui se rattachent auxdites opérations sont déposées au greffe du tribunal civil de l'arrondissement.

47. Les noms des jurés qui auront fait le service d'une session ne pourront être portés sur le tableau dressé par le conseil général pour l'année suivante.

CHAP. III. — Des règles à suivre pour la fixation des indemnités.

48. Le jury est juge de la sincérité des titres et de l'effet des actes qui seraient de nature à modifier l'évaluation de l'indemnité.

49. Dans le cas où l'administration contesterait au détenteur exproprié le droit à une indemnité, le jury, sans s'arrêter à la contestation, dont il renvoie le jugement devant qui de droit, fixe l'indemnité comme si elle était due, et le magistrat directeur du jury en ordonne la consignation, pour ladite indemnité, rester déposée jusqu'à ce que les parties se soient entendues ou que le litige soit vidé.

50. Les bâtiments dont il est nécessaire d'acquérir une portion pour cause d'utilité publique seront achetés en entier, si les propriétaires le requièrent par une déclaration formelle adressée au magistrat directeur du jury dans les délais énoncés aux art. 24 et 27.—Il en sera de même de toute parcelle de terrain

qui, par suite du morcellement, se trouvera réduite au quart de la contenance totale, si toutefois le propriétaire ne possède aucun terrain immédiatement contigu, et si la parcelle ainsi réduite est inférieure à dix ares.

51. Si l'exécution des travaux doit procurer une augmentation de valeur immédiate et spéciale au restant de la propriété, cette augmentation sera prise en considération dans l'évaluation du montant de l'indemnité.

52. Les constructions, plantations et améliorations ne donneront lieu à aucune indemnité, lorsque, à raison de l'époque où elles auront été faites ou de toutes autres circonstances dont l'appréciation lui est abandonnée, le jury acquiert la conviction qu'elles ont été faites dans la vue d'obtenir une indemnité plus élevée.

TITRE V. — *Du paiement des indemnités.*

53. Les indemnités réglées par le jury seront, préalablement à la prise de possession, acquittées entre les mains des ayants droit.—S'ils se refusent à les recevoir, la prise de possession aura lieu après offres réelles et consignations. — S'il s'agit de travaux exécutés par l'Etat ou la colonie, les offres réelles pourront s'effectuer au moyen d'un mandat égal au montant de l'indemnité réglée par le jury ; ce mandat, délivré par l'ordonnateur compétent, visé par le payeur, sera payable sur la caisse publique qui s'y trouvera désignée.— Si les ayants droit refusent de recevoir le mandat, la prise de possession aura lieu après consignation en espèces.

54. Il ne sera pas fait d'offres réelles toutes les fois qu'il existera des inscriptions sur l'immeuble exproprié, ou d'autres obstacles au versement des deniers entre les mains des ayants droit; dans ce cas, il suffira que les sommes dues par l'administration soient consignées, pour être ultérieurement distribuées ou remises selon les règles du droit commun.

55. Si, dans les six mois du jugement d'expropriation, l'administration ne poursuit pas la fixation de l'indemnité, les parties pourront exiger qu'il soit procédé à ladite fixation.—Quand l'indemnité aura été réglée, si elle n'est ni acquittée ni consignée dans les six mois de la décision du jury, les intérêts courront de plein droit à l'expiration de ce délai.

TITRE VI. — *Dispositions diverses.*

56. Les contrats de vente, quittances et autres actes relatifs à l'acquisition des terrains, peuvent être passés dans la forme des actes administratifs ; la minute restera déposée à la direction de l'intérieur.

57. Les significations et notifications mentionnées au présent sénatus-consulte sont faites à la diligence du directeur de l'intérieur ; — elles peuvent être faites tant par huissier que par tout agent de l'administration dont les procès-verbaux font foi en justice.

58. Les plans, procès-verbaux, certificats, significations, jugements, contrats, quittances et autres actes faits en vertu du présent sénatus-consulte, seront visés pour timbre et enregistrés gratis, lorsqu'il y aura lieu à la formalité de l'enregistrement.—Il ne sera perçu aucuns droits pour la transcription des actes au bureau des hypothèques.—Les droits perçus sur les acquisitions amiables faites antérieurement aux arrêtés du gouverneur seront restitués, lorsque, dans le délai de deux ans, à partir de la perception, il sera justifié que les immeubles acquis sont compris dans ces arrêtés. La restitution des droits ne pourra s'appliquer qu'à la portion des immeubles qui aura été reconnue nécessaire à l'exécution des travaux.

59. Lorsqu'un propriétaire aura accepté les offres de l'administration, le montant de l'indemnité devra, s'il l'exige, et s'il n'y a pas eu contestation de la part des tiers dans les délais prescrits par les art. 24 et 27, être versé à la caisse de dépôts et consignations, pour être remis ou distribué à qui de droit, selon les règles du droit commun.

60. Si les terrains acquis pour des travaux d'utilité publique ne reçoivent pas cette destination, les anciens propriétaires ou leurs ayants droit peuvent en demander la remise.—Le prix des terrains rétrocédés est fixé à l'amiable, et, s'il n'y a pas accord, par le jury dans les formes ci-dessus prescrites. La fixation par le jury ne peut, en aucun cas, excéder la somme moyennant laquelle les terrains ont été acquis.

61. Un avis, publié de la manière indiquée en l'art. 6, fait connaître les terrains que l'administration est dans le cas de revendre. Dans les trois mois de cette publication, les anciens propriétaires qui veulent réacquérir la propriété desdits terrains

sont tenus de le déclarer; et, dans le mois de la fixation du prix, soit amiable, soit judiciaire, ils doivent passer le contrat de rachat et payer le prix; le tout à peine de déchéance du privilége que leur accorde l'article précédent.

62. Les dispositions des art. 60 et 61 ne sont pas applicables aux terrains qui auront été acquis sur la réquisition du propriétaire, en vertu de l'art. 50, et qui resteraient disponibles après l'exécution des travaux.

63. Les concessionnaires des travaux publics exerceront tous les droits conférés à l'administration, et seront soumis à toutes les obligations qui lui sont imposées par le présent sénatus-consulte.

TITRE VII. — *Dispositions exceptionnelles.*

CHAPITRE 1er.

64. Lorsqu'il y aura urgence de prendre possession des terrains non bâtis qui seront soumis à l'expropriation, l'urgence sera spécialement déclarée par un décret impérial ou un arrêté du gouverneur pris en conseil privé, selon qu'il s'agira de travaux à la charge de l'Etat ou à la charge de la colonie.

65. En ce cas, après le jugement d'expropriation, l'acte qui déclare l'urgence et le jugement sera notifié, conformément à l'art. 15, aux propriétaires et aux détenteurs, avec assignation devant le tribunal civil. L'assignation sera donnée à trois jours au moins; elle énoncera la somme offerte par l'administration.

66. Au jour fixé, le propriétaire et les détenteurs seront tenus de déclarer la somme dont ils demandent la consignation avant l'envoi en possession. — Faute par eux de comparaître, il sera procédé en leur absence.

67. Le tribunal fixe le montant de la somme à consigner. — Le tribunal peut se transporter sur les lieux, ou commettre un juge pour visiter les terrains, recueillir tous les renseignements propres à en déterminer la valeur, et en dresser, s'il y a lieu, un procès-verbal descriptif. Cette opération devra être terminée dans les cinq jours, à dater du jugement qui l'aura ordonnée.— Dans les trois jours de la remise de ce procès-verbal au greffe, le tribunal déterminera la somme à consigner.

68. La consignation doit comprendre, outre le principal, la somme nécessaire pour assurer, pendant deux ans, le paiement des intérêts à cinq pour cent.

69. Sur le vu du procès-verbal de consignation, et sur une nouvelle assignation à deux jours de délai au moins, le président ordonne la prise de possession.

70. Le jugement du tribunal et l'ordonnance du président sont exécutoires sur minute et ne peuvent être attaqués par opposition ni par appel.

71. Le président taxera les dépens, qui seront supportés par l'administration.

72. Après la prise de possession, il sera, à la poursuite de la partie la plus diligente, procédé à la fixation définitive de l'indemnité, en exécution du titre IV du présent sénatus-consulte.

73. Si cette fixation est supérieure à la somme qui a été déterminée par le tribunal, le supplément doit être consigné dans la quinzaine de la notification de la décision du jury; et, à défaut, le propriétaire peut s'opposer à la continuation des travaux.

CHAPITRE II.

74. Les formalités prescrites par les titres I et II du présent sénatus-consulte ne sont applicables ni aux travaux militaires, ni aux travaux de la marine impériale. — Pour ces travaux, un décret impérial détermine les terrains qui sont soumis à l'expropriation.

75. Lorsqu'il y aura urgence d'exproprier ou d'occuper temporairement des propriétés privées qui seront jugées nécessaires pour les travaux de fortification, les formalités prescrites par les titres I et II ne seront pas non plus applicables. Des arrêtés du gouverneur déclareront spécialement l'urgence, autoriseront les travaux, déclareront l'utilité publique et désigneront les propriétés bâties ou non bâties auxquelles l'expropriation est applicable. — L'occupation temporaire prescrite par les arrêtés de cette nature ne pourra avoir lieu que pour des propriétés non bâties. L'indemnité annuelle représentative de la valeur locative de ces propriétés et du dommage résultant du fait de la dépossession sera réglée à l'amiable ou par autorité de justice, et payée par moitié, de six mois en six mois, au propriétaire et au fermier, le cas échéant. — Lors de la remise des terrains qui n'auront été occupés que temporairement, l'indemnité due pour les détériorations causées par les travaux, ou par la différence entre l'état des lieux au moment de la remise et l'état constaté par le procès-verbal descriptif, sera payée sur règlement amiable

ou judiciaire, soit au propriétaire, soit au fermier ou exploitant, et selon leurs droits respectifs. — Si, dans le cours de la troisième année d'occupation provisoire, le propriétaire ou son ayant droit n'est pas remis en possession, il pourra exiger et l'Etat sera tenu de payer l'indemnité pour la cession de l'immeuble, qui deviendra dès lors propriété publique. — L'indemnité foncière sera réglée, non sur l'état de la propriété à cette époque, mais sur son état au moment de l'occupation, tel qu'il aura été constaté par le procès-verbal descriptif.—Le règlement de l'indemnité aura lieu conformément aux dispositions du titre IV ci-dessus.

TITRE VIII. — *Dispositions finales.*

76. Toutes dispositions antérieures concernant l'expropriation pour cause d'utilité publique à la Martinique, à la Guadeloupe et à la Réunion, sont et demeurent abrogées en ce qu'elles ont de contraire au présent sénatus-consulte.]

SECTION III. — *De l'expropriation à la Guyane, au Sénégal et à leurs dépendances.*

1192. — Ces colonies sont régies, sous ce rapport, par des ordonnances de leurs gouverneurs basées sur la loi du 10 mars 1810.
1193. — De la déclaration de l'utilité publique.
1194. — Désignation des territoires et des propriétés.
1195. — Dépôt du plan parcellaire.
1196. — Commission appelée à émettre son avis.
1197. — Les fonctions du préfet sont remplies par le gouverneur.
1198. — L'expropriation est prononcée par les tribunaux.
1199. — Paiement préalable de l'indemnité.
1200. — Décret sur l'expropriation des terrains nécessaires à la formation des établissements pénitentiaires de la Guyane française.

1192. Nos colonies de la Guyane, du Sénégal, etc., et toutes leurs dépendances sont encore régies, relativement à l'expropriation pour cause d'utilité publique, par des ordonnances spéciales de leurs gouverneurs, basées sur la loi du 8 mars 1810, à laquelle il n'a été apporté d'autres modifications que celles que nécessitaient les différences existant entre le système administratif de ces colonies et celui adopté sur le continent. Ces ordonnances ont été rendues pour la Guyane, le 9 octobre 1823 (voir ci-après, n° 1200) ; pour le Sénégal et ses dépendances, le 30 dudit mois d'octobre. Aucun arrêté spécial n'a appliqué la loi du 8 mars 1810 à nos colonies des Indes ; mais cette loi y est néanmoins exécutée comme raison écrite, à défaut de dispositions locales sur la matière.

1193. L'art. 3 de ces ordonnances, correspondant à l'art. 3 de la loi de 1810, indique les formes dans lesquelles l'utilité publique pourra être déclarée. Pour la Guyane et le Sénégal, les ordonnances portent que la déclaration résultera d'une décision du ministre de la marine (aujourd'hui de l'Algérie et des colonies), qui seul peut ordonner des travaux publics, ou achats de terrains et édifices destinés à des objets d'utilité publique.

1194. La désignation des territoires et des propriétés à acquérir, qui, en France, doit être faite par le préfet, résulte aux colonies d'arrêtés pris par le commandant et administrateur de chaque colonie (art. 3 desdites ordonnances).

1195. Le dépôt du plan parcellaire a lieu, à la Guyane, entre les mains du commissaire commandant des quartiers où les propriétés sont situées ; et au Sénégal, au greffe de l'arrondissement de la situation (art. 4).

1196. La commission chargée d'émettre un avis sur les réclamations des propriétaires est présidée par le commissaire ordonnateur ou le premier officier d'administration, et composée, outre le maire et l'ingénieur, de deux membres du comité consultatif désigné par le gouverneur, sauf au Sénégal, où on appelle deux propriétaires désignés par le commandant et administrateur. La commission se réunit dans le local affecté aux bureaux de l'administration de la marine (art. 7).

1197. Les autres formalités de la loi du 8 mars 1810, qui doivent être remplies par le préfet, sont, aux colonies, confiées au gouverneur ou commandant de chacune d'elles.

1198. L'expropriation est prononcée par le tribunal dans les formes tracées par cette loi : seulement, au Sénégal, les pièces sont transmises au président du tribunal, qui est chargé d'en faire le rapport au tribunal. C'est aussi ce magistrat qui fait publier et afficher des extraits du jugement prononçant l'expropriation (art. 13).

1199. Les dispositions relatives au paiement de l'indemnité

sont aussi celles consacrées par la loi du 8 mars 1810 : seulement, le recours autorisé par les art. 21 à 24 de cette loi est porté devant l'autorité coloniale, ou devant le ministre de la marine (de l'Algérie et des colonies), et le paiement est assuré sur les premiers fonds disponibles dans la caisse coloniale, et par privilége sur toutes dépenses autres que celles concernant la solde, la nourriture et l'entretien des troupes.

1200. [La création d'établissements pénitentiaires à la Guyane française a rendu nécessaires quelques dispositions particulières pour l'expropriation des immeubles qu'il importait d'affecter à cette destination. Tel est l'objet du décret impérial du 12 janvier 1852, ainsi conçu :

« Napoléon, etc., sur le rapport du ministre de la marine et des colonies, et de l'avis du ministre de la justice; considérant que la mesure de la transportation, dans son application à la Guyane française, pourra exiger l'expropriation pour cause d'utilité publique, de plusieurs terrains bâtis ou non bâtis qui dépendent de propriétés privées, situées dans cette colonie; considérant que, dans ce cas, il importe de donner, sous ce rapport, à l'administration de Cayenne des moyens d'action immédiate; vu les dispositions spéciales consacrées en France, en matière d'expropriation pour cause d'utilité publique, par la loi du 3 mai 1841, décrète :

Art. 1er. L'expropriation des terrains bâtis ou non bâtis, que l'administration de la Guyane française aura jugé nécessaire de se procurer pour les établissements à former dans cette colonie, sera poursuivie devant le tribunal de première instance de l'arrondissement où seront situés les terrains. Ce tribunal, après qu'il aura été pourvu aux publications et affiches mentionnées dans l'art. 6 de la loi du 3 mai 1841, statuera dans les quinze jours à partir de la demande.

2. Dans les trois jours qui suivront le jugement d'expropriation, les parties seront informées de la somme offerte par l'administration, et assignées par le même acte à comparaître devant le tribunal pour déclarer la somme dont elles demandent la consignation avant l'envoi en possession.

3. Le tribunal, sur la remise qui lui aura été faite, par un juge-commissaire, d'un procès-verbal descriptif des terrains, fixera dans les cinq jours, au plus tard, la somme à consigner.

4. La consignation devra comprendre, outre le principal, la somme nécessaire pour assurer, pendant deux ans, le paiement des intérêts au taux légal dans la colonie.

5. Sur le vu du procès-verbal de consignation, le président du tribunal ordonnera la prise de possession, qui aura lieu immédiatement.

6. Le jugement du tribunal et l'ordonnance du président seront exécutoires sur minute, et ne pourront être attaqués par opposition ni appel.

7. Après la prise de possession, il sera, à la poursuite de la partie la plus diligente, procédé à la fixation définitive de l'indemnité, d'après les dispositions de la législation en vigueur à la Guyane française. »]

FIN.

FORMULAIRE

ou

MODÈLES DES ACTES JUDICIAIRES OU ADMINISTRATIFS

Que nécessite l'exécution de la loi du 3 mai 1841 sur l'Expropriation pour cause d'utilité publique.

I. *Arrêté du préfet autorisant les travaux d'étude préalable à la déclaration d'utilité publique.*

Nous, préfet du département d   ;
Vu la lettre de M. le ministre des travaux publics, en date du   , prescrivant la rédaction du projet d'une route impériale à ouvrir de   , à   ;
Avons arrêté et arrêtons ce qui suit :

Art. 1er. Les ingénieurs des ponts et chaussées et leurs agents sont autorisés à se livrer, dans les communes de   , à toutes les opérations préparatoires nécessaires pour l'étude d'un projet de route de   à   , et pour le détournement du ruisseau dit *le Rivet*; ils sont en conséquence autorisés à pénétrer dans les propriétés privées, et, au besoin, à faire suspendre la marche des usines sur les divers ruisseaux dont on devra faire le jaugeage.

Art. 2. MM. les sous-préfets, maires, adjoints et commissaires de police, ainsi que les gardes champêtres et forestiers, sont invités à intervenir pour lever tous les obstacles qui pourraient être apportés à l'exécution desdites opérations.

Art. 3. Les indemnités qui pourront être dues par suite du chômage des usines, ou pour dommages causés aux propriétés particulières dans lesquelles les agents des ponts et chaussées auront été obligés de pénétrer, seront constatés par le maire de chaque commune, réglées à l'amiable ou par le conseil de préfecture et payées sans retard sur les fonds affectés à l'étude du projet.

Art. 4. Le présent arrêté sera publié et affiché dans les communes ci-dessus indiquées, par les soins de MM. les maires, inséré au recueil des actes de la préfecture, et dans le journal de   . Expéditions en seront adressées à MM.

Fait à   , en l'hôtel de la préfecture, le

II. *Arrêté du préfet indiquant les territoires et localités sur lesquels les travaux doivent être dirigés.*

Nous, préfet du département d   ;
Vu le décret impérial, en date du   , qui autorise l'exécution de la route de   à   (*ou* du canal de   ), sans indiquer les communes sur lesquelles elle sera dirigée;
Vu le plan du tracé définitif de ladite route depuis   jusqu'à   , approuvé par M. le ministre des travaux publics le   dernier;
Vu l'art. 2 de la loi du 3 mai 1841 et l'art. 438 du Code pénal;
Avons ordonné et ordonnons ce qui suit :
Art. 1er. La route de   à   depuis   jusqu'à   sera dirigée sur les territoires : 1° de Choisy, hameau de Belleville; 2° de Saint-Aubin, canton dit *des Prés*, et 3° de Saint-Galmier, faubourg dit *de Notre-Dame*.
Art. 2. En conséquence, les agents de l'administration des ponts et chaussées sont autorisés à commencer immédiatement dans lesdites communes les travaux préalables à la confection des plans parcellaires des terrains nécessaires à l'exécution de ladite route.
Art. 3. Les propriétaires, usufruitiers, fermiers et autres intéressés, seront tenus de n'apporter aucun obstacle à l'exécution desdits plans, sous les peines portées par les lois, et sauf à eux à réclamer à l'amiable ou devant qui de droit une indemnité pour les dommages qu'ils auraient pu éprouver.
Art. 4. (Comme à l'art. 2 de la *Formule* n° 1).
Art. 5. Le présent arrêté sera publié à son de trompe ou de caisse dans les communes de Choisy, Saint-Aubin et Saint-Galmier, et y sera affiché tant à la principale porte de l'église qu'à celle de la maison commune. Il sera, en outre, inséré dans l'un des journaux qui se publient à B..... (le chef-lieu d'arrondissement).

Fait à   , le   18 .

III. *Tableau ou relevé à annexer au plan parcellaire.*

Tableau indicatif des propriétés que la route de   à
doit occuper dans la commune de   , et des noms des
propriétaires qui doivent en faire la cession.

NOMS, PRÉNOMS et domiciles des propriétaires d'après la matrice des rôles.	DÉSIGNATION DES TERRAINS A OCCUPER.					OBSERVATIONS.
	Numéros des parcelles		Lieux-dits.	Nature de la propriété.	Conte-nances.	
	au plan parcel-laire.	au cadastre.				
		section.			ares. cent.	

Certifié par l'ingénieur en chef des ponts et chaussées chargé du service de
        pour être annexé au plan parcellaire des propriétés à acquérir dans
la commune de   pour l'exécution de la route ci-dessus indiquée.

A   le   18 .

IV. *Arrêté du préfet ordonnant le dépôt d'un plan parcellaire dans la commune où sont situés les immeubles à acquérir, et prescrivant les mesures de publicité relatives à ce dépôt.*

Nous, préfet du département de   ;
Vu le décret en date du   , qui déclare que l'exécution de la route n°   de   , à   est d'utilité publique ;
Vu les art. 5 et suivants de la loi du 3 mai 1841 ;
Arrêtons ce qui suit :
Art. 1er. Le plan parcellaire des terrains et édifices situés dans la commune de   , dont la cession paraît nécessaire pour l'exécution de ladite route n°   de   à   sera déposé le   de ce mois à la mairie de ladite commune, afin que chacun puisse en prendre connaissance.

Art. 2. Un avertissement annonçant ce dépôt sera immédiatement publié à son de trompe ou de caisse dans la commune, et affiché tant à la principale porte de la maison commune qu'à celle de l'église dudit..., le tout par les soins et à la diligence de M. le maire de cette commune.

Il sera, en outre, inséré dans l'un des journaux qui se publient dans l'arrondissement de B...

Art. 3. M. le maire de   certifiera que les publications et affiches prescrites par l'article précédent ont eu lieu conformément à la loi.

Art. 4. Le plan ci-dessus indiqué restera déposé à la mairie dudit   pendant les huit jours qui suivront les affiches, publications et insertions mentionnées en l'art. 2 du présent arrêté.

Art. 5. Pendant ce délai, toutes personnes seront admises à prendre, sans déplacement, communication dudit plan parcellaire.

Art. 6. M. le maire de   consignera sur un procès-verbal, qu'il ouvrira à cet effet, les déclarations et réclamations qui lui seront faites verbalement par les parties intéressées, et les requerra de les signer; il annexera à son procès-verbal les déclarations et réclamations qui lui seront adressées par écrit.

Ces pièces, ainsi que le plan parcellaire, seront transmises à M. le sous-préfet de l'arrondissement de B....   assez à temps pour qu'il puisse les mettre sous les yeux de la commission mentionnée en l'article suivant, lors de sa première réunion.

Art. 7. Nommons pour former la commission mentionnée en l'art. 8 de la loi du 3 mai 1841 : 1° M.   membre du conseil général de ce département; 2° M.   ; 3°   ; 4° M.   ; ces trois derniers membres du conseil d'arrondissement de B.   ; lesquels, conjointement avec M. le maire de la commune de   , et l'un des ingénieurs chargés de l'exécution des travaux, se réuniront en l'hôtel de la sous-préfecture et sous la présidence de M. le sous-préfet de B.   , le   de mois,   heures du matin, et les jours suivants.

Cette commission donnera son avis sur les observations et réclamations consignées ou procès-verbal dressé par M. le maire de   , ainsi qu'il est dit en l'art. 6 ci-dessus, et sur celles qui lui seront adressées directement pendant les huit jours qui suivront celui ci-dessus indiqué. Les opérations devront être terminées dans le délai de dix jours.

Art. 8. En même temps qu'il ouvrira le procès-verbal mentionné en l'art. 6 du présent arrêté, M. le maire de   ouvrira aussi un registre destiné à recevoir les déclarations d'élection de domicile qui seront faites, en vertu de l'art. 15 de la loi du 3 mai 1841, par les propriétaires et autres intéressés. Le domicile élu devra se trouver dans une de ces communes de l'arrondissement de B..., et c'est là qu'auront lieu toutes les significations et notifications prescrites par la loi du 3 mai 1841. A défaut d'élection de domicile, les significations et notifications seront faites, en double copie, à M. le maire de la commune de   , et au fermier, locataire, gardien ou régisseur de la propriété à laquelle elles se rattacheront.

Fait à N..., en l'hôtel de la préfecture, le   18

V. *Avertissement à donner en exécution de l'art. 6 de la loi du 3 mai 1841.*

PRÉFECTURE DU DÉPARTEMENT DE
SOUS-PRÉFECTURE DE
COMMUNE DE

AVIS.

Le public est prévenu qu'en conformité des art. 4, 5 et 6, de la loi du 31 mai 1841, sur l'expropriation pour cause d'utilité publique, le plan parcellaire des terrains considérés comme nécessaires à l'exécution de la route impériale de   à   , dans la commune de   , a été déposé à la mairie de ladite commune, où chacun pourra en prendre connaissance pendant huit jours.

En conséquence, les propriétaires et autres intéressés qui auraient à présenter les réclamations, soit contre le tracé indiqué par les ingénieurs, soit sur tout autre objet, sont invités à les faire connaître dans le délai de huitaine à M. le maire de   , qui, conformément à l'art. 7 de la loi, en fera mention dans son procès-verbal.

A l'expiration du délai de huitaine, les observations devront être soumises à la commission nommée en exécution de l'art. 8 de la même loi, et qui se réunira le   prochain, à l'hôtel de la sous-préfecture de   , à   heures du matin, et recevra les réclamations pendant le délai de huit jours. Toutes les pièces pourront être remises à M. le sous-préfet de   , président de la commission.

Fait à   , le   18   .

VI. *Certificat constatant les publications et affiches.*

Nota. Ce certificat se met au bas d'un des avertissements dont nous venons de donner la formule.

Nous, maire de la commune de   , certifions que l'avertissement ci-dessus a été publié à son de   dans ladite commune, le   de ce mois, et affiché le même jour à la principale porte de la mairie, à celle de l'église, et aux autres endroits les plus apparents de la commune.

Fait à   , le   184 .

VII. *Procès-verbal à dresser par le maire, en exécution de l'art. 7 de la loi du 3 mai 1841, à l'effet de constater les réclamations qui lui ont été adressées.*

L'an 184 , le   , et en exécution de l'arrêté de M. le préfet du département de   , en date du   de ce mois, nous, maire de la commune de   , avons fait déposer au greffe de la mairie de cette commune un plan parcellaire dressé par M.   , ingénieur en chef des ponts et chaussées, et indiquant les propriétés dont la cession est nécessaire pour l'exécution de la route impériale, n°   , sur le territoire de cette commune ; et nous avons aussi, cejourd'hui, fait annoncer le dépôt dudit plan par des publications à son de   aux lieux ordinaires, et par des affiches apposées tant à la principale porte de la maison commune, et à celle de l'église, qu'aux autres endroits les plus apparents de cette commune ; ledit avertissement contenant, en outre, invitation aux propriétaires et autres intéressés qui auraient à présenter des réclamations, soit contre le tracé indiqué par les ingénieurs, soit sur tout autre objet, à nous les faire connaître dans le délai de huitaine ; desquels dépôt, publications et affiches, nous avons dressé le présent procès-verbal.

A   , le   184 ,

Et le   dudit mois de   , par-devant nous, maire de la commune de   , est comparu le sieur Auguste Taffin, cultivateur à Choisy, lequel a déclaré réclamer contre le plan parcellaire en ce moment déposé à la mairie dudit Choisy, parce que la direction adoptée par ledit plan a eu, selon lui, pour but de favoriser un propriétaire influent, en rapprochant ladite route de la propriété de ce dernier, ce qui l'éloigne de celle du réclamant, et rendra le trajet plus long, de même que l'établissement de la route sera plus coûteux. Ledit sieur Taffin, déclarant, a signé avec nous.

MODÈLES D'ACTES. 467

Et le même jour, le sieur Milot, journalier, demeurant à   , nous a remis un mémoire rédigé à l'occasion du plan parcellaire susindiqué, et signé par M. Chovin, propriétaire à Saint-Galmier; lequel mémoire, après avoir été par nous paraphé, a été annexé au présent procès-verbal. Ledit sieur Milot a déclaré ne savoir signer.

Et le   dudit mois, nous avons clos le présent procès-verbal, qui sera annexé au plan ci-dessus indiqué; lequel est resté déposé au greffe de la mairie dudit   , depuis le   jusqu'à ce jour.

Nota. S'il n'est parvenu aucune réclamation au maire, il doit, le jour de la clôture du procès-verbal, se borner à déclarer qu'il ne lui est parvenu aucune réclamation, et signer cette déclaration.

VIII. *Élections de domicile.*

REGISTRE destiné à recevoir les déclarations d'élection de domicile faites à la mairie de la commune de   , en exécution de l'art. 15 de la loi du 3 mai 1841, par des propriétaires, usufruitiers ou autres intéressés dans des immeubles situés au territoire de   , et reconnus nécessaires à l'exécution de la route impériale de   à   , déclarée d'utilité publique par la loi du   18 .

Nota. Le domicile élu doit se trouver dans une des communes de l'arrondissement de B.

L'an 184 , le   juin, par-devant nous, maire de la commune de   , est comparu le sieur Chovin (Louis-André), propriétaire à Saint-Galmier, lequel nous a déclaré qu'en exécution de l'art. 15 de la loi du 3 mai 1841, il fait élection de domicile chez le sieur Charles Chovin, son frère, notaire à Villeneuve, et a signé avec nous après lecture.

Et le   du même mois, est aussi comparu devant nous M. Forestier, receveur, demeurant à Rougement, lequel, en vertu d'une procuration générale à lui donnée devant Mᵉ   , notaire à Nantes, le   , par M. Charles Rémond, propriétaire à Saint-Aubin, à nous représentée et que nous lui avons rendue, a déclaré faire élection de domicile, pour ledit sieur Rémond, en la demeure de lui comparant, sise audit Rougemont, rue Saint-Louis, et a signé avec nous, après lecture.

Et le   est comparu...

IX. *Procès-verbal de la commission nommée en vertu de l'art. 9 de la loi du 3 mai 1841.*

L'an 184 , le   heures du matin, sous la présidence de M. le sous-préfet de l'arrondissement de B...,

MM.   membres de la commission nommée par arrêté de M. le préfet de ce département, en date du   pour examiner les réclamations qui seraient formées contre le plan parcellaire des propriétés jugées nécessaires pour l'exécution de la route n°   , de   à   dans la commune de   , se sont réunis pour recevoir et examiner lesdites réclamations.

M. le président a déposé sur le bureau, 1° l'ordonnance du   184   ; 2° l'arrêté de M. le préfet ci-dessus indiqué ; 3° le plan parcellaire dressé par M.   , ingénieur ordinaire des ponts et chaussées, le   dernier ; 4° le procès-verbal dressé par M. le maire de   , en exécution de l'article 7 de la loi du 3 mai 1841, et les pièces y annexées.

Les portes de la salle ayant été ouvertes, personne ne s'est présenté pour soumettre ses réclamations, et la commission s'est alors occupée de celles mentionnées au procès-verbal tenu par M. le maire de

La commission a unanimement reconnu que la réclamation du sieur Tallin était sans fondement. Sans doute, la route serait plus courte si on l'exécutait dans le voisinage de l'habitation du sieur Taffin ; mais elle passerait alors dans des terrains marécageux, et elle ne pourrait être construite solidement qu'avec des frais tellement considérables, que, lors de l'enquête préparatoire, il n'a jamais été question, quoi qu'en dise le sieur Taffin, d'adopter la direction par lui réclamée.

Le mémoire adressé par le sieur Chovin, propriétaire à Saint-Galmier, ne contenant qu'une réclamation d'indemnité par lui formée, la commission n'a aucun avis à émettre à cet égard.

Etc.

Ayant ainsi terminé l'examen des réclamations, la commission s'est ajournée au   de ce mois,   heures du matin, et le présent procès-verbal a été signé par tous les membres de la commission.

Et le   du mois de   184   , les membres de la commission se sont de nouveau réunis, à l'exception de M.   , qui a fait connaître qu'une indisposition l'empêchait de se réunir à ses collègues.

S'est alors présenté le sieur César Martin, lequel nous a dit qu'ayant fait vérifier par un arpenteur le terrain qui devait lui être pris pour ladite route de   à   , celui-ci lui avait dit qu'on lui prendrait beaucoup plus de terrain que ne l'indiquait le plan parcellaire déposé dans la commune. M. l'ingénieur   , ayant examiné le plan et l'état y annexé, a déclaré qu'en effet l'état récapitulatif n'indiquait que *cinq centiares*, mais qu'il y avait évidemment une erreur de copiste, et que l'on devait dire *deux ares cinq centiares*.

Personne autre ne s'étant présenté, etc.

MODÈLES D'ACTES.   469

Le   18   , les membres de la commission, à l'exception de M.   empêché, se sont réunis de nouveau. Aucune autre réclamation que celles ci-dessus rappelées ne leur ayant été adressée, et le délai de huitaine indiqué par l'art. 9 de la loi du 3 mai 1841 étant expiré, la commission a délibéré sur le point de savoir s'il lui paraissait plus utile de maintenir le plan parcellaire dressé par les ingénieurs, ou d'y apporter des modifications; et elle a, à l'unanimité, émis l'avis qu'il convenait de maintenir ledit plan.

Fait et délibéré à   le   18   , et ont tous les membres présents de la commission signé le présent procès-verbal.

X. *Du cas où la commission ne termine pas ses opérations dans les dix jours.*

Le sous-préfet ajoute au procès-verbal la mention suivante :

Le   18   , jour fixé par le procès-verbal de la dernière séance de la commission pour la clôture de ses opérations, nous, sous-préfet de l'arrondissement de B..., , avons inutilement attendu les membres de cette commission; aucun d'eux ne s'est présenté, à l'exception de M. l'ingénieur   , qui, après avoir attendu ses collègues pendant une heure, s'est retiré pour se livrer à ses occupations, avec promesse de se réunir aux autres membres de la commission aussitôt que nous lui ferions connaître que sa présence est utile. Personne ne s'est non plus présenté pour soumettre des réclamations à la commission. En conséquence, et attendu que le délai de dix jours accordé à la commission pour ses opérations est écoulé, nous avons, en vertu de l'art. 9 de la loi du 3 mai 1841, clos le présent procès-verbal à   heures du soir, et y avons annexé les documents recueillis, pour le tout être immédiatement adressé à M. le préfet.

XI. *Avertissement publié par le sous-préfet, en exécution de l'art. 10 de la loi du 3 mai 1841, dans le cas où la commission locale propose de modifier le plan soumis à l'enquête.*

Nous, sous-préfet de l'arrondissement de   , en exécution de l'art. 10 de la loi du 3 mai 1841, faisons connaître à qui il appartiendra que la commission nommée pour émettre son avis sur le plan parcellaire déposé à la mairie de

le   du mois dernier, et indiquant les propriétés dont la cession paraît nécessaire pour l'exécution de la route de
à   , dans la commune de   ,

A émis, à la majorité, l'avis qu'il serait plus utile que ladite route passât au nord de la montagne de   qu'au midi de cette montagne, comme le plan l'indiquait.

En conséquence, toutes les personnes intéressées à s'opposer à l'adoption de ce nouveau tracé sont prévenues que le procès-verbal de la commission et les autres pièces sont déposés à la sous-préfecture de   , où tous les intéressés pourront en prendre communication, sans déplacement, pendant huitaine à compter de la publication du présent avertissement; leurs observations pourront, pendant le même délai, être remises par écrit à M. le sous-préfet, qui les transmettra immédiatement à la préfecture, avec les autres pièces.

A   , le   18   .

Signature du sous-préfet.

Nota. Pour les certificats de publications et affiches, voir la *Formule* n° VI.

XII. *Certificat à délivrer par le sous-préfet dans le cas où la commission a proposé de modifier le plan parcellaire.*

Nous, sous-préfet de l'arrondissement de B.
en exécution de l'art. 10 de la loi du 3 mai 1841, attestons que, 1° le plan parcellaire des propriétés situées dans la commune de   , considérées comme nécessaires à l'exécution de la route impériale n°   , ledit plan déposé à la mairie de   depuis le   jusqu'au   , puis soumis à la commission d'enquête constituée en exécution de l'art. 8 de la même loi; 2° le procès-verbal de cette commission; et 3° les autres pièces relatives auxdites opérations,

Sont restés déposés à la sous-préfecture depuis le   (1) jusqu'à ce jour, et communiqués, sans déplacement et sans frais, à toutes les personnes qui se sont présentées pour en prendre connaissance.

Les mémoires et observations à nous remis par les sieurs   seront adressés à M. le préfet de ce département avec toutes les autres pièces de cette affaire.

(*Ou :* Aucunes réclamations ni observations relatives à la proposition de la commission ne nous ont été adressées jusqu'à ce jour.)

Fait à   , le   18   .

---

(1) Jour de la publication de l'avertissement mentionné n° XI.

XIII. *Arrêté à prendre par le préfet, en exécution de l'article 11 de la loi du 3 mai 1841, pour la désignation des propriétés dont la cession est reconnue nécessaire.*

Nous, préfet du département de
Vu 1° le décret impérial du   qui déclare que l'exécution de la route impériale de   à   est d'utilité publique ;
2° Le plan parcellaire des terrains et édifices situés dans la commune de   dont la cession paraissait nécessaire pour l'exécution de ladite route, ledit plan dressé par M.
3° Notre arrêté en date du   (celui indiqué sous le n° IV) ;
4° Le certificat délivré par M. le maire de la commune de   le   dernier, constatant que le plan susrappelé a été déposé à la mairie dudit   le   , et que le même jour, un avertissement constatant ce dépôt a été publié dans la commune à son de   , et affiché tant à la principale porte de la maison commune qu'à celle de l'église ;
5° Un exemplaire du journal le   , publié à   le   , dans lequel le même avertissement se trouve inséré ;
6° Le procès-verbal dressé par M. le maire de   , le   , constatant que ledit plan parcellaire est resté déposé à la mairie de cette commune jusqu'audit jour   et que, dans cet intervalle, ce magistrat a reçu et consigné sur son procès-verbal les réclamations qui lui ont été adressées relativement audit plan ;
7° Le procès-verbal tenu par la commission d'enquête nommée par notre arrêté du   dernier, et constatant que ladite commission a opéré conformément à l'art. 9 de la loi du 3 mai 1841, et a été d'avis, à la majorité, de maintenir ledit plan (1).
Vu les dispositions du titre II de la loi du 3 mai 1841, et attendu qu'il a été satisfait aux formalités qui y sont prescrites ;
Avons arrêté et arrêtons ce qui suit :
Art. 1er. Les propriétés ci-après désignées, situées dans la commune de   , sont définitivement déclarées nécessaires à l'exécution de la route impériale de   à   , savoir, 1° quatre ares deux centiares de prairie, au hameau de Bellevue, n° 1 du plan parcellaire, appartenant au sieur   ;

---

(1) Si la commission a, au contraire, proposé des modifications au plan, on doit en outre viser : 1° l'avertissement donné par le sous-préfet, en exécution de l'art. 10 de la même loi (n° XI) ; 2° le certificat délivré par le sous-préfet, en vertu du même article (n° XII) ; et 3° la décision du ministre.

2° 79 centiares de terre labourable audit Bellevue, n° 2 du plan, faisant partie d'une plus grande pièce appartenant au sieur   ;

3° 6 ares 3 centiares de terrain au chemin des Prés, n° 3 du plan parcellaire, sur lesquels existe une petite maison appartenant à la dame V°   ;
4°   5°
Les noms des propriétaires de ces différents immeubles sont indiqués ci-dessus comme ils le sont à la matrice des rôles de ladite commune de

Art. 2. Pour que l'exécution de ladite route n'éprouve pas de retard, l'administration a besoin de prendre possession des terrains ci-dessus désignés sous les n°⁸ 1, 2, 3, 4, 7 et 10, à compter du 1ᵉʳ août prochain, et de ceux indiqués sous les n°⁸ 5, 6, 8 et 9, à compter du 1ᵉʳ octobre suivant.

Fait à   le   18   .

XIV. *État des frais d'expertise.*

ÉTAT des frais de déplacement dus au sieur   , conducteur des ponts et chaussées, en résidence à   , pour l'expertise de

myriamètres parcourus pour aller et revenir à 2 fr. l'un. . . . .
Séjour à l'auberge pendant   jour
consacré à cette expertise, à 3 fr. l'un. . . . .
                                Total . . . .

Le présent état montant à la somme de   présenté et certifié par le soussigné
            le   18   .

L'ingénieur de l'arrondissement certifie que le sieur   a été obligé de se rendre exprès dans la commune d   pour fixer les indemnités ci-dessus mentionnées, et d'y séjourner   jour   .
            le   18   .

Vu par nous, ingénieur en chef du département de
            le   18   .

XV. *Procès-verbal de visite des lieux à dresser par l'appréciateur, à l'effet de constater l'état des propriétés à acquérir* — (A).

L'an 18   , le   , nous   chargé par arrêté de M. le préfet du département d   , en date du   dernier, de procéder, sous la direction de M. l'ingénieur en chef des ponts et chaussées, à la visite des terrains à acquérir dans la commune de   , pour l'exécution de la route impériale de   à   , afin de constater l'état de chacune de ses propriétés, nous nous sommes transporté dans ladite commune de   . M. le maire nous a fait accompagner par le garde champêtre, qui nous a indiqué tous les terrains désignés par l'arrêté pris le   dernier par M. le préfet de ce département comme nécessaires à l'exécution de ladite route.

La propriété comprise audit arrêté et au plan parcellaire sous le n° 1 est une terre labourable dont les limites sont marquées par des bornes, et qui est indiquée à la matrice des rôles comme appartenant au sieur   . Le cadastre range cet immeuble dans la 2° classe des terres labourables. Nous avons vérifié que la partie à prendre pour l'exécution de la route est de   ares, comme l'indique le plan parcellaire. La portion de ladite pièce qui restera au nord de la route ne contiendra que 2 ares 14 centiares. Nous avons reconnu que les immeu-

---

(A). — **Additions.**

Nous ajoutons au *Formulaire* de M. DE LALLEAU les formules principales employées par l'administration de la ville de Paris et celles des actes en usage parmi les expropriés.

Estimation des immeubles atteints.

Le préfet de la Seine;
Vu le plan parcellaire des propriétés nécessaires à

1° Les experts établiront, autant que possible, leur évaluation sur le revenu net des propriétés à exproprier, en ayant soin de le dégager des variations qui ne tiennent pas à la valeur foncière; 2° Ils devront rechercher dans les titres et mentionner dans leurs procès-verbaux le prix des ventes précédentes, et apprécier, suivant le cas, les changements que des travaux subséquents auraient fait subir aux immeubles; 3° Les procès-verbaux présenteront aussi, comme comparaison, une appréciation séparée du terrain et des constructions; 4° L'alignement de voirie sera tracé sur les plans, et l'on y indiquera la date de la décision qui l'aura fixé. Les effets en seront discutés pour la fixation de la valeur de la propriété.

ART. 3. Il sera procédé en outre par le dit expert à l'appréciation des indemnités qui pourraient être dues aux locataires des maisons ci-dessus désignées, et il devr   , à cet effet, requérir la communication de tous les renseignements propres à éclairer l'administration, tels que baux, livres de commerce, etc.

ART. 4. Les procès-verbaux d'estimation dont il s'agit nous seront remis dans le délai de

ART. 5. Ampliation du présent arrêté sera adressée :
1° Au bureau de la liquidation générale;

Il en ser   toujours porteur dans   visite sur les lieux, afin de pouvoir justifier au besoin de la mission qui est confiée par l'administration.

Fait à Paris, le

bles contigus étaient indiqués à la matrice des rôles comme appartenant à d'autres propriétaires que le sieur   ; le garde champêtre et d'autres habitants que nous avons interrogés nous ont aussi assuré que ces immeubles n'appartenaient pas audit sieur...

Il existe sur ce terrain quatre noyers âgés d'environ   ans, en bon état de croissance, excepté le dernier du côté de l'ouest, dont les plus fortes branches paraissent avoir été brisées par l'ouragan de l'an dernier.

La propriété n°   est une partie de jardin dépendant d'une petite maison située à l'extrémité de la propriété du côté du midi. Nous avons reconnu que cette parcelle contenait 69 centiares. Le jardin entier contient   ares, et la propriété entière est portée au cadastre comme contenant   . Il existe sur la partie expropriée sept pommiers fort âgés, et d'un très-faible produit ; le terrain est en ce moment cultivé comme légumier et couvert de plants d'artichauts. Il est indiqué au cadastre comme étant de première classe.

Le n° 3, de la contenance de   ares, est un terrain couvert presque entièrement de constructions dépendantes de la ferme de l'Ormoy, appartenant à M.   , ainsi que l'indique la matrice des rôles. Cette ferme sert à l'exploitation de   hectares   ares de terrains de diverses natures, appartenant à mondit sieur   . Le premier bâtiment existant sur le terrain exproprié du côté du nord est un pigeonnier construit en briques, élevé de   mètres au-dessus du sol, et couvert en ardoises. Cette construction est fort ancienne et en très-mauvais état ; la charpente, l'escalier et les planchers s'écrouleraient sous le plus faible effort, et tomberont bientôt de vétusté. Le bâtiment à droite de celui-là est une écurie ayant   mètres de largeur et   de longueur ; elle a été reconstruite, il y a trois ans, en briques, et couverte en ardoises ; les auges sont en pierre de   ; la charpente, les portes, râteliers et fenêtres, en bois de   ; le tout en très-bon état. A deux mètres de ce bâtiment se trouve un puits profond de   mètres, revêtu en   , couvert en   . Le surplus du terrain est à usage de cour. Cette cour occupe dans sa totalité une superficie de   ares. Après le retranchement des   ares expropriés, il restera une superficie de   ares non couverte de bâtiments, et sur laquelle il sera facile de construire un pigeonnier, une écurie et un puits, pour remplacer ceux dont nous venons de parler, sans gêner l'exploitation du reste des constructions. Le mur qui sert de clôture à la propriété à gauche du pigeonnier a   mètres de longueur,   mètres de hauteur, et   centimètres d'épaisseur. Il est construit en moellons, et en bon état d'entretien.

On a désigné au plan parcellaire, sous le n° 4, une partie du chemin vicinal allant de   à   , etc.

XVI. *Bulletin à délivrer aux propriétaires des immeubles dont l'acquisition a été reconnue nécessaire.*

COMMUNE DE

Route impériale n°   , de   à

DÉSIGNATION des immeubles situés dans ladite commune de   ,
dont l'acquisition a été reconnue nécessaire pour l'exécution de la
route ci-dessus indiquée, d'après l'arrêté pris par M. le préfet de ce
département, en date du
Hameau *ou* lieu dit :
Noms du propriétaire d'après la matrice des rôles :
Désignation de l'immeuble (1) :

Certifié conforme par nous   , chargé par
arrêté de M. le préfet de ce département, en date du
de constater l'état des propriétés à acquérir dans la commune
de

A   le   18

XVII. *Notification du bulletin.*

Nous, garde champêtre de la commune de   , certifions que l'extrait ci-dessus a été par nous notifié, en double copie, au sieur   , aujourd'hui   18

XVIII. *Déclaration du propriétaire.*

Le propriétaire doit garder l'un des bulletins et remettre l'autre au maire, avec la mention suivante :

Nous, soussigné, reconnaissons l'exactitude des énonciations du bulletin ci-dessus, sauf

Fait à   le   18

---

(1) Copier ici la désignation de l'immeuble d'après le procès-verbal de l'appréciateur, n° XV.

XIX. *Remise du bulletin au maire.*

Si le bulletin est remis au maire par le propriétaire, avec ou sans observations, le maire met au bas de ce bulletin :

Nous, maire de la commune de   , certifions que le présent bulletin nous a été remis par le sieur   (*ou par le sieur   au nom du sieur   *)

A   le   18   .

XX. *Du cas où le bulletin n'a pas été remis au maire.*

Si, au contraire, le bulletin n'a pas été renvoyé ou remis au maire, au moment où l'administration veut préparer l'état des sommes à offrir aux indemnitaires, le maire met au bas du bulletin resté entre ses mains :

Nous, maire de la commune de   , certifions qu'il ne nous a été remis jusqu'à ce jour, ni par le sieur   , ni par personne en son nom, aucune observation ni réclamation contre les énonciations contenues au bulletin ci-dessus.

Fait à   le   18   .

XXI. *Extrait du cadastre.*

Relevé de la matrice cadastrale de la commune de   , en ce qui concerne les immeubles situés dans cette commune, et déclarés nécessaires à l'exécution de la route   de   à   par arrêté de M. le préfet de   en date du   18   .

FOLIOS de la matricule.	NOMS, PRÉNOMS, professions et demeures des propriétaires.	Nos du plan.	Lieux dits.	Nature des propriétés.	CONTENANCES PORTÉES		Classement.	OBSERVATIONS.
					à la matrice cadastrale.	aux états de section.		
					ares. cent.	ares. cent.		

Relevé et certifié par nous
A   le   18   .

XXII. *Relevé de baux.*

Relevé des baux relatifs à des immeubles situés dans la commune de   , arrondissement de   , département de   , d'après les documents existant au bureau de l'enregistrement de

Nota. Toutes les parcelles expropriées se trouvant sur la rive gauche de la   , on n'a pas relevé les baux relatifs à des immeubles situés sur la rive droite.

NUMÉROS.	DATE DES BAUX.	NOM et résidence du notaire ou date de l'enregistrement des actes sous seings privés.	NOMS des bailleurs.		DÉSIGNATION des immeubles.			DÉSIGNATION du cadastre.			DURÉE DU BAIL.	COMMENCEMENT.	FIN.	PRIX DU BAIL.	Pot-de-vin et charges augmentant le prix du bail.	OBSERVATIONS.
			bailleurs.	preneurs.	Lieux dits.	Nature.	Contenance.	Sections.	Numéros.	Classe.						

Relevé et certifié conforme par nous   conducteur des ponts et chaussées, chargé par arrêté de M. le préfet du département de   en date du   dernier, d'évaluer les indemnités dues pour acquisitions d'immeubles dans la commune de   , par suite de l'exécution de la route impériale n°   de   à

A   le

XXIII. *Relevé d'actes de vente.*

Relevé des actes de vente relatifs à des immeubles situés dans la commune de   , arrondissement de   , département de   ; d'après les documents existant au bureau de l'enregistrement de

Nota. Toutes les parcelles expropriées se trouvant sur la rive gauche de la   ; on n'a pas relevé les actes relatifs à des immeubles situés sur la rive droite.

NUMÉROS.	DATE DES ACTES.	NOM et résidence du notaire et date de l'enregistrement des actes sous seings privés.	NOMS des vendeurs. acquéreurs.	Droits d'enregistrement.	DÉSIGNATION des immeubles.			DÉSIGNATION au cadastre.			PRIX DE VENTE.	CHARGES faisant partie du prix.	OBSERVATIONS.
					Lieux dits.	Nature.	Contenance.	Sections.	Numéros.	Classes.			

Relevé et certifié conforme par nous   conducteur des ponts et chaussées, chargé par un arrêté de M. le préfet du département de   en date du   dernier, d'évaluer les indemnités dues pour acquisitions d'immeubles dans la commune de   , par suite de l'exécution de la route impériale n°   de   à

A   le   18   .

XXIV. *Rapport à faire par l'appréciateur sur l'importance des indemnités que nécessitera l'acquisition des terrains.*

Nous,   chargé par arrêté de M. le préfet du département de   en date du   dernier, d'évaluer, sous la direction de M. l'ingénieur en chef des ponts et chaussées, les indemnités que l'État pourra devoir pour l'acquisition des terrains nécessaires à l'exécution de la route impériale n°   de   à   dans la commune de

Avons fait dans les bureaux de M. le receveur de l'enregistrement de   , le relevé des actes de vente et des baux passés depuis le   jusqu'au   dernier,

MODÈLES D'ACTES.   479

concernant des immeubles situés dans la commune de   ,
hameau de Bellevue et environs.

Ce relevé nous a donné 47 extraits de baux, dont 22 s'appliquent à des terres à labour de première classe situées audit hameau de Bellevue et au chemin des Prés ; nous avons reconnu que ces terres sont louées, terme moyen,   francs l'hectare ; celle de 2ᵉ classe   francs l'hectare. Aucun des terrains expropriés n'est dans la 3ᵉ ni dans la 4ᵉ classe.

Aucune parcelle n'est louée au delà de   francs l'hectare dans la première classe, et de   dans la seconde. Les parcelles qui n'excèdent pas 25 ares sont généralement louées un sixième de plus que les grandes parties, et les parcelles de 25 à 75 ares un dixième seulement. Nous savons qu'il est d'usage constant dans le pays de payer, en passant les baux, un pot-de-vin dont il n'est presque jamais fait mention dans le bail, et qui est habituellement d'une année de fermage quand le bail est fait pour neuf ans. Aucun des baux dont nous avons connaissance ne faisant mention du pot-de-vin, nous croyons qu'il est juste d'ajouter un neuvième aux fermages indiqués par les pièces ci-dessus relatées.

Les extraits d'actes de vente nous ont prouvé que le taux moyen des ventes des terres labourables de première classe dans la commune de   était de   l'hectare, et dans les deux sections dont il s'agit de   . Pour les parcelles au-dessus de dix ares, le taux moyen est de   l'hectare, le taux le plus élevé   fr. ; il n'existe même à ce taux qu'une seule vente, celle reprise sous le nº   mais il est évident qu'en ce cas, M.   , acquéreur, a payé la contenance, le terrain par lui acquis séparant deux propriétés beaucoup plus considérables qui lui appartenaient déjà.

D'après ces documents, nous croyons pouvoir établir provisoirement que le revenu des terres labourables que nous avons à évaluer doit être porté, terme moyen, à   fr. l'are, et le prix de vente à   fr. l'are.

Quant aux prairies, 12 extraits seulement se rattachent à des propriétés de cette nature, et nous ont appris que généralement elles étaient louées et vendues un tiers en sus des terres labourables.

(*Résumer de même tous les autres renseignements fournis par les pièces communiquées à l'appréciateur*).

D'après les documents ci-dessus, il nous a paru convenable d'allouer

	1ʳᵉ CLASSE.	2ᵉ CLASSE.	3ᵉ CLASSE.
	fr. c.	fr. c.	fr. c.
Pour les terres labourables..........			
Pour les prairies................			
Pour les vergers et jardins..........			
Pour les bois................			

Nous n'avons généralement alloué aucune indemnité pour dépréciation résultant du morcellement des immeubles, parce que cette cause de dépréciation nous a paru compensée par les avantages qu'une route impériale procurera à ces propriétés. Cependant, pour les parties restantes des immeubles, n^{os} du plan, nous croyons qu'il conviendrait d'allouer une dépréciation d'un dixième, attendu que

Procédant à l'estimation détaillée des indemnités à allouer pour chacune des parcelles reprises au plan, nous avons pensé que l'art. 1er, contenant   ares de terre labourable de la 2e classe, devait être estimé, d'après les bases ci-dessus, à   fr.; l'indemnité supplémentaire pour les quatre noyers qui se trouvent sur ce terrain nous a paru pouvoir être fixée à   parce que

Les 2 ares 14 centiares de terre qui resteront au nord de la partie qui doit être prise pour la route éprouveront une dépréciation de moitié, à cause de leur peu d'étendue et de leur forme irrégulière; d'après les bases ci-dessus, cette dépréciation devrait donc être évaluée à   fr. Si le sieur   demandait l'acquisition de cette parcelle, nous croyons qu'il se trouverait dans le cas prévu par l'art. 50 de la loi du 3 mai 1841, et, d'après les mêmes bases, la valeur de ces 2 ares 14 centiares devrait être fixée à   fr.

Le n° 2....

Le sol de la parcelle n° 3 devrait, d'après les bases ci-dessus, être évalué à   fr. La privation des bâtiments existant sur ce terrain serait une grande perte pour le fermier de l'Ormoy; mais, ainsi que nous l'avons indiqué dans notre procès-verbal, il est facile de construire d'autres bâtiments semblables sur le terrain actuellement à usage de cour, sans nuire au service des bâtiments déjà existants. Il faut donc chercher ce que pourra coûter la construction de semblables bâtiments. Nous avons reconnu que   ; de manière que ces constructions devraient coûter   fr. Nous avons fait venir MM.   entrepreneurs de travaux employés dans le voisinage, et ils nous ont l'un et l'autre déclaré qu'aux prix par nous indiqués, ils étaient prêts à se charger de l'exécution de ces travaux. Nous proposons donc d'allouer au sieur   , pour indemnité relative aux constructions qui existent sur le n° 3, ladite somme de   . Le sieur   aura pour cette somme des bâtiments neufs, tandis que son pigeonnier était dans un état complet de vétusté, et cet avantage nous paraît compenser amplement les pertes que le sieur   pourra éprouver de la privation de ces constructions, depuis le   , époque où l'administration a besoin de prendre possession du terrain n° 3, et le   époque à laquelle les nouvelles constructions pourront être achevées.

Relativement aux indemnités de récoltes, engrais et frais de culture, nous avons reconnu que

En conséquence, nous croyons qu'il y a lieu d'allouer 1° au sieur   ; 2°   ; 3°

Relevé des indemnités qu'il conviendrait d'allouer d'après les bases énoncées au rapport qui précède.

A la suite des huit premières colonnes du tableau n° III, ajouter les énonciations suivantes :

Classe d'après le cadastre.	VALEUR DU SOL.	INDEMNITÉS pour			INDEMNITÉS spéciales ou accessoires.	TOTAL DE L'INDEMNITÉ.	INDEMNITÉS pour le cas où l'administration devrait acquérir les terrains morcelés.	INDEMNITÉS des			OBSERVATIONS.
		constructions.	plantations.	morcellements.				autres titres.	fermiers ou locataires.	usufruitiers.	

XXV. *Réquisitoire du procureur impérial tendant à faire prononcer l'expropriation des immeubles désignés dans l'arrêté du préfet.*

Le procureur impérial près le tribunal de première instance de l'arrondissement de   , agissant au nom de M. le préfet de ce département, représentant l'État ;

Vu les pièces à lui transmises par ce magistrat, et consistant en, 1° le décret impérial en date du   , déclarant l'utilité publique de la route n°   , de   à   ;

2° L'arrêté de M. le préfet de ce département désignant les territoires sur lesquels les travaux de ladite route doivent avoir lieu, et au nombre desquels se trouve le territoire de   ;

3° Le plan parcellaire des propriétés à acquérir pour l'exécution de ladite route dans la commune de

4° Le certificat délivré par M. le maire de la commune de   , le   dernier, constatant que ce plan est resté déposé à la mairie de la commune depuis le   jusqu'au   , et que l'avertissement annonçant ce dépôt a été publié à son de   dans la commune, et affiché tant à la principale porte de l'église dudit   qu'à celle de la maison commune;

5° Un exemplaire du journal le   , publié à   , constatant que le même avertissement a été inséré dans le n° de ce journal du   dernier;

6° Le procès-verbal dressé par M. le maire de la commune de   , le   ; pour recevoir les réclamations et déclarations des parties intéressées, clos le   suivant;

7° L'arrêté de M. le préfet de ce département, en date du   , contenant désignation des membres qui doivent former la commission communale appelée à émettre son avis sur les réclamations et déclarations des parties intéressées;

8° Le procès-verbal de ladite commission, commencé le   et clos le   , constatant que la commission a été d'avis de   ;

9° L'arrêté de M. le préfet, en date du   déterminant les propriétés dont la cession est reconnue nécessaire, et indiquant l'époque de la prise de possession;

(*Si d'autres pièces ont été produites, les viser également*).

Vu la lettre de M. le préfet annonçant que les propriétés énoncées au plan parcellaire sous les n°^{os} ont été acquises à l'amiable;

Attendu que desdites pièces il résulte que toutes les formalités prescrites par l'art. 2 du titre Ier et par le titre II de la loi du 3 mai 1841 ont été remplies;

Requiert qu'il plaise au tribunal prononcer l'expropriation pour cause d'utilité publique des immeubles suivants, situés dans la commune de   : 1° 2 ares 53 centiares de terre à labour au hameau de Bellevue, appartenant au sieur   ; 2° une petite partie de jardin contenant 69 centiares, appartenant à   ; 3° un terrain couvert de constructions dépendant de la ferme de l'Ormoy, contenant   ares, appartenant au sieur   ; 4°

Les propriétaires de ces différents terrains sont désignés ci-dessus comme ils le sont sur la matrice des rôles de la commune de

Commettre un de MM. les juges de ce tribunal pour diriger les opérations du jury qui, à défaut de traité amiable, sera appelé à fixer les indemnités dues aux propriétaires desdits immeubles, et aux autres parties intéressées; commettre un autre membre pour remplacer au besoin le premier, et déclarer que l'administration ne réclame la prise de possession des immeubles ci-dessus désignés sous les n^{os} , qu'à compter du   , et de ceux n^{os} , à compter du   suivant.

Fait au parquet, le   184 .

XXVI. *Jugement prononçant l'expropriation*—(A).

Le Tribunal   , vu le réquisitoire présenté par M. le procureur impérial près ce tribunal, au nom de M. le préfet de ce département, agissant dans l'intérêt de l'État, en date du   ;

Vu les pièces annexées audit réquisitoire, au nombre de   savoir : 1°

(*Voir les énonciations de la formule précédente*).

Attendu que de l'examen des pièces ci-dessus visées il résulte pour le tribunal la preuve que toutes les formalités prescrites par l'art. 2 du titre 1er et par le titre II de la loi du 3 mai 1841 ont été exactement remplies; et qu'il y a lieu à l'expropriation pour cause d'utilité publique des propriétés désignées dans ce réquisitoire;

Après avoir entendu M.   , juge, en son rapport, et M.   , procureur impérial, en ses conclusions;

Vu les art.   de la loi du 3 mai 1841;

Prononce l'expropriation pour cause d'utilité publique des immeubles ci-après : 1°   2°   3°

(*Désigner ces immeubles comme dans la formule précédente*);

Commet pour remplir les fonctions attribuées par le tit. IV, chap. 2, de ladite loi du 3 mai 1841, au magistrat directeur du jury, M.   , qui, au besoin, sera remplacé par M.   , déclare que l'administration ne réclame la prise de possession des immeubles ci-dessus désignés sous les n^{os} qu'à compter du   prochain, et de ceux n^{os} à compter du   suivant;

Ordonne que le présent jugement sera publié, affiché et notifié, conformément à l'art. 15 de ladite loi du 3 mai 1841.

Fait et prononcé en audience publique....

Additions.

(A) *Jugement d'expropriation.*

Le tribunal civil de première instance du département de la Seine, séant au Palais de Justice à Paris, a rendu en l'audience publique du le jugement sur requête dont la teneur suit :

Audience publique du

484   MODÈLES D'ACTES.

XXVII. *Extrait du jugement d'expropriation pour être inséré dans le journal, publié et affiché dans la commune.*

D'un jugement rendu par le tribunal de première instance de l'arrondissement de   , le   184   , enregistré le   du même mois, sur le réquisitoire présenté par M. le procureur impérial près le même tribunal, au nom de

---

A M. le procureur impérial près le tribunal civil de première instance du département de la Seine, M. le préfet du département de la Seine, agissant dans l'intérêt de la ville de Paris, y demeurant, place de l'Hôtel-de-Ville, ayant Me   pour avoué, a l'honneur de vous exposer qu'un décret impérial en date du   a déclaré d'utilité publique   ; qu'en exécution de ce décret il a été procédé, à la mairie du   arrondissement de la ville de Paris, à une enquête sur le plan parcellaire des propriétés dont la cession est nécessaire en totalité ou en partie pour   ; que, par suite, M. le préfet de la Seine a pris en conseil de préfecture le   un arrêté qui déclare cessibles immédiatement en totalité ou en partie les propriétés désignées audit plan parcellaire. C'est pourquoi l'exposant demande qu'il vous plaise, Monsieur le procureur impérial, requérir du tribunal qu'il veuille bien déclarer expropriées pour cause d'utilité publique en tout ou en partie, conformément au plan parcellaire publié, les propriétés dont la cession est nécessaire en totalité ou en partie pour   , lesquelles propriétés sont énoncées en l'arrêté de cessibilité du   , et commettre deux de ses membres dont le deuxième remplacera au besoin le premier pour remplir les fonctions attribuées par la loi au magistrat directeur du jury. Et ce sera justice ; signé   , avoué.

Nous, procureur impérial, vu la requête ci-dessus et les pièces à l'appui, notamment l'arrêté de cessibilité du   ; vu les dispositions de l'art. 14 de la loi du 3 mai 1841 ; requérons du tribunal qu'il lui plaise déclarer expropriées pour cause d'utilité publique, conformément au plan parcellaire publié, les propriétés dont la cession est nécessaire en totalité ou en partie pour exécuter   , lesquelles propriétés sont toutes énoncées en l'arrêté de cessibilité du   , et commettre deux de ses membres dont le deuxième remplacera le premier au besoin pour remplir les fonctions attribuées par la loi au magistrat directeur du jury.

Fait au parquet, au Palais de Justice, à Paris, le   . Signé,   substitut.

Le tribunal, après avoir entendu M.   , juge faisant fonctions de président, en son rapport ; vu 1° le décret impérial, en date du   , déclarant d'utilité publique, entre autres opérations de voirie dans le   ° arrondissement   ; 2° le réquisitoire de M. le procureur impérial, en date du   signé   , substitut, tendant à ce qu'il plaise au tribunal, déclarer expropriées pour cause d'utilité publique, conformément au plan parcellaire publié, les propriétés dont la cession est nécessaire en totalité ou en partie pour exécuter   , lesquelles propriétés sont toutes énoncées en l'arrêté de cessibilité du   , et commettre deux de ses membres dont le second remplacera le premier au besoin pour remplir les fonctions attribuées par la loi au magistrat directeur du jury ; 3° les pièces jointes à l'appui dudit réquisitoire et les dispositions de l'art. 14 de la loi du 3 mai 1841. Ouï M.   substitut de M. le procureur impérial, en ses conclusions, et après avoir délibéré, conformément à la loi jugeant en dernier

M. le préfet du département de   , agissant dans l'intérêt de l'État,

A été extrait ce qui suit (1) :

Le Tribunal, vu 1°   2°   3°

Considérant que les pièces ci-dessus visées constatent que

Après avoir entendu le rapport de M.   , l'un des membres de ce tribunal, commis à cet effet, et les conclusions de M. le procureur impérial, et faisant droit sur le réquisitoire par lui présenté au nom de M. le préfet du département de

Prononce l'expropriation pour cause d'utilité publique des propriétés ci-après désignées, situées au territoire de

1°
2°   3°

Pour extrait certifié exact par nous, préfet du département de

Nota. L'extrait à signifier aux propriétaires peut être conçu dans la même forme que celui ci-dessus ; mais on peut ne signifier à chaque propriétaire que la partie du jugement qui l'intéresse, et supprimer la désignation des propriétés dans lesquelles il n'a pas de droits.

---

ressort ; attendu que toutes les formalités voulues par la loi ont été remplies ;

Déclare expropriés pour cause d'utilité publique, conformément au plan parcellaire publié, les immeubles ou portions d'immeubles désignés au tableau ci-après nécessaires à savoir :

N°s du plan.	SITUATION des immeubles.	NOMS des propriétaires	
		tels qu'ils sont inscrits à la matrice des rôles.	tels qu'ils résultent de leurs déclarations

Commet MM.   et   , juges en ce tribunal, le second devant remplacer le premier au besoin pour remplir les fonctions attribuées par la loi au magistrat directeur du jury ; dit, qu'en cas d'empêchement de ces deux magistrats, il sera pourvu à leur remplacement par ordonnance de M. le président de ce tribunal rendue sur simple requête.

Ainsi signé sur et en pareil endroit de la minute du présent jugement.

Fait et jugé en l'audience publique de la première chambre du tribunal civil de première instance du département de la Seine, séant au Palais de Justice, à Paris, par MM.   président,   juges, en présence de MM.   , substitut de M. le procureur impérial, et   greffier, le   48

Mandons et ordonnons à tous huissiers sur ce requis, de mettre le présent jugement à exécution, à nos procureurs généraux et à nos procureurs près les tribunaux civils de première instance d'y tenir la main, à tous commandants et officiers de la force publique de prêter main-forte lorsqu'ils en seront légalement requis.

En foi de quoi le présent jugement a été signé par M. le président et le greffier.

(1) L'extrait du jugement, en ce qui concerne les noms des propriétaires, les motifs et le dispositif du jugement, doit être textuel.

XXVIII. *Exploit de signification de l'extrait du jugement d'expropriation* — (A).

L'an   , à la requête de M. le préfet du département de   , agissant au nom de l'Etat,   je soussigné, ai signifié au sieur Chovin, propriétaire, demeurant à Saint-Galmier, 1° au domicile du sieur Jean Laplace, cultivateur, demeurant à Choisy, fermier de l'immeuble dont il sera ci-après parlé, étant audit domicile et parlant à   ; 2° au domicile de M. le maire de la commune de Choisy, et parlant à M. Noël, maire, qui a visé le présent original;

Copie, par extrait, en ce qui concerne ledit sieur Chovin, d'un jugement rendu par le tribunal de première instance de l'arrondissement de   , le   , enregistré, prononçant l'expropriation de   , immeuble désigné à la matrice des

Additions.

(A) *Signification de l'extrait du jugement.*

L'an 18   le
A la requête de M. le préfet du département de la Seine, agissant dans l'intérêt de la ville de Paris, y demeurant à l'Hôtel de Ville, pour lequel domicile est élu en l'étude de M^e   avoué près le tribunal civil de première instance de la Seine, demeurant à Paris, rue n°

J'ai   huissier près ledit tribunal, séant à Paris, y demeurant, rue n°   , soussigné, signifié et en tête des présentes, laissé copie à M.   copropriétaire déclaré d'un immeuble, à Paris, rue   , n°   , y demeurant ou parlant à

De là grosse dûment en forme exécutoire d'un jugement rendu en l'audience publique de la chambre des vacations du tribunal civil de première instance de la Seine, le   18   , enregistré, prononçant l'expropriation pour cause d'utilité publique des immeubles désignés audit jugement et commettant M.   ; juge audit tribunal, et en cas d'empêchement M.   pour remplir les fonctions attribuées par la loi au magistrat directeur du jury.

Et j'ai fait sommation au susnommé de, *dans la huitaine* de ce jour, appeler et *faire connaître* à M. le préfet de la Seine, ès noms, par signification régulière la liste complète et exacte des *locataires* des lieux expropriés, avec l'indication de la nature, de la durée et du prix des baux et locations, ceux qui ont des droits d'habitation et d'usage, tels qu'ils sont réglés par le Code Napoléon et ceux qui peuvent réclamer des servitudes sur tout ou partie des immeubles expropriés.

Lui déclarant que, faute par lui de ce faire dans ledit délai, il demeurera seul chargé envers les locataires et autres intéressés des indemnités qui pourraient être réclamées par ceux-ci.

A ce qu'il n'en ignore et j'ai également fait sommation de, présentement et sans délai, avoir à *communiquer* au requérant tous *les titres* et pièces *établissant* en sa personne et celle de ses auteurs *la propriété* régulière pendant trente années au moins de l'immeuble lui appartenant.

Avec déclaration que faute de faire ladite communication sous huitaine, M. le préfet de la Seine ès noms déposera à la caisse des consignations l'indemnité à laquelle le susnommé peut avoir droit sans que ce dépôt puisse être arrêté par toute communication tardive.

La présente signification faite en conformité de l'art. 45 de la loi du 3 mai 1841.

Afin que le susnommé n'en ignore et je lui ai, étant et parlant comme dessus, laissé la présente copie.

Coût :

rôles comme appartenant audit sieur Chovin; afin que du contenu audit extrait ledit sieur Chovin n'ignore, ensemble de la présente signification.

Le coût est de   transport compris.

XXIX. *Déclaration de pourvoi en cassation.*

L'an 184 , le   , par-devant   , greffier du tribunal de première instance de l'arrondissement de   , est comparu
Lequel nous a déclaré se pourvoir en cassation contre le jugement rendu par le tribunal civil de cet arrondissement le   dernier, dûment enregistré (1), pour les torts et griefs que lui cause ledit jugement, et notamment parce que   ; de laquelle déclaration ledit sieur a requis acte, puis a signé avec nous, greffier, après lecture.

XXX. *Notification du pourvoi.*

L'an   , le   , à la requête de   , pour lequel domicile est élu (2),
Je soussigné   , ai signifié et déclaré à M.   , préfet du département de   , à   , en l'hôtel de la préfecture, et parlant à   , qui a visé le présent original,
Que, par déclaration reçue au greffe du tribunal civil de l'arrondissement de   , le   de ce mois, ledit sieur   s'est pourvu devant la Cour de cassation contre le jugement rendu audit tribunal, le   précédent, et prononçant l'expropriation pour cause d'utilité publique d'un immeuble appartenant au requérant, situé commune de   , ledit immeuble considéré comme nécessaire à l'exécution de la route n°   , de   à   (3), ledit pourvoi basé sur les torts et griefs énoncés en la susdite déclaration et sur ceux qui seront développés devant la Cour: en conséquence, j'ai donné assignation à mondit sieur le préfet, en parlant comme dessus, à comparaître devant MM. les premier président et conseillers composant la chambre civile de la Cour de cassation, pour, dans les délais indiqués par la loi, voir statuer sur ledit pourvoi; lui déclarant qu'à défaut de comparu-

---

(1) Lorsqu'il s'agit d'un pourvoi contre la décision du jury et l'ordonnance du magistrat directeur, substituer la désignation de ces actes à celle du jugement d'expropriation.

(2) Le domicile élu doit être dans l'arrondissement de la situation de l'immeuble.

(3) Si le pourvoi est dirigé contre une décision du jury, ou contre l'ordonnance du magistrat directeur, substituer la désignation de ces actes à celle du jugement d'expropriation.

tion, il sera statué tant en absence que présence, et que l'arrêt à intervenir ne sera pas susceptible d'opposition ; et, afin que du tout mondit sieur le préfet de   n'ignore, je lui ai, en parlant comme dessus, laissé copie du présent exploit, dont le coût est de

Visé par nous   à   , en l'hôtel de la préfecture, le   18   .

XXXI. *Acte par lequel le propriétaire ou l'usufruitier fait connaître les noms et qualités des ayants droit à une indemnité* — (A).

L'an   , le   , à la requête du sieur   propriétaire, demeurant à   , pour lequel domicile est élu chez   Je soussigné, ai déclaré et notifié à M. le préfet du département de   , en l'hôtel de la préfecture, sis à   , en parlant à   , qui a visé le présent original ;

Que, par jugement rendu par le tribunal de première instance de l'arrondissement de   , le   dernier, le requérant a été exproprié de   (*désigner les immeubles*), et que, pour satisfaire aux dispositions de l'art. 21 de la loi du 3 mai 1841, le requérant fait connaître à mondit sieur le préfet de   que les personnes qui, à la connaissance de lui requérant, ont droit à une indemnité par suite de l'expropriation des immeubles ci-dessus désignés, sont : 1° le sieur   , locataire dudit immeuble, suivant bail reçu par M°   , notaire à   , le   , lequel, en vertu des clauses dudit bail, a construit sur l'immeuble n° 2 le hangar qui s'y trouve actuellement, et que le requérant pouvait conserver, à la fin du bail, en payant audit sieur   une somme de 800 fr.; 2° les enfants ou ayants droit du sieur   , en son vivant négociant, demeurant à   , et propriétaire d'une mai-

---

Additions.

(A) *Acte par lequel le propriétaire fait connaître les locataires de l'immeuble exproprié.*

L'an 18   , le   , à la requête du sieur   propriétaire, demeurant à   , rue   , n°   , lequel élit domicile en sa demeure.

J'ai   signifié et déclaré à M. le préfet :

Que les locataires, occupant la maison, sise à Paris, rue   n°   , expropriée suivant jugement de la première chambre du tribunal civil de la Seine, du   courant, enregistré, publié et signifié au requérant, le dudit mois de   sont :

1° M. A.   , marchand de   , aux termes d'un bail sous signatures privées, en date du   pour   ans, à partir du 1er janvier 18   , moyennant un loyer annuel de   ;

2° M. B.   , locataire verbal d'un logement au deuxième étage, moyennant un loyer annuel de 450 fr.

Afin que M. le préfet n'en ignore.

son tenant à celle ci-dessus indiquée du côté du nord, ledit sieur   , requérant, ayant consenti au profit de la maison dudit sieur   l'établissement d'une servitude de vue, ainsi qu'il est stipulé dans un acte passé entre le requérant et ledit sieur   devant M[e]   , notaire à   , le   . Afin que du tout mondit sieur le préfet n'ignore, je lui ai, en parlant comme dit est, laissé copie des actes susindiqués, et du présent exploit, dont le coût est de

Vu par nous   le présent exploit, dont copie nous a été remise.
A   , le   18   .

XXXII. *Acte d'intervention de la part des tiers intéressés au règlement des indemnités.*

L'an   , le   , à la requête du sieur   , pour lequel domicile est élu

Je soussigné, ai déclaré et notifié à M. le préfet du département de   , en l'hôtel de la préfecture, sis à   , en parlant à   , qui a visé le présent original;

Que le requérant est propriétaire d'un immeuble de la contenance de   , dont une partie a été expropriée pour cause d'utilité publique, suivant jugement rendu par le tribunal de première instance de   , en date du   dernier, dans lequel ledit immeuble est désigné comme appartenant au sieur   , demeurant à   ; que, depuis le   , le requérant a formé contre ledit sieur une demande en revendication dudit immeuble; en conséquence ledit sieur   , requérant, fait connaître à mondit sieur le préfet l'existence de ladite instance, et requiert, par suite, que l'administration lui notifie les offres d'indemnité relatives à cet immeuble, conformément à l'art. 23 de la loi du 3 mai 1841, puis appelle le requérant au règlement judiciaire desdites indemnités, s'il y a lieu d'y recourir, afin qu'il puisse y faire valoir ses droits; et, pour que du tout mondit sieur le préfet n'ignore, je lui ai laissé copie du présent acte, dont le coût est de

Nota. Il y a quelques changements à faire dans la rédaction de cet acte, lorsqu'il se rattache à un immeuble pour lequel il y a eu traité amiable.

XXXIII. *Arrêté du préfet fixant les sommes à offrir aux divers intéressés dans les propriétés expropriées.*

Nous, préfet du département de   ;
Vu le décret impérial du   , qui déclare que l'exécution de la route n°   , de   à   , est d'utilité publique;
Vu la loi du 3 mai 1841;

Vu le jugement rendu par le tribunal de première instance de l'arrondissement de   , le   , prononçant l'expropriation de divers immeubles nécessaires à l'exécution de ladite route dans la commune de   ;

Attendu que, d'après l'art. 23 de ladite loi, l'administration est tenue de notifier aux propriétaires et à tous autres intéressés qui ont été désignés ou sont intervenus dans le délai fixé par l'art. 21 de la même loi les sommes qu'elle offre pour indemnités ;

Arrêtons ce qui suit :

Art. 1er. Les sommes à offrir pour indemnités aux propriétaires et autres intéressés dans le règlement des indemnités dues pour les immeubles situés dans la commune de   ,

*État des sommes à offrir pour indemnités aux propri[étaires]
dans l'arrêté qui p[récède]*

Numéros d'ordre.	DÉSIGNATION des propriétaires d'après la matrice des rôles.	DESIGNATION DES TERRAINS À ACQUÉRIR.					INDEMNITÉS DU PROPRI[ÉTAIRE]		
		N° du plan parcellaire.	Cadastre.		Lieux dits.	Nature de la propriété.	Conte-nance.	Principales.		Acces[soires]
			Section.	Numéro.				Cause de l'indemnité.	Sommes à offrir.	Cause de l'indemnité.
1	J.-B. Lefevre, cultivat. à Choisy.	45	A	247	Le Martroi.	Labour		Sol. Arbres Constructions. Moins-value du surplus de la propriété.	fr. c.	Perte de revenus. Frais de culture

MODÈLES D'ACTES.   491

restant à acquérir pour l'exécution de la route de
à   , sont et demeurent fixées conformément à l'état
ci-joint.

Art. 2. Les indemnités énoncées dans l'état ci-dessous seront offertes aux ayants droit, conformément à l'art. 23 de la loi du 3 mai 1841. Ces offres seront en outre publiées à son de   dans la commune de   , affichées tant à la principale porte de l'église dudit   qu'à celle de la maison commune, et insérées dans l'un des journaux qui se publient dans l'arrondissement de

Art. 3. M. le maire de   certifiera que les publications et affiches prescrites par l'article précédent ont eu lieu conformément à la loi.

d'autres ayants droit, relativement aux immeubles indiqués annexer à cet arrêté).

Désignation de l'indemnité.	INDEMNITÉS des fermiers ou locataires.		AUTRES INDEMNITÉS.			PARCELLES A ACQUÉRIR en dehors du tracé des travaux.				TOTAL des indemnitaires.		TOTAL PAR NUMÉRO.	OBSERVATIONS.
	Cause de l'indemnité.	Sommes à offrir.	Désignation de l'indemnitaire.	Cause de l'indemnité.	Sommes à offrir.	Contenances.		Cause de l'indemnité.	Sommes à offrir.	Désignation.	Sommes à offrir.		
						Au nord.	Au midi.						
	Récoltes. Perte d'engrais. Frais de bail.	fr. c.		Privation d'une servitude de passage en faveur de la propriété N° du plan cadastral.	fr. c.			Sol. Arbres	fr. c.	Le Sr propriétaire Le Sr fermier. Pour privation de servitude.	fr. c.	fr. c.	

XXXIV. *Extrait de l'arrêté n° XXXIII pour les publications, affiches et insertions, et pour les notifications aux propriétaires et autres intéressés.*

Extrait d'un arrêté pris le   18   , par M. le préfet du département de   , à l'effet de fixer les indemnités à offrir aux propriétaires et autres ayants droit, par suite de l'expropriation de divers immeubles situés dans la commune de   , reconnus nécessaires pour l'exécution de la route n°   de   à   , suivant arrêté du   précédent, et jugement du tribunal de première instance de l'arrondissement de   , en date du   dernier;

(*Reproduire les énonciations de l'*ÉTAT *indiqué n° XXXIII.*)

Nota. Pour les significations à faire aux propriétaires et autres intéressés, l'extrait ne comprend que les énonciations relatives aux immeubles sur lesquels la personne à qui la signification est faite a ou prétend avoir des droits.

(A).

XXXV. *Acte de notification des offres aux divers intéressés dans l'indemnité.*

(Donner en tête copie de l'extrait de l'arrêté du préfet, Voir n° XXXIV.)

L'an   le   à la requête de M. le préfet du département de   , agissant au nom de l'Etat, je
soussigné, ai signifié et laissé copie avec celle des présentes,
1° au sieur   indiqué par la matrice des rôles de la commune de   comme propriétaire de l'immeuble ci-après désigné; au domicile du sieur
2° à la dame   veuve   , marchande, demeurant à   , partie intervenante, et se prétendant usufruitière desdits immeubles, suivant exploit du   dernier,

---

Additions.

(A) *Déclaration de réquisition d'expropriation totale.*

L'an 18   , le   ,
A la requête de M.   , propriétaire, demeurant à Paris, rue   , lequel élit domicile en sa demeure.
J'ai
signifié et déclaré à M. le préfet de la Seine,
Que la maison sise à Paris, rue   , n°   , dont le requérant est propriétaire, est nécessaire, en partie, pour exécuter le tracé de la rue.
Que le requérant voulant user du bénéfice de l'art. 54 de la loi du 3 mai 1841, déclare qu'il requiert formellement l'expropriation totale de ladite maison, et que M. le préfet fasse régler en ce sens l'indemnité pouvant être due au requérant pour la dépossession totale dudit immeuble.
Afin qu'il n'en ignore.

au domicile élu par ladite signification, chez   et parlant à

3° au sieur   , cultivateur, demeurant à   comme fermier dudit immeuble, ainsi qu'il l'a déclaré dans la signification qu'il a faite le   dernier; en son domicile, et parlant à

4° au sieur   , créancier hypothécaire du sieur   ancien propriétaire dudit immeuble, ainsi qu'il s'est qualifié dans la signification faite à sa requête, le   , au domicile élu par ledit sieur   chez   et parlant à   de l'extrait, en ce qui les concerne, d'un arrêté de M. le préfet du département de   , en date du   portant fixation des indemnités à offrir aux propriétaires et autres intéressés, à raison de l'expropriation pour cause d'utilité publique de l'immeuble désigné audit extrait, ladite expropriation prononcée par jugement du tribunal de   , en date du   enregistré;

Et afin que les susnommés n'ignorent, et aient à faire connaître au requérant, dans les délais fixés aux art. 24 et 27 de la loi du 3 mai 1841, s'ils acceptent ou refusent les sommes offertes, je leur ai, à chacun séparément, en parlant comme il est dit ci-dessus, laissé copie de l'extrait susindiqué, ensemble du présent acte, dont le coût est de

---

XXXVI. *Acte d'acceptation des offres de l'administration* — (A).

L'an 18   le   à la requête de   propriétaire, demeurant à   pour lequel domicile est élu en la demeure de   ; je soussigné, ai signifié et déclaré à M. le préfet du département de   en sa qualité de représentant de l'Etat, en ses bu-

---

Additions.

(A) *Notification d'offres au propriétaire.*

L'an 18   , le   , à la requête de M. le préfet du département de la Seine, agissant dans l'intérêt de la ville de Paris, y demeurant, hôtel de la préfecture, sis place de l'Hôtel-de-Ville, pour lequel requérant domicile est élu à Paris, rue   , n°   , en l'étude de M*   , avoué près le tribunal civil de première instance; j'ai   , huissier près le tribunal séant à Paris, y demeurant, rue   , n°   , soussigné signifié et déclaré à M.   , propriétaire déclaré d'un immeuble à Paris, rue   , n°   , y demeurant ou parlant à

Qu'en conformité de l'art. 23 de la loi du 3 mai 1841, le requérant audit nom, offre au propriétaire de l'immeuble sis à Paris, rue   , exproprié sur M.   , aux créanciers inscrits et à tous autres intéressés pour indemnité de dépossession dudit immeuble soumis à l'expropriation, la somme de   .

Lui faisant dès à présent sommation d'avoir à faire connaître dans le plus bref délai, s'il accepte ou refuse lesdites offres, et lui déclarant qu'en cas de non-acceptation, dans le délai de quinzaine, à partir

reaux, sis à   , hôtel de la préfecture, où étant et parlant à

que le requérant, en sa qualité de propriétaire (usufruitier, locataire *ou* fermier) d'un terrain situé à   , hameau de

---

de ce jour, le requérant se pourvoira pour faire fixer par le jury, le chiffre de l'indemnité dont il s'agit.

Lui déclarant encore que la ville de Paris offre séparément des indemnités d'éviction aux locataires qui ont été déclarés dans les délais de la loi et qu'elle entend expulser.

A ce qu'il n'en ignore, et je lui ai, domicile et parlant comme dessus, laissé la présente copie.

Coût :

Notification d'offres à un locataire à bail.

L'an 18   , le   , à la requête de : 1° M. le préfet du département, agissant dans l'intérêt de la ville de Paris, y demeurant à l'Hôtel-de-Ville ; 2° M.   , entrepreneur de travaux publics, demeurant à   , rue   , n°   , concessionnaires de la ville de Paris, pour l'ouverture de la rue   , agissant les requérants chacun en ce qui les concerne, pour lesquels domicile est élu en l'étude de M°   , avoué près le tribunal civil de première instance de la Seine, demeurant à Paris, rue   , n°   , j'ai   , huissier près ledit tribunal, séant à Paris, y demeurant, rue   , soussigné, signifié et déclaré à M.   , locataire dans un immeuble à Paris, rue   , y demeurant ou parlant à

Que par jugement rendu en la première chambre du tribunal civil de première instance de la Seine, le   18   , signifié aux parties intéressées, aux termes de la loi, la propriété dans laquelle il est locataire, a été déclarée expropriée pour cause d'utilité publique ;

Que la conséquence de cette expropriation doit être d'évincer le susnommé des localités qu'il détient.

C'est pourquoi et pour satisfaire au vœu de la loi du 3 mai 1841, art. 23 , les requérants lui offrent à titre d'indemnité d'éviction de la propriété dont s'agit, la somme de   francs.

Lui déclarant qu'en cas de non-acceptation de ladite somme, mes requérants ès noms se pourvoiront à l'effet de faire fixer par le jury, institué par ladite loi, le chiffre de l'indemnité à laquelle il peut avoir droit, lui faisant sommation dans le cas où il refuserait les présentes offres, d'avoir à faire connaître dans le délai de quinzaine, le montant de sa demande avec pièces à l'appui.

A ce qu'il n'en ignore, je lui ai, audit domicile et parlant comme dessus, laissé la présente copie.

Coût :

Congé à un locataire sans bail.

L'an 18   , le

A la requête de : 1° M. le préfet du département de la Seine, agissant dans l'intérêt de la ville de Paris, y demeurant à l'Hôtel-de-Ville ; 2° de M.   , entrepreneur de travaux publics, demeurant à Paris, rue   , n°   , concessionnaires de la ville de Paris, pour l'ouverture de la rue   , agissant les requérants chacun en ce qui le concerne, pour qui domicile est élu à Paris, rue   , en l'étude de M°   , avoué, j'ai   , huissier près le tribunal civil de la Seine, séant à Paris, y demeurant rue   , n°   , soussigné, signifié et déclaré à M.   , locataire dans la maison, sise à Paris, rue   , y demeurant audit domicile où étant et parlant à

Que l'exécution de l'ouverture de la rue   nécessite la démolition de la maison occupée par le susnommé.

C'est pourquoi mes requérants lui donnent, par ces présentes, congé des différentes localités qu'il occupe dans ladite maison, pour le terme de   18   , faisant au locataire susnommé, sommation de quitter les lieux le   18   , en satisfaisant à toutes les conditions imposées aux locataires sortants.

Que ce congé signifié dans les termes

MODÈLES D'ACTES.   495

de   , de la contenance de   ares   centiares, à usage
de   . dont l'expropriation a été prononcée par jugement du tribunal de   , en date du   dernier,
Accepte la somme de   qui est offerte au nom de l'État, en vertu d'un arrêté de mondit sieur le préfet, en date du   dernier, signifié au requérant par acte de   , en date du   dernier, comme indemnité du préjudice qu'il éprouve par suite de l'expropriation du terrain ci-dessus désigné pour cause d'utilité publique (1) :

Sommant, en conséquence, mondit sieur le préfet de de prendre les mesures convenables pour que ladite somme de   soit payée immédiatement au requérant (2);

Afin que du tout mondit sieur le préfet de n'ignore, je lui ai, en parlant comme dit est, laissé copie du présent acte, dont le coût est de

---

XXXVII. *Acte de refus des offres avec indication de la demande formée par l'indemnitaire* — (A).

L'an   le   , à la requête de   propriétaire, demeurant à   , pour lequel domicile est élu

---

de droit ne peut donner ouverture à aucune indemnité.

Que cependant mes requérants ne voulant pas laisser à la charge des locataires les frais de leur déménagement, veulent bien lui offrir par ces présentes, la somme de   francs, représentant un terme de loyer d'après la déclaration du propriétaire.

Laquelle somme sera payée à la caisse municipale de Paris, sur l'avis qui en sera donné avant le   48   , pourvu que le susnommé ait déclaré accepter ladite offre avant le   48   , terme de rigueur, laquelle acceptation résultera suffisamment de la signature mise à la suite de la mention se trouvant au bas des présentes.

Déclarant qu'à défaut d'acceptation dans le délai ci-dessus, mes requérants entendent retirer leur offre, tout en maintenant le congé qui devra dans tous les cas recevoir son exécution.

A ce que de tout ce que dessus le susnommé n'en ignore, je lui ai laissé la présente copie.

Coût :

Nota. Pour avoir droit à la somme offerte, il faut signer la mention d'acceptation qui

se trouve au bas des présentes, et la faire parvenir par la poste, sans affranchir, au bureau de la voirie, à l'Hôtel de Ville, avant le   48   , terme de rigueur.

Le soussigné déclare accepter le présent congé, ainsi que l'offre y contenue.

Paris, le   48   .

(1) Si le requérant a dû, pour accepter les offres, obtenir une autorisation (art. 24, 25 et 26), il devra faire donner, en tête de l'exploit, copie de cette autorisation, puis en faire mention en ces termes :
« L'acceptation desdites offres est faite
« par le requérant en vertu de l'autori-
« sation qui lui en a été donnée, en sa-
« dite qualité, par jugement du tribunal
« de   , dont il est donné
« copie avec celle du présent exploit. »

(2) Si le requérant voulant, conformément à l'art. 59 de la loi, exiger le dépôt du montant des offres à la caisse des consignations, il devrait l'énoncer ici.

Additions.

(A)   *Acte de refus des offres.*

L'an 48   , le
A la requête de M.   proprié-

chez   je
soussigné, ai signifié à M. le préfet
que le requérant, en sa qualité de   d'un terrain situé à   , hameau de   , de la contenance
de   , à usage de   , dont l'expropriation a été
prononcée par jugement du tribunal de   , en date du
            dernier
   Refuse l'indemnité à lui offerte par mondit sieur le préfet,
suivant signification en date du   dernier ; en conséquence le requérant réclame pour indemnité, 1° la somme de
         pour   , et 2° celle de   pour   ;
acceptant du reste l'indemnité de   à lui offerte pour
perte de récoltes (1);

   A ce que du tout M. le préfet n'ignore.....
   (A).

---

taire, demeurant à Paris, rue   ,
lequel élit domicile en sa demeure.
   J'ai
soussigné, signifié et déclaré à M. le
préfet de la Seine,
   Que, par exploit de   ,
huissier à Paris, en date du   ,
M. le préfet a fait offrir au requérant
une somme de   , pour la dépossession de son immeuble, sis à Paris,
rue   , exproprié pour cause
d'utilité publique, suivant jugement du
tribunal civil de la Seine du
   Que le requérant refuse lesdites offres
et qu'il réclame pour la dépossession dudit immeuble, la somme de   francs.
   Afin que M. le préfet n'en ignore.

   Nota. Si le refus est fait par un locataire, énoncer le bail et l'industrie.

   (1) On peut donner une copie ou une
indication des titres qui justifieraient les
prétentions de l'indemnitaire.

Additions.

(A) *Déclaration de location à fin
d'intervention.*

   L'an 18   , le   , à la requête
de M.   , demeurant à
Paris, rue   , lequel élit domicile
en sa demeure.
   J'ai   , huissier près le tribunal civil de la Seine, demeurant à Paris, rue   , soussigné.

   Signifié et déclaré à M. le sénateur,
préfet de la Seine, demeurant à Paris,
place et palais de l'Hôtel-de-Ville, au domicile par lui élu à Paris, rue   ,
en l'étude de M^e   , avoué, où étant
et parlant à l'un des clercs dudit M^e   ,
ainsi déclaré ;
   Que par jugement rendu par la première chambre du tribunal civil de la
Seine, la maison sise à Paris, rue   ,
a été déclarée expropriée pour cause d'utilité publique ;
   Que le requérant est locataire dans la
maison rue   , d'une boutique
et dépendances, moyennant un loyer annuel de   francs.
   Attendu qu'aux termes des usages de la
ville de Paris, le congé correspondant à
la nature des lieux loués est de six mois ;
   Attendu que M. le préfet de la Seine
lui a signifié, le   , d'avoir à quitter les lieux le   prochain ;
   Que ce congé est irrégulier et nul.
   En conséquence, j'ai fait sommation à M.
le préfet de la Seine d'appeler le requérant
devant le jury chargé de régler les indemnités des rues   ;
   Lui déclarant que faute de ce faire, le
requérant entend formellement intervenir
devant le jury pour y réclamer et faire fixer
l'indemnité à laquelle il a droit.
   Afin qu'il n'en ignore,
   Je lui ai, domicile et parlant comme
dessus, laissé copie du présent.
   Coût :

MODÈLES D'ACTES.   497

XXXVIII. *Réquisitoire du procureur général ou de procureur impérial, à fin de désignation des jurés qui doivent concourir au règlement des indemnités.*

Le procureur général impérial près la Cour impériale de
Vu 1° copie d'un jugement rendu par le tribunal de première instance de   le   , prononçant l'expropriation pour cause d'utilité publique de divers immeubles déclarés nécessaires à l'exécution de la route impériale n°   , sur le territoire de la commune de

2° La lettre en date du   de ce mois, par laquelle M. le préfet du département de   nous invite à demander à la Cour la désignation d'un jury, qui sera chargé de régler les indemnités à payer par l'État aux propriétaires et autres intéressés, pour les immeubles compris au susdit jugement sous les articles ;

3° L'état des propriétaires desdits immeubles, d'après la matrice des rôles, et celui des autres ayants droit qui ont été désignés ou sont intervenus en vertu de l'article 21 de ladite loi (1) ;

Requiert qu'il plaise à la Cour, en conformité de l'art. 30 de la loi du 3 mai 1841, faire choix sur la liste du jury spécial pour l'arrondissement de   1° de seize personnes pour former le jury qui sera chargé de fixer définitivement le montant des indemnités dues pour les immeubles ci-dessus indiqués ;
2° de quatre jurés supplémentaires.

Fait au parquet de la Cour impériale de

XXXIX. *Délibération de la première chambre de la Cour impériale ou du tribunal du chef-lieu judiciaire pour la désignation du jury.*

Cejourd'hui   18   , la première chambre de la Cour impériale de   , réunie dans la chambre du conseil, présents MM.
M.   , avocat général au nom de M. le procureur général impérial, a remis sur le bureau de la Cour, 1° copie d'un jugement rendu par le tribunal civil de   , le   , prononçant l'expropriation pour cause d'utilité publique de divers immeubles déclarés nécessaires à l'exécution de   , sur le territoire de   ; 2° la lettre en date du

---

(1) Cet état est extrait de celui annexé à la *Formule* n° XXXIII.
TOME II.   32

présent mois, par laquelle M. le préfet du département de   invite M. le procureur général à demander à la Cour la désignation d'un jury qui sera chargé de régler les indemnités à payer par l'État aux propriétaires des immeubles indiqués dans ladite lettre, et dont l'expropriation a été prononcée par le susdit jugement, ainsi qu'à tous autres intéressés désignés ou intervenus en vertu de l'art. 21 de ladite loi ; 3° l'état dressé par M. le préfet des propriétaires desdits immeubles d'après la matrice des rôles, et celui des autres ayants droit qui ont été désignés ou sont intervenus en vertu dudit art. 21 ; 4° un réquisitoire tendant à ce que, sur le vu de ces pièces, et d'après les dispositions de l'art. 30 de la même loi, il plaise à la Cour faire choix sur la liste du jury spécial pour l'arrondissement de
1° de seize personnes pour former le jury qui sera chargé de fixer définitivement le montant des indemnités dues pour les immeubles ci-dessus indiqués ; 2° de quatre jurés supplémentaires.

Le greffier ayant mis sous les yeux de la Cour la liste déposée à son greffe et dressée par le conseil général du département de   , dans la session de 18   , pour l'arrondissement de

La Cour, vu les pièces ci-dessus énoncées, et procédant, en exécution de l'art. 30 de la loi du 3 mai 1841, à la formation du jury spécial requis par M. l'avocat général, a fait choix, pour jurés titulaires, de MM. 1°   2°   ; et pour jurés supplémentaires, de MM.

Fait en chambre du conseil de la première chambre de la Cour impériale de   , au palais de justice, les jour, mois et an que dessus. Signé   président, greffier. — (A).

Additions.

(A)
Requête au magistrat directeur du jury pour la fixation de la session.

A M.   , juge au tribunal civil de la Seine, magistrat directeur du jury. M. le préfet du département de la Seine, agissant dans l'intérêt de la ville de Paris, y demeurant à l'Hôtel de Ville, ayant M°   pour avoué, a l'honneur de vous exposer que, par jugements en date du   18   , le tribunal civil de la Seine a déclaré expropriés pour cause d'utilité publique divers immeubles nécessaires à   du   dans le   arrondissement ; que, par ordonnance en date du   18   , vous avez été désigné pour remplir les fonctions attribuées par la loi au magistrat directeur du jury ; que, par arrêt en date du   18   , la Cour impériale de Paris a désigné le jury chargé de fixer les indemnités dues à raison de ladite expropriation et qu'il s'agit de le convoquer. Pourquoi le requérant demande qu'il vous plaise, Monsieur le magistrat directeur, fixer tel jour qu'il vous plaira, pour la convocation du jury et des parties. Et ce sera justice. Signé :

Réponse à la requête.

Nous, magistrat directeur, vu la requête ci-dessus et les pièces à l'appui, fixons au   18   la convocation du jury et des parties au Palais de justice, à Paris, salle des expropriations, bâtiment neuf, 11 heures du matin, défaut de suite. Fait en notre cabinet, au Palais de Justice, à Paris, le   18   .
Signé :

MODÈLES D'ACTES.   499

XL. *Acte de convocation des jurés.*

Tout juré qui, sans motifs légitimes, manque à l'une des séances ou refuse de prendre part à la délibération, encourt une amende de 100 francs au moins, et de 300 francs au plus (art. 32, § 1ᵉʳ, de la loi du 3 mai 1841).

Nota. Donner copie de la délibération de la Cour impériale qui désigne les jurés.

L'an   , à la requête de M. le sous-préfet de l'arrondissement de

Je   soussigné, ai signifié et déclaré au sieur   , en son domicile, et parlant à

Que le   dernier, et en vertu de l'art. 30 de la loi du 3 mai 1841, il a été désigné par délibération de la Cour impériale de   (*ou* du tribunal de première instance de   ), pour faire partie du jury spécial chargé de fixer les indemnités dues par suite de l'expropriation pour cause d'utilité publique de différents terrains situés dans les communes de   ; en conséquence, je lui ai, en son domicile et parlant comme dit est, fait sommation de se trouver le   de ce mois, et jours suivants,   heures précises du matin, dans la salle d'audience du tribunal de première instance de   , pour, sous la direction de M.   , juge audit tribunal, désigné comme directeur du jury, faire partie du jury spécial dont il vient d'être fait mention, et statuer sur les causes qui y seront appelées ; lui déclarant que les lieu, jour et heure, ci-dessus indiqués, ont été désignés de concert par le requérant et le magistrat directeur du jury, et qu'en conséquence, à défaut de satisfaire à la présente convocation, il encourra les peines prononcées par l'art. 32 de la loi du 3 mai 1841, et j'ai audit sieur   , en son domicile et parlant comme dit est, laissé copie de la délibération de la Cour impériale de   , en date du   et du présent acte.

XLI. *Citation devant le jury donnée aux indemnitaires.* — (A).

Nota. Donner copie de la délibération de la Cour impériale (*ou* tribunal du chef-lieu judiciaire) portant désignation des jurés.

L'an   , à la requête de M. le sous-préfet de l'arron-

Additions.

(A) *Assignation devant le jury aux indemnitaires.*

L'an 18   , le   .
A la requête de M. le préfet du département de la Seine, agissant dans l'intérêt de la ville de Paris, y demeurant à l'Hôtel de Ville, pour lequel domicile est élu en l'étude de Mᵉ   , avoué près le tribunal civil de première instance de la Seine, demeurant à Paris,

dissement de   , agissant en vertu de l'art. 31 de la loi du 3 mai 1841,

Je   soussigné, ai signifié, 1° au sieur   , au domicile par lui élu chez   , et parlant à
2° au sieur   , qui n'a point fait d'élection de domicile dans l'arrondissement, en parlant, 1° à M. le maire de la commune de   , qui a visé le présent original; 2° au sieur   , régisseur des biens de mondit sieur   , dans cette commune;

Copie d'une délibération de la Cour impériale de   , en date du   , portant désignation des personnes appelées à composer le jury qui doit fixer les indemnités dues aux susnommés par suite des expropriations mentionnées audit arrêt; déclarant, en outre, à chacun des susnommés que ledit jury se réunira le   de ce mois,   heures du matin, et jours suivants, en la   chambre du tribunal de première instance de   , sous la direction de M.   , juge audit tribunal, à l'effet de procéder immédiatement aux opérations qui lui sont confiées; sommant en conséquence les susnommés, en parlant comme dit est, de se trouver, si bon leur semble, aux lieu, jour et heure ci-dessus indiqués, et désignés

rue
J'ai   , huissier près ledit tribunal, séant à Paris, y demeurant, rue   soussigné, signifié et en tête des présentes, laissé copie à M.   , propriétaire déclaré d'un immeuble à Paris, rue   , y demeurant ou parlant à

1° D'un tableau des offres signifiées à tous les intéressés;

2° De l'extrait d'un arrêt rendu par la première chambre de la Cour impériale de Paris, le   18   , contenant le choix fait par la Cour, de seize jurés titulaires et de quatre jurés supplémentaires, parmi lesquels sera formé le jury chargé de statuer sur les indemnités offertes et réclamées;

3° D'une ordonnance rendue par M. le président du tribunal civil de la Seine, le   18   , enregistrée, par laquelle ce magistrat a commis M.   , juge audit tribunal, pour remplir les fonctions de magistrat directeur du jury;

4° D'une ordonnance de M.   , magistrat directeur du jury, en date du   18   , enregistrée, sur la requête à lui présentée à cet effet, indiquant les jour, lieu et heure auxquels les jurés et les parties seront convoqués.

A ce que le susnommé n'en ignore et je lui ai donné assignation :

A comparaître et se trouver le 18   , onze heures du matin, défaut de suite, au Palais de Justice, à Paris, en la salle des expropriations, bâtiment neuf, pour :

A l'égard de MM. les jurés, conformément à la loi du 3 mai 1841, former le jury spécial chargé de fixer les indemnités.

Leur déclarant que faute par eux de comparaître ils encourront une amende de cent francs au moins et de trois cents francs au plus.

Et à l'égard des intéressés, voir, conformément aux articles 34 et suivants de la loi du 3 mai susdatée, former et instituer le jury spécial chargé de statuer sur les indemnités par eux réclamées et fixer le montant desdites indemnités.

Leur déclarant qu'il sera procédé à tout ce que dessus, tant en absence que présence.

A ce qu'il n'en ignore et je lui ai, étant et parlant comme dessus, laissé la présente copie.

Coût :

de concert entre le requérant et M. le magistrat directeur du jury : voir statuer sur l'offre à eux faite par l'administration le 1° d'une somme de   , pour   ; 2° d'une somme de   pour   ; 3° en conséquence faire valoir leurs droits et prétentions en réponse auxdites offres ; faute de quoi, il sera procédé en leur absence ; et, afin que du tout les susnommés n'ignorent, je leur ai, à chacun séparément, laissé, en parlant comme dit est, copie de la délibération susindiquée, ensemble du présent acte, dont le coût est de

---

XLI bis. *Conclusions devant le jury.*

1° *Conclusions pour un propriétaire.*

Le requérant, attendu que l'expropriation de sa maison, sise à   , lui donne droit à une indemnité tant en raison de la perte de sa propriété, que des divers dommages accessoires, réclame une somme totale de

Savoir : 1° Prix de sa propriété ;

2° Droits à payer pour acquisition d'une propriété de même valeur ;

3° Frais de déménagement ;

4° Préjudice causé à son industrie par chômage et perte de sa clientèle ;

5° Préjudice causé pour déplacement d'ateliers et transport de matériaux ;

6° Frais d'annonce de changement de domicile.

A ces causes, plaise à MM. les jurés fixer l'indemnité due à l'exposant à la somme totale de

Et à M. le directeur du jury condamner l'expropriant à payer l'indemnité qui sera fixée par le jury et statuer sur les dépens ce que de droit.

Sous toute réserve de modifier, s'il y a lieu, la présente demande.

2° *Conclusions pour un locataire ayant un bail enregistré.*

Le requérant, attendu que par le bail en date du   enregistré à   , le   , il est locataire d'un appartement, d'une boutique et dépendances, dans la maison sise à   , dont l'expropriation a été prononcée ;

Attendu qu'en raison dudit bail, il avait encore droit à la jouissance des lieux loués pendant   années ;

Qu'il résulte pour lui de la dépossession actuelle du local par lui occupé un dommage qui peut être évalué ainsi qu'il suit :

1° Augmentation de loyer en raison de renchérissement du prix des locations depuis la date du bail courant ;
2° Appropriation du nouveau local ;
3° Perte de clientèle et de bénéfices assurés par l'exploitation du commerce du requérant dans les lieux loués et montant annuellement à la somme de   ainsi qu'il est justifié par les livres ;
4° Frais de déménagement et d'annonce de changement de domicile.

Par ces motifs, plaise à MM. les jurés lui allouer une indemnité totale montant à la somme de

Et à M. le directeur du jury condamner l'expropriant à allouer à l'exposant l'indemnité qui sera fixée par le jury, avec dépens.

3° *Conclusions pour un locataire sans bail ou avec un bail non enregistré.*

Attendu que le requérant est locataire d'une boutique et dépendances qu'il occupe dans la maison sise à   dont l'expropriation a été prononcée ;

Qu'en raison des conventions verbales intervenues entre les parties loyalement et sans fraude, la jouissance du requérant devait se prolonger jusqu'au

Qu'il résulte pour lui de sa dépossession actuelle...

(*Voir la formule précédente pour le surplus.*)

4° *Conclusions à fins d'indemnité alternative pour un propriétaire.*

Attendu que l'exposant est propriétaire d'un immeuble contigu à une parcelle comprise dans l'expropriation des terrains nécessaire à l'établissement du boulevard de   et acquis par la ville   , par application du décret du 26 mars 1852 ;

Qu'il prétend avoir droit de se rendre acquéreur dudit *délaissé* au prix qui sera fixé par le jury ;

Que la ville prétend, au contraire, avoir droit d'acquérir la propriété du requérant moyennant l'indemnité qui sera fixée par le même jury ;

Qu'il y a lieu, en cet état des prétentions respectives des parties, de fixer deux indemnités alternatives ;

Que l'indemnité à payer à la ville par le requérant dans le cas où il serait reconnu avoir droit à l'acquisition de la parcelle dont il s'agit, doit être portée à la somme de   valeur de ladite parcelle, à raison de   fr. le mètre superficiel ;

Que, dans le cas où il serait exproprié de son immeuble, il aurait droit, pour dommage résultant, tant de la perte des propriétés que des préjudices accessoires, à une indemnité montant à une somme totale de

Savoir (*Voir pour le surplus la formule* 1° *ci-dessus*, n°s 1, 2, 3, 4, 5, 6.)

A ces causes, plaise à MM. les jurés fixer, suivant les cas, l'indemnité à payer, par le requérant, à la ville, à la somme de   , celle à payer au requérant par la ville à la somme de

Desquelles sommes il plaira à M. le directeur du jury prononcer la condamnation à la charge de qui de droit.

5° Conclusions à fins d'indemnité alternative pour un locataire.

Attendu que l'exposant est locataire d'un appartement au rez-de-chaussée de la maison sise   , expropriée en partie ;

Attendu que portion de ladite maison et dudit appartement étant atteinte par l'expropriation, l'exposant a demandé une indemnité, pour éviction totale, en offrant de quitter les lieux ; que l'expropriant prétend n'accorder qu'une indemnité pour éviction partielle en maintenant le concluant dans la portion subsistante des lieux loués ;

Attendu qu'il y a lieu de réserver la question en litige sur le fond du droit et de fixer en l'état une indemnité alternative ;

Plaise à MM. les jurés fixer l'indemnité en cas d'éviction totale à la somme de   , et en cas d'éviction partielle à la somme de

Plaise à M. le directeur du jury condamner l'expropriant à payer, suivant qu'il y aura lieu, l'une ou l'autre indemnité, avec dépens ainsi que de droit.

XLII. *Procès-verbal des opérations du jury.*

L'an   , le   , nous,   , juge au tribunal civil de   , nommé par le jugement ci-après indiqué, à l'effet de diriger les opérations du jury spécial chargé de régler les indemnités dues par suite de l'expropriation pour cause d'utilité publique, des propriétés ci-après désignées.

Assisté de   , commis greffier assermenté, nous sommes rendu au palais de justice, salle des   à   heures du matin, suivant l'indication qui en a été faite par M. le sous-préfet de cet arrondissement, après s'être concerté avec nous ;

Où étant, et vu le jugement rendu par le tribunal de
le   , sur la poursuite de M. le préfet de   ,
lequel jugement déclare expropriés pour cause d'utilité publique, notamment, 1°   ares   centiares   , considérés comme appartenant à   ; 2°   ares   centiares de   ; 3°   ; tous lesdits biens situés commune de   , et déclarés nécessaires à l'exécution de la route impériale de   à   , lequel jugement nous a nommé pour remplir les fonctions de directeur du jury chargé de fixer les indemnités dues pour les immeubles ci-dessus indiqués;

Vu aussi la délibération prise par la première chambre de la Cour impériale de   , le   , et contenant le choix par elle fait des personnes appelées à former le jury spécial pour le règlement des indemnités relatives aux immeubles ci-dessus indiqués;

Vu les originaux des notifications faites, savoir, par exploit de   , huissier à   , en date du   , 1° au sieur   ; 2°   ; 3°   , et les notifications faites par acte de   , aux personnes choisies pour former le jury;

Vu la loi du 3 mai 1841 sur les expropriations pour cause d'utilité publique, et notamment les dispositions du chapitre 2 du titre V de ladite loi;

Attendu que toutes les formalités voulues par cette loi pour la convocation des parties intéressées et du jury ont été régulièrement observées, déclarons ouverte l'audience publique.

Nous avons alors fait procéder à l'appel des noms de MM. les jurés.

Sur cet appel se sont présentés MM.

M. N   nous a fait remettre un certificat délivré par M.   , docteur en médecine, en date d'hier, affirmé devant M. le juge de paix du canton de   , et constatant que mondit sieur N   , par suite d'une chute de cheval qu'il a faite récemment, est dans l'impossibilité de se rendre à la convocation qui lui a été notifiée;

En conséquence, nous avons exempté mondit sieur N

M. X.   , aussi inscrit sur la liste dressée par la Cour impériale, ne s'est pas présenté; mais nous avons remarqué que la citation à lui destinée avait été remise à la dame   , son épouse, laquelle a aussitôt déclaré que, depuis un mois environ, son mari était parti pour Hambourg, et qu'elle ne croyait pas qu'il fût de retour avant deux mois. MM.   portés sur la même liste et habitant ladite commune de   , nous ont publiquement déclaré que l'absence dudit sieur X   était de notoriété publique dans la commune; en conséquence, nous avons également excusé ledit sieur X

MODÈLES D'ACTES. 505

Nous avons désigné MM.   , jurés supplémentaires inscrits les premiers sur la liste, pour remplacer lesdits sieurs   et   , jurés titulaires valablement excusés ; et la liste du jury s'est trouvée composée de MM.   , jurés titulaires ; MM.   restant jurés supplémentaires.

Le sieur   , commis greffier, a fait alors l'appel de la cause entre M. le préfet et le sieur N

Aussitôt se sont présentés, 1° pour l'administration M.   lequel nous a justifié d'un pouvoir   , d'une part ;

2° M. N., propriétaire d'un corps de terre   compris dans le jugement du   , sous l'art.   ; et M. E., locataire dudit corps de terre, d'autre part.

Toutes les parties intéressées dans l'affaire étant présentes ou dûment représentées, nous avons invité le greffier à donner lecture de la liste des jurés titulaires telle qu'elle venait d'être arrêtée.

Nous avons prévenu les parties que l'administration avait le droit d'exercer deux récusations, et que les autres intéressés avaient collectivement le droit d'exercer aussi deux récusations ; qu'à défaut par elles de s'entendre pour l'exercice de ce droit, le sort désignerait celle des parties qui devrait en user.

Lors de cette lecture, M.   a déclaré récuser M.   , et MM.   ont également déclaré récuser M.   et M.   ; le nombre des jurés se trouvant encore de treize, nous avons rayé le nom de M.   , dernier inscrit sur la liste ;

Nous avons alors déclaré que le jury de jugement de cette affaire était constitué et composé de MM.

Il a été ensuite procédé à l'appel de la cause de M. le préfet du département de   , au nom de l'Etat, contre 1° la dame veuve   , propriétaire, demeurant à   ; 2° le sieur H   , fermier, demeurant à

Les seize jurés titulaires et les deux jurés supplémentaires ci-dessus indiqués se trouvant présents, nous avons prévenu les parties que nous allions procéder à la formation du jury de jugement pour l'affaire qui les concerne ; que l'administration avait le droit d'exercer deux récusations, et que les autres intéressés avaient collectivement le droit d'exercer aussi deux récusations ; qu'à défaut par eux de s'entendre pour l'exercice de ce droit, le sort désignerait celles des parties qui devraient en user.

Aucune récusation n'ayant été exercée, nous avons retranché les quatre derniers noms inscrits sur la liste, de manière que la liste du jury pour la présente affaire se trouve composée des douze jurés titulaires inscrits les premiers, et qui sont 1° M. , 2° M.

(*Procéder de même pour toutes les affaires qui peuvent être jugées dans la journée.*)

Nous avons alors publiquement déclaré que MM. les jurés non compris dans les affaires qui viennent d'être appelées, et les parties assignées pour d'autres affaires dont le jury ne pourra s'occuper aujourd'hui, pouvaient se retirer, mais étaient tenues de comparaître, sans nouvelle assignation, à l'audience de demain, neuf heures précises du matin;

Nous avons alors fait appeler de nouveau l'affaire de M. le préfet contre

Les douze jurés désignés ainsi qu'il a été dit ci-dessus pour composer le jury de jugement de cette affaire ont pris place, et nous leur avons fait prêter individuellement le serment de remplir avec impartialité les fonctions qui leur sont confiées;

Nous avons ensuite mis sous les yeux desdits jurés, 1° le tableau des offres et des demandes notifiées en exécution des art. 23 et 24 de la loi du 3 mai 1841 ; 2° les plans parcellaires et les titres et autres documents produits par les parties à l'appui de leurs offres et demandes.

M.   a donné des explications sur les offres faites par l'administration.

M.   , avocat, assisté du sieur N., a présenté des observations en faveur de ce propriétaire, et, modifiant les demandes que ce dernier a fait signifier, il a conclu à ce qu'il lui fût alloué 1°   ; 2°

Le sieur E. a déclaré persister dans la demande qu'il a fait signifier.

M.   a dit que l'administration persistait dans les offres qu'elle a fait signifier auxdits sieurs N. et E. Il nous a, en conséquence, demandé de vouloir bien soumettre au jury les deux questions suivantes:

1°
2°   (*Voir la formule n° LII.*)

Les défendeurs ont déclaré que la rédaction de ces questions avait été concertée avec eux, et qu'ils croyaient qu'elles devaient mettre le jury à même de prononcer sur tous les points du débat.

Nous,   , magistrat directeur, pensons également que ces questions résument convenablement les débats; en conséquence, nous avons demandé à MM. les jurés s'ils n'avaient plus aucune observation à faire ni aucun document à réclamer; sur leur réponse négative, nous avons donné une nouvelle lecture des questions ci-dessus indiquées; nous les avons signées, ainsi que le greffier, *ne varietur*, et les avons transmises à MM. les jurés; nous avons alors prononcé la clôture de l'instruction, et engagé MM. les jurés à se retirer dans la chambre du conseil pour délibérer, sans désemparer, sous la présidence de l'un d'eux, qu'ils désigneraient en entrant dans la salle de leurs délibérations ; nous leur avons aussi rappelé que leur décision devait être prise à la majorité absolue des voix, signée par chacun d'eux, et que l'indemnité par eux fixée ne pouvait être inférieure à l'offre de l'administration, ni supérieure à la demande de l'indemnitaire.

La séance est restée suspendue pendant   , et à   heures vingt-cinq minutes, les jurés nous ayant fait prévenir qu'ils avaient terminé leur délibération, nous avons ouvert la séance publique.

Chacun de MM. les jurés a repris sa place, et nous leur avons demandé quel était celui d'entre eux qu'ils avaient désigné pour président ; ils nous ont annoncé que leur choix s'était fixé sur M. S., ce dont nous avons donné acte.

Nous avons alors invité M. S. à nous faire connaître la décision du jury, ce qu'il a fait ; il nous a ensuite remis cette décision signée par chacun de MM. les jurés, et nous en avons immédiatement donné une seconde lecture.

La décision du jury est ainsi conçue :   (*Voir la formule n° LIII.*)

Sur la première question
Sur la deuxième question
Nous avons alors rendu l'ordonnance suivante :

(*Voir les formules n°s LIV à LVII.*)

Ce fait, nous avons levé la séance, continué les opérations à   heures, et rédigé le présent procès-verbal, auquel nous avons annexé 1°   ; 2°   ; 3°   , et nous avons signé avec ledit sieur   , commis greffier.

(*Mentionner toutes les autres opérations de la session.*)

Le jury ayant ainsi procédé au jugement de toutes les affaires qui lui étaient soumises, nous avons prononcé la clôture de la session, et ordonné que toutes les pièces relatives aux opérations ci-dessus relatées resteraient déposées au greffe de ce tribunal. Nous avons ensuite clos le présent procès-verbal, que nous avons signé avec le sieur   , commis greffier, cejourd'hui   18   .

TABLEAU du service des jurés pendant la session du jury spécial d'expropriation, tenue à   depuis le   jusqu'au   18   (1).

---

(1) Ce tableau doit être annexé au procès-verbal des opérations du jury. Une copie en est transmise par le magistrat directeur au préfet, afin qu'il signale au

Ont fait le service de la session :
MM.

Ont été dispensés :
pour maladie, M.
pour absence, M.

Ne s'est pas présenté et a été condamné à l'amende :
M.

Certifié par nous   juge au tribunal de
et magistrat directeur du jury pendant ladite session.

A   , le   18   .

XLIII. *Ordonnance du magistrat directeur condamnant à l'amende un juré défaillant.*

Nota. Cette ordonnance doit être insérée dans le procès-verbal des opérations du jury.

Attendu que le sieur   , désigné comme juré pour la présente session par la délibération de la Cour impériale de   , en date du   , ne comparaît pas, et n'a fait connaître aucun motif d'empêchement ; qu'il résulte d'un acte à lui signifié à la requête de M. le préfet de ce département, le   dernier qu'il a été régulièrement convoqué ;

Vu l'art. 32 de la loi du 3 mai 1841 ;

Donnons défaut contre ledit sieur   et le condamnons à l'amende de

Fait et prononcé en audience publique du jury d'expropriation à   , le

---

XLIV. *Ordonnance statuant sur l'opposition formée par le juré condamné à l'amende.*

Devant nous   , juge au tribunal de   , directeur des opérations du jury spécial d'expropriation convoqué à   , le   dernier, est comparu

---

conseil général les jurés qui, ayant fait le service d'une session, ne peuvent, par suite de l'art. 47 de la loi du 3 mai 1841, être portés sur le tableau dressé pour l'année suivante.

M.   , lequel nous a exposé que, par ordonnance en date du   , nous l'avons condamné par défaut à une amende de 100 fr., par suite de sa non-comparution aux opérations dudit jury; et qu'il a formé opposition à ladite condamnation par exploit de   , en date du   ; ledit sieur   a ajouté qu'il n'a pu se rendre à ladite convocation, parce que, à l'époque où elle a été signifiée à son domicile, il se trouvait en pays étranger, et que le jour où l'amende a été prononcée contre lui, il était à   , ainsi que le constate le visa apposé ledit jour sur son passe-port par les autorités de ladite ville; en conséquence, il a demandé à être déchargé de l'amende prononcée contre lui.

Considérant que ledit sieur   justifie de l'impossibilité où il s'est trouvé de prendre part aux opérations du jury spécial, et qu'aucune condamnation n'eût été prononcée contre lui si, à l'époque du   , nous avions eu connaissance des faits ci-dessus indiqués;

Recevons ledit sieur   opposant à notre ordonnance du   , et, statuant sur cette opposition, déchargeons ledit sieur   de l'amende prononcée contre lui, sans dépens.

Fait et prononcé en audience publique, à   , le

XLV. *Ordonnance du magistrat directeur prononçant des exclusions ou des incompatibilités dont les causes ne sont survenues ou n'ont été connues que postérieurement à la désignation des jurés.*

Le sieur   , l'un des jurés, nous a déclaré qu'il était créancier hypothécaire inscrit sur la maison sise à   , rue de   , dont le jury est appelé à fixer l'indemnité, et, à l'appui de sa déclaration, il nous a représenté l'inscription par lui prise sur ladite maison, le   18   , en nous déclarant que la créance pour laquelle il a pris cette inscription ne lui est pas encore remboursée.

Vu les art. 30 et 32 de la loi du 3 mai 1841, et attendu que ledit sieur   est créancier inscrit sur l'un des immeubles dont le jury doit fixer les indemnités, et que, par suite, il n'aurait pu être porté sur la liste du jury, si cette circonstance avait été connue de la Cour;

Attendu que ledit art. 32 nous charge de prononcer sur les exclusions dont les causes n'auraient été connues que postérieurement à la désignation faite par la Cour impériale;

Ordonnons que le nom dudit sieur   sera rayé de la liste du jury pour la présente session, et autorisons ledit sieur   à se retirer;

Et attendu que le nombre des jurés, etc.

XLVI. *Ordonnance pour appeler des jurés complémentaires lorsque les jurés titulaires ou supplémentaires ne sont pas au nombre de seize.*

Et attendu que, par suite des empêchements, exclusions et incompatibilités ci-dessus énoncés, les jurés titulaires et supplémentaires se trouvent réduits au nombre de quinze, nous nous sommes fait représenter la liste dressée par le conseil général de ce département, le   dernier, et déposée au greffe de ce tribunal ; puis, examen fait de ladite liste, nous avons, conformément à l'art. 33, § 2, de la loi du 3 mai 1841, désigné pour compléter le jury M.   , qui y est inscrit sous le n°   ; nous avons immédiatement fait prévenir de cette désignation, par un des huissiers audienciers, mondit sieur   qui s'est volontairement rendu à cette convocation. Reprenant alors la suite de nos opérations, nous avons donné à mondit sieur   lecture des art. 30 et 32 de ladite loi, et lui avons demandé s'il avait quelque cause d'empêchement, d'exclusion ou d'incompatibilité, à faire valoir contre la désignation dont il a été l'objet ; sur sa réponse négative, nous avons ordonné que le nom de mondit sieur
serait inscrit sur la liste des jurés de cette session sous le n° 16.

XLVII. *Ordonnance admettant l'excuse d'un juré pendant l'instruction.*

Et le   nous avons fait appeler de nouveau la cause d'entre M. le préfet de   et les sieurs
Les parties et leurs défenseurs se sont présentés, et nous avons fait procéder à l'appel de MM. les jurés. M. N. n'a pas répondu à l'appel ; mais plusieurs de ses collègues nous ont déclaré qu'hier, en revenant de la visite des lieux litigieux, ledit sieur N. s'était trouvé indisposé, et que deux d'entre eux avaient dû le soutenir pour le reconduire à son domicile ; que, ce matin, l'un d'eux, ayant demandé de ses nouvelles à M.   , médecin, celui-ci lui avait dit que ledit sieur N. était très-sérieusement malade. Nous avons alors demandé aux parties si elles avaient quelque objection à faire sur le motif d'empêchement allégué pour le sieur N. ; elles ont répondu négativement. En conséquence, usant du droit que nous confère le § 4 de l'art. 32 de la loi du 3 mai 1841, nous décla-

rons ledit sieur N. légitimement empêché de continuer ses fonctions ; et, attendu que les jurés de jugement se trouvent encore au nombre de onze, nous avons ordonné que les débats continueraient devant les jurés présents.

XLVIII. *Ordonnance à rendre dans le cas où les parties consentent à la réunion de plusieurs affaires.*

M.   , ingénieur en chef des ponts et chaussées, au nom de M. le préfet, a dit que, dans les quatre affaires dont il vient d'être fait mention, le jury se trouve composé des mêmes membres ; que ces affaires ont entre elles une grande analogie, et qu'il serait à désirer, dans l'intérêt de toutes les parties, qu'elles fussent instruites simultanément, déclarant, en outre, qu'au nom de M. le préfet, il consent à cette réunion. Les autres intéressés ayant paru acquiescer à cette demande, nous les avons interpellés nominativement, et tous nous ont déclaré consentir à la réunion proposée En conséquence, nous avons donné acte à toutes les parties de leur consentement à la réunion des quatre affaires, etc.

MODÈLES D'ACTES.

XLIX. *Tableau des offres et des demandes.*

TABLEAU des offres et des demandes notifiées en exécution des articles 23 et 24 de la loi du 3 mai 1841, dans l'affaire dont la désignation suit, soumise au jury spécial d'expropriation, convoqué à   le   18   .

Désignation des propriétés dont le jury doit régler l'indemnité :
Désignation du propriétaire d'après la matrice des rôles :

NUMÉRO du plan parcellaire.	DÉSIGNATION des indemnitaires.	QUALITÉ en laquelle l'indemnité est réclamée.	OFFRES DE L'ADMINISTRATION.			DEMANDES DES INDEMNITAIRES.			TOTAL DES INDEMNITÉS par parcelles.		OBSERVATIONS.
			Indemnité principale.	Indemnités accessoires.	MONTANT des offres.	Indemnité principale.	Indemnités accessoires.	MONTANT des demandes.	Offres.	Demandes.	
			F. C.		F. C.	F. C.		F. C.	F. C.	F. C.	
	J.-B. Lefebvre, cultivateur à Choisy.	Propriétaire.	4,200 »	Moins-value du surplus de la propriété. . Perte de fermages. . Récoltes. . . .	560 » 70 » 154 »	6,420 »	Moins-value. . Perte de fermages. . . Récoltes. . . Résiliation du bail courant. Frais du nouveau bail. . .	2,449 » 70 » 225 » 600 » 445 »	5,830 »	8,600 »	
	Aug. Laurent, jardinier au Mesnil.	Fermier.	»		»	»			454 »	970 »	
	Jérôme Favier, propriétaire à Ivry.	Voisin.	»		»	»	Perte d'une servitude de pass.	4,000 »	»	4,000 »	L'administration n'a fait aucune offre au sieur Favier.

Certifié par nous, préfet du département de   , le   18   .

A

MODÈLES D'ACTES.   513

L. *Mention à insérer lorsque le propriétaire actuel intervient devant le jury.*

On alors appelé la cause de M. le préfet du   contre le sieur J.-B. Dufour.

S'est présenté le sieur Désiré Létienne, cultivateur et maire, demeurant à   , lequel a déclaré que, par contrat reçu par Mᵉ   , notaire à   , il a récemment acquis la propriété dont dépend la parcelle de terrain expropriée sur le sieur J.-B. Dufour, et dont il s'agit de régler l'indemnité; il a, en conséquence, demandé à être admis à présenter ses observations contre l'évaluation d'indemnité requise par M. le préfet.

M.   , au nom de M. le préfet, a déclaré qu'il ignorait si ledit sieur Létienne était en effet propriétaire du terrain dont il s'agit de régler l'indemnité; mais que, comme ni MM. les jurés, ni M. le magistrat directeur, n'ont à se prononcer sur cette question, et que personne ne se présente au nom du sieur Dufour, il consent à ce que ledit sieur Létienne soit admis à plaider, sous la réserve de tous les droits de l'administration, et sans qu'il résulte de ce consentement aucune reconnaissance de la qualité que s'attribue ledit sieur Létienne.

Nous, magistrat directeur, avons donné acte aux parties de leurs dires et réserves, et

---

LI. *Décision du jury prescrivant la visite des lieux.*

Le sieur N. ayant déclaré qu'il croyait que la visite de ses propriétés pourrait faciliter à MM. les jurés la solution des questions qui leur seront soumises, M.   , au nom de M. le préfet, a déclaré qu'il ne s'opposait pas à cette voie d'instruction, et s'en rapportait entièrement à la sagesse de MM. les jurés, ceux-ci se sont alors retirés dans la chambre de leurs délibérations, la séance a été suspendue et reprise à   heures et demie.

M.   , président, nommé par MM. les jurés à la majorité des suffrages, a alors donné lecture de la décision suivante, qu'il nous a ensuite remise, et que nous avons reconnue être revêtue de la signature des jurés qui y ont concouru; nous l'avons alors signée, ainsi que notre greffier, *ne varietur*, et l'avons annexée au présent procès-verbal.

(*Donner copie de la décision.*)

En conséquence, nous avons déclaré ladite décision exécutoire, invité les parties à s'y conformer; puis, d'accord avec MM. les jurés, continué les opérations à   heures.

TOME II.   33

De tout ce que dessus nous avons dressé le présent procès-verbal.

Fait à   le   18

(*Signatures du magistrat directeur et du greffier.*)

LII. *Questions soumises au jury* (1).

QUESTIONS qui sont soumises au jury d'expropriation dans l'affaire entre M. le préfet du département de
Et 1° le sieur Jean Fabre, cultivateur à Nœux ;
2° le sieur Auguste Lamy, jardinier à Ivry ;
3° le sieur Louis Bernard, propriétaire à Montreuil.

Questions.	OFFRES		DEMANDES	
	signifiées.	faites à l'audience	signifiées.	faites à l'audience
	fr. c.	fr. c.	fr. c.	fr. c.
1re. Quelle indemnité doit être allouée au sieur Fabre, pour les ares de terrain dont il est exproprié ?	3,500 »	3,500 »	6,000 »	5,200 »
2e. Combien doit-on allouer audit sieur Fabre pour les murs de clôture qu'il devra rétablir ?	345 »	345 »	500 »	500 »
3e. Quelle indemnité devra-t-on lui allouer pour moins-value du surplus de la propriété, si un pont rétablit les communications entre les deux parties de cette propriété ?	200 »	600 »	2,000 »	4,300 »
4e. Quelle indemnité devra-t-on allouer si ce pont n'est pas établi ?	10,000 »	16,000 »	30,000 »	30,000 »
5e. Quelle indemnité est due au sieur Lamy, fermier de ce terrain ?	90 »	95 »	1,800 »	1,500 »
6e. Quelle indemnité sera due au sieur Bernard, s'il est ultérieurement reconnu qu'il a une servitude de passage sur l'extrémité nord du terrain exprorié ?	» »	170 »	1,000 »	1,000 »

Dressé par nous magistrat directeur du jury.

A   le   18

(*Signature du magistrat.*)

---

(1) Sur la rédaction de ces questions, voir notre premier volume.

MODÈLES D'ACTES. 515

LIII. *Décision du jury* — (A).

Les jurés soussignés, réunis sous la présidence de M.   ,
l'un d'eux, qu'ils ont désigné pour président en entrant dans la
chambre de leurs délibérations, après en avoir délibéré sans

Additions.

(A) *Procès-verbal des opérations du jury.*

NAPOLÉON, par la grâce de Dieu et la volonté nationale, Empereur des Français, à tous présents et à venir, salut :

Le juge du tribunal civil de 1re instance de la Seine, séant au Palais de Justice, à Paris, magistrat directeur du jury d'expropriation, institué conformément à la loi du 3 mai 1841, a, par son ordonnance en date du   18   , rendu exécutoires les dispositions contenues au procès-verbal dont la teneur suit .

L'an 18   , le   , 11 heures du matin, nous   , juge au tribunal civil de la Seine, commis par l'ordonnance ci-après datée, pour remplir les fonctions attribuées par la loi au magistrat directeur du jury, assisté de   , greffier, qui a prêté entre nos mains serment en ces termes : Je jure obéissance à la Constitution, fidélité à l'Empereur et de bien et fidèlement remplir les fonctions de greffier qui me sont temporairement confiées, étant dans la salle des expropriations au Palais de Justice à Paris, audience publique :

Vu 1° les jugements rendus par la première chambre du tribunal civil de la Seine les   et   18   , déclarant expropriés pour cause d'utilité publique divers immeubles nécessaires à   dans le   arrondissement ;
2° le tableau des offres signifiées aux propriétaires et locataires des immeubles expropriés ; 3° les arrêts rendus par la première chambre de la Cour impériale de Paris, le   18   , contenant le choix fait par la Cour de 16 jurés titulaires et de 4 jurés supplémentaires, parmi lesquels sera formé le jury spécial chargé de fixer les indemnités dues à raison desdites expropriations, dans lesquels arrêts les jurés sont dénommés, qualifiés et domiciliés ainsi qu'il suit :

Jurés titulaires.

MM.

Jurés supplémentaires.

MM.

Vu 4° l'ordonnance de M. le président de ce tribunal en date du   18   , enregistrée, qui nous commet pour remplir les fonctions de magistrat directeur du jury, en remplacement des juges désignés par les jugements susdatés ; 5° l'ordonnance par nous rendue le 18   , indiquant les jour, lieu et heure pour la convocation des jurés et des parties ; 6° les originaux des exploits de   , huissier, à Paris, du 18   , enregistrés, contenant convocation du jury et des parties au désir de notre ordonnance. Toutes les formalités prescrites par la loi ayant été remplies, nous sommes entrés en séance audience publique, et nous avons déclaré la session commencée. Nous faisons faire l'appel des jurés pour constater leur présence. M.   nous ayant fait connaître son état de maladie, dont il nous a justifié par un certificat de médecin, nous l'avons dispensé des fonctions de juré pour cette session. Les 19 autres jurés sont présents ; nous avons dit qu'il serait passé outre aux opérations du jury. Le greffier fait l'appel des parties. Avant de passer à la formation du jury spécial, appelé à statuer sur les indemnités dues aux propriétaires et locataires compris dans cette catégorie, nous faisons remarquer que les parties, en s'entendant entre elles, ont le droit d'exercer

désemparer, ont, à la majorité absolue des voix, fixé sur les indemnités suivantes :

Sur la première question, ils ont alloué la somme de (*en toutes lettres*)

deux récusations ; que le même droit appartient à l'administration ; que ces récusations sont péremptoires et doivent s'exercer au moment même de l'appel du nom du juré que l'on entend récuser. Nous disons qu'il va être passé à la formation du jury spécial appelé à statuer sur les affaires de cette session. Le greffier fait l'appel des jurés dans l'ordre établi par l'arrêt de nomination. MM. et sont récusés par M⁰ , avoué, mandataire de M. le préfet de la Seine, ès noms ; aucune autre récusation n'étant exercée, nous avons retranché les derniers noms inscrits sur la liste du jury, et, par suite, le jury s'est trouvé composé de MM.

Chacun des 12 jurés ayant ensuite prêté entre nos mains le serment de remplir ses fonctions avec impartialité, nous avons déclaré le jury définitivement constitué. Nous disons qu'il va être passé à l'examen des affaires comprises dans cette session. Nous faisons mettre sous les yeux de MM. les jurés le tableau des offres et demandes que nous annexons au présent procès-verbal, les plans parcellaires et les autres titres, pièces et documents produits par les parties à l'appui de leurs offres et demandes. M⁰ explique et fait connaître sommairement la nature des opérations en vue desquelles le jury est présentement réuni ; puis il explique l'offre de francs faite aux époux , propriétaires, pour la dépossession de leur immeuble, sis rue . M⁰ , avocat, plaide la demande de francs formée par les époux ; M⁰ , sur l'offre faite de francs à marchand de , locataire des époux , par M⁰ , plaide la demande de francs formée par le sieur , son client, etc.

A ce moment, MM. les jurés nous font connaître qu'ils se rendront demain, courant mois, dès 10 heures du matin, sur les lieux contentieux pour les examiner ; que, pour ce faire, ils se diviseront en deux sections ; que MM. visiteront les localités sises rue et boulevard ; que MM. visiteront les localités sises boulevard ou aux environs et la rue . Nous faisons connaître cette décision, et nous disons que l'audience sera reprise demain courant, à 2 heures de relevée. Puis l'audience a été levée à 7 heures 1/4 du soir. De tout ce que dessus a été dressé le présent procès-verbal que nous avons signé avec le greffier après lecture.

Signé : et

L'an 18 , le , à 2 heures 10 minutes, les jurés n'étant rentrés qu'à cette heure, nous, magistrat directeur du jury susdit et soussigné, assisté de qui a prêté serment entre nos mains en qualité de greffier, nous avons repris les opérations commencées par le procès-verbal qui précède, audience publique. L'appel fait par le greffier constate la présence des 12 jurés appelés à statuer sur les affaires comprises dans cette session. Toutes les affaires soumises au jury ayant été successivement appelées et discutées, nous demandons aux parties si elles ont de nouvelles observations à faire, et à MM. les jurés s'ils sont suffisamment renseignés. Personne ne demandant la parole, nous prononçons la clôture des débats, et nous invitons MM. les jurés à se retirer dans la salle de leurs délibérations pour y délibérer sans désemparer sur toutes les questions qui leur sont soumises. Nous leur rappelons qu'ils doivent élire un président pris parmi eux avant toute discussion ; que leur décision doit être prise à la majorité des voix, et qu'en cas de partage, la voix du président

sur la seconde question
sur la troisième question
 Fait et arrêté à   , le   18 .
    (*Signature des jurés.*)
 Visé et signé par nous, magistrat directeur du jury, et par le

du jury est prépondérante; qu'ils ne peuvent allouer moins que les offres, ni plus que les demandes, et que leur décision doit être signée par chacun d'eux. A 2 heures 15 minutes de relevée, les jurés entrent dans la salle de leurs délibérations et nous déclarons la séance suspendue. Ils en sortent à 6 heures 45 minutes de relevée, et nous déclarons la séance suspendue. M.   , président du jury, nous remet la décision suivante dont nous donnons lecture et que nous annexons au présent procès-verbal.

 Suit la teneur de la décision.

 L'an 18 , le   , le jury institué par la loi du 3 mai 1841, réuni dans la chambre du conseil de la salle des expropriations, au Palais de Justice à Paris, après avoir élu pour son président M.   , l'un de ses membres, a rendu à la majorité des voix la décision suivante :

   Fixe et arrête :

 1° L'indemnité due aux époux   propriétaires, pour la dépossession de leur immeuble, sis rue , n° , à la somme de   francs.

 2° L'indemnité due à   marchand de vins, locataire des époux   , à la somme de   francs.
 Etc.

 Et les jurés ont, après lecture, ainsi signé :

En marge est écrit : annexé par nous, magistrat directeur du jury, à notre procès-verbal de ce jour, signé :

 Après quoi, nous avons prononcé l'ordonnance suivante : Nous, magistrat directeur du jury, en vertu des pouvoirs qui nous sont donnés par la loi, déclarons la décision du jury exécutoire ; en conséquence, envoyons le préfet de la Seine, ès noms, en possession des immeubles ou portions d'immeubles expropriés, à la charge par lui de se conformer aux articles 53, 54 et suivants de la loi du 3 mai 1841, et par les expropriés de justifier d'une propriété ou d'une jouissance régulière. Et statuant à l'égard des dépens ; en ce qui touche les époux

Attendu qu'ils n'ont pas contesté les offres de l'administration, nous condamnons la ville aux dépens à leur égard. En ce qui touche les sieurs

Attendu que les allocations du jury sont tout à la fois supérieures aux offres et inférieures aux demandes ; compensons les dépens pour être supportés par les parties dans les proportions existant entre les demandes, les offres et les allocations. Autorisons le préfet de la Seine ès noms à retenir sur les indemnités le montant des dépens mis à la charge de chacun des expropriés. Puis nous avons levé la séance à 6 heures 55 minutes de relevée, déclarant la présente session terminée. De tout ce que dessus a été dressé le présent procès-verbal, que nous avons signé avec le greffier après lecture. Ainsi signé : , magistrat directeur du jury et   , greffier.

 Mandons et ordonnons à tous huissiers sur ce requis de mettre lesdites ordonnances et décisions à exécution, à nos procureurs généraux et à nos procureurs près les tribunaux de première instance d'y tenir la main, à tous commandants et officiers de la force publique d'y prêter main-forte lorsqu'ils en seront légalement requis. En foi de quoi la minute du présent procès-verbal contenant lesdites ordonnances et décisions a été signée par M.   , magistrat directeur du jury et   , greffier.

 En marge est écrit : enregistré gratis, à Paris, le   18 .

 Suit la teneur des Annexes.

commis greffier qui nous assiste, pour être annexé à notre procès-verbal en date de ce jour.

A   , le   18

LIV. *Ordonnance du magistrat directeur pour rendre exécutoire la décision du jury.*

Nous, N....., magistrat directeur du jury, en exécution de l'art. 41 de la loi du 3 mai 1841 ;—Vu la décision qui précède ; —Attendu que cette décision est régulière ;—Vu les art. 39, 40 et 41 de la loi du 3 mai 1841 ;—Déclarons exécutoire la décision ci-dessus du jury spécial d'expropriation ; en conséquence, disons que l'indemnité due au sieur   , pour valeur des   ares de prairie, a été fixée par le jury à   ; que celle due au sieur   a été fixée à   , et celle due au sieur   à   ; envoyons l'administration en possession de   , à dater du (1)   , à la charge par M. le préfet de   de se conformer, préalablement à la prise de possession, aux dispositions des art. 53 et 54 de la même loi (2) ;

Première Annexe.—Tableau des offres et demandes précédemment signifiées aux parties.
Deuxième Annexe. — Conclusions pour M.   , intervenant, ayant Me   pour avoué, contre M. le préfet de la Seine, ayant Me   pour avoué.
Troisième Annexe.—Conclusions d'intervention pour M.   , intervenant, ayant pour avoué Me   , contre la ville de Paris.

Par le magistrat directeur du jury,
Signé :

Signification.

L'an 18   , le
A la requête de M. le préfet du département de la Seine, agissant dans l'intérêt de la ville de Paris, y demeurant à l'Hôtel de Ville, pour lequel domicile est élu en l'étude de Me   , avoué près le tribunal civil de première instance de la Seine, demeurant à Paris, rue   , n°   , j'ai   , huissier près ledit tribunal, séant à Paris, y demeurant, rue   , n°   , soussigné, signifié et en tête des présentes laissé copie à M.   , propriétaire, demeurant à Paris, rue   , ou parlant à

De la grosse dûment en forme exécutoire des procès-verbaux dressés le   18   , enregistrés, constatant les décisions du jury, chargé de statuer sur les indemnités offertes et réclamées par les propriétaires et locataires y dénommés.

A ce que du contenu auxdits procès-verbaux le susnommé n'en ignore. Et je lui ai, étant et parlant comme dessus, laissé la présente copie.

Sous toutes réserves, même de pourvoi en cassation.

Coût :

(1) L'époque indiquée par l'arrêté du préfet, à moins que cette époque ne soit déjà passée.
(2) Si les débats ont appris que l'immeuble exproprié appartient à une femme mariée sous le régime dotal, qu'il est grevé de substitution, ou qu'il existe d'au-

et, attendu que le total des indemnités allouées audit sieur N.....
est supérieur à l'offre faite par l'administration, et inférieur à
la demande dudit sieur   , déclarons qu'il y a lieu de
compenser les dépens, qui seront supportés par le sieur
et par l'administration dans les proportions de leur offre et de
leur demande avec la décision du jury; lesquels dépens nous
avons taxés, savoir: ceux de l'administration à la somme
de   et ceux du sieur   à celle de   ; en conséquence, l'administration paiera sur ces frais   fr.; le
sieur N..... fr.; et le sieur X..... fr.
Et nous avons signé avec le greffier.

LV. *Ordonnance du magistrat directeur lorsque, devant le jury, le détenteur a réclamé une indemnité, qui lui a été contestée par l'administration.*

Attendu que des débats qui ont eu lieu devant nous il résulte
que le sieur V..... prétend avoir droit à une indemnité spéciale
pour   , tandis que l'administration soutient ne pas lui
en devoir de ce chef;
Attendu que, pour satisfaire aux dispositions des art. 39 et 49
de la loi du 3 mai 1841, le jury a dû fixer une indemnité pour
cette réclamation, pour le cas où la prétention dudit sieur V.....
serait, par qui de droit, jugée fondée;
Attendu que cette indemnité éventuelle doit rester consignée
jusqu'à ce qu'il ait été définitivement statué sur les prétentions
respectives des parties;
Donnons acte aux parties, 1° de ce que le sieur V..... a réclamé une indemnité spéciale pour   ; 2° de ce que l'administration a soutenu ne rien devoir pour cet objet; 3° de ce
que le jury a fixé à la somme de   l'indemnité qui serait
due audit sieur V... pour cette cause, si sa prétention est jugée ou
reconnue fondée; en conséquence, ordonnons que, préalablement à la prise de possession, ladite somme de   sera déposée à la caisse des consignations, pour y rester jusqu'à ce que
les parties se soient entendues ou que le litige soit vidé.

---

tres obstacles au paiement, le magistrat directeur ajoute, par exemple: « Et attendu qu'il résulte des débats que cet « immeuble est grevé de substitution, « donnons acte de ce fait pour la conservation des intérêts de qui il appartiendra. »

LVI. *Ordonnance du magistrat directeur lorsqu'il a été élevé devant le jury des difficultés étrangères à la fixation du montant de l'indemnité.*

Attendu que des débats qui ont eu lieu devant nous il résulte que le sieur N..... se prétend propriétaire de l'immeuble repris au plan parcellaire sous le n°   , tandis que le sieur V..... soutient qu'il est seul propriétaire de cet immeuble et que le sieur N..... n'en est détenteur qu'en vertu d'un bail emphytéotique ;

Attendu qu'il n'appartient ni au jury ni à nous de statuer sur ce litige;

Vu l'art. 39, § 4, de la loi du 3 mai 1841 ;

Donnons acte aux parties, 1° de ce que les sieurs N..... et V..... se prétendent respectivement propriétaires de l'immeuble porté au plan parcellaire sous le n°   ; 2° de ce que le jury a fixé l'indemnité relative à cet immeuble à   ; en conséquence, renvoyons les parties à se pourvoir devant qui de droit, et provisoirement ordonnons que, préalablement à la prise de possession dudit immeuble, ladite somme de
sera déposée à la caisse des consignations, pour être ultérieurement remise à qui de droit ; déclarons que, moyennant ladite consignation, l'administration sera autorisée à prendre possession de cet immeuble.

LVII. *Ordonnance du magistrat directeur lorsqu'il s'est élevé devant le jury des difficultés sur l'acquisition de la totalité d'une propriété morcelée.*

Attendu que des débats qui ont eu lieu devant nous il résulte que le sieur N..... a prétendu que l'administration était tenue d'acquérir la totalité de son immeuble, tandis que M. le préfet soutient qu'il n'y a lieu d'acquérir que la parcelle frappée d'expropriation ;

Attendu que, pour satisfaire aux dispositions des art. 39 et 49 de la loi du 3 mai 1841, le jury a dû fixer une indemnité pour chacune de ces deux hypothèses ;

Attendu que l'indemnité a été fixée à 24,000 fr. pour le cas où il n'y aurait pas lieu à acquérir l'ensemble de la propriété, et que cette indemnité doit être payée au sieur
quel que soit le résultat du litige, ainsi que l'administration l'a reconnu elle-même ;

Attendu que l'indemnité relative à l'ensemble de la propriété a été fixée par le jury à 44,000 fr., de manière que la somme de 17,000 fr., formant la différence de ces deux évaluations, ne devra être payée audit sieur   qu'autant que sa prétention serait ultérieurement reconnue ou jugée fondée, et que, jusque-là, elle doit rester déposée à la caisse des consignations, conformément à l'art. 54 de ladite loi ;

Donnons acte aux parties, 1° de ce que le sieur a demandé l'acquisition de la totalité de sa propriété ; 2° de ce que l'administration a soutenu qu'il n'y avait lieu d'acquérir que la parcelle frappée d'expropriation. En conséquence, les renvoyons à se pourvoir à cet égard devant qui de droit.

Ordonnons en outre que, préalablement à la prise de possession, la somme de 17,000 fr. sera déposée à la caisse des consignations pour être ultérieurement remise à qui il sera ordonné.

LVII bis. *Rapport fait par le magistrat directeur sur les opérations du jury* (1).

Rapport à MM. les ministres de la justice et des travaux publics sur les opérations du jury spécial, réuni à   , depuis le   jusqu'au   , sous la direction de M.   , juge au tribunal de

Les jurés désignés pour cette session ont mis beaucoup d'empressement à remplir leur mission, et aucun d'eux n'a demandé de dispense que pour des causes graves et bien réelles. Il est seulement à regretter que l'on ait porté sur la liste des jurés titulaires un électeur décédé depuis plusieurs mois, et un autre déclaré en faillite ; cette circonstance a nécessité plusieurs fois l'appel de jurés complémentaires, mesure qui entraîne toujours des retards dans les opérations.

Les affaires soumises au jury étaient au nombre de 27, et se rattachaient à 62 parcelles, situées dans les communes de   et   ; 19 renfermaient des constructions, 14 étaient couvertes de plantations, et le surplus consistait en terres à labour.

Quoiqu'il y eût plusieurs propriétés bâties à estimer, le jury n'est allé visiter qu'un seul des immeubles dont il était appelé à fixer l'indemnité. Dans tous les autres cas, les jurés ont trouvé dans le procès-verbal descriptif dressé par l'appréciateur de l'administration tous les documents nécessaires à leurs évaluations. Les indemnitaires ont tous reconnu l'exactitude de ce

---

(1) Ce rapport n'est pas exigé par la loi ; mais il nous a paru devoir présenter autant d'utilité que celui fait en matière criminelle par le président des assises (Voir notre tome 1er).

procès-verbal, à l'exception d'un seul, qui a prétendu que les bâtiments signalés comme étant dans un état complet de vétusté n'avaient besoin que de légères réparations. Ce dissentiment a nécessité la visite des lieux par le jury ; mais on doit croire que les jurés ont partagé l'opinion de l'appréciateur, car l'indemnité par eux allouée n'excède que de 100 fr. la somme offerte par M. le préfet.

Le total des sommes offertes par l'administration dans les 27 affaires s'élevait à   ; les indemnitaires demandaient   et le jury a alloué   ; mais cette augmentation n'a porté que sur un petit nombre de propriétés.

Toutes les augmentations réclamées par des fermiers ou locataires ont été rejetées, et le jury a même assez clairement manifesté l'opinion que les offres de l'administration pour les indemnités de cette nature, lui semblaient trop élevées. Il paraît que M. le préfet avait admis qu'en vertu de l'art. 1746, C. Nap., le fermier avait droit à une indemnité égale au tiers du prix du bail, pour tout le temps qui restait à courir. Le jury nous a semblé désapprouver cette allocation. Plusieurs fois des jurés ont demandé pourquoi on avait accordé aux fermiers une indemnité pour perte de bénéfices espérés pendant un certain nombre d'années, tandis qu'aucune indemnité de ce genre n'était allouée lorsque le bien exproprié était cultivé par le propriétaire. A la dernière séance, un des jurés a même fait remarquer qu'aucun des propriétaires qui avaient paru devant eux n'avait élevé la prétention qu'il eût droit à une indemnité pour semblable cause.

En général, la valeur donnée par l'administration au terrain exproprié a été sanctionnée par le jury. Lorsque les propriétaires ont réclamé de ce chef une indemnité plus considérable, les jurés leur ont toujours demandé pourquoi leur terrain valait plus que ceux dont les actes de vente étaient produits par l'administration, et il nous a paru que le relevé de ces actes, fait avec beaucoup de soin par MM. les ingénieurs, avait exercé une grande influence sur les évaluations des jurés.

Quand les jurés ont alloué une indemnité plus élevée que celle offerte par l'administration, la différence a presque toujours porté sur la moins-value du surplus d'une propriété morcelée.

Les estimations de moins-value ont paru très-difficiles aux jurés, surtout celles résultant de la suppression des communications. MM. les ingénieurs n'ayant pu donner la certitude qu'un pont serait établi pour réunir les deux parties du chemin vicinal de   à   , des indemnités assez considérables ont été allouées, pour interruption de communications, à tous les propriétaires voisins de ce chemin ; réunies, elles s'élèvent à la somme de   fr. Il est probable que la plupart de ces allocations eussent été très-peu importantes si l'on avait pu

MODÈLES D'ACTES.   523

prouver au jury que l'administration avait définitivement décidé d'établir un pont sur ce point.

Pour les jurys qui avaient eu lieu jusqu'à présent dans cet arrondissement, l'on n'avait jamais posé de questions aux jurés au moment où ils se retiraient pour délibérer. M. le préfet nous ayant témoigné le désir que des questions leur fussent remises, l'administration avait préparé pour chaque affaire le tableau des questions à poser. Ce tableau a dû quelquefois être modifié par suite des explications qui avaient été données pendant les débats, mais les parties se sont presque toujours entendues sur la rédaction de ces questions. Dans deux affaires seulement, elles n'avaient pu tomber d'accord ; nous avons alors proposé une rédaction qui, dans chacune de ces affaires, a été aussitôt agréée par les parties. Cinq des jurés, qui avaient déjà rempli ces fonctions précédemment, nous ont déclaré que la position des questions avait rendu leur mission beaucoup plus facile que dans les sessions précédentes. Les délibérations du jury ont aussi été moins longues qu'elles ne l'étaient habituellement. Nous nous proposons donc de suivre le même mode pour les opérations du jury qui doit se réunir le   prochain, sous notre direction.

Dans l'affaire pour laquelle il y a eu descente sur les lieux, les jurés ont unanimement refusé l'allocation qui leur était accordée par la loi pour ce transport.

M. l'ingénieur ordinaire des ponts et chaussées, qui avait dirigé l'évaluation des immeubles, ayant été nommé ingénieur en chef et chargé d'un autre service, a emmené avec lui dans ce nouveau service le conducteur qui avait rempli pour ces propriétés les fonctions d'appréciateur, de manière que, à la première séance, l'avocat chargé par M. le préfet de défendre les intérêts de l'administration, s'est trouvé embarrassé pour répondre à certaines allégations des indemnitaires, et les décisions rendues par le jury, dans cette première séance, se sont peut-être ressenties de cette circonstance. Mais un exprès a été, à ce qu'il paraît, envoyé au conducteur qui avait rempli les fonctions d'appréciateur, car le lendemain il assistait aux débats. M. l'ingénieur en chef s'étant également rendu de suite à   ,
a assisté à presque toutes les audiences suivantes, et a même pris la parole plusieurs fois. Dès lors, les intérêts de l'administration ont été aussi bien défendus que ceux des indemnitaires.

A   , le   18   .

LVIII. *Actes préparatoires à une cession amiable* — (A).

1° *Offre de cession de la part d'un propriétaire.*

Je soussigné, propriétaire de la maison sise   , déclare devant M. le maire du   arrondissement, offrir de céder ladite maison à la Ville de Paris, moyennant la somme de   , indemnité de mutation comprise, substituant la Ville à tous mes droits, et la laissant libre d'entrer en jouissance à sa volonté.

Le paiement de la somme ci-dessus stipulée aura lieu au moment où la Ville sera substituée à mesdits droits.

Il y a   locataires à bail, ayant encore une jouissance de

Approuvé l'écriture ci-dessus.
Paris, le
(*Nom du contractant.*)

2° *Offre de cession de la part d'un locataire.*

Je soussigné, locataire de la maison sise   , par bail (*enregistré ou non enregistré*), en date du   , devant prendre terme le   , déclare, devant M. le maire du   arrondissement, offrir de céder à la Ville de Paris tous mes droits résultant dudit bail, moyennant la somme de   payable au moment où ladite Ville sera déclarée substituée à mesdits droits.

Approuvé l'écriture ci-dessus.
Paris, le
(*Nom du contractant*) — (B).

Additions.

(A)   *Cession de propriété.*

    soussigné
consen   à céder à la ville de Paris, moyennant le prix de
l'immeuble dont   propriétaire   , rue

La prise de possession de l'immeuble par la ville de Paris a   lieu le
      engage   à restituer, soit à la ville, soit aux locataires, les sommes que   reçues à titre de loyers d'avance.

Il est bien entendu que le présent engagement sera réitéré par   à la première réquisition de l'administration.

Paris, le   18 .

Additions.

(B) *Indemnité locative.* — *Arrêté supplémentaire.*

Le préfet du département de la Seine,
Vu l'arrêté en date du
contenant la nomenclature des locataires d   maison

Considérant qu'il a été fait   offre d'indemnité au   locataire ci-après

3° *Consentement à un paiement par annuités.*

Je soussigné, propriétaire de la maison sise   , déclare devant M. le maire du   arrondissement, consentir à recevoir en cinq années, par annuité, avec intérêts à cinq pour cent par an, le prix qui sera ultérieurement fixé, de ladite maison, lors de l'achat qui en sera fait par la Ville de Paris, soit à l'amiable, soit par jugement du jury d'expropriation.

Approuvé l'écriture ci-dessus.

Paris, le

(*Nom du contractant.*)

LVIII bis. *Acte de vente* (1).

Par-devant nous   (2)   agissant en vertu de l'art. 56 de la loi du 3 mai 1841 (3)

Est comparu le sieur   (4)   (5)   (6)

dénommé pour éviction des lieux qu'il occupe   dans l   dite   maison ,

Savoir :

Considérant que le   dit locataire déclaré accepter purement et simplement   offre de l'administration, et qu'il n' pas été compris dans l'arrêté susvisé ;

Arrête :

Il sera payé au   locataire ci-dessus dénommé   , savoir :

---

(1) Cette formule peut être employée, soit que l'administration veuille ou non purger les hypothèques. Mais, si on doit opérer cette purge, il faut fixer l'époque du paiement à une date assez éloignée pour pouvoir, dans l'intervalle, accomplir les formalités indiquées aux art. 15, 16 et 17 de la loi du 3 mai 1841.

(2) Nom, prénoms et qualité du fonctionnaire qui reçoit l'acte.

(3) Dans le cas où le vendeur ne sait pas signer, si l'on adjoint d'autres personnes au fonctionnaire rédacteur, comme l'a indiqué M. le ministre des finances, il faut faire ici mention de cette intervention en ces termes : « Et assisté de   , lesquels ont signé avec nous le présent acte. »

(4) Indiquer les nom, prénoms, profession et domicile du vendeur. Lorsque l'immeuble appartient à plusieurs copropriétaires, ils doivent être tous désignés au commencement de l'acte par leurs noms, prénoms, professions et domiciles.

(5) Spécifier si le comparant agit en son propre nom ou comme fondé de pouvoirs. Dans ce dernier cas, la procuration doit rester annexée à l'acte.

(6) Si la propriété appartient, en totalité ou en partie, à des mineurs, interdits, absents ou incapables, le contrat devra rappeler l'autorisation donnée par le tribunal d'accepter les offres de l'administration. Il en sera de même pour les immeubles dotaux et pour ceux dépendant d'un majorat. Pour les biens des communes, des établissements publics et des départements, le contrat mentionnera l'autorisation donnée par le conseil municipal, le conseil d'administration ou le conseil

lequel (1) est propriétaire d'un immeuble de la contenance de   ares   centiares, à usage de   , situé sur la commune de   , section   , tenant de nord à   , de midi à   , de levant à   , et de couchant à (2)   , lequel immeuble désigné sur la matrice cadastrale, sous le n°   et comme appartenant à   , est reconnu nécessaire à l'exécution de la route de   à   (3), dont les travaux ont été déclarés d'utilité publique par   (4).

Ledit immeuble est mentionné sous le n°   du plan parcellaire de ladite commune de   , dressé par M.   , ingénieur   des ponts et chaussées, en date du   , approuvé par arrêté du   .

Ayant pris connaissance de l'indemnité à lui offerte par l'administration des ponts et chaussées pour la cession de ce terrain, ledit sieur   a déclaré vendre et céder au Gouvernement, pour en jouir en toute propriété, ledit terrain ci-dessus désigné, tel qu'il se trouve en ce moment, et sans en rien retenir ni réserver ;

A la charge par le Gouvernement de payer, pour prix et valeur dudit terrain, et pour indemnité de toute espèce de dommages que ledit sieur   a pu ou pourrait éprouver par suite de ladite cession, la somme de   (5), montant de l'indemnité à lui allouée par décision de M. le ministre de   , en date du   (6).

L'administration est autorisée à prendre possession de l'immeuble vendu le   prochain ; à la charge par elle d'acquitter à cette époque au plus tard, et préalablement à la prise de possession, entre les mains dudit sieur   , ladite somme de   , montant de l'indemnité ci-dessus stipulée ;

---

général. L'autorisation se mentionne ainsi : « Le comparant est autorisé à souscrire « le présent traité par jugement du tri- « bunal de   (ou par « délibération du conseil   ) « en date du   , dont expé- « dition nous a été représentée, et restera « annexée au présent acte. »

(1) Lorsque le comparant n'est pas connu personnellement du fonctionnaire rédacteur, celui-ci doit faire attester l'individualité par deux témoins bien connus de lui comme dignes de foi, et mentionner cette circonstance dans l'acte en ces termes : « Les sieurs   « témoins dignes de foi et bien connus de « nous, nous ont attesté que le compa- « rant est réellement le sieur

« (désigner le comparant comme il l'est « au commencement de l'acte), et ont si- « gné leur déclaration. »

(2) Désigner l'immeuble, sa contenance, le lieu où il est situé et ses tenants et aboutissants.

Lorsque l'administration achète d'un seul propriétaire plusieurs portions de terrain contiguës, il ne doit être passé qu'un seul acte de vente.

(3) Indiquer le travail d'utilité publique pour lequel l'immeuble est nécessaire.

(4) Rappeler le décret qui a autorisé les travaux.

(5) Indiquer la somme en toutes lettres.

(6) Si la fixation de l'indemnité n'avait pas encore été approuvée par le ministre, il faudrait dire : « Montant de l'indemnité « convenue entre nous soussignés, sous la « réserve toutefois de l'approbation de « M. le ministre de

MODÈLES D'ACTES.   527

Si, à cette époque, il existait des inscriptions **hypothécaires** ou privilégiées sur ledit immeuble vendu ou d'autres obstacles au paiement, l'administration déposerait le montant de l'indemnité à la caisse des consignations; mais, si, à cette même époque du   prochain, la consignation n'a pas lieu, la somme ci-dessus stipulée portera, de plein droit, et sans qu'il soit besoin de sommation ou autre mise en demeure, intérêt à 5 pour 100 jusqu'au jour de la délivrance du mandat de paiement, à moins toutefois que le retard dans la consignation n'ait lieu sur la demande dudit sieur   ou de ses ayants droit, auquel cas il ne sera pas dû d'intérêts pendant le temps qui s'écoulera entre l'époque ci-dessus indiquée et celle où s'effectuera le paiement ou la consignation.

Ledit sieur   a, en outre, déclaré que personne ne peut réclamer d'indemnité à l'occasion dudit immeuble par lui vendu, soit à titre de locataire ou fermier (1), soit à titre d'usufruitier (2), ou comme ayant sur cet immeuble des droits d'habitation, d'usage ou de servitude, s'engageant à garantir et indemniser le Gouvernement, s'il devenait nécessaire, de toutes réclamations qui pourraient être formées contre lui, sous quelque prétexte que ce soit.

Établissement de la propriété.

Ledit sieur   a justifié qu'il était propriétaire de l'immeuble ci-dessus désigné par la représentation de diverses pièces qui constatent les faits suivants :   (3)

Le comparant a déclaré faire élection de domicile pour tout ce qui est relatif à la présente convention en la demeure du sieur   , demeurant à   , rue   (4).

Ledit sieur   , vendeur, déclare formellement dispenser le conservateur des hypothèques de prendre inscription d'office contre l'Etat, à l'occasion de la vente stipulée par le présent acte.

Et nous, préfet du département de   (5), avons, au nom du Gouvernement, accepté les conditions portées au présent acte, et promettons de les faire exécuter en tous points,

---

(1) S'il y a une indemnité à payer au locataire ou fermier, ces derniers mots doivent être retranchés, et il faut alors stipuler que cette indemnité a été payée ou qu'elle sera réglée ultérieurement et payée par l'administration (ou par le propriétaire).

(2) S'il y a un usufruitier, le montant de l'indemnité doit être fixé avec lui comme avec le nu propriétaire, et ils doivent tous deux comparaître dans l'acte de vente.

(3) Détailler les pièces produites, selon les formules n°s LIX, LX, LXI.

(4) Indiquer ici les conditions particulières, s'il y en a.

(5) Ou sous-préfet ou maire.

après, toutefois, qu'elles auront été approuvées par M. le ministre de   (1). En cas de refus d'approbation, le présent acte sera considéré comme non avenu (2).

Fait et passé à   , le (3)   , et après lecture, ledit sieur   a signé avec nous (4) ces présentes, qui seront déposées aux archives de la préfecture de ce département.

(*Signatures*).

(5).

Visé pour timbre et enregistré gratis à   , le   18
Transcrit littéralement au bureau des hypothèques de   le   18   volume   numéro   .
Le présent acte d'acquisition a été approuvé par décision de M. le ministre des travaux publics, en date du

---

LIX. *Établissement de la propriété quand le vendeur produit des titres de propriété remontant à plus de trente ans.*

A insérer dans la formule n° LVIII.

Suivant contrat reçu par M^e   , notaire à Paris, le   1787, le sieur Antoine Lefebvre, procureur au Châtelet, a vendu au sieur Julien Boullet, propriétaire, demeurant à Choisy, un corps de terre à labour de la contenance de   , situé audit Choisy, canton de   , tenant à   , etc. Après le décès dudit sieur Boullet, et suivant partage reçu par M^e   , notaire à Versailles, le   1808, ce corps de terre est échu au lot du sieur Ignace Leroy, capitaine retraité, demeurant à Sèvres, lequel, par contrat reçu par ledit M^e   , en date du   1816, a échangé ce même immeuble contre un autre, situé à Sèvres, et appartenant au sieur Sébastien Playoul, cultivateur audit Choisy. Lors du partage intervenu au décès de ce dernier, et constaté par acte reçu par M^e   ,

---

(1) Si le contrat est reçu par un sous-préfet ou un maire, on met : « Après, « toutefois, qu'elles auront été ratifiées « par M. le préfet de ce département et « approuvées par M. le ministre de «   . En cas de refus de ratification « ou d'approbation..... »

(2) L'approbation des ratures, renvois ou surcharges se met en marge, et quelquefois à la fin de l'acte, en ces termes : *Approuvé le renvoi ci-dessus et la rature de   mots à la   ligne de la présente page*, et chacun des comparants paraphe ou signe cette déclaration.

(3) Indiquer les jour, mois et an.

(4) Ou « ledit sieur   a déclaré ne savoir signer, pourquoi nous avons seul signé les présentes. » — Si d'autres personnes sont intervenues à l'acte, on fait aussi mention qu'elles ont signé, si cela n'a déjà été dit dans l'acte (Voir notes 3 de la page 525 et 4 de la page 526).

(5) Lorsque l'acte a été reçu par le sous-préfet ou par le maire, le préfet ajoute ici : « Ratifié par nous, préfet de   », puis date et signe cette déclaration.

notaire à Choisy, le   1829, ce corps de terre a été divisé en quatre lots. Le 3ᵉ lot, composé de l'immeuble ci-dessus désigné, est échu au sieur Guislain Playoul, qui, par contrat reçu par Mᵉ   , notaire à Sèvres, l'a transmis au sieur   , vendeur. Ce dernier contrat a été transcrit au bureau de la conservation des hypothèques de   le   , et un certificat délivré par le conservateur des hypothèques de cet arrondissement le   , suivant, prouve qu'il n'existait alors aucune inscription hypothécaire sur ledit immeuble. Une quittance reçue par ledit Mᵉ   , le   , enregistrée le   du même mois, constate le paiement du prix de cette vente.

Les actes dont nous avons extrait les indications énoncées ci-dessus sont tous en forme authentique, et ont été immédiatement remis audit sieur

---

LX. *Établissement de la propriété quand le vendeur est désigné d'une manière inexacte sur la matrice des rôles.*

A insérer dans la formule n° LVIII.

L'immeuble désigné au plan parcellaire sous le n°   est porté à la matrice des rôles comme appartenant au sieur *Félix Thomais*, praticien, demeurant à Choisy ; mais le comparant de première part nous a représenté la grosse du bail de cet immeuble passé par lui devant Mᵉ   , notaire à   le   , au profit de la dame Vᵉ   , dans lequel il est désigné, comme ci-dessus, sous les noms de *Félicien-Joseph Thomais*, et comme greffier de la justice de paix de Choisy, demeurant à Chevreuse ; ce qui prouve qu'il est propriétaire de cet immeuble comme il le déclare, et qu'il y a erreur dans les énonciations de la matrice des rôles. La grosse de ce bail a été immédiatement remise au sieur Thomas.

Ou bien : Ledit comparant nous a produit un certificat à lui délivré par M. le maire de la commune de   sur l'attestation de deux témoins, et constatant que le sieur Thomas, autrefois désigné comme *praticien*, est aujourd'hui *greffier de la justice de paix de Choisy*, et que c'est par erreur que la matrice des rôles lui donne le prénom de *Félix*, au lieu de ceux de *Félicien-Joseph*. Ce certificat restera annexé aux actes.

LX bis. *Certificat du maire de la situation de l'immeuble pour la rectification des erreurs existant dans les énonciations de la matrice des rôles.*

Par-devant nous   , maire de la commune de   ; sont comparus, 1° le sieur   , âgé

de   ans; 2° le sieur   , âgé de
tous deux domiciliés en cette commune et bien connus de nous (1),
          lesquels nous ont déclaré qu'il est à leur parfaite
connaissance qu'il n'existe dans cette commune aucun individu
du nom de *Félix Thomais;* que le propriétaire de l'immeuble,
repris à la matrice des rôles de cette commune sous le n°
est le sieur *Thomas* et non *Thomais;* et que l'emploi de ce dernier
nom n'est qu'une erreur de copiste; que ledit sieur Thomas
porte les prénoms de *Félicien-Joseph*, et non celui de Félix, ainsi
qu'on l'a énoncé également par erreur; enfin que ce même
sieur Félicien-Joseph Thomas, autrefois praticien et clerc de notaire, demeurant à Choisy, est aujourd'hui greffier de la justice
de paix du canton de Chevreuse. Lesdits sieurs   , après
que lecture leur en a été faite, ont signé leur déclaration, de laquelle nous avons dressé le présent acte à la demande dudit
sieur Félicien-Joseph Thomas.

   Fait à   , le   18   .

LXI. *Établissement de la propriété dans le cas où la matrice des rôles indique un autre propriétaire que le vendeur.*

A insérer dans la formule n° **LVIII**.

  La maison portée au plan parcellaire sous le n°   est
indiquée à la matrice des rôles comme appartenant aux héritiers
du sieur Jean-Baptiste Breton, cultivateur, demeurant à Verrières; mais ledit sieur   , vendeur, nous a représenté
le contrat par lequel il est devenu propriétaire de ladite maison.
Dans ce contrat, reçu par Mᵉ   , notaire à
le   , il est énoncé que cette maison appartenait autrefois au sieur Ignace Breton, chapelier, demeurant à
          ; qu'après la mort de celui-ci, arrivée en 1815, et
suivant partage reçu par Mᵉ   , notaire à   , le
          , cette maison est échue audit sieur Jean-Baptiste
Breton, l'un de ses fils, comme l'annonce la matrice des rôles;
mais que, par contrat notarié, en date du   1833,
ce dernier a vendu cette même maison au sieur   , père
du comparant, qui en a fait donation à ce dernier par son contrat de mariage, reçu par ledit Mᵉ   , le   dûment enregistré et transcrit.

---

(1) Il faut que la déclaration soit faite par deux témoins *au moins.*

LXII. Requête d'un tuteur, afin d'être autorisé à traiter avec l'administration.

A Messieurs les président et juges du tribunal de

Le sieur N.   , tuteur du mineur V., a l'honneur de vous exposer que ledit mineur est propriétaire d'un terrain situé à   , qui doit servir à l'exécution de la route de   , ainsi qu'il résulte du plan de ladite route dressé par M. l'ingénieur des ponts et chaussées, approuvé par M. le préfet de   ; — Attendu que l'exposant ne peut, sous aucun rapport, empêcher que ladite propriété ne soit prise pour l'exécution de ladite route ; — Attendu que l'administration offre pour indemnité de la cession de ce terrain la somme de   (1) ; que cette indemnité, qui est établie sur les mêmes bases que celle des propriétés voisines, paraît à l'exposant juste et suffisante ;

Il plaise au tribunal, M. le procureur impérial entendu,

Autoriser ledit sieur N.   , en sa qualité, à souscrire le contrat de vente de l'immeuble dont il s'agit, et, attendu que l'indemnité qui reviendra audit mineur V. ne s'élèvera qu'à   , et qu'il ne paraît pas nécessaire de prescrire aucune mesure spéciale de conservation ou de remploi pour une aussi faible somme, dont le recouvrement est suffisamment garanti audit mineur V.   par l'hypothèque légale qu'il a sur les biens de son tuteur, déclarer qu'il n'y a lieu à prescrire aucune mesure spéciale de conservation ou de remploi, ou, si le tribunal le juge plus utile, ordonner qu'il sera fait emploi de la somme à toucher en rente sur l'Etat.

LXIII. Traité dans lequel on convient d'indemnité variant selon ce qu'il sera jugé sur une question controversée.

Par-devant nous (2)
est comparu
lequel, requis par l'administration de justifier, conformément à l'art. 48 de la loi du 16 sept. 1807, que le moulin ci-dessus dési-

---

(1) S'il s'agissait d'accepter des offres signifiées judiciairement en exécution de l'art. 23 de la loi du 3 mai 1841, il faudrait mentionner la date du jugement d'expropriation et celle de la signification des offres.

(2) L'ensemble de l'acte doit être rédigé d'après la formule n° LVIII *bis* et les notes qui l'accompagnent. Il n'y a qu'à intercaler les clauses suivantes.

gné n'était pas soumis à l'obligation d'être démoli sans indemnité dans le cas où l'indemnité publique l'exigerait, a déclaré que son usine n'était pas soumise à cette obligation, ainsi qu'il s'engageait à en justifier devant qui de droit, mais qu'il avait besoin d'un délai pour réunir tous les titres et documents nécessaires pour cette justification.

En conséquence, il a été convenu que pour les   ares de terrain lui appartenant, et désignés au plan parcellaire sous le n°   , il lui sera payé une indemnité de   fr., laquelle lui sera comptée avant que l'administration puisse prendre possession dudit terrain, et au plus tard le   prochain,

Et qu'avant ladite prise de possession, l'administration déposera, en outre, à la caisse des consignations, une autre somme de   fr., valeur de l'usine établie sur ledit terrain, ainsi qu'il a été reconnu par les parties; cette somme sera acquise audit sieur   , s'il justifie ultérieurement, d'une manière satisfaisante aux yeux de l'administration, ou fait juger par qui de droit, que ladite usine n'est pas soumise à la condition de destruction sans indemnité pour cause d'utilité publique; les intérêts de cette somme seront dus audit sieur   au taux de cinq pour cent par an sans retenue, à compter du   , époque indiquée pour la prise de possession par l'administration. Si, au contraire, ledit sieur   ne fait pas la justification ci-dessus rappelée dans un délai de   ans, ladite somme de   sera retirée de la caisse des consignations pour être réintégrée dans les caisses de l'administration.

AUTRE STIPULATION DE LA MÊME NATURE.

Le sieur   prétend que, par cela seul que l'administration l'a exproprié d'une partie de ses bâtiments, elle est tenue d'acquérir la totalité desdits bâtiments; l'administration soutient que la loi ne l'oblige à acquérir que le corps de logis qu'elle doit entamer, et qui est à usage de cuisine et chambres de domestiques; lequel bâtiment est indiqué sur le plan parcellaire par une teinte bleue, et se compose de
(désigner ce bâtiment).

En conséquence, ledit sieur   déclare vendre à l'administration le bâtiment qui vient d'être désigné pour le prix de   , payable le   , sous la réserve par lui de faire juger par qui de droit que l'administration est tenue, conformément à l'art. 50 de la loi du 3 mai 1841, d'acquérir la totalité des bâtiments de sa ferme, et sous la condition que, si cette question est résolue en faveur dudit sieur   , il lui sera payé pour valeur de ladite ferme, se composant de   ares du terrain, sur lesquels il existe une maison d'habitation, grange... une indemnité de   , avec intérêts à compter du   ; laquelle indemnité sera déposée à la caisse des consignations avant que l'administration puisse prendre possession du terrain désigné ci-dessus sous le n°   du plan parcellaire.

LXIV. *Extrait d'un contrat de vente ou autre traité amiable, pour être publié, affiché et inséré dans un journal.*

D'un contrat reçu par   le   , il appert que le sieur   a vendu à l'Etat un immeuble de la contenance de   , situé à   , hameau de   , tenant à   , reconnu nécessaire à l'exécution de la route de   à   , et désigné au plan parcellaire dressé par M.   , sous le n°   ; ledit terrain pris dans une plus grande pièce portant sur le plan du cadastre le n°   . Cet immeuble est désigné à la matrice des rôles comme appartenant au sieur   . Le contrat énonce qu'il a appartenu précédemment 1° au sieur   ; 2° au sieur   . Cette vente a été consentie à l'Etat moyennant la somme principale de   pour valeur dudit immeuble; plus celle de   pour moins-value du surplus de la propriété, et celle de   pour   , faisant au total la somme de   , produisant intérêt à cinq pour cent à compter du

S'il y a plusieurs contrats à publier, on fait souvent l'extrait de ces contrats en forme de tableau.

Le préfet du département de   fait savoir à qui il appartiendra que, par suite des contrats ci-dessous indiqués, l'Etat est devenu propriétaire des immeubles dont la désignation suit, reconnus nécessaires à l'exécution de la route impériale de   à   , qui a été déclarée d'utilité publique par la loi du

Les deux formules se terminent par la mention suivante :

Les personnes ayant des priviléges ou des hypothèques conventionnelles, judiciaires ou légales, sur les immeubles désignés en l'extrait qui précède, qui n'auraient pas encore pris inscription, ou dont les inscriptions ne porteraient pas sur les propriétaires indiqués dans cet extrait, et les personnes qui auraient à exercer des actions réelles relativement à ces mêmes immeubles, sont prévenues que les contrats ci-dessus énoncés vont être immédiatement transcrits, et qu'à l'expiration de la quinzaine qui suivra cette transcription, le prix des ventes sera payé aux vendeurs s'il n'existe ni inscription sur les propriétaires dénommés ci-dessus, ni autre obstacle au paiement.

Le présent extrait dressé en conformité des art. 19 et 15 de la loi du 3 mai 1841, et certifié par nous...

MODÈLES D'ACTES.

Numéros d'ordre.	DÉSIGNATION des vendeurs.	DÉSIGNATION des précédents propriétaires indiqués au contrat.	DATE des CONTRATS.	DÉSIGNATION DES IMMEUBLES VENDUS.					PRIX (1).	OBSERVATIONS.
				Situation.	Nature.	Contenance.	DÉSIGNATION des immeubles dont les parcelles vendues dépendaient.		
						A. C.	H. A. C.	F. C.	
1	Jean Féburier, cultivateur à Choisy.	Isidore Maret, propriétaire à Marly.	20 mars 1858.	Choisy, hameau de Bellevue.	Prairie.	1 44	4 16 27		
2	Félicien-Joseph Thomas, greffier du juge de paix à Choisy.	Guislain Playoul et Sébastien Playoul, cultivateurs à Choisy.	22 mars 1858.	Choisy, chemin des Prés	Terre labourable.	15 26	La ferme de l'Ormoy.		La dame Duclos, v° Chauvin, est usufruitière de cet immeuble.

(1) Les indemnités pour les objets mobiliers ne doivent point être comprises dans l'indication du prix.

LXIV bis. *Indication de la situation hypothécaire des vendeurs.*

S'il existe des inscriptions sur un des immeubles compris dans l'état, M. le conservateur des hypothèques dudit arrondissement est invité à en faire la mention sommaire dans la colonne destinée à ce renseignement. Lorsqu'il n'existera aucune inscription, M. le conservateur en délivrera le certificat, conformément aux articles 2196 et 2198, C. Nap.

ÉTAT de propriétés situées dans l'arrondissement de   à
acquises pour l'exécution de la route de
déclarée d'utilité publique par le décret du   18   .

Numéros d'ordre.	DÉSIGNATION des vendeurs.	DÉSIGNATION des précédents propriétaires indiqués au contrat	Date des contrats.	Situation.	Nature.	Contenance.	Désignation des immeubles dont les parcelles vendues dépendaient.	Prix.	Observations.	Date de la transcription.	RÉSULTAT des recherches du conservateur.
1	Jean Féburier, cultivateur à Choisy....										Il existe des inscriptions.
2	Félic.–Joseph Thomas, greffier du juge de paix de Choisy										Voir le certificat négatif ci-joint.
3	Pierre Durand, propriétaire à Montreuil...										Il existe des inscriptions.

Le présent état, dressé et certifié par nous, préfet du département de   ,
pour être transmis à M. le conservateur des hypothèques de l'arrondissement de
            , chargé de compléter les renseignements, en indiquant la situation hypothécaire des individus y dénommés.

    A   le   18   .

Nous, soussigné, conservateur des hypothèques de l'arrondissement de certifions que les énonciations des deux dernières colonnes de l'état ci-dessus, et les certificats y annexés, indiquent exactement le résultat de nos recherches relativement aux personnes dénommées audit état.

    A   le   18   .

LXV. *Acte d'intervention d'un créancier inscrit sur un précédent propriétaire.*

L'an   à la requête de   pour lequel domicile est élu
Je
Soussigné, ai signifié à M. le préfet du département de   , en l'hôtel de la préfecture et parlant à
qui a visé le présent original, que ledit sieur   requérant, est créancier inscrit sur un immeuble situé à
à usage de   , tenant de nord à   , de midi
à   , acquis par l'administration suivant contrat reçu
par   le   , dans lequel ledit immeuble est indiqué comme appartenant à la dame   ; ledit sieur
          requérant a pris inscription le   sur
le sieur   , ancien propriétaire de cet immeuble.
En conséquence, j'ai, à la requête dudit sieur
fait défense à mondit sieur le préfet du département de   ,
de faire aucun paiement à ladite dame   au préjudice des droits du requérant.

<small>Dans le cas où l'intervenant ne voudrait pas se contenter de l'indemnité convenue avec le vendeur, on ajouterait :</small>

Et comme l'indemnité énoncée audit contrat paraît au requérant inférieure à celle qui est légitimement due, laquelle doit, selon lui, être fixée à la somme de   , j'ai invité, et, en tant que de besoin, fait sommation à mondit sieur le préfet, de faire procéder, contradictoirement avec ledit requérant, au règlement de ladite indemnité par le jury spécial de l'arrondissement de

---

LXVI. *Procuration à l'effet de vendre ou de régler l'indemnité à l'amiable.*

Par-devant nous   est comparu le sieur   ,
lequel donne par ces présentes à   (1)   pouvoir de, pour lui et en son nom, consentir à la vente au profit de l'Etat des immeubles (2) appartenant audit sieur   , comparant, situés dans la commune de   , qui seront re-

---

<small>(1) Le nom du mandataire peut être mentionné ou laissé en blanc.
(2) Si, à l'époque où la procuration est faite, on connaît d'une manière certaine les immeubles dont la cession est nécessaire, on peut les désigner dans la procuration ; on peut aussi préciser le prix auquel le mandataire pourra traiter.</small>

connus nécessaires à l'exécution de la route de   à
        , qui a été déclarée d'utilité publique par le décret du   ; stipuler l'indemnité qui sera allouée au comparant pour ladite cession, ainsi que l'époque de la prise de possession, et celle à laquelle les intérêts commenceront à courir; faire toute déclaration touchant l'élection de domicile du comparant et la justification de ses droits de propriété sur lesdits immeubles; dispenser le conservateur des hypothèques de prendre inscription d'office pour la conservation des droits dudit comparant; de toute somme reçue donner bonne et valable quittance, accepter et acquitter tout mandat de paiement, et faire enfin pour l'objet ci-dessus indiqué tout ce que les circonstances rendront nécessaire.

LXVII. *Traité contenant consentement à la cession sans accord sur le prix* — (A).

Par-devant nous (1)   est comparu le sieur (2)
propriétaire d'un immeuble de la contenance de (3)
Pour la cession de cet immeuble il sera dû au sieur
une indemnité sur le montant de laquelle il n'a pu jusqu'à présent s'entendre avec l'administration et dont il désire faire opérer le règlement par le jury spécial institué par la loi du 3 mai 1841;
En conséquence ledit sieur   a déclaré céder dès à présent à l'administration le terrain ci-dessus désigné pour en prendre possession à compter du   , à la charge par elle de faire régler par le jury spécial de l'arrondissement de   l'indemnité qui est due audit sieur

---

(1-2) Voir la formule LVIII *bis*, notes 2 à 7 de la page 525.
(3) Voir *ibid.*, notes 2 à 4, page 526.

Additions.

(A) *Consentement à cession de propriété.*

Je, soussigné, propriétaire d'un immeuble, situé rue   ,
déclare, conformément à l'art. 14 de la loi du 3 mai 1841, consentir à céder à la ville de Paris l'immeuble ci-dessus désigné.

L'indemnité due par la ville de Paris sera fixée soit amiablement, soit, à défaut de conventions amiables, par le jury d'expropriation.

—

Consentement à résiliation de bail.

Je, soussigné, consens à la résiliation du bail en vertu duquel je suis locataire dans la maison, rue   ,
et je m'engage à quitter les lieux le   prochain, moyennant une indemnité de

pour cette cession, et sous la condition que le montant de l'indemnité qui sera fixée par le jury portera intérêt à cinq pour cent sans retenue à compter du   (*l'époque indiquée pour la prise de possession*).

Ledit sieur   a justifié qu'il était propriétaire de l'immeuble ci-dessus désigné par la représentation de   (1), et a, en outre, déclaré que personne ne peut réclamer d'indemnité à l'occasion dudit immeuble, à titre d'usufruitier, ou comme ayant des droits d'usage ou d'habitation, à l'exception de la dame   , locataire dudit immeuble, avec laquelle l'administration devra traiter. L'administration, de son côté, s'engage à faire régler l'indemnité due audit sieur   , dans le délai de   mois à compter de ce jour; à défaut de quoi ledit sieur   pourra poursuivre lui-même le règlement de cette indemnité sans avoir besoin de mettre l'administration en demeure de le faire;

Le comparant a déclaré faire élection de domicile pour tout ce qui est relatif à la présente convention chez   et dispenser formellement le conservateur des hypothèques de l'arrondissement de   de prendre inscription d'office contre l'Etat à l'occasion de la vente stipulée par le présent acte;

Et nous préfet du département de   avons, au nom du Gouvernement, accepté les conditions portées au présent acte, et promettons de les faire exécuter en tous points.

Fait et passé à   le   18   , et après lecture à lui faite du présent acte, ledit sieur a signé avec nous.

LXVIII. *Réquisitoire du procureur impérial à fin de désignation d'un magistrat directeur du jury, lorsque le propriétaire a consenti à la cession, sans s'accorder avec l'administration sur le prix de cette cession.*

Le procureur impérial près le tribunal de l'arrondissement de   agissant au nom de M. le préfet de ce département, représentant l'Etat;

Vu le traité passé le   dernier entre mondit sieur le préfet et le sieur   par lequel ce dernier consent à céder à l'Etat un immeuble désigné audit traité, et déclaré nécessaire à l'exécution de la route de   à   ; sous la réserve que l'indemnité à lui due pour ladite cession sera réglée par le jury spécial institué par le titre IV de la loi du 3 mai 1841;

---

(1) Voir les formules LIX à LXI.

Vu l'art. 14, § 5, de ladite loi (1)

Requiert qu'il plaise au tribunal de donner acte à M. le préfet du département de   au nom de l'Etat, du consentement donné par ledit sieur   à la cession de l'immeuble ci-dessus désigné, déclarer que l'indemnité due pour cet immeuble audit sieur   et à tous autres ayants droit sera réglée par le jury spécial de cet arrondissement, nommer un des membres du tribunal pour diriger les opérations de ce jury, et un autre pour remplacer au besoin le premier.

Fait au parquet du tribunal de   , le

LXVIII bis. *Jugement qui donne acte du consentement à la cession.*

Ce jugement est conforme au réquisitoire qui précède, sauf qu'il spécifie les mesures de conservation ou de remploi que le tribunal croit devoir prescrire.

LXIX. *Extrait du traité n° LXVII et du jugement rendu pour son exécution.*

D'un contrat reçu par   , le   il appert que le sieur   a consenti à céder à l'Etat un immeuble   (*le désigner*), reconnu nécessaire à l'exécution de la route à   , déclarée d'utilité publique par décret en date du   ; ledit immeuble désigné au plan parcellaire dressé par M.   , sous le n°   , et porté à la matrice des rôles comme appartenant à   ; mais que le prix de cette cession doit être fixé par le jury spécial de l'arrondissement de   , conformément à l'art. 14 de la loi du 3 mai 1841 ;

Et d'un jugement rendu par le tribunal dudit arrondissement, le   dernier, il résulte que ledit tribunal

(*Copier textuellement les motifs et le dispositif du jugement, ainsi que les noms des propriétaires auxquels il s'applique.*)

Pour extrait certifié conforme par nous, préfet du département de

---

(1) Pour les biens de mineur ou autres incapables, ajouter :

« Attendu que l'aliénation de cet im-
« meuble est inévitable, et que par suite
« ledit sieur   n'a fait qu'obéir
« à la loi en consentant à la cession ;
« Donner acte à l'administration du

« consentement donné par ledit sieur
«   en sa qualité, à la cession de
« l'immeuble ci-dessus désigné, et ordon-
« ner les mesures de conservation ou de
« remploi que les circonstances paraîtront
« exiger. »

LXX. *Traité postérieur à la publication du jugement d'expropriation* (1).

Par-devant nous (2)   est comparu (3) lequel, par jugement en date du   dernier, a été exproprié d'un immeuble situé à   (4); ledit jugement publié, affiché et transcrit, conformément aux art. 15 et 16 de la loi du 3 mai 1841 (5); il est reconnu qu'aucun tiers ne s'est présenté comme ayant des droits à faire valoir sur ledit immeuble; et il résulte d'un certificat délivré par le conservateur des hypothèques de   , le   , qu'il n'existe aucune inscription sur cet immeuble (6).

Établissement de la propriété (7).

En conséquence, ledit sieur   déclare adhérer à la transmission qui a été opérée par ledit jugement, en faveur de l'Etat, de l'immeuble ci-dessus désigné, ainsi qu'à la prise de possession de cet immeuble, à compter du   à la charge par l'administration de lui payer, pour indemnité desdites cession et expropriation, la somme de

Et nous, préfet du département de   , au nom de l'Etat, déclarons accepter ladite cession, et avons (8), en conséquence, délivré cejourd'hui audit sieur   un mandat sur le payeur de ce département de ladite somme de   ; de laquelle ledit sieur   donne, par ces présentes, quittance définitive à l'Etat.

(9) Fait et passé à   , le   , et, après lecture à lui faite dudit acte, le sieur   a signé avec nous ces présentes, qui seront déposées aux archives de la préfecture de ce département.

---

(1) Pour l'acceptation des offres par exploit, voir la formule XXXVI.

(2-3) Voir la formule LVIII *bis*, notes 2 à 6, page 525, et 7, page 526.

(4) Voir la formule LVIII *bis*, notes 2 à 4, page 526.

(5) Si les offres de l'administration ont été signifiées, publiées et affichées, cette circonstance doit être mentionnée.

(6) S'il existe des inscriptions sur l'immeuble, on stipule que le montant de ladite indemnité sera déposé à la caisse des consignations; on fait mention du paiement des intérêts, selon les stipulations qui auront été convenues.

(7) Voir les formules LIX à LXI.

(8) Le jugement d'expropriation ayant été transcrit, ce contrat ne doit pas l'être.

(9) Voir la formule LVIII, notes des pages 525 et 526.

MODÈLES D'ACTES.   541

LXXI. *Traité relatif aux indemnités mobilières dues aux propriétaires, ou aux indemnités des fermiers et locataires.*

Par-devant nous (1)   est comparu (2)
lequel est propriétaire d'un immeuble situé à   (3) nécessaire à l'exécution de   (4), suivant le plan dressé par M.
       , ingénieur   des ponts et chaussées, le
       , approuvé par

L'administration devant immédiatement commencer les travaux sur ce point, ledit sieur   ne pourra faire la récolte des grains qu'il a semés dans ce terrain, et il lui est dû pour cette perte une indemnité, qui a été fixée par M. l'ingénieur en chef des ponts et chaussées chargé des travaux, de la manière suivante (5) :   (*Spécifier les bases et le chiffre des indemnités.*)

Ladite estimation approuvée par M. le ministre de   , le   (6).

Ledit sieur   déclare accepter ladite évaluation, et reconnaît que, moyennant le paiement de ladite somme de   , il n'aura aucune autre indemnité à réclamer contre l'administration pour les dommages résultant pour lui des causes ci-dessus indiquées.

De laquelle déclaration nous avons donné acte audit sieur   , qui a signé avec nous le présent acte, passé à   , le   18   .

Lorsqu'il s'agit d'un fermier ou locataire, on met :

lequel est locataire d'un immeuble   , ainsi qu'il résulte d'un bail reçu par M^e   , notaire à   , le .   (*ou* suivant bail verbal).

L'exécution des travaux de ladite route ne permettra pas audit sieur   de continuer la jouissance dudit immeuble pendant le temps fixé par le bail ; en conséquence, il lui est dû une indemnité   (*comme ci-dessus*).

---

(1) Voir la formule LVIII *bis*, note 3 de la page 526.
(2) *Ibid.*, notes 5 et 6, page 526, et 1, page 527.
(3) *Ibid.*, note 2, p. 526.
(4) *Ibid.*, notes 4 et 5 de la même page.

(5) Le *règlement sur la comptabilité* défend de comprendre dans ces traités les indemnités qui concernent les biens qui sont immeubles par leur nature ou par leur destination (C. Nap., 524, 525).
(6) Voir la formule LVIII *bis*, note 2 de la page 525.

LXXII. *Mandat de paiement (d'après le modèle annexé au règlement du 16 septembre 1843).*

MINISTÈRE de ———

DÉPARTEMENT de ———

N° du mandat.

MANDAT DE PAIEMENT.
_____

EXERCICE 18

SECTION DU BUDGET.

CHAPITRE

En vertu des crédits de délégation ouverts à M. le ministre secrétaire d'État de   , montant à   , et dont le dernier est en date du   n°   , M   , payeur du département, paiera à la partie prenante, pour les objets ci-après, savoir :

DÉSIGNATION de la partie prenante.	OBJET du paiement.	SOMME.	INDICATION DES PIÈCES à produire au payeur à l'appui du présent mandat.

Vu bon à payer par le receveur particulier (ou par le percepteur) de

Le payeur du département,

On ne se présentera à la caisse chargée du paiement que dans le délai de   jours.

NOTA. Faute par le porteur de se présenter à la caisse du receveur particulier ou du percepteur avant le 24 octobre 18   , ou à celle du payeur avant le 1ᵉʳ novembre suivant, le présent mandat sera annulé, et le montant ne pourra en être réordonnancé qu'après d'assez longs délais, à titre de dépense d'exercice clos.

Le présent mandat, montant à la somme de (1)   , délivré par nous, préfet du département de

A   le   18   .

Pour quittance de la somme ci-dessus.

A   le   18   .

_____

(1) Indiquer la somme en toutes lettres.

LXXIII. *Quittance quand le créancier ne sait ou ne peut signer.*

Par-devant nous (1)
Est comparu (2)   lequel ayant à recevoir de M. le payeur du département de   la somme de   (3), montant du mandat n°   délivré à son profit pour   (4), nous a déclaré être hors d'état de quittancer ledit mandat, faute de savoir ou de *pouvoir* (5) écrire, et nous a requis en conséquence de lui donner acte de la présente déclaration, qui sera par lui remise au payeur en même temps que le mandat ci-dessus indiqué, en échange des fonds, pour valoir quittance et former libération valable et régulière.

Dont acte passé en brevet (6); et après lecture nous avons signé le présent, en exécution de l'art. 56 de la loi du 3 mai 1841, sur l'expropriation pour cause d'utilité publique.

A   le   18 .

LXXIV. *Procès-verbal d'offres réelles.*

L'an   , le   , à la requête de M.   , préfet du département de   , pour lequel domicile est élu
Je soussigné, ai fait offre au sieur
et parlant à
    d'un mandat délivré à son profit le   , par M. le préfet de ce département sur le payeur du Trésor à la résidence de   , visé par ce dernier, et payable à la caisse de   ; ledit mandat montant à la somme de   pour indemnité de la cession à l'État d'un immeuble situé à
(*désigner l'immeuble sommairement*), et j'ai en même temps sommé ledit sieur d'accepter le présent mandat, lui déclarant qu'à défaut d'acceptation, ladite somme de   sera déposée à la caisse des consignations, et qu'il sera procédé à

---

(1) Voir la formule LVIII *bis*, notes 2, 3, de la page 525, et 1, de la page 526.

(2) Désigner le comparant comme il l'est sur le mandat de paiement à lui délivré.

(3) Mentionner en toutes lettres la somme portée au mandat.

(4) Indiquer l'objet du mandat

(5) S'il sait signer, mais ne le peut, la cause de l'empêchement doit être indiquée.

(6) On ne doit pas garder de minute de cette déclaration; elle doit être remise en brevet au déclarant, après qu'elle a été enregistrée.

544   MODÈLES D'ACTES.

la prise de possession de l'immeuble ci-dessus désigné, en exécution de l'art. 53 de la loi du 3 mai 1841 ; il m'a été répondu par

desquelles offres, sommation et réponse, j'ai dressé le présent procès-verbal.

LXXV. *Arrêté du préfet prescrivant la consignation d'une indemnité* — (A).

Le préfet du département de
Vu le contrat passé devant   le   , par lequel le sieur   déclare vendre à l'Etat un immeuble de la contenance de   , sis à   , pour le prix principal de   avec intérêts à compter du   ; ledit contrat publié et affiché dans ladite commune de   et inséré dans le journal *le*   , puis transcrit à la conservation des hypothèques de   , le   suivant ;
Vu le certificat délivré par le conservateur des hypothèques

Additions.

(A) *Arrêté du préfet ordonnant la consignation de l'indemnité allouée par le jury.*

Le préfet du département de la Seine,
Vu le jugement rendu par la première chambre du tribunal civil de première instance de la Seine, le   18   , enregistré, lequel jugement déclare expropriés pour cause d'utilité publique divers immeubles dont l'emplacement est nécessaire;
Vu le tableau indicatif d'une partie des immeubles dont il s'agit avec les noms des propriétaires, tels qu'ils sont inscrits audit jugement ;
Vu la sommation faite auxdits propriétaires par acte extrajudiciaire d'avoir à justifier des titres établissant en leurs personnes la propriété régulière des immeubles compris audit tableau, ladite sommation contenant, en outre, déclaration qu'à défaut de cette justification, l'indemnité de dépossession fixée par le jury sera versée à la caisse des consignations ;
Vu la décision du jury du   18   , fixant les indemnités dues pour la dépossession desdits immeubles et dont la totalité s'élève à

francs, et, à la suite de cette décision, l'ordonnance du magistrat directeur du jury qui la déclare exécutoire et qui envoie l'administration en possession desdits immeubles ;
Vu les articles 53 et 54 de la loi du 3 mai 1841 ;
Considérant que les propriétaires dénommés au tableau ci-après n'ont pas fait en temps utile les justifications demandées par les sommations qui leur ont été faites ;

Arrête :

Art. 1er. Faute par les propriétaires compris au tableau susvisé, dont la minute demeurera annexée au présent arrêté, d'avoir fourni en temps utile les justifications nécessaires pour le paiement direct des indemnités allouées à chacun d'eux par la décision du jury susrelatée, ces indemnités seront immédiatement versées à la caisse des dépôts et consignations.
Elles seront liquidées avec intérêts à 5 p. 100 du   18   .
Art. 2. Ampliation du présent arrêté sera adressée :
1° A la direction des affaires municipales (2e section).

MODÈLES D'ACTES.

de   , le   , énonçant qu'il existe des inscriptions hypothécaires sur l'immeuble ci-dessus désigné;

Vu l'exploit à nous signifié le   par la dame veuve du sieur   , et annonçant que ladite dame a formé

2e En double expédition à la caisse des travaux de Paris.

SITUATION des immeubles.	NOMS des proprié- taires.	Indemnités.	OBSERVATIONS.

Procès-verbal de consignation.

L'an 18   , le

A la requête de M. le préfet du département de la Seine, agissant dans l'intérêt de la ville de Paris, demeurant Hôtel de la Préfecture, sis place de l'Hôtel de Ville, pour lequel domicile est élu à Paris, rue   , n°   , en l'étude de M°   , avoué près le tribunal civil de première instance de la Seine.

En exécution d'un arrêté de M. le préfet de la Seine, en date du 18   , ordonnant la consignation de la somme de   fr.   c. pour le principal, plus les intérêts de l'indemnité due à M.   , demeurant à Paris, rue   pour la valeur de l'immeuble sis à Paris, rue

Je,   , huissier au tribunal civil de première instance de la Seine, séant à Paris, y demeurant, rue   , n°   , me suis transporté accompagné de M°   , avoué de M. le préfet, ès noms qu'il agit, à la caisse des dépôts et consignations établie à Paris, rue de Lille, n° 54; où étant j'ai déposé entre les mains de M. le caissier général de la caisse des dépôts et consignations la somme de   francs   cent., le tout en argent et monnaie de France ayant cours, ladite somme composée : 1° de celle de   francs   cent., faisant avec celle de   francs   cent., payée audit M°   , avoué, par la ville de Paris en l'acquit des susnommés pour frais à leur charge, la somme de   francs, formant le principal de ladite indemnité;

2° De celle de   francs   cent., pour les intérêts d'icelle courus depuis le   18   , jusqu'au jour du dépôt.

Avec déclaration que ladite somme est déposée par M. le préfet de la Seine ès-noms sous la réserve de tous les frais qui sont à la charge des susnommés et, en outre, à la charge de ne pouvoir retirer cette somme qu'en présence de mondit sieur le préfet ou de son avoué et sous la condition :

1° De donner bonne et valable quittance de ladite somme consignée et de tenir M. le préfet quitte et déchargé de toutes réclamations relatives à cette expropriation;

2° De rapporter mainlevée pure et simple, entière et définitive et certificat de radiation de toutes les inscriptions pouvant grever ledit immeuble ainsi que de toutes oppositions et autres empêchements;

3° De justifier d'une propriété régulièrement établie tant sur leur tête que sur celle de leurs auteurs pendant trente ans au moins;

4° De payer les frais extraordinaires de transcription, ceux de consignation et tous autres qui pourraient être dus.

De tout ce que dessus, j'ai fait et rédigé le présent procès-verbal, duquel, ainsi que de l'arrêté de mondit sieur le préfet, j'ai laissé copie à M. le directeur de la caisse des dépôts et consignations en parlant à M.   , chef chargé de

contre le sieur   une demande en résolution pour défaut de paiement du prix de la vente qu'elle lui avait consentie suivant contrat reçu par M⁰   , notaire à   , le   18   ;

Et attendu que l'existence d'inscriptions hypothécaires et d'une demande en résolution du contrat de vente forme des obstacles au paiement de l'indemnité stipulée au contrat du

Vu l'art. 54 de la loi du 3 mai 1841,

Arrête :

Art. 1ᵉʳ. L'indemnité due pour l'immeuble ci-dessus désigné est fixée en capital à la somme de   , laquelle a produit des intérêts conformément audit contrat, depuis le   jusqu'au   , jour où la consignation sera opérée ; lesdits intérêts, calculés à   , forment une somme de   fr.

Art. 2. Lesdites sommes de   pour capital, et la division du contentieux qui a visé l'original.

Coût :   —

Dénonciation du procès-verbal de consignation, avec sommation de rapporter les justifications établissant la propriété régulière entre les mains de l'indemnitaire.

L'an 18   , le   mai,

A la requête de M. le préfet du département de la Seine, agissant dans l'intérêt de la ville de Paris, y demeurant, Hôtel de la Préfecture, sis place de l'Hôtel de Ville, pour lequel domicile est élu en l'étude de M⁰   , avoué près le tribunal civil de première instance de la Seine, demeurant à Paris, rue   n°   , j'ai, huissier audit tribunal, séant à Paris, y demeurant, rue   , n°   , soussigné, signifié et en tête des présentes, laissé copie à M.   , demeurant à Paris, rue   ou parlant à

1° D'un arrêté de mondit sieur le préfet du   18   , ordonnant le dépôt à la caisse des consignations de l'indemnité due aux susnommés par la ville de Paris pour la valeur de l'immeuble, sis à Paris, rue   , n° .

2° D'un procès-verbal de mon ministère, en date du   18   , enregistré, constatant le dépôt à la caisse des consignations de la somme de   francs   cent., composée 1° de celle de   francs   cent., faisant avec celle de   francs   cent., montant d'après la taxe fait des frais auxquels ont été condamnés les susnommés par la décision du jury et dont le prélèvement a été autorisé au profit de M⁰   , avoué du requérant, celle totale de   francs   cent., formant le principal de ladite indemnité.

2° De celle de   francs   cent., pour les intérêts d'icelle courus depuis le   18   , jusqu'au jour du dépôt.

A ce que les susnommés n'en ignorent. Lui déclarant que cette consignation a eu lieu faute par eux d'avoir fourni en temps utile les justifications demandées par la sommation du   visée dans l'arrêté susénoncé et à l'effet de prendre possession de l'immeuble exproprié.

Et à mêmes requête, demeure et élection de domicile que dessus, j'ai, huissier susdit et soussigné, fait sommation aux susnommés de, présentement et sans délai, avoir à fournir au requérant lesdites justifications;

Leur déclarant, que faute de ce faire, ladite indemnité restera déposée à la caisse des dépôts et consignations à leurs frais, risques et périls.

Et je leur ai, étant et parlant comme dessus, laissé la présente copie.

Coût :

pour intérêts seront déposées à la caisse des consignations le   prochain.

Art. 3. Aussitôt ladite consignation opérée, l'administration de   est autorisée à prendre immédiatement possession de l'immeuble ci-dessus désigné, conformément aux stipulations portées audit acte du

Fait à   le   18   .

LXXVI. *Arrêté du préfet ordonnant la mise à exécution d'un acte reçu dans la forme administrative* (1).

Nous, préfet du département de   ;
Vu l'art. 56 de la loi du 3 mai 1841, et l'art. 14 du titre 2 du décret des 23-25 oct.-5 nov. 1790;
Vu également l'acte de vente reçu par M. le maire de la ville de   , le   , par lequel le sieur   cède à l'Etat la propriété de   , et consent à ce qu'il soit pris possession de cet immeuble à compter du   dernier ;
Attendu que ledit acte est régulier en la forme ;
Nous avons ordonné et ordonnons :
Art. 1er. L'acte de vente susrappelé sous la date du   , sera exécuté selon sa forme et teneur.
Art. 2. En conséquence, mandons et ordonnons à tous huissiers sur ce requis de mettre le présent acte à exécution ; aux procureurs généraux impériaux et aux procureurs impériaux près les tribunaux de première instance, d'y tenir la main ; à tous commandants et officiers de la force publique, d'y prêter main-forte, lorsqu'ils en seront légalement requis.
Fait et arrêté à   , en l'hôtel de la préfecture, le 18   .

LXXVII. *Acte par lequel le propriétaire d'un immeuble morcelé par les travaux requiert l'acquisition de la totalité de la propriété.*

L'an   le   , à la requête du sieur
Je soussigné, ai déclaré à M. le préfet
parlant à   , qui a visé le présent original,   que

---

(1) Voir le décret du 2 décembre 1852.

ledit sieur   requérant, propriétaire d'un terrain de la contenance de   (*désignation de l'immeuble*), a été, par jugement du tribunal de   , en date du   , exproprié de   ares   centiares faisant partie dudit immeuble ; mais ledit sieur   , requérant, voulant user du droit que lui donne l'art. 50 de la loi du 3 mai 1841, j'ai déclaré à mondit sieur le préfet, en parlant comme dit est, que ledit sieur   requérait formellement que l'administration achetât la totalité dudit immeuble, et que l'indemnité à régler par le jury spécial de l'arrondissement de   fût basée sur l'ensemble de l'immeuble, offrant, en tant que de besoin, de faire la cession à l'État des portions de cet immeuble qui ne sont point atteintes par le jugement d'expropriation ci-dessus rappelé.

LXXVIII. *Arrêté du préfet indiquant les sommes que l'administration offre de consigner pour arriver à la prise de possession pour cause d'urgence.*

Le préfet du département de
Vu les art. 65 et suiv. de la loi du 3 mai 1841 ;
Vu le décret impérial, en date du   , portant qu'il est urgent que l'administration prenne possession de   ;
Attendu qu'antérieurement à cette prise de possession, l'administration doit faire connaître les sommes qu'elle offre de consigner pour garantie du paiement des indemnités qui pourront être ultérieurement allouées aux divers ayants droit sur les immeubles dont il doit être pris possession ;
Arrête :
Art. 1er. Il sera offert aux propriétaires et détenteurs desdits immeubles de consigner, préalablement à la prise de possession, 1° pour les   ares   centiares de terre à labour en la commune de   une somme de   ; 2° pour les   ares   centiares de vigne en la même commune, hameau de   , une somme de   ; 3°   ; sur lesquelles sommes tous les intéressés pourront réclamer et prélever les indemnités qui leur seront ultérieurement allouées soit par des traités amiables, soit par décisions du jury spécial ;
Art. 2. L'offre desdites sommes sera notifiée immédiatement aux propriétaires et détenteurs de ces immeubles, à la diligence de M.   , ingénieur des ponts et chaussées, et par tels agents de l'administration qu'il croira devoir choisir parmi ceux dont les procès-verbaux font foi en justice.

LXXIX. *Assignation aux propriétaires et détenteurs pour parvenir à la prise de possession pour cause d'urgence.*

L'an   , à la requête de M. le préfet du département de   , agissant dans l'intérêt de l'Etat, pour lequel domicile est élu

Je soussigné, ai signifié, 1° au sieur   , médecin, demeurant à   , propriétaire de l'immeuble qui sera ci-après désigné, au domicile par lui élu chez le sieur   , et parlant à

2° au sieur   , fermier, demeurant à   , détenteur dudit immeuble ci-après désigné, en son domicile, et parlant à

Copie, 1° d'un décret impérial, en date du   , qui autorise la prise de possession pour cause d'urgence de divers immeubles, au nombre desquels se trouve celui ci-après désigné;

2° D'un jugement rendu par le tribunal de première instance de   , le   , prononçant l'expropriation pour cause d'utilité publique de divers immeubles, au nombre desquels se trouve celui ci-après désigné (1);

3° D'un arrêté pris par mondit sieur le préfet de ce département le   , indiquant les sommes à offrir aux propriétaires et détenteurs de ces immeubles (2);

Et, pour satisfaire aux dispositions de l'art. 66 de la loi du 3 mai 1841, j'ai, à la même requête, déclaré aux susnommés, en parlant comme dit est, que, voulant arriver à la prise de possession de l'immeuble désigné au jugement d'expropriation susrappelé comme contenant   ares   centiares, tenant de   à   , de   à   , l'Etat offrait de déposer à la caisse des consignations une somme de   sur laquelle les susnommés et tous autres ayants droit pourront prélever les indemnités qui leur seront ultérieurement allouées, soit par des traités amiables, soit par décisions du jury spécial; et, en conséquence, j'ai à chacun des susnommés, en parlant comme dit est, donné assignation à comparaître à trois jours francs, à compter de cejourd'hui, par-devant MM. les président et juges composant le tribunal de   , pour, vu les art. 65 et suiv. de la loi du 3 mai 1841, et le décret impérial du   , déclarer la somme dont ils demandent la consignation avant l'envoi en possession de l'immeuble ci-dessus désigné, et voir par suite fixer par le tribunal la somme que l'Etat sera tenu de consigner antérieurement à la prise de possession pour cause

---

(1-2) On peut se borner à donner ces copies par extrait.

d'urgence, et, afin que du tout les susnommés n'ignorent, je leur ai, à chacun séparément, laissé copie des pièces susénoncées, ensemble du présent exploit.

LXXX. *Jugement qui fixe les sommes à consigner avant la prise de possession pour cause d'urgence.*

Le Tribunal, vu les art. 65 et suivants de la loi du 3 mai 1841, et le jugement par lui rendu le   dernier;

Attendu que, par un décret impérial en date du   , il est déclaré qu'il est urgent que l'administration prenne possession de   ; — Attendu que les immeubles auxquels s'applique cette déclaration sont compris dans le jugement d'expropriation qui vient d'être rappelé;

Vu les assignations données aux propriétaires et aux détenteurs desdits terrains avec indication des sommes que l'administration offre de consigner pour garantie des droits de tous les intéressés dans lesdits immeubles;

Vu les demandes et déclarations faites par ceux des propriétaires et détenteurs qui ont comparu;

Et attendu que l'envoi en possession pour cause d'urgence ne peut s'appliquer aux immeubles désignés au plan parcellaire sous les nos   , parce qu'ils sont couverts de bâtiments;

Après avoir entendu M. le procureur impérial;

Donne défaut contre les assignés qui n'ont pas comparu, et pour le profit déclare le présent jugement commun avec eux. En conséquence, dit et déclare que M. le préfet du département de   est autorisé à prendre possession, au nom de l'État, des immeubles qui vont être désignés, à la charge par lui de consigner préalablement à ladite prise de possession, 1° pour l'immeuble repris au plan parcellaire sous le n°   , une somme de   ; 2° pour l'immeuble n°   , une somme de   ; 3°   ; 4°   ; plus pour chacun desdits immeubles la somme nécessaire pour assurer pendant deux ans le paiement des intérêts à cinq pour cent; dit qu'il n'échet d'appliquer la prise de possession aux immeubles désignés audit plan sous les nos   ; déclare que les frais d'assignation, ainsi que ceux du présent jugement et des consignations à effectuer, resteront à la charge de l'administration;

Ordonne que le présent jugement sera exécutoire sur minute.

LXXXI. *Arrêté du préfet prescrivant la consignation des sommes qui doivent être déposées avant la prise de possession pour cause d'urgence.*

Le Préfet du département de
Vu les art. 63 et suivants de la loi du 3 mai 1841;
Vu le jugement rendu par le tribunal de   , le   dernier, déclarant que l'État est autorisé à prendre possession des immeubles désignés audit jugement, à la charge de consigner, préalablement à la prise de possession, les sommes indiquées pour chacun de ces immeubles;

Attendu qu'il est urgent de procéder immédiatement à la consignation des sommes indiquées, afin de parvenir à la prise de possession de ces immeubles;

Attendu que l'art. 69 de ladite loi exige que, outre le capital fixé par le jugement, la consignation comprenne la somme nécessaire pour assurer pendant deux ans le paiement des intérêts à 5 pour 100;

Arrête ce qui suit:

Art. 1er. Il sera immédiatement procédé au versement à la caisse des consignations, 1° de la somme de   pour garantie des indemnités qui pourront être dues pour l'immeuble désigné au plan parcellaire sous le n°   , plus, celle de   pour intérêts pendant deux ans; 2° de la somme de   pour garantie   ; 3°   ; lesdites consignations ayant pour objet la conservation des droits de qui il appartiendra, seront à ladite caisse des consignations l'objet d'un compte spécial ouvert au nom du Trésor.

Art. 2. Aucune des sommes ci-dessus indiquées ne pourra être retirée de la caisse des consignations qu'en vertu d'un traité amiable, ou d'un jugement passé en force de chose jugée, ou d'un arrêt de reversement.

LXXXII. *Assignation devant le président pour voir ordonner la prise de possession.*

L'an   , à la requête de M. le préfet du département de   , agissant dans l'intérêt de l'État, pour lequel domicile est élu...

je soussigné, ai signifié, 1° au sieur   , médecin, demeurant à   , propriétaire de l'immeuble qui sera ci-après désigné, au domicile par lui élu chez

en parlant à
2° au sieur   ,   , fermier, demeurant à   ,
détenteur dudit immeuble ci-après désigné, en son domicile et parlant à

Copie par extrait, 1° d'un jugement rendu par le tribunal de   , autorisant la prise de possession par l'Etat des immeubles y désignés, moyennant la consignation de la somme indiquée pour chacun d'eux ;

2° D'un procès-verbal de consignation dressé par M. le receveur des finances de l'arrondissement de   , le   , constatant que l'administration, outre les sommes indiquées pour chaque immeuble, a consigné celle qui est nécessaire pour assurer pendant deux ans le paiement des intérêts de ladite somme à 5 pour 100; et en même temps j'ai, à chacun des susnommés, en parlant comme dit est, donné assignation à comparaître le (*deux jours de délai au moins*),   heures du matin, par-devant M. le président du tribunal de   , pour, attendu que les formalités prescrites par les art. 65 et suiv. de la loi du 3 mai 1841 ont été exactement remplies, voir dire et déclarer que l'administration est autorisée à prendre immédiatement possession des immeubles mentionnés dans le jugement ci-dessus indiqué; voir faire défenses à tous propriétaires, détenteurs ou autres ayants droit, d'apporter aucun obstacle à ladite prise de possession; voir déclarer que l'ordonnance à rendre par mondit sieur le président du tribunal de   sera exécutoire sur minute, nonobstant toutes oppositions.

LXXXIII. *Arrêté de liquidation à prendre par le préfet, après le règlement définitif des indemnités qui ont été précédées d'un envoi en possession pour cause d'urgence.*

Le Préfet du département de
Vu les art. 65 et suiv. de la loi du 3 mai 1841;
Vu le décret impérial du   , qui déclare qu'il est urgent que l'administration prenne possession de   ;
Vu le jugement rendu par le tribunal de   , le   , autorisant l'administration à prendre possession des immeubles y désignés, et notamment de   (*désigner l'immeuble auquel s'applique l'arrêté de liquidation*), à la charge par elle de consigner, préalablement à ladite prise de possession, pour l'immeuble qui vient d'être désigné, la somme de   ;
Vu le procès-verbal de consignation, en date du   , constatant que l'administration a consigné ledit jour la somme de   indiquée par ledit jugement, plus celle de

pour assurer le paiement des intérêts de celle-ci pendant deux ans ;

Vu la décision rendue par le jury spécial de l'arrondissement de   , le   (*ou* le contrat passé le   , avec le sieur   ), de laquelle il résulte que l'indemnité allouée définitivement au sieur   , pour la cession de l'immeuble ci-dessus désigné, a été fixée à la somme de   ;

Considérant que, d'après ladite décision, les intérêts de cette somme sont dus par l'administration depuis le   jusqu'au   , sur le pied de 5 pour 100, ce qui les porte à   ;

Considérant que ladite somme principale de   , et celle de   pour intérêts, sont inférieures à la somme consignée, et qu'il est nécessaire de faire rentrer l'excédant dans les caisses du Trésor ;

Arrête ce qui suit :

Art. 1er. L'indemnité de   , allouée au sieur   par la décision du jury susrappelée, et celle de   pour intérêts depuis le   jusqu'au   , seront payées audit sieur   sur la somme de   , consignée le   , à titre de garantie ;

Art. 2. En conséquence, ladite somme de   sera immédiatement transférée du compte spécial où elle a été portée au compte ordinaire des consignations.

Art. 3. La somme de   , restant libre après le prélèvement de celles indiquées en l'art. 1er, sera rétablie de suite dans les caisses du Trésor.

LXXXIV. *Requête au tribunal par un propriétaire qui veut poursuivre l'expropriation.*

A Messieurs les président et juges du tribunal de

A l'honneur de vous exposer le sieur   que, pour l'exécution du canal de   , l'administration a annoncé l'intention de prendre possession d'un immeuble appartenant à l'exposant et qui sera ci-après désigné ; — qu'après l'accomplissement des formalités prescrites par le titre II de la loi du 3 mai 1841, M. le préfet du département de   , a pris, le   , et en vertu de l'art. 14 de ladite loi, un arrêté par lequel il déclare que l'exécution dudit canal exige la cession à l'Etat de divers immeubles, au nombre desquels se trouve celui ci-après désigné, et fait connaître que l'administration a besoin de prendre possession de ces immeubles à compter du   . Cependant, plus d'une année s'est écoulée depuis ledit arrêté sans que l'administration ait fait prononcer l'expropriation de cet immeuble.

L'exposant ne voulant pas rester plus longtemps dans l'état d'incertitude où le place cette menace incessante d'expropriation, supplie qu'il vous plaise, Messieurs, après communication de la présente requête à M. le préfet. et après avoir entendu M. le procureur impérial, prononcer l'expropriation pour cause d'utilité publique de   (*désigner l'immeuble*) ledit immeuble déclaré nécessaire à l'exécution du canal de   par arrêt du préfet de   , en date du   ; commettre un des membres du tribunal pour diriger les opérations du jury qui pourra être appelé à fixer les indemnités dues à l'exposant et à tous autres ayants droit ; commettre un autre membre pour remplacer, au besoin, le premier; ordonner que tous les frais seront à la charge de l'Etat, et vous ferez justice.

LXXXV. *Jugement qui ordonne que la requête sera communiquée au préfet.*

Le Tribunal   , vu la requête dont la teneur suit :
Vu l'art. 14, § 2, de la loi du 3 mai 1841; après avoir entendu M.   , portant la parole au nom du ministère public, ordonne que, par les soins de M. le procureur impérial près ce tribunal, ladite requête sera communiquée à M. le préfet du département de   , avec invitation de transmettre, dans le plus bref délai possible, les pièces qui sont mentionnées dans ladite requête et toutes autres relatives à cet immeuble; sursoit à statuer sur les conclusions de ladite requête jusqu'à la réception desdites pièces.

LXXXVI. *Sommation au préfet de faire procéder au règlement de l'indemnité* — (A).

L'an   , le   , à la requête du sieur   , pour lequel domicile est élu chez   , je soussigné, attendu que, suivant jugement rendu par le tribu-

---

Additions.

(A) *Sommation au préfet de faire procéder au règlement de l'indemnité.*

L'an 18   , le   , à la requête de M.   , marchand de vins, demeurant à Paris, rue   , n°   , lequel élit domicile en sa demeure.
J'ai,   , soussigné, déclaré à M. le préfet de la Seine, Que par jugement rendu par la première chambre du tribunal civil de la Seine, en date du   dernier, la maison sise

nal de   , le   , le requérant a été
exproprié d'un immeuble lui appartenant, situé à   ;
que plus de six mois se sont écoulés depuis la prononciation
dudit jugement, sans qu'il ait été procédé à la fixation de l'indemnité due au requérant par suite de ladite expropriation;
ai fait sommation à M. le préfet du département de
en l'hôtel de la préfecture à   , et parlant à   ,
qui a visé le présent original, de, dans les   jours pour
tout délai, commencer les procédures nécessaires pour parvenir au règlement de ladite indemnité, lui déclarant que, ledit délai passé, le requérant se pourvoira pour faire régler son indemnité.

LXXXVII. *Avertissement annonçant qu'il y a lieu de revendre des terrains non employés aux travaux.*

Le directeur des domaines du département de   fait savoir à qui il appartiendra que les immeubles ci-dessous dési-

---

à Paris, rue   n°   , où le requérant exerce le commerce de vins, a été expropriée pour cause d'utilité publique pour

Que plus de six mois se sont écoulés sans que M. le préfet de la Seine ait fait fixer par un jury spécial les indemnités pouvant être dues aux ayants droit;

Qu'aux termes de la loi du 3 mai 1841, ces derniers peuvent exiger qu'il soit procédé à la fixation desdites indemnités;

Que le requérant occupe dans ladite maison différentes localités suivant bail sous seing privé du   18   , ayant encore   ans à courir.

En conséquence, j'ai fait sommation à M. le préfet, de, dans le plus bref délai, convoquer le jury spécial et faire fixer l'indemnité due au requérant;

Lui déclarant que, faute de ce faire, ledit requérant entend se pourvoir, remplir les formalités et faire régler l'indemnité qui peut lui être due pour son éviction.

Afin que M. le préfet n'en ignore.

Notification pour un sous-locataire.

L'an 18   , le   juillet,

A la requête de M.   ,
marchand de   , demeurant à Paris,

rue   , lequel élit domicile en sa demeure,

J'ai,

soussigné signifié, à M. le préfet de la Seine,

Que le requérant est locataire, suivant bail sous signatures privées en date du   1859, ayant encore   ans à courir, d'une boutique et dépendances, dépendant de la maison, sise à Paris, rue   ,
n°   , où il exerce l'industrie de marchand de

Que par jugement rendu par le tribunal civil de la Seine le   dernier, publié dans le *Journal général d'Affiches*, du   courant, ladite maison, rue   , n°   , a été déclarée expropriée pour cause d'utilité publique;

Que, cependant, il n'a été signifié au requérant, aucun avertissement ni aucune offre en vue de son éviction des localités par lui occupées;

Pourquoi j'ai déclaré à M. le préfet de la Seine, que le requérant entend formellement intervenir devant le jury qui sera chargé de fixer les indemnités pouvant revenir aux ayants droit et y réclamer la fixation à son profit de l'indemnité qui lui due.

Afin que M. le préfet n'en ignore.

gnés, acquis, pour cause d'utilité publique, des personnes ci-après dénommées, n'ont point été employés aux travaux auxquels ils étaient destinés :

DÉSIGNATION des vendeurs ou expropriés.	DATE du jugement ou contrat.	DÉSIGNATION des immeubles.			TRAVAIL auquel ils étaient destinés.	SOMME moyennant laquelle ils avaient été acquis.	OBSERVATIONS.
		Situation.	Nature.	Contenance.			

Les anciens propriétaires desdits biens ou leurs ayants droit, qui voudraient obtenir la remise d'un de ces immeubles, devront faire connaître leur intention à l'administration dans les trois mois à compter de la présente publication ; sinon ils seront déchus du droit à eux attribué par l'art. 61 de la loi du 3 mai 1841, et l'administration disposera de ces immeubles ainsi qu'elle avisera.

A   , le   18   .

LXXXVIII. *Demande à fin de rétrocession des terrains non employés à des travaux d'utilité publique.*

L'an   , le   , à la requête du sieur   , j'ai   soussigné, signifié et déclaré à M. le préfet du département de   que, par jugement rendu le   , par le tribunal de   , le requérant a été exproprié, pour cause d'utilité publique, d'un terrain à lui appartenant, sis à   , de la contenance de trois cent cinquante mètres carrés ; que les travaux pour l'exécution desquels on avait cru nécessaire la totalité de ce terrain sont aujourd'hui terminés ; mais qu'à raison des changements qui ont été apportés aux premiers plans, deux cents mètres seulement du terrain du requérant ont été nécessaires pour les travaux dont il s'agit, de manière que cent cinquante mètres restent sans destination.

Pourquoi je, huissier susdit et soussigné, ait notifié à mondit sieur le préfet que le requérant entend user du bénéfice qui lui est accordé par l'art. 60 de la loi du 3 mai 1841, et rentrer en possession des cent cinquante mètres de terrain qui restent aujourd'hui sans destination, à la charge de payer à l'État la somme qui sera ultérieurement fixée à l'amiable par les parties, ou déterminée par l'autorité compétente.

Afin que mondit sieur le préfet n'en ignore, je

FIN DU FORMULAIRE.

APPENDICE.

Loi du 16 septembre 1807 sur les desséchements de marais.
(Extrait.)

Titre XI. — *Des indemnités aux propriétaires pour occupation de terrains.*

Art. 48. Lorsque, pour exécuter un desséchement, l'ouverture d'une nouvelle navigation, un pont, il sera question de supprimer des moulins et autres usines, de les déplacer, modifier, ou de réduire l'élévation de leurs eaux, la nécessité en sera constatée par les ingénieurs des ponts et chaussées. Le prix de l'estimation sera payé par l'État, lorsqu'il entreprend les travaux ; lorsqu'ils sont entrepris par des concessionnaires, le prix de l'estimation sera payé avant qu'ils puissent faire cesser le travail des moulins et usines. — Il sera d'abord examiné si l'établissement des moulins et usines est légal, ou si le titre d'établissement ne soumet pas les propriétaires à voir démolir leurs établissements sans indemnité, si l'utilité publique le requiert.

49. Les terrains nécessaires pour l'ouverture des canaux et rigoles de desséchement, des canaux de navigation, de routes, de rues, la formation de places et autres travaux reconnus d'une utilité générale, seront payés à leurs propriétaires, et à dire d'expert, d'après leur valeur avant l'entreprise des travaux, et sans nulle augmentation du prix d'estimation.

50. Lorsqu'un propriétaire fait volontairement démolir sa maison, lorsqu'il est forcé de la démolir pour cause de vétusté, il n'a droit à indemnité que pour la valeur du terrain délaissé, si l'alignement qui lui est donné par les autorités compétentes le force à reculer sa construction.

51. Les maisons et bâtiments dont il serait nécessaire de faire démolir et d'enlever une portion pour cause d'utilité publique légalement reconnue seront acquis en entier, si le propriétaire l'exige, sauf à l'administration publique ou aux communes à revendre les portions de bâtiments ainsi acquises, et qui ne seront pas nécessaires pour l'exécution du plan. La cession par le

propriétaire à l'administration publique ou à la commune et la revente seront effectuées d'après un décret rendu en conseil d'Etat sur le rapport du ministre de l'intérieur, dans les formes prescrites par la loi.

52. Dans les villes, les alignements pour l'ouverture des nouvelles rues, pour l'élargissement des anciennes qui ne font point partie d'une grande route, ou pour tout autre objet d'utilité publique, seront donnés par les maires, conformément au plan dont les projets auront été adressés aux préfets, transmis avec leur avis au ministre de l'intérieur et arrêtés en Conseil d'Etat. En cas de réclamation de tiers intéressés, il sera de même statué en Conseil d'Etat sur le rapport du ministre de l'intérieur.

53. Au cas où, par les alignements arrêtés, un propriétaire pourrait recevoir la faculté de s'avancer sur la voie publique, il sera tenu de payer la valeur du terrain qui lui sera cédé. Dans la fixation de cette valeur, les experts auront égard à ce que le plus ou le moins de profondeur du terrain cédé, la nature de la propriété, le reculement du reste du terrain bâti ou non bâti loin de la nouvelle voie, peuvent ajouter ou diminuer de valeur relative pour le propriétaire. — Au cas où le propriétaire ne voudrait point acquérir, l'administration publique est autorisée à le déposséder de l'ensemble de sa propriété, en lui en payant la valeur telle qu'elle était avant l'entreprise des travaux. La cession et la revente seront faites comme il a été dit en l'art. 51 ci-dessus.

54. Lorsqu'il y aura lieu en même temps à payer une indemnité à un propriétaire pour terrains occupés et à recevoir de lui une plus-value pour des avantages acquis à ses propriétés restantes, il y aura compensation jusqu'à concurrence ; et le surplus seulement, selon les résultats, sera payé au propriétaire ou acquitté par lui.

55. Les terrains occupés pour prendre les matériaux nécessaires aux routes ou aux constructions publiques pourront être payés aux propriétaires comme s'ils eussent été pris pour la route même. Il n'y aura lieu à faire entrer dans l'estimation la valeur des matériaux à extraire que dans les cas où l'on s'emparerait d'une carrière déjà en exploitation ; alors lesdits matériaux seront évalués d'après leur prix courant, abstraction faite de l'existence et des besoins de la route pour laquelle ils seraient pris, ou des constructions auxquelles on les destine.

56. Les experts pour l'évaluation des indemnités relatives à une occupation de terrain, dans les cas prévus au présent titre, seront nommés pour les objets de travaux de grande voirie, l'un par le propriétaire, l'autre par le préfet ; et le tiers expert, s'il en est besoin, sera de droit l'ingénieur en chef du département. Lorsqu'il y aura des concessionnaires, un expert sera nommé par le propriétaire, un par le concessionnaire, et le tiers expert par le préfet. — Quant aux travaux des villes, un expert sera nommé par le propriétaire, ou par le maire de la ville, ou de l'arrondissement pour Paris, et le tiers expert par le préfet.

57. Le contrôleur et le directeur des contributions donneront leur avis sur le procès-verbal d'expertise qui sera soumis par le préfet à la délibération du conseil de préfecture ; le préfet pourra, dans tous les cas, faire faire une nouvelle expertise.

Loi du 8 mars 1810 sur les expropriations pour cause d'utilité publique.

Titre Ier. — *Dispositions préliminaires.*

Art. 1er. L'expropriation pour cause d'utilité publique s'opère par l'autorité de la justice.

2. Les tribunaux ne peuvent prononcer l'expropriation qu'autant que l'utilité en a été constatée dans les formes établies par la loi.

3. Ces formes consistent, 1° dans le décret impérial qui seul peut ordonner des travaux publics ou achats de terrains ou édifices destinés à des objets d'utilité publique ; 2° dans l'acte du préfet qui désigne les localités ou territoires sur lesquels les travaux doivent avoir lieu, lorsque cette désignation ne résulte pas du décret même, et dans l'arrêté ultérieur par lequel le préfet détermine les propriétés particulières auxquelles l'expropriation est applicable.

4. Cette application ne peut être faite à aucune propriété particulière qu'après que les parties intéressées ont été mises en état d'y fournir leurs contredits, selon les règles ci-après exprimées.

Titre II. — *Des mesures d'administration relatives à l'expropriation.*

5. Les ingénieurs ou autres gens de l'art chargés de l'exécution des travaux ordonnés devront, avant de les entreprendre, lever le plan terrier, ou figuré des terrains ou édifices dont la cession serait par eux reconnue nécessaire.

6. Le plan desdites propriétés particulières, indicatif des noms de chaque propriétaire, restera déposé pendant huit jours entre les mains du maire de la commune où elles seront situées, afin que chacun puisse en prendre connaissance et ne prétende en avoir ignoré. — Le délai de huitaine ne courra qu'à dater de l'avertissement qui aura été collectivement donné aux parties intéressées à prendre communication du plan. — Cet avertissement sera publié à son de trompe ou de caisse dans la commune, et affiché tant à la principale porte de l'église du lieu

qu'à celle de la maison commune ; lesdites publications et affiches seront certifiées par le maire.

7. A l'expiration du délai, une commission présidée par le sous-préfet de l'arrondissement, et composée en outre de deux membres du conseil d'arrondissement désignés par le préfet, du maire de la commune où les propriétés seront situées, et d'un ingénieur, se réunira au local de la sous-préfecture.

8. Cette commission recevra les demandes et les plaintes des propriétaires qui soutiendraient que l'exécution des travaux n'entraîne pas la cession de leurs propriétés. — Elle appellera les propriétaires toutes les fois qu'elle le jugera convenable.

9. Si la commission pense qu'il y a lieu de maintenir l'application du plan, elle en exposera les motifs. — Si elle est d'avis de quelques changements, elle ne les proposera qu'après avoir entendu ou appelé les propriétaires des terrains sur lesquels se reporterait l'effet de ces changements. — Dans le cas où il y aurait dissentiment entre les divers propriétaires, la commission exposera sommairement leurs moyens respectifs, et donnera son avis motivé.

10. Les opérations de la commission se borneront aux objets mentionnés dans les art. 8 et 9 : elles devront être terminées dans le délai d'un mois à partir de l'expiration de celui énoncé dans l'art. 7, après quoi le procès-verbal en sera adressé par le sous-préfet au préfet. — Le préfet statuera immédiatement, et déterminera définitivement les points sur lesquels seront dirigés les travaux.

11. La commission et le préfet ne prendront aucune connaissance des difficultés qui ne porteraient que sur le prix des fonds à céder. — Si les propriétaires et le préfet ne s'accordent point à ce sujet, il y sera pourvu par les tribunaux, qui connaîtront de même de toutes réclamations relatives à l'infraction des règles prescrites par le présent titre et le précédent.

12. Lorsque les propriétaires souscriront à la cession qui leur sera demandée, ainsi qu'aux conditions qui leur seront proposées par l'administration, il sera passé, entre ces propriétaires et le préfet, un acte de vente qui sera rédigé dans la forme des actes d'administration, et dont la minute restera déposée aux archives de la préfecture.

Titre III. — *De la procédure devant le tribunal.*

§ 1er. — De l'expropriation.

13. Lorsqu'à défaut de conventions entre les parties, l'arrêté du préfet, indicatif des propriétés cessibles, aura été par lui transmis, avec copie des autres pièces, au procureur impérial du tribunal de l'arrondissement où les propriétés seront situées,

ce procureur impérial, dans les trois jours suivants, requerra l'exécution dudit arrêté, sur le vu duquel le tribunal, s'il n'aperçoit aucune infraction des règles posées aux titres Ier et II, autorisera le préfet à se mettre en possession des terrains ou édifices désignés en l'arrêté, à la charge de se conformer aux autres dispositions de la présente loi. — Ce jugement sera, à la diligence du procureur impérial, affiché à la porte du tribunal ; il sera, de plus, publié et affiché dans la commune, selon les formes établies par l'art. 6.

14. Si, dans les huit jours qui suivront les publications et affiches faites en la commune, les propriétaires ou quelques-uns d'entre eux prétendent que l'utilité publique n'a pas été constatée, ou que leurs réclamations n'ont pas été examinées et décidées, le tout conformément aux règles ci-dessous, ils pourront présenter requête au tribunal, lequel en ordonnera la communication au préfet par la voie du procureur impérial, et pourra néanmoins prononcer un sursis à toute exécution. — Dans la quinzaine qui suivra cette communication, le tribunal jugera, à la vue des écrits respectifs, ou immédiatement après l'expiration de ce délai, sur les seules pièces produites, si les formes prescrites par la présente loi ont été ou non observées.

15. Si le tribunal prononce que les formes n'ont pas été remplies, il sera indéfiniment sursis à toute exécution jusqu'à ce qu'elles l'aient été ; et le procureur impérial, par l'intermédiaire du procureur général, en informera le grand juge, qui fera connaître à l'Empereur l'atteinte portée à la propriété par l'administration.

§ 2. — Des indemnités.

16. Dans tous les cas où l'expropriation sera reconnue ou jugée légitime, et où les parties ne resteront discordantes que sur le montant des indemnités dues aux propriétaires, le tribunal fixera la valeur de ces indemnités, eu égard aux baux actuels, aux contrats de vente passés antérieurement, et néanmoins aux époques les plus récentes, soit des mêmes fonds, soit des fonds voisins et de même qualité, aux matrices de rôles et à tous autres documents qu'il pourra réunir.

17. Si ces documents se trouvent insuffisants pour éclairer le tribunal, il pourra nommer d'office un ou trois experts : leur rapport ne liera point le tribunal, et ne vaudra que comme renseignement.

18. Dans le cas où il y aurait des tiers intéressés à titre d'usufruitiers, de fermiers ou de locataires, le propriétaire sera tenu de les appeler avant la fixation de l'indemnité, pour concourir, en ce qui les concerne, aux opérations y relatives ; sinon, il restera seul chargé envers eux des indemnités que ces derniers pourraient réclamer. — Les indemnités des tiers intéressés ainsi

appelés ou intervenants seront réglées en la même forme que celles dues aux propriétaires.

19. Avant l'évaluation des indemnités, et lorsque le différend ne portera point sur le fond même de l'expropriation, le tribunal pourra, selon la nature et l'urgence des travaux, ordonner provisoirement la mise en possession de l'administration : son jugement sera exécutoire nonobstant appel ou opposition.

§ 3. — Du paiement.

20. Tout propriétaire dépossédé sera indemnisé conformément à l'art. 545 du Code Napoléon.—Si des circonstances particulières empêchent le paiement actuel de tout ou partie de l'indemnité, les intérêts en seront dus à compter du jour de la dépossession, d'après l'évaluation provisoire ou définitive de l'indemnité, et payés de six en six mois, sans que le paiement du capital puisse être retardé au delà de trois ans, si les propriétaires n'y consentent.

21. Lorsqu'il y aura des intérêts échus et non payés par l'administration débitrice, ou lorsque le capital ou partie du capital de l'indemnité n'aura pas été remboursé dans les trois ans, ou dans les termes du contrat, les propriétaires et autres parties intéressées pourront remettre à l'administration des domaines, en la personne de son directeur dans le département de la situation des biens, un mémoire énonciatif des sommes à eux dues, accompagné des titres à l'appui : cette remise sera constatée par le récépissé du directeur, ou par exploit d'huissier. — Si, dans les trente jours qui la suivront, le paiement n'est pas effectué, les propriétaires ou autres parties intéressées pourront traduire l'administration des domaines devant le tribunal, pour y être condamnée à leur payer les sommes à eux dues à l'acquit de l'administration en retard, et sauf le recouvrement exprimé en l'art. 24.

22. Avant qu'il soit statué sur l'action récursoire dirigée contre l'administration des domaines, le procureur impérial pourra requérir, pour en instruire le grand juge ministre de la justice, un ajournement d'un à deux mois, qui devra, en ce cas, être prononcé par le tribunal.

23. Si durant cet ajournement nulle mesure administrative n'a été prise pour opérer le paiement, le tribunal prononcera après l'expiration du délai.

24. Lorsque l'administration des domaines aura, par suite des condamnations prononcées contre elle en exécution des dispositions ci-dessus, déboursé ses propres deniers à l'acquit d'autres administrations, elle se pourvoira devant le Gouvernement, qui lui en procurera le recouvrement ou lui en tiendra compte, le tout ainsi qu'il appartiendra.

Titre IV. — *Dispositions générales.*

25. Dans tous les cas où il y aura des hypothèques sur les fonds, des saisies-arrêts ou oppositions formées par des tiers au versement des deniers entre les mains, soit du propriétaire dépossédé, soit des usufruitiers ou locataires évincés, les sommes dues seront consignées à mesure qu'elles écherront, pour être ultérieurement pourvu à leur emploi ou distribution dans l'ordre et selon les règles du droit commun.

26. Toutes les fois qu'il y aura lieu de recourir au tribunal, soit pour faire ordonner la dépossession ou s'y opposer, soit pour le règlement des indemnités, soit pour en obtenir le paiement, soit pour reporter l'hypothèque sur des fonds autres que ceux cédés, la procédure s'instruira sommairement : l'enregistrement des actes qui y sont sujets aura lieu *gratis*. — Le procureur impérial sera toujours entendu avant les jugements tant préparatoires que définitifs.

27. Les dispositions de la loi du 16 septembre 1807, ou de toutes autres lois qui se trouveraient contraires aux présentes, sont rapportées.

Loi du 30 mars 1831 relative à l'expropriation et à l'occupation temporaire, en cas d'urgence, des propriétés privées nécessaires aux travaux des fortifications.

Art. 1er. Lorsqu'il y aura lieu d'occuper tout ou partie d'une ou de plusieurs propriétés particulières pour y faire des travaux de fortifications dont l'urgence ne permettra pas d'accomplir les formalités de la loi du 8 mars 1810, il sera procédé de la manière suivante.

2. L'ordonnance royale qui autorisera les travaux, et déclarera l'utilité publique, déclarera en même temps qu'*il y a urgence.*

3. Dans les vingt-quatre heures de la réception de l'ordonnance du roi, le préfet du département où les travaux de fortification devront être exécutés transmettra ampliation de ladite ordonnance au procureur du roi près le tribunal de l'arrondissement où seront situées les propriétés qu'il s'agira d'occuper, et au maire de la commune de leur situation. — Sur le vu de cette ordonnance, le procureur du roi requerra de suite, et le tribunal ordonnera immédiatement que l'un des juges se transportera sur les lieux avec un expert que le tribunal nommera d'office. — Le maire fera sans délai publier l'ordonnance royale par affiche, tant à la principale porte de l'église du lieu qu'à

celle de la maison commune, et par tous autres moyens possibles. Les publications et affiches seront certifiées par ce magistrat.

4. Dans les vingt-quatre heures, le juge-commissaire rendra, pour fixer le jour et l'heure de sa descente sur les lieux, une ordonnance qui sera signifiée, à la requête du procureur du roi, au maire de la commune où le transport devra s'effectuer, et à l'expert nommé par le tribunal.—Le transport s'effectuera dans les dix jours de cette ordonnance, et seulement huit jours après la signification dont il vient d'être parlé. — Le maire, sur les indications qui lui seront données par l'agent militaire chargé de la direction des travaux, convoquera, au moins cinq jours à l'avance, pour le jour et l'heure indiqués par le juge-commissaire, 1° les propriétaires intéressés, et, s'ils ne résident pas sur les lieux, leurs agents, mandataires ou ayants cause ; 2° les usufruitiers, ou autres personnes intéressées, telles que fermiers, locataires, ou occupants à quelque titre que ce soit. Les personnes ainsi convoquées pourront se faire assister par un expert ou arpenteur.

5. Un agent de l'administration des domaines, et un expert, ingénieur, architecte ou arpenteur, désignés l'un et l'autre par le préfet, se transporteront sur les lieux au jour et à l'heure indiqués pour se réunir au juge-commissaire, au maire ou à l'adjoint, à l'agent militaire et à l'expert désigné par le tribunal. — Le juge-commissaire recevra le serment préalable des experts sur les lieux, et il en sera fait mention au procès-verbal. L'agent militaire déterminera, en présence de tous, par des pieux et piquets, le périmètre du terrain dont l'exécution des travaux nécessitera l'occupation.

6. Cette opération achevée, l'expert désigné par le préfet procédera immédiatement, et sans interruption, de concert avec l'agent de l'administration du domaine, à la levée du plan parcellaire, pour indiquer dans le plan général de circonscription les limites et la superficie des propriétés particulières.

7. L'expert nommé par le tribunal dressera un procès-verbal qui comprendra : — 1° la désignation des lieux, des cultures, plantations, clôtures, bâtiments et autres accessoires des fonds ; cet état descriptif devra être assez détaillé pour pouvoir servir de base à l'appréciation de la valeur foncière, et, en cas de besoin, de la valeur locative, ainsi que des dommages-intérêts résultant des changements ou dégâts qui pourront avoir lieu ultérieurement ; — 2° l'estimation de la valeur foncière et locative de chaque parcelle de ces dépendances, ainsi que de l'indemnité qui pourra être due pour frais de déménagement, pertes de récoltes, détérioration d'objets mobiliers ou tous autres dommages. —Ces diverses opérations auront lieu contradictoirement avec l'agent de l'administration des domaines, et l'expert nommé par le préfet, avec les parties intéressées si elles sont présentes, ou avec l'expert qu'elles auront désigné. Si elles sont absentes, et

qu'elles n'aient point nommé d'expert, ou si elles n'ont point le libre exercice de leurs droits, un expert sera désigné d'office par le juge-commissaire pour les représenter.

8. L'expert nommé par le tribunal devra, dans son procès-verbal, — 1° indiquer la nature et la contenance de chaque propriété, la nature des constructions, l'usage auquel elles sont destinées, les motifs des évaluations diverses, et le temps qu'il paraît nécessaire d'accorder aux occupants pour évacuer les lieux ; — 2° transcrire l'avis de chacun des autres experts, et les observations et réquisitions, telles qu'elles lui seront faites, de l'agent militaire, du maire, de l'agent du domaine, et des parties intéressées ou de leurs représentants. Chacun signera ses dires, ou mention sera faite de la cause qui l'en empêche.

9. Lorsque les propriétaires, ayant le libre exercice de leurs droits, consentiront à la cession qui leur sera demandée, et aux conditions qui leur seront offertes par l'administration, il sera passé entre eux et le préfet un acte de vente qui sera rédigé dans la forme des actes d'administration, et dont la minute restera déposée aux archives de la préfecture.

10. Dans le cas contraire, sur le vu de la minute du procès-verbal dressé par l'expert, et de celui du juge-commissaire qui aura assisté à toutes les opérations, le tribunal, dans une audience tenue aussitôt après le retour de ce magistrat, déterminera, en procédant comme en matière sommaire, sans retard et sans frais, 1° l'indemnité de déménagement à payer aux détenteurs avant l'occupation ; — 2° l'indemnité approximative et provisionnelle de dépossession qui devra être consignée, sauf règlement ultérieur et définitif, préalablement à la prise de possession.—Le même jugement autorisera le préfet à se mettre en possession, à la charge, — 1° de payer sans délai l'indemnité de déménagement, soit au propriétaire, soit au locataire ; — 2° de signifier avec le jugement l'acte de consignation de l'indemnité provisionnelle de dépossession.—Ledit jugement déterminera le délai dans lequel, à compter de l'accomplissement de ces formalités, les détenteurs seront tenus d'abandonner les lieux.—Ce délai ne pourra excéder cinq jours pour les propriétés non bâties, et dix jours pour les propriétés bâties. — Le jugement sera exécutoire nonobstant appel ou opposition.

11. L'acceptation de l'indemnité approximative et provisionnelle de dépossession ne fera aucun préjudice à la fixation de l'indemnité définitive. — Si l'indemnité provisionnelle n'excède pas 100 francs, le paiement en sera effectué sans production d'un certificat d'affranchissement d'hypothèque, et sans formalité de purge hypothécaire. — Si l'indemnité excède cette somme, le Gouvernement fera, dans les trois mois de la date du jugement dont il est parlé dans l'article précédent, transcrire ledit jugement, et purgera les hypothèques légales. A l'expiration de ce délai, l'indemnité provisionnelle sera exigible de plein droit, lors même que les formalités ci-dessus n'auraient pas été

remplies, à moins qu'il n'y ait des inscriptions, ou des saisies-arrêts ou oppositions : dans ce cas, il sera procédé selon les règles ordinaires, et sans préjudice des dispositions de l'article 26 de la loi du 8 mars 1810.

12. Aussitôt après la prise de possession, le tribunal procédera au règlement définitif de l'indemnité de dépossession, dans les formes prescrites par les art. 16 et suivants de la loi du 8 mars 1810. Si l'indemnité définitive excède l'indemnité provisionnelle, cet excédant sera payé conformément à l'article précédent.

13. L'occupation temporaire prescrite par ordonnance royale ne pourra avoir lieu que pour des propriétés non bâties.—L'indemnité annuelle représentative de la valeur locative de ces propriétés, et du dommage résultant du fait de la dépossession, sera réglée à l'amiable ou par autorité de justice, et payée par moitié, de six mois en six mois, au propriétaire et au fermier, le cas échéant.—Lors de la remise des terrains qui n'auront été occupés que temporairement, l'indemnité due pour les détériorations causées par les travaux, ou pour la différence entre l'état des lieux au moment de la remise et l'état constaté par le procès-verbal descriptif, sera payée sur règlement amiable ou judiciaire, soit au fermier ou exploitant, et selon leurs droits respectifs.

14. Si, dans le cours de la troisième année d'occupation provisoire, le propriétaire ou son ayant droit n'est pas remis en possession, ce propriétaire pourra exiger et l'Etat sera tenu de payer l'indemnité pour la cession de l'immeuble, qui deviendra dès lors propriété publique.—L'indemnité foncière sera réglée, non sur l'état de la propriété à cette époque, mais sur son état au moment de l'occupation, tel qu'il aura été constaté par le procès-verbal descriptif. — Tout dommage causé au fermier ou exploitant par cette dépossession définitive lui sera payé après règlement amiable ou judiciaire.

15. Dans tous les cas où l'occupation provisoire ou définitive donnerait lieu à des travaux pour lesquels un crédit n'aurait pas été ouvert au budget de l'Etat, la dépense restera soumise à l'exécution de l'art. 152 de la loi du 25 mars 1817.

Ordonnance du 18 septembre 1833 contenant le tarif des frais et dépens pour tous les actes qui seront faits en vertu de la loi sur l'expropriation pour cause d'utilité publique.

Louis-Philippe, etc.;

Vu l'art. 41 de la loi du 7 juill. 1833, sur l'expropriation pour cause d'utilité publique; — Notre conseil d'Etat entendu; Nous avons ordonné et ordonnons ce qui suit :

La taxe de tous actes faits en vertu de la loi du 7 juill. 1833 sera réglée par le tarif ci-après :

Chap. Ier. — *Des huissiers.*

Art. 1er. Il sera alloué à tous huissiers un franc pour l'original, 1° de la notification de l'extrait du jugement d'expropriation aux personnes désignées dans les art. 15 et 22 de la loi du 7 juill. 1833 ; 2° de la signification de l'arrêt de la Cour de cassation (art. 20 et 42 de ladite loi) ; 3° de la dénonciation de l'extrait du jugement d'expropriation aux ayants droit mentionnés aux art. 21 et 22 ; 4° de la notification de l'arrêté du préfet qui fixe la somme offerte pour indemnités (art. 23) ; 5° de l'acte contenant acceptation des offres faites par l'administration, avec signification, s'il y a lieu, des autorisations requises (art. 24, 25 et 26) ; 6° de l'acte portant convocation des jurés et des parties, avec notification aux parties d'une expédition de l'arrêt par lequel la Cour royale a formé la liste du jury (art. 31 et 33) ; 7° de la notification au juré défaillant de l'ordonnance du directeur du jury qui l'a condamné à l'amende (art. 32) ; 8° de la notification de la décision du jury, revêtue de l'ordonnance d'exécution (art. 41) ; 9° de la sommation d'assister à la consignation dans le cas où il n'y aura pas eu d'offres réelles (art. 54) ; 10° de la sommation au préfet pour qu'il soit procédé à la fixation de l'indemnité (art. 55) ; 11° de l'acte contenant réquisition par le propriétaire de la consignation des sommes offertes, dans le cas où cette réquisition n'a pas été faite par l'acte même d'acceptation (art. 59) ; 12° et généralement de tous actes simples auxquels pourra donner lieu l'expropriation.

2. Il sera alloué à tous huissiers un franc cinquante centimes pour l'original, 1° de la notification du pourvoi en cassation formé, soit contre le jugement d'expropriation, soit contre la décision du jury (art. 20 et 42) ; 2° de la dénonciation, faite au directeur du jury par le propriétaire ou l'usufruitier, des noms et qualités des ayants droit mentionnés au § 1er de l'art. 21 de la loi précitée (art. 21 et 22) ; 3° de l'acte par lequel les parties intéressées font connaître leurs réclamations (art. 18, 21, 39, 52 et 54) ; 4° de l'acte d'acceptation des offres de l'administration, avec réquisition de consignation (art. 24 et 59) ; 5° de l'acte par lequel la partie qui refuse les offres de l'administration indique le montant de ses prétentions (art. 17, 24, 28 et 53) ; 6° de l'opposition formée par un juré à l'ordonnance du magistrat directeur du jury qui l'a condamné à l'amende (art. 32) ; 7° de la réquisition du propriétaire tendant à l'acquisition de la totalité de son immeuble (art. 50) ; 8° de la demande à fin de rétrocession des terrains non employés à des travaux d'utilité publique art. 60 et 61) ; 9° de la demande tendant à ce que l'indemnité

d'une expropriation déjà commencée soit réglée conformément à la loi du 7 juill. 1833 (art. 68) ; 10° enfin de tous actes qui, par leur nature, pourront être assimilés à ceux dont l'énumération précède.

3° Il sera alloué à tous huissiers pour l'original, 1° du procès-verbal d'offres réelles, contenant le refus ou l'acceptation des ayants droit, et sommation d'assister à la consignation (art. 53), 2 fr. 25 c. ; 2° du procès-verbal de consignation, soit qu'il y ait eu ou non offres réelles (art. 49, 53 et 54), 4 fr.

4. Il sera alloué pour chaque copie des exploits ci-dessus le quart de la somme fixée pour l'original.

5. Les copies de pièces dont la notification a lieu en vertu de la loi seront certifiées par l'huissier ; il lui sera payé trente centimes par chaque rôle, évalué à raison de vingt-huit lignes à la page, et quatorze à seize syllabes à la ligne (art. 57).

6. Les copies des pièces déposées dans les archives de l'administration, qui seront réclamées par les parties dans leur intérêt pour l'exécution de la loi, et qui seront certifiées par les agents de l'administration, seront payées à l'administration sur le même taux que les copies certifiées par les huissiers.

7. Il sera alloué à tous huissiers cinquante centimes pour visa de leurs actes, dans le cas où cette formalité est prescrite. — Ce droit sera double si le refus du fonctionnaire qui doit donner le visa oblige l'huissier à se transporter auprès d'un autre fonctionnaire.

8. Les huissiers ne pourront rien réclamer pour le papier des actes par eux notifiés ni pour l'avoir fait viser pour timbre. Ils emploieront du papier d'une dimension égale au moins à celle des feuilles assujetties au timbre de soixante-dix centimes.

CHAP. II. — *Des greffiers.*

9. Tous extraits ou expéditions délivrés par les greffiers en matière d'expropriation pour cause d'utilité publique, seront portés sur papier d'une dimension égale à celle des feuilles assujetties au timbre de un franc vingt-cinq centimes. — Ils contiendront vingt-huit lignes à la page et quatorze à seize syllabes à la ligne.

10. Il sera alloué aux greffiers quarante centimes pour chaque rôle d'expédition ou d'extrait.

11. Il sera alloué aux greffiers, pour la rédaction du procès-verbal des opérations du jury spécial, cinq francs pour chaque affaire terminée par décision du jury rendue exécutoire. — Néanmoins cette allocation ne pourra jamais excéder quinze fr. par jour, quel que soit le nombre des affaires, et dans ce cas ladite somme de quinze fr. sera répartie également entre chacune des affaires terminées le même jour.

12. L'état des dépenses sera rédigé par le greffier. — Celle

des parties qui requerra la taxe devra, dans les trois jours qui suivront la décision du jury, remettre au greffier toutes les pièces justificatives. — Le greffier paraphera chaque pièce admise en taxe, avant de la remettre à la partie.

13. Il sera alloué au greffier dix centimes pour chaque article de l'état des dépenses, y compris le paraphe des pièces.

14. L'ordonnance d'exécution du magistrat directeur du jury indiquera la somme des dépens taxés, et la proportion dans laquelle chaque partie devra les supporter.

15. Au moyen des droits ci-dessus accordés aux greffiers, il ne leur sera alloué aucune autre rétribution à aucun titre, sauf les droits de transport dont il sera parlé ci-après, et ils demeureront chargés, 1° du traitement des commis greffiers, s'il était besoin d'en établir pour le service des assises spéciales ; 2° de toutes les fournitures de bureau nécessaires pour la tenue de ces assises; 3° de la fourniture du papier des expéditions ou extraits qu'ils devront aussi faire viser pour timbre.

CHAP. III. — *Des indemnités de transport.*

16. Lorsque les assises spéciales se tiendront ailleurs que dans la ville où siége le tribunal, le magistrat directeur du jury aura droit à une indemnité fixée de la manière suivante : — S'il se transporte à plus de cinq kilomètres de sa résidence, il recevra pour tous frais de voyage, de nourriture et de séjour une indemnité de neuf francs par jour ; — S'il se transporte à plus de deux myriamètres, l'indemnité sera de douze francs par jour.

17. Dans le même cas, le greffier ou son commis assermenté recevra six ou huit fr. par jour, suivant que le voyage sera de plus de cinq kilomètres ou de plus de deux myriamètres, ainsi qu'il est dit dans l'article précédent.

18. Les jurés qui se transporteront à plus de deux kilomètres du lieu où se tiendront les assises spéciales, pour les descentes sur les lieux, autorisées par l'art. 37 de la loi du 7 juill. 1833, recevront, s'ils en font la demande formelle, une indemnité qui sera fixée pour chaque myriamètre parcouru en allant et revenant, à deux francs cinquante centimes. Il ne leur sera rien alloué pour toute autre cause que ce soit, à raison de leurs fonctions, si ce n'est dans le cas de séjour forcé en route, comme il est dit ci-après, art. 24.

19. Les personnes qui seront appelées pour éclairer le jury, conformément à l'art. 37 précité, recevront, si elles le requièrent, savoir : — Quand elles ne seront pas domiciliées à plus d'un myriamètre du lieu où elles doivent être entendues, pour indemnité de comparution, un franc cinquante centimes; — Quand elles seront domiciliées à plus d'un myriamètre, pour indemnité de voyage, lorsqu'elles ne seront pas sorties de leur

arrondissement, un franc par myriamètre parcouru en allant et revenant; et lorsqu'elles seront parties de leur arrondissement, un franc cinquante centimes. — Dans le cas où l'indemnité de voyage est allouée, il ne doit être accordé aucune taxe de comparution.

20. Les personnes appelées devant le jury qui reçoivent un traitement quelconque à raison d'un service public n'auront droit qu'à l'indemnité de voyage, s'il y a lieu, et si elles la requièrent.

21. Les huissiers qui instrumenteront dans les procédures en matière d'expropriation pour cause d'utilité publique recevront, lorsqu'ils seront obligés de se transporter à plus de deux kilomètres de leur résidence, un franc cinquante centimes pour chaque myriamètre parcouru en allant et en revenant, sans préjudice de l'application de l'art. 35 du décret du 14 juin 1813.

22. Les indemnités de transport ci-dessus établies seront réglées par myriamètres et demi-myriamètres. Les fractions de huit ou neuf kilomètres seront comptées pour un myriamètre, et celle de trois à huit kilomètres pour un demi-myriamètre.

23. Les distances seront calculées d'après le tableau dressé par les préfets, conformément à l'art. 93 du décret du 18 juin 1811.

24. Lorsque les individus dénommés ci-dessus seront arrêtés dans le cours du voyage par force majeure, ils recevront en indemnité, pour chaque jour de séjour forcé, savoir : — les jurés, deux francs cinquante centimes ; — les personnes appelées devant le jury et les huissiers, un franc cinquante centimes. — Ils seront tenus de faire constater par le juge de paix, et, à son défaut, par l'un des suppléants ou par le maire, et, à son défaut, par l'un de ses adjoints, la cause du séjour forcé en route, et d'en représenter le certificat à l'appui de leur demande en taxe.

25. Si les personnes appelées devant le jury sont obligées de prolonger leur séjour dans le lieu où se fait l'instruction, et que ce lieu soit éloigné de plus d'un myriamètre de leur résidence, il leur sera alloué pour chaque journée une indemnité de deux francs.

26. Les indemnités des jurés et des personnes appelées pour éclairer le jury seront acquittées comme frais urgents, par le receveur de l'enregistrement, sur un simple mandat du magistrat directeur du jury, lequel mandat devra, lorsqu'il s'agira d'un transport, indiquer le nombre des myriamètres parcourus, et, dans tous les cas, faire mention expresse de la demande d'indemnité.

27. Seront également acquittées par le receveur de l'enregistrement les indemnités de déplacement que le magistrat directeur du jury et son greffier pourront réclamer lorsque la réunion du jury aura lieu dans une commune autre que le

chef-lieu judiciaire de l'arrondissement. Le paiement sera fait sur un état certifié et signé par le magistrat directeur du jury, indiquant le nombre des journées employées au transport, et la distance entre le lieu où siége le jury et le chef-lieu judiciaire de l'arrondissement.

28. Dans tous les cas, les indemnités de transport allouées au magistrat directeur du jury et au greffier resteront à la charge, soit de l'administration, soit de la compagnie concessionnaire qui aura provoqué l'expropriation, et ne pourront entrer dans la taxe des dépens.

CHAP. IV. — *Dispositions générales.*

29. Il ne sera alloué aucune taxe aux agents de l'administration autorisés par la loi du 7 juillet 1833 à instrumenter concurremment avec les huissiers.

30. Le greffier tiendra exactement note des indemnités allouées aux jurés et aux personnes qui seront appelées pour éclairer le jury, et en portera le montant dans l'état de liquidation des frais.

31. L'administration de l'enregistrement se fera rembourser de ses avances comprises dans la liquidation des frais par la partie qui sera condamnée aux dépens, en vertu d'un exécutoire délivré par le magistrat directeur du jury, et selon le mode usité pour le recouvrement des droits dont la perception est confiée à cette administration.—Quant aux indemnités de transport payées au magistrat directeur du jury et au greffier, et qui, suivant l'article 28 ci-dessus, ne pourront entrer dans la taxe des dépens, elle en sera remboursée, soit par l'administration, soit par la compagnie concessionnaire qui aura provoqué l'expropriation.

Ordonnance du 18 février 1834 portant règlement sur les formalités des enquêtes relatives aux travaux publics.

Louis-Philippe, etc.;
Vu l'art. 3 de la loi du 7 juillet 1833 ; — Vu l'ordonnance réglementaire du 28 février 1831, etc.

TITRE Ier. — *Formalités des enquêtes relatives aux travaux publics qui ne peuvent être exécutés qu'en vertu d'une loi.*

Art. 1er. Les entreprises de travaux publics qui, aux termes du premier paragraphe de l'art. 3 de la loi du 7 juillet 1833, ne peuvent être exécutées qu'en vertu d'une loi, seront soumises à une enquête préalable dans les formes ci-après déterminées.

2. L'enquête pourra s'ouvrir sur un avant-projet où l'on fera connaître le tracé général de la ligne des travaux, les dispositions principales des ouvrages les plus importants, et l'appréciation sommaire des dépenses.—S'il s'agit d'un canal, d'un chemin de fer ou d'une canalisation de rivière, l'avant-projet sera nécessairement accompagné d'un nivellement en longueur, et d'un certain nombre de profils transversaux ; et si le canal est à point de partage, on indiquera les eaux qui doivent l'alimenter.

3. A l'avant-projet sera joint, dans tous les cas, un mémoire descriptif indiquant le but de l'entreprise et les avantages qu'on peut s'en promettre ; on y annexera le tarif des droits dont le produit serait destiné à couvrir les frais des travaux projetés, si ces travaux devaient devenir la matière d'une concession.

4. Il sera formé, au chef-lieu de chacun des départements que la ligne des travaux devra traverser, une commission de neuf membres au moins et treize au plus, pris parmi les principaux propriétaires de terres, de bois, de mines, les négociants, les armateurs et les chefs d'établissements industriels. — Les membres et le président de cette commission seront désignés par le préfet dès l'ouverture de l'enquête.

5. Des registres destinés à recevoir les observations auxquelles poura donner lieu l'entreprise projetée seront ouverts pendant un mois au moins et quatre mois au plus, au chef-lieu de chacun des départements et des arrondissements que la ligne des travaux devra traverser.—Les pièces qui, aux termes des art. 2 et 3, doivent servir de base à l'enquête, resteront déposées pendant le même temps et aux mêmes lieux. — La durée de l'ouverture des registres sera déterminée dans chaque cas particulier par l'administration supérieure.—Cette durée, ainsi que l'objet de l'enquête, seront annoncés par des affiches.

6. A l'expiration du délai qui sera fixé en vertu de l'article précédent, la commission mentionnée à l'art. 4 se réunira sur-le-champ : elle examinera les déclarations consignées aux registres de l'enquête ; elle entendra les ingénieurs des ponts et chaussées et des mines employés dans le département ; et, après avoir recueilli auprès de toutes les personnes qu'elle jugerait utile de consulter les renseignements dont elle croira avoir besoin, elle donnera son avis motivé, tant sur l'utilité de l'entreprise que sur les diverses questions qui auront été posées par l'administration. — Ces diverses opérations, dont elle dressera procès-verbal, devront être terminées dans un nouveau délai d'un mois.

7. Le procès-verbal de la commission d'enquête sera clos immédiatement ; le président de la commission le transmettra sans délai, avec les autres pièces, au préfet, qui l'adressera avec

son avis à l'administration supérieure, dans les quinze jours qui suivront la clôture du procès-verbal.

8. Les chambres de commerce, et au besoin les chambres consultatives des arts et manufactures des villes intéressées à l'exécution des travaux, seront appelées à délibérer et à exprimer leur opinion sur l'utilité et la convenance de l'opération. — Les procès-verbaux de leurs délibérations devront être remis au préfet avant l'expiration du délai fixé dans l'art. 6.

TITRE II. — *Formalités des enquêtes relatives aux travaux publics qui peuvent être autorisés par une ordonnance royale.*

9. Les formalités prescrites par les art. 2, 3, 4, 5, 6, 7 et 8, seront également appliquées, sauf les modifications ci-après, aux travaux qui, aux termes du second paragraphe de l'art. 3 de la loi du 7 juillet 1833, peuvent être autorisés par une ordonnance royale.

10. Si la ligne des travaux n'excède pas les limites de l'arrondissement dans lequel ils sont situés, le délai de l'ouverture des registres et du dépôt des pièces sera fixé au plus à un mois et demi, et au moins à vingt jours.—La commission d'enquête se réunira au chef-lieu de l'arrondissement, et le nombre de ses membres variera de cinq à sept.

TITRE III. — *Dispositions transitoires.*

11. Les dispositions ci-dessus prescrites ne sont pas applicables aux entreprises de travaux publics pour lesquelles une instruction et des enquêtes spéciales auraient été commencées avant la publication de la présente ordonnance, et conformément aux ordonnances et règlements antérieurs.

Ordonnance du 15 février 1835 qui modifie celle du 18 février 1834 relative aux entreprises d'utilité publique.

Louis-Philippe, etc.

Art. 1er. Lorsque la ligne des travaux relatifs à une entreprise d'utilité publique devra s'étendre sur le territoire de plus de deux départements, les pièces de l'avant-projet qui serviront de base à l'enquête ne seront déposées qu'au chef-lieu de chacun des départements traversés.—Des registres continueront d'être ouverts, conformément au § 1er de l'art. 5 de notre ordonnance du 18 fév. 1834, tant aux chefs-lieux de département qu'aux chefs-lieux d'arrondissement, pour recevoir les observations auxquelles pourra donner lieu l'entreprise projetée.

Loi du 20 mars 1835 portant qu'aucune route ne pourra être classée au nombre des routes départementales sans que le vote du conseil général ait été précédé d'une enquête.

Louis-Philippe, etc.

Art. 1er. A l'avenir, aucune route ne pourra être classée au nombre des routes départementales sans que le vote du conseil général ait été précédé de l'enquête prescrite par l'art. 3 de la loi du 7 juill. 1833.—Cette enquête sera faite par l'administration, ou d'office, ou sur la demande du conseil général.

2. Les votes émis jusqu'à la promulgation de la présente loi, quoiqu'ils n'aient pas été précédés de la susdite enquête, pourront être approuvés par ordonnance du roi, suivant les formes prescrites par le décret du 16 décembre 1811.

3. Les dispositions qui précèdent auront lieu sans préjudice des mesures d'administration prescrites par le titre II de la loi du 7 juill. 1833, et relatives à l'expropriation.

Ordonnance du 22 mars 1835 relative aux terrains acquis pour des travaux d'utilité publique, et qui n'auraient pas reçu ou ne recevraient pas cette destination.

Louis-Philippe, etc. ; — Vu les art. 60, 61 et 66 de la loi du 7 juill. 1833 sur l'expropriation pour cause d'utilité publique ; —Voulant régler le mode d'exercice du privilége accordé par ces articles aux anciens propriétaires des terrains acquis pour des travaux d'utilité publique que l'administration serait dans le cas de revendre, — Vu les avis de nos ministres secrétaires d'État de l'intérieur et de la guerre, etc.

Art. 1er. Les terrains ou portions de terrains acquis pour des travaux d'utilité publique, et qui n'auraient pas reçu ou ne recevraient pas cette destination, seront remis à l'administration des domaines pour être rétrocédés, s'il y a lieu, aux anciens propriétaires ou à leurs ayants droits, conformément aux art. 60 et 61 de la loi du 7 juillet 1833. — Le contrat de rétrocession sera passé devant le préfet du département ou devant le sous-préfet, sur délégation du préfet, en présence et avec le concours d'un préposé de l'administration des domaines, et d'un agent du ministère pour le compte duquel l'acquisition des terrains avait été faite.—Le prix de la rétrocession sera versé dans les caisses du domaine (1).

---

(1) Voir le décret du 25 mars 1852 sur la décentralisation.

2. Si les anciens propriétaires ou leurs ayants droit encourent la déchéance du privilége qui leur est accordé par les art. 60 et 61 de la loi du 7 juillet, les terrains ou portions de terrains seront aliénés dans la forme tracée pour l'aliénation des biens de l'Etat, à la diligence de l'administration des domaines.

Ordonnance du 23 août 1835 portant que les enquêtes qui doivent précéder les entreprises des travaux publics seront soumises aux formalités y déterminées pour les travaux d'intérêt purement communal.

Louis-Philippe, etc. ;—Vu l'art. 3 de la loi du 7 juill. 1833 sur l'expropriation pour cause d'utilité publique ;—Vu l'ordonnance royale du 18 février 1834, portant règlement sur les formalités des enquêtes qui doivent précéder la loi ou l'ordonnance déclarative de l'utilité publique ;—Considérant que cette ordonnance, s'appliquant aux travaux projetés dans un intérêt général, prescrit des formalités dont quelques-unes seraient sans objet ou incomplètes en ce qui concerne les travaux d'intérêt purement communal ou même départemental.

Art. 1er. Les enquêtes qui, aux termes du § 3 de l'art. 3 de la loi du 7 juill. 1833, doivent précéder les entreprises de travaux publics dont l'exécution doit avoir lieu en vertu d'une ordonnance royale, seront soumises aux formalités ci-après déterminées pour les travaux proposés par un conseil municipal dans l'intérêt exclusif de sa commune.

2. L'enquête s'ouvrira sur un projet où l'on fera connaître le but de l'entreprise, le tracé des travaux, les dispositions principales des ouvrages et l'appréciation sommaire des dépenses.

3. Ce projet sera déposé à la mairie pendant quinze jours, pour que chaque habitant puisse en prendre connaissance : à l'expiration de ce délai, un commissaire désigné par le préfet recevra à la mairie, pendant trois jours consécutifs, les déclarations des habitants sur l'utilité publique des travaux projetés. Les délais ci-dessus prescrits pour le dépôt des pièces à la mairie, et pour la durée de l'enquête, pourront être prolongés par le préfet. —Dans tous les cas, ces délais ne courront qu'à dater de l'avertissement donné par voie de publication et d'affiches.—Il sera justifié de l'accomplissement de cette formalité par un certificat du maire.

4. Après avoir clos et signé le registre de ces déclarations, le commissaire le transmettra immédiatement au maire, avec son avis motivé et les autres pièces de l'instruction qui auront servi de base à l'enquête. — Si le registre d'enquête contient des déclarations contraires à l'adoption du projet, ou si l'avis du com-

missaire lui est opposé, le conseil municipal sera appelé à les examiner, et émettra son avis par une délibération motivée, dont le procès-verbal sera joint aux pièces. Dans tous les cas, le maire adressera immédiatement les pièces au sous-préfet, et celui-ci au préfet, avec son avis motivé.

5. Le préfet, après avoir pris, dans les cas prévus par les règlements, l'avis des chambres de commerce et des chambres consultatives des arts et manufactures dans les lieux où il en est établi, enverra le tout à notre ministre de l'intérieur avec son avis motivé, pour, sur son rapport, être statué par nous sur la question d'utilité publique des travaux, conformément aux dispositions de la loi du 7 juillet 1833.

6. Lorsque les travaux n'intéresseront pas exclusivement la commune, l'enquête aura lieu, suivant leur degré d'importance, conformément aux art. 9 et 10 de l'ordonnance du 18 fév. 1834.

7. Notre ministre des finances sera préalablement consulté toutes les fois que les travaux entraîneront l'application de l'avis du Conseil d'Etat, approuvé le 21 fév. 1808, sur la cession aux communes de tout ou partie d'un bien de l'État.

Loi du 21 mai 1836.

Art. 4. Les portions de terrains dépendant d'anciennes routes ou chemins, et devenues inutiles par suite de changement de tracé ou d'ouverture d'une route royale ou départementale, pourront être cédées, sur estimation contradictoire, à titre d'échange, et par voie de compensation de prix, aux propriétaires de terrains sur lesquels les portions de routes neuves devront être exécutées. L'acte de cession devra être soumis à l'approbation du ministre des finances, lorsqu'il s'agira de terrains abandonnés par des routes royales.

Loi du 3 mai 1841 sur l'expropriation pour cause d'utilité publique.

Titre Ier. — *Dispositions préliminaires.*

Art. 1er. — L'expropriation pour cause d'utilité publique s'opère par autorité de justice.

2. Les tribunaux ne peuvent prononcer l'expropriation qu'au-

tant que l'utilité en a été constatée et déclarée dans les formes prescrites par la présente loi.

Ces formes consistent :

1° Dans la loi ou l'ordonnance royale qui autorise l'exécution des travaux pour lesquels l'expropriation est requise ;

2° Dans l'acte du préfet qui désigne les localités ou territoires sur lesquels les travaux doivent avoir lieu lorsque cette désignation ne résulte pas de la loi ou de l'ordonnance royale ;

3° Dans l'arrêté ultérieur par lequel le préfet détermine les propriétés particulières auxquelles l'expropriation est applicable.

Cette application ne peut être faite à aucune propriété particulière qu'après que les parties intéressées ont été mises en état d'y fournir leurs contredits, selon les règles exprimées au titre II.

3. Tous grands travaux publics, routes royales, canaux, chemins de fer, canalisation de rivières, bassins et docks, entrepris par l'État, les départements, les communes, ou par compagnies particulières, avec ou sans péage, avec ou sans subside du Trésor, avec ou sans aliénation du domaine public, ne pourront être exécutés qu'en vertu d'une loi, qui ne sera rendue qu'après une enquête administrative.

Une ordonnance royale suffira pour autoriser l'exécution des routes départementales, celles des canaux et chemins de fer d'embranchement de moins de vingt mille mètres de longueur, des ponts et de tous autres travaux de moindre importance.

Cette ordonnance devra également être précédée d'une enquête.

Ces enquêtes auront lieu dans les formes déterminées par un règlement d'administration publique.

TITRE II. — *Des mesures d'administration relatives à l'expropriation.*

4. Les ingénieurs ou autres gens de l'art chargés de l'exécution des travaux lèvent, pour la partie qui s'étend sur chaque commune, le plan parcellaire des terrains ou des édifices dont la cession leur paraît nécessaire.

5. Le plan desdites propriétés particulières, indicatif des noms de chaque propriétaire, tels qu'ils sont inscrits sur la matrice des rôles, reste déposé, pendant huit jours, à la mairie de la commune où les propriétés sont situées, afin que chacun puisse en prendre connaissance.

6. Le délai fixé à l'article précédent ne court qu'à dater de l'avertissement, qui est donné collectivement aux parties intéressées, de prendre communication du plan déposé à la mairie.

Cet avertissement est publié à son de trompe ou de caisse dans la commune, et affiché tant à la principale porte de l'église du lieu qu'à celle de la maison commune.

Il est en outre inséré dans l'un des journaux publiés dans l'arrondissement, ou, s'il n'en existe aucun, dans l'un des journaux du département.

7. Le maire certifie ces publications et affiches ; il mentionne sur un procès-verbal qu'il ouvre à cet effet, et que les parties qui comparaissent sont requises de signer, les déclarations et réclamations qui lui ont été faites verbalement, et y annexe celles qui lui sont transmises par écrit.

8. A l'expiration du délai de huitaine prescrit par l'art. 5, une commission se réunit au chef-lieu de la sous-préfecture.

Cette commission, présidée par le sous-préfet de l'arrondissement, sera composée de quatre membres du conseil général du département ou du conseil de l'arrondissement désignés par le préfet, du maire de la commune où les propriétés sont situées, et de l'un des ingénieurs chargés de l'exécution des travaux.

La commission ne peut délibérer valablement qu'autant que cinq de ses membres au moins sont présents.

Dans le cas où le nombre des membres présents serait de six, et où il y aurait partage d'opinions, la voix du président sera prépondérante.

Les propriétaires qu'il s'agit d'exproprier ne peuvent être appelés à faire partie de la commission.

9. La commission reçoit, pendant huit jours, les observations des propriétaires.

Elles les appelle toutes les fois qu'elle le juge convenable. Elle donne son avis.

Ses opérations doivent être terminées dans le délai de dix jours ; après quoi le procès-verbal est adressé immédiatement par le sous-préfet au préfet.

Dans le cas où lesdites opérations n'auraient pas été mises à fin dans le délai ci-dessus, le sous-préfet devra, dans les trois jours, transmettre au préfet son procès-verbal et les documents recueillis.

10. Si la commission propose quelque changement au tracé indiqué par les ingénieurs, le sous-préfet devra, dans la forme indiquée par l'art. 6, en donner immédiatement avis au propriétaire que ces changements pourront intéresser. Pendant huitaine, à dater de cet avertissement, le procès-verbal et les pièces resteront déposés à la sous-préfecture ; les parties intéressées pourront en prendre communication sans déplacement et sans frais, et fournir leurs observations écrites.

Dans les trois jours suivants, le sous-préfet transmettra toutes les pièces à la préfecture.

11. Sur le vu du procès-verbal et des documents y annexés, le préfet détermine, par un arrêté motivé, les propriétés qui

doivent être cédées, et indique l'époque à laquelle il sera nécessaire d'en prendre possession. Toutefois, dans le cas où il résulterait de l'avis de la commission qu'il y aurait lieu de modifier le tracé des travaux ordonnés, le préfet surseoira jusqu'à ce qu'il ait été prononcé par l'administration supérieure.

L'administration supérieure pourra, suivant les circonstances, ou statuer définitivement, ou ordonner qu'il soit procédé de nouveau à tout ou partie des formalités prescrites par les articles précédents.

12. Les dispositions des art. 8, 9 et 10, ne sont point applicables au cas où l'expropriation serait demandée par une commune, et dans un intérêt purement communal, non plus qu'aux travaux d'ouverture ou de redressement des chemins vicinaux.

Dans ce cas, le procès-verbal prescrit par l'art. 7 est transmis, avec l'avis du conseil municipal, par le maire au sous-préfet, qui l'adressera au préfet avec ses observations.

Le préfet, en conseil de préfecture, sur le vu de ce procès-verbal, et sauf l'approbation de l'administration supérieure, prononcera comme il est dit en l'art. précédent.

TITRE III.—*De l'expropriation et de ses suites, quant aux priviléges, hypothèques et autres droits réels.*

13. Si des biens de mineur, d'interdits, d'absents, ou autres incapables, sont compris dans les plans déposés en vertu de l'art. 5, ou dans les modifications admises par l'administration supérieure, aux termes de l'art. 11 de la présente loi, les tuteurs, ceux qui ont été envoyés en possession provisoire, et tous représentants des incapables, peuvent, après autorisation du tribunal donnée sur simple requête, en la chambre du conseil, le ministère public entendu, consentir amiablement à l'aliénation desdits biens.

Le tribunal ordonne les mesures de conservation ou de remploi qu'il juge nécessaires.

Ces dispositions sont applicables aux immeubles dotaux et aux majorats.

Les préfets pourront, dans le même cas, aliéner les biens des départements, s'ils y sont autorisés par délibération du conseil général; les maires ou administrateurs pourront aliéner les biens des communes ou établissements publics, s'ils y sont autorisés par délibération du conseil municipal ou du conseil d'administration, approuvée par le préfet en conseil de préfecture.

Le ministre des finances peut consentir à l'aliénation des biens de l'Etat, ou de ceux qui font partie de la dotation de la couronne, sur la proposition de l'intendant de la liste civile.

A défaut de conventions amiables, soit avec les propriétaires des terrains ou bâtiments dont la cession est reconnue nécessaire, soit avec ceux qui les représentent, le préfet transmet au procureur du roi dans le ressort duquel les biens sont situés la loi ou l'ordonnance qui autorise l'exécution des travaux et l'arrêt mentionné en l'art. 11.

14. Dans les trois jours et sur la production des pièces constatant que les formalités prescrites par l'art. 2 du titre Ier, et par le titre II de la présente loi, ont été remplies, le procureur du roi requiert et le tribunal prononce l'expropriation pour cause d'utilité publique des terrains ou bâtiments indiqués dans l'arrêté du préfet.

Si, dans l'année de l'arrêté du préfet, l'administration n'a pas poursuivi l'expropriation, tout propriétaire dont les terrains sont compris audit arrêté peut présenter requête au tribunal. Cette requête sera communiquée par le procureur du roi au préfet, qui devra, dans le plus bref délai, envoyer les pièces, et le tribunal statuera dans les trois jours.

Le même jugement commet un des membres du tribunal pour remplir les fonctions attribuées par le titre IV, chapitre II, au magistrat directeur du jury chargé de fixer l'indemnité, et désigne un autre membre pour le remplacer au besoin.

En cas d'absence ou d'empêchement de ces deux magistrats, il sera pourvu à leur remplacement par une ordonnance sur requête du président du tribunal civil.

Dans le cas où les propriétaires à exproprier consentiraient à la cession, mais où il n'y aurait point accord sur le prix, le tribunal donnera acte du consentement, et désignera le magistrat directeur du jury, sans qu'il soit besoin de rendre le jugement d'expropriation, ni de s'assurer si les formalités prescrites par le titre II ont été remplies.

15. Le jugement est publié et affiché, par extrait, dans la commune de la situation des biens, de la manière indiquée en l'art. 6. Il est en outre inséré dans l'un des journaux publiés dans l'arrondissement, ou, s'il n'en existe aucun, dans l'un de ceux du département.

Cet extrait, contenant les noms des propriétaires, les motifs et le dispositif du jugement, leur est notifié au domicile qu'ils auront élu dans l'arrondissement de la situation des biens, par une déclaration faite à la mairie de la commune où les biens sont situés ; et, dans le cas où cette élection de domicile n'aurait pas eu lieu, la notification de l'extrait sera faite en double copie au maire et au fermier, locataire, gardien ou régisseur de la propriété.

Toutes les autres notifications prescrites par la présente loi seront faites dans la forme ci-dessus indiquée.

16. Le jugement sera, immédiatement après l'accomplissement des formalités prescrites par l'art. 15 de la présente loi, transcrit au bureau de la conservation des hypothèques de l'arrondissement, conformément à l'art. 2181 du Code civil.

17. Dans la quinzaine de la transcription, les priviléges et les hypothèques conventionnelles, judiciaires ou légales, seront inscrits.

A défaut d'inscription dans ce délai, l'immeuble exproprié sera affranchi de tous priviléges et hypothèques, de quelque nature qu'ils soient, sans préjudice du droit des femmes, mineurs et interdits, sur le montant de l'indemnité, tant qu'elle n'a pas été payée ou que l'ordre n'a pas été réglé définitivement entre les créanciers.

Les créanciers inscrits n'auront, dans aucun cas, la faculté de surenchérir, mais ils pourront exiger que l'indemnité soit fixée conformément au titre IV.

18. Les actions en résolution, en revendication, et toutes autres actions réelles, ne pourront arrêter l'expropriation ni en empêcher l'effet. Le droit des réclamants sera transporté sur le prix, et l'immeuble en demeurera affranchi.

19. Les règles posées dans le premier paragraphe de l'art. 15 et dans les art. 16, 17 et 18, sont applicables dans le cas de conventions amiables passées entre l'administration et les propriétaires.

Cependant l'administration peut, sauf les droits des tiers, et sans accomplir les formalités ci-dessus tracées, payer le prix des acquisitions dont la valeur ne s'élèverait pas au-dessus de 500 francs.

Le défaut d'accomplissement des formalités de la purge des hypothèques n'empêche pas l'expropriation d'avoir son cours, sauf, pour les parties intéressées, à faire valoir leurs droits ultérieurement, dans les formes déterminées par le titre IV de la présente loi.

20. Le jugement ne pourra être attaqué que par la voie du recours en cassation, et seulement pour incompétence, excès de pouvoir ou vices de forme du jugement.

Le pourvoi aura lieu, au plus tard, dans les trois jours, à dater de la notification du jugement, par déclaration au greffe du tribunal. Il sera notifié, dans la huitaine, soit à la partie, au domicile indiqué par l'art. 15, soit au préfet ou au maire, suivant la nature des travaux; le tout à peine de déchéance.

Dans la quinzaine de la notification du pourvoi, les pièces seront adressées à la chambre civile de la Cour de cassation, qui statuera dans le mois suivant.

L'arrêt, s'il est rendu par défaut, à l'expiration de ce délai, ne sera pas susceptible d'opposition.

Titre IV. — *Du règlement des indemnités.*

Chap. Ier. — Mesures préparatoires.

21. Dans la huitaine qui suit la notification prescrite par l'art. 15, le propriétaire est tenu d'appeler et de faire connaître

à l'administration les fermiers, locataires, ceux qui ont des droits d'usufruit, d'habitation ou d'usage, tels qu'ils sont réglés par le Code civil, et ceux qui peuvent réclamer des servitudes résultant des titres mêmes du propriétaire ou d'autres actes dans lesquels il serait intervenu ; sinon il restera seul chargé envers eux des indemnités que ces derniers pourront réclamer.

Les autres intéressés seront en demeure de faire valoir leurs droits par l'avertissement énoncé en l'art. 6, et tenus de se faire connaître à l'administration dans le même délai de huitaine, à défaut de quoi ils seront déchus de tous droits à l'indemnité.

22. Les dispositions de la présente loi relatives aux propriétaires et à leurs créanciers sont applicables à l'usufruitier et à ses créanciers.

23. L'administration notifie aux propriétaires, et à tous autres intéressés qui auront été désignés ou qui seront intervenus dans le délai fixé par l'art. 21, les sommes qu'elle offre pour indemnités.

Ces offres sont, en outre, affichées et publiées conformément à l'art. 6 de la présente loi.

24. Dans la quinzaine suivante, les propriétaires et autres intéressés sont tenus de déclarer leur acceptation, ou, s'ils n'acceptent pas les offres qui leur sont faites, d'indiquer le montant de leurs prétentions.

25. Les femmes mariées sous le régime dotal, assistées de leurs maris, les tuteurs, ceux qui ont été envoyés en possession provisoire des biens d'un absent, et autres personnes qui représentent les incapables, peuvent valablement accepter les offres énoncées en l'art. 23, s'ils y sont autorisés dans les formes prescrites par l'art. 13.

26. Le ministre des finances, les préfets, maires ou administrateurs, peuvent accepter les offres d'indemnités pour expropriation des biens appartenant à l'Etat, à la Couronne, aux départements, communes ou établissements publics, dans les formes et avec les autorisations prescrites par l'art. 13.

27. Le délai de quinzaine, fixé par l'art. 24, sera d'un mois dans les cas prévus par les art. 25 et 26.

28. Si les offres de l'administration ne sont pas acceptées dans les délais prescrits par les art. 24 et 27, l'administration citera devant le jury, qui sera convoqué à cet effet, les propriétaires et tous autres intéressés qui auront été désignés, ou qui seront intervenus, pour qu'il soit procédé au règlement des indemnités de la manière indiquée au chapitre suivant. La citation contiendra l'énonciation des offres qui auront été refusées.

Chap. II. — Du jury spécial chargé de régler les indemnités.

29. Dans sa session annuelle, le conseil général du département désigne, pour chaque arrondissement de sous-préfecture,

tant sur la liste des électeurs que sur la seconde partie de la liste du jury, trente-six personnes au moins, et soixante-douze au plus, qui ont leur domicile réel dans l'arrondissement, parmi lesquelles sont choisis, jusqu'à la session suivante ordinaire du conseil général, les membres du jury spécial appelé, le cas échéant, à régler les indemnités dues par suite d'expropriation pour cause d'utilité publique.

Le nombre des jurés désignés pour le département de la Seine sera de 600.

30. Toutes les fois qu'il y a lieu de recourir à un jury spécial, la première chambre de la Cour royale, dans les départements qui sont le siége d'une Cour royale, et, dans les autres départements, la première chambre du tribunal du chef-lieu judiciaire, choisit en la chambre du conseil, sur la liste dressée en vertu de l'article précédent pour l'arrondissement dans lequel ont lieu les expropriations, seize personnes qui formeront le jury spécial chargé de fixer définitivement le montant de l'indemnité, et, en outre, quatre jurés supplémentaires; pendant les vacances, ce choix est déféré à la chambre de la Cour ou du tribunal chargé du service des vacations. En cas d'abstention ou de récusation des membres du tribunal, le choix du jury est déféré à la Cour royale.

Ne peuvent être choisis,

1° Les propriétaires, fermiers, locataires des terrains et bâtiments désignés en l'arrêté du préfet pris en vertu de l'art. 11, et qui restent à acquérir;

2° Les créanciers ayant inscription sur lesdits immeubles;

3° Tous autres intéressés désignés ou intervenants en vertu des art. 21 et 22.

Les septuagénaires seront dispensés, s'ils le requièrent, des fonctions de juré.

31. La liste des seize jurés et des quatre jurés supplémentaires est transmise par le préfet au sous-préfet, qui, après s'être concerté avec le magistrat directeur du jury, convoque les jurés et les parties, en leur indiquant, au moins huit jours à l'avance, le lieu et le jour de la réunion. La notification aux parties leur fait connaître les noms des jurés.

32. Tout juré qui, sans motifs légitimes, manque à l'une des séances ou refuse de prendre part à la délibération, encourt une amende de 100 fr. au moins et de 300 fr. au plus.

L'amende est prononcée par le magistrat directeur du jury.

Il statue en dernier ressort sur l'opposition qui serait formée par le juré condamné.

Il prononce également sur les causes d'empêchement que les jurés proposent, ainsi que sur les exclusions ou incompatibilités dont les causes ne seraient survenues ou n'auraient été connues que postérieurement à la désignation faite en vertu de l'art. 30.

33. Ceux des jurés qui se trouvent rayés de la liste par suite des empêchements, exclusions ou incompatibilités prévus à l'article précédent, sont immédiatement remplacés par les jurés supplémentaires, que le magistrat directeur du jury appelle dans l'ordre de leur inscription.

En cas d'insuffisance, le magistrat directeur du jury choisit, sur la liste dressée en vertu de l'art. 29, les personnes nécessaires pour compléter le nombre des seize jurés.

34. Le magistrat directeur du jury est assisté, auprès du jury spécial, du greffier ou commis greffier du tribunal, qui appelle successivement les causes sur lesquelles le jury doit statuer, et tient procès-verbal des opérations.

Lors de l'appel, l'administration a le droit d'exercer deux récusations péremptoires; la partie adverse a le même droit.

Dans le cas où plusieurs intéressés figurent dans la même affaire, ils s'entendent pour l'exercice du droit de récusation, sinon le sort désigne ceux qui doivent en user.

Si le droit de récusation n'est point exercé, ou s'il ne l'est que partiellement, le magistrat directeur du jury procède à la réduction des jurés au nombre de douze, en retranchant les derniers noms inscrits sur la liste.

35. Le jury spécial n'est constitué que lorsque les douze jurés sont présents.

Les jurés ne peuvent délibérer valablement qu'au nombre de neuf au moins.

36. Lorsque le jury est constitué, chaque juré prête serment de remplir ses fonctions avec impartialité.

37. Le magistrat directeur met sous les yeux du jury :

1° Le tableau des offres et demandes notifiées en exécution des art. 23 et 24 ;

2° Les plans parcellaires et les titres ou autres documents produits par les parties à l'appui de leurs offres et demandes.

Les parties ou leurs fondés de pouvoir peuvent présenter sommairement leurs observations.

Le jury pourra entendre toutes les personnes qu'il croira pouvoir l'éclairer.

Il pourra également se transporter sur les lieux, ou déléguer à cet effet un ou plusieurs de ses membres.

La discussion est publique; elle peut être continuée à une autre séance.

38. La clôture de l'instruction est prononcée par le magistrat directeur du jury.

Les jurés se retirent immédiatement dans leur chambre pour délibérer, sans désemparer, sous la présidence de l'un d'eux, qu'ils désignent à l'instant même.

La décision du jury fixe le montant de l'indemnité; elle est prise à la majorité des voix.

En cas de partage, la voix du président du jury est prépondérante.

39. Le jury prononce des indemnités distinctes en faveur des parties qui les réclament à des titres différents, comme propriétaires, fermiers, locataires, usagers et autres intéressés dont il est parlé à l'art. 21.

Dans le cas d'usufruit, une seule indemnité est fixée par le jury, eu égard à la valeur totale de l'immeuble; le nu propriétaire et l'usufruitier exercent leurs droits sur le montant de l'indemnité au lieu de l'exercer sur la chose.

L'usufruitier sera tenu de donner caution ; les père et mère ayant l'usufruit légal des biens de leurs enfants en seront seuls dispensés.

Lorsqu'il y a litige sur le fond du droit ou sur la qualité des réclamants, et toutes les fois qu'il s'élève des difficultés étrangères à la fixation du montant de l'indemnité, le jury règle l'indemnité indépendamment de ces litiges et difficultés, sur lesquels les parties sont renvoyées à se pourvoir devant qui de droit.

L'indemnité allouée par le jury ne peut, en aucun cas, être inférieure aux offres de l'administration, ni supérieure à la demande de la partie intéressée.

40. Si l'indemnité réglée par le jury ne dépasse pas l'offre de l'administration, les parties qui l'auront refusée seront condamnées aux dépens.

Si l'indemnité est égale à la demande des parties, l'administration sera condamnée aux dépens.

Si l'indemnité est à la fois supérieure à l'offre de l'administration, et inférieure à la demande des parties, les dépens seront compensés de manière à être supportés par les parties et l'administration, dans les proportions de leur offre ou de leur demande avec la décision du jury.

Tout indemnitaire qui ne se trouvera pas dans le cas des art. 25 et 26 sera condamné aux dépens, quelle que soit l'estimation ultérieure du jury, s'il a omis de se conformer aux dispositions de l'art. 24.

41. La décision du jury, signée des membres qui y ont concouru, est remise par le président au magistrat directeur, qui la déclare exécutoire, statue sur les dépens, et envoie l'administration en possession de la propriété, à la charge par elle de se conformer aux dispositions des art. 53, 54 et suivants.

Ce magistrat taxe les dépens, dont le tarif est déterminé par un règlement d'administration publique. La taxe ne comprendra que les actes faits postérieurement à l'offre de l'administration; les frais des actes antérieurs demeurent, dans tous les cas, à la charge de l'administration.

42. La décision du jury et l'ordonnance du magistrat directeur ne peuvent être attaquées que par la voie du recours en cassation, et seulement pour violation du premier paragraphe de l'art. 30, de l'art. 31, des deuxième et quatrième paragraphes de l'art. 34, et des art. 35, 36, 37, 38, 39 et 40.

Le délai sera de quinze jours pour ce recours, qui sera d'ailleurs formé, notifié et jugé comme il est dit en l'art. 20 ; il courra à partir du jour de la décision.

43. Lorsqu'une décision du jury aura été cassée, l'affaire sera renvoyée devant un nouveau jury, choisi dans le même arrondissement.

Néanmoins la Cour de cassation pourra, suivant les circonstances, renvoyer l'appréciation de l'indemnité à un jury choisi dans un des arrondissements voisins, quand même il appartiendrait à un autre département.

Il sera procédé, à cet effet, conformément à l'art. 30.

44. Le jury ne connait que des affaires dont il a été saisi au moment de sa convocation, et statue successivement et sans interruption sur chacune de ces affaires. Il ne peut se séparer qu'après avoir réglé toutes les indemnités dont la fixation lui a été ainsi déférée.

45. Les opérations commencées par un jury, et qui ne sont pas encore terminées au moment du renouvellement annuel de la liste générale mentionnée en l'art. 29, sont continuées, jusqu'à conclusion définitive, par le même jury.

46. Après la clôture des opérations du jury, les minutes de ses décisions et les autres pièces qui se rattachent auxdites opérations sont déposées au greffe du tribunal civil de l'arrondissement.

47. Les noms des jurés qui auront fait le service d'une session ne pourront être portés sur le tableau dressé par le conseil général pour l'année suivante.

Chap. III. — Des règles à suivre pour la fixation des indemnités.

48. Le jury est juge de la sincérité des titres et de l'effet des actes qui seraient de nature à modifier l'évaluation de l'indemnité.

49. Dans le cas où l'administration contesterait au détenteur exproprié le droit à une indemnité, le jury, sans s'arrêter à la contestation, dont il renvoie le jugement devant qui de droit, fixe l'indemnité comme si elle était due, et le magistrat directeur du jury en ordonne la consignation, pour ladite indemnité rester déposée jusqu'à ce que les parties se soient entendues ou que le litige soit vidé.

50. Les bâtiments dont il est nécessaire d'acquérir une portion pour cause d'utilité publique seront achetés en entier, si les propriétaires le requièrent par une déclaration formelle adressée au magistrat directeur du jury, dans les délais énoncés aux art. 24 et 27.

Il en sera de même de toute parcelle de terrain qui, par suite du morcellement, se trouvera réduite au quart de la contenance totale, si toutefois le propriétaire ne possède aucun terrain immédiatement contigu, et si la parcelle ainsi réduite est inférieure à dix ares.

51. Si l'exécution des travaux doit procurer une augmentation de valeur immédiate et spéciale au restant de la propriété, cette augmentation sera prise en considération dans l'évaluation du montant de l'indemnité.

52. Les constructions, plantations et améliorations ne donneront lieu à aucune indemnité, lorsque, à raison de l'époque où elles auront été faites ou de toutes autres circonstances dont l'appréciation lui est abandonnée, le jury acquiert la conviction qu'elles ont été faites dans la vue d'obtenir une indemnité plus élevée.

Titre V. — *Du paiement des indemnités.*

53. Les indemnités réglées par le jury seront, préalablement à la prise de possession, acquittées entre les mains des ayants droit.

S'ils se refusent à les recevoir, la prise de possession aura lieu après offres réelles et consignation.

S'il s'agit de travaux exécutés par l'Etat ou les départements, les offres réelles pourront s'effectuer au moyen d'un mandat égal au montant de l'indemnité réglée par le jury : ce mandat, délivré par l'ordonnateur compétent, visé par le payeur, sera payable sur la caisse publique qui s'y trouvera désignée.

Si les ayants droit refusent de recevoir le mandat, la prise de possession aura lieu après consignation en espèces.

54. Il ne sera pas fait d'offres réelles toutes les fois qu'il existera des inscriptions sur l'immeuble exproprié, ou d'autres obstacles au versement des deniers entre les mains des ayants droit ; dans ce cas, il suffira que les sommes dues par l'administration soient consignées, pour être ultérieurement distribuées ou remises, selon les règles du droit commun.

55. Si, dans les six mois du jugement d'expropriation, l'administration ne poursuit pas la fixation de l'indemnité, les parties pourront exiger qu'il soit procédé à ladite fixation.

Quand l'indemnité aura été réglée, si elle n'est ni acquittée ni consignée dans les six mois de la décision du jury, les intérêts courront de plein droit à l'expiration de ce délai.

Titre VI. — *Dispositions diverses.*

56. Les contrats de vente, quittances et autres actes relatifs à l'acquisition des terrains, peuvent être passés dans la forme des actes administratifs ; la minute restera déposée au secrétariat de la préfecture : expédition en sera transmise à l'administration des domaines.

57. Les significations et notifications mentionnées en la présente loi sont faites à la diligence du préfet du département de la situation des biens.

Elles peuvent être faites tant par huissier que par tout agent de l'administration dont les procès-verbaux font foi en justice.

58. Les plans, procès-verbaux, certificats, significations, jugements, contrats, quittances et autres actes faits en vertu de la présente loi, seront visés pour timbre et enregistrés gratis, lorsqu'il y aura lieu à la formalité de l'enregistrement.

Il ne sera perçu aucun droit pour la transcription des actes au bureau des hypothèques.

Les droits perçus sur les acquisitions amiables faites antérieurement aux arrêtés de préfet seront restitués, lorsque, dans le délai de deux ans, à partir de la perception, il sera justifié que les immeubles acquis sont compris dans ces arrêtés. La restitution des droits ne pourra s'appliquer qu'à la portion des immeubles qui aura été reconnue nécessaire à l'exécution des travaux.

59. Lorsqu'un propriétaire aura accepté les offres de l'administration, le montant de l'indemnité devra, s'il l'exige et s'il n'y a pas eu contestation de la part des tiers dans les délais prescrits par les art. 24 et 27, être versé à la caisse des dépôts et consignations, pour être remis ou distribué à qui de droit, selon les règles du droit commun.

60. Si les terrains acquis pour des travaux d'utilité publique ne reçoivent pas cette destination, les anciens propriétaires ou leurs ayants droit peuvent en demander la remise.

Le prix des terrains rétrocédés est fixé à l'amiable, et, s'il n'y a pas accord, par le jury, dans les formes ci-dessus prescrites. La fixation par le jury ne peut, en aucun cas, excéder la somme moyennant laquelle les terrains ont été acquis.

61. Un avis, publié de la manière indiquée en l'art. 6, fait connaître les terrains que l'administration est dans le cas de revendre. Dans les trois mois de cette publication, les anciens propriétaires qui veulent réacquérir la propriété desdits terrains sont tenus de le déclarer ; et, dans le mois de la fixation du prix, soit amiable, soit judiciaire, ils doivent passer le contrat de rachat et payer le prix : le tout à peine de déchéance du privilége que leur accorde l'article précédent.

62. Les dispositions des art. 60 et 61 ne sont pas applicables aux terrains qui auront été acquis sur la réquisition du propriétaire, en vertu de l'art. 50, et qui resteraient disponibles après l'exécution des travaux.

63. Les concessionnaires des travaux publics exerceront tous les droits conférés à l'administration, et seront soumis à toutes les obligations qui lui sont imposées par la présente loi.

64. Les contributions de la portion d'immeuble qu'un propriétaire aura cédée, ou dont il aura été exproprié pour cause

d'utilité publique, continueront à lui être comptées pendant un an, à partir de la remise de la propriété, pour former son cens électoral.

TITRE VII. — *Dispositions exceptionnelles.*

CHAPITRE Ier.

65. Lorsqu'il y aura urgence de prendre possession des terrains non bâtis qui seront soumis à l'expropriation, l'urgence sera spécialement déclarée par une ordonnance royale.

66. En ce cas, après le jugement d'expropriation, l'ordonnance qui déclare l'urgence et le jugement seront notifiés, conformément à l'art. 15, aux propriétaires et aux détenteurs, avec assignation devant le tribunal civil. L'assignation sera donnée à trois jours au moins ; elle énoncera la somme offerte par l'administration.

67. Au jour fixé, le propriétaire et les détenteurs seront tenus de déclarer la somme dont ils demandent la consignation avant l'envoi en possession.

Faute par eux de comparaître, il sera procédé en leur absence.

68. Le tribunal fixe le montant de la somme à consigner.

Le tribunal peut se transporter sur les lieux, ou commettre un juge pour visiter les terrains, recueillir tous les renseignements propres à en déterminer la valeur, et en dresser, s'il y a lieu, un procès-verbal descriptif. Cette opération devra être terminée dans les cinq jours à dater du jugement qui l'aura ordonnée.

Dans les trois jours de la remise de ce procès-verbal au greffe, le tribunal déterminera la somme à consigner.

69. La consignation doit comprendre, outre le principal, la somme nécessaire pour assurer, pendant deux ans, le paiement des intérêts à 5 pour 100.

70. Sur le vu du procès-verbal de consignation, et sur une nouvelle assignation à deux jours de délai au moins, le président ordonne la prise de possession.

71. Le jugement du tribunal et l'ordonnance du président sont exécutoires sur minute et ne peuvent être attaqués par opposition ni par appel.

72. Le président taxera les dépens, qui seront supportés par l'administration.

73. Après la prise de possession, il sera, à la poursuite de la partie la plus diligente, procédé à la fixation définitive de l'indemnité, en exécution du titre IV de la présente loi.

74. Si cette fixation est supérieure à la somme qui a été déterminée par le tribunal, le supplément doit être consigné dans la quinzaine de la notification de la décision du jury, et, à défaut, le propriétaire peut s'opposer à la continuation des travaux.

Chapitre II.

75. Les formalités prescrites par les titres I et II de la présente loi ne sont applicables ni aux travaux militaires, ni aux travaux de la marine royale.

Pour ces travaux, une ordonnance royale détermine les terrains qui sont soumis à l'expropriation.

76. L'expropriation ou l'occupation temporaire, en cas d'urgence, des propriétés privées qui seront jugées nécessaires pour des travaux de fortification, continueront d'avoir lieu conformément aux dispositions prescrites par la loi du 30 mars 1831.

Toutefois, lorsque les propriétaires ou autres intéressés n'auront pas accepté les offres de l'administration, le règlement définitif des indemnités aura lieu conformément aux dispositions du titre IV ci-dessus.

Seront également applicables aux expropriations poursuivies en vertu de la loi du 30 mars 1831, les art. 16, 17, 18, 19 et 20, ainsi que le titre VI de la présente loi.

Titre VIII. — *Dispositions finales.*

77. Les lois des 8 mars 1810 et 7 juillet 1833 sont abrogées.

Loi du 21 mai 1842 relative aux portions de routes royales délaissées par suite de changement de tracé ou d'ouverture d'une nouvelle route.

Art. 1ᵉʳ. Les portions de routes royales délaissées par suite de changement de tracé ou d'ouverture d'une nouvelle route pourront, sur la demande ou avec l'assentiment des conseils généraux des départements ou des conseils municipaux des communes intéressées, être classées par ordonnances royales, soit parmi les routes départementales, soit parmi les chemins vicinaux de grande communication, soit parmi les simples chemins vicinaux.

2. Au cas où ce classement ne serait pas ordonné, les terrains délaissés seront remis à l'administration des domaines, laquelle est autorisée à les aliéner.

Néanmoins il sera réservé, s'il y a lieu, eu égard à la situation des propriétés riveraines, et par arrêté du préfet en conseil de préfecture, un chemin d'exploitation dont la largeur ne pourra excéder cinq mètres.

3. Les propriétaires seront mis en demeure d'acquérir, chacun en droit soi, dans les formes tracées par l'art. 61 de la loi du 3 mai 1841, les parcelles attenantes à leurs propriétés.

A l'expiration du délai fixé par l'article précité, il pourra être procédé à l'aliénation des terrains, selon les règles qui régissent les aliénations du domaine de l'Etat, ou par application de l'art. 4 de la loi du 20 mai 1836.

4. Lorsque les portions de routes royales délaissées auront été classées parmi les routes départementales ou les chemins vicinaux, les parcelles de terrain qui ne feraient pas partie de la nouvelle voie de communication ne pourront être aliénées qu'à la charge, par le département ou la commune, de se conformer aux dispositions du premier paragraphe de l'article précédent.

Loi du 13 avril 1850 relative à l'assainissement des logements insalubres.

Art. 1er. Dans toute commune où le conseil municipal l'aura déclaré nécessaire par une délibération spéciale, il nommera une commission chargée de rechercher et indiquer les mesures indispensables d'assainissement des logements et dépendances insalubres mis en location ou occupés par d'autres que le propriétaire, l'usufruitier ou l'usager. Sont réputés insalubres, les logements qui se trouvent dans des conditions de nature à porter atteinte à la vie ou à la santé de leurs habitants.

2. La commission se composera de neuf membres au plus, et de cinq au moins. En feront nécessairement partie un médecin et un architecte ou tout homme de l'art, ainsi qu'un membre du bureau de bienfaisance et du conseil des prud'hommes, si ces institutions existent dans la commune. La présidence appartient au maire ou à l'adjoint. Le médecin et l'architecte pourront être choisis hors de la commune. La commission se renouvelle tous les deux ans par tiers; les membres sortants sont indéfiniment rééligibles. A Paris, la commission se compose de douze membres.

3. La commission visitera les lieux signalés comme insalubres; elle déterminera l'état d'insalubrité et en indiquera les causes, ainsi que les moyens d'y remédier; elle désignera les logements qui ne seraient pas susceptibles d'assainissement.

4. Les rapports de la commission seront déposés au secrétariat de la mairie, et les parties intéressées mises en demeure d'en prendre communication et de produire leurs observations dans le délai d'un mois.

5. A l'expiration de ce délai, les rapports et observations seront soumis au conseil municipal qui déterminera, 1° les travaux d'assainissement et les lieux où ils devront être entièrement ou partiellement exécutés, ainsi que les délais de leur achèvement; 2° les habitations qui ne sont pas susceptibles d'assainissement.

6. Un recours est ouvert aux intéressés contre ces décisions devant le conseil de préfecture, dans le délai d'un mois à dater de la notification de l'arrêté municipal; le recours sera suspensif.

En vertu de la décision du conseil municipal ou de celle du conseil de préfecture, en cas de recours, s'il a été reconnu que les causes d'insalubrité sont dépendantes du fait du propriétaire ou de l'usufruitier, l'autorité municipale lui enjoindra, par mesure d'ordre et de police, d'exécuter les travaux jugés nécessaires.

8. Les ouvertures pratiquées pour l'exécution des travaux d'assainissement seront exemptées, pendant trois ans, de la contribution des portes et fenêtres.

9. En cas d'inexécution, dans les délais déterminés, des travaux jugés nécessaires, et si le logement continue d'être occupé par un tiers, le propriétaire ou l'usufruitier sera passible d'une amende de 16 francs à 100 francs. Si les travaux n'ont pas été exécutés dans l'année qui aura suivi la condamnation, et si le logement insalubre a continué d'être occupé par un tiers, le propriétaire ou l'usufruitier sera passible d'une amende égale à la valeur des travaux et pouvant être élevée au double.

10. S'il est reconnu que le logement n'est pas susceptible d'assainissement et que les causes d'insalubrité sont dépendantes de l'habitation elle-même, l'autorité municipale pourra, dans le délai qu'elle fixera, en interdire provisoirement la location à titre d'habitation.

L'interdiction absolue ne pourra être prononcée que par le conseil de préfecture, et, dans ce cas, il y aura recours de sa décision devant le Conseil d'Etat. Le propriétaire ou l'usufruitier qui aura contrevenu à l'interdiction prononcée sera condamné à une amende de 16 à 100 francs, et, en cas de récidive dans l'année, à une amende égale au double de la valeur locative du logement interdit.

11. Lorsque, par suite de l'exécution de la présente loi, il y aura lieu à résiliation des baux, cette résiliation n'emportera en faveur du locataire aucuns dommages-intérêts.

12. L'art. 463 du C. pén. sera applicable à toutes les contraventions ci-dessus indiquées.

13. Lorsque l'insalubrité est le résultat de causes extérieures et permanentes, ou lorsque ces causes ne peuvent être détruites que par des travaux d'ensemble, la commission pourra acquérir suivant les formes et après l'accomplissement des formalités

prescrites par la loi du 3 mai 1841, la totalité des propriétés comprises dans le périmètre des travaux. Les portions de ces propriétés qui, après l'assainissement opéré, resteraient en dehors des alignements arrêtés pour les nouvelles constructions, pourront être revendues aux enchères publiques, sans que, dans ce cas, les anciens propriétaires ou leurs ayants droit puissent demander l'application des articles 60 et 61 de la loi du 3 mai 1841.

14. Les amendes prononcées en vertu de la présente loi seront attribuées en entier au bureau ou établissement de bienfaisance de la localité où sont situées les habitations, à raison desquelles ces amendes auront été encourues.

Décret du 26 mars 1852 relatif aux rues de Paris.

Louis-Napoléon, Président de la République française,
Sur le rapport de ministre de l'intérieur, de l'agriculture et du commerce, — Décrète :

Art. 1er. Les rues de Paris continueront d'être soumises au régime de la grande voirie.

2. Dans tout projet d'expropriation pour l'élargissement, le redressement ou la formation des rues de Paris, l'administration aura la faculté de comprendre la totalité des immeubles atteints, lorsqu'elle jugera que les parties restantes ne sont pas d'une étendue ou d'une forme qui permette d'y élever des constructions salubres. Elle pourra pareillement comprendre dans l'expropriation des immeubles en dehors des alignements, lorsque leur acquisition sera nécessaire pour la suppression d'anciennes voies publiques jugées inutiles. Les parcelles de terrain acquises en dehors des alignements, et non susceptibles de recevoir des constructions salubres, seront réunies aux propriétés contiguës, soit à l'amiable, soit par l'expropriation de ces propriétés, conformément à l'art. 53 de la loi du 16 sept. 1807. La fixation du prix de ces terrains sera faite suivant les mêmes formes et devant la même juridiction que celle des expropriations ordinaires. L'art. 58 de la loi du 3 mai 1841 est applicable à tous les actes et contrats relatifs aux terrains acquis pour la voie publique par simple mesure de voirie.

3. A l'avenir, l'étude de tout plan d'alignement de rue devra nécessairement comprendre le nivellement ; celui-ci sera soumis à toutes les formalités qui régissent l'alignement. Tout constructeur de maisons, avant de se mettre à l'œuvre, devra demander l'alignement et le nivellement de la voie publique au-devant de son terrain et s'y conformer.

4. Il devra pareillement adresser à l'administration un plan et des coupes cotés des constructions qu'il projette et se soumettre aux prescriptions qui lui seront faites, dans l'intérêt de la sûreté publique et de la salubrité. Vingt jours après le dépôt de ces plans et coupes au secrétariat de la préfecture de la Seine, le constructeur pourra commencer ses travaux d'après son plan, s'il ne lui a été notifié aucune injonction. Une coupe géologique des fouilles, pour fondation de bâtiments, sera dressée par tout architecte constructeur et remise à la préfecture de la Seine.

5. La façade des maisons sera constamment tenue en bon état de propreté. Elles seront grattées, repeintes ou badigeonnées au moins une fois tous les dix ans, sur l'injonction qui sera faite au propriétaire par l'autorité municipale. Les contrevenants seront passibles d'une amende qui ne pourra excéder 100 francs.

6. Toute construction nouvelle dans une rue pourvue d'égouts devra être disposée de manière à y conduire ses eaux pluviales et ménagères. La même disposition sera prise pour toute maison ancienne en cas de grosses réparations, et, en tout cas, avant dix ans.

8. Il sera statué par un décret ultérieur, rendu dans la forme des règlements d'administration publique, en ce qui concerne la hauteur des maisons, les combles et les lucarnes.

8. Les propriétaires riverains des voies publiques empierrées supporteront les frais de premier établissement des travaux d'après les règles qui existent à l'égard des propriétaires riverains des rues pavées.

9. Les dispositions du présent décret pourront être appliquées à toutes les villes qui en feront la demande par des décrets spéciaux rendus dans la forme des règlements d'administration publique.

10. Le ministre de l'intérieur, de l'agriculture et du commerce (M. *de Persigny*) est chargé, etc.

Loi du 22 juin 1854 qui modifie, pour l'arrondissement de Lyon, l'article 29 de la loi du 3 mai 1841, sur l'expropriation pour cause d'utilité publique.

Article unique. Le nombre des personnes désignées conformément à l'art. 29 de la loi du 3 mai 1841, et parmi lesquelles sont choisis les membres du jury spécial chargé de régler les indemnités dues par suite d'expropriation pour cause d'utilité publique, est porté à deux cents pour l'arrondissement de Lyon (Rhône) — (A).

Additions.

(A) Décret du 27 décembre 1858-1er janvier 1859, portant règlement d'administration publique pour l'exécution du décret du 26 mars 1852, relatif aux rues de Paris (*Bulletin officiel* 656, n° 6111, S.59. 3.23).

Art. 1er. Lorsque, dans un projet d'expropriation pour l'élargissement, le redressement ou la formation d'une rue, l'administration croit devoir comprendre, par application du paragraphe 1er de l'art. 2 du décret du 26 mars 1852, des parties d'immeubles situées en dehors des alignements et qu'elle juge impropres, à raison de leur étendue ou de leur forme, à recevoir des constructions salubres, l'indication de ces parties est faite sur le plan soumis à l'enquête prescrite par l'art. 11 de la loi du 3 mai 1841, et il est fait mention du projet de l'administration dans l'avertissement donné conformément à l'art. 6 de ladite loi.

Art. 2. Dans le délai de huit jours, à partir de cet avertissement, les propriétaires doivent déclarer sur le procès-verbal d'enquête s'ils s'opposent à l'expropriation et faire connaître leurs motifs. — Dans ce cas, l'expropriation ne peut être autorisée que par un décret en Conseil d'Etat.

Les oppositions ainsi formées ne font point obstacle à ce que le préfet statue conformément aux art. 11 et 12 de la loi du 3 mai 1841, sur toutes autres propriétés comprises dans l'expropriation.

Art. 3. Si l'administration le juge préférable, il est statué par un seul et même décret, tant sur l'utilité publique de l'élargissement, du redressement ou de la formation des rues projetées, que sur l'autorisation d'exproprier les parcelles situées en dehors des alignements.

Dans ce cas, l'indication des parcelles à exproprier est faite sur le plan soumis à l'enquête, en vertu du titre 1er de la loi du 3 mai 1841 et de l'art. 2 de l'ordonnance du 23 août 1835 ; mention est faite du projet de l'administration dans l'avertissement donné conformément à l'art. 3 de ladite ordonnance et les oppositions des propriétaires intéressés sont consignées au registre de l'enquête.

Art. 4. Les formalités prescrites par les articles ci-dessus sont suivies pour l'application du paragraphe 2 de l'art. 2 du décret du 26 mars 1852.

Art. 5. Dans le cas prévu par le paragraphe 3 du même article, le propriétaire du fonds auquel doivent être réunies les parcelles acquises en dehors des alignements, conformément à l'art. 53 de la loi du 16 septembre 1807, est mis en demeure par acte extrajudiciaire de déclarer, dans un délai de huitaine, s'il entend profiter de la faculté de s'avancer sur la voie publique en acquérant les parcelles riveraines.

En cas de refus ou de silence, il est procédé à l'expropriation dans les formes légales.

Le décret du 27 déc. 1858, aux termes duquel la faculté accordée à l'administration de comprendre dans toute expropriation opérée pour l'élargissement, le redressement ou la formation des rues de Paris, les portions de terrains se trouvant en dehors des travaux est susceptible, de la part de l'exproprié, d'une opposition rendant nécessaire une expropriation particulière qui ne peut être autorisée que par un décret rendu en Conseil d'Etat, doit être appliqué à toutes les expropriations postérieures à sa publication.

Et une expropriation doit être considérée comme postérieure à la publication de ce décret, lorsque le jugement qui la prononce est intervenu depuis le décret, bien que les formalités préliminaires soient antérieures. Cass. civ., 8 août 1859 (S.59.1. 960).

FIN DE L'APPENDICE.

SUPPLÉMENT [1]

109. La nullité résultant de l'inobservation du délai de huitaine, prescrit par les art. 5 et 6 de la loi du 3 mai 1841, pour le dépôt du plan parcellaire à la mairie, n'est pas couverte par ce seul fait que la partie qui la propose aurait présenté ses observations pendant la durée insuffisante dudit dépôt à la mairie ; nonobstant les observations faites par elle, la partie peut se plaindre de ce qu'il lui a été enlevé une portion du délai durant lequel elle aurait pu encore, si elle l'avait jugé convenable, présenter des observations nouvelles. Cass. civ., 10 juill. 1866 (*Gaz. trib.*, 11 juill. 66).

La nullité du jugement d'expropriation peut être demandée par l'exproprié, lorsque l'enquête prescrite par les articles 5 et 6 de la loi du 3 mai 1841 n'est pas restée ouverte pendant l'intégralité du délai prescrit par la loi, lorsque huit jours pleins ne se sont pas écoulés entre l'insertion de l'avis dans le journal et la clôture du procès-verbal d'enquête dressé par le maire. Spécialement, la nullité peut être demandée lorsque, l'insertion au journal ayant eu lieu le 11, le procès-verbal d'enquête a été clos le 19 au matin. Il importerait peu qu'il se fût écoulé huit fois vingt-quatre heures entre l'insertion au journal et la clôture du procès-verbal : ce n'est pas d'heure à heure que se compte ce délai, ce sont huit jours pleins qu'il doit contenir ; le délai ne pouvant commencer à courir que du lendemain du jour de l'insertion de l'avis.

Le droit d'invoquer cette nullité appartient même à l'exproprié qui aurait présenté déjà des observations avant la clôture prématurée du procès-verbal : les observations présentées par lui ne faisaient pas obstacle à ce qu'il y en ajoutât de nouvelles, et ne le privent pas du droit de se plaindre de l'abréviation illégale du délai. Cass. civ., 6 juin 1866 (*Gaz. trib.*, 7 juin 66).

152. Des propriétaires d'usines situées sur un cours d'eau non navigable et le propriétaire d'un pré situé au bord de la même rivière ont formé contre une ville, par application de l'art. 48 de la loi du 16 septembre 1807, une demande en indemnité à raison du préjudice que leur aurait causé la ville, en détournant, pour le service de ses fontaines publiques, une source qui alimentait la rivière. La ville défend à cette demande en soutenant qu'étant devenue propriétaire de la source en vertu d'un jugement d'expropriation, elle a agi à titre de propriétaire, et n'a fait qu'user des droits qui lui appartenaient aux termes des art. 641 et suivants du Code Napoléon. Les propriétaires des usines et du pré prétendent que telle ne peut être la conséquence de l'expropriation prononcée, et que, devant le jury, ils avaient réclamé une indemnité spéciale pour le dommage que leur causerait le détourne-

---

[1] Afin que cette édition soit complètement au courant de la jurisprudence jusqu'à ce jour (15 juillet 1866), nous donnons, dans ce *Supplément*, les dernières décisions intervenues au cours de l'impression, et qui n'ont pu être classées dans le corps de l'ouvrage.

Des numéros correspondant à ceux du texte les y rattachent.

ment par la ville des eaux de la source, mais que le magistrat directeur du jury s'est opposé à ce que le jury procédât d'ors et déjà au règlement de cette indemnité, et a réservé tous leurs droits à raison de ce dommage; qu'ainsi la ville n'est pas fondée à se prévaloir de la disposition des art. 641 et suivants pour repousser leur demande d'indemnité. Le conseil de préfecture ne peut rejeter la demande, en se fondant sur ce que la ville, étant devenue propriétaire de la source, pouvait, aux termes de l'art. 641 du Code Napoléon, en disposer, et que les demandeurs n'alléguaient aucun droit contraire fondé sur titre ou prescription, par application de l'art. 642 du Code Napoléon.

Le conseil de préfecture est compétent, aux termes de l'art. 4 de la loi du 28 pluv. an VIII et de l'art. 48 de la loi du 16 sept. 1807, pour statuer sur les indemnités réclamées pour dommages causés par l'exécution de travaux publics; mais il ne lui appartient ni d'apprécier les droits que la ville prétend résulter pour elle de l'expropriation prononcée à son profit, ni de déterminer en vertu des art. 641, et suivants, les droits soit de la ville, soit des propriétaires sur les eaux des sources, ni de connaître de l'existence et des effets des réserves que les propriétaires allèguent avoir faites devant le jury à l'époque de l'expropriation. Ces questions sont de la compétence de l'autorité judiciaire. Cons. d'Etat, 1865 (Lebon, *Rec.* 1865, p. 175).

Le conseil de préfecture est incompétent pour statuer sur le règlement d'indemnité demandé par un propriétaire dans les conditions suivantes :

A la suite des dégradations causées à une maison par le choc de la volée d'un pont, l'administration s'est opposée aux réparations ayant pour but de remettre les lieux dans leur état primitif. Afin d'assurer le libre mouvement de la volée du pont, la maison a été assujettie à un dérasement qui entraîne la démolition d'une partie de ses combles. A l'offre d'une indemnité, le propriétaire a répondu par une demande tendant à ce que, par application de la loi du 3 mai 1841, la maison fût expropriée en entier.

Le dérasement devant avoir pour effet de priver le propriétaire d'une partie de sa propriété, le conseil de préfecture devient incompétent. Cons. d'Etat (Lebon, *Rec.* 1865, p. 178).

En réponse à la demande en indemnité formée par un propriétaire, pour le dommage qu'aurait causé à sa maison l'exhaussement du sol d'une rue, les concessionnaires des travaux ont prétendu, devant le conseil de préfecture, que l'appréciation de ce dommage avait été comprise dans l'indemnité allouée au propriétaire, par décision du jury d'expropriation, à raison de la dépossession d'une partie de la même maison. Le conseil de préfecture, en renvoyant les parties, avec réserve de leurs droits, devant l'autorité judiciaire, pour faire déterminer le sens et la portée de la décision du jury, peut se déclarer compétent, aux termes de l'art. 4 de la loi du 28 pluv. an VIII, pour le cas où il serait reconnu par cette autorité que le dommage allégué n'a pas déjà été apprécié par le jury. On objecterait vainement que le conseil de préfecture ne peut se déclarer compétent pour connaître d'une demande relative à un dommage qui était la suite nécessaire de l'expropriation. Cons. d'Etat (Lebon, *Rec.* 1865, p. 213).

Un propriétaire a été partiellement exproprié pour l'établissement d'un chemin de fer, et les indemnités à lui dues ont été réglées suivant les formes prescrites par la loi du 3 mai 1841; devant le jury d'expropriation il a fait des réserves, dont il lui a été donné acte, relativement au droit qu'il aurait de réclamer telle nouvelle indemnité qu'il appartiendrait pour le cas où, par suite des travaux de l'établissement du chemin de fer, les eaux dont jouissait la partie non expropriée de son domaine viendraient à être taries. Dix-huit ans après, ce propriétaire forme une demande tendant à obtenir une indemnité nouvelle, à raison du préjudice que lui causait la perte des eaux dont profitait son domaine, et qui auraient été interceptées par suite des travaux exécutés pour l'établissement du chemin de fer. Cette demande appartient à la compétence administrative.

Des réserves mêmes il résulte que la perte des eaux, dont l'éventualité était subordonnée à l'exécution des travaux, ne constituait pas une suite certaine et nécessaire de l'expropriation ; il s'agit donc d'apprécier un dommage qui, n'étant ni certain ni connu lors de l'expropriation, serait résulté des travaux ultérieurement exécutés pour l'établissement du chemin de fer. C'est au conseil de préfecture qu'il appartient d'en connaître, en vertu des lois des 28 pluv. an VIII et 16 septembre 1807. Cons. d'Etat (Lebon, *Rec.* 1865, p. 244).

Des propriétaires voisins d'un tunnel de chemin de fer prétendent qu'ils n'ont pu être privés sans indemnité d'une partie des eaux souterraines qui alimentent les puits et réservoirs de leurs propriétés et dont la compagnie concessionnaire du chemin de fer a opéré le détournement à leur préjudice ; ils fondent leur prétention sur ce qu'ils auraient eu droit à la jouissance de ces eaux, en vertu des dispositions du Code Napoléon, et en tout cas, sur ce que leurs droits à indemnité auraient été réservés par les jugements d'expropriation rendus entre eux et la compagnie. De son côté, la compagnie soutient qu'attendu qu'elle a acquis par voie de cession amiable et d'expropriation pour utilité publique, sans aucune réserve relativement aux eaux souterraines qui pouvaient s'y trouver, les terrains nécessaires pour l'établissement du tunnel et pour l'ouverture de divers puits d'aérage, elle ne fait qu'user de ses droits de propriétaire en employant pour les besoins de l'exploitation du chemin de fer les eaux de source qui jaillissent dans un de ces puits. Ces prétentions opposées soulèvent des questions de droit civil et d'interprétation des décisions du jury d'expropriation dont la solution n'appartient qu'à l'autorité judiciaire.

Mais dans le cas où il serait reconnu par l'autorité judiciaire que les demandeurs ont droit à une indemnité à raison du détournement d'une partie des eaux qui alimentent les puits et réservoirs de leurs propriétés, il s'agirait, dans l'espèce, d'un dommage causé par l'exécution d'un travail public (travail autorisé par l'administration), et aux termes de l'art. 4 de la loi du 28 pluviôse an VIII, c'est l'autorité administrative qui devrait procéder au règlement de l'indemnité. Cons. d'Etat, 1865 (Lebon, *Rec.* 1865, p. 594).

210-211. Le jugement d'expropriation doit, à peine de nullité, viser le décret impérial en vertu duquel l'expropriation est poursuivie ; il ne suffirait pas que ce décret se trouvât incidemment mentionné dans une des pièces dont le jugement d'expropriation porte visa. Cass. civ., 10 juill. 1866 (*Gaz. trib.*, 11 juill. 66).

360. Le jugement d'expropriation résout de plein droit les baux des locataires, lorsque leur location est atteinte, même partiellement, par le jugement.

Le locataire qui s'est présenté devant le jury et qui a réclamé et obtenu la fixation de deux indemnités hypothétiques, l'une pour le cas d'éviction partielle, l'autre pour le cas d'éviction totale, n'est pas recevable à prétendre que l'option lui appartient, de droit, entre les deux hypothèses; la résolution du bail doit prévaloir, à moins d'un contrat judiciaire qui ait formellement réservé au locataire, ou l'option elle-même, ou le maintien du bail primitif.

Le locataire qui, après la fixation de son indemnité par le jury, continue à occuper les lieux et paie les loyers, n'est pas censé redevenir locataire verbal, dans les termes ordinaires, et avec droit à un congé signifié suivant l'usage des lieux. Sa jouissance conserve un caractère précaire, et n'entraîne point avec elle une présomption de tacite réconduction.

En conséquence, lorsque l'expropriant met l'indemnité à la disposition de l'exproprié, par un paiement ou une consignation régulière, il a droit, dès ce moment, d'expulser le locataire sans être astreint au délai ordinaire des congés. C. Paris, 1re ch., 27 janv. 1866 (*Gaz. trib.*, 30 janv. 66).

380. Le jury d'expropriation, institué par la loi du 3 mai 1841, n'est compétent que pour connaître des demandes d'indemnité fondées sur la dépossession de tout ou partie de la propriété ou d'un droit réel. Il ne l'est pas pour connaître des indemnités de dépréciation qui pourraient être dues à des propriétés particulières par suite de l'expropriation de voies publiques. Cass. req., 30 mai 1866 (*Gaz. trib.*, 31 mai 66).

Un arrêt n'a pu, sans excès de pouvoir, et sans méconnaître les règles de la compétence, alors qu'il déclare en fait qu'une certaine parcelle de terrain a été usurpée par une compagnie de chemin de fer sur un particulier, et donne acte à ce dernier de ce qu'il en réclame la remise, ordonner la convocation d'un jury chargé de fixer l'indemnité due pour prix de cette parcelle qui n'a pas été régulièrement expropriée. Cass. req., 4 juin 1866 (*Gaz. trib.*, 5 juin 66).

394. La responsabilité, édictée par l'art. 21 de la loi du 3 mai 1841 contre le propriétaire d'immeuble exproprié qui n'a pas fait connaître à l'expropriant, dans le délai de huitaine, les ayants droit à des servitudes sur l'immeuble, est encourue par lui, à moins qu'il ne prouve par la production de ses titres que l'existence des servitudes ne lui a pas été révélée. C'est donc à bon droit que le juge du fait, devant lequel ces titres n'ont pas été produits par le propriétaire, a déclaré celui-ci chargé des indemnités dues aux intéressés, et il ne lui saurait suffire, pour obtenir l'annulation de l'arrêt intervenu en ce sens, de produire les titres pour la première fois devant la Cour de cassation.

Dans cette situation, le propriétaire se prévaudrait en vain, pour se soustraire à la responsabilité qui lui incombe, des conclusions prises devant le jury par les ayants droit à la servitude, s'il n'est pas établi que ces derniers se soient fait connaître à l'expropriant dans le délai de huitaine imparti par l'art. 21, seule circonstance qui pût empêcher la déchéance prononcée par cet article et la responsabilité qui en est la conséquence. Cass. req., 24 avril 1866 (*Gaz. trib.*, 25 avril 66).

425. Si deux propriétaires indivis sont indiqués à la matrice des rôles, les offres doivent être faites aux deux propriétaires, et les deux propriétaires doivent être appelés l'un et l'autre pour le règlement de l'indemnité. Au cas où l'un seulement des propriétaires a reçu les offres et a été appelé devant le jury, la nullité de la décision qui fixe l'indemnité doit être prononcée sur le pourvoi du propriétaire qui a été appelé et qui a comparu, avec intervention audit pourvoi du second propriétaire, qui n'avait ni été appelé ni comparu devant le jury.

Il importerait peu qu'invité par l'administration expropriante à lui faire savoir s'il avait ou non des copropriétaires, le propriétaire comparant n'eût pas répondu sur ce point : l'inscription des deux noms à la matrice des rôles suffisait pour que l'expropriant fût invinciblement soumis à l'obligation de doubles offres et d'une double citation. Cass. civ., 1 mai 1866 (*Gaz. trib.*, 2 mai 66).

443. Pour des offres additionnelles faites au cours des débats, il n'y a pas nécessité d'observer les délais prescrits aux art. 23, 24 et 37 de la loi du 3 mai 1841. Cass. civ., 25 avril 1866 (*Gaz. trib.*, 26 avril 66).

524. Si, à l'appel des jurés, le nombre des jurés se trouve, par l'effet des absences et excuses, réduit à douze seulement, les parties peuvent valablement renoncer à l'adjonction des quatre jurés supplémentaires, écrite en l'article 38 de la loi du 3 mai 1841 pour assurer l'exercice du droit de récusation, déclarer qu'elles acceptent le jury ainsi qu'il est composé, et renoncer à user du droit de récusation. Vainement, pour attaquer la décision rendue en ces circonstances, une partie prétendrait qu'il y a eu violation du droit de récusation, que tout ce qui touche à ce droit est d'ordre public, et qu'ainsi la renonciation consentie n'a pu produire aucun effet : de même qu'il appartient

aux parties de ne pas user du droit de récusation, de même il leur appartient de renoncer à ce droit. Cass. civ., 11 avril 1866 (*Gaz. trib.*, 12 avril 66).

489. Aucune nullité ne résulte du défaut de comparution de plusieurs des jurés, si les convocations ont été faites régulièrement et si le défaut de comparution résulte ou de ce que les jurés n'ont pas été trouvés à l'adresse indiquée sur la liste, ou de ce que les jurés, bien que touchés par l'assignation, ont négligé ou refusé d'y satisfaire. Cass. civ., 25 juin 1866 (*Gaz. trib.*, 1 juill. 66).

538. Le nombre des jurés comparants étant de douze, le magistrat directeur a pu, sans qu'il en résulte non plus aucune nullité, se dispenser de compléter le nombre de seize, si les parties, par l'organe de leurs avocats, ont déclaré accepter le jury, composé, comme il se trouvait être, des douze jurés comparants. Cass. civ., 25 juin 1866 (*Gaz. trib.*, 1 juill. 66).

552. L'inobservation des règles et délais prescrits par les art. 23, 24 et 37 de la loi du 3 mai 1841, qui prescrivent de mettre sous les yeux du jury le tableau des offres et demandes, et déterminent les délais relatifs aux offres, ne peut être opposée à l'administration expropriante, lorsque, ainsi que prévu en l'art. 55 de la même loi, l'initiative et la direction de la procédure tendant au règlement de l'indemnité a été prise par l'exproprié lui-même. Cass. civ., 11 avril 1866 (*Gaz. trib.*, 12 avril 66).

553. Il n'y a pas nécessité de produire les plans parcellaires lorsqu'il s'agit de régler l'indemnité due, non au propriétaire, mais au locataire. Cass. civ., 11 avril 1866 (*Gaz. trib.*, 12 avril 66).

588. *Note*. — La loi du 25 avril 1844 sur les patentes, art. 23, formule « que la contribution des patentes est due pour l'année entière par tous les individus exerçant au mois de janvier une profession imposable. » Elle ne peut être bornée à une partie de l'année. Par application de cette règle que cette imposition est annale, il a été jugé que l'individu qui exerce au mois de janvier une profession sujette à patente, ne peut ultérieurement demander sa décharge, sous prétexte qu'il aurait cessé l'exercice de sa profession, par exemple, au mois de février (Cons. d'Etat, 1er juill. 1839).

Les contribuables, lorsqu'ils sont expropriés dans le courant de l'année, sont donc forcés à demander devant le jury d'expropriation, que, dans la fixation de l'indemnité, il soit tenu compte des sommes qu'ils auront versées ou auront à verser dans la caisse du percepteur après la fermeture de leur établissement.

Ils recourraient en vain au conseil de préfecture pour obtenir la décharge de leur taxe, en s'appuyant sur le même art. 23, qui ajoute : « En cas de fermeture des magasins, boutiques et ateliers, par suite de décès ou de faillite déclarée, les droits ne seront dus que pour le passé et le mois courant, » et en prétendant qu'on doit étendre le bénéfice de cette dernière disposition au cas de fermeture des magasins, boutiques et ateliers par suite d'expropriation pour cause d'utilité publique. Le conseil de préfecture décide que ce cas ne rentre pas dans les exceptions au principe de l'annualité de l'impôt, et rejette en conséquence les réclamations de décharge motivées par ce cas de force majeure.

Les contribuables expropriés peuvent donc se prévaloir de cette jurisprudence devant le jury d'expropriation, pour faire entrer leur taxe en ligne de compte dans le chiffre de leur demande.
— J. Périn.

589. Lorsque l'exproprié, en même temps qu'il formule en un seul chiffre sa demande d'indemnité, indique les éléments divers dont ce chiffre se compose, le jury peut valablement exprimer l'indemnité par un chiffre unique, sans apprécier séparément, sans même indiquer en aucune façon en sa décision, les éléments que l'expropriant avait détaillés. Cass. civ., 25 avril 1866 (*Gaz. trib.*, 26 avril 66).

Un propriétaire qui n'a pas, dans le délai de l'article 21 de la loi du 3 mai 1841, fait connaître ses fermiers à l'expropriant, demande devant le jury deux sommes, l'une comme représentation de la valeur des parcelles dont il est exproprié, l'autre pour indemniser les fermiers qui exploitent ces parcelles. L'une et l'autre de ces indemnités ne doivent profiter qu'au propriétaire lui-même, auquel incombe, en l'état, la charge d'indemniser ses fermiers; le jury a donc pu, dans cette situation, et encore que la demande formulât deux chefs distincts, n'allouer à l'exproprié qu'une indemnité unique. Cass. civ., 25 juin 1866 (*Gaz. trib.*, 1 juill. 66).

602. Lorsque, devant le jury, il est intervenu, entre l'expropriant et l'exproprié, un contrat judiciaire par lequel l'expropriant s'engage à faire des travaux utiles à la portion restante de l'immeuble atteint par l'expropriation, ou à assurer au propriétaire de cet immeuble, après l'achèvement des opérations en vue desquelles l'expropriation est poursuivie, la jouissance d'eaux suffisantes pour le roulement d'une usine, le jury n'a pas à statuer sur les conclusions par lesquelles l'exproprié demande, à l'avance, la fixation d'une indemnité au cas où l'expropriant ne ferait pas les travaux ou ne laisserait pas les eaux ainsi qu'il s'y est engagé. Le jury n'a pas compétence pour statuer sur les conséquences éventuelles de l'inexécution du contrat judiciaire: le cas échéant, il sera statué à cet égard en dehors de la loi du 3 mai 1841, et conformément aux règles ordinaires du droit. Cass. civ., 25 avril 1866 (*Gaz. trib.*, 26 avril 66).

606. Ce serait à tort qu'on prétendrait que le montant de l'indemnité n'a pas été fixé d'une manière certaine, lorsque, les parties étant contraires en fait, sur la contenance de l'immeuble exproprié, l'indemnité a été fixée, d'une manière alternative, à deux sommes différentes, suivant que l'une ou l'autre des contenances alléguées sera reconnue exister: dans cette situation, l'indemnité n'est pas incertaine; on doit dire seulement que le montant en est subordonné à un métrage. Cass. civ., 25 avril 1866 (*Gaz. trib.*, 26 avril 66).

609. Lorsque l'exproprié n'a ni avant la réunion du jury, ni au cours des débats, indiqué le chiffre de sa demande, le jury ne peut allouer une indemnité supérieure au chiffre des offres de l'expropriant. Cass. civ., 11 mai 1866 (*Gaz. trib.*, 12 mai 66).

703. Est nulle la décision par laquelle un jury a réglé l'indemnité d'expropriation, alors que, s'agissant d'un immeuble qui appartient à une personne dans les liens d'un conseil judiciaire, ledit conseil judiciaire n'a pas été appelé devant le jury par l'expropriant. Au cas même où la circonstance qu'il existe un conseil judiciaire n'aurait pas été portée par une notification à la connaissance de l'administration expropriante, cette situation devrait être réputée connue par le seul effet des dispositions de l'art. 501 du Code Napoléon. Cass. civ., 17 avril 1866 (*Gaz. trib.*, 18 avril 66).

764. L'effet des jugements de donné acte, aussi bien que celui des jugements d'expropriation, est de résoudre, *ipso facto*, les baux des locataires.

En conséquence, lorsque le locataire à bail qui occupe les lieux au moment où le jugement est rendu, n'invoque pas à son profit l'effet de cette résolution de plein droit, et qu'au contraire, il cède à un tiers ce bail comme s'il existait encore, la cession ainsi faite n'ouvre pas au profit du cessionnaire le droit qui aurait appartenu au cédant de se présenter devant le jury, pour obtenir une indemnité.

Dans ce cas, la cession, ne reposant pas sur un bail existant, se trouve n'avoir porté que sur un simple fait d'occupation, et, dès lors, le cessionnaire est non recevable à provoquer pour cette cause la convocation du jury. Trib. civ. Seine, 1re ch., 2 juin 1866 (*Gaz. trib.*, 10 juin 66).

764. Il n'y a pas de distinction à faire pour le cas où une partie seulement de l'immeuble est nécessaire à l'exécution du travail d'utilité publique. Il suffit pour que le jugement produise l'effet résolutoire que l'administration ait demandé l'expropriation totale de l'immeuble.

En conséquence, le jugement qui a

donné acte à la compagnie concessionnaire du canal Saint-Martin de son consentement à l'aliénation de sa concession au profit de la ville de Paris a eu pour effet de résoudre les baux des locataires des chutes d'eau des diverses écluses, même de celles situées en dehors de la partie sur laquelle doivent s'effectuer les travaux d'utilité publique. Cass. req., 6 mars 1866 (*Droit*, 7 mars 66).

795. L'art. 55 de la loi du 3 mai 1841 qui déclare que quand l'indemnité fixée n'a été ni acquittée ni consignée, les intérêts courent de plein droit, à l'expiration du délai de six mois, après la décision du jury, s'applique aussi bien à l'indemnité allouée à un locataire qu'à celle allouée à un propriétaire. Trib. civ. Seine, 23 juin 1866 (*Gaz. trib.*, 4 juill. 66).

1079. Lorsqu'il s'agit de régler une indemnité d'expropriation pour ouverture ou redressement d'un chemin vicinal, le jury spécial doit être dirigé et présidé par un magistrat, auquel appartient voix délibérative en cas de partage. Le magistrat directeur doit, en matière d'expropriation vicinale, concourir à la décision et y apposer sa signature; il ne suffirait pas qu'il fût constaté qu'il a été présent à la délibération. Cass. civ., 4 juill. 1866 (*Gaz. trib.*, 5 juill. 66).

1141. Le droit de rétrocession accordé aux propriétaires par la loi du 3 mai 1841, sur les parcelles expropriées, restées inutiles pour le travail public en vue duquel l'expropriation avait été prononcée, n'a pu être reconnu à un ancien propriétaire, en l'absence de tout acte administratif déclarant la parcelle inutile au travail public, et alors que, par suite d'une nouvelle expropriation, cette parcelle a passé des mains de l'ancien expropriant dans celles d'un nouveau. Cass. req., 4 juin 1866 (*Gaz. trib.*, 5 juin 66).

1174. L'arrêt qui décide qu'un jugement du Tribunal d'Algérie, faisant fonctions de jury d'expropriation, a compris dans l'indemnité qu'il a fixée la valeur des eaux servant à l'irrigation du terrain exproprié en même temps que celle du terrain lui-même, ne saurait être critiqué comme ayant violé la chose jugée résultant d'une précédente décision du même Tribunal, portant que les eaux n'avaient pas été comprises dans la déclaration d'utilité publique, alors que l'arrêt interprétant les documents de la cause, déclare qu'en fixant l'indemnité, le Tribunal a tenu compte de la valeur des eaux. Cass. req., 12 juin 1866 (*Gaz. trib.*, 14 juin 66).

FIN DE L'EXPOSÉ DE LA JURISPRUDENCE.

TABLE ALPHABÉTIQUE

DES MATIÈRES.

Les chiffres romains indiquent le volume, et les chiffres arabes la page.

A

ABSENCE. Traités relatifs aux biens des absents. II, 28. V. *Mineur.* — Le juré absent de son domicile au moment de la citation peut être excusé. I, 414. — Absence momentanée. I, 414. — Les jurés peuvent opérer en l'absence d'un de leurs collègues, s'ils sont encore au nombre de neuf. I, 485.

ACCEPTATION. V. *Offres, Demandes.*

ACQUISITION amiable des terrains. II, 1. V. *Traités amiables.* — Quand les acquisitions amiables peuvent commencer. II, 2. — Elles sont régies par des dispositions exceptionnelles. II, 6.

ACTES ADMINISTRATIFS. Les contrats de vente et autres conventions peuvent être passés dans la forme des actes administratifs. II, 7, 603. — Fonctionnaires qui peuvent recevoir ces actes. II, 8. — Ces actes sont authentiques. II, 8. — Quand ils sont reçus en minute. II, 8. — Parties qui ne savent ou ne peuvent signer. II, 9. — Constatation de l'individualité des comparants. II, 9. — Ratures, renvois et surcharges. II, 9, 528. — Mentions exigées pour la régularité de la comptabilité. II, 9. — *Enregistrement.* II, 243. — Des expéditions. II, 9. — Exécution de ces actes. II, 9. — De leur interprétation. II, 9, 10.

ACTION. Définition. I, 489. — Effets du jugement d'expropriation à l'égard des actions en revendication, en résolution, et des autres actions réelles. I, 490. — A l'égard des actions personnelles. I, 494. — Impossibilité d'exercer l'action hypothécaire. I, 496. — Effets des traités amiables relativement aux actions réelles. II, 60. — Avertissements donnés aux tiers intéressés. I, 138 ; II, 62. — Formalités qu'ils doivent remplir. I, 494 ; II, 64. — Le droit des réclamants est transporté sur le prix. I, 490.

ALGÉRIE. De l'expropriation en Algérie. II, 428.

ALIGNEMENT. L'alignement des rues, places et quais, est un cas d'utilité publique. II, 369. — D'après le décret du 26 mars 1852, les plans généraux d'alignement sont soumis à la seule approbation du préfet. II, 383. — Effets d'un arrêté d'alignement relativement à la propriété du sol. II, 369. — Relativement au règlement de voiries et de police. II, 374. — Le propriétaire peut poursuivre le règlement de l'indemnité. II, 376. — L'indemnité est fixée par le jury. II, 377, 385. Bases de cette fixation. II, 376. — Clauses domaniales. II, 377. — Quand les cessions de terrains pour alignement sont dispensées des droits de timbre et d'enregistrement. II, 264. — Du cas où l'alignement oblige à avancer. II, 381, 427. — Du cas où une rue projetée n'est pas exécutée. II, 385.

AMENDE. En cas de pourvoi contre le jugement qui prononce l'expropriation. I, 453, 465. — Contre la décision du jury. I, 559, 561. — Lorsque la consignation d'amende n'a pas lieu, le pourvoi est déclaré non recevable. I, 454. — Amende contre les jurés défaillants. I, 418 ; II, 508. — Opposition à la décision du magistrat directeur. I, 418 ; II, 508.

ANTICHRÈSE. L'indemnité relative aux biens donnés en antichrèse est consignée. II, 102.

APPEL. Les jugements rendus en matière d'expropriation ne peuvent être attaqués par appel. I, 442. — Il en est de même des décisions du jury et des ordonnances du magistrat directeur. I, 552. V. *Cassation.*

ARBRES. Indemnité à laquelle ils donnent lieu. I, 228.

AVANT-PROJET. L'enquête d'utilité publique a lieu sur un avant-projet. I, 28. — Ce qu'il doit contenir. I, 29.—Travaux qui s'étendent à plusieurs départements. I, 30.

B

BAIL. V. *Locataire.* Indemnité en cas de bail à rente. I, 276.—A locatairie perpétuelle. I, 277. — A rente colongère. I, 278. — A domaine congéable ou à convenant, I, 278. — A longues années. I, 282. — A vie. I, 283. — A complant. I, 283.

BATIMENT. Indemnité pour bâtiments et constructions. I, 207, 220. — Constructions entreprises à une époque où l'expropriation était prévue. I, 229. — Quand il y a lieu à l'expropriation d'un bâtiment morcelé. II, 438. V. *Morcellement.*

C

CARRIÈRE. Indemnité à laquelle elle donne droit. I, 230.

CASSATION. Le jugement d'expropriation ne peut être attaqué que par la voie de cassation. I. 143. — Il en est de même pour la décision du jury. I, 552. — Et pour l'ordonnance d'exécution rendue par le magistrat directeur. I, 552. — *Quid* des ordonnances rendues dans le cours des débats ? I, 553.—Du jugement qui intervient quand il y a consentement à la cession sans accord sur le prix. II, 73. — Le pourvoi n'est pas suspensif. I, 464 554, — Délai pour la déclaration de pourvoi. I, 448, 555.— Elle est faite au greffe du tribunal qui a rendu le jugement. I, 452, 457, 559; II, 487. — Quelles personnes peuvent se pourvoir. I, 445, 553. — Consignation d'amende. I, 453, 559.—Moyens du pourvoi. I. 454. — Notification du pourvoi. I, 455 ; II, 487. — Déchéance à défaut de notification. I, 455, 560.— Transmission des pièces au préfet. I, 459. — Par le préfet au ministère des travaux publics. I, 459. — Par le ministre à la Cour de cassation. I, 460, On ne peut les transmettre directement à la Cour de cassation, ni au ministre de la justice. I, 461. — Pièces à transmettre. I, 463, 560. — Moyens ou ouverture à cassation. I, 444, 557. — Pourvois dans l'intérêt de la loi. I, 467, 565. — Arrêt sur le pourvoi. I, 464, 465, 564. — Il n'est pas susceptible d'opposition. I, 464, 564. — Désistement. I, 466, 564. — Effets de l'arrêt prononçant cassation. I, 465, 564. — Nullité de tout ce qui a été fait en vertu du jugement cassé. I, 468, 564.—Condamnation à l'amende. I, 465, 564. — Renvoi devant un tribunal. I, 468. 562. — Décision à rendre par le tribunal de renvoi. I, 469. — Par le jury de renvoi. I, 562. — La Cour peut renvoyer devant le jury d'un autre arrondissement. I, 563. — Désignation du magistrat directeur du nouveau jury. I, 564. — Désignation du jury. I, 564.

CESSIONS. V. *Traités amiables.*

CHAMPART. Indemnité à laquelle il donne droit, I, 284.

CHEMIN VICINAL. Les travaux qui s'y rattachent sont d'utilité publique. II, 336. — La loi du 3 mai 1841 est applicable. II, 337 et 342.—Ouverture d'un chemin vicinal. II, 338.—Déclaration de l'utilité publique. II, 338. — Un arrêté du préfet détermine les localités que le chemin doit traverser. II, 340. — Les propriétés à acquérir sont désignées au plan parcellaire, et les intéressés sont admis à réclamer contre cette désignation. II, 342. — Les réclamations sont soumises au conseil municipal, et non à une commission spéciale. II, 342. — Même quand il s'agit d'un chemin de grande communication. II, 342. — Des cessions amiables. II, 346. — Jugement prononçant l'expropriation. II, 346. — Offres et demandes. II, 347. — Composition du jury. II, 347. — Mission du magistrat directeur. II, 348. — Pourvoi en cassation. II, 354.—Timbre et enregistrement. II, 352. — Prescription des indemnités. II, 354.—Du droit de préemption. II, 355. V. *Préemption.* — Redressement d'un chemin. II, 356. — En cas de déclaration de vicinalité d'un chemin existant, il n'y a pas lieu à indemnité préalable. II, 358, 359. — Ni à expropriation judiciaire. II, 358. — L'arrêté qui reconnaît et fixe la largeur d'un chemin n'entraîne aucune expropriation. II, 359.—Élargissement d'un chemin. II, 360. - L'utilité en est déclarée par le préfet. II, 360.—Si les expropriations sont prononcées par l'autorité judiciaire ? II, 361.—Si la prise de possession peut précéder le paiement de l'indemnité ? II, 362. — L'indemnité est réglée par le juge de paix. II, 366.—La décision du juge de paix est soumise aux règles ordinaires de l'appel et du recours en cassation. II,

367, 368. — Les propriétaires peuvent poursuivre ce règlement. II, 368.

COLONIES. De l'expropriation dans nos colonies. II, 457.

COMMISSION chargée d'émettre un avis sur les projets de travaux. I, 30. D'examiner les réclamations contre le plan parcellaire. I, 63 et 65. V. *Réclamations.* — Sa composition. I, 65. — Convocation et réunion. I, 68. — Personnes qui en sont exclues. I, 68. — Ses attributions. I, 69. — Mode de ses délibérations. I, 69. — Durée des opérations. I, 70. — Elles se divisent en deux parties. I, 70. — Du cas où elle propose de modifier le tracé adopté. I, 70, 71. — Formalité à remplir en ce cas. I, 71 ; II, 470. — Quel est l'ingénieur qui en fait partie quand les travaux sont exécutés par des concessionnaires ? II, 223. — Procès-verbal de ses opérations. II, 467. — Du cas où elle ne termine pas ses opérations dans les dix jours. I, 70 ; II, 469. — Commission mixte des travaux publics. I, 34.

COMMUNE. Enquête pour les travaux communaux. II, 232, 233. — Déclaration de l'utilité publique. II, 234. — Désignation des propriétés à acquérir. II, 234. — Poursuite en expropriation. II, 240. — Purge des hypothèques. II, 241. — Timbre et enregistrement. II, 242, 263. — Mode de cession des immeubles appartenant aux communes. II, 31.

COMPTABILITÉ. Mentions à insérer dans les traités pour la régularité de la comptabilité. II, 40.

CONCESSION. II, 220. — Les concessionnaires sont subrogés aux droits et aux obligations de l'administration. II, 224. — Attributions des préfets en cas de concessions, II, 222. — Nécessité des enquêtes préalables à la déclaration d'utilité publique. II, 222. — Désignation des territoires. I, 48. — Levée et publication des plans. II, 223. — Quel est l'ingénieur qui fait partie de la commission communale ? II, 223. — Désignation des immeubles à acquérir. II, 225. — Les acquisitions ont lieu dans l'intérêt public et non dans l'intérêt des concessionnaires. II, 227. — Jugement d'expropriation. II, 226. — Pourvoi contre ce jugement. II, 228. — Purge des privilèges et hypothèques. II, 229. — Offres et demandes. II, 229. — Les traités peuvent être reçus dans la forme des actes administratifs. II, 229. — Désignation et convocation du jury. II, 231. — Significations et notifications. II, 234. — Paiement des indemnités. II, 232. — Envoi en possession pour cause d'urgence. II, 232. — Rétrocession des terrains non employés aux travaux. II, 232. — Dispense des droits de timbre, enregistrement et transcription, II, 232.

CONSERVATEURS DES HYPOTHÈQUES. Leurs salaires. II, 48, 245, 266.

CONSIGNATION. Cas où l'indemnité doit être consignée. II, 92. — Débats sur la validité de la consignation. II, 103. — Prise de possession après consignation. II, 103. — L'indemnitaire peut exiger la consignation. II, 94. V. *Amende, Paiement, Urgence.* — Formalités. II, 544, 551.

CONSTRUCTIONS. V. *Bâtiment.*

CONTENANCE. Erreur de contenance dans le jugement d'expropriation. I, 544.

CONTESTATIONS renvoyées devant les tribunaux ordinaires. I, 565.

CONTRAT. V. *Actes administratifs.*

CONTRAVENTION à la loi donne lieu à la cassation du jugement d'expropriation. I, 444. — De la décision du jury. I, 558. — De l'ordonnance du magistrat directeur. I, 552.

CONVOCATION des jurés. I, 394. — Des indemnitaires. I, 396 ; II, 499. — Irrégularités dans les convocations. I, 399.

CRÉANCIERS. V. *Hypothèques, Déchéance.*

D

DÉCHÉANCE encourue par les créanciers de l'Etat. II, 103. — L'application de ces déchéances appartient aux tribunaux administratifs. II, 114. V. *Cassation, Indemnité.*

DÉCLARATION d'utilité publique. V. *Utilité publique.*

DEMANDES. Les indemnitaires doivent indiquer le montant de l'indemnité qu'ils demandent. I, 354. — Délai. I, 352. — Les créanciers inscrits intervenants doivent aussi préciser leurs demandes. I, 356. — Devant le jury les indemnitaires peuvent modifier leurs demandes. I, 472. — Le tableau des offres et des demandes est mis sous les yeux des jurés. I, 457.

DÉPARTEMENT. Mode de cession des immeubles appartenant à un département. II, 34.

DÉPENS. Fixation du montant des dépens faits devant le jury. I, 543. — Taxe. I, 547. — Par qui ils sont payés. I, 544. — Cas où ils sont répartis entre les contestants. I, 546. — Calculs à faire pour cette répartition. I, 546. — Du cas où il y a litige sur ce point. I, 546. — Tarif. II, 277.

DÉSISTEMENT. Il n'empêche pas la condamnation à l'amende et à l'indemnité envers le défendeur. I, 166, 564. — Pour se désister, un maire a besoin de l'autorisation du conseil de préfecture. I, 166. — Un maire ne peut se désister d'un jugement d'expropriation rendu à la requête du préfet, dans l'intérêt d'un chemin de grande communication. I, 167.

DOMAINE PUBLIC. Les terrains expropriés en font partie. I, 100. — Droit de préemption sur les terrains qui cessent de faire partie du domaine public. II, 414. — V. *Préemption.*

DOMICILE. Les indemnitaires doivent élire domicile dans l'arrondissement. II, 273. — Excepté ceux qui y ont leur domicile réel. II, 273. — Mode de déclaration. II, 273, 467. — Défaut d'élection. II, 275. — Ouverture des registres. I, 64. — Significations au domicile élu. II, 273.

DOMMAGE. En quoi le dommage diffère de l'expropriation. I, 76. — Tout propriétaire qui conserve le droit de propriété n'éprouve qu'un dommage. I, 78. — Celui qui perd tout ou partie d'un immeuble, sans que l'immeuble soit entré dans le domaine public, subit un dommage, et non une expropriation. I, 89, 103. — Les lois de 1810, 1833 et 1841 ne s'appliquent pas au cas de dommage. I, 85. — Un dommage, quoique permanent, ne peut être assimilé à une expropriation. I, 85. — Jurisprudence. I, 86. — L'indemnité est fixée par le conseil de préfecture. I, 88. — Il y a dommage, et non expropriation en cas d'occupation temporaire d'un immeuble. I, 85. — En cas d'extraction de matériaux. I, 90. — En cas d'établissement d'une servitude. I, 94. — Diminution de la force motrice d'une usine. I, 97. V. *Usines, Force majeure.*

DOT. Traités relatifs aux biens dotaux. II, 27. V. *Mineur, Enregistrement.*

E

ÉCHANGE. L'administration peut échanger le terrain des routes abandonnées contre celui des routes nouvelles. II, 422. — Le droit de préemption prime celui d'échange. II, 422.

ÉDIFICE. V. *Bâtiment.*

ÉLECTIONS de domicile. V. *Domicile.*

EMPHYTHÉOSE. Indemnité à laquelle elle donne lieu. I, 279.

ENQUÊTE ADMINISTRATIVE préalable à l'adoption des projets de travaux. I, 27. — Elle est indispensable quand il y a des terrains à acquérir. I, 28. — Elle diffère de celle relative à la direction des travaux dans chaque commune. I, 28. — Formes de ces enquêtes. I, 29. — Cette enquête n'est pas nécessaire pour les chemins vicinaux. II, 338. — Elle s'ouvre sur un avant-projet. I, 23. — Travaux exécutés dans la zone des frontières et près des places de guerre. I, 34. — Travaux communaux. II, 233. — Enquête qui suit le dépôt du plan parcellaire. I, 63, 65. V. *Plan.*

ENREGISTREMENT. Tous les actes relatifs aux acquisitions volontaires ou forcées pour cause d'utilité publique sont dispensés des droits de timbre, enregistrement et transcription. II, 243. — Et des droits de greffe. II, 260. — Procurations. II, 249. — Renonciation à une hypothèque légale. II, 251. — Translations de l'hypothèque sur un autre immeuble. II, 251, 252. — *Le visa pour* timbre et l'enregistrement ont lieu simultanément. II, 253. — Acquisitions à titre de remploi. II, 252. — Acquisitions faites par des concessionnaires. II, 253. — Restitution des droits perçus. II, 257. — Acquisitions par les départements. II, 260. — Par les communes, II, 264. — Pour alignements. II, 264. — Pour extraction de matériaux. II, 265. — Traité entre une commune et un entrepreneur. II, 263. — Salaires des conservateurs. II, 48, 241, 267.

ENVOI *en possession.* Il est prononcé par le magistrat directeur du jury. I, 536. — En cas d'urgence, il a lieu après consignation d'une indemnité provisoire. II, 190. V. *Urgence.*

ERREUR. V. *Contenance.*

ÉTABLISSEMENTS *publics.* Mode de cession des immeubles appartenant à des établissements publics. II, 31.

ÉTRANGER. Ses propriétés peuvent être frappées d'expropriation comme celles des Français. I, 102. — Il a droit aux mêmes garanties. *Ib.* — Hôtel de l'ambassadeur étranger. *Ib.*

ÉTUDES DES PROJETS. Comment elles sont autorisées, I, 25. II, 461. — Peines contre ceux qui entravent ces études. I, 25. — Règlement des indemnités. I, 85.

EXCÈS DE POUVOIR. Il donne lieu à la cassation du jugement d'expropriation. I, 144. — De la décision du jury. I, 555. — De l'ordonnance du magistrat directeur du jury. I, 553.

EXCLUSION des fonctions de jurés. I, 420.

EXCUSES. Quand un juré peut être dispensé de remplir ses fonctions. I, 414. — Dispenses momentanées de service. I, 418.

EXÉCUTION de la décision du jury, I, 536. — Des contrats administratifs. II, 44, 547.
EXPROPRIATION POUR CAUSE D'UTILITÉ PUBLIQUE. Définition, I, 77. — C'est une exception nécessaire au principe de l'inviolabilité de la propriété, I, 4. — Toute atteinte portée à la propriété foncière ne constitue pas une expropriation, I, 77. — Comment on distingue l'expropriation des autres atteintes à la propriété, I, 77 et suiv. — La loi du 3 mai 1841 ne s'applique qu'à l'expropriation proprement dite, I, 80, 81.
Pour qu'il y ait expropriation, il faut qu'il y ait translation de propriété en faveur du domaine public, I, 78, 100, 103. — Qu'il y ait indemnité, I, 2, 103. — Qu'il y ait déclaration d'utilité publique, I, 176. V. *Utilité publique*. — L'expropriation ne s'applique qu'aux immeubles, I, 100. — *Quid* à l'égard d'une servitude? I, 91, 92. Elle s'applique aux immeubles possédés par des étrangers, I, 102. — Celui qui n'est pas dessaisi de son droit de propriété n'est pas exproprié, I, 84. — Celui dont l'immeuble est dégradé ou périt par l'effet de travaux publics ne peut être considéré comme atteint par une expropriation, I, 85, 89. — L'expropriation confère à l'État tous les attributs de la propriété, I, 78.
Un terrain occupé temporairement n'est pas frappé d'expropriation, I, 85. — Non plus que celui dans lequel on prend des matériaux, I, 85.
Un immeuble qui éprouve un *dommage permanent* ne peut même être considéré comme atteint par une expropriation, I, 85. — Jurisprudence, I, 86. — Le dommage que les propriétés riveraines éprouvent par suite de l'abaissement ou de l'exhaussement du sol d'une voie publique ne peut être assimilé à une expropriation, I, 86. — Arrêts, I, 86. — Une propriété grevée d'une servitude d'utilité publique ne peut être considérée comme frappée d'expropriation, I, 94. — La diminution de la force motrice d'une usine constitue un dommage, I, 97. — Arrêts sur cette question, I, 97.
Désignation des propriétés à acquérir, I, 45, 51. — Elle est faite par un arrêté du préfet, I, 51, 74 ; II, 474, et non par l'acte déclaratif de l'utilité publique, II, 202. — Quand le préfet doit consulter le ministre, I, 74. — Recours contre l'arrêté du préfet, I, 73.
L'expropriation n'a lieu qu'à défaut de traité amiable, I, 420.
Elle est prononcée par les tribunaux, I, 121. — Motifs de l'intervention de l'autorité judiciaire, I, 42, 121. V. *Jugement*.
Effets du jugement qui prononce l'expropriation, I, 173. — A l'égard du propriétaire, I, 174. — A l'égard des créanciers privilégiés ou hypothécaires, I, 195. — Relativement aux droits d'usufruit, d'usage, 186. — De servitude, I, 186. — Relativement aux actions réelles en résolution, en revendication, etc. I, 189. — Relativement aux conventions et aux actions personnelles, l'expropriation est un cas de force majeure, I, 195. — Le jugement d'expropriation transfère la *propriété* au domaine public, I, 174. — Mais laisse la *possession* et la jouissance au détenteur, I, 177. — Celui-ci peut se faire maintenir et réintégrer dans sa possession, I, 178. — L'exproprié et l'expropriant peuvent-ils joindre leurs possessions pour la prescription? I, 179. — L'administration ne peut plus refuser d'acquérir l'immeuble exproprié, I, 184.
Le propriétaire peut quelquefois poursuivre lui-même la déclaration de l'expropriation, II, 198. — Si l'administration ne la poursuit pas dans l'année qui suit la désignation de la propriété, II, 202. — En cas d'alignement, II, 210. — De travaux militaires, II, 210. — De travaux communaux, II, 211. — Requête à présenter au tribunal, II, 203, 204. — Communication de cette requête au préfet, II, 204, 578. — L'administration peut revenir sur les mesures par elle prises, II, 202. — Jugement prononçant l'expropriation, II, 204, 483. — Règlement de l'indemnité, II, 208. — Paiement de l'indemnité, II, 208. — Du cas où l'administration a pris possession du sol sans en avoir fait prononcer l'expropriation, II, 212. — Un jugement d'expropriation est-il nécessaire? II, 212. — Requête au tribunal, II, 246, 577. — Constatation de l'état des lieux, II, 246. — Défenses présentées par le préfet, II, 217. — Jugement des questions incidentes, II, 217. — Convocation du jury, II, 217. — Incompétence du conseil de préfecture, II, 218.

F

FAILLITE. Cession des immeubles dépendant d'une faillite, II, 29. V. *Mineur*.
FEMMES. Actes de cession d'immeubles appartenant à des femmes mariées sous le régime de la communauté, II, 26. — Sous le régime dotal, II, 27. V. *Mineur*.

FERMIER. V. *Locataire*.
FORCE MAJEURE. Quand l'expropriation est un cas de force majeure. I, 494.
FORTIFICATION. Travaux de fortification non urgents. II, 297. V. *Travaux militaires*. — Urgents. II, 303. — Déclaration de l'urgence. II, 304. — Constatation de l'état des propriétés. II, 306, 315. — Présence du juge-commissaire à ces opérations. II, 316. — Evaluation des indemnités. II, 322. — Conventions amiables. II, 318. — Jugement que rend le tribunal. II, 319, 320, 321. Il est exécutoire par provision. II, 325. — Publicité à donner au jugement II, 326. — Indemnité de déménagement. II, 322. — Indemnité provisionnelle de dépossession. II, 322. — Délai pour l'abandon des lieux. II, 324. — Purge des hypothèques. II, 325. — Translation des hypothèques. II, 326. — Règlement de l'indemnité définitive. II, 329, — Paiement de cette indemnité. II. 327. — Occupation temporaire rendue définitive. II, 332.
FRAIS DE PROCÉDURE. V. *Dépens*. — De remploi. I, 252.
FRAUDE. Constructions et plantations présumées frauduleuses. I, 229.

G

GREFFIER. Il assiste le magistrat directeur lors des opérations du jury. I, 408. — Suppression des droits de greffe. II, 280. — Emoluments alloués au greffier. II, 281. — Dépenses à sa charge. II, 283. — Du greffier près la Cour de cassation. II, 283.
GUADELOUPE. De l'expropriation à la Guadeloupe. II, 442.
GUYANE. De l'expropriation à la Guyane. II, 457.

H

HABITATION. V. *Usage*.
HALLE. Les communes peuvent se faire céder les halles situées sur leur territoire. II, 399.
HUISSIER. Emoluments des huissiers en matière d'expropriation. II, 286.
HYPOTHÈQUE. On ne peut acquérir d'hypothèques sur un bien frappé d'expropriation. I, 478. — De l'inscription des hypothèques antérieures. I, 202. — Mode de purge. I, 496, 203. — Les créanciers inscrits sont tenus de se faire connaître à l'administration. I, 326. — Délai dans lequel ils doivent agir. I, 328, 336. — Créanciers des usufruitiers. I, 327.

Purge des privilèges et hypothèques en cas de traité amiable. II, 39. — Ce mode ne peut être employé qu'autant qu'il y a eu déclaration d'utilité publique. II, 42. — Publicité à donner au contrat. II, 42, 51, 533. — Sa transcription. II, 43. — Délai pour l'inscription des hypothèques de toute nature. II, 44. — Inscription d'office. II, 47. — Formes des certificats à délivrer par les conservateurs. II, 49, 535. — Ces certificats ne portent pas sur les anciens propriétaires. II, 50. — Les créanciers peuvent demander le règlement de l'indemnité par le jury. II, 54, 536. — Purge en cas de travaux militaires. II, 302. — De travaux de fortification urgents. II, 325.
Faculté de ne pas purger les hypothèques pour les indemnités inférieures à 500 fr. II, 54. — Quand on doit user de cette faculté. II, 56. — Conséquences du défaut de purge. II, 57.
Salaires des conservateurs des hypothèques. II, 48, 245, 266.

I

INCENDIE d'un immeuble dont l'expropriation a été prononcée. I, 485. — Pour lequel il y a eu consentement à la cession sans accord sur le prix. II, 66.
INCOMPÉTENCE. Elle donne lieu à la cassation du jugement d'expropriation. I, 444. — De la décision du jury. I, 558. — De l'ordonnance du magistrat directeur du jury. I, 558.
INDEMNITÉ. Il en est toujours dû une pour les immeubles qu'atteint l'expropriation. I, 403. — Elle consiste en une somme d'argent. I, 224, 547. — Non en une redevance annuelle. I, 224. — On ne peut y comprendre ni bois ni matériaux, si les parties n'y consentent formellement. I, 222, 548. — Si l'indemnité peut être fixée éventuellement, et selon diverses hypothèses. I, 519. — Fixation des indemnités à offrir. I, 339 ; II, 489. — Il n'en est pas alloué pour le gain qu'on manque de faire. I, 223.
Indemnité du propriétaire. I, 205. — Pour le sol. I, 206. — Pour les arbres et plantations. I, 229. — Pour les usines. I, 228. — Distinction entre la force motrice et les bâtiments, terres et prés annexés à l'usine. Compétences différentes. I, 228. — Pour fruits et récoltes. I, 232. — Pour moins-value du surplus de la propriété. I, 206. — Pour travaux à faire. I, 517. — Pour rétablissement des communications. I, 207. — Pour diminution de revenus. I, 249.

— Pour déboursés perdus. I, 252. — Pour torts et dommages. I, 255. — Actes et travaux ayant pour objet l'accroissement de l'indemnité. I, 229.
Indemnité de l'usufruitier. I, 259. V. *Usufruitier*. — Du fermier ou locataire. I, 265. V. *Bail, Locataire*.
Les indemnités dues par suite d'expropriation ont été réglées d'abord par les conseils de préfecture. I, 11, 286. — Puis par les tribunaux ordinaires. I, 12, 286. — Aujourd'hui elles sont réglées par un jury spécial. I, 15, 290. V. *Jury*. — Le magistrat directeur ordonne le paiement ou la consignation de l'indemnité fixée par le jury. I, 536. — L'indemnité due pour un dommage, fût-il permanent, ne peut être fixée comme en cas d'expropriation. I, 85.
Indication des ayants droit à l'indemnité. I, 308; II, 488. — Le propriétaire indique les usufruitiers, fermiers et locataires. I, 340. — Ceux qui ont des droits d'usage ou de servitude. I, 314, 343. — Responsabilité du propriétaire s'il néglige de les signaler. I, 316. — Les autres intéressés sont tenus de se faire connaître à l'administration. I, 324. — Dans quel délai. I, 328. — Mode d'intervention. I, 328; II, 489. — Déchéance en cas de non-intervention. I, 330. — Du cas où le droit à une indemnité est contesté. I, 521 ; II, 520, 534.
Règlement amiable des indemnités. II, 4. — Il peut avoir lieu tant que le jury n'a pas statué. II, 81. — Les traités qui s'y rattachent sont régis par des dispositions spéciales lorsqu'ils interviennent après une déclaration d'utilité publique. I, 3. — Les traités peuvent être passés devant notaire, ou dans la forme des actes administratifs. II, 6. V. *Actes administratifs*. — Mode spécial de justification des droits du propriétaire. II, 33, 529. — Extinction des actions réelles. II, 60. — Purge des hypothèques. II, 39. — Traité portant consentement à la cession sans fixation de l'indemnité. II, 64, 537. — Comment l'indemnité est alors réglée. II, 70. — Cessions de terrain avec renonciation à l'indemnité. II, 76. — Traités postérieurs au jugement d'expropriation. II, 77, 540. — Acceptation de l'indemnité offerte judiciairement. II, 78, 493. — Traités concernant des mineurs. II, 20, 68, 80. — Des interdits absents. II, 26, 80. — Des femmes mariées sous le régime dotal. II, 27, 68, 84. — Autorisation à obtenir du tribunal. II, 20, 24, 80. — Formes de la demande. II, 26, 81, 534. — Mesures de conservation ou de remploi. II, 27. — Indemnité concernant des faillis. II, 29. — Pour des biens appartenant à l'Etat. II, 32, 81. — A la liste civile. II, 32. — A un département. II, 34, 84. — A une commune. II, 34. — A un établissement public. II, 34. — Dépendant d'un majorat. II, 29. — Grevés de substitution. II. 29. — Paiement des indemnités. II, 82. V. *Paiement*.
Règlement de l'indemnité par le jury spécial. I, 285. V. *Jury*.
INSCRIPTION EN FAUX. V. *Faux*.
INTERDIT. V. *Mineur*.
INTÉRÊTS. Les intérêts courent de plein droit quand l'indemnité n'est pas payée ou consignée dans les six mois qui suivent la décision du jury. II, 89. — Cas où ils peuvent courir plus tôt. II, 90. — Ils sont dus en tout cas depuis le jour de la prise de possession. I, 250 ; II, 89, 495, 334.
INTERVENTION. Les propriétaires ne peuvent intervenir lors du jugement d'expropriation. I, 423. — Même en matière de travaux de fortification urgents. II, 320.
Intervention de tiers non assignés. I, 464.

J

JOURNAL. V. *Publication*.
JUGEMENT. L'expropriation est prononcée par le tribunal de la situation de l'immeuble. I, 422; II, 483. — Motifs de l'intervention des tribunaux. I, 421. — Les propriétaires ne sont pas appelés avant le jugement. I, 423. — Ils peuvent remettre des notes. I, 423. — Mais ils ne peuvent intervenir. I, 423. — Pièces que le préfet doit transmettre au procureur impérial. I, 422. — Réquisitoire du procureur impérial. I, 425 ; II, 481. — Le jugement est rendu d'urgence. I, 126. — Attributions du tribunal. I, 126. — Vérifications qu'il est tenu de faire. I, 126. — Le jugement doit constater que ces vérifications ont été faites. I, 429; II, 483. — Dispositions à prescrire par le tribunal. I, 133. — Notification du jugement. I, 137 ; II, 484. — Publications. I, 138 ; II, 484. — Pourvoi contre ce jugement. V. *Cassation*. — Jugement à rendre quand les propriétaires consentent à la cession sans qu'il y ait accord sur le prix. II, 68, 539. — Jugement fixant les sommes à consigner avant la prise de possession pour cause d'urgence. II, 186. — Jugement qui ordonne la communication au préfet de la requête présentée par le propriétaire qui veut pour-

suivre l'expropriation ou le règlement de l'indemnité. II, 204. — Jugement des contestations renvoyées devant les tribunaux ordinaires. I, 565.

JURY SPÉCIAL. Le règlement des indemnités lui est confié. I, 45, 295. — Sa compétence. I, 295. — Il n'est appelé qu'à régler le montant des indemnités dues par suite d'expropriation. I, 295. — Mais alors il fixe les indemnités accessoires en même temps que l'indemnité principale. I, 296. — A cause de la connexité. I, 297. — Mais il ne statue sur aucun autre point que sur le montant de l'indemnité. I, 305. — Si des tiers non assignés peuvent intervenir devant le jury. I, 464. — Il ne connaît pas non plus des indemnités résultant d'une autre cause que d'une expropriation. I, 88, 295. — Il suit les usages du jury en matière criminelle. I, 393. — Formation annuelle des listes de jurés I, 365. — Elles sont dressées par le conseil général I, 365. — Elles comprennent de 36 à 72 noms par arrondissement. I, 365. — Dispense en faveur des septuagénaires. I, 368 ; en faveur des jurés qui ont fait le service d'une session. I, 368, 554. — Fonctions incompatibles avec celles du juré. I, 369. — Dépôt et transmission des listes. I, 370. — Durée des listes. I, 371.

Désignation des jurys spéciaux. I, 372. — Elle est faite par la première chambre de la Cour impériale. I, 373, 375. — Ou du tribunal du chef-lieu judiciaire. I, 373. — Nature de cette mission. I, 380. — Demande en désignation d'un jury. I, 375 ; II, 497. — Personnes qui ne peuvent être désignées. I, 382. — Indication des affaires dont le jury doit connaître. I, 378. — Transmission de la liste. I, 387. — Convocation des jurés et des parties. I, 394. — Délai. I, 398. — Formes I, 398 ; II, 499. — Irrégularités dans les convocations. I, 399. — Magistrat directeur du jury. I, 406. — Comment il est désigné. I, 435. — De son remplacement. I, 407. — Il peut être récusé. I, 497. — Il a la police des audiences. I, 408. — Il dresse procès-verbal de ses opérations et de celles du jury. I, 409, II, 503. — Il est assisté du greffier. I, 408. — Foi due à ce procès-verbal. I, 410

Formation du jury de jugement. I, 389, 443. — Appel des jurés. I, 443, 429. — Empêchement. I, 443 ; II, 509. — Exclusion. I, 449 ; II, 509. — Incompatibilité. I, 449. — Amende contre les jurés défaillants. I, 448 ; II, 508. — Opposition par le juré condamné. I, 449 ; II, 508. — Remplacement des jurés. I, 448, 425. - Jurés complémentaires. I, 427 ; II, 510. — Mode de convocation. I, 430. — Dispenses momentanées de service. I, 448, 433 ; II, 510. — De la récusation des jurés. I, 433 ; II, 505.

Le jury de jugement est composé de douze jurés. I, 435. — Il peut juger au nombre de neuf. I, 485. — Mode de sa formation. I, 430, 444 ; II, 503. — On en forme un pour chaque affaire. I, 436, 437. — Mode de réunion de plusieurs affaires. I, 437 ; II, 514. — Quand le jury est considéré comme constitué. I, 447. — Adoption des formes suivies en matière criminelle. I, 393. — Publicité des débats. I, 450. — Serment des jurés. I, 452 ; II, 506. — Exposé de l'affaire. I, 456. — Remise des plans et titres. I, 458. — Tableau des offres et des demandes. I, 457 ; II, 506, 512. — Discussion orale. I, 467. — Indemnités demandées et offertes pendant les débats. I, 468. — Elles peuvent différer de celles qui avaient été signifiées. I, 468, 469. — On ne peut s'en rapporter à l'appréciation du jury. I, 475. — Mesures d'instruction. I, 476 ; II, 543. — Décisions rendues par le magistrat directeur pendant les débats. I, 548. — Le jury peut entendre les personnes qu'il croit pouvoir l'éclairer. I, 476. — Ces personnes sont tenues de comparaître. I, 484. — Indemnité qui leur est allouée. I, 484 ; II, 284. — Visite des lieux. I, 476. — Indemnités aux jurés en cas de transport sur les lieux. II, 283. — On précise par des questions les points sur lesquels le jury doit statuer. I, 486. — Forme de ces questions. I, 494 ; II, 514. — Leur rédaction est discutée entre les parties. I, 492. — Elles sont fixées par le magistrat directeur. I, 493. — Le jury doit répondre à toutes les questions, et ne peut les modifier. I, 493. — Le magistrat directeur ne fait pas de résumé. I, 494.

Désignation du président du jury. I, 497. — Délibérations du jury. I, 498 — Elles ont lieu en secret. I, 502. — Et sans désemparer. I, 499. — Mode de recueillir les voix. I, 507. — Comment se reconnaît la majorité. I, 508. — Du cas où il y a partage. I, 507. — Le jury ne motive jamais sa décision. I, 510. — Il ne peut allouer une indemnité inférieure aux offres ni supérieure à la demande. I, 526.

Forme de la décision. I, 503 ; II, 545. — Lecture et remise de la décision. I, 534 ; II, 545. — Régularisation des décisions incomplètes ou irrégulières. I,

534. — La décision du jury est notifiée. I, 548. — Quelles sont les irrégularités de procédure qui peuvent faire casser la décision du jury. I, 557. — De l'interprétation des décisions du jury. I, 533. — Ordonnance d'exécution à rendre par le magistrat directeur. I, 536 ; II, 518. V. *Magistrat directeur*, *Dépens*. — Cette ordonnance est notifiée. I, 548. — Le jury statue sans interruption sur les affaires qui lui sont soumises. I, 549. — Il ne peut se séparer qu'après les avoir jugées toutes. I, 549. — Les pièces sont déposées au greffe du tribunal. I, 550. — Compte rendu des opérations de chaque session. I, 551 ; II, 524. — Contestations renvoyées devant les tribunaux ordinaires. I, 565. — Du pourvoi en cassation contre la décision du jury et l'ordonnance du magistrat directeur. I, 551. — V. *Cassation*.

L

LÉGISLATION. Changements successifs qu'elle a éprouvés. I, 4. — Législation des colonies. II, 442. — De l'Algérie. II, 428.

LISTE CIVILE. Mode de cession des immeubles dépendant de la liste civile. II, 32.

LOCATAIRE. Une expropriation n'est jamais nécessaire pour faire cesser les droits des fermiers et locataires. I, 96, 194. — Le propriétaire doit les faire connaître. I, 310 ; II, 488. — Ils peuvent intervenir. I, 314 ; II, 489. — Dans quel délai. I, 328. — Indemnité qui leur est due. I, 265. — Bases de cette indemnité. I, 266. — Morcellement de la propriété louée. I, 276 ; II, 159. — Leur indemnité est distincte de celle du propriétaire. I, 265. — Diminution du prix du bail. II, 159. — Loyers payés d'avance. I, 276. — Du cas où le locataire a, dans son bail, renoncé à demander une indemnité. I, 269. — Faut-il que le bail, pour droit à une indemnité, ait une date certaine ? I, 566.

LOGEMENTS INSALUBRES. Cas dans lesquels ils peuvent donner lieu à expropriation. II, 397. — L'expropriation doit être autorisée par décret impérial. II, 397.

M

MAGISTRAT DIRECTEUR du jury. — V. *Jury*. — Nomination de ce magistrat. I, 135. — Son remplacement. I, 135, 406. — Indemnité qui lui est allouée en cas de transport. II, 279. — Il peut être récusé. I, 407. — Il dresse procès-verbal des opérations du jury. I, 408. — Il dirige les débats. I, 408. — Ses pouvoirs. I, 408. — Ordonnance qu'il rend pendant les débats. I, 548 ; II, 518. — Comment elles peuvent être attaquées. I, 553. — Ordonnance qu'il doit rendre pour l'exécution de la décision du jury. I, 536 ; II, 518. — Pour le paiement ou la consignation de l'indemnité. I, 538. — Il statue sur les dépens. I, 543, 544. — Taxe des dépens. I, 547. — Comment ils sont supportés. I, 544.

MAISON. V. *Bâtiment*.

MAJORAT. Cession de biens dépendant d'un majorat. II, 29.

MAJORITÉ. Comment s'établit la majorité dans les décisions du jury. I, 508.

MANDAT DE PAIEMENT. II, 542.

MANDAT D'OFFRES. II, 94, 95.

MARCHÉ. V. *Halles*.

MARTINIQUE. De l'expropriation à la Martinique. II, 442.

MATRICE DES RÔLES. La procédure en expropriation est toujours suivie contre le propriétaire désigné par la matrice des rôles. I, 56, 72, 133. — On peut traiter avec lui du règlement amiable de l'indemnité. II, 33. — Du cas où la désignation de la matrice des rôles est inexacte ou incomplète. II, 37, 530.

MINE. Indemnité à laquelle elle donne lieu. I, 234.

MINEURS. Indemnités relatives aux biens des mineurs. II, 14. — Traités antérieurs au jugement d'expropriation. II, 16, 525. V. note 6. — Ils peuvent avoir lieu dès qu'il y a eu déclaration d'utilité publique. II, 17. — Le dépôt d'un plan parcellaire n'est pas indispensable. II, 17. — Le traité doit être autorisé par le tribunal. II, 19, 24, 24. — Forme de la demande. II, 24, 534. — Mesures de conservation ou de remploi. II, 27. — Propriété morcelée. II, 27, 139. — Mineur émancipé. II, 26.

MOINS-VALUE. En cas de morcellement d'une propriété, l'indemnité doit comprendre la moins-value du surplus. I, 208. — En la compensant avec la plus-value. I, 232.

MORCELLEMENT. V. *Moins-value*. — Quand l'administration est tenue d'acquérir la totalité d'une propriété morcelée. II, 132. — Propriétés bâties. II, 136. — Non bâties. II, 136. — Quand la demande doit être formée. I, 338 ; II, 144, 547. — Difficultés sur l'exercice de ce droit. II, 145, 520. — Offres à faire par l'administration. I, 362. — Droits des locataires et autres tiers sur

les parties d'immeubles dont l'expropriation n'a pas été prononcée. II, 148.
MOULIN. V. *Usine.*

N

NOTIFICATION. V. *Signification.*

O

OCCUPATION TEMPORAIRE D'UN TERRAIN. Elle ne peut être assimilée à une expropriation. I, 85.

OFFRES. L'administration doit indiquer la somme qu'elle offre pour indemnité. I, 339. — Le préfet détermine les sommes à offrir. I, 339; II. 489. — Formes de la notification. I, 346 ; II, 492. — A qui elle doit être faite. I, 347. — Publication et affiche. I, 354 ; II, 492. — Quand les offres sont notifiées aux créanciers inscrits. I, 349. — Délai pour l'acceptation ou le refus des offres. I, 352. — L'indemnitaire qui ne répond pas aux offres est censé les refuser. I, 353. — Acceptation des offres. I, 353 ; II, 493. — Formalités pour les biens de mineurs interdits, absents, etc. I, 354 ; II, 530. — Pour les biens de l'Etat, des départements, etc. I, 354. — En cas de refus, l'indemnitaire doit indiquer la somme qu'il demande. I, 354 ; II, 495. — L'administration peut augmenter ses offres. I, 358. — Devant le jury, l'administration peut modifier ses offres, I, 470, 474. — Le tableau des offres et des demandes est mis sous les yeux des jurés. I, 457; II, 512. — Offres réelles pour parvenir à la consignation. II, 94. — Cas où, au lieu d'espèces, l'huissier est porteur d'un mandat. II, 94, 543. — Il n'est pas nécessaire que ces offres réelles soient déclarées valables. II, 99.

OPPOSITION. La voie d'opposition n'est jamais admise pour les jugements rendus en matière d'expropriation. I, 443, 552. V. *Cassation.* — Formalités pour les oppositions à former au Trésor. II, 97. — Elles arrêtent le paiement de l'indemnité. *Ib.*

P

PAIEMENT. Les indemnités doivent être payées préalablement à la prise de possession. II, 83. — Exception pour le cas d'urgence. II, 167. — V. *Urgence.* — Mode de paiement et quittance. II, 84, 542. — A qui le paiement est fait. II, 84. — Il doit avoir lieu dans les six mois qui suivent la décision du jury. II, 89. — Sinon les intérêts courent de plein droit. II, 89. — Quand ils courent avant cette époque. II, 90. — La consignation tient lieu de paiement. II, 94. — Formalités des offres réelles. II, 94. — Cas où, au lieu d'espèces, l'huissier est porteur d'un mandat. II, 95, 543. Autres obstacles au paiement. II, 96. — Consignation requise par le propriétaire. II, 95, 495 (note 2). — Saisies-arrêts ou oppositions. II, 97. — Versement à la caisse des consignations. II, 99, 544. — Réclamation de tiers. II, 100. — Biens donnés en antichrèse. II, 102. — Du cas où il y a litige sur le fond du droit ou sur la qualité des réclamants. II, 102. — Du cas de pourvoi en cassation. II, 103. — Consignation. II, 94, 95, 103. — Déchéance. II, 104. — Du cas où l'entrepreneur se met en possession avant le paiement de l'indemnité. II, 115. — Recours à exercer par le propriétaire. II, 119. — Peines qu'il encourt en s'opposant aux travaux par voies de fait. II, 115. V. *Possession.*

PARTAGE des voix parmi les jurés. — La voix du président du jury est prépondérante. I, 497.

PLACE PUBLIQUE. V. *Rue.*

PLAN PARCELLAIRE. Avis qui doit précéder la levée d'un plan. I, 49 ; II, 462. — Peines contre ceux qui s'opposent à ces travaux. I, 26. — Confection du plan. I, 52. — Mention qu'il doit contenir. I, 54 ; II, 463. — Dépôt du plan à la mairie. I, 58 ; II, 463. — A la sous-préfecture. I, 62. — Publications. I, 58 ; II, 465. — Réclamations dont il peut être l'objet. I, 63 ; II, 466. Commission qui doit les examiner. I, 65. V. *Commission.* — Fixation définitive du tracé. I, 71 ; II, 474. — Ce plan est mis sous les yeux du jury. I, 458.

PLANTATIONS. Indemnités auxquelles elles donnent lieu. 1, 228. — De celles qui ont lieu peu de temps avant l'expropriation. I, 229.

PLUS-VALUE. Elle doit être prise en considération pour l'évaluation des indemnités. I. 232. — Toutefois pas de soulte à la charge de l'exproprié. I, 241. — Des indemnités d'un franc. I. 242. — La plus-value doit être immédiate. I, 243.

POSSESSION. Indication de l'époque où l'administration veut prendre possession des terrains. I, 434, 542, 559 ; II, 474. — Le jugement d'expropriation n'enlève pas au détenteur la possession. I, 477. — Il peut s'y faire maintenir et réintégrer. I, 479. — Elle lui sert à compléter la prescription. I, 479.

DES MATIÈRES. 617

L'envoi en possession est prononcé par le magistrat directeur du jury. I, 536. — Il n'a d'effet qu'après le paiement ou la consignation de l'indemnité. II, 83. — Traités autorisant la prise de possession des terrains. II, 74. — Le pourvoi en cassation contre la décision du jury n'empêche pas toujours la prise de possession. I, 554. — Du cas où l'entrepreneur se met en possession d'un immeuble avant le paiement de l'indemnité. II, 115. — Recours à exercer par le propriétaire. II, 115, 119. — Constatation de la possession. II, 120. — Défense de continuer les travaux. II, 125. — Destruction des travaux exécutés. II, 126. — Dommages et intérêts. II, 128. — Rétablissement du propriétaire dans sa jouissance, II, 134. — Peines contre ceux qui s'opposent aux travaux par voies de fait. II, 148. — Du cas où l'administration a pris possession de l'immeuble sans avoir fait prononcer l'expropriation. II, 212. — Requête à présenter au tribunal. II, 216. — Constatation de l'état des lieux. II, 246. — Défenses présentées par le préfet. II, 217. — Jugement des questions incidentes. II, 217.—Convocation du jury. II, 247. — Incompétence du conseil de préfecture. II, 218.

POSSESSION (Envoi en) pour cause d'urgence. V. *Urgence.*

POURVOI. V. *Cassation.*

PRÉEMPTION. C'est le privilège accordé à un propriétaire d'acquérir, de préférence à tout autre, un immeuble ou une portion d'immeuble qui cesse de faire partie du domaine public. II, 404. — Droit de préemption sur les terrains acquis pour des travaux publics et qui ne reçoivent pas cette destination. II, 402. — Il a lieu quand les terrains ont été cédés à l'amiable. II, 404. — Eussent-ils été acquis avant 1833. II, 443. —Quand il s'applique aux terrains acquis sur la réquisition du propriétaire. II, 404. — L'administration indique les terrains qui sont à vendre. II, 407, 555. — Délai dans lequel le privilège de préemption doit être réclamé. II, 407. — Débats entre les prétendants à l'exercice du privilège. II, 409, 410.—Fixation du prix de rétrocession. II, 410. — Délai pour passer le contrat et payer le prix. II, 412. — Forme du contrat. II, 412. — Du droit de préemption sur les terrains qui cessent de faire partie du domaine public. II, 443. — Modifications dans le tracé des routes. II, 445. — Route impériale devenant voie départementale ou communale. II, 446. — Route abandonnée sous la réserve d'un chemin d'exploitation. II, 448. — Le droit de préemption prime sur celui d'échange. II, 423. — Mise en demeure et formes de l'acquisition. II, 425.—Droit de préemption quand la communication est supprimée. II, 425.—Droit de préemption en cas d'alignement. II, 428.

PRÉFET. Il fait procéder aux enquêtes préalables à la déclaration d'utilité publique. I, 28; II, 462. V. *Enquête.*—Il désigne les localités et territoires sur lesquels les travaux seront dirigés. I, 48; II, 462. — Il détermine les propriétés à acquérir. I, 54, 74 ; II, 463, 474. V. *Commission, Plan.*—Il passe les traités amiables. V. *Traité.* — Il suit la procédure en expropriation. V. *Expropriation.* — Ses attributions en cas de concession. II, 222. V. *Concession.*

PRESCRIPTION pour les indemnités d'expropriation. II, 354. V. *Déchéance.*

PRÉSIDENT du jury. Sa nomination. I, 497 ; II, 507. — Sa voix est prépondérante en cas de partage. I, 497.

PRIVILÉGE V. *Hypothèque, Préemption.*

PROCUREUR IMPÉRIAL. C'est lui qui requiert le jugement d'expropriation. I, 425 ; II, 49, 481, 538. — Il fait désigner le jury spécial. I, 373; II, 497.

PROCURATION. Elle peut être reçue dans la forme des actes administratifs. II, 40. — Si elle est dispensée des droits de timbre et d'enregistrement. II. 249. Elle doit être présentée à l'enregistrement avant qu'il en soit fait usage. II, 40.

PUBLICATIONS relatives au plan parcellaire. I, 58 ; II, 465 ; — au jugement qui prononce l'expropriation. I, 437 ; II, 484 ; — aux offres faites aux propriétaires, I, 350 ; II, 492 ; — aux actes de vente, II, 43, 533 ; — au jugement qui donne acte du consentement à la cession sans accord sur le prix. II, 74, 539 ; — aux terrains que l'administration est dans le cas de revendre. II, 407.

PURGE. V. *Hypothèques.*

Q

QUAI. V. *Rue.*

QUESTIONS. On doit préciser par des questions les points sur lesquels le jury doit statuer. I, 486. — Forme de ces questions. I, 494 ; II, 515. — Leur rédaction est discutée entre les parties. I, 492. — Elles sont fixées par le magistrat directeur. I, 493. — Le jury doit répondre à toutes les questions, et ne peut les modifier. I, 493.

618 TABLE ALPHABÉTIQUE

QUESTIONS PRÉJUDICIELLES. Dans les affaires soumises au jury, les questions préjudicielles sont renvoyées devant les tribunaux ordinaires. I, 306.
QUESTIONS TRANSITOIRES. I, 6.
QUITTANCES. Forme des quittances. II, 543. V. *Actes administratifs.*

R

RATURES dans les actes. II, 9, 528 (Note 2).
RÉCLAMATIONS contre le plan parcellaire. I, 63, 69. — Commission qui doit les examiner. I, 65. — Elles peuvent être remises au maire. I, 63; II, 466. — Ou à la commission communale. I, 69; II, 467.
RÉCUSATION contre les membres du jury de jugement. I, 433; II, 505. – Contre le magistrat directeur du jury. I, 407, 408.
RENONCIATION. Cession de terrain avec renonciation à indemnité. II, 76.
RENVOIS dans les actes. II, 9, 528 (Note 2).
REQUÊTE CIVILE. Ce mode de recours ne peut avoir lieu en matière d'expropriation. I, 443, 552.
RÉSUMÉ. Le magistrat directeur du jury ne fait pas de résumé des débats. I, 494. — Il pose seulement des questions aux jurés. I, 493.
RÉTROCESSION. Du droit de demander la rétrocession des terrains non employés aux travaux. II, 401, 556. V. *Préemption.*
REVENDICATION. Effets du jugement d'expropriation relativement aux actions en revendication. I, 489. — Effets des traités amiables relativement à ses actions. II, 60.
ROUTE IMPÉRIALE. Les dommages résultant de l'abaissement ou de l'exhaussement du sol d'une route ne peuvent être assimilés à une expropriation. I, 86. — Modifications dans le tracé des routes. II, 445. — Route impériale devenant départementale. II, 446.—Droit de préemption des riverains sur les terrains délaissés. II, 444. — Ce droit prime celui d'échange. II, 423. V. *Préemption.*
RUE. En cas d'abaissement ou d'exhaussement du sol d'une rue, le dommage qui en résulte pour les riverains ne peut être considéré comme une expropriation. I, 86.

S

SAISIE-ARRÊT. Elle autorise l'administration à consigner l'indemnité. II, 97. — Formalités relatives aux oppositions à faire au Trésor. *Ib.*
SÉNÉGAL. De l'expropriation au Sénégal. II, 457.
SERMENT à prêter par les jurés. I, 452. — Par les personnes appelées devant le jury. I, 482, 483.
SERVITUDE. Un terrain grevé d'une servitude pour utilité publique ne peut être considéré comme frappé d'une expropriation partielle. I, 91. — L'expropriation anéantit tous les droits de servitude. I, 486. — Quand le propriétaire doit indiquer ceux qui peuvent réclamer des indemnités pour suppression de servitudes. I, 313; II, 488. — Quand ils doivent intervenir. I, 324.— Effets d'un traité amiable relativement aux droits de servitude. I, 93; II, 60.
SIGNIFICATIONS. Elles peuvent être faites par des agents de l'administration. II, 269. — Désignation de ces agents. II, 269. — Ils n'ont droit à aucun salaire. II, 293.—Emoluments des huissiers, II, 286. Dispense des droits de timbre et d'enregistrement II, 242.—Formes de ces significations. II, 274. — Elections spéciales de domicile. II, 273. V. *Domicile.*— Du jugement d'expropriation. I, 439; II, 486. — Du pourvoi en cassation. I, 455; II, 487. — Délai pour cette signification. I, 455.—Déchéance à défaut de notification. I, 456.
SUBSTITUTION. Cession des immeubles grevés de substitution. II, 30, 31.
SURCHARGE dans les actes. II, 9, 528 (note 2).
SURENCHÈRE. Les créanciers inscrits sur un immeuble vendu pour utilité publique ne peuvent exercer de surenchère. I, 197, 204; II, 51.

T

TABLEAU DES OFFRES ET DES DEMANDES. Il est dressé par l'administration. I, 437; II, 542. —Si la production de ce tableau est une formalité substantielle. I, 457, 458.
TARIF des frais et dépens en matière d'expropriation. II, 277.
TERRAGE. V. *Champart.*
TERRAINS non employés aux travaux. V. *Préemption.*
TERRITOIRES. Désignation des territoires que les travaux doivent traverser. I, 48; II, 462. — Elle est rendue publique. I, 50. — L'arrêté qui désigne les territoires est distinct de celui qui indique les propriétés dont la cession est nécessaire. I, 49.
TIMBRE. V. *Enregistrement.*

TORTS ET DOMMAGES. V. *Dommages*.
TRACÉ. V. *Plan*.
TRAITÉS AMIABLES. La loi n'en parle qu'accessoirement. I, 24 ; II, 2. — Les dispositions exceptionnelles au droit commun ne peuvent être invoquées qu'après une déclaration d'utilité publique. II, 2. — Le traité amiable avec le propriétaire ne dispense pas l'administration d'accomplir les formalités d'expropriation à l'égard des locataires ou des tiers qui prétendent des servitudes sur l'immeuble. II, 4. — Forme de ces traités. II, 5, 537. — V. *Actes administratifs*. — Ils sont dispensés des droits de timbre et enregistrés gratis. II, 243. — V. *Enregistrement*. — Une expédition en est adressée à l'administration des domaines. II, 11. — Mode spécial d'établissement de la propriété du vendeur. II, 83, 529. — Mode de purge des hypothèques. II, 39. — V. *Hypothèques*. — Effets de ces traités relativement aux actions réelles. II, 60. — V. *Actions*. — Du consentement à la cession sans accord sur le prix. II, 64. — Caractère de ces conventions. II, 66. — Formalités. II, 67, 537. — Traité relatif aux biens de mineurs. II, 26. — Jugement que rend le tribunal. II, 24, 68. — Publication du traité et du jugement. II, 71, 539. — Mode de règlement de l'indemnité. II, 73. — Pourvoi contre ce jugement. II, 73. — Traités postérieurs au jugement d'expropriation. II, 77, 540. — Traités autorisant uniquement la prise de possession des terrains. II, 74. — Ils ne sont soumis à aucune formalité spéciale. II, 75. — Traités relatifs aux indemnités mobilières et aux indemnités des fermiers et locataires. II, 541. — Des cessions de terrains avec renonciation à l'indemnité. II, 76.
TRANSCRIPTION du jugement d'expropriation. I, 496. — Formalités qui doivent la précéder. I, 498. — Des traités amiables. I, 43. — V. *Hypothèque*. — Droits de transcription. V. *Enregistrement*.
TRAVAUX militaires. II, 294. — De la marine impériale. II, 333. — L'utilité publique est déclarée par décret. II, 294. — Sans enquête. II, 295. — Conciliation des intérêts civils et militaires. II, 296. — Désignation des terrains. II, 297. — Jugement d'expropriation. II, 300. — Purge des hypothèques et droits réels. II, 302. — Offres. II, 302. — Travaux de fortification urgents. II, 302, 303. V. *Fortification*.
TRIBUNAUX CIVILS chargés de prononcer l'expropriation. I, 422. — Attributions du tribunal. I, 426. V. *Jugement*. — Ils ont été chargés du règlement des indemnités. I, 43. — Cette attribution a été transférée à un jury spécial. I, 287. — Ils désignent les membres de chacun de ces jurys. I, 373. V. *Mineurs*, *Traités*, *Urgence*.

U

URGENCE. Nécessité de mesures exceptionnelles pour les cas d'urgence. II, 468, 469, 474, 552. — Ce qu'on doit entendre par *cas d'urgence*. II, 477. — La consignation préalable d'une indemnité approximative, est alors substituée au paiement préalable de l'indemnité. II, 470, 475. — L'administration peut prendre possession de l'immeuble après la consignation. II, 490. — Cette faculté ne s'étend pas aux terrains bâtis. II, 478. — L'urgence est déclarée par un décret impérial. II, 479. — On ne peut en faire usage qu'après le jugement d'expropriation. II, 484, 482. — Assignation aux propriétaires et détenteurs. II, 483. — Ceux-ci indiquent les sommes dont ils désirent la consignation. II, 486. — Le tribunal fixe la somme à consigner. II, 487, 550. — Mode de consignation. II, 490, 494. — Ordonnance du président autorisant la prise de possession. II, 492. — Règlement définitif de l'indemnité. II, 493, 494. — Urgence dans les travaux de fortification. II, 303. — V. *Fortification*.
USAGE. L'expropriation de l'immeuble atteint les droits d'usage et d'habitation. I. 486. — Le propriétaire doit faire connaître ceux qui ont des droits d'usage et d'habitation. I, 310, 311. — De l'indemnité due pour la privation de ces droits. I, 259, 260.
USINE. La diminution de la force motrice d'une usine constitue-t-elle une expropriation ? I. 97. — Arrêts sur cette question. I, 98.
USUFRUIT. L'expropriation prononcée contre le propriétaire s'applique à l'usufruitier. I. 486. — Le propriétaire doit faire connaître l'usufruitier. I, 310. — Sa responsabilité s'il néglige de le faire. I, 316. — L'usufruitier doit faire connaître les fermiers ou locataires. I, 323. — Du cas de traité amiable. II, 4. — Une indemnité est due à l'usufruitier. I, 259. — En quoi elle consiste. I, 260. — Obligation de fournir caution. I, 262. V. *Morcellement*, *Traité*.
UTILITÉ PUBLIQUE. Elle autorise à déposséder un propriétaire. I, 2. — Travaux qu'on considère comme d'utilité publique. I, 12 à 21. — La déclaration d'u-

tilité publique est précédée d'une enquête. I, 28. — V. *Enquête.* — Déclaration d'utilité publique antérieure à 1833. I, 35. — Elle est déclarée par décret impérial rendu dans la forme des règlements d'administration publique. I, 36. — Ce décret est-il susceptible de recours ? I, 37. — Dans quel délai ? I, 38. — Il n'a eu d'autre but que de rendre au pouvoir exécutif une prérogative qui lui appartient naturellement, et n'a pas modifié le droit de déclarer, dans certains cas prévus par les lois de 1838 et de 1841, l'utilité publique par simple ordonnance, c'est-à-dire aujourd'hui par simple décret rendu sans délibération du Conseil d'Etat. I, 37. — Elle porte sur l'ensemble des travaux, et non sur la désignation des propriétés. I, 39. — Elle s'étend à toutes les propriétés nécessaires à la complète exécution des travaux, I, 39. — Mais non à la modification de travaux terminés. I, 40. — La déclaration d'utilité publique ne modifie en rien les droits des propriétaires. I, 44.

V

VENTE. V. *Traités amiables.*
VISITE des lieux par le jury. I, 477.
VOIE PUBLIQUE. Les dommages résultant de l'abaissement ou de l'exhaussement du sol d'une route ou d'une rue ne peuvent être assimilés à une expropriation. I, 86. — Non plus que la privation d'un droit d'usage sur une voie publique navigable. I, 92, 93.
VOIRIE URBAINE. V. *Alignement.* Faculté pour l'administration d'acquérir, en dehors de l'alignement de la loi nouvelle, les parcelles de terrain jugées insuffisantes pour recevoir des constructions salubres. II, 386. — Toutes les formalités de la loi de 1841 restent applicables. II, 388. — Nécessité d'une enquête spéciale et d'une autorisation spéciale par décret impérial. II, 388, 389, 394. — Recours pour excès de pouvoir. II, 392. — Du droit de réunir les *délaissés* aux propriétés contiguës. — Option laissée en ce cas au propriétaire. II, 392, 393. — Du droit d'expropriation à l'effet de supprimer des rues devenues inutiles. II, 395.

FIN DE LA TABLE ALPHABÉTIQUE.

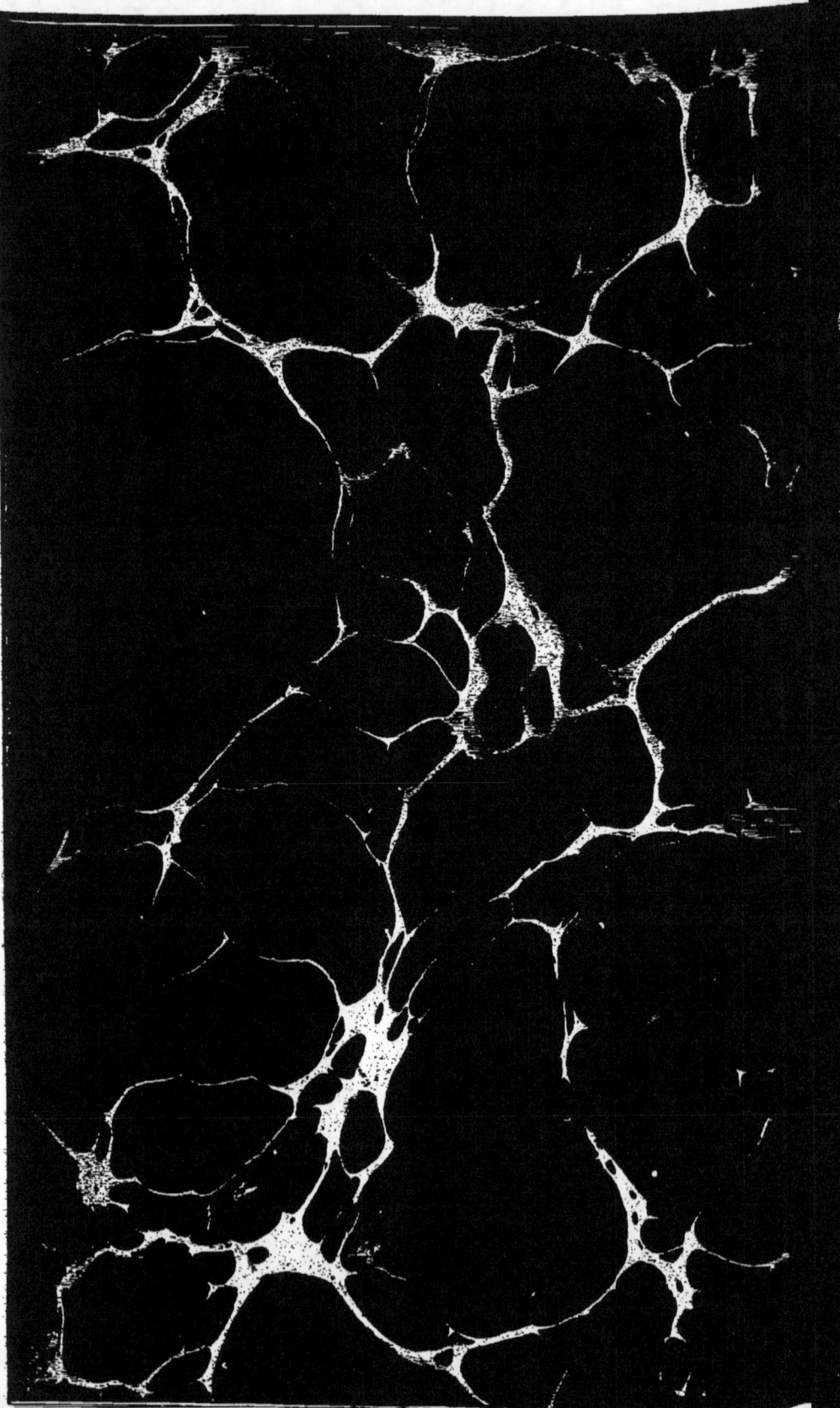

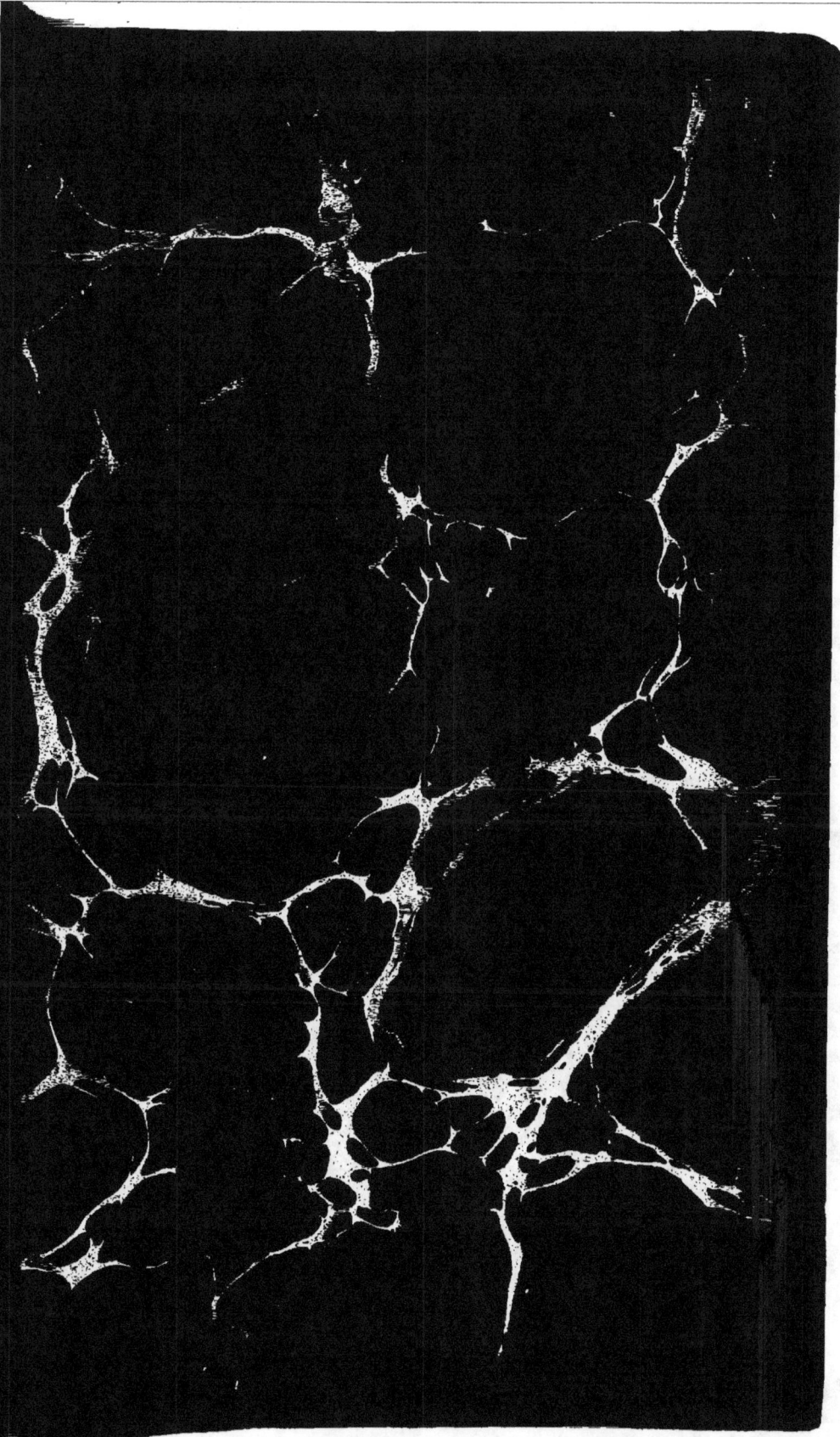